［美］卡伦·奥芬 著

朱晓慧 柯倩婷 主译

欧洲妇女解放史

1700—1950

European Feminisms
1700-1950
A Political History

Karen Offen

复旦大學出版社

目　录

第三部分　20世纪

致　谢

在致谢名单中，放在首位的是苏珊·格拉格·贝尔（Susan Groag Bell），我和她一起撰写了《妇女、家庭和自由：文献中的辩论》一书，并于1983年出版。感谢雷娜特·布瑞登希尔（Renate Bridenthal）、克洛迪娅·孔斯（Claudia Koonz）和苏珊·莫舍·斯图亚德（Susan Mosher Stuard）邀请我为《变得可见：欧洲历史中的女性》（1987）的第二版撰写文章，内容是关于19世纪欧洲女权主义比较的历史，同时也要感谢梅丽·维斯纳（Merry Wiesner），我和她一起撰写了本书的第三版缩略版（1998）。我特别感谢那些学术界的同事，他们对女权主义——或者说历史上的女权运动——的不同意见引发了我对《定义女权主义》（1988）一书的反思。我也很感谢迈克尔·S.罗斯（Michael S. Roth），如果没有他的最初邀请，我永远不会着手写这本书，这本书占据了我手头上许多其他未完成项目的时间。

我十分感谢我的同事和好朋友玛丽莲·J.博克瑟（Marilyn J. Boxer）、伊迪丝·B.盖利斯（Edith B. Gelles）、桑德拉·埃尔曼（Sondra Herman）、玛丽·林恩·斯图尔特（Mary Lynn Stewart）、安·泰勒·艾伦（Ann Taylor Allen）和惠特尼·沃尔顿（Whitney Walton），他们在这个项目漫长的过程中，在关键时刻提供了丰富而持久的道义和智力支持。更不能忽视学者小组和妇女与性别研究所工作人员持续不断的热情支持，没有他们的鼓励，我不可能完成这项工作。还有许多慷慨的同事在我申请资助时帮忙写推荐信，阅读个别章节或篇章，在很短的时间里提供专业知识，避免我犯下令人尴尬的错误；在这里致以无声的感谢——以免没有人帮忙审读完成的书稿。虽然我万分感谢他们的意见，但我并不总是采纳他们的建议，因此，我将完全对这本书的文本负责。最后，我想感谢格尔达·勒纳（Gerda Lerner）在《女权意识的形成》（1993）一书中越过了欧洲大陆女权主义的这一时期，给我留下了清晰的空间。我还要感谢乔安·沃洛克·斯科特(Joan Wallach Scott)在无意中帮助我阐明了我的研究方法；尤其是作为对她关于法国女权主义研究的回应，让我发现了真正需要写那种关于欧洲女权主义的书。

我在斯坦福大学绿色图书馆(the Green Library)的同事们给予了我特别大的帮助，从法语和意大利语馆馆长玛丽·简·帕里恩(Mary Jane Parrine)到馆际互借服务的负责人索尼娅·H.莫斯(Sonia H. Moss)，再到参考馆员、书籍流通人员、微缩胶卷和最新期刊的工作人员，以及存有斯坦福研究"真正的历史"的许多原始资料的辅助图书馆(the Auxiliary Library)的工作人员。我还要感谢胡佛研究所图书馆的工作人员，特别是西欧藏品馆馆长艾格妮丝·F.彼得森(Agnes F. Peterson 现已退休)和海伦·索拉南(Helen Solanum)，以及工作人员安妮特·本德尔(Annette Bender)、莫莉·莫洛伊(Mollie Molloy)、玛丽亚·基农斯(Maria Quinoñes)和琳达·惠勒(Linda Wheeler)，感谢他们对特殊项目的兴趣和帮助。为了这本书，我几乎走遍了斯坦福大学的每一个图书馆，除了普通馆藏和胡佛研究所图书馆，还走访了法律、医学、生物、哲学甚至商业图书馆。我还大量利用了加州大学伯克利分校的图书馆资源，那里馆藏的欧洲资料与斯坦福大学的资料互补性很强。

然而，如果没有欧洲众多图书馆和同事的帮助，这项研究不可能有如此翔实的资料。我要向这些机构的工作人员表示深深的感谢，他们是伦敦的福塞特图书馆(the Fawcett Library)，巴黎的玛格丽特·杜兰德图书馆(Bibliothèque Marguerite Durand)和法国国家图书馆(Bibliothèque Nationale)，阿姆斯特丹的国际妇女运动信息中心和档案馆(the Internationaal Informatiecentrum en Archief voor de Vrouwenbeweging, IIAV)，奥尔胡斯的丹麦国家图书馆女性历史收藏(the Kvindehistorisk Samling at the Statsbibliotheket)，哥德堡大学的妇女历史档案馆，以及伯尔尼附近沃尔弗劳本街道上的格斯特利基金会(Gosteli Stiftung)。特别感谢我的欧洲同事，他们在我研究的各个阶段向我提供信息和帮助，其中一些人还组织了与女权主义历史有关的会议或活动，并邀请我参加。他们是奇特斯克·阿克曼(Tjitske Akkerman)，伊达·布洛姆(Ida

Blom)，吉瑟拉·博克(Gisela Bock)，吉内夫拉·孔蒂·奥多里西奥
(Ginevra Conti Odorisio)，安妮·科瓦(Anne Cova)，琳达·爱德蒙森
(Linda Edmondson)，乌特·格哈德(Ute Gerhard)，弗朗西斯卡·德·
哈恩(Francisca de Haan)，卡伦·哈格曼(Karen Hagemann)，加布里
拉·豪赫(Gabriella Hauch)，卡琳·豪森(Karin Hausen)，伊冯·希德曼
(Yvonne Hirdman)，伊冯·克尼别莱(Yvonne Knibiehler)，伊特卡·马
莱茨科娃(Jitka Maleckova)，玛丽·纳什(Mary Nash)，玛丽·诺伊多夫
尔夫(Marie Neudorfl)，西尔维亚·帕莱奇克(Sylvia Paletschek)，安德烈
娅·佩特(Andrea Petö)，比安卡·皮托罗-恩克尔(Bianka Pietrow-Een-
ker)，简·伦德尔(Jane Rendall)，米歇尔·里奥-撒塞(Michèle Riot-
Sarcey)，弗洛朗丝·洛谢福特(Florence Rochefort)，布里吉特·施图德
(Brigitte Studer)，西普·斯图尔曼(Siep Stuurman)，弗朗索瓦兹·泰博
(Françoise Thébaud)，艾莲妮·瓦里卡斯(Eleni Varikas)和乌拉·维舍
尔曼(Ulla Wischermann)。

　　我想感谢各种基金会的财政支持，他们的工作人员可能没有意识到，
在资助我研究法国的妇女问题项目的同时，他们还促成了这本书的问题
范式，这些基金会是：美国国家人文基金会、洛克菲勒基金会和约翰·西
蒙·古根海姆基金会。斯坦福大学妇女与性别研究所的玛丽琳·雅隆
(Marilyn Yalom)基金资助了本书使用的一些翻译(在注释中对译者进行
了单独的感谢)。我非常感谢参加四次"妇女问题"大学教师夏季研讨会
(1984 年至 1992 年在斯坦福大学举行)的参与者，他们为这本书的完成
贡献了他们的专业知识、好奇心、宝贵的见解和资源，他们将会看到我们
一起讨论的一些观点出现在本书中。

　　我要特别感谢斯坦福大学出版社的工作人员长期以来对我工作的支
持和热情，特别是现在的出版社负责人诺里斯·波普(Norris Pope)，以
及约翰·费纳伦(John Feneron)，他将我陈旧的 WordStar 6.0 文件变成
最新的高科技排版格式。

　　最后，我要衷心感谢我的家人，尤其是我的丈夫乔治(George)，他是一
位真诚而坚定的男性女权主义者，还有我们的女儿凯瑟琳(Catherine)和斯
蒂芬妮(Stephanie)——感谢他们支持我对欧洲女权主义研究的痴迷，尤

其是当我的家中堆满了研究资料,并从走廊侵占到家庭空间的时候。我也感谢他们给我机会和时间,使我可以把个人追求和职业关切结合起来,以这样或那样的方式探讨那些被遗忘已久的努力,以及研究许多妇女仍然面临的问题。我的两个女儿都没有在各自的大学里学习妇女研究;也许她们在家里浸润的太多了。我知道她们也是女权主义者,尽管她们可能会否认这一点。

　　不过,我确实希望,作为成年读者,她们会仔细思考这本书中所讲的叙事,并且也会感谢欧洲女权主义者(以及他们的美国同行)在这场历史性斗争中所带来的长期意义,这些斗争使她们现在可以有机会掌握各自的命运。本书献给凯斯(Cath)和斯蒂夫(Steph),以及我们新出生的孙女艾玛·埃利(Emma Elly),她将体悟作为 21 世纪女性的喜怒哀乐,并将父权制抛在身后。

卡伦·奥芬

伍德赛德,加州

1998 年 10 月和 2000 年 1 月

前　言

本书将探讨1700年到1950年这段时期在欧洲大陆大国中出现的对男性霸权的挑战；而对临近20世纪那段时期，本书更多地从比较的视角关注它在小国的发展，它如何与民族-国家和民族文化的发展相互激荡。本书有多个目标，对于普通读者和那些只对历史感兴趣的读者来说，本书既提供了对欧洲女权主义发展的综合的、比较视角的诠释，也对欧洲历史进行了妇女视角和女权主义视角的诠释。本书把社会性别，或者女人与男人的关系，放在欧洲政治的中心（这本来就属于中心，但很长时间被边缘化），以提供新的框架去理解欧洲历史，并呈现明晰的女权主义思想和政治传统，这是个深远却被遮蔽的传统。

在另一个层面，本书关注当代女权主义理论所探讨的议题，为此提供广阔而确切的历史背景，以消除那些由令人困惑的论争所导致的错误认识，解开其神秘的面纱（这些论争包括启蒙、"理性"与"自然"、公共与私人、"平等与差异"的谜团等）。历史上的女权主义给我们提供的不仅仅是悖论和矛盾；它关乎政治，而不是哲学。严格来说，女权主义的胜利不是在辩论中胜出。社会性别不仅仅是"一个有用的分析范畴"，它是人类思想和政治的核心。历史研究让我认识到，我们要问的不是女权主义理论能够为历史做什么，而是历史可以为女权主义理论做什么。

至于"欧洲"和"欧洲的"这两个术语，我所指的不仅仅是西欧，而且也涵盖坐落在乌拉尔山脉（Ural Mountains）西面领土的欧亚大陆不同的国家、民族、文化，加上附近的一些岛屿，以及那些在犹太-基督教传统中发展起来的文化，主要是罗马天主教/新教这一端的文化。我探讨欧洲大陆国家围绕两性关系问题的论争，考察的国家诸如法国、德国、意大利、西班牙、葡萄牙、荷兰、比利时、瑞士、奥地利、匈牙利、波兰、当代捷克[包括波希米亚（Bohemia）和摩拉维亚（Moravia）]、挪威的斯堪的纳维亚民族、瑞典、丹麦、芬兰、俄罗斯和希腊,在那里,正统的基督教长久扎根并广泛传播。本研究没有纳入现代土耳其或其他以伊斯兰教为主导的南部欧洲文化,因为它们建基于一个非常不同的文化假设之上。我也没有考察安道尔(Andorra)、卢森堡(Luxembourg)、圣马力诺(San Marino)这些小国,因为可以查找到的女权主义发展的历史文献非常少。我依然难免忽略了很多方面。关于1945年之前的女权发展,我未能关注到包括欧洲东北部和南部例如拉脱维亚(Latvia)和爱沙尼亚(Estonia)或斯洛伐克(Slovakia)和克罗地亚(Croatia)等国,这些国家对早期的女权主义活动的学术研究刚刚起步。

与欧洲大陆相邻的岛屿,当然谁都不会忽略不列颠群岛。英国(和美国)女权主义在英语世界的学术圈广为人知,不过,还没有学者从比较的视角去研究它们,本书将会这么做。大不列颠的历史与欧洲关系密切,但也问题重重;英国每个岛屿的社会都发展出独特的文化特质。其中,英格兰处理性别关系的方法,持续地与欧洲大陆,尤其是法国,进行对话,两者的方法是相反的,英格兰的女权主义映照出这一模式。本研究纳入了爱尔兰女权主义与英格兰和法国的女权主义之间的对话。英帝国或其他欧洲殖民帝国统治的、远离欧洲的其他国家的女权发展没有被纳入本研究之中。

有关欧洲大陆的(复数的)女权主义的知识最近才得以发展,之前我们所知甚少。新近的女权主义学者的研究,包括不同语言的研究成果,加上稍微容易搜索到,但长期被忽略的西欧和中欧的出版资源,使得我们探索这段历史时有大量的资料细节可以依据。欧洲催生了各种女权主义,但比较的分析表明,它们都是近亲,女权主义者所关切的一系列议题和困境,都可以纳入一个可共享的文化的发展框架中,较早的是较靠近欧洲西部沿海的社会,较晚近的是一些从欧洲东部帝国发端的民族。它们提供了共同的公分母,让我们可以从那些我们称之为单数女权主义的现象中得出坚实的基于历史的定义。我在第一章中会进一步探讨定义的问题。

与全球其他社会相比,欧洲文化和社会的"父权制"与奴役妇女的问题,不是程度轻重的问题。相反,从历史来看,有意义的是,欧洲文化变得更容易被渗透,且比其他地区更早遭遇到女权主义者的抱怨与批评。

20 世纪欧洲的一些国家在这些论辩中承认其不足，并采纳了更平等的两性关系模式，尽管有不足，但广受尊崇，我这里指的是一些小国且相对同质的社会如丹麦、挪威、瑞典、芬兰和冰岛。一些历史上更依靠威权或军国主义的社会，如 1871 年统一之后的德国，在性别问题上是严厉且持续的反女权立场；女权主义者通过"妇女运动"或社会民主来表达他们的激情。然而，在所有欧洲社会，女权主义者会强迫对手们就格尔达·莱纳（Gerda Lerner）所谓的"一套关于性别的未陈明的假设（set of unstated assumption about gender）"进行陈述或辩护，由此激发的论辩交锋是丰富且信息量巨大的。

　　尽管欧洲语言文化多种多样，但对奴役妇女问题的批评都指向其共同根源，即它们所根植的罗马天主教这片肥沃土壤。这些文化共享一个共同的人文主义的世俗知识传统，这一传统源自古代地中海世界的希腊文和拉丁文典籍的修复的论争。引人争议的新教改革（Protestant Reformation）加入这些混合文化中，随后，17 世纪和 18 世纪出现了一套政治和社会文化改革的世俗批评词汇，这就是我们所知的启蒙（Enlightenment）。当欧洲社会醉心于把世俗关切从宗教主导的社会中分离出来，社会变得松动，它们逐渐能够接受女权主义对男性霸权的挑战，对家庭政治、男人和女人关系的架构基础的质疑，以及对这两者与国家的关系的质疑，都变得可能。

　　然而，最终促使随后的政治行动变得可行的，是现代社会早期的印刷文化的发展、识字率的提高和大众阅读的增长。这样说并不是描画一条由单一因素决定的轨道，远非如此，但这宣告了女权运动和女权主义找到了表达的可能性和行动的通道，这是欧洲印刷文化带来的，这在世界其他地区则需要几十年乃至几百年之后才变得可能。持不同政见者往往被迫沉默，没有印刷文化的支持，他们很难动员他们背后的支持力量，或寻求改变。

　　实际上，女权主义在欧洲（以及随后整个世界）带来的挑战的历史轨迹，可以理解为哈贝马斯所指的"公共空间"或"公共领域"这一整体的发展中的一部分。我们通过媒体、书籍和印刷文本的历史，新闻传播、阅读和想象文学的历史来认识这一公共领域。这也是联合的历史，是地方、国家与全球交流的历史,以及交通的历史的一部分。这也是教育、宗教和世俗意识形态、经济生活的历史,是争取有酬工作和工人运动的历史的一部分。最后,也是最重要的,女权运动的历史是与欧洲的内部政治发展——民族国家建设的历史、战争征服及其失败的历史、挑战君权和军权的历史——是一体的。因此,本书的副标题是——**一部政治的历史**①。

虽然**欧洲女权运动(European Feminisms)**应该是综合的,但本书无法穷尽这个话题。本书会特别关注法国。为什么法国在这个研究中占据的比例那么大? 答案是,本书主要是写给那些对欧洲历史不太了解的读者看的。从 17 世纪后期到 18 世纪,法国是欧洲大陆的主导力量,并且一直是英国在全球海域和殖民权力方面的对手,这是无可争议的。1700 年前后,即本书研究时段的开始,法国富甲天下、雄霸一方,并占了欧洲人口的四分之一。它的作家、思想家,它的文化、艺术表达方式的影响超越国界,尤其影响了俄国、奥地利和普鲁士等君主政体。法语不仅是外交语言,而且取代拉丁语成为教育界的知识硬通货。法国的学者在发展生物化学和人文科学方面都是先锋,尤其是社会学和人类学。他们在历史学的编撰上扮演重要角色。实际上,欧洲启蒙运动有很大一部分来自法国,"妇女问题"的论争是其中的中心议题,而当今常常忽略这一点。

法国大革命影响到整个欧洲,并在一个世纪后(包括拿破仑的《民法典》)激发女权主义运动的开启,跨越法国国界。这一开启与国家政治文化和民族国家发端的策略谋划密切相关。实际上,提出重新构想女人的角色,即女人是可以承担部分公民教育责任的母亲,可以成为国家母语的传播者,被 19 世纪的进步人士,包括女人和男人,认为这些是建立国家的必要条件(sine qua non),是成功建构自我管理社会的关键。同时,女权运动的开启承载了各种社会组织的实验,有些成为社会秩序和社会控制所关注的议题。我在另一本书中更深入地探索了法国对"妇女问题"论争的特质,在这里我只是简单地强调一点,整个 18 世纪和 19 世纪,法国的社会政治批评为阐发女权主义提出的问题奠定了基础,并在整个欧洲产生反响,其影响跨越了法兰西帝国和后来的法兰西共和国的地理政治

① 此为原书副标题,中译本副标题省略。——译者注

边界。

因此，直到 20 世纪，大部分欧洲其他国家——包括英国和德国——在描述自己的历史时都会提及法国的发展，或与之对照。性别关系的政治，家庭与国家关系相关的议题，成为这些比较的基础。最近出现的国家甚至在发展他们自己的性别身份时提到——有时候是反对——法国文化和社会。

女权主义者的诉求主要是政治的诉求，而不是哲学的宣示。它们从不是发生在——或回应于——社会政治的真空地带。它们在具体的情境中提出问题，提出直接的政治诉求以推动改变。因此，本书的观点是，本质上，欧洲女权主义的历史是在更广阔视野下重新酝酿的政治历史的一部分，我所关切的很多问题都被思想史、社会史、经济史、人口史、文化史所排斥。然而，女权主义所关切的本质上是跨学科的：他们呼吁在人类生活的方方面面重新调整和构造性别间的权力平衡。我的方法体现了我对历史的兴趣和在政治与思想文化史方面的训练，并聚焦于性别政治，我的兴趣点是人口议题，并对过往历史持整体的视野。

如何使用这本书？

本书由三部分构成，每一部分都是按照时间顺序安排的，并有背景介绍。本书的前言介绍了这本书成书的情境，第一章，我对女权主义进行了定义，并提出方法的问题，对方法论不感兴趣而只想了解故事的读者可以跳过这一部分。每一部分的导论提供总体的历史背景，并对每章内容做简要的介绍，目的是为了给读者一些指引。

我尽力让本书的安排方式能够展示女权主义挑战的多种可能性，并保留一些悬疑元素。我尽量不泄露结局，不提前告知"后来怎样怎样"，为此我设置了"两次大战之间"这一时期。我谈到很多"后-"，但不讨论"前-"。我尽量避免反思式的表述，例如，某种程度上说女权主义在历史上意义不大，因为它从没成为"大众"的运动，或者说，它缺乏一场运动所应具有的完全独立的特点，无论那意味着什么，或者说，"终止妇女受奴役"并非独立的目标。在我看来，所有争取社会政治改变的运动，都是深深地根植于并回应它们周遭的文化；它们会被自己的术语和我们检讨反思的术语评判。明确的是，即使西欧的女权主义者挑战男性主导的时机是最好的，她们依然没有获得足够有实权的职位来实现她们的诉求，而不得不常常提及其他有竞争性质的社会政治诉求和运动。这并不会导致女权运动的失败。实际上，在一些社会中，欧洲女权主义已经取得无可比拟的成功，尤其是当她们的倡导已经迫使父权体制的支持者，无论是宗教或世俗的，去维护他们的观点，明确其论辩的论点，并发起（从未全部生效的）反击。在 20 世纪后期，针对女权挑战的反挫力量并非独一无二的；反挫力量反复出现，贯穿我们这本书所讨论的整个时期。

本书采取了严密的历史编排方法，谨慎地编排按照时间顺序发展的事件，细心地爬梳那些政治动员中出现的论争和艰难尝试，它们如何逐渐展露，那个时代的人们如何经历那一切。我的方法特意避免把当代理论（经常是扭曲的）偏见投射到历史之中。本书特别关注历史语境，在其中，女权主义批评和政治现实相互交织，并特别关注那个时代所使用的词汇和观点，亦即关注文本和语境的本质关系。整个研究基于已经出版的资源。举例说，如果一本写于 18 世纪 80 年代的书半个世纪之后才出版，我不会以此作为 1780 年的公众论争的证据。手稿没有作为本研究的材料。本书研究的是公共的论争。

必然的，本书属于总体研究，它提供了鸟瞰（或卫星）式的视点，从一个高于欧洲的视点来看待问题。由于本书按时间顺序和地理维度来安排，它的遗憾之处就是割舍了个体的生平经历细节，只能尽量把他们的名字写进去。本书在讨论个体的贡献时，是嵌入各类论争和政治运动的模块中的。尽管如此，我坚持认为，个体对女权历史的贡献是不可取代的，个人的思考和行动不能因为着墨于"历史的力量"或"话语的实践"，而被看作是不值一提的。

虽然本书采纳了大量的学术资料（它们无法全部编入本书的参考书目、注释和建议阅读书目中：我的完整参考书目超过 100 页——单倍行距），在处理这些图书资源时，我特地把以不同语言出版的初版信息放在注释中。在过去二十多年中，我尽每一个可能去查询最初的出版资源；只有当原版的版本无法查找，或要尊重前人的引用时，我才会求助于第二手文献。我很不喜欢后一种方法，因为那会导致一错再错。很大一部分的大陆国家的资源是最近才拿到的，苏珊·格拉格·贝尔（Susan Groag Bell）和我主编的《妇女、家庭和自由：文献中的辩论》一书没有覆盖这些国家的资料（或覆盖得没有那么全面），这部 1983 年出版的两卷本的书是一部诠释性的文献的历史。这些新近搜集到的资源来自西班牙、意大利、希腊、奥匈帝国、丹麦、瑞士、荷兰、比利时等。在一些个案中，如果原文语言是我不能阅读或担心理解不准确的，我就委托专家用英语翻译这些文献。只要有可能，我的诠释便是基于已出版的学术文献，但有些个案我不得不直接依赖我对资源的肤浅理解，有些则依赖尚未出版的著作，这些资料是由同事们慷慨提供的。我能够查阅很多欧洲社会的学术著作和资源，这主要依靠网络发展提供的便利，在过去十年，这些网络把我在国际妇女历史研究联合会（International Federation for Research in Women's History）的机构活动连接起来。

大事记:欧洲女权主义研究的框架

1622 玛丽·勒·雅尔·德·古尔奈(Marie Le Jars de Gournay)发表《男女平等》。

1648 威斯特伐利亚和约结束了30年战争。

1673 浦兰·德·拉巴尔(François Poullain de la Barre)在《论两性平等》中提出"思想没有性别"的观点。

1686 路易十四(Louis ⅩⅣ)的妻子曼特农夫人(Madame de Maintenon)在圣西尔创立圣路易皇家学院,一所贵族女儿的世俗学校。

1687 弗朗索瓦·德·萨利尼亚克·德·拉·穆特-费讷隆(François de Salignac de la Mothe-Fénelon)《论女子教育》发表,论证姑娘们应该被培养成为合格的妻子和母亲,而不是女学究;女人是人类种族的一半。

1694 玛丽·阿斯特尔(Mary Astell)发表《对女士们的严肃提议》,提出为选择独身的女性建立女子大学和女子社区。

1721 孟德斯鸠(Montesquieu)发表《波斯人信札》。

1732 劳拉·巴斯(Laura Bassi)获得博洛尼亚大学哲学博士学位。

1739 署名为"索菲娅,一个有品质的人"(Sophia, a Person of Quality)发表《女子不比男子低劣》。
贝尼托·菲赫(Benito Feijóo)(西班牙)发表《捍卫妇女》。

1742 桃乐丝·克里斯蒂娜·勒波林·埃克斯莱本(Dorothea Christine Leporin Erxleben)为妇女有权接受高等教育而呼吁。

1745 蓬帕杜夫人(Madame de Pompadour)作为路易十五(Louis ⅩⅤ)的公开情妇出现在宫廷。

1748 孟德斯鸠在《论法的精神》一书中探讨三种不同政体下妇女的地位。

1756   德若古(Chevalier de Jaucourt)在《百科全书》第 6 卷中提出了这样
        一种可能性,即婚姻中妻子从属于丈夫是一种社会建构。

1758—1759   让·朗德·艾伦伯特(Jean le Rond d'Alembert)和让-雅
             克·卢梭(Jean-Jacques Rousseau)就妇女解放问题进行
             辩论。
             署名为"一位女士"的《女权辩护》发表。

1761—1762   卢梭发表《新爱洛伊斯》和《爱弥儿》。
             德·博梅尔夫人(Madame de Beaumer)创立《妇女杂志》。
             夏洛塔·努登弗吕克特(Charlotta Nordenflycht)在瑞典对
             卢梭的观点进行了批评。

1763   英国在七年战争中击败了法国。

1770   法国学术界关于妇女教育进行争辩。
        启蒙思想家对妇女问题进行论辩。
        医生撰写关于妇女特殊生理和健康问题的小册子。

1772   安托万-莱昂纳德·托马(Antoine-Léonard Thomas)发表《论女子
        的性格、言行与精神》。

1776   美国独立宣言发表。

1777   勒蒂夫·德·布勒托内(Restif de La Bretonne)发表《妇科医生》,
        一本反女权主义的小册子,主张不应该教妇女阅读和书写。

1782   贝彻·沃尔夫(Betje Wolff)和阿格杰·德肯(Aagje Deken)的小
        说《莎拉·伯格哈特》发表。

1787   孔多塞(Condorcet)发表《纽黑文一位乡绅给弗吉尼亚州一位市民
        的信》,鼓吹给予妇女选举权。
        德·科西夫人(Madame de Coicy)发表《支持女性、反对男性的论
        文集》。

1789   法国大革命开始。
        《女权主义者》创刊。
        妇女向凡尔赛宫行进示威(10 月 5—6 日)。

1790   孔多塞发表《论承认妇女的公民权》。
        约瑟夫法·阿马尔·Y.博本(Josefa Amar Y. Borbón)发表《论妇

女的体育和道德教育》。

1791　第一部法国宪法颁布。

奥兰普·德·古热(Olympe de Gouges)的《妇女和公民权利宣言》发表;塔列朗(Talleyrand)提出女儿应该有平等继承权的法案;赋予未婚法国妇女完全公民权(财产权);法国未婚女性的完全民事(财产)权利得到承认。

1792　玛丽·沃斯通克拉夫特(Mary Wollstonecraft)《女权辩护》和特奥多尔·戈特利布·冯·希佩尔(Theodor Gottlieb von Hippel)《论提高妇女的公民意识》发表。

在巴黎,波利娜·莱昂(Pauline Léon)要求妇女拥有携带武器的权利。

1793　国民议会投票赞成处决法国国王;普吕多姆(Prudhomme)与外省妇女俱乐部的主席发生冲突;皮埃尔·居约马尔(Pierre Guyomar)捍卫个人之间的政治平等,特别指出也包括妇女;巴黎革命共和妇女协会呼吁严格控制经济;夏洛特·科尔黛(Charlotte Corday)刺杀马拉(Marat);公共安全委员会下令关闭妇女俱乐部;奥兰普·德·古热,玛农·罗兰(Manon Roland)和玛丽·安托瓦内特皇后(Queen Marie Antoinette)被送上了断头台。

1794—1798　拿破仑(Napoleon)率领的法国军队"解放"了意大利诸国;在新生的意大利共和国中出现了争取妇女权利的请愿书;论妇女权利的荷兰小册子出版;费希特(Fichte)《权利的科学》出版;德国学者就性别差异展开辩论;英国政客嘲笑妇女对政治权利的要求。

1800—1804　拿破仑成为第一执政官,然后成为皇帝;《法国民法典》颁布;国家对卖淫业实施管制。

1807　热尔梅娜·德·斯塔埃尔(Germaine de Staël)出版《科琳娜》;拿破仑为荣誉军团军官的女儿们建立学校。

1805—1815　法国军队横扫欧洲;德国各邦妇女组织爱国团体抵抗法国军队。

1808　查尔斯·傅立叶(Charles Fourier)出版《关于四种运动和普遍命

运的理论》。

1815　维也纳会议召开;废除奴隶贸易;恢复君主制。

19世纪20年代　整个欧洲严格限制新闻和结社自由;关于妇女教育的
　　　　　　　许多小册子出版;希腊革命。

1825　威廉·汤普森(William Thompson)和安娜·多亚尔·惠勒(Anna
　　　Doyle Wheeler)出版《人类的一半女人对人类的另一半男人得以
　　　维护政治奴隶制以至公民和家庭奴隶制权力的控诉》。

1830　巴黎新的革命;比利时独立;波兰革命。

1831　圣西门主义者(The Saint-Simonians)发起呼吁,鼓吹进行肉体
　　　改造。

1832　苏珊·瓦尔坎(Suzanne Voilquin)等人发表《自由妇女》。
　　　乔治·桑(George Sand)的小说《印第安娜》发表。
　　　英国改革法案明确排除了妇女的选举权。

1833　欧金尼娅·尼博伊特(Eugénie Niboyet)创立妇女顾问(里昂)
　　　一职。

1834　路易·艾梅·马丁(Louis-Aimé Martin)《母亲的教育》出版。
　　　《先锋》杂志上关于妇女工作和劳动改革的争论。
　　　里昂工人大屠杀。

1836　马德莱娜·普特雷特·德莫(Madeleine Poutret de Mauchamps)创办
　　　《妇女公报》。
　　　帕宏-杜夏特雷(Parent-Duchâtelet)发表《论巴黎娼妓》。

1837—19世纪40年代　改善妇女在犹太教中地位的运动。

1838　卡罗琳·诺顿(Caroline Norton)发表对婴儿监护权的抗议。

1839　卡尔·阿尔姆奎斯特(Caroline Norton)的小说《这是可以的》
　　　发表。

1841　艾蒂安·卡贝(Étienne Cabet)《伊加利亚旅行记》发表(共产主义
　　　社区是女性的天堂,那里每个人都会结婚)。

1843　玛丽昂·里德(Marion Reid)发表《为妇女请愿书》(爱丁堡)。
　　　弗洛拉·特里斯坦(Flora Tristan)发表《工人联盟》。

1846　蒲鲁东(Proudhon)给妇女两种选择,"做家庭主妇还是做娼妓"。

1847 夏洛特·勃朗特(Charlotte Brontë)用男子假名发表《简·爱:一部自传》;丁尼生(Tennyson)发表《公主》。

1848 巴黎、柏林、维也纳等地爆发革命(3月)。

法国临时政府确立了男子普选权;在殖民地废除黑人奴隶制;赞助勒古韦(Le-gouvé)在法兰西公学院举办关于妇女历史的讲座;巴黎女性想知道为什么妇女在政治上被"遗忘";妇女俱乐部成立;妇女报刊《妇女的声音》出版;要求权利,包括投票权和代表权。

奥古斯特·孔德(Auguste Comte)《实证政治体系》出版,他在书中指出"男人应该供养女人",并指定妇女作为人类宗教的女祭司。

塞纳卡·富尔斯(Seneca Falls)妇女权利大会召开(美国,7月中旬)。

巴黎妇女俱乐部关闭(7月下旬)。

德语报刊上关于妇女问题进行辩论。

维也纳、柏林等城市的妇女俱乐部成立。

1849 珍妮·德隆(Jeanne Deroin)创办《妇女舆论》,宣布竞选公职;与蒲鲁东进行争论。

路易丝·奥托(Louise Otto)创办《妇女报》(麦森)。

教宗发布通谕提升圣母玛丽亚的地位,以争取女性对天主教会的支持;德国天主教改革派的约翰内斯·龙格(Johannes Ronge)回应。

1850 普鲁士在巴黎的镇压;反对集会的新法律公布。

1851 德隆和罗兰在监狱里给美国妇女写信。

哈莉特·泰勒·穆勒(Harriet Taylor Mill)在《威斯敏斯特评论》上发表文章。

1852—1854 珍妮·德隆出版《妇女年鉴》,发表英文文章与法文文章。

1854 教宗宣讲圣母玛丽亚圣灵受孕的教义。

芭芭拉·利·史密斯(Barbara Leigh Smith)抗议英国已婚妇女的法律地位。

1854—1855 卡米拉·科莱特(Camilla Collett)的小说《区长的女儿》在克里斯蒂安娜(奥斯陆)出版。

弗雷德里卡·布雷默(Fredrika Bremer)的小说《赫莎》在斯

德哥尔摩出版。

1856　　妇女向议会请愿(伦敦)。

1856—1857　　热尼·P.德埃里古(Jenny P. d'Héricourt)与P.J.蒲鲁东
　　　　　　　　争论。

1858　　蒲鲁东的《论正义》出版。

　　　　朱丽叶·朗贝(Juliette Lamber)的《反普鲁东主义思想》出版。

　　　　英国议会将从事医疗职业限制为拥有英国学位的人,这是对伊丽
　　　　莎白·布莱克维尔(Elizabeth Blackwell)注册成为一名医生的回
　　　　应,她拥有美国学位和法国实习经历。

1859　　俄国妇女获准参加大学课程学习。

1859—1860　　儒勒·米什莱(Jules Michelet)的《爱》与《妇女》出版。

　　　　　　　　热尼·普安萨尔·德埃里古(Jenny P. d'Héricourt)的《被
　　　　　　　　解放的妇女》出版。

1860—1865　　美国内战;废除奴隶制(1864—1865)。

　　　　　　　　俄国废除农奴制。

1860—1863　　米哈伊洛夫(Mikhailov)和车尔尼雪夫斯基(Chernyshevsky)在
　　　　　　　　《当代》发表关于妇女问题的文章。

1861　　梅因的(Maine)《古代法》和巴霍芬(Bachofen)的《母权论》发表。

　　　　意大利统一;开始编纂法律。

　　　　朱莉-维克多·道比(Julie-Victoire Daubié)成为第一位获得法国
　　　　学士学位的女性。

　　　　朱尔·西蒙(Jules Simon)在《工人报》上谴责"职业女性"。

1862　　瑞典给予女性纳税人市政投票权。

1864　　苏黎世大学医学院允许妇女旁听。

1865　　路易丝·奥托(Louise Otto)创建德国妇女协会。

　　　　V.芬格胡特-纳珀斯泰克(V. Fingerhut-Náperstek)在布拉格创立
　　　　美国女士俱乐部。

1866　　大规模的妇女选举权请愿活动在英国爆发。

　　　　朱莉-维克多·道比的《可怜的女人》出版。

1866—1867　　国际工人协会(日内瓦,洛桑)展开关于妇女工作的辩论。

英国通过传染病法案(1866，1867)。

1867   英国下议院辩论约翰·斯图亚特·穆勒(John Stuart Mill)针对第二次改革法案提出的关于妇女选举权的修正案。

苏黎世大学首次授予女性医学学位。

奥地利-匈牙利"双君主制"宪法颁布。

1857—1869   世俗主义者和天主教徒在巴黎为女孩开设的课程而争论。

1868   艾米丽·戴维斯(Emily Davies)认为,在英国女孩必须通过和男孩一样的大学入学考试。

波勒·明克(Paule Mink)和其他人在巴黎捍卫女性工作的权利。

玛丽·古格(Marie Goegg)创立国际妇女协会。

尤金妮亚皇后(Empress Eugénie)允许妇女进入巴黎医学院学习。

1869   约翰·斯图尔特·穆勒发表《妇女的屈从地位》。

英国单身女性获得市政选举权。

1869—1875   关于妇女身体和心理是否适合接受高等教育进行争论。

剑桥大学创立格顿学院和纽纳姆学院;索菲娅·杰克斯-布莱克(Sophia Jex-Blake)和朋友们获准在爱丁堡大学学习医学。

1870   普法战争;巴黎公社;德国统一。

1870—1871   法国建立临时政府,其后第三共和国(1875 年)成立;重新建立国际妇女协会。

1871   丹麦妇女协会创立。

1871 年德国宪法确立所有男性具有议会代表选举的投票权;德国刑法规定堕胎是犯罪行为。

1872   俄国圣彼得堡专门为妇女开设了医学课程(1887 年再次关闭)。

瑞士成立"团结"女权协会。

1874   约瑟芬·巴特勒(Josephine Butler)及其同伴发起反对欧洲大陆国家对卖淫管制的运动,特别是反对法国的制度。

1876   英国议会修订了《医疗法案》,取消了基于性别差异的限制。

1877   英国及欧洲大陆废除娼妓业联盟在日内瓦成立。

1878   第一届国际妇女权利大会在巴黎召开。

休伯特·奥克勒特(Hubertine Auclert)对国际大会议程中妇女投票权的缺失提出质疑。

俄国开设第一所女子大学;新法沙特尔大学对妇女开放。

1879　奥古斯特·倍倍尔(August Bebel)的《过去、现在和未来的妇女》发表。

休伯特·奥克勒特质疑法国工人代表大会支持妇女权利。

1880　亨里克·易卜生(Henrik Ibsen)的《玩偶之家》在哥本哈根首演(《玩偶之家》1879 年出版)。

法国为女孩和男孩建立了免费义务小学教育,并为女孩建立了单独的公立中学。

1881　安娜·玛丽亚·莫佐尼(Anna Maria Mozzoni)在米兰创建促进妇女利益联盟。

1883　英国《传染病法案》废止。

奥利芙·施赖纳(Olive Schreiner)的《一个非洲农场的故事》出版。

1884　西奥多·斯坦顿(Theodore Stanton)发表《欧洲的妇女问题》。

弗里德里希·恩格斯(Friedrich Engels)发表《家庭、私有制和国家的起源》。

芬兰妇女协会、挪威妇女协会、弗雷德里卡·布雷默协会(瑞典)创立。

将对卖淫的管理从巴黎市政当局移交给法国内政部。

1887　玛丽·巴什克塞夫(Marie Bashkirtseff)《日记》在巴黎出版。

1888　全国妇女选举权协会在华盛顿特区创立国际妇女理事会。

1889　法国大革命百年纪念;巴黎举办国际博览会;巴黎举办两次国际妇女大会。

第二届国际工人协会成立。

贝尔塔·冯·苏特纳(Bertha von Suttner)发表《放下武器》。

1890　德国政府召开限制妇女就业的国际大会。

维也纳妇女失去市政选举的投票权。

1891　国际废奴主义者联合会成立。

教宗发布《新事》通谕。

1892 第一次自称"女权主义者"的妇女大会在巴黎举行(5月)。

1893 奥地利妇女总会成立。

1894 德国妇女协会联合会成立。

1895 德国社会民主党妇女批评"资产阶级女权主义"。

1896 爱伦·凯(Ellen Key)强调母职比有报酬的劳动更重要,并呼吁为
      母亲提供国家补助;巴黎召开第二次女权主义大会;玛丽·莫热雷
      (Marie Maugeret)在巴黎创办基督教女权主义;柏林国际会议召
      开;女权主义者发起对新《德国民法典》的抗议。

1897 第一届"捷克斯拉夫"妇女大会在布拉格召开;捷克妇女中央协会
      成立;比利时举行国际女权大会;《投石党报》在巴黎创刊;全国妇
      女选举权联盟在英国成立;维也纳大学接受妇女入校学习。

1899 向海牙和平会议递交妇女请愿书(百万妇女签名)。

1899—1900 国际妇女理事会在伦敦召开大会;巴黎举办两场国际女权
           大会。

1900 玛丽·莫热雷创办圣女贞德联合会(天主教女权主义者)。

1901 挪威女性纳税人获得市政投票权和选举权;法国下议院首次提出
      选举权提案。

1902 比利时工人党背叛了对妇女选举权的支持。

      国际妇女争取参政权和公民权联盟在华盛顿特区成立。

1903 妇女社会政治联盟在曼彻斯特成立。

1904 国际妇女参政同盟在柏林成立。

      禁止贩卖白奴国际协定。

      贝尔塔·帕彭海姆(Bertha Pappenheim)创立德国犹太妇女联盟。

      爱伦·凯出版《生命线》第一卷。

      巴黎和维也纳的女权主义者抗议法国和奥地利的民法典。

1905 妇女平等权联盟在莫斯科成立。

      罗莎·迈雷德尔(Rosa Mayreder)的《论女权批判》出版。

1906 芬兰妇女和男子一样享有投票权。

      俄罗斯杜马就妇女选举权进行辩论。

      西比拉·阿莱拉莫(Sibilla Aleramo)发表《女人》。

1907　第二国际工人协会妇女分部赞同将妇女不受限制的选举权作为一项社会主义的目标。

1908　全俄妇女大会在圣彼得堡召开。

德国解除妇女参与公共生活的禁令。

1909　柯伦泰(Kollontai)发表《妇女问题的社会基础》。

法国妇女选举联盟成立。

1910　社会主义阵营的妇女支持国际妇女节。

《禁止贩卖白奴国际公约》通过。

葡萄牙共和国妇女联盟成立。

1911　挪威选举一名妇女进入议会。

1912　英国议会第三次《和解法案》(选举改革)失败。

捷克选举一名妇女进入议会。

1913　挪威妇女获得完全的议会选举权。

国际妇女参政同盟在布达佩斯集会;废奴主义者会议在巴黎和伦敦召开。

"猫鼠"法案(Cat and Mouse Act)通过;一名英国妇女参政论者冲到国王的马前(6月4日)。

1914　亚伯拉罕·弗莱克斯纳(Abraham Flexner)出版《欧洲的娼妓业》。

法国妇女选举权运动达到高潮(春季和夏季早期)。

国际妇女理事会在罗马开会;国际妇女参政同盟在罗马发起了大规模的争取妇女选举权集会(5月)。

塞尔维亚密谋者在萨拉热窝刺杀奥匈帝国王位继承人。

国际妇女参政同盟宣言,要求仲裁。

1914—1918　第一次世界大战(1914年8月—1918年11月)。

1915　国际妇女大会在海牙召开;国际妇女争取和平联盟(1919年更名为国际妇女争取和平与自由联盟)成立;丹麦妇女获得选举权。

1916　都柏林复活节起义。

1917　俄国革命爆发(2月)。

布尔什维克夺取政权,确定妇女与男子的平等地位(10月)。

1918　英国30岁以上的妇女以及所有未被赋予选举权的男性都获得了

选举权。

全俄妇女代表大会召开(11月)。

英国《妇幼福利法》通过。

西班牙全国妇女协会成立。

1917—1919 荷兰、俄国、英国、德国、奥地利、捷克斯洛伐克、波兰等国妇女获得选举权(以各种形式),然而法国、意大利、西班牙、希腊、罗马尼亚和保加利亚等国的妇女仍然没有选举权。

1919 支持选举权联盟的妇女在巴黎集会,试图影响凡尔赛和约。

国际联盟和国际劳工组织成立。

国际妇女争取和平与自由联盟在苏黎世成立。

国际劳工组织妇女工作会议在华盛顿特区召开。

第一届国际劳动妇女大会召开。

1920 俄国革命政府确定堕胎合法化(11月)。

法国希望提高人口出生率的人主张家庭权。

1922 墨索里尼(Mussolini)和法西斯主义者在意大利攫取权力。

1924 埃莉诺·拉思伯恩(Eleanor Rathbone)发表《被剥夺继承权的家庭》。

国际妇女理事会召开反对战争起因会议。

1925—1926 西格蒙德·弗洛伊德(Sigmund Freud)发表关于妇女问题的演讲;卡伦·霍尔奈(Karen Horney)对弗洛伊德的观点进行了反驳。

1926 苏联颁布《婚姻家庭法》。

国际妇女参政同盟大会在巴黎举行:在关于妇女保护立法方面发生了分裂;国际妇女参政同盟更名为国际妇女联盟。

1927 国际联盟发表《关于贩卖妇女儿童特别专家团报告》。

牛津大学限制女生的入学人数。

1928 凯洛格-白里安公约通过。

拉德克利夫·霍尔(Radclyffe Hall)出版《寂寞之井》。

1929 股票市场崩溃;大萧条开始;对妇女就业的攻击开始,女权主义者动员起来捍卫就业权。

女权主义总部在巴黎成立。

1930　教宗发布《圣洁婚姻》通谕。

1931　西班牙共和国成立;西班牙妇女获得投票权。

国际劳工组织赞成《同工同酬公约》。

国际妇女组织联络委员会成立。

1932　妇女向日内瓦国际联盟裁军会议提交大规模和平请愿书。

1933　希特勒在德国掌权,纳粹下令解散一切组织;德国妇女协会联合会
在抗议中解散。

1934　反对战争和法西斯主义世界妇女大会发表声明。

威妮弗雷德·霍尔特比(Winifred Holtby)发表《妇女与变化中的
文明》。

1935　墨索里尼入侵阿比西尼亚(埃塞俄比亚;10 月)。

1936　法国人民阵线政府任命三名女性部长。

西班牙内战爆发;自由妇女联合会成立。

1936—1938　瑞典人口政策改革;贡纳尔(Gunnar)和阿尔瓦·默达尔
　　　　　　(Alva Myrdal)将女性重新定义为抚养孩子的工人。

1937　妇女反战及反法西斯主义世界委员会大会在巴黎召开。

国际联盟授权成立妇女地位委员会。

爱尔兰共和国宪法规定妇女享有的权利。

1938　弗吉尼亚·沃尔夫(Virginia Woolf)的《三个畿尼》出版。

纳粹德国入侵及并吞奥地利,接着是捷克斯洛伐克。

1939　《苏德条约》签订;纳粹德国入侵波兰;第二次世界大战爆发;纳粹
德国击败法国。

国际妇女联盟在哥本哈根召开大会。

国际联盟发表《法律与妇女工作》。

1940　阿尔瓦·默达尔在瑞典出版《民族与家庭》。

1941　埃琳·瓦格纳(Elin Wägner)发表《闹钟》。

1942　《贝弗里奇报告》(英国)提出一种福利制度,其中妻子只能通过丈
夫的雇佣而获得福利。

1944　苏联新的《家庭法》颁布。

　　　　同盟国在 5 月对轴心国发动攻击。

1945　战争结束。

　　　　教宗发表"妇女的尊严"讲话。

　　　　法国与意大利的妇女第一次获得投票权。

　　　　联合国建立。

　　　　国际民主妇女联合会在巴黎成立。

1946　联合国妇女地位委员会成立。

　　　　薇奥拉·克莱因(Viola Klein)出版《女性性格:意识形态的历史》。

1947　"冷战"开始;实行马歇尔计划和莫洛托夫计划。

1948　联合国《世界人权宣言》发表。

1949　玛格丽特·米德(Margaret Mead)《男性和女性》出版。

　　　　西蒙娜·德·波伏娃(Simone de Beauvoir)《第二性》出版。

　　　　联合国通过《禁止贩卖人口及取缔意图赢利使人卖淫国际公约》。

1952　国际劳工组织通过《同酬公约》。

1953　国际民主妇女联合会在哥本哈根的世界妇女大会上高举妇女权利
　　　　的旗帜。

1955　联合国教科文组织发表迪韦尔热的《妇女的政治角色》。

序言:历史、记忆和赋权

我们把那场旨在结束妇女处于屈从于男人地位的运动叫做女权运动,这是一场正在进行的、周而复始的、持久的政治筹划,它深深扎根于欧洲的历史之中。过去与现在,欧洲的很多社会都记录了女权运动,复数的女权主义;其中一些社会,复数的女权主义成为各种政治文化以及欧洲思想和政治的特质,是重要且反复出现的特质。女权主义思想和行动并不居于所谓的西方传统之外,亦非身处边缘,它们彼此绞合在一起。①

女权不得不言辞犀利地表达诉求,这些诉求没有早早得到认可,这些都表明女权过去那些非同寻常的努力都被抹杀了。这些表述对于今天的男人和女人依然很重要,无论他们是居住在欧洲还是在远离欧洲的地方。当我们把女权主义的历史嵌入欧洲的思想和政治的历史之中,我们对欧洲过往——以及与我们现在和未来的关联——的理解就会发生激烈的改变。那么,我们为什么对这些情况所知甚微?这些知识是怎么丢失了的呢?或者,我们是否已经拒绝了女权主义的知识传统?

要回答这些问题,要看我们如何解释"西方思想"和政治的传承,我们是如何被教育去思考西方思想(和政治)的,它们**是**什么。当我们以关切女权主义的视角,带着一套全新的从档案中找回的知识,去批判性地思考时,过往将呈现不同的样貌。我们看到的不再是漫长的、线性的朝代兴替、战争、侵占、革命,也不再是宏伟的、广阔的趋势,如资产阶级的上升、资本主义的发展、民族国家的兴起。我们看到的不再是由某位显赫的西方哲学界前辈产生的伟大思想,所编织的天衣无缝的历史。我们遭逢的是一个更加有趣的世界,它漫长且没有规律,它围绕一系列重大问题而产生争议、论辩、派系争竞、进步、回潮、挫败,偶尔也有胜利,而不仅仅是历史

① 关于定义女权主义和描绘女权主义历史学科的讨论,参看本书第一章。

惯例所能接受的那些东西。女人与男人的关系，也就是说，不同性别的关系，不仅仅是我们用以重读过往的透镜，它们本身就处于争议的风暴中心。

因此，这本书关注的，是对欧洲男性主导或统治所发起的一系列政治挑战和回应。所谓的欧洲，主要指欧洲大陆，时间是从 1700 年到 1950 年。这些挑战所带来的是批判性的思考和政治行动，这些行动是由女人和同情她们的男性盟友共同发起的。这些行动关注权威和规则制定的问题，关乎婚姻、教育、财产、资源、劳动分配和政治参与、家庭结构，甚至知识自身的组织生产。女权运动致力于解放妇女的奋争，以及对这些奋争的有组织的抗拒，正如本书的书名所显示、内容所论证的，那是我们如何从历史角度理解欧洲社会的政治核心。它们也承载着我们对其他一些社会的历史理解，这些社会远离欧洲，但已深深地受到欧洲的影响，且继续承载（或反抗）欧洲文化的影响。我不会在本书谈及这些社会，但这里必须指出彼此的关联。

实质上，欧洲女权主义的历史包含历史所探询的每个“领域”——政治的、知识的、社会的、经济的、文化的、宗教的领域，等等。尽管它覆盖范围广，跨度大，但历史对女权提出的多重挑战的记忆微乎其微，这些记忆是否存在都成为问题。就像被埋藏的珍宝一样，这些证据藏在传统的历史诠释之地表下面，是关乎过往的“尚未获得权威认证”的一个面向。

这些知识“没有权威”的借口是多么的错误而顽固！请从 20 世纪早期的记录中倾听这些声音。法国的活动家埃弗丽尔·德·圣克罗伊夫人（Madame Avril de Sainte-Croix）于 1907 年写道：“事实上，女权运动所朝向的道路是没有人能够拒绝的，没有任何力量能够阻碍这个运动。”①英国支持妇女选举权的活动家米利森特·加勒特·福塞特（Millicent Garrett Fawcett）评论道：“妇女运动是世界历史上发生过的最重大的事件。”并指出：

> 其他争取自由的运动都旨在提升一个相对小的团体或阶层的社会地位。但妇女运动旨在提升全体女性的社会地位——一半的人

---

① Madame Avril de Sainte-Croix, *Le Féminisme* (Paris: V. Giard & E. Brière, 1907), p.6. 作者有多个名字，如格尼亚（Ghénia）和阿德里安（Adrienne）。关于作者补充如下：她的出生名字是 Adrienne-Pierette-Eugénie Glaisette。Avril 是她丈夫的姓，Sainte-Croix 是她哥哥在瑞士沃州（de Vaud）取得公民身份后袭得的名字。

口——以提升人类的自由和价值。它所受益的人数比以往所有改革运动都多,因为它蔓延到了全球。它扎根更深,因为它进入到家庭并修正人的特质。①

或者,让我们来看看瑞典作家与支持母职的倡导者爱伦·凯(Ellen Key)的看法,她于 1904 年提到:"如今,妇女参与斗争远比其他斗争意义深远,如果没有意外,它的意义将最终超过任何宗教或种族战争的意义。"②这些激进宣言的同时代读者一定曾对此刮目相看。我们也应该如此。

尽管有这样的宣言,尽管后继女权运动充满活力和能量,她们尝试反对并揭露从 18 世纪到 20 世纪早期的男性统治,然而,女权运动的历史和妇女的历史似乎都没有获得经久不衰的力量。其中,妇女的历史比女权运动历史拥有更广的范围,虽然后者是前者相关计划的一部分。西蒙娜·德·波伏娃(Simone de Beauvoir)在她的《第二性》(1949)导论中指出:"妇女缺乏具体的组织起来的方式,以形成彼此联结、相互关联的整体。她们没有属于自己的过往、历史和宗教;她们没有无产阶级那样的职业联盟和共同利益。"③即使在 1949 年,这依然是严重误导的言论。

克服健忘

20 世纪 70 年代早期,欧洲思潮中出现了女权主义者的新世代,她们问心无愧地宣称那是女权"元年"(Year Zero)。我要追问的是,思想界和行动领域曾经发起的那么意义重大的运动,参与者如此奋争过,迎接过那么多挑战,是如何被抹杀和遗忘的? 为什么女权运动的历史无法得到专

---

① Millicent Garrett Fawcett, "Introduction", in H. M. Swanwick, *The Future of the Women's Movement* (London: G. Bell, 1913), p. xii.

② Ellen Key, *Love and Marriage*, transl. Arthur G. Chater (New York: G. P. Putnam's Sons, 1911), p. 214;最初以瑞典语发表:*Lifslinjer af Ellen Key*, 1904。

③ Simone de Beauvoir, "Introduction", to *Le Deuxième Sexe* (Paris: Gallimard, 1949; many subsequent reprintings), p. 17. L'ancienne traduction anglaise (très abrégée), *The Second Sex*, transl. and ed. H. M. Parshley en 1952 est maintenant remplacé par une nouvelle et intégrale traduction publiée par la maison d'édition Knopf.

业历史学家严肃的对待？或者用以教授给年轻的男人和女人,即欧洲和美国那些在 20 世纪 50—60 年代进入学院和大学的女孩和男孩？为什么现在几乎不再讲授这些内容？众所周知,知识能够给学习者赋力,偏颇的知识或缺乏相关知识会剥夺人的力量。实际上,数十年来,国内和国际的历史学社群都没有很好地利用女权运动的历史知识,学校教师更不认同这些历史知识了。即使今天,它依然是不受欢迎的入侵者。

不仅是久远的历史,女权历史新近的发展也遭到埋没、消除甚至压制,正如戴尔·斯彭德(Dale Spender)雄辩地指出的,20 世纪 80 年代的女权活动是 20 年代英国女权活动的延续。她提出的问题是:"了解到过去几十年里,这世界有着充满活力和多种多样的妇女运动,她们曾关注类似的议题,组织相似的运动,这会给我们的生活带来不同吗?"斯彭德坚定地回答"是的":"认为我们只能孤身上路,以为我们的抗议前无古人,这只会导致怀疑氛围的扩散,并令人脆弱,没有模范、经验或指导……过去很多妇女对男性权力的看法,跟当今的妇女一样……了解这些知识能够给我们带来巨大的能量和快乐。"①

20 世纪 70 年代以来,国别妇女历史的发展,女权主义学术的出现,已经做了大量的补救工作,以改变那些让戴尔·斯彭德感到不安的局面,一如这本书马上会出版。在很多国家,学者和出版人合作,出版的著作丰富了我们关于国别妇女历史和女权历史的知识,这样的方式,是波伏娃和她的同时代人难以想象的。相比较而言,横跨欧洲各国的研究则还没有充分发展起来,早期只有理查德·J.埃文斯(Richard J. Evans)和简·兰德尔(Jane Rendall)两部重要的著作。②

---

① Dale Spender, "Introduction", in *Time and Tide Wait for No Man* (London: Pandora Press, 1987), p.2.

② 所提及的两本书是:Richard J. Evans, *The Feminists: Women's Emancipation Movements in Europe, America and Australasia, 1840 - 1920* (London: Croom Helm; New York: Barnes & Noble, 1977); Jane Rendall, *The Origins of Modern Feminism: Women in Britain, France, and the United States, 1780 - 1860* (London: Macmillan, 1983; New York: Schocken, 1984)。我对这些早期著作和其他研究的讨论参看:"Challenging Male Hegemony: Feminist Criticism and the Context for Women's Movements in the Age of European Revolutions and Counter-Revolutions, 1789 - 1860", in *Women's Emancipation Movements in the 19th Century: A European Perspective*, ed. Sylvia Paletschek & Bianka Pietrow-Ennker (Stanford: Stanford University Press, 2004), pp.11 - 30。

在跨学科的妇女研究领域，至少在北美的学院与大学中，学生有时候能够学习到美国、英国和加拿大的女权历史。在中等教育中，这样的课程则相当罕见。但即使在大学的妇女研究项目中，很多国家的女权历史的教学也往往缺斤少两。其他学科的学者和教师很少感到有责任去涉猎妇女历史的知识，更不想去谈女权历史，即使他们期待他们的历史系同事能跨越学科的边界，甚至跨越文化和大陆的边界。对当今很多人来说，女权的知识仅仅指的是"女权主义理论"，或20世纪70年代以来的女权实践。虽然什么可以"算作""知识"或"理论"是个值得持续探讨的问题，但这些议题在历史中的位置依然遭到极大的贬抑。①

欧洲的情境更加困难。开设一门妇女研究课已经困难重重，欧洲的妇女课程几乎没有进入教育体制。妇女历史的课程已经遭到来自教育权威们严肃而持续的反对，更别说女权历史课了。这些教育权威为国家控制的主要部门体系服务，他们自以为是地维护"普遍的"知识，防范他们看做是"分裂的"或区隔的知识，避免它们的侵犯。②很难让这些权威人士明白，妇女历史不是微不足道的学科，实际上，妇女占人口一半——且如今在一些文化中，大学中年轻女性占多数——而女权主义处理的是人类社会最重要的关系：女人与男人的关系。学生们不应该一点也不接触这些政治历史，这些历史中的成功与失败，对他们的生活影响至深，这些观点在权威人士看来是不可接受的！

20世纪70年代早期，我刚刚开始研究欧洲女权的历史，仅有的英语文献主要关注的是美国对妇女问题的论辩，外加来自弗吉尼亚·沃尔夫（Virginia Woolf）、弗里德里希·恩格斯（Friedrich Engels）、奥古斯特·倍倍尔（August Bebel）等人的文章；其他的文集主要是那些煽情的、反对

---

① 对这些议题的深入讨论，参见 Marilyn J. Boxer, *When Women Ask the Questions: Creating Women's Studies in America* (Baltimore: Johns Hopkins University Press, 1998), chap. 6。

② 法国的文献参见 Françoise Thébaud, *Écrire l'histoire des femmes* (Fontenay Saint-Cloud: ENS Éditions, 1998); et la 2nd édition revue et augmentée, Écrire l'histoire des femmes et du genre (Lyon: ENS Editions, 2007)。很多其他欧洲国家的基础研究文章，参见 *Writing Women's History: International Perspectives*, ed. Karen Offen, Ruth Roach Pierson, & Jane Rendall (London: Macmillan; Bloomington: Indiana University Press, 1991)。

女权主义的男性学者的文献,从亚里士多德到尼采。①1972 年的某天,为合作授课的"西方历史中的妇女"这门课程查阅材料时,我遍寻斯坦福大学图书馆的书架,查找旧书,在杜威十进分类法条目 396"Women"处我发现了两件珍宝:第一件是西奥多·斯坦顿的概述《欧洲的妇女问题》(1884),其中第六章有我所需要的东西;第二件是由 H.J.梅勒主编的《妇女与女权主义》,出版于 1900 年,存放在"妇女历史"的格里森馆藏的条目下。这是多么惊喜的发现! 后者包含了大量的欧洲妇女历史著作、女权期刊的书单,是有多种欧洲语言文献的珍贵藏品,都是 1900 年之前的文献。我随后了解到,20 世纪早期,这批重要的印刷品馆藏的编撰,是应芝加哥的约翰·克里勒图书馆请求,由荷兰医生兼选举活动家阿莱塔·雅各布斯(Aletta Jacobs)负责的。克里勒图书馆随后把这些文集卖给堪萨斯大学,后者收藏至今。它广泛收集了多种欧洲语言出版的图书、期刊,如今已经被制作为微缩胶卷,方便世界各地的学者使用。

研究初期,我感兴趣的是法国的材料,但作为一个受比较方法启蒙的学者,我也阅读其他语言的图书、文章和期刊并做了笔记。我很快就意识到,还有很多材料未经挖掘,然而,我刚开始收集并复印这些文本时,还不知道这个领域那么宽阔,不知道去寻找查询这些资料那么容易,或者说,不知道阅读让我那么兴奋。我的追问使我从格里森馆藏走向其他大大小小的图书馆、档案馆②,遍及欧洲和美国的文本,成百上千的出版物出现

———————

① 参见 Miriam Schneir, *Feminism: The Essential Historical Writings*(New York: Random House, 1972); Alice Rossi, ed., *The Feminist Papers*(New York: Columbia University Press, 1972; Bantam Books, 1973)。同时参见 Julia O'Faolain & Lauro Martines, eds., *Not in God's Image: Women in History from the Greeks to the Victorians*(New York: Harper & Row, 1973); Susan Groag Bell: *Women: From the Greeks to the French Revolution*(Belmont, Calif.: Wadsworth, 1973; 2d ed., Stanford: Stanford University Press, 1980)。给美国学生教授欧洲女性历史时,学生不懂欧洲大陆语言,我们缺乏相关英语文献,为此,苏珊·格罗格·贝尔和我一起制作了两集纪录片来诠释这本书:*Women, the Family, and Freedom: The Debate in Documents, 1750 – 1950*(Stanford: Stanford University Press, 1983; hereafter *WFF*)。

② 参见此书编辑导论所列的参考文献:*Writing Women's History: International Perspectives*, ⅩⅩⅥ, and ⅩⅩⅩⅨ, n.7. 有关 20 世纪 90 年代妇女运动发展的信息可以从欧洲妇女国际研究组织(*WISE*)的出版物中查阅,包括其时事通讯《妇女新闻》(*WISE Women's News*)和《欧洲妇女研究季刊》(*European Journal of Women's Studies*)。另请参见威斯康星大学麦迪逊分校的妇女研究图书馆(Women's Studies Librarian)按季度出版的女权主义馆藏(*Feminist* (转下页)

在我眼前。

我在美国的图书馆和档案馆发现，与妇女的历史一样，女权的历史从未在知识类目中获得相应的位置。例如，无论是在较老的杜威十进分类法还是现在主导的美国国会图书馆分类法中，女权主义依然不是单独的分类条目，因为社会-政治运动——社会主义、无政府主义、共产主义等，长期都是男性主导的。① 例如，社会主义的分类条目是"J"，属于政治学，而"妇女"的全归在"HQ"，分在社会科学"H"条目之下。我们查找女权或与之平行的妇女运动的图书时，这些图书与大量其他各类研究的书籍一起放在"社会科学"条目之下的"妇女"类，但偶然也可以在人文学科（包括文学、音乐和艺术）中找到各类标题，或者在社会科学（社会学、人类学、心理学），或者在法律、医药、生物、商业、经济、教育，或在战争与和平等专类图书馆中找到。总而言之，男人的社会政治运动与相关议题的资料，会得到更用心和细致的分类。书店也有这样的问题，女权的书被堆放在妇女研究的分部，被纳入社会科学，而不是社会运动或政治类。从某些方面来说，这些分类法让当今读者更容易找到他们想买的图书，但却难以把这些书的内容和关注点整合到主流的知识分类体系之中。虽然这些知识分类体系是人为的，但它持续地形塑着我们对人文科学的理解，甚至塑造我们如何理解妇女研究提出的问题，即真正意义上的"跨学科"知识应该是怎么样的。

恢复往事的面貌

一开始，欧洲女权主义者就非常明白，"记住过去的事情"对于筹划

（接上页）Collections），以及三种有关妇女与性别历史的期刊《女性历史杂志》（Journal of Women's History）、《女性历史评论》（Women's History Review）和《性别与历史》（Gender & History）中的文章，以及我在国际妇女历史研究联合会（IFRWH）时事通讯中发表的参考书目（http://www.ifrwh.com）。法语方面，请特别参见 Clio：Historire，Femmes et Sociétés 和在线杂志《文类与历史》（Genre et Histoire）。

① 女权书籍不是单独分类的条目，比较一下：理查德·大卫·索恩（Richard David Sonn）看到无政府主义的书目在"HX"系列中排在马克思主义、社会主义和乌托邦之后，就曾大大悲叹。参见 Sonn，"Introduction"，in Anarchism（New York：Twayne Publishers，1992）。

未来的蓝图至关重要。玛丽亚·莱哈拉加·马丁内斯·谢拉(Maria Lejárraga Martínez Sierra)于 1917 年就提议道:"西班牙的女士们、先生们,在指控女权是舶来品之前,请研究研究我们的历史。"①虽然她不得不冠着她著名的戏剧家丈夫的姓氏。实际上,在 20 世纪,欧洲的女权主义者们越来越看重记录、记忆女权历史,并意识到这是面向未来的行动。近来,一位捷克历史学家在其充满讽刺且浮夸的话语中道出了一些真相:"女权主义不仅仅想拥有未来,她们想抓住历史并从妇女的视角进行重新诠释。"②当女人提问时,过往意味着新的可能性。不仅仅是从妇女的视角去看,而且是从女权的视角去看,这包含了更大的抱负,去书写和教授女权历史,并把妇女囊括到"标准诠释"(standard accounts)之中。女权学者也对欧洲和北美的历史学提出批评,质询学院里的专家如何以及为什么会这样书写和教学。③对于女权主义者来说,历史有重大意义,理顺历史记录的问题只是一部分任务。20 世纪 30 年代早期,波兰历史学家露西·切鲁维佐瓦(Lucie Charewiczowa)在国际历史学科大会(International Congress of Historical Sciences)召开之前谈到妇女历史写作时,分析道:"女权运动……每日更新成长",而妇女和女权历史的知识应该有助于颠覆"每一个偏见,反女权的肤浅思想,这一切在大众那里依然根深蒂固"④。

　　早在 20 世纪之初,欧洲女权主义者就明确表达要书写"自己的历

---

① "Estudien, estudien ustedes Historia, damas y caballeros españoles, antes de accusar de extranjerismo à un feminista." G. Martínez Sierra[Maria Lejárraga Martínez Sierra], *Feminismo, feminidad, españolismo*(Madrid: Renacimento, 1917), p. 132.

② F. S. 马赫勒对 Katherine Walsh's *Ein neues Bild der Frau im Mittelalter?* 的评论,收录于 *Ceský casopis historický(The Czech Historical Review)*, 91:1(1993), p. 147; as transl. by Jitka Malečková, "Gender, Nation and Scholarship: Reflections on Gender/Women's Studies in the Czech Republic", in *New Frontiers in Women's Studies*, ed. Mary Maynard & June Purvis (London: Taylor & Francis, 1996), p. 96。

③ 参看富于洞察力的分析:Joan W. Scott, *Gender and the Politics of History*(New York: Columbia University Press, 1988)。以及期待已久的研究成果:Bonnie Smith, *The Gender of History: Men, Women, and Historical Practice in the West, 1800 - 1940*(Cambridge, Mass.: Harvard University Press, 1998)。

④ Dr. Lucie Charewiczowa, "Est-il fondé d'écrire une histoire spéciale de la femme?" *La Pologne au VIIe Congrès International des Sciences Historiques, Varsovie 1933*(Warsaw: Société Polonaise d'Histoire, 1933), pp. 309, 311.

史",她们那时候就开始建立妇女运动档案。最早发起的是巴黎的埃莉什卡·文森特(Eliska Vincent),她在 19 世纪 90 年代就开始收集了大量档案材料(大约 600 000 份文件)。不幸的是,1919 年,她遗留下来的材料送到社会博物馆(Musée Social)时,被拒收了。尽管执行她遗嘱的两个负责人玛格丽特·杜兰德(Marguerite Durand)和玛丽亚·韦罗内(Maria Vérone)尽了最大努力,这些材料还是丢失了。①杜兰德和玛丽-路易斯·布格勒(Marie-Louise Bouglé)没有让这件事石沉大海,他们两人随后把资料收集起来,并找到更安全的存放机构,那就是巴黎的玛格丽特·杜兰德图书馆(Bibliothéque Marguerite Durand)和巴黎的历史图书馆(Bibliothéque Historique de la Ville de Paris)。杜兰德图书馆早于 20 世纪 30 年代已经成为了巴黎市立图书馆的附属部门,位于巴黎第五区——就在万神殿(Pantheon)对面(安葬法国名人的地方)——到了 20 世纪 80 年代中叶,杜兰德图书馆已经扩容,并搬到 13 区一个更大的地方。我们很快会论及杜兰德和布格勒图书馆馆藏如何被发现一事。

在英国,于 1926 年放置在伦敦妇女服务协会的资料,后来成为福赛特图书馆(Fawcett Library)资料的核心部分。为了重新放置和保管这些资料,经过多次交涉,在伦敦市政厅大学(前身是伦敦城市理工专科学院)图书馆的地下室找到了安放的地方。1988 年,国家女性图书馆的计划诞生,从英国国家福彩那里筹集了四百二十万磅资金,并发布公告说会为这些藏书提供空间,这些藏书包括约瑟芬·巴特勒协会的藏品以及很多报纸,几个妇女选举机构,如六点小组(Six Point Group)、圣女贞德国际联盟(St. Joan's International Alliance)的出版物。

在德国,1933 年纳粹威胁接管德国妇女联合会(Bund Deutscher Frauenvereine,BDF),机构面临解散,德国妇女运动和一系列附属机构的报纸最终(1935)放置在位于柏林-威尔默斯多夫(Berlin-Wilmersdorf)的海伦·兰登基金会(Helene Lange Stiftung)。1934 年,德国妇女联合会最后一任主席艾格妮丝·冯·萨恩-哈纳克(Agnes von Zahn-Harnack)和汉斯·斯韦施特鲁普(Hans Sveistrup)合作出版了一部 800 页的文献著作,

---

① *Vie Sociale* (published by CEDIAS, Musée Social, Paris), 8 - 9(1988), p.367.

编撰了 1927—1932 年期间"德国妇女问题"的资料,作为对纳粹统治的无言反抗。那时候,纳粹已经下令解散所有非纳粹的团体和机构。①这部著作后来成为德国女权运动研究学者的主要参考资料。从那时候起,好几个地方建立了妇女运动和妇女历史的档案,如德国妇女运动资料库就设在卡塞尔市。②

在荷兰,志存高远的国际妇女运动档案馆(International Archives for the Women's Movement,或称 IAV)于 1935 年由一群荷兰女权主义者筹建,包括罗莎·马努斯(Rosa Manus)和维莱明·亨德丽卡·波斯蒂默斯-范·德戈特(Willemien Hendrika Posthumus-van der Goot)等人。档案馆刚刚起步时,纳粹占领荷兰,侵略者捣毁了整个档案馆。在 1948 年,即荷兰威廉敏娜女王(Queen Wilhelmina)让位给她的女儿朱莉安娜之年,尽管档案材料历经劫难,波斯蒂默斯-范·德戈特和她的助理们从事研究并于当年出版了《从母亲到女儿:1798—1948 年的荷兰妇女历史》一书,以纪念她们的历史。在那段时期,档案馆的组织者筹划重建国际妇女运动档案馆,直到 20 世纪 80 年代后期,在阿姆斯特丹社会历史国际档案馆的影响下,这一计划才得以开启。人们一直以为国际妇女运动档案馆部分原初档案已经被摧毁,但最近却奇迹般发现,它们完好无损地保存在莫斯科,很可能是当时由苏联红军运走的,这反而让它远离了纳粹的魔掌。1989 年后的俄罗斯政府表示不愿意让这些档案回归重建的国际妇女运动档案馆,只同意把部分文件制作成微缩胶卷。③

其他早期文献收藏者们想建立独立的档案馆则没有那么顺利。

---

① *Die Frauenfragen in Deutschland: Strömungen und Gegenströmungen, 1790 - 1930, sachlich geordnete und erläuterte Quellenkunde,* ed. Hans Sveistrup & Agnes von Zahn-Harnack(Burg-bei-Main: A. Hopfer, 1934)。

② 卡塞尔的德国妇女运动档案馆(The Archive of the German Women's Movement)出版了一份信息期刊 *Ariadne*(https://www.addf-kassel.de)。

③ 英语文献参见 Ineke Jungschleger, *Bluestockings in Mothballs: 50 Years International Archives for the Women's Movement*(Amsterdam: IAV, 1987)。20 世纪 70 年代末出版的馆藏目录,包括各种语言的著作,参见 *Catalog of the International Archives for the Women's Movement*(Boston: G. K. Hall, 1980)和线上资源库 Atria: Institute for Gender Equality & Women's History(https://institut-genderequality.org)。修复的荷兰资料,参见 Mineke Bosch, "Historiography and History of First-Wave Feminism in the Netherlands, 1860 - 1922", in Paletschek & Pietrow-Enker, eds., *Women's Emancipation Movements*, pp.53 - 76。

1935 年,有人在美国发起建立世界妇女档案中心(World Center for Women's Archives)的庞大计划,发起人是匈牙利的选举活动家萝日考·施维默(Rozsika Schwimmer),美国历史学家和女权主义者玛丽·比尔德(Mary Beard)着力推进这个计划,但遇上战争,无法筹集足够款项,到 1940 年不得不放弃了。施维默收藏的大量文献如今放在几个馆藏中,其中一个是纽约公共图书馆,另一个在斯沃斯莫尔学院。麻省的史密斯学院的索菲娅·史密斯学院馆藏中收藏了大量的欧洲资料。同时,1940 年纳粹占领布鲁塞尔时也掠夺了国际妇女委员会(ICW)的档案馆,唯有在 20 世纪 60 年代,借着出版关于她们的历史的《变动世界中的妇女》的机会,国际妇女委员会才得以把失散在各处的资料重新复制收藏。国际妇女联盟(IAW)的档案逃过劫难保留下来,1955 年,国际妇女联盟出版了记录她们历史的著作《迈向自由之旅》。国际妇女联盟的出版物,连同它在科罗拉多出版的报纸,国际妇女争取和平与自由联盟(WILPF)的出版物,如今可以从微缩胶卷中查阅。[①]

　　第二次世界大战之后,多个档案馆陆续落成。20 世纪 50 年代,瑞典的学者们在哥德堡大学建立了一个妇女历史档案馆。随后又建成了一些档案馆,如位于奥胡斯(Aarhus)的妇女历史馆收藏了早期丹麦妇女权利运动的一些珍贵资料。瑞士妇女运动的记录则收藏在伯尔尼附近的戈斯特利基金会档案馆(Gosteli Foundation Archive),这个档案馆得益于妇女权利活动家玛尔塔·戈斯特利(Marthe Gosteli)的努力和资金支持。[②]

　　为避免有人盲目迷恋收藏非出版物的档案馆的藏品,我坚持呈现出版物收录的丰富性,大部分或保存在这些档案馆,或收在图书馆藏中。欧洲女权历史学家还有途径去摘取一些非同寻常的资料,我这本书也是这样做的,从过去两个世纪中社团大量的出版物,女权主义者和女权组织以及反对者的会议议程、通讯、小册子和其他印刷资源中摘取。通常是美国

---

　　①　有关欧洲女性历史档案的更多信息,参见 Leila J. Rupp, "Introduction" to her *Worlds of Women: The Making of an International Women's Movement* (Princeton: Princeton University Press, 1997)。

　　②　参见 Claudia Wirz, "Ein historisches Gedächtnis für die Frauen", *Neue Zürcher Zeitung*, 20 - 21 (March 1998)。英语译本:"A Historical Memory for Women", *Journal of Women's History*, 12:1(Spring 2000)。

图书馆附带地向他们索取并保存了很多这样的出版物,且随即就做成了微缩胶卷,不仅仅是格里森馆藏中有,而且辅助研究馆藏中也有保存。这些资料由康涅狄格州研究出版社于 20 世纪 70 年代进行了微缩胶卷制作。其他资源可以通过全国联盟 1956 年前的卓越的印刷目录来追溯,并可以通过馆际互借来借阅。

著名的奥地利作家玛丽·冯·艾伯纳·埃申巴赫(Marie von Ebner-Eschenbach)于 1880 年写道:"当妇女学会了阅读,就会提出妇女的问题,全世界皆然。"[1]并且,女权主义独有其记录历史的方法——既通过出版的政治记录,也通过私人的记录。读者会发现这本书的解释,主要基于这些海量的复原的印刷资料。

书写欧洲的女权历史不是新任务,尤其是对于受过学术训练的历史学者来说。一如前面引述的莱哈拉加(Lejarraga)和切鲁维佐瓦评论的,很多女权活动家的出版物有力地强调了她们的抵抗,即抗击那些以信息误导公众的猖獗现象;其他活动家担忧,她们潜在的继任者会忘记历史,尤其是在女权主义达成主要目标之后,如代表权或在国会政府的投票权。这些议题显然让埃莉诺·拉思伯恩(Eleanor Rathbone)挂虑,她于 1934 年写道:"那些如今能够说'我们生而自由'的年轻女性,她们会常常想起或知道她们的前辈为她们所做的一切吗?"[2]英国妇女于 1928 年获得公民权,那一年,我们就开始了纪念活动。其中一个重要的例子是,米利森特·加勒特·福塞特的《约瑟芬·巴特勒:她的工作和原则,以及它们对 20 世纪的意义》(1927)一书。这本书向约瑟芬·巴特勒的百年诞辰致敬,她是一位了不起的活动家,曾发起反对欧洲国家管控卖淫的运动。一如评论者指出的,巴特勒的工作和原则"改变了社会伦理,不仅仅在她自己的国家,而且影响全球,近代以来没有哪个个人的影响力

---

① Marie von Ebner-Eschenbach, *Aphorismen aus einem zeitlosen Tagebuch altweibersommer Parabeln und Märchen*(1880), in *Gesammelte Werke*, 9(Munich: Nymphenburger Verlagshandlung, 1961);英语由 G. H. Needler 翻译,收录于 *The Longman Anthology of World Literature by Women 1875 - 1975*, ed. Marian Arkin & Barbara Shollar(New York & London: Longman, 1989), p.5。

② Eleanor Rathbone, "Foreword", to Erna Reiss, *Rights and Duties of Englishwomen: A Study in Law and Public Opinion*(Manchester: Sherratt & Hughes, 1934), p.Ⅷ.

比她更大"①。福塞特著作的姐妹篇是蕾·斯特雷奇(Ray Strachey)的《英国妇女运动简史》(1928),这篇评论肯定了它的价值:

> 对于那些饱读诗书,了解旧秩序,足以理解妇女遭遇的人,对于那些深深意识到哪些力量依然在反对"平等地位"并被这种反挫气得冒烟的人,必定被这颗神奇的彗星的轨迹所激励。天哪! 是什么让事情变得那么快,走得那么远?②

1953 年,维拉·布里顿(Vera Brittain)的《从维多利亚到伊丽莎白二世的妇女简史》描述了自维多利亚女王 1901 年去世以来的五十年间,英国发生的里程碑式的变化,这些令人欢欣鼓舞的改变,让子孙后代从中受益。

遭遇阻碍

欧洲大陆在这段历史时期发生了哪些事情? 有一件事是确切的:本质上,每种政治文化都会遭遇到强大的阻力,你可能预料到来自右翼的反对,但也有来自左翼的反对。政治右翼的反对力量主要来自权威的、与宗教相关的、男性主导的团体,这没有什么出人意料的。来自政治左翼的反对似乎更成问题。早在 1900 年,第二国际工人联盟(Second International Workingmen's Association)的马克思主义-社会主义者把女权主义树为敌对阵营,并试图以诋毁和反诉的方式来消除其吸引力。他们的指控和无来由的说法包括:女权主义是无可救药的"资产阶级",资本主义是更严重的问题,阶级冲突是历史的推动力,只有社会主义可以解决"妇女问题"——但只有等无产阶级取得胜利之后才会考虑妇女问题。社会主义阵营的妇女不愿妥协并持续拒绝与女权主义者合作,从 20 世纪 70 年代以来就有大量的记录。

---

① Review of *Josephine Butler* by K. B., in *Jus Suffragii/The International Women's Suffrage News*, 22:5(Feb. 1928), p.71.

② Review of *The Cause* by K. B. in *Jus Suffragii/The International Woman Suffrage News*, 23:2(Nov. 1928), p.19.

俄国革命之后,共产主义一党制的国家陆续建立,一开始是苏联,随后是东欧国家,欧洲社会主义者和共产主义者对女权主义的敌意从未间断。信仰共产主义者宣称已经找到针对"妇女问题"的独特解决方案,这样的论述信誓旦旦又反复申述,一直到20世纪50年代,那时候,共产主义主导的国际民主妇女联合会(WIDF)和它的国别成员组织有效地合作了女权项目,却又拒绝这些机构的署名并抹去其记忆。从女权视角来说,欧洲社会主义组织——更广泛地说,社会-民主左翼——有很多问题需要回答,不仅对女权主义污名化和琐碎化,把女权主义描述为"特别利益团体",而且极力压制女权主义者及其活力,一有机会就删改女权历史。[1]实际上,这很容易让人想到海迪·哈特曼(Heidi Hartmann)所说的"马克思主义与女权主义的不愉快婚姻",其实从来就没有婚姻,更从没有建立过天堂般美好的关系,从一开始,"致命的诱惑"就是更恰当的表达。[2]政党路线显然把女权主义看做致命的敌人。

尽管存在这种致命的关系,尤其是在法国和意大利,重要的学术倡议和历史贡献都是由共产党的纪念活动产生的,尽管一开始是出于政治动机,但无意中却为早期的女权主义学术提供了论坛。对1848年法国革命(以及随后对1871年巴黎公社中的妇女运动)的百年纪念,为在战后

---

[1]　对于在英国发生的妇女解放组织与男性主导的左翼社会主义和共产主义关系的历史研究,最早的成果是:Sheila Rowbotham, *Women, Resistance and Revolution: A History of Women and Revolution in the Modern World* (London: Penguin, 1972) *Hidden from History: Rediscovering Women in History from the Seventeeth Century to the Present* (London: Pluto Press, 1973)。法国的社会主义-女权主义的紧张局势也同样导致了以下两项研究的不同方法:查尔斯·索尔文(Charles Sowerwine)的 *Les Femmes et le socialisme: Un Siècle d'histoire* (Paris: Presses de la Fondation Nationale des Sciences Politiques, 1978;最初是威斯康星大学麦迪逊分校的博士论文)和玛丽莲·J.博克瑟(Marilyn J. Boxer)未发表的博士论文"Socialism Faces Feminism in France, 1879-1913"(加利福尼亚大学,修订版,1975),其中一些文章已发表。这种紧张局势也塑造了对19世纪初英国欧文派和法国圣西门派之间冲突的重要分析。这些分析分别来自:Barbara Taylor, *Eve and the New Jerusalem: Socialism and Feminism in the Nineteenth Century* (London: Virago, 1983; New York: Pantheon, 1983); Claire Goldberg Moses, *French Feminism in the Nineteenth Century* (Albany: SUNY Press, 1984)。这两本著作都是在博士论文基础上出版的。

[2]　这句话来自海迪·哈特曼在该文集中被大量引用的文章:*Women and Revolution: A Discussion of the Unhappy Marriage of Marxism and Feminism*, ed. Lydia Sargent (Boston: South End Press, 1981)。《致命的诱惑》(*Fatal Attraction*)是20世纪80年代上映的一部电影的名称。

开展这些研究提供了平台,尤其是历史学家埃迪特·托马斯(Edith Thomas)的《1848年的妇女》(1948)、《宝琳·罗兰:社会主义与女权主义》(1956),和她随后的《巴黎公社女战士》(法文版,1963;英文版,1966)与《路易丝·米歇尔,或无政府主义的维莱达》(1971)的出版。①然而,在大部分历史时期,社会主义与女权主义的关系都相当紧张,这与战后时期的政治优先次序也是一致的。波伏娃宣称妇女"没有过去,没有历史""没有联盟";奥尔加·沃姆泽(Olga Wormser)的《历史上的女人》(1952)提出的问题是,妇女能否组成"女性的阶级",妇女的历史行动是否应该有某些特别的特质;其他非共产主义的学者-活动家,例如埃弗利娜·叙勒罗(Evelyne Sullerot)对法国妇女漫长的出版历史特别着迷,包括早期那些短期存活的女权期刊,她们的运作非同寻常。②

意大利的女权主义历史开始渗透到那些与1861年意大利建立联盟百年纪念相关的活动中,这并不出人意料。意大利女权主义的质询紧随其后。在1962年,人道主义协会出版了它里程碑式的文集《意大利妇女解放:一个世纪的讨论(1861—1961)》),此后,几个再度活跃起来的女权组织资助了一个会议。弗兰卡·皮耶罗尼·博尔托洛蒂(Franca Pieroni Bortolotti)随后的研究,第一个成果是《意大利妇女运动的起源(1848—1892)》(1963),这本书把尘封多年的女权历史挖掘出来。③致力于女权主义学术的两份杂志即《纪事》(*Memoria*)和《当娜妇女》(*Donna Woman Femme*)发表了开创性的文章,探讨了意大利女权运动的历史。

纪念性事件的东风催生了女权历史著作的出版,形成一股潮流,遍及欧洲。1989年,法国大革命两百周年纪念成了范例,证明女权历史和女权运动的历史学者可以抓住这样的节庆来安排自己的议程。④1848年大

---

① 参见 Dorothy Kaufmann, "Uncovering a Woman's Life: Edith Thomas(novelist, historian, *résistante*)", *The French Review*, 67:1(Oct. 1993), 61–72。

② 参见 Evelyne Sullerot, *Histoire de la presse féminine en France, des origines à 1848*(Paris: A. Colin, 1966),以及更综合的 *La Presse féminine*(Paris: A. Colin, 1966)。

③ 关于皮耶罗尼·博尔托洛蒂的贡献,参见 Paola di Cori, "Franca Pieroni Bortolotti: une storia solitaria", *Memoria*, no.16(1986), 135–139。

④ 参见 *Les Femmes et la Révolution française*, ed. Marie-France Brive, 3 vols. (Toulouse: Presses Universitaires du Mirail, 1989–1991)和一个小型目录:*Les Femmes et la Révolution française: Bibliographie établie par Simone Blanc*(Paris: Bibliothèque Marguerite Durand, 1989)。

革命的纪念节庆再度确证了这一点。①在反法西斯主义抵抗三十和五十周年的转折点,妇女研究也同样把注意力转向分析在具体的社会文化环境中欧洲妇女运动和女权议题复苏的现象。

有很多历史资料可以证明欧洲女权运动的存在,或者更具体地说,几个世纪以来,各种形式的女权运动在独特的社会、具体的时刻出现,彰显了自己的存在。本书关注的是,如何重新建构和诠释 1700—1950 年这 250 年间欧洲女权运动的发展。虽然我尽力综合所有收集到的资料,并竭尽我的精力和语言技巧来写作,这本书并未能穷尽这段历史。本书试图描画出一幅按时间顺序发展的女权图景,并重新建构那久已遗忘的论争和争议,那些深刻地形塑欧洲各国各族的女人和男人的历史论争。本书也尝试提出读者们所关心的问题,尤其关心女权主义对欧洲历史所提出的整体诉求,反女权的对手的特质,女权主义和社会主义的关系,女权主义与广义的国家建设支持力量、国家主义等的关系。

本书将会讲述女权主义的故事,不是理论上的"循环的批评操作",而是讲述女权在政治上奋争的故事,其间,她们既有反挫也有成功。我不像早期历史学家那样热衷于"描述赢家"。从某种程度来说,欧洲女权主义于 1700—1950 年间"赢得"过一些东西,她们的方法途径并非传统的,而是通过说服他人,尤其是掌握权威的男人;她们的理由是,激烈的改变只有通过改变那些掌管着两性关系的法律、机构和实践才得以实现。只有几个重要的例外——在英国争取选举权的运动期间她们采取了暴力——女权主义者发誓放弃身体暴力来达到目的;检视这一时期所采用的方法,

---

① 在众多文献中,参见以下文献:Gabriella Hauch, *Frau Biedermeier auf den Barrikaden: Frauenleben in der Wiener Revolution 1848* (Vienna: Verlag für Gesellschaftskritik, 1990); "Die Wiener Achundvierzigerinnen", in *1848-"das tolle Jahr": Chrononologie einer Revolution* (Exhibition catalog, Historische Museum der Stadt Wien, 1998), pp. 44 - 51; Ulla Wischermann, *Frauenpublizistik und Journalismus: Vom Vormärz bis zur Revolution von 1848* (Weinheim: Deutscher Studien Verlag, 1998); Michèle Riot-Sarcey, Bonnie S. Anderson 和我的文章, in *1848: Actes du colloque international du cent cinquantenaire, tenu à l'Assemblée nationale à Paris*, les 23 - 25 février 1998, ed. Jean-Luc Mayaud(Paris: Société d'histoire de la révolution de 1848 et des révolutions du XIXe siècle et CREAPHIS, 2002)。新近的比较研究文献是:Alice Primi, *Femmes de progrès: Françaises et Allemandes engagées dans leur siècle 1848 - 1870* (Rennes: Presses Universitaires de Rennes, 2010)。

她们不是靠肌肉和武器取胜，理性和说服力才是根本的工具。在欧洲及其他西方世界，女权主义者已经达成了她们在 1950 年之前设立的大部分目标，尽管在某些地方依然有反女权的严苛势力，尽管反对势力持续地拉拢、打压或收编她们的活动，并纳入其他议程。女权主义者要在欧洲社会实现她们的目标，其难度不应被低估。然而，尽管男人惧怕妇女会"掌权"，尽管反女权的反挫力量不断出现，女权主义者还是取得了辉煌的成功。正因为有了女权主义，1700—1950 年期间，欧洲社会的妇女处境得到极大改善。从那时开始，很多方面已经发生了改变。然而，依然存在着巨大的挑战。今天，新的欧洲风貌正在形成，女权主义者还有很多事情需要去完成和监督。

与其他政治运动不同，女权主义自身从未崇奉权威。它坚持寻求表达不满的途径，而不是夺权；相反，她们希望分享权力，并通过运用政治理论家凯瑟琳·琼斯（Kathleen Jones）所提出的"富于同情心的权威"（Compassionate Authority）[1]，去改变社会，创造一个更好的社会。可能这就是女权主义者从未在政治运动中找到它应有的分类的原因。

庆祝女权主义的历史

关于我如何进入历史和女权主义领域的，如果要了解更多信息，可以阅读我其他文章。[2]不过，我在此也表达我对这个题目和主题的热情。我

---

[1]　Kathleen Jones, *Compassionate Authority: Democracy and the Representation of Women*(New York & London: Routledge, 1993).这个充满思辨的研究以欧洲政治理论家对权威的讨论为基础，并辅以一个平行的历史解读，即欧洲女权主义者对男性权威的批判及其与军事力量和有组织暴力的直接联系的分析。另请参见 Marlene LeGates 在她出色的著作中对权威和权力的讨论：*Making Waves: A History of Feminism in Western Society* (Toronto: Copp Clark/Addison Wesley, 1996；由 Routledge 出版社于 2001 年重新发行；*In Their Time: A History of Feminism in Western Society*), pp. 12-13.我在一篇未发表的文章《法国的妇女和政治权威问题》(Women and the Problem of Political Authority in France)中也谈到这些问题。

[2]　参看我的文章："Going Against the Grain: The Making of an Independent Scholar", in *Voices of Women Historians*, ed. Eileen Boris & Nupur Chaudhuri(Bloomington: Indiana University Press, 1999); "A Comparative European Perspective: Comment on[Judith Bennett's] 'Confronting Continuity'", *Journal of Women's History*, 9:3(Autumn 1997), 105-118; "Reflections on National Specificities in Continental European Feminisms", *University College Galway Women's Studies Centre Review*, no. 3(1995), 53-61; "Feminism and Sexual Difference in Historical Perspective", in *Theoretical Perspectives on Sexual Difference*, ed. Deborah L. Rhode(New Haven: Yale University Press, 1990), pp. 13-20, with notes, pp. 265-266.

非常厌倦那种把人看做"分析的场域"的历史诠释,这样的研究把个人的
生活和团体的努力用竹签穿起来,在"科学分析"面前痛苦打滚,无理吵
闹,抗拒分析。这种分析其实是持形式的厚实、模糊而扭曲的理论之镜,
从批评的远距离来看研究对象。我认为,这些分析实践是不人道的,不能
忍受的。人是在具体的政治和文化语境之中争取改变生活条件,他们的
生活与奋争是一体的,应该得到尊重,尤其是得到女权主义学者的尊重。

我自认是一名女权主义者,我的行动,包括养育两个女儿,经营家庭,
支持妇女权利组织(我曾是 NOW 的创始成员,是 MS 杂志和《符号》期刊
的特许用户),我写妇女的历史和女权主义的比较历史,在历史的专业领
域呼吁重视妇女的历史,拓宽妇女的空间,我在美国和全球范围内都是这
样行动。而关于乌托邦的梦想或其他天真的理想主义者对"性别自由"世
界的渴求,我不认为那会发生,甚至不认为那是我所渴望的。我会用法语
说"Vive la différence!"(差异万岁!)对我来说,只要还存在两种性别,有
不同的身体和生育中的不同角色,有身体力量的不同表现,性别政治就会
存在,即使表现的形式会变化。只要女人依然会来月经,会怀孕,(潜在的
或实际上)生育与哺乳,她们的生活就会与男人有着结构性的差异,她们
分据生理的、心理的和社会政治的不同空间。我认为,不能把妇女这些共
性简约化,把这指控为"本质主义",必须进行哲学的论辩,探讨"妇女"的
共同"本质",而不是我们这里讨论的生物的现实。"生理习性"可能不是
命中注定的,它确实也是社会建构的,但生物性既是制约也是机遇。差异
并不必然暗示着统治或屈从。

性别不仅仅关乎朱迪斯·巴特勒(Judith Butler)所称的操演,虽然操
演绝非不值一提的事实。女人与男人不同,导致差异的既有生物上的也
有社会上的建构,因此,妇女要从社会中争取公正,而这个社会是男人力
求去统治的,这使得问题变得复杂而困难,如果没有对他们的差异的理解
和认可,自由和平等的建构都不能令人满意。这就是欧洲相应地比美国
更清晰的地方,美国有时候错误地把"平等"和"相同"混为一谈,而倡导一
种超越性别的自由,追求"成为你和我"。大部分欧洲人都有着差异的视
野,这无疑是更复杂的,更注重"关系",并更少律法主义;在我看来,这也
是更现实的。

简言之，我并不认为女权主义对男性主导结构的关切会消失。性别政治根植于人类的条件，这种基于性别的斗争将会成为每一代都得重新提出的问题。一如朱迪思·本内特（Judith Bennett）和其他学者持续提醒我们的，父权制弹性十足。因此如果我们可以从历史中学习到什么的话，那就是，我们的期待要符合现实，即使这意味着我们要持续奋斗。就像阿尔伯特·加缪（Albert Camus）笔下的西西弗斯，我们将要持续推那块大石头上山，并在推动的过程中找到乐趣。分享我们在奋争过程中的知识，可能会让那繁重的任务变得可以忍受，并轻松一些，甚至会提升我们的幸福感。

这本书是一本学术著作。可以问心无愧地说，它是行动的确证，它诞生于参与和激情，我开展这项研究的目的就是要接续那一度失落的遗产。苏珊·斯坦福·弗里德曼（Susan Stanford Friedman）说道："集体记忆的遗忘，海量的历史故事的消失，导致了如今妇女的屈从地位；广泛地收集、重建妇女历史和女权历史的工作不能终止，这是抵抗和改变的关键组成部分。"①

为了诠释欧洲女权运动，我在过去二十五年都在收集文献资料。重新发现和记忆这段历史，任务的艰巨深深地震撼了我，这个项目的强大冲击力和这个过程中遇到的女人和男人都令我感动。虽未亲历，我以这部历史著作表达我的感同身受。我曾经为他们的聪明而大笑，为他们遭受的侮辱而痛苦；我从他们的力量中得力量，从他们的勇气中得坚强，并从他们的不足中长智慧。在某些场合，我可以从 20 世纪后半叶的视角提出批评，我可以分辨出他们并不是完美地处理了每一件事，结果并非都尽如人意。我从未追随琼·斯科特的步伐，认为他们深陷于悖论之中，或跟随其他控告者的步伐，认为女权主义是——或应该是——"挑战所有不公正的运动"②。相反，我认为，它是挑战某一种不公正的理论与实践；首先且最重要的是挑战男性统治，为妇女争取公正，无论他们其他的身份或关切

---

①　Susan Stanford Friedman, "Making History: Reflections on Feminism, Narrative, and Desire", in *Feminism Beside Itself*, ed. Diane Elam & Robyn Wiegman(New York & London: Routledge, 1995), p.29.

②　引文来自 LeGates, *Making Waves*, p.3。

是什么——国籍、宗教、阶级、族裔等。不是要让女人变得跟男人一样，而是给女人赋权赋能，以实现她们作为女人的潜能，而不受性别拖累。女权主义也会纳入其他因素来考量。妇女会因其他原因而处于不利处境，但我认为女权主义不能把自己折弯、混淆、埋没或屈从于其他因素，而不考虑这些因素的特点。女权主义提出的中心议题对所有人都有启发，这一点我会在第一章讨论历史视角的女权主义定义时详细展开。

我承认，寻找女权主义的奋斗目标——一如我现在从历史角度所得的理解——既魅力无穷又激动人心，它值得我用一生去追求。欧洲历史上的女权主义别具启发意义，而每个言说者——包括女人和男人——如此能言善辩，充满勇气，精彩绝伦。女权主义者们常常有很多理由要谨慎发言，而那些敢言者就显得非常了不起！她们如此雄辩地阐述女性解放的理由，以至于我很难不长篇幅地引用她们的观点(我常常难以抗拒这一诱惑，虽然我的出版商不断地提醒我说，**这本书不像以往的出版物，它不是文献记录**)。虽然我也会发现一些女权主义者在某些议题上有时不那么"政治正确"，不像当今 20 世纪后期的妇女解放者那样明晰，但这并不困扰我。我们无需吹毛求疵。

我深感自豪，能够遇上这些早期的女权主义者，有女人也有男人。我深深地被他们的抗争所触动。正如我在玛格丽特·卡姆斯特(Margaret Camester)和乔·维拉科特(Jo Vellacott)的身上看到的，"她们那么早就已说出那么美妙的话；令人震惊的是，她们在我们的视野中消失了那么多年"①。每想到此，我都泣不成声。从 1700 年到 1950 年，这些欧洲女权主义者表达过那么多卓越的想法，组织过那么勇敢的行动，他们试过无数的途径去瓦解欧洲男性统治的社会结构。他们在很多方面取得了成功，并让我们所有人都受益。他们不仅应该得到认可，被人们记住，而且应该获得掌声和声誉。今天和未来的女权主义者们应该肯定他们的想法和创造，将其作为珍贵的遗产，作为丰富的工具储备。虽然奥德雷·洛德(Audre Lorde)已经宣称"主人的工具绝不能拆开主人的房子"，但重要的

① Margaret Camester and Jo Vellacott, "Introduction", in *Militarism versus Feminism: Writings on Women and War*(London: Virago, 1987), p.2.

是,要对这一声明的适用范围略作限定。不仅仅是语言——词汇和想法——所有人能够取来使用,而且严格的历史研究、分析和综合的工具与方法,也会被不同目的者所用。如今,语言也好,研究的工具与方法也好,都不能限制其被主人所用。[①]

　　从 1700 年到 1950 年的女权主义者们不需要新的(埃莱娜·西苏的术语是阴性书写)写作和思考的方式去造势,来促进性别关系的政治改变。法国也不例外。无论用的是欧洲哪一种语言,他们都非常清晰地表述了他们的所思所想。他们并不把语言的阳具中心主义看作是问题,他们的论争不需要进行复杂的解构。实际上,通过提升识字率和教育程度,欧洲的女权主义者们装配了自己的意识形态武器的军火库(选择合适的军队隐喻),这令人钦佩,把这些长期被埋没的女权主义者的思想和行动的记录放回到当时的语境中进行解释,就可一目了然。健忘症,而不是历史的缺失,是当今女权主义最可怕的敌人。因此,让我们刷新我们的记忆。

---

① Audre Lorde, "The Master's Tools Will Never Dismantle the Master's House", in *Sister Outsider: Essays and Speeches* (Freedom, Calif. : The Crossing Press, 1984).

第一章　思考欧洲史中的女权主义

当下,"Feminism"(女权主义)与"Feminist"(女权主义的/者)这两个词已经在全球广泛使用,绝不限于西方世界。它们一般用来指代倡导妇女解放的理念,试图实现这一目标的运动,以及支持这一目标的个体。然而,英语世界里很少有人知道这两个词语的起源可以追溯到法国19世纪晚期的政治话语。当时,"Féminisme"一般被用作妇女解放的同义词。现在的法语词典和很多上一代的历史学家对该词起源的论断都是错误的。他们认为是查尔斯·傅立叶(Charles Fourier)在19世纪30年代发明了这个词,但实际上其起源尚无定论。目前,暂时还没有人发现这个词在19世纪70年代以前的踪迹。[1]

第一名自称是"féministe"的人是法国妇女选举权的倡导者于贝尔汀·奥克莱尔(Hubertine Auclert)。从1882年开始,她在她的《女公民》(La Citoyenne)期刊里用这个词描述她自己和她的伙伴。1892年5月,妇女团体"团结(Solidarité)"的厄热涅·波托尼耶-皮埃尔(Eugénie Potonié-Pierre)和她的同事在巴黎举办了第一次"女权主义"大会,在法国媒体对此次大会的讨论中,这些术语开始流通起来。随后,波托尼耶-皮埃尔等人开始将féminisme和masculinisme并列使用。她们用masculinisme一词指代的基本就是我们今天所说的男性沙文主义。

到了1894—1895年间,"feminisms"和"feminist"两个术语跨越了英

---

[1] 对这一问题更详细的讨论,可参见 Karen Offen, "On the French Origin of the words *Feminism* and *Feminist*", *Feminist Issues*, 8:2(Fall 1988), 45-51。略早于"妇女解放"这一含义的出现,féminisme 在法国的医学文献中曾有另一种不同的用法,即指代男性身体在患病期间的"柔弱化"或女性化;参见 Ferdinand-Valère Faneau de la Cour, *Du Féminisme et de l'infantilisme chez les tuberculeux*(Paris: n. p. , 1871;非常感谢 Geneviève Fraisse 告知我这一文献。鉴于 Faneau de la Cour 这篇简短的医学论文完成并发表于1871年,当时法国刚刚在普法战争中战败,并深陷接连而至的内战,其标题或内容不太可能产生很大的公共影响。

吉利海峡,来到了大不列颠岛;1900 年以前,这两个词在比利时、法国、西班牙、意大利、德国、希腊和俄国的出版品中都开始出现。19 世纪 90 年代晚期,这两个词飞跃了大西洋,去到了阿根廷、古巴和美国,尽管它们要到 1910 年以后才在美国被广泛使用。到了 20 世纪,这两个词进入了非西方的语种,包括阿拉伯语和日语。

什么是女权主义?

在日常使用中,我们总觉得"女权主义"(feminism)这个词的含义是不言自明的。但是它在不同社会中的文化含义和内涵可能大相径庭。就像其他的"主义",女权主义已经成为了一个可以引发强烈情感的词语,它时常引起对变革的恐惧,又包含着对未来变革的希望。人们说到这个词的时候,往往带有负面含义,因此我们常常听到这样的回应:"我不是女权主义者,不过……"在欧洲的环境下,这个词带有鲜明的历史特征,尤其表达了对"女性(的)"(feminine)优于"男性(的)"(masculine)的再评价。①19 世纪中叶以降,女权主义的历史与其他社会政治思潮盘根错节地交织在一起:自由主义、国族主义、社会主义,以至乌托邦主义与无政府主义等其他革新性的思潮。女权主义也和民族国家、政党、慈善事业和工人组织的出现有紧密关系。但是,女权主义的主张在上述这些领域里往往有着独特的轨迹,甚至经常是其中的异见。

研究女权主义历史的首要条件,就是建立一个研究领域。那么,首先要回答的问题是:我们可以书写一部在"女权主义"这个概念出现以前的女权主义历史吗? 换言之,我们可以时代误植地用"女权主义"这个概念来讨论更广义的(即 19 世纪 90 年代以前的)妇女解放吗? 我认为,答案一定是"可以",但前提是我们必须以史料为据,对这些概念做

---

① 对这些问题更为详细的研究,参见 Karen Offen, "Defining Feminism: A Comparative Historical Perspective", *Signs: Journal of Women in Culture and Society*, 14:1(Autumn 1988), pp.119–157. 亦参见 Karen Offen, "Feminism", in *Encyclopedia of Social History*, ed. Peter N. Stearns(New York: Garland, 1993), pp.271–273. 关于"女权主义"在美国语境中的个人主义色彩,参见 Nancy F. Cott, *The Grounding of Modern Feminism*(New Haven: Yale University Press, 1987)。

出谨慎的定义。①那么,在这一研究中,我用"女权主义"一词指什么呢?

我对该词的定义来自欧洲过去数百年的历史证据——本书的写作便基于这一定义:简而言之,在特定的文化语境中,作为群体的男人有意地、系统性地将作为群体的女人置于从属地位,而女权主义则指一切对此的批判性回应。请注意,我有意地用了"(使)从属"(subordination)而非"压迫"(oppression);前者可以在历史上的法律、制度、习俗和实践中找到证据,而后者表示一种高度主观的心理反应。②很多女人感觉不到压迫,但毫无疑问她们在法律、制度和文化习俗中处于从属地位——大家一定都能指出不少这样的例子。

换言之,从历史和比较的视野来看,女权主义这个概念可以说既包含了一个思想系统,又包括了一场在任何特定社会中拒绝男性特权与女性从属地位,进而要求社会政治变革的运动。③女权主义关注两性间的权力不平等,并试图改变这种格局,使妇女不再处于弱势地位。女权主义分析的核心是"社会性别"(gender)这一概念,即基于可见的生理差异、对不同性别的关系和行为所做的差异性的社会文化建构。通过这一方式,女权主义提出关于个人自主性或个体自由的问题——但又总是与社会组织的基本问题联系在一起。在 18 世纪以降的欧洲社会,这些问题集中在关于

---

① 这些论点和接下来的论述,最早见于拙作"Defining Feminism"。在法国,Geneviève Fraisse 最早从形式哲学的角度出发,思考了书写女权主义历史的理论框架,这一框架基于对"普遍性的主体",即(男)人(man)的关注;但是我没有选择这一框架,因为我要进行的是基于社会政治的、跨国的比较分析,这一框架不适用于我的分析。关于她的理论,尤其见于她的论文:"Feminist Singularity: A Critical Historiography of the History of Feminism in France", in *Writing Women's History,* ed. Michelle Perrot (Oxford: Blackwell, 1992;法语原文发表于 1984 年), pp. 146 -159。

② 在美国女权主义的论述中,"压迫"(oppression)一词随处可见。如在 1848 年的塞纳卡·福尔斯(Seneca Falls)的《感伤宣言》("Declaration of Sentiments"),1969 年的《红袜子宣言》(*Red Stocking Manifesto*)。该词也常见于马克思主义女权主义的分析中,例如:Michèle Barrett, *Women's Oppression Today: Problems in Marxist Feminist Analysis*(London: Verso, 1980),或者 Lise Vogel, *Marxism and the Oppression of Women: Towards a Unitary Theory* (New Brunswick: Rutgers University Press, 1983)。此外,Gerda Lerner 在 *The Creation of Feminist Consciousness* (New York: Oxford University Press, 1993)一书中,以及 Marlene LeGates在她颇具思想性的研究 *Making Waves: A History of Feminism in Western Society* (Toronto: Copp Clark/Addison Wesley, 1996)中,也使用了压迫这个术语。

③ 参见 Offen, "Defining Feminism"。

家庭及其与国家关系的长久争论中,以及隐藏在这些争论背后的,历史上两性之间政治、社会和经济权力的不平等分配。女权主义者反对妇女在家庭和社会中对男人的隶属地位,反对男人甚至还没问女人,就定义什么对她们是最好的。女权主义者直接挑战父权制的思想、社会政治组织和控制机制。她们试图摧毁男权主义的等级制,但并不挑战性别二元本身。

因此,女权主义一定是支持妇女的。但女权主义不一定是反男人的。既不是所有女人是女权主义者,也不是所有的女权主义者都是女人。虽然听起来可能有些惊人,但一直到 20 世纪,最重要的妇女解放倡导者中一直不乏男人(尽管他们是少数)。①女权主义为了男女两性的利益、以两性共通的人性为名,要求重新平衡男女在特定社会中的社会、经济、政治权力,但也尊重种种差异。女权主义发出的挑战在根本上是人道主义的,其提出的皆为最基本的问题:个体的自由与责任,以及个体在社会中对他人的集体责任、与他人相处的模式。可即便如此,女权主义直到今天都还是一种深具转型意义的、对男性权威与等级制的政治挑战。作为西方世界中的一场历史运动,女权主义在特定社会中的命运取决于那里有多少通过言语或行动表达异见的机会,因此其命运在各处也就大相径庭。然而,一旦机会出现,这些女权主义的讯息就能清晰地传播开来;这时,完全不用当下后现代文学理论家珍爱的那些解构性方法也能理解其含义。

在欧洲女权主义思想史中,有两条宏大而彼此不同的论述脉络,我将之命名为"关系性的"(relational)和"个人主义式的"(individualistic)。关系性女权主义者提出的社会内性关系(sociosexual)组织形式基于社会性别,但是是平等主义的,其论述的特征是把和谐、无等级的男女伴侣视作

---

① 因此,我不认同只有女人可以做女权主义者。欧洲历史上有太多男人倡导妇女解放的例子了:从 17 世纪法国的弗朗索瓦·浦兰·德·拉巴尔(François Poullain de la Barre),到 18 世纪晚期法国和普鲁士的舍瓦利耶·德若古(Chevalier de Jaucourt)、孔多塞侯爵(the marquis de Condorcet)和特奥多尔·戈特利布·冯·希佩尔(Theodore Gottlieb von Hippel),再到 19 世纪法、英、德的查尔斯·傅立叶(Charles Fourier)、埃内斯特·勒古韦(Ernest Legouvé)、约翰·斯图尔特·穆勒(John Stuart Mill)和奥古斯特·倍倍尔(August Bebel),这些男人全心全意地支持妇女解放,而且常常是以激进的方式,非常引人注目。有学者明确提出只有女人可以做女权主义者("women only"),例如 Naomi Black, *Social Feminism* (Ithaca: Cornell University Press, 1989),也有学者比较含蓄地表达这一观点,例如 Lerner, *Feminist Consciousness*。

社会的基本单位,而个人主义式的论述则把不分性别/社会性别的个体视作基本单位。

关系性女权主义者强调女人作为女人、相对于男人的权利(此处"女人"主要是由她们的生育和/或养育能力定义的)。他们坚持女人在这些角色中对社会做出的独特贡献,并要求以这些贡献为基础的利益共同体。换言之,他们主张并重视"女性特质的"(the feminine)或"女人气质"(womanliness),不管这些词有多么取决于文化环境。①他们要求妇女作为个体的自主性,但一定是作为具身的、女性个体的自主性。

与之相反,个人主义女权主义的论述传统强调的则是更为抽象的个体人权概念,他们赞颂人在生活各方面对个人独立(或自主)的追求,但却忽视、反对,甚至完全否认所有社会定义的角色,尽可能不讨论生理性别相关的特质或贡献,包括生育及相关的责任。这一传统强调的是在某种意义上超越了性别认同的个体,这一个体实际上是抽离肉身,不谈社会性别的。

然而,在具体分析中,这两种论述模式并不总是像上述这样泾渭分明。它们在特定的历史情境下,以种种复杂的方式交织、互动,这些都需要进一步的分析。暂时只用说一点就够了:在早先的几个世纪里,我们常常可以在一个人的言论(例如玛丽·沃斯通克拉夫特)或特定群体的成员中同时看到这两种模式。因此,任何对女权主义的全面探讨都必须同时包含这两个论述传统,解释它们如何指向大相径庭的社会结果,并考察在特定语境中这两者间的张力。

从历史的角度看,女权主义本身就可以被视作一个迅速发展的批判性思想系统。如此,女权主义容纳了很多种理念,并且范围遍及全球。其范围扩大的历史过程,一直以来既取决于男性中心的政治和思想话语,又与其产生种种矛盾和张力;然而,女权主义近来的表现形式已经超越了后者。我们绝不能认为女权主义本质上是其他任何一种西方意识形态的子集——不管这种意识形态是宗教的还是世俗的,是基督教(天主教/新教)的、犹太教的、自由主义的、社会主义的、人文主义的,还是马克思主义

---

① 我在这里不是要对女人气质做任何"本质"的定义,虽然我确实和这一历史时期的女权主义者一样,坚持认为女人作为具身的人(embodied persons)在身体和情感上都不同于男人。

的(尽管在历史上,女权主义曾对上述每一个思想传统发问:"那女人呢?"并以此为起点从其内部发展出女权批判)。然而,要全面地理解女权主义的历史范围和潜在价值,我们就必须把女权批判的多重起源与后续发展置于各种文化和意识形态传统中来考量。我们绝不能基于某个单一国族、文化或社会语言传统的经验,而假设女权主义的发展有某种支配性的模式,除非有证据表明该模式的影响超越了其起源文化的边界。历史地来讲,女权主义可以有,也确实有很多种,而其中的一些比另一些的影响力更为持久,影响的范围也更加广泛。

欧洲情境下的女权主义

在欧洲史中,女权主义者的基本诉求表现为一种对性别平等的广泛、全面的要求。不过,大部分欧洲人说"平等"(equality)时,不是指"相同"(sameness),而是在两方面平等地对待女人的不同之处:一是在道德和智识上,二是在机会平等上。①而女权主义者们提出的具体要求包括:停止在出版物中污蔑妇女;妇女有接受教育的机会;有获取正式知识(formal knowledge)并参与其形成过程的权利;改变男人制定的、使妇女在婚姻中处于不利地位的法律;有对财产与人身的支配权;能认清妇女无偿劳动的价值并有使妇女实现经济自主和进行创造性自我表达的机会。在较晚近的时代,新的女权诉求包括:从事自由职业(liberal profession)的权利,参与生利行业的机会,重整不公平的性道德,废除娼妓业和其他形式的性剥削,控制妇女健康、生育和养育活动,国家对母亲的财政援助,对家务劳动的再估价,以及政治和宗教组织中的代表资格和不受限制的参与权(最后这一点在民主化的西方社会中有两个象征,除了投票权以外,还有进入权力机关——尤其是经委派或选举获得公职——的权利)。

---

①　所谓"平等"对"差异"("equality" versus "difference")的公式是 20 世纪欧洲女权主义内部无数争辩的一大特征。这个公式不仅令人感到遗憾,而且对于我们从历史角度理解这些问题毫无帮助。它诞生于 19 世纪 90 年代到 20 世纪 30 年代间围绕为女工进行保护性劳动立法而产生的冲突之中,关于我对其发展过程的详细论述,参见"Reflections on National Specificities in Continental European Feminisms", *University College Galway Women's Studies Centre Review*, 3(1995), 53 - 61,以及本书的后续章节。

　　这些诉求当然只是故事的一部分。女权主义对男性垄断社会权威的企图（即父权制或男性统治）有着更为全面的挑战，后者在欧洲史上已经在制度层面十分牢固，也得到了很好的守护，但仍需要持续不断的巩固。而上述的种种诉求，则可以视作这一挑战在各个特定文化中的子集。①与此同时，这些诉求中的每一条都涉及一个结构性问题，或者说，一个在政治层面成问题的社会惯习；它们针对的问题都超越了西方世界，并适用于其他社会中妇女的经验。但不管在欧洲还是别处，我们都不能把很多女权目标的表述或短期的策略等同于作为历史整体的女权主义现象——比如，坚持要求"与男人平等的权利"和妇女获得投票权就是特定文化环境所特有的表述；而与国家许可的娼妓业作斗争，或争取所有妇女成为劳动人口的权利（以及非西方文化中反对殉夫自焚、缠足或阴蒂切除术）则属于短期的策略问题，它们与我称作"女权主义"的历史现象是不同的。

　　任何单独的问题、任何在特定文化下选择的斗争策略，都远不及这一历史现象来得宏大。这个意义上的女权主义，是一个以社会性别议题为核心进行社会政治批判与矫正的宏大工程。这些性别议题会与其他更为地方化的问题——例如阶级、种族、年龄、宗教等——以复杂的方式交织在一起，进而产生出更具体的、符合不同情境的女权主义形式；但这绝不会消解社会性别以及性别间（男女）关系作为女权主义根本关怀的核心地位。做一个女权主义者，不仅仅是以妇女为中心，或培养自己的个人主体性、为自己赋权的阶段；女权主义也不是要不要过解放的生活（有人可能会说是"越界的生活"）或要不要全身心投入某种宗教或革命事业的问题。要做一个女权主义者，就必须要挑战文化和社会中的男性支配；女权主义者必须，特别，尤其从根本意义上要这样做——不管身处历史中的任何地理位置或局面，也不管怎样和其他议题相互结合。

　　当我们以这种广义的、跨文化的方式来理解"女权主义"，那么不论是

————————————

　　①　Judith Bennett 提出了"父权制均势"（patriarchal equilibrium）这一概念来表达父权制作为一种制度（system）的复杂性和流动性。参见 Judith Bennett, "Confronting Continuity", *Journal of Women's History*, 9:3(Autumn 1997), 73‑94, 以及同期刊登的讨论文章。本书的后续章节会同时强调女权主义对男性霸权的挑战，和这些挑战在若干男性支配的系统中受到的抵抗——在它们面前，这些系统变得出人意料地脆弱。

男是女,只要其(被记载下来)的理念和行动符合以下三条标准,任何人都可以是女权主义者。第一,承认妇女对自身生活经验与需求的阐释具有真实性;当妇女不再遵从男人创造的对女人气质的审美理想,而公开以自身的标准来评判她们相对男人的社会地位时,认可她们的价值标准。第二,对于特定社会中男人作为整体对女人作为整体施加的制度性不公正(或不平等),有清醒的认知,会产生不适乃至愤怒。第三,通过努力改变主流的价值观和/或社会政治制度与惯习,挑战在该文化中支撑男性特权的强制性权力、力量或权威,进而倡导消除上一条所言的不公正。

运动与意象(metaphors)

罗莎琳德·德尔玛(Rosalind Delmar)认为,"如果认为女权主义的巅峰和最优形式就是出现社会运动,那么女权主义史的研究就会受到极大的限制。"[1]当人们开始批判男性对妇女的支配后,有组织的女权运动是十分重要的政治回应;但从历史的角度看,不管在欧洲还是别处,这种运动的形成都不是女权主义的全部。本书将表明:在出版物中出现越来越多女权批判的几个世纪以后,妇女团体才在 1789 年后开始形成和发展,并常常和各种男性领导的改革努力——自由主义、民主主义抑或社会主义——进行联手。然而,如果识字和写作没有在妇女中日益普及,如果妇女没有接触印刷文化的机会,19 世纪和 20 世纪根本不可能出现妇女解放运动。有人说女权主义到 19 世纪 90 年代、19 世纪 30 年代或 1789 年才出现,这些说法是绝对不可取的。[2]本书将会论证为什么。

---

[1]   Rosalind Delmar, "What is Feminism", in *What is Feminism? A Re-Examination*, ed. Juliet Mitchell and Ann Oakley(Oxford: Basil Blackwell, 1986), p.17.

[2]   关于其他的起始年份,参见以下著作:Richard J. Evans, *The Feminists: Women's Emancipation Movements in Europe, America and Australasia, 1840 - 1920* (London: Croom-Helm, 1977); Jane Rendall, *The Origins of Modern Feminism: Women in Britain, France and the United States, 1780 - 1860* (New York: Schocken, 1984); Claire Goldberg Moses, *French Feminism in the Nineteenth Century* (Albany: SUNY Press, 1984); Geneviève Fraisse, *La Raison des femmes* (Paris: Plon, 1992)(尤其参考第二部分);Joan Wallach Scott, *Only Paradoxes to Offer: French Feminists and the Rights of Man* (Cambridge, Mass.: Harvard University Press, 1996)。

　　人们常用"浪潮"（waves）的意象来描述女权主义：第一波由 19 世纪有组织的社会政治运动拉开帷幕，第二波则以当今（即 20 世纪 70 年代至 90 年代）行动派发起的运动为特征［格洛丽亚·斯泰纳（Gloria Steinem）正在呼吁"第三次浪潮"］。从长远来看，这种"两波浪潮"式的取径不仅不准确，而且更重要的是，这一框架根本无法描述上文所述的早于有组织的运动若干世纪的全部现象。荷兰的同事们提出了一个女权主义六次浪潮的模式，将起始点拉到中世纪晚期，但即使像这样把原来"两波浪潮"的框架加以扩充，似乎还是无法呈现女权主义现象的全貌。①

　　在本书中，我想提出另一个帮助我们从历史角度思考女权主义的意象。我选取了一个来自火山现象研究的地理意象，并借不稳定岩层的概念加以凸显。作为一个成长于爱达荷州南部、现居加利福尼亚州的人，我是伴着熔岩流、温泉和古火山锥长大的，而今居住于无常的圣安德列亚斯断层（San Andreas fault）边缘，因而对地球的不稳定性早已坦然自若。因此，我将用喷发、流动、裂隙、熔岩（岩浆）等意象来讨论女权主义，将其视作一种有威胁性且颇具流动性的不满形式，反复挤压（并在压力足够强烈时突破）那些父权制地壳——换言之，有组织社会的制度性虚饰——的沉积层上的薄弱点。因此，历史学家书写女权主义的过去时，其任务一定程度上和优秀的地质学家要做的事差不多：勘测与丈量地形，确定裂隙的位置，分析裂缝出现的环境，测量蒸汽、液化岩石和涌出矿物在流动和喷发时的压强和量级，并评估活动模式随时间的变化。同时，历史学家也要考察反女权者出于各种各样的诱因而如何试图抑止这些流动、阻止这些裂隙的，以求让妇女继续顺从于男性的权威与控制之下。

　　我想，生活在 1700—1950 年间的欧洲人不会对这个地质学的意象感到意外。那不勒斯（Naples）附近维苏威火山（Mount Vesuvius）通过罗马史的记载（庞贝和赫库兰尼姆古城，即 Pompeii 和 Herculaneum）和 18 世纪的连续爆发，使其令人震惊的爆发与流动尽人皆知。18 世纪初，里斯本（Lisbon）被地震夷为平地。对我来说，当有人认为女权主义发起挑

---

　　①　参见收录于 *Perspectives on Feminist Political Thought in European History: From the Middle Ages to the Present*, ed. Tjitske Akkerman and Siep Stuurman（London & New York: Routledge, 1998）一书中的各篇文章。

战的初始阶段并未出现篇幅足够成书的"奠基性文本",这种地质学意象便似乎更具描述性。恰恰相反,我们必须用累积性丰度(cumulative abundance)的视角来衡量女权主义提出的种种要求;它们是在这 250 年间,经由若干不同欧洲文化内的各种对话和争论,依靠大量(通常以城镇为据点的)参与者,从而形成的各类出版物的迅速发展和井喷。一开始,这些文本可能看起来充其量是一条细流——起码以 20 世纪末的标准来看是这样;然而,到了 18 世纪中叶,它们源源不断地浮到了表面,越来越大量地在各种地方喷涌而出,不时挑战那些试图论证父权权威与控制必要性或优越性、却愈发转为防守姿态的主张,威胁要将男权社会那层看似坚固的地壳全部吞没与融化。

第一部分

18世纪

正如近期许多研究者指出的那样,在欧洲,对妇女屈从地位的女权主义批评并不是从法国大革命或者工业革命开始的。这种批评可以追溯到几个世纪之前法国文学中关于"妇女问题"的争论。17世纪晚期,弗朗索瓦·浦兰·德·拉巴尔(François Poullain de la Barre)运用笛卡尔学说中关于理性的论述来讨论"妇女问题",使妇女问题引起了极大的关注。男女都参与的社交活动演变成了法国宫廷文化的一个显著特征,这一趋势很快被城市中的精英模仿并进一步推动其发展。从那时开始,妇女的"抱怨"(在以批评女性为特征的讨论热潮中显现)就爆发为针对男性主导地位的全面批评,并进一步引申到男性主导的制度方面。这种批评就像从一滴水珠开始,进而成为一股浪潮,先是席卷了法国和英格兰,接着是荷兰、德意志各邦国、意大利的城邦,最终或多或少影响到中欧各国。①

这部分的各章中,我将试图修订最近数十年来关于18世纪欧洲女权的历史书写。在第二章,我将跳出传统的研究启蒙时代的窠臼,不是聚焦在法国语境下那些男性哲学家、百科全书派以及政治家和经济学家的论述,以及德国语境下康德哲学及他在1785年发表的《什么是启蒙?》的影响②,取

---

① 近期的文章参见:*Femmes et pouvoirs sous l'Ancien Régime*, ed. Danielle Haase-Dubosc & Éliane Viennot(Paris & Marseille: Rivages, 1991); *Die europäische Querelle des Femmes: Geschlechterdebatten seit dem 15. Jahrhundert*, ed. Gisela Bock & Margarete Zimmermann, vol.2 of *Querelles: Jahrbuch für Frauenforschung*(Stuttgart: J. B. Metzler, 1997); *Perspectives on Feminist Political Thought in European History: From the Middle Ages to the Present*, ed. Tjitske Akkerman & Siep Stuurman(London & New York: Routledge, 1998); and *Women Writers and the Early Modern British Political Tradition*, ed. Hilda L. Smith(Cambridge: Cambridge University Press, 1998)。关于 Poullain de la Barre 的影响,尤其参见 Siep Stuurman, "Social Cartesianism: François Poul[l]ain de la Barre and the Origins of the Enlightenment", *Journal of the History of Ideas*, 58:4(Oct. 1997), 617 - 640; Stuurman, "L'Égalité des sexes qui ne se conteste plus en France: Feminism in the Seventeenth Century", *in Perspectives on Feminist Political Thought*, pp.67 - 84。

② 我处理这些议题的方法包括:尤其是,Paul Hoffmann 的权威著作 *La Femme dans la pensée des lumières*(Paris: Éditions Ophrys, 1977),不过这本书的非凡书目仍然很有价值。我还谈到了悲观主义者的论点,如 Joan Kelly-Gadol, "Early Feminist Theory and the *Querelle des femmes*, 1400 - 1789", *Signs* 8:1(Autumn, 1982), 4 - 28; the essays by Abby Kleinbaum, "Women in the Age of Light", and Elizabeth Fox-Genovese, "Women and the Enlightenment", in the first and second editions of *Becoming Visible: Women in European History*, ed. Renate Bridenthal et al.(Boston: Houghton Mifflin, 1977 and 1987 respectively), and Michèle Crampe-Casnabet, "A Sampling of Eighteenth-Century Philosophy", *in Renaissance and Enlightenment Paradoxes*, ed. Natalie Zemon Davis & Arlette Farge[Cambridge, Mass.: Harvard (转下页)

而代之的是，我将考察丰富的、但是没有引起足够重视的一些出版物，这些出版物公开批评了导致妇女屈从地位的问题。[1]我把男性哲学家从关注的中心挪开，使用大量欧洲妇女的公开出版物，和那些表达关心妇女权利的男性的声音，在更广的语境下，我将讨论关于妇女问题启蒙思想的发展，以及思想家们对此问题的回应。

18世纪的学者们面对着各种各样的议题，家庭中男性的主宰地位，个人、家庭与国家的法律和道德关系，特别是人们参与其中的（对妇女来说处于不利的地位）不同的性别角色的建构，有些甚至使用一些特别的术语，如性别、男性气质、女性气质等，来指代不同的性别角色。这些学者提出了一些问题，如土地的继承权，以及其他财产的继承权，爱情、奢侈品、性自由、奴隶制度和政治自由的关系等。他们坚持教育的重要性，包括家庭教育和正规教育，以及国家中的公民构成形式。他们也参与了被称为

（接上页）University Press, 1993]，315 - 347。

20世纪70年代和80年代的"第一波"女权主义者处理许多议题的特点是，他们都对这样一种观念感到不耐烦，即任何基于性别差异或性别互补的平等争论都可能被视为"女权主义"，以及原初的马克思主义-社会主义怀疑论，即任何对女性有利的东西都可能来自"资产阶级文化"。

这里，我再次加入并进一步扩展文学学者在20世纪70年代和80年代早期对女权主义和英法启蒙运动的更早、更积极的解读，包括 Katherine B. Clinton 与 David Williams，尤其是 Jane Rendall 的文章，见 *The Origins of Modern Feminism: Women in Britain, France, and the United States, 1780 -1860* (London: Macmillan, 1983; New York: Schocken Books, 1984)。对法国启蒙运动文化和女性对其贡献的重要反思，参见 Dena Goodman, *The Republic of Letters: A Cultural History of the French Enlightenment* (Ithaca: Cornell University Press, 1994); Goodman, "Women and the Enlightenment", in the third edition of *Becoming Visible*, ed. Bridenthal et al. (Boston: Houghton-Mifflin, 1998), 233 - 262。

为了有力地批判德国启蒙思想中的父权思想和"女性"非主体的定位，参见 Barbara Becker-Cantarino, "Patriarchy and German Enlightenment Discourse: From Goethe's *Wilhelm Meister* to Horkheimer and Adorno's *Dialectic of Enlightenment*", in *Impure Reason: Dialectic of Enlightenment in Germany*, ed. W. Daniel Wilson & Robert C. Holub(Detroit: Wayne State University Press, 1993), pp.48 - 64。康德、费希特、黑格尔和其他革命前后的男性哲学家的文本见 *Visions of Women*, ed. Linda A. Bell(Clifton, N. J.: Humana Press, 1983)。

[1] 新的文本一直在出现。其中的一些研究，参见 Christine Fauré, *La Démocratie sans les femmes* (Paris: Presses Universitaires de France, 1985); translated as *Democracy without Women: Feminism and the Rise of Liberal Individualism in France*(Bloomington: Indiana University Press, 1991); *Going Public: Women and Publishing in Early Modern France*, ed. Elizabeth C. Goldsmith & Dena Goodman(Ithaca: Cornell University Press, 1995)中的文章。这些出版物会在其后的第二章中被引用。

"科学"的政治知识的生产,他们见证了我这里称之为"知识战争"的关于性别和社会政治组织问题的争论。①通过阅读,我强烈地感觉到,比起抽象的理性主义,这些文本更关注社会政治层面的批评,较少关注阐释"妇女的本性"或者"美德"的性别,而这些议题却是近些年来研究启蒙时期女权主义学者关注的焦点。②我研究的这些文本是充满争议、高度相关,及引人入胜的,直面着妇女屈从地位的现实,并抵制对妇女独立存在的威胁。的确,这些学者们不太关心对"美德"的讨论、对"妇女本性"的讨论,或者"社会建构"的讨论,而是谴责在婚姻制度中妇女的奴隶地位,在自己的祖国中,妻子的地位与在英格兰和法国海外殖民地中黑人的奴隶地位一样。

特别是,我将试图减弱让-雅克·卢梭的阴影,他的阴霾笼罩在对启

---

① 与"知识战争"相关的著作包括大量的研究,如: Linda Timmermans, *L'Accès des femmes à la culture(1598 - 1715)* (Paris: Honoré Champion, 1993); Londa Schiebinger, *The Mind has No Sex?: Women in the Origins of Modern Science* (Cambridge, Mass.: Harvard University Press, 1989); and Thomas Laqueur, *Making Sex: Body and Gender from the Greeks to Freud* (Cambridge: Harvard University Press, 1990)。还可以参考 Elizabeth A. Williams, *The Physical and the Moral: Anthropology, Physiology, and Philosophical Medicine in France, 1750 - 1850*(Cambridge: Cambridge University Press, 1994)第1—3章的内容。

② 如, Lieselotte Steinbrügge, *The Moral Sex: Woman's Nature in the French Enlightenment*(New York: Oxford University Press, 1995; originally published in German, 1992, as *Das moralishe Geschlecht: Theorien und literarische Entwürfe über die Natur der Frau in der französischen Aufklärung*)。其他涉及男性对女性看法的,主要是在政治理论方面有影响力的作品,包括 Joan B. Landes, *Women and the Public Sphere in the Age of the French Revolution* (Ithaca: Cornell University Press, 1988)。在随后的理论探讨中,通过探索性别差距来审视这一时期的著作有 Jürgen Habermas 关于"publicity" (*offentlichkeit*)起源的探讨,以及 Carole Pateman, *The Sexual Contract* (Cambridge: Polity Press; Stanford: Stanford University Press, 1988)。参见 Keith Baker 对 Landes 叙述的重要修正:"Defining the Public Sphere in Eighteenth-Century France: Variations on a Theme by Habermas", in *Habermas and the Public Sphere*, ed. Craig Calhoun(Cambridge, Mass.: M. I. T. Press, 1992), pp. 182 - 211,以及 Dena Goodman, "Public Sphere and Private Life: Toward a Synthesis of Current Historiographical Approaches to the Old Regime", *History & Theory*, 31:1(1992), 1 - 20。一个重要的早期作品即 Fauré 的 *Democracy without Women* 与 Tjitske Akkerman 的研究 *Women's Vices, Public Benefits: Women and Commerce in the French Enlightenment*(Amsterdam: Het Spinhuis, 1992)也提供了修正意见。进一步的修正可以参看以下论著:Sarah Maza, *Private Lives, Public Affairs: The Causes Célèbres of Prerevolutionary France* (Berkeley: University of California Press, 1993); Sarah Hanley, "Social Sites of Political Practice in France: Lawsuits, Civil Rights, and the Separation of Powers in Domestic and State Government, 1500 - 1800", *American Historical Review*, 102:1(February 1997), 27 - 52。

蒙的阐释上太久太沉重了。我只是把他作为众多反女权的理论家之一，虽然他显然是非常有影响力的一位。毫无疑问，卢梭抽象的主体（男性）个人是非常重要的，尤其是考虑到其后的政治理论的发展，尽管他坚持认为妇女不应该在"公共"领域活动，而应该待在"私人"或者"家庭"领域里。然而，我想表达的是，他的思想的重要性要结合具体的语境进行评估，要经受时间的检验，并且要放在特殊的领域中进行讨论，而不是事先就假设（就像一直以来做的那样）一个结论。①

以法国为中心的启蒙批判，或者正是因为其世俗的特性，促使对构成现有社会的许多制度和习俗提出质疑，尤其针对着那些由有组织的宗教权威所控制的机构，如罗马天主教会，但并不限于此。这些批判扩展到其他领域，也体现在婚姻法、限制教育机会和经济参与方面的男女关系问题，以及谁应该行使权力的问题，都成为公众辩论的中心，准确地说，这些议题成为人们日常生活中争论的话题。当我们回顾18世纪的公众讨论，以及反驳卢梭和康德所设想的启蒙运动具有"普遍主义"的论断时，能找到大量显著的证据。卢梭的影响如此之大，1789年《人权宣言》似乎体现了这一点，我建议我们可以，而且必须重新找回女权主义的启蒙运动。

法国大革命期间，女权主义的挑战呈爆发趋势，在几年的时间里发展的频率和势头惊人。随着在三级会议中的代表权问题浮出水面，几乎立即出现了妇女应获得完全公民权利的要求。与那些坚持认为男性主导的革命很快就剥夺了女性的权利，或者那些（如林恩·哈特）试图摆脱以男性话语为基础的精神分析操控叙述的历史学家的主张相反，我在第三章中的论点是，1789年至1793年——大约5年的时间内——女权主义者成功地对父权制度和父权操控提出了正面的挑战，甚至最激进的革命者

---

① 参见 Joel Schwartz, *The Sexual Politics of Jean-Jacques Rousseau* (Chicago: University of Chicago Press, 1984)。最近的研究如 Penny Weiss, "Rousseau, Antifeminism, and Woman's Nature", *Political Theory*, 15:1(Feb. 1987), 81–89。她认为卢梭为了社会和政治的利益，故意把妇女的家庭生活定位为一种文化建构。另一个同样的论点见 Paul Thomas, "Jean-Jacques Rousseau, Sexist?", *Feminist Studies*, 17:2(Summer 1991), 195–217。她正确且坚定地认为，"女性救赎或腐化男性的能力是卢梭关注的核心"。显而易见的是，卢梭认为"女人"是一种强大而具有潜在危险的"他者"。一本研究卢梭的妇女对话者的新作品是 Mary Seidman Trouille, *Sexual Politics in the Enlightenment: Women Writers Read Rousseau* (Albany: State University of New York Press, 1997)。

（其中一些是卢梭的忠实追随者）也面临着必须阐明他们的思想和行动对不同性别产生的后果，这也就促使反抗的表达更加系统化。①与其他学者不同的是，我认为，"母亲教育者"的革命性理念为女性提供了一种崭新的准公共角色，这种角色不仅可以而且确实可以作为促进女性正规教育的阶梯，而且女权主义者也为扩大女性参与公共事务铺平了道路。②通过构建奴隶和自由之间的对比，坚持爱国母职的重要性，修改婚姻制度，强调婚姻是伙伴关系而不是男性权威的主导，并运用公共事务的概念为妇女参与公共生活辩护，女权主义思想家正面挑战男性的统治，并声称在新社会中两性应该平等。这是一个了不起的壮举。

正如那些长期被遗忘，而后被持续发现的已经出版的文本所强调的那样，这些挑战不仅在巴黎，而且遍及整个法国和欧洲大陆。事实上，新出现的证据（我们一直在发现更多证据）表明，对女性从属地位的批评获得了比许多历史学家愿意承认的多得多的拥护者——尽管这让许多主张

---

① 在这个问题上，我的研究支持这些人提出的更为乐观的观点：Jane Abray, "Feminism in the French Revolution", *American Historical Review,* 80:1(Feb. 1975), 43 - 62, and in *Women in Revolutionary Paris, 1789 - 1795,* ed. Darline Gay Levy, Harriet Branson Applewhite, and Mary Durham Johnson (Urbana: University of Illinois Press, 1979); Elisabeth G. Sledziewski, "The French Revolution as the Turning Point", in *Emerging Feminism from Revolution to World War,* ed. Geneviève Fraisse & Michelle Perrot(Cambridge: Harvard University Press, 1993), 33 - 47. 而反对以下这些人提出的更为消极的观点：Landes, *Women and the Public Sphere;* Madelyn Gutwirth, *The Twilight of the Goddesses: Women and Representation in the French Revolutionary Era*(Berkeley: University of California Press, 1992); Candice E. Proctor, *Women, Equality and the French Revolution*(Westport, CT: Greenwood Press, 1990). 还有一些学者认为，妇女对平等和公民身份的要求从一开始就注定要失败，或者被"普世主体"的霸权所左右。如 Lynn Hunt's 发人深省的书 *The Family Romance of the French Revolution*(Berkeley: University of California Press, 1992)，确实关注性别问题，但主要关注男性父权话语。一本重要的德文选集是 *Sklavin oder Bürgerin? Französische Revolution und Neue Weiblichkeit 1760 -1830,* ed. Viktoria Schmidt-Linsenhoff(Frankfurt: Historischen Museums Frankfurt, 1989)。对最近法语和英语书籍出版物的调查，见 Karen Offen, "The New Sexual Politics of French Revolutionary Historiography", *French Historical Studies,* 16:4(Fall 1990), 909 - 922。

② 自 20 世纪 80 年代以来，我一直在提出这一观点，最初是在 *Women, the Family, and Freedom: The Debate in Documents, 1750 -1950,* ed. Susan Groag Bell & Karen Offen(Stanford: Stanford University Press, 1983)一书中，随后是在有关 19 世纪女权主义理论与实践的一系列文章中，参见第二版和第三版的 *Becoming Visible: Women in European History* (1987, 1998)。

法国大革命是对妇女解放的反动的人感到不安。它还表明，随后对妇女解放主张的抵制，可能是众所周知的批评法国大革命的一个核心特征。然而迄今为止，这一事实没有得到完全证实。法国大革命是一股反革命潮流，深刻地嵌刻在 19 世纪欧洲政治和文化的发展中。特别是，这些证据强调指出，作为革命者的男性试图代表抽象的女性个体——以公共事务为由——主张权利的充分运用，这可以理解为这些男性含蓄地回应女权主义者为实现女性完全平等而提出的强烈要求，既基于绝对权利，又坚持性别差异和互补性。①

正是在这种背景下，我们可以重新评估伊丽莎白·A.威廉姆斯(Elizabeth A. Williams)所认为的，在法国医学——"人的科学"——的很多分支领域里，如人类学、生理学、哲学、医学，以及医生试图用"科学"的论点，来阐释不同性别在生理上的不可通约性，就像托马斯·拉克尔(Thomas Laqueur)所做的一样，更重要的是，"人的科学"还要论证女性在生理、智力和道德上比男性"低下"②。其他国家的学者，特别是德国哲学家康德和黑格尔，也将女性排除在理性和公共责任的领域之外。然而，幸运的是，除了卢梭的信徒之外，法国(以及受法国控制和文化霸权影响的欧洲许多其他地区)的社会政治批评家远远没有单方面支持这一立场。法国大革命期间，女权主义者和反女权主义者之间的争论没有很快结束或者归于沉寂，相反，它们溢出法国，传遍整个欧洲，在那里，它们会在整个 19 世纪以越来越频繁和迅速的方式酝酿、冒出和爆发。

①　对于"普遍主体"霸权论的雄辩陈述，以及对排斥妇女的逻辑必然性的简要陈述，见 Pierre Rosenvallon, *Le Sacre du citoyen: Histoire du suffrage universel en France* (Paris: Gallimard, 1992)；对其的反响见 Joan W. Scott, *Only Paradoxes to Offer: French Feminists and the Rights of Man* (Cambridge: Harvard University Press, 1996)。仔细研究女权主义者关于法国革命辩论的历史文本，可知其并不支持这样的论点，我相信接下来的章节会阐明这一点。无论是哲学陈述本身，还是"逻辑"，如果缺乏说服别人相信它们的优点和/或它们的政治效用的倡导者，都是不可能有效的！

②　Williams, *The Physical and the Moral: Anthropology, Physiology, and Philosophical Medicine in France, 1750 - 1850*.

第二章　启蒙运动时期的"女权主义"

欧洲启蒙运动,借用弗朗西斯·斯蒂格马勒(Francis Steegmuller)的一句恰当的话来说①,就是一个"社会和智力全面开花"的时代,是一个就"女性问题"展开辩论的特殊时期,因为两性关系的对立已为人们所知。启蒙运动是"以女性为中心"的,因为男性理论家关注的焦点是"妇女"和"妇女的本性"。之后本章将会讨论启蒙时代的主要男性代表人物——孟德斯鸠、伏尔泰、狄德罗、卢梭、孔多塞和康德所表达的观点。然而,如果我们通过对这些主要的男性哲学家"去中心化",来审视启蒙运动辩论的更广泛的谱系,那么很明显,这一"开花"时期也为女性及其男性盟友提供了舞台,即在印刷品中出现了令人印象深刻的概念、词汇的"武器库"以及论点,足以挑战随后在 1789 年女权主义批评家们所谴责的"性别专制"(aristocracy of sex)。②

无名的批判

因此,启蒙运动的辩论可以被视为一个孵化器。不仅仅是像一些人抱怨的那样,辩论是在定义"女性",它也主张女性与男性平等,批评男性特权和男性统治,并从历史上分析导致女性屈从地位的原因和结构,以及为女性从男性控制中解放出来创造雄辩的论据。这些都是我们现在称之为女权主义批判传统的主要特征,然而在当时这种批判仍然是一种没有

---

① Francis Steegmuller, *A Woman, a Man, and Two Kingdoms* (New York: Alfred A. Knopf, 1991), p. Ⅻ.

② 这一术语出现在 *Requête des dames à l'Assemblée Nationale* (1789), repr. in *Les Femmes dans la Révolution française, 1789 - 1794*, presented by Albert Soboul, vol. 1(Paris: EDHIS, 1982), unpaginated。

特定名称的批判。

整个 18 世纪,女人和男人都写了许多明确谈到妇女解放和男女平等的文章;然而,特别有趣的是,包含着这类问题的作品,表面上看,似乎是与其他话题联系在一起的。在辩论妇女问题时,富有想象力的小说、戏剧和诗歌与辩论性的小册子、政治经济学和美学的论文,以及卷帙浩繁的关于法律、哲学、生理学和动物分类学的专著相互补充。①

这场辩论中被选择的议题并不局限于正统哲学中的主题,它们涉及社会或体制的基本方面。学者和哲学家努力想搞清楚我们知道什么,以及我们是如何知道的,在这一过程中,他们提出了许多关于他们所生活的这个世界的重要问题。他们试图通过比较,从"动物"中区分出"人"、从"自然"中区分出"社会"或者"文化",从而探究"法律"与"道德"之间的差异,但是很快他们就面临着社会中男女之间的差别,以及支持这些差别存在的理由。对女性屈从地位的批评使人们意识到,两性关系既不是上帝赋予的,也不是完全由"自然"决定的,而是由社会建构的;换句话说,他们理解我们今天称之为"性别"的概念。1776 年,埃比奈夫人在回答两位哲学家安托万-莱昂纳德•托马斯和丹尼斯•狄德罗之间的一次广为讨论的交流时,使用了"男性类型"和"女性类型"这两个术语,并且坚持说,她不仅是在语法的意义上使用这些术语,而主要是在社会层面使用这两个术语。②这种批评很快就导致了在如何构建两性关系问题上的分歧,并启发了另一种观点。在"传统"的名义下主张性别等级和男性支配地位的意见,被同样激烈的主张性别平等和女性从男性控制中解放出来的意见所

---

① 参见 Londa S. Schiebinger, *The Mind Has No Sex? Women in the Origins of Modern Science*(Cambridge, Mass.: Harvard University Press, 1989);同时参见 Schiebinger, "Why Mammals are Called Mammals: Gender Politics in Eighteenth-Century Natural History", *American Historical Review*, 98:2(April 1993), 382 – 411;以及 Lisbet Koerner, "Goethe's Botany: Lessons of a Feminine Science", *Isis*, 84:3(Sept. 1993), 470 – 495。

② 当我说"man"(l'homme),我是指人类全体;当我说"a man"(un homme),我是指人类中的男性群体(du genre masculin),而当我说"a woman"(une femme),我是指人类中的女性群体(du genre féminin)。Louise-Florence-Pétronille de Tardieu d'Esclavelles, marquise de La Live d'Épinay, Les Conversations d'Émilie(Paris, 1776; orig. publ. Leipzig, 1774), p.11。侯爵夫人对安托万-莱昂纳德•托马斯观点的回应,见 *Essai sur le caractère, les moeurs et l'esprit des femmes dans les différens siècles*(Paris, 1772); Denis Diderot, "Sur les femmes", in Grimm's *Correspondance littéraire, année 1772*。这两部作品都广为流传,并被大量翻译。

批判。

18 世纪的女权主义者主张,在所有社会和政治组织出现之前,男女是"自然"平等的,因此,他们要求在有组织的社会中实现男女完全平等。他们强调妇女在制度化婚姻中处于不利的法律和经济地位,并呼吁承认作为"妇女"的妇女权利。他们批评社会上给予女性的教育不足,缺乏婚姻中的经济选择权,尽管存在这些不利因素,女性的影响力和社会角色仍然很重要。这样的争论沿着几个不同的方向发展。第一,他们指出了女性作为个体的精神/道德和智力全面发展的必要性,这是"权利"话语的应有之义。第二,争论直接导致了对所谓女性价值的重新评估。即使女性认为自己也有理性,她们还是被视为多愁善感的,服从内心和情感的要求,简言之,就是作为理性的"男性气质"的补充。第三,他们以"公共事务"的名义,反思女性作为母亲对社会的重要战略意义,并宣称在"文明"社会中,女性作为育儿者和男人的伙伴应该具有中心地位。如果我们只强调其中一个方面而不坚持其他方面,那就不能正确理解启蒙运动中女权主义的复杂性。

这场辩论不是从启蒙运动开始的;事实上,它的根源可以追溯到更久远的欧洲历史。女权主义学者收集了大量证据,证明了自 15 世纪以来,意大利、法国和英国就展开了激烈的辩论。①以至于到了 18 世纪中叶,参与者的数量不断扩大,围观者的数量也急剧增加。在那时候,受过教育的欧洲人正在经历一场对现有性别秩序的批评,这种批评出现在高度繁荣的印刷品中。书籍、期刊、传单、杂志从出版机构中大量涌现。在城市中,特权阶层的男性和女性识字率持续提高,保证了这些作品有相当数量的读者。按照罗杰·沙尔捷(Roger Chartier)的说法,仅在法国,18 世纪中叶女性和男性的识字率几乎翻了一番(女性的识字率从 14% 增加到 27%),越来越多的人拥有书籍。事实上,正如卡拉·赫西(Carla Hesse)所发现

---

① 主要参考以下论著:Constance Jordan, *Renaissance Feminism: Literary Texts and Political Models*(Ithaca: Cornell University Press, 1990); Christine Fauré, *Democracy without Women: Feminism and the Rise of Liberal Individualism in France*(Bloomington: Indiana University press, 1991; orig. French publ. 1985)。关于英国,参见 Hilda L. Smith, *Reason's Disciples: Seventeenth-Century English Feminists*(Urbana: University of Illinois Press, 1982),以及 *Women Writers and the Early Modern British Political Tradition*, ed. Hilda L. Smith(Cambridge: Cambridge University Press, 1998)中收录的文章。

的那样,数百名法国女性正在出版她们的作品。[1]小说的兴起,"女主人公的文本"与性政治的激烈辩论紧密交织在一起;文学史专家南希·K.米勒(Nancy K. Miller)提醒我们说,"在18世纪,女作家并不是文学编年史上的边缘人物。她们积极参与小说创作和传播……她们写出了畅销书"[2]。这种情况不仅在法国出现,在荷兰,贝彻·沃尔夫(Betje Wolff)和阿格杰·德肯(Aagje Deken)于1782年出版了小说《萨拉·伯格哈特》,开创了荷兰小说的先河。这部小说以书信体的形式描述了一位勇敢的荷兰年轻女孩的生活,倡导理性、知识和宽容的启蒙价值观,并提倡女性自由而独立地生活。[3]今天,荷兰女学生仍然在读这本书。

在印刷业繁荣时期,两性发展的不对称所引发的争论占据了突出的位置。维持现状的捍卫者为他们所坚定持有的观点寻找新的理由,改革者则雄辩地表达了不同的观点。论辩双方不仅从希腊和罗马经典著作(从文艺复兴中继承下来的知识)中抽取零散的知识,而且还利用了以欧洲主要语言出版的关于人体和人类社会的更广泛的"新"知识。他们从所谓的"自然"科学家(主要是解剖学家和内科医生)的最新发现以及传教士、民族学家和世界其他地区旅行者的统计中收集了各种知识。双方越来越多地援引"自然"法和"自然"权利,将"自然"与"社会"和"文化"区分开来,并提出了历史、社会学或科学,而非神学或哲学的论点来支持他们的变革建议。

低下还是平等？从理性角度出发的重要争论

基于基督教灵魂平等学说和诉诸理性的两性平等主张,是自15世纪

---

[1]   Roger Chartier, *The Cultural Origins of the French Revolution*, transl. Lydia G. Cochrane(Durham, N. C.: Duke University Press, 1991), p.69.同时参看这本论文集中的文章: *Going Public: Women and Publishing in Early Modern France*, ed. Elizabeth C. Goldsmith & Dena Goodman(Ithaca: Cornell University Press, 1995)。并参见 Carla Hesse, "French Women in Print 1750 - 1800: An Essay in Historical Bibliography", *Studies on Voltaire and the Eighteenth Century*, vol. 359(Oxford: The Voltaire Foundation, 1998), pp.65 - 82。

[2]   Nancy K. Miller, *The Heroine's Text: Readings in the French and English Novel, 1722 - 1782*(New York: Columbia University Press, 1980), p.155.

[3]   参见 Jeanne Hageman, "Elizabeth Wolff & Agatha Deken", *in Women Writing in Dutch*, ed. Kristiaan P. Aercke(New York & London: Garland, 1994)。

初以来欧洲知识界长期争论的话题。当时,克里斯蒂娜·德·皮桑(Christine de Pizan)通过援引理性女神,在出版物中首次挑战贬低女性的法国男性作家。①到了17世纪,玛丽·勒·雅尔·德·古尔奈(Marie Le Jars de Gournay)在她的论文《男女平等》(1622)中明确阐述了性别平等的观点。②古尔奈认为男女两性共同拥有理性,以此强调两性的自然平等,从而改变了争论的前提。她批评已经建立起来的性别等级制度,坚持认为女性缺乏教育和知识是造成她们地位不平等的罪魁祸首。这一"文化"论争注定会有辉煌的未来。然而,地位平等并不意味着相同或女性模仿男性。古尔奈强烈反对主张女性的最佳选择是努力模仿男性的观点。在她看来,这不是重点。此后,大多数女权主义者也认同这一观点。

康斯坦丝·乔丹(Constance Jordan)完美地记录了16世纪女权主义者对平等和理性的诉求。③然而伦达·席宾格(Londa Schiebinger)却认为,只是随着笛卡尔哲学在17世纪的发展,女权主义者的诉求才建立在更坚实的哲学基础上,因为笛卡尔哲学预示着理性和人类大脑的卓越性。④笛卡尔学派的神职人员浦兰·德·拉巴尔(Poullain de la Barre)后来(1673)声称"思想没有性别"。他认为,除了生殖器不同外,两性之间没有显著差异。这种方法补充了古尔奈的文化批判,为从文化上来解释女性表面上的"低下"打开了大门,引发了关于这一主题的大量出版物。⑤浦兰·德·拉巴尔所提出的论点在后来以法文和英文出版的多部著作中重

---

① Christine de Pizan, *The Book of the City of Ladies*(ca. 1405), transl. Earl Jeffrey Richards(New York: Persea Books, 1982).

② 参见近期重印的版本:Marie de Gournay, *Égalité des Hommes et des Femmes, 1622*, preface by Milagros Palma(Paris: côté-femmes, 1989)。

③ Jordan, *Renaissance Feminism*.

④ Schiebinger, *Mind Has No Sex*, esp. pp. 169–170, 176.

⑤ François Poullain de la Barre, *The Woman As Good as the Man; or, The Equality of Both Sexes*(1673), transl. A. L., ed. with introd. Gerald M. MacLean(Detroit: Wayne State University Press, 1988).同时参见 Siep Stuurman, "Social Cartesianism: François Poulain de la Barre and the Origins of the Enlightenment", *Journal of the History of Ideas*, 58:4(Oct. 1997), 617–640. 关于法国的笛卡尔女性信徒,参见 Erica Harth, *Cartesian Women: Versions and Subversions of Rational Discourse in the Old Regime*(Ithaca: Cornell University Press, 1992)。同时参见 Carolyn C. Lougee, *Le Paradis des Femmes: Women, Salons, and Social Stratification in Seventeenth-Century France*(Princeton: Princeton University Press, 1976)。

复出现,其中包括孟德斯鸠的《波斯人信札》(1721)。孟德斯鸠在该书中借罗克珊之口提出自己的观点,罗克珊援引自然法则反对男性法则。署名为"索菲亚,一个有品质的人"发表了《女性不比男性低劣;或曰,一篇对女性自然权利的简洁和适度的辩护,论其与男性拥有完全平等之权力与尊严,应受同等之尊敬》(1739),署名为"一位女士"的人发表了《女权辩护》(1758)。就这样,关于女性问题的辩论成为启蒙运动探索人类社会的中心特征,女权主义者对男性霸权的挑战开始在越来越多的领域爆发出来。

婚姻制度批判

让我们通过考察对婚姻制度的批判,进入启蒙运动的辩论。当时的大多数欧洲国家,在16世纪的新教改革之后,婚姻的缔结和解除仍然为基督教宗教机构所把持。每一个教派都支持某种形式的男性对女性的控制。罗马天主教会宣布婚姻是不可分割的圣礼,一些新教教派则从未采纳这一立场(因此他们容忍离婚,而不是在教会法庭上制造复杂的程序才能废除婚姻)。此外,教会扮演国家机构的角色,负责记录出生、死亡和婚姻,并对家庭关系行使道德权威。在整个17世纪,法国司法当局倾向于直接控制这些职能,并将婚姻制度世俗化,他们想更加直接地控制男性户主家庭,实现上个世纪的政府官员想做而没有达成的目标。因此,在18世纪的法国,以及那些以法国为榜样的国家,教会和国家在控制婚姻上处于冲突之中。同时,对现实不满的女性质疑传统婚姻制度,抱怨丈夫的虐待和不当行为,那些抱怨引发了一系列广为人知的诉讼。①民事离婚

---

① 参见以下论著:Sarah Hanley, "The Monarchic State in Early Modern France: Marital Regime Government and Male Right", in *Politics, Ideology, and the Law in Early Modern Europe*, ed. Adrianna E. Bakos(Rochester: University of Rochester Press, 1994), pp. 107 – 126; Hanley, "Social Sites of Political Practice in France: Lawsuits, Civil Rights, and the Separation of Powers in Domestic and State Government, 1500 – 1800", *American Historical Review*, 102: 1(Feb. 1997), 27 – 52; Sarah Maza, *Private Lives, Public Affairs: The Causes Célèbres of Prerevolutionary France*(Berkeley & Los Angeles: University of California Press, 1993)。

似乎是无法达成协议的事情。

　　大多数新教徒在处理婚姻问题时认可男性的统治地位。除了英国的贵格会教徒承认妇女享有平等权利的重要性外,大多数新教教派都恢复了旧约的先例,以确立男性对已婚妇女的权威。新教教会的领袖们拒不接纳以下对婚姻的批评:玛丽·阿斯特尔(Mary Astell)在《对婚姻的一些沉思》(第三版,1706)中批评英国女性在婚姻中的顺从态度(以及她对独身的赞扬),丹尼尔·迪福(Daniel Defoe)在 1727 年更严厉地将没有爱情的婚姻描述为夫妻间的"猥亵",玛丽·沃斯通克拉夫特(Mary Wollstonecraft)后来将这种情况称为"合法卖淫"[1]。这种对包办婚姻和无爱婚姻的批评,有时与对爱情的歌颂联系起来,在很多国家,特别是法国,对许多后来的女权主义作家产生了影响。[2]德格拉菲尼夫人(Madame de Graffigny)的畅销书《一位秘鲁妇女的来信》(1747)被大量翻印和翻译,书中不仅批评了法国的婚姻模式,而且还创造了女主人公印加公主齐利亚独立的形象,她最终废除了那位法国求婚者的婚姻,只是与他建立起友谊关系。[3]

　　到孟德斯鸠发表《论法的精神》(1748)时,他在讨论政体和社会机构的结构时,强调指出女性在以男性为主的家庭中处于屈从地位,并把这种屈从地位与三种形式的政体联系起来:共和政体、君主政体和专制政体。

---

　　① Mary Astell, *Some Reflections upon Marriage* (1700). 第三版 *Reflections Upon Marriage*(1706)收入 *The First English Feminist: Reflections on Marriage and other Writings by Mary Astell*, ed. with introd. Bridget Hill(New York: St. Martin's Press, 1986); Daniel Defoe, *Conjugal Lewdness; or Matrimonial Whoredom: A Treatise concerning the Use and Abuse of the Marriage Bed*(1727), repr. ed., with introd. M. E. Novak(Gainesville: Scholar's Facsimiles & Reprints, 1967); Mary Wollstonecraft, *A Vindication of the Rights of Woman* (New York: Norton, 1967; originally published 1792), p.104.关于 1735 年前后英国已婚妇女的屈从地位问题,参见 Barbara J. Todd, "'To Be Some Body': Married Women and *The Hardships of the English Laws*", in *Women Writers*, ed. Smith, pp.343–361。

　　② 参见 Joan DeJean, "Notorious Women: Marriage and the Novel in Crisis in France, 1690–1715", *Yale Journal of Criticism*, 4:2(1991), 67–85。对文学的重要补充见 Joan DeJean, *Tender Geographies: Women and the Origins of the Novel in France* (New York: Columbia University Press, 1991); Joan Hinde Stewart, *Gynographs: French Novels by Women of the Late Eighteenth Century*(Lincoln: University of Nebraska Press, 1993)。

　　③ Françoise de Graffigny, *Lettres d'une Peruvienne* (1747);参见最近的英文版,*Letters from a Peruvian Woman*, transl. David Kornacker(from the 1752 edition), and introduced by Joan DeJean and Nancy K. Miller(New York: Modern Language Association, 1993)。

他认为,在君主政体下,妇女"受到的约束很少",而在专制政体下,妇女是
"奢侈的对象物""被奴役",在共和政体下,"妇女虽然受习俗的约束,但是
在法律上是自由的"①。对现有社会秩序的批评使得人们越来越认同共
和政体的观点,这些观察激发了新一轮借助于讨论婚姻的"政治性"而对
妇女问题的反思。启蒙思想家和小说作家分成两大阵营。著名的法学家
们,特别是普鲁士国王腓特烈大帝法典的编纂者塞缪尔·冯·科克采伊
(Samuel von Cocceji)、法国几部有影响力的婚姻法律文本的作者罗贝尔·
波蒂埃(Robert Pothier),以及英国普通法评论家威廉·布莱克斯通
(William Blackstone),都倾向于限制妇女的地位,以实现"自然"的计划。②

在持反对意见的一方,可以找到像路易·德·若古(Louis de
Jaucourt)这样的大胆作家,他在具有巨大影响力的《法国百科全书》
(1756)第6卷中指出,"从人性的角度讲,可以对声称婚姻权力的理由提
出质疑"。若古坚持认为,丈夫的权力是专横的,它"违背了人类自然平
等"的原则。男人绝不比女人优越,现存的规则是"积极的",或人为干预
的结果,有别于"自然"法。若古建议,婚姻只不过是契约,作为契约,可以
想象,有关各方可以以各种方式组织婚姻。③正如琼·欣德·斯图尔特
(Joan Hinde Stewart)在1750年后的一段时期所出色地证明的那样,法
国女小说家新出版的许多小说扩展并深化了这种批评。特别是先是作为
女演员后来成为小说家的玛丽-让娜·里科博尼(Marie-Jeanne Ricco-
ni),深刻地探索了爱情、婚姻和再婚的政治,并且探讨了通奸、具有独立
性的寡妇甚至私生子的问题。④另一位法国小说家让娜-玛丽·勒·普林
斯·德博蒙特(Jeanne-Marie Le Prince de Beaumont),巧妙地附和了这

---

① *The Spirit of the Laws, by Baron de Montesquieu,* transl. Thomas Nugent(New
York: Hafner, 1959; orig. publ. 1749). See esp. bk. 7, sect. 9, pp. 102－103.

② *The Frederician Code*(Edinburgh, 1761), pt. 1, bk. 1, tit. 8, pp. 37－39(orig. Ger-
man publ. 1750); Sir William Blackstone, *Commentaries on the Laws of England,* 11th ed.,
(London, 1791), bk I, chap. 15: pp. 433, 442－445(lectures presented at Oxford, 1756;
orig. publ. Oxford, 1765－1769).若干部分收录于 *WFF,* vol. 1, as docs. 4 & 5。

③ Louis, chevalier de Jaucourt, "Femme(Droit Nat.)", in *L'Encyclopédie,* 6(Paris,
1756), 471－472; transl. KO, in *WFF,* vol. 1, doc. 6。

④ 参见 Joan Hinde Stewart, *The Novels of Mme Riccoboni* (Chapel Hill: University of
North Carolina Press, 1974)。

个观点,即选择退出爱情和婚姻的"子宫经济"(uterine economy),将母女关系置于男女关系之上,并寻求"终极自由的……单身生活"①。

妇女教育批判

对妇女教育的批评成为启蒙批判的一种普遍现象。早期的新教领袖和反对新教改革的天主教改革者曾提议教育所有社会阶层的女孩,当然主要目的是为了通过培训她们阅读《圣经》,从而鼓励她们对宗教的虔诚,使她们能够向子女灌输基督教价值观。然而,与此同时,并不鼓励她们写作。对上流社会女性的高等教育则不同,伊丽莎白时代英国"博学的女性",17 世纪中叶巴黎上流社会的"女学究",她们遭到的批评是充满恶意且前所未有的,正如莫里哀(Molière)广为人知的喜剧《可笑的女才子》(1659)和《女学究》(1672)所反映的那样。在喜剧《塞尔维亚的理发师》(1775)中,当巴尔托洛医生怀疑他负责的病房的萝塞塔在给求婚者写信时,博马歇(Beaumarchais)惊呼道:"你一直在写作! ……你的手指上有墨水渍! 啊! 狡猾的女士","女人们认为,她们如若能独处,可以做任何事情而没有危险"②。

妇女进入 17 世纪新兴的科学领域学习,在某些方面引起了激烈的争论。一方否认女性具有理性,另一方声称女性不仅拥有理性,甚至可能拥有优于男性的理性能力。继浦兰·德·拉巴尔(1673 年)声称"思想没有性别"之后,女性先天智力能力的捍卫者在接下来的一个世纪中,以各种形式重申和阐述了这一主张。尼古拉·马勒伯朗士(Nicolas Malebranche)在其寻找真理的论文(首次发表于 1674 年)中声称,女性的大脑是由"纤细"的纤维构成的,这种纤维同时决定了女性的智力和品味,但也使她们不善于使用抽象能力。尽管如此,他承认,没有绝对的男性气质和女性气质。伯纳德·勒·博维耶·德·丰特奈尔(Bernard Le Bovier de Fontenelle)的

---

① 关于 Le Prince de Beaumont,参见 Stewart, *Gynographs*, p.47。

② Pierre-Augustin Caron de Beaumarchais, *The Barber of Seville* (1775), in Beaumarchais, *The Barber of Seville/The Marriage of Figaro*, transl. with introd. John Wood(London: Penguin, 1964), p.64.感谢 Nina Gelbart 让我注意到这些台词。

《关于多重世界的对话》(1686)是一本用通俗语言解释牛顿新物理学的畅销书,他采用了一名哲学家与一名贵族夫人对话的形式。①

英国的玛丽·阿斯特尔激烈地表达了对女性理性能力的类似辩护,她在《对女士们的严肃提议》(1694)中,主张为不想结婚,并愿意与其他有类似倾向的女性一起终身学习的妇女建立一所女子大学和社区。西班牙启蒙运动之父、罗马天主教神职人员贝尼托·菲赫(Benito Feijoo)是《捍卫妇女》(1739)一书的作者,同时也是《女权辩护》(1778)一书的英文译者,他同样支持男女具有平等的能力。②正是在这场辩论的背景下,1732年博洛尼亚大学(University of Bologna)授予才华横溢的劳拉·巴斯(Laura Bassi)哲学博士学位,这激励了全欧洲勤奋好学的女性。③

大主教费讷隆发表了他非常有影响力的论文《论女子教育》(1687)之后,法国对妇女教育的讨论发生了明显的改变,即不再是反女权和功利主义的。④作为全面改革法国贵族计划的一部分,费讷隆为贫困贵族的女儿设计了一个项目,引导她们远离宫廷和沙龙社会的轻浮生活,投身于严肃的事业,接受培训,成为对丈夫和家庭有用的妻子、母亲和房地产经营人,从而成为对法国国家有用的人。费讷隆的宣传,以及几乎同一时期,路易十四的妻子曼特农夫人在圣西尔创立的圣路易皇家学院,影响了整个

---

① Bernard le Bovier de Fontenelle, *Conversations on the Plurality of Worlds*, transl. H. A. Hargreaves, introd. Nina Rattner Gelbart(Berkeley & Los Angeles: University of California Press, 1990)。

② Benito Jeronimo Feijoo y Montenegro, *Three Essays or Discourses on the Following Subjects: A Defense or Vindication of the Women, Church Music, A Comparison between Antient and Modern Music. Tr. from the Spanish of Feyjoo by a Gentleman*〔John Brett〕 (London, 1778). 西班牙关于妇女教育和相关议题的辩论,参见 Margarita Ortega López, " 'La Defensa de las mujeres' en la sociedad del Antiguo Regimen: Las aportaciones del pensamiento illustrado", in *El Feminismo en España: Dos Siglos de Historia*, ed. Pilar Folguera(Madrid: Editorial Pablo Iglesias, 1988), pp. 3 – 28; Sally-Ann Kitts, *The Debate on the Nature, Role and Influence of Woman in Eighteenth-Century Spain*(Lewiston: Edwin Mellen Press, 1995)。

③ Laura Bassi 的生平事业,参见 Paula Findlen, "Science as a Career in Enlightenment Italy: The Strategies of Laura Bassi", *Isis,* 84:3(Sept. 1993), 441 – 469; Gabriella Berti Logan, "The Desire to Contribute: An Eighteenth-Century Italian Woman of Science", *American Historical Review,* 99:3(June 1994), 785 – 812。

④ François de Salignac de La Mothe, archbishop Fénelon, *Treatise on the Education of Daughters*, in *Fénelon on Education*, ed. H. C. Barnard(Cambridge: Cambridge University Press, 1966; orig. French publ. 1687)。

18 世纪欧洲精英家庭女孩接受世俗教育的进程。[①]

1758—1759 年,让-雅克·卢梭与百科全书派的让·朗德·达朗贝尔就妇女教育和地位问题进行了影响深远的辩论,之后,让-雅克·卢梭出版了两部最著名的教诲式著作:《朱莉》或《新爱洛伊斯》(1761)和《爱弥儿》或《论教育》(1762)。他以一种更流行的方式维护家庭,直截了当地断言,女性教育就是为了让她们做好为男性服务的准备,尽管他强调女性在家庭中能够而且确实发挥了巨大的影响力。[②]

> 抽象地和纯理论地探求真理,探求原理和科学的定理,要求探求的人能够把他的概念做综合的归纳,那是妇女们做不到的;她们应当研究实际的事物,她们应当把男人发现的原理付诸应用,她们应当仔细观察,以便使男人们能论证原理。[③]

卢梭的反女权主义观点是对女作家们的批评的回应。这些女性作家批评了 18 世纪的女孩教育的肤浅,并且捍卫女性有在最好的启蒙传统中运用理性和获得先进知识的权利。许多人,如化名为"索菲娅"的作者认为,在自然状态下,女人和男人都是同样具有理性的生物。"一句话,如果男性哲学家是真正意义上的哲学家的话,他们将能够看到自然已经无可辩驳地证明了,我们的性别与他们的性别完全平等。"[④]这些主张在激进的著作中反复出现,如 1758 年在伦敦出版的署名为"一位女士"的《女权辩护》的书中,作者坚持两性自然平等,并通过援引历史上男性曾经如何屈从于女性,来捍卫女性的能力。[⑤]在以巴黎为基地的《妇女杂志》上,精

---

① 参见 Lougee, *Paradis des Femmes*, chaps. 11 - 13。

② Jean-Jacques Rousseau, *Émile; ou de l'éducation* (1762; repr. Paris: Gallimard, 1969), bk. 5, p. 572; as transl. in Michèle Crampe-Casnabet, "A Sampling of Eighteenth-Century Philosophy", in *A History of Women: Renaissance and Enlightenment Paradoxes*, ed. Natalie Zemon Davis & Arlette Farge(Cambridge: Harvard University Press, 1993), p. 329.

③ 引自卢梭著,李平沤译:《爱弥儿》,商务印书馆 2003 年版,第 576 页。——译者注

④ Sophia, A Person of Quality[pseud.], *Woman Not Inferior to Man; or, A Short and Modest Vindication of the Natural Right of the Fair Sex to a Perfect Equality of Power, Dignity, and Esteem, with the Men*(1739); partially reprinted in *WFF* vol. I, doc. 1; quote, p. 27.

⑤ *Female Rights Vindicated* by "A Lady" (London: G. Burnet, 1758). 感谢 Gary Kates 提醒我注意该文本。

力充沛的编辑德·博梅尔夫人(Madame de Beaumer)在 1761 年坚持说:
"我们女性在自己的发型下思考,就像你们在假发下思考一样。我们和你们一样有理性能力。""事实上,"她嘲笑着补充道,"你们每天都对我们失去理性。"①在德·博梅尔夫人的继任者德·迈松纳夫夫人的领导下,杂志继续培养和赞美女性的知识能力。

　　这些妇女知道,男性主导的文化与她们所看到的事物的自然(或前社会)状态是不一样的。一些 18 世纪的女权主义批评家当时感觉到,正如其他人后来反复发现的那样,两性关系是一种社会政治或"文化"结构;尤其是,她们凭本能知道是法国哲学家在"自然法"(上帝的法)和"实在法"(人造法)之间制造了区别。德·博梅尔夫人向《妇女杂志》的匿名男性评论家提出了批评:

> 我爱这个性别,我珍惜维护它的荣誉和权利。如果我们没有像你们一样受到科学熏陶,那么你们才是造成这一切的罪魁祸首;如果允许我这样说,不正是你们一直滥用大自然赋予你们的身体力量吗?难道你们没有用它来消灭我们的能力,掩盖同样的自然慷慨地赋予妇女的特殊权利,以补偿她们在物质方面的力量吗? 你们不得不称赞我们想象力的活力和细腻的感觉,出于礼貌,我们在这一点上并不想反驳你们。②

　　德·博梅尔夫人和她的读者非常清楚地意识到,社会强加的教育规范对构建性别文化的重要性,即使他们承认性别之间的某些差异是固有的和互补的。这种意识变得更加强烈,是在著名的变装外交官埃翁爵士事件后,她被认为是欧洲最著名的女性,路易十五命令"她"在返回法国后

---

①　Madame de Beaumer, in the *Journal des Dames*(Nov. 1761), as transl. Nina Rattner Gelbart in *Feminine and Opposition Journalism in Old Regime France* (Berkeley & Los Angeles: University of California Press, 1987), p.107.

②　Madame de Beaumer, "Avant-Propos", *Journal des Dames* (Mar. 1762); in *WFF* vol. 1, doc. 2; quote, p. 28. 这一文本在 Gelbart, *Feminine and Opposition Journalism*, chap. 3 中被予以充分讨论。

放弃男装。①

　　根据国家和文化背景的不同,可以对妇女教育提出各种批评。英国女权主义者一再强烈地反对为贵族和富裕女孩提供的装饰性的"无用"教育。凯瑟琳·麦考利(Catharine Macaulay)和玛丽·沃斯通克拉夫特等18世纪80年代的作品雄辩地提出了这些批评。②西班牙改革家和教育家约瑟夫法·阿马尔·Y.博本(Josefa Amar y Borbon)在1790年指出,对妇女进行更好、更实质性的教育,培养心智和才能,而不是注重个人外表和风骚,将极大地提高婚姻生活中夫妻关系的质量,以及妇女在生活中的个人满意度。③

　　然而,早在这些女性批评家出现之前,瑞典诗人兼散文家夏洛塔·努登弗吕克特(Charlotta Nordenflycht)就在18世纪60年代初,在斯德哥尔摩出版的一组精妙的诗句中批评了卢梭男性至上的论点:

> 女人无法掌握任何真理,
>
> 人们通过嘲笑她们的愚蠢而自娱自乐。
>
> 但当愚蠢的种子最终长成罪恶时,
>
> 那时,许多毒药就散开了,许多责难就出现了。
>
> 既然如此就没有理由压制她的智力了,
>
> 因为她就是软弱的化身和一个女人。
>
> 于是,自然受到谴责,血和心受到诽谤,
>
> 因为它们的根源仅仅在于养育方式。
>
> 喷涌而出的井的源头被堵住了

---

　　① 参见 Gary Kates, *Monsieur d'Eon Is a Woman: A Tale of Political Intrigue and Sexual Masquerade*(New York: Basic Books, 1995)。

　　② 参见 Catharine Macaulay-Graham, *Letters on Education*(1787); Mary Wollstonecraft, *A Vindication of the Rights of Woman*(1792), in *WFF*, vol.1, docs.11 & 12。沃斯通克拉夫特在18世纪80年代也出版了关于妇女教育的书籍。

　　③ Josefa Amar y Borbon, "Prologo", in *Discurso sobre la educación física y moral de las mugeres*(Madrid: B. Cano, 1790; repr. Madrid: Ediciones Cátedra, 1994).感谢 Constance A. Sullivan 向我指出,这篇经常被引用和转载的1784年版本是虚构的。参见 Sullivan, "The Quiet Feminism of Josefa Amar y Borbón's 1790 Book on the Education of Women", *Indiana Journal of Hispanic Literature*, 2:1(Fall 1993), 49-73。

然后有人问:为什么水不流动?

他们设下陷阱捕捉鹰的脚,折断鹰的翅膀,

然后责备鹰没有飞抵太阳。

因此,女性的精力被抚养和风俗所压抑,

她们只能在愚蠢的狭隘的舞台上互相争斗,

把无知的沉重枷锁作为装饰,

因可以把这装饰当作对智慧博学的女性的侮辱。

哦,残酷的暴政,每项任务都明显缺乏智慧,人类的一半会被狭隘的愚蠢束缚起来,我们的世界会得到改善吗?①

之后,共和思想家阿贝·德·马布利(Abbe de Mably)强调教育妇女在政治战略方面的重要性,这也是他的改革社会计划的核心。他在1776年警告说,"共和国不仅仅是由男人组成的,我警告你们,如果你们忽视对女人的教育,你们将一事无成。你们必须做出选择,要么像在斯巴达那样把她们看作与男人一样,要么将她们定义为隐居在家的人"②。在法国,马布利和其他人将妇女教育重新定义为国家事务,认为仅仅为了妇女的个人幸福或她丈夫的幸福而进行教育是不够的。这种通过赋予女性准公共角色,教育女性成为公民母亲的理念,将被证明是欧洲及其他地区女权主义历史上的重大发展。

女性的潜力:女性应该是什么? 女性能做什么?

对婚姻和妇女教育的批评很快引发了对女性应该是什么,以及在一个组织良好的社会中,女性应该接受什么样的培训等核心问题的讨论。在这些讨论过程中,女性能力问题、公共事务问题以及实践需求的问题再

---

① Hedvig Charlotta Nordenflycht, *Fruentimrets Försvar, emot J. J. Rousseau medborgare i Geneve* (1761); commissioned translation from the Swedish by Stina Katchadourian, 1991, with assistance from the Marilyn Yalom Fund, IRWG.

② Gabriel Bonnot de Mably, *De la Législation, ou principes des lois* (Amsterdam: n.p., 1776), pt. 2, bk. 4, chap. 1, pp. 154 – 155.

次浮出水面。

现代欧洲早期市场经济的发展,为家庭中的精英女性提供了新的角色,也为所有女性提供了经济独立和行动自由的机会,这些女性不受父亲、丈夫和兄弟的控制。关于女性选择的问题越来越多地被界定为从家庭控制中获得"自由"和"解放"。英国商人兼政治评论家丹尼尔·迪福似乎有意忽视费讷隆早期的建议,他在《计划论》(1697)一文中指出,女性应该接受教育,成为她们丈夫的好伴侣,而不只是"管家、厨师和奴隶"。同时有少数女性,主要是新兴中产阶级的女性,看着她们的兄弟们享受的自由和机会,强烈地表达了作为女性被束缚、嫉妒和不公正的感觉。例如,1779 年,来自哥廷根的一位年轻德国诗人和家庭主妇菲利皮内·加特雷尔·恩格尔哈德(Philippine Gatterer Engelhard)发表了诗作《女孩的悲哀》:

> 频繁的诅咒,
>
> 沮丧的泪水,
>
> 我诅咒我的性别!
>
> 它的禁令永远都是毁灭性的,
>
> 把女孩拘禁在自己的房间;
>
> 男人的行动是多么自由啊!
>
> 甚至小孩子和农奴。[1]

在她的小说《德蒙布里昂夫人》(小说体的回忆录,仅仅在 19 世纪早期出版过)中,德埃皮奈夫人同样批判了施加于女主人公童年的"压抑"和束缚。[2]

下层阶级的妇女从来都参与工作,在现代早期的欧洲城市中,许多妇女参与有酬劳动。然而,劳动的性别分工规定了男女是不同的,不仅把更

---

[1] "Girl's Lament", from *Gedichte von Philippine Engelhard geb. Gatterer* (1782); trans. Walter Arndt, in *Bitter Healing: German Women Writers from 1700 to 1830; An Anthology*, ed. Jeannine Blackwell & Susanne Zantop(Lincoln: University of Nebraska Press, 1990), p.195.

[2] Louise-Florence-Pétronille Tardieu d'Esclavelles, dame de la Live d'Épinay, *Histoire de Madame de Montbrillant*, ed. Georges Roth. 3 vols.(Paris: Gallimard, 1951; orig. publ. 1818)

需要久坐的工作归于妇女,而且规定女性的工资低于男性,这种性别分工在欧洲社会有着深刻的根源。①但是,正如《妇女杂志》在 18 世纪 60 年代不无自豪地指出的,女性可以从事各种各样的商业、手工业活动,包括地毯制作、钟表制作、动物标本制作、镜头研磨,甚至可从事新闻业。

　　尽管对女性进入男性行业的限制有所收紧,在 17 世纪,法国君主制已经试图通过规定某些行业为妇女行会(或公司)来解决妇女"问题"。18 世纪 70 年代初,在君主制下的商业自由化短暂试验中,这些规定被推翻了,男性开始渗透到一些利润丰厚的女性行业。作家和社会评论员路易-塞巴斯蒂安·梅西耶(Louis-Sebastian Mercier)认为,收入微薄的已婚女性应该被淘汰出劳动力大军,并被送回家庭。然而,他认为,需要就业的单身女性应该拥有就业机会。梅西耶并不热衷于无条件地解放女性,但他还是支持在基于性别职业隔离的道德经济中实现公平。他认为,年轻女性无法在适合她们的行业中找到工作,而被迫从事繁重的劳动或卖淫,与此同时,男人成为女人的美发师,从事针线活,销售内衣和时装的工作,这是荒谬的。就像 19 世纪中期写女性宣传册的作者一样,他坚持认为,这类行业的垄断权应该重新归女性所有,作为她们应得的权利。②改革派剧作家博马歇在其颠覆性喜剧《费加罗的婚礼》(1784 年)中,

----

　　①　关于 18 世纪欧洲妇女的工作历史,特别是最近的成果,可以参见 Olwen Hufton, "Women, Work and Family", in Davis & Farge, *A History of Women*, vol. 3, pp. 15 – 45; Elizabeth Fox-Genovese, "Women and Work", in *French Women and the Enlightenment*, ed. Samia I. Spencer(Bloomington: Indiana University Press, 1984), pp. 111 – 127。也可参考以下论著:Merry Wiesner, *Women and Gender in Early Modern Europe*(Cambridge: Cambridge University Press, 1993); Bridget Hill, *Women, Work and Sexual Politics in Eighteenth-Century England* (London & New York: Basil Blackwell, 1989); the essays in *European Women and Preindustrial Craft*, ed. Daryl M. Hafter(Bloomington: Indiana University Press, 1995); Olwen Hufton, *The Prospect Before Her: A History of Women in Western Europe, 1500 – 1800*(New York: Alfred A. Knopf, 1996)。18 世纪中期巴黎"妇女行会请愿运动中体现的顽强的女权主义",可以参见 Judith G. Coffin, "Gender and the Guild Order: The Garment Trades in Eighteenth-Century Paris", *Journal of Economic History*, 54:4(Dec. 1994), 768 – 793(quote, p.786); and Cynthia Maria Truant, "Parisian Guildwomen and the(Sexual) Politics of Privilege: Defending their Patrimonies in Print", in *Going Public*, ed. Goldsmith & Goodman, pp.46 – 61。

　　②　Louis-Sébastian Mercier, *Tableau de Paris*, vol. 9(Amsterdam, 1788), pp. 177 – 178.

通过梅西耶的声音表达对男性迫害女性的类似抗议。

女性参与学术职业的愿望对男性来说是一个很大的问题,而且很少成功。在法国,浦兰·德·拉巴尔明确提出女性应该接受大学教育,包括神学、医学和法律等专业。然而,即使是在意大利,有一些杰出的女性从中世纪晚期就开始在大学里担任教职,她们的角色也受到质疑。1723年,在帕多瓦,里科夫拉蒂学院(其成员在缺席的情况下选出了一些法国女作家作为会员)组织了两位教授展开辩论,讨论"女性是否应该致力于科学和崇高艺术研究"的问题。①在德国,桃乐丝·勒波林·埃克斯莱本(Dorothea Leporin Erxleben)得知劳拉·巴斯在博洛尼亚获得了博士学位,决定在哈勒尝试类似的做法。1742年,她出版了一本小册子,要求允许妇女进入大学学习。她在哈勒大学获得了支持,1754年她提交了用拉丁文撰写(按照惯例)的医学博士论文。②像劳拉·巴斯一样,桃乐丝·勒波林·埃克斯莱本同样是杰出的榜样,两人取得成功的事迹持续激励着其他有才华、有抱负的女性。

尽管古典学科只对男性开放,然而,在当时,大学绝不可能垄断艺术和科学的发展。在其他环境中,一些高智商的女性对知识的进步做出了杰出的贡献。迪夏特莱夫人(Madame du Châtelet)在物理学方面的实验受到了称赞,尤其是她将牛顿的《原理》很好地翻译成法语。在英格兰,伊丽莎白·卡特(Elizabeth Carter)因其古代语言的翻译而受到尊重和赞扬。在所谓的"女学究"(Bluestocking)圈子里,一群著名的英国知识女性定期聚集在一起讨论想法。③女性传记百科全书的编纂者开始坚持收录有学问的女性所做的贡献,布丽塔·朗(Brita Rang)的研究成果表明了这

---

① 关于这场辩论,参见 Paolo Mantegazza, "Il Problema dell'educazione della donna nel 1723", *Nuova Antologia*, 124:16(16 Aug. 1892), 689–701。

② Dorothea Christiane Leporin, frau Erxleben, *Gründliche Untersuchung der Ursachen, die das weibliche Geschlecht vom Studieren abhalten, darin deren Unerheblichkeit gezeiget und wie möglich, nöthig und nützlich es sey, dass dieses Geschlecht der Gelahrheit sich befleisse* (Berlin: Rüdiger, 1742; repr. [with afterword by Gerda Rechenberg] Hildesheim & New York: Georg Olms Verlag, 1975)。就我所知,这一论文从未翻译成英语。感谢 Ray Flavell 和 Peter Petschauer 把我引荐给 Dorothea Leporin Erxleben。

③ 参见 Sylvia Harcstark Myers, *The Bluestocking Circle: Women, Friendship, and the Life of the Mind in Eighteenth-Century England* (Oxford: Clarendon Press, 1990)。

一点。①

　　此外,女性在推动当时被称为"文学共和国"(republic of letters)的发展过程中扮演了一系列非凡的角色。从整体上说,巴黎沙龙的女主人迪德芬夫人、杰夫林夫人、朱莉·德莱斯皮纳斯、内克尔夫人(以及后来在柏林的同伴)在启蒙运动中占据着核心的位置。事实上,德娜·古德曼(Dena Goodman)认为,哲学家的抱负与一小群精心挑选的"聪明、自学成才、受过教育的女性的抱负合二为一,她们……根据自己的社会、智力和教育需求重塑了时代的社会形式"。古德曼声称,在这些新的社会空间中,"主要的关系……是女性导师和学生之间的关系,而不是一个女人和一群男人之间的关系"②。她有力地证明了,通过沙龙的社交组织,在新兴的法兰西文学共和国中,女性处于统治的中心地位。③聪明而又有进取心的女性,包括女演员和女艺术家,可以通过建立这种新的文化机构,为自己创造非凡的机会,尽管她们被排除在学院和大学之外。尤其是在法国,女性在当时的知识和文化生活中发挥着关键作用。这激怒了像卢梭这样的批评家,他们认为在一个组织良好的共和国里,女性甚至不应该出现在剧院里,更不用说演戏或写剧本了。

性别化的权威:女性参与公共事务的争论

　　18世纪的大多数男性认为女性参与政府和军队事务的管理是一种"威胁"。浦兰·德·拉巴尔写于1673年的论文《论两性平等》,为女性具有担任政治和军事权威,以及所有其他公职的能力提供了一个有力而大

　　① 参见 Brita Rang, "A 'Learned Wave': Women of Letters and Science from the Renaissance to the Enlightenment", in *Perspectives on Feminist Political Thought in European History*, ed. Tjitske Akkerman & Siep Stuurman(London: Routledge, 1998), pp.50–66。

　　② 参见 Dena Goodman, "Enlightenment Salons: The Convergence of Female and Philosophic Ambitions", *Eighteenth Century Studies*, 22:3(Spring 1989), 329–350; quotes, 332–333. 也可参见进一步的讨论:Goodman, *The Republic of Letters: A Cultural History of the French Enlightenment*(Ithaca: Cornell University Press, 1994)。

　　③ 参见 Dena Goodman, "Governing the Republic of Letters: The Politics of Culture in the French Enlightenment", *History of European Ideas*, 13:3(1991), 183–199。

胆的论据。①这是一个有争议的主张,启蒙运动的学者们会经常提到这一点,尤其是在奥地利的玛丽亚·特蕾西娅(Maria Theresa,1740—1780)和俄罗斯的凯瑟琳二世(Catherine Ⅱ,1762—1796)统治时期。亲女性的历史学家挖掘了亚马逊人的传说,当然还有圣女贞德的先例,以支持女性甚至在军事事务中也做得很好。法国剧作家马里沃(Marivaux)在他的喜剧《殖民地》(1750)中坚称,她们是彻底的和平主义者。②18世纪80年代,法国女作家发表了一系列关于女性统治的乌托邦小说;直到最近,文学领域的学者才对这些小说进行了评价和分析。③

一些支持男性统治原则的法国人,对这种代表女性的主张尤其感到愤怒;欧洲列强中只有法国排除女性继承王位!1776年,(强调女性教育必要性的)阿贝·德·马布利断言:"我敢说,没有一个国家是女性掌权而不破坏道德、法律和政府的。"英国的圣贤们也持有同样的观点:"大自然已经赋予女性如此多的权力,因此法律明智地给予她们较少的权力。"④甚至孟德斯鸠也指出,"除了特殊情况外,女性几乎从未渴望平等:因为她们已经拥有如此多的自然优势,平等的权力对她们来说永远意味着帝国"⑤。"男人制定法律,而女人影响道德"就成为了表达这种观念常见的口头禅。⑥

这些权力观念与我们今天所习惯的很不同。一些18世纪的男性作

---

① Poullain, Woman as Good, pp. 123 – 124.

② Pierre Carlet de Marivaux, *La Colonie*, in *Le Mercure* (June 1750), transl. Peter V. Conroy, *Signs*, 9:2(Winter 1983), 339 – 360. 关于亚马逊人,参见 Abby Wettan Kleinbaum, *The War Against the Amazons*(New York: New Press[McGraw Hill], 1983)。

③ 参见 Josephine Grieder, "Kingdoms of Women in French Fictions of the 1780s", *Eighteenth-Century Studies*, 23:2(Winter 1989 – 1990), 140 – 156。

④ Mably, *De la Législation*, 155; Samuel Johnson to the Reverend Dr. Taylor, 18 Aug. 1763, as repr. in *The Letters of Samuel Johnson, LL. D.*, ed. George Birkbeck Hill, vol. 1(Oxford: Clarendon Press), p. 104. 特别感谢 Lisa Jadwin 分享给我这个文献。

⑤ Montesquieu, Mes Pensées, in *Oeuvres complètes*, vol. 1 (Paris: Gallimard, 1949 – 1951), p. 1076.

⑥ 参见,例如,在由 Jacques-Antoine-Hippolyte Guibert 创作的剧作 Le Connetable de Bourbon(1769)中,Adelaide("男人制定法律")与 Bayard("女人影响道德")的转换。另参见 *Oeuvres dramatiques de Guibert... Publiés par sa veuve*(Paris: Persan, 1822), vol. 10, p. 22。

家认为,女性是如此强大,如此有影响力,她们的性诱惑如此有效,只有彻底的压制或隔离才能控制她们。更重要的理由是,为什么男人要下定决心,保持对权威的刻意控制,这可能不仅仅是一个象征性的举动,而是一种彻底恐惧女性的表达。这一观点最具复古意味的表达方式可能是勒蒂夫·德·布勒托内(Restif de La Bretonne)的论文《妇科医生》(1777),他在文中主张"所有女性都应该禁止写作甚至阅读;这样才能限制她们的思想,并将她们局限在有用的家务活上"①。事实上,18 世纪向女孩们推荐的大量文学作品,都鼓励她们谦卑、恭敬、贤惠、顺从等,这可以被理解为一种衡量标准,说明一些焦虑不安的男人,已经把那些知名度高、富有口才的女性视为摆脱男性控制的强大力量。②

　　并非所有男人都有这种感觉。迪夏特莱夫人的朋友伏尔泰一直赞许男女平等的社交活动,认为这种活动为法国社会的活力做出巨大贡献:"社会依赖女性。所有主张将她们关起来的人都是反社会的。"③伏尔泰嘲笑法国王位排斥女性。孔多塞侯爵随后重申了浦兰的主张,即共和国的代议制应该给予拥有财产的妇女投票权和担任公职的权利。他在1787 年指出,"事实证明,男性拥有或相信他们拥有与女性截然不同的利益,是因为他们在任何地方都制定了针对女性的压迫性法律,或者至少在两性之间建立起了巨大的不平等"。他认为,妇女,特别是单身成年妇女和寡妇,应该能够充分行使公民权;至于已婚妇女,应该改变在婚姻中使她们处于从属地位的民事法律。"请考虑一下,我们谈论的是人类一半人

　　①　Nicholas-Edmé Restif de La Bretonne, *Les Gynographes; ou Idées de deux honnêtes femmes sur un projet de règlement proposé à toute l'Europe pour mettre les femmes à leur place, & opérer le bonheur des deux sexes* (The Hague: chez Gosse & Pinet, 1777), vol. 1, p. 183. 关于勒蒂夫,参见 Ginevra Odorisio Conti, "*Les Gynographes* de Restif de la Bretonne: L'Utopia Antifeminista di une scrittore ginofilo", *OZ: Rivista Internazionale di utopie,* no. 3(1995), 83 – 99。

　　②　也许最臭名昭著的例子是 *A Father's Legacy to His Daughters,* by the Scottish physician Dr. John Gregory(London: W. Strahan, T. Cadell; Edinburgh: J. Balfour, W. Creech, 1774),这本书在英国和北美被广泛转载,随后遭到玛丽·沃斯通克拉夫特的谴责。其他的参见 *Women in the Eighteenth Century: Constructions of Femininity,* ed. Vivien Jones(London: Routledge, 1990)。

　　③　Voltaire, "A M. le Chevalier Falkener(Séconde épître dédicatoire)", *Zaïre: Tragédie en cinq actes*(1736), in *Oeuvres complètes de Voltaire,* vol. 1: *Théatre*(Paris, 1877), p. 551.

的权利",孔多塞坚持说。①就这样,在三级会议召开和法国大革命开始前的两年,孔多塞把女性公民权问题摆到了桌面上。

女性的教化使命:塑造未来母亲的计划

女性公民权身份仍然是一个激进的想法,即使是最开明的欧洲人也普遍不愿意接受。但对一些人来说,很明显,按照当时的理解,妇女在文明进步中确实可以发挥重要作用。事实上,正如西尔维娅·托马塞利(Sylvia Tomaselli)、简·兰德尔和其他人提醒我们的那样,不止一位18世纪历史学家认为女性在文化形成和文明进步中起着核心作用。②这个表述经常被认为是查尔斯·傅立叶说的,它将女性状况的进步作为社会进步的衡量指标,实际上在18世纪70年代和80年代有许多人持同样的观点,特别是在苏格兰启蒙历史学家中。

伴随着这些争论,另一种针对女性的教诲性文学在欧洲启蒙运动中得到了发展。这些文学也是关注女性权力和影响的产物,但它的目的是为了利用这种代表社会进步的权力和影响。这些文学把母亲作为教育者,或爱国母亲来描述。功能主义者强调教育儿童是一种特定的社会角色,这一观点可以追溯到文艺复兴时期的公民人文主义,以及新教改革和天主教反改革时期的改革。③但在18世纪的启蒙文学中,这股思潮,如旨在抑制女孩旺盛情感的教诲性文学一样,发展得越来越大,影响也越来越大,并且随着民族国家从旧世界的王国和公国中崛起,与世俗的公民身份重新塑造联系在一起。

"对一个家庭来说,拥有一位贤惠而聪明的母亲是如此重要,以至于

---

① Condorcet, *Lettres d'un bourgeois de New Haven à un citoyen de Virginie* (1787), in *Oeuvres de Condorcet*, ed. A. Condorcet O'Connor & F. Arago, vol. 9 (Paris, 1847), p. 15; transl. KO.

② 参见 Jane Rendall, "The Enlightenment and the Nature of Women", in Jane Rendall, *The Origins of Modern Feminism* (New York: Schocken, 1984); Sylvana Tomaselli, "The Enlightenment Debate on Women", *History Workshop*, no. 20 (1985), 101–124.

③ 参见 Hilda Smith, *Reason's Disciples*, chap. 2。

我很乐意地赞同'家庭的成与毁，全在女人'这句谚语。"①因此，阿贝·
德·圣-皮埃尔(the Abbe de Saint-Pierre)在 1730 年进一步写道，妇女教
育应与男子教育一样受到重视，秩序良好的国家应确保妇女教育机构的
有效运作。几年后，他提出了一项计划，以圣西尔的模式为基础，建立一
个女子大学或中学的系统。皮埃尔-约瑟夫·布里耶·德·维尔梅
(Pierre-Joseph Boudier de Villemert)是被大量翻译的《妇女之友》一书的
作者，他坚持认为女性是一种文明的力量，并把她们描绘成是男性的补充
者和驯服者，主张为此而培养她们的智慧。②1762 年，尼古拉斯·博多
(Nicolas Baudeau)提出了一项全面纳入女性公民的国民教育计划，他在
书中进一步强调了这一点："我们必须提出一条基本的原理，即国家的女
儿们注定要成为阶级、公民、妻子和母亲。"③正是在这种背景下，我们必
须用卢梭对朱莉的描写——在他的《新爱洛伊斯》中——当然还有对索菲
的描写，来解释他在公众利益中对母性的更为从属、私有化的看法。④

　　母亲作为教育者的观点在受法国广泛影响的区域内产生了深刻的影
响，包括普鲁士和俄罗斯"开明"的独裁者。腓特烈大帝(Frederick the
Great)在 1770 年写道，"我必须承认我很惊讶，最高社会阶层的人抚养他
们的孩子时，不过是像在训练歌舞女郎"：

　　　　什么！难道她们的命运不是成为母亲吗？难道我们不应该把
　　她们所有的教导都指向这个目标吗？难道我们不应该从一开始就
　　激励她们反对任何可能使她们蒙羞的事情吗？或者使她们明白智
　　慧的好处，智慧是有用的，是持久的，而不是只看到美的好处，因为

---

①　Charles-Irénée Castel, abbé de Saint-Pierre, "Projet pour perfectionner l'éducation des
filles"(1730), in *Oeuvres diverses de Monsieur l'abbé de Saint-Pierre* (Paris: Briasson, 1730);
quote, p. 96.

②　Pierre-Joseph Boudier de Villemert, *L'Ami des femmes* (1758); in English transl. as
The Ladies Friend from the French of Monsieur de Gravines [London: W. Nicoll, 1766 (there
were also American editions)]; in Italian, *L'Amico delle donne* (Lucca, 1763; Venice, 1764).

③　Nicolas Baudeau, "De l'Éducation nationale", *Ephémérides du Citoyen, ou Chronique
de l'esprit national,* 4:4(12 May 1766), transl. KO in *WFF*, vol. 1, doc. 17.

④　Jean-Jacques Rousseau, *Julie* (1761) & *Émile* (1762), bk. 5.

美会消逝。难道不应该让她们有能力向孩子们灌输良好的道德
吗？……我向你们发誓，当我想到欧洲对这一半人类种族的蔑视
程度，以至于忽视了每一件可能完善她们理性的事情时，我常常感
到愤怒。①

1782年，正在进行改革的波兰王子亚当·恰尔托雷斯基(Adam
Czartoryski)也赞同普鲁士国王的意见，他同样坚持母亲的重要性，认为
母亲必须受过良好教育，熟悉公共事务，倡导"公民身份、勇气、为公众服
务的能力"，尤其是教育子女波兰语言和波兰(而非法国)的文化。对恰尔
托雷斯基来说，母亲是波兰国家未来成功的基石。②

因此，母职并不是纯粹的家庭事务；这些进步的、有社会意识的男人
显然把母职视为可取的、重要的社会政治或公共职能。公民或爱国的母
亲身份可以是女性公民身份的形式；事实上，教育母亲应该成为一项国家
义务！让现代读者惊讶的是，许多精英女性认为这个新的角色非常棒。
启蒙运动的男性和女性所批评的是各种习俗，据称这些习俗剥夺了有地
位和财富的妇女尽母职的机会。比如，马德莱娜·阿尔桑·皮西厄(Ma-
deleine d'Arsant de Puisieux)在1749年提出的批评，她反对母亲们把女
儿的教育交给没受过教育的保姆或修道院。此外，18世纪60年代的争
论，鼓励女性自己照顾婴儿而不是雇用奶妈，这一争论在许多精英女性中
引起了共鸣。卢梭并不是唯一一个为他虚构的榜样朱莉鼓吹母乳喂养优
点的人。埃比奈夫人在她虚构的回忆录中，表达了她对无法照顾或抚养
自己两个孩子的巨大遗憾。③18世纪70年代中期，蒙当克洛夫人在《妇女
杂志》上把启蒙母职这一主题提到一个新的高度，尽管她坚持认为女性既

---

① Frederick the Great, "Lettre sur l'éducation" (1770), Oeuvres de Frédéric le Grand,
vol. 9(Berlin; Chrétien-Frédéric Voss, ca. 1850), pp. 143, 145; transl. KO.

② Prince Adam Kazimierz Czartoryski, "Drugi list Imć Pana Doświadczyńskiego do
przyjeciela swego wzgłęden edukacji córek", in his 4 *Listy Imć Pana Dóswiadcyńskiego* [*4
Letters by Mr. Experience*] (Warsaw, 1782); reprinted in *Źródła Do Dziejow Wychowania i
Myścli Pedagogicznej*, ed. Stefan Wołosyn (Warsaw: Panstvrowe Wydawnictwo Naukowe,
1965). Transl. by Bogna Lorence-Kot; accents corrected by J. Pekacz.

③ D'Épinay, *Histoire de Madame de Montbrillant*.

可以成为母亲,也可以追求自己选择的职业。①

　　18 世纪 80 年代,德科西夫人在一本名为《女性是如何被看待的》(或者,《关于女性过去是什么,她们现在是什么,她们可能会成为什么》)的法语短篇著作中,重新阐述了埃比奈夫人的抱怨,指出法国最高阶层的妇女甚至不被允许做母亲:她们的孩子被带走,先交给护士,然后交给保姆,再交给家庭教师。在对上层阶级生活的批判中,她说,母亲是"最美丽、最重要的职业",但是处于上流社会的女性却被剥夺了这种职业。②在 18 世纪的背景下,母乳喂养自己的婴儿已成为这些女性的抗争目标,琼·欣德·斯图尔特后来称之为"这些女英雄为拥有自我而进行的斗争"③。普鲁士的立法者们担心妇女对婴儿的护理会对男性控制构成威胁,因此,根据1794 年颁布的统一的《民法典》,健康的妻子被"要求"喂养婴儿,同时她们的丈夫被赋予法律权利,告诉她们应该何时停止喂养。④

运动、时机和其他可能性

　　玛丽-安妮·德·鲁米耶(Marie-Anne de Roumier)在她的小说《西顿勋爵环游七行星》(1765—1766)中写道:

　　　　我常常感到惊讶的是,女性还没有团结起来,组成独立的联盟,对男性的不公正行为进行报复。愿我活得足够长,能够看到她们运用才智为自己谋取福利。但到目前为止,她们都太过风骚和放荡,而没有认真考虑自己的性别利益。⑤

---

　　① Madame de Montanclos, in Gelbart, *Feminine and Opposition Journalism*, pp. 187 – 188.

　　② Madame de Coicy, *Les Femmes comme il convient de les voir ou aperçus de ce qui les femmes ont été, de ce qu'elles sont, et de ce qu'elles pourraient être*, 2 vols. (London & Paris: Bacot, 1785), p. 60.

　　③ Stewart, *Gynographs*, pp. 201 – 203.

　　④ *Allgemeines Landrecht für die Preussischen Staaten*, ed. C. F. Koch(Berlin 1862; orig. publ. 1792 – 1794), pt. 2, tit. 2, arts. 67 and 68, as transl. in *WFF*, vol. Ⅰ, doc. 7.

　　⑤ Marie-Anne de Roumier, dame Robert, *Voyage de Milord Céton dans les sept planètes; ou, le Nouveau Mentor*... (The Hague & Paris: chez tous les libraires, 1765 – 1766); Quotation as transl. Nina Gelbart in *Feminine and Opposition Journalism*, p. 146.

1784 年,独幕喜剧《女性俱乐部》(被认为是约里斯夫人的作品)的匿名作者将笛卡尔从坟墓中召回,让他主持一个致力于改革妇女地位的女性俱乐部。[①]

无论是夸大欧洲启蒙运动期间女权主义追随者的规模,还是拔高其组织水平,无疑都是误导性的;事实上,正如鲁米耶的乌托邦小说所表明的那样,尽管有许多反复出现的深刻洞见,在那些年里,没有正式组织起来的女权运动。确实,18 世纪的欧洲几乎没有任何形式的有组织的改革运动。当时,这样的组织只存在于小说领域,不过对于男性(和少数女性)来说,共济会(Freemasonry)确实提供了一个可能的渠道。[②]

然而,在一些享有特权的女人和男人中,显然存在着一种全面成熟的女权主义意识,而且这种意识已经遭到了越来越多的反对。启蒙运动的主要批评者和许多其他不太知名的男女分析人士都热情参与了这些辩论。

我在本章强调的观点是,欧洲启蒙运动中,代表妇女解放的主张得以表达的范围和程度,这些主张主要通过印刷媒介来传播的方式,以及其传播产生的一些影响。至少在几个欧洲国家(宗教裁判所早已失去权力,甚至世俗审查工作也越来越无效),受过教育的男女(无疑是贵族和中产阶级)之间出现了一场重要的公开讨论,从中可以产生改变妇女状况的行动,并为行动寻求支持。这些要求大幅提高妇女地位的批判和争论,与许多其他改革派思想一样,像泡沫一样漂浮在启蒙思想的洪流中,如果时机

---

① Anon. (attributed to Stephanie-Félicité du Crest, comtesse de Genlis), *Le Club des dames; ou le retour de Descartes: Comédie en un acte en prose*(Paris: Au Bureau de la Bibliothèque des Romans, 1784).

② 参见 Margaret Jacob, "Freemasonry, Women, and the Paradox of the Enlightenment", in Margaret Hunt et al, *Women and the Enlightenment* (New York: Haworth Press, 1984), pp.69 - 93; repr. as chap.5 in Margaret Jacob, *Living the Enlightenment: Freemasonry and Politics in Eighteenth-Century Europe*(Oxford: Oxford University Press, 1991), pp.120 - 142; Janet Burke, "Freemasonry, Friendship, and Noblewomen: The Role of the Secret Society in Bringing Enlightenment Thought to Pre-Revolutionary Women Elites", *History of European Ideas*, 10:3(1989), 283 - 294; Janet Burke & Margaret Jacob, "French Freemasonry, Women, and Feminist Scholarship", *Journal of Modern History*, 68:3(Sept. 1996), 513 - 549。

成熟,随时可以撤开泡沫并付诸行动。这一时机发生在 1789 年,当时法国国王路易十六召集了三级会议,并引起了一系列戏剧性的政治事件,历史上称之为法国大革命。

第三章　挑战男性统治：
女权主义与法国大革命

法国大革命(1789—1795)①在欧洲历史上引发了一场政治和文化大震荡。事实上，正如历史学家玛格丽特·达罗(Margaret Darrow)恰如其分地指出的那样，"一场用新的日历、新的度量空间、以新的形式称呼的社会身份，甚至是用格拉古(Gracchus)和平等(Égalité)等许多新名字来表达的个人身份，以此改变时代的革命，这很难不让家庭发生改变"②。所有现有的制度和做法都受到质疑，包括性别和家庭组织之间的关系。女权主义并不是在1789年"诞生"的，但革命的开始引发了成熟的女权主义主张的集中爆发；对一些人来说就像是维苏威火山的又一次喷发。在法国，女权主义者的主张如火如荼地涌出，就像白色的蒸汽一样，无情地、不可抗拒地蔓延到整个欧洲。

正因为如此，法国大革命的开头五年为研究欧洲性别政治提供了一个无与伦比的历史实验室。从1789年初三级会议的召集开始(为了解决王国严重的财政和经济危机)，到那年夏天晚些时候组建国民议会，再到1790—1791年和1792—1795年制定宪法的连续努力，女权主义的主张一再被提出和被驳回。在包括孔多塞意见在内的早期主张的推动下，女性为自己的利益发声，要求在正在组建的新政权中，作为女性和一半人类种族的女性个人的解放和完全公民身份。革命的男性将做出政治决定，是允许这些女性参与公共生活，还是将她们排除在外。无论是革命的女性还是男性，都试图操纵和控制围绕着"女性气质"运转的大量词语、符号和图像。

---

① 原文如此。我国史学家一般认为其结束时间为1795年7月27日。——译者注

② Margaret Darrow, *Revolution in the House: Family, Class, and Inheritance in Southern France, 1775–1825* (Princeton: Princeton University Press, 1989), p.11.

阐明女权主义主张

在三级会议召开的几天内，法国的女性开始在印刷品上就性别问题发表言论。第一次直接发表呼吁的时间可能是 1789 年 1 月 1 日，题为"第三等级的妇女向国王的请愿书"。①该请愿书的匿名作者们在选举基本规则的皇家法令制定之前，提出要让女性的声音被听到，请国王接受她们的请求。她们对三级会议没有抱太大希望；事实上，她们似乎对选举过程本身持怀疑态度。该请愿书概述了早前启蒙运动表述过的不满，详细描述了女性问题：有缺陷的教育、不利的经济地位（其作者特别反对男性掠夺女性行业，尤其是缝纫行业），以及女人在婚姻市场上的极端不利地位。"我们要求接受教育，要求获得工作，不是为了侵犯男人的权威，而是为了得到他们更好的尊重……我们要求走出无知的状态，能够给我们的孩子健全合理的教育，使他们成为能够为您服务的主体。"②

这一请愿书掀起了女性撰写或推定由女性撰写的请愿书、小册子、申诉和演讲的热潮。这些长期埋藏在法国图书馆和档案馆中的文件，持续被重新发现和重新出版；蕴藏在这些文献中的主张非常了不起。在其中一个文本中，一个名为"商业花卉销售者"的女性团体详细描述了该团体被迫解散所造成的问题。该团体以前是一家巴黎女性公司的一部分，在1776—1777 年实行经济自由化措施期间不得不解散。她们认为，她们的贸易受到了技能较低的女性的破坏，这些女性往往道德败坏。这些花卉商人认为，有了这样的竞争，她们赚的钱不足以维持生计。她们要求重新建立规范化的公司，不赞成个人可以自由地从事商业的观念；她们坚持认为，这种"含混的自由"破坏了平衡，即凭借良好规范的贸易与有能力抚养子女之间的平衡。③这些女性对自己作为商人的身份有着坚定的认识，这表明她们具有被历史学家特玛·卡普兰（Temma Kaplan）所描述的"女性

---

① *Pétition des femmes du Tiers-État au Roi, 1er janvier 1789*, as translated in *Women in Revolutionary Paris, 1789‒1795*, ed. Darline Gay Levy, Harriet Branson Applewhite, & Mary Durham Johnson(Urbana: University of Illinois Press, 1979), pp.18‒21.

② *Pétition*, p.20.

③ *Doléances particulières des marchandes bouquetières fleuristes chapelières en fleurs de la Ville et faubourgs de Paris*(1789)，英译本见 *Women in Revolutionary Paris*, pp.22‒26。

意识"①,她们明白,她们的问题只能通过政府行动来解决。

1789 年春天的某个时候,又有两起有明确女权主义主张的批评得到广泛传播。一起是写于 1789 年 3 月 5 日的《法国妇女的抗议、抱怨和不满,在三级会议召开时刻》,这可能是一篇讽刺性文章。然而,它所传达的信息在政治上是激进的:"他们希望说服我们相信,这个体面的会议……正如它呈现给我们的那样,能够真正代表整个国家,与此同时,这个国家超过一半的人没有资格参加,她们被排除在外。先生们,这是一个问题,一个对我们的性别有伤害的问题。"②

另一本小册子详细阐述了一些观点,署名是"诺曼底的 B*** B*** 女士",其身份至今未查明。她对"国家法庭"发表了题为"在这场全面革命时刻"的讲话,她坚称,也应该给予第三等级的女性财产所有者(以及第一和第二等级的女性封地持有者和从事宗教的女性,她们可以通过三级会议的代理代表投票)机会表达她们的不满。比"请愿书"的作者走得更远的是,B*** B*** 夫人还谈到了"使我们成为奴隶的偏见",以及"我们在出生时(至少在某些省份)所受到的不公正待遇,被剥夺了自然和公平应该保证给我们的利益"。她呼吁妇女在三级会议中为了妇女而代表妇女("妇女应该只由妇女代表"),并对以"荣誉"为标志的性道德的双重标准提出措辞尖锐的抗议。她问道:"为什么一种性别拥有一切,而另一种性别什么都没有?"③

B*** B*** 夫人是否回应了 1789 年 7 月由副主教阿贝·西哀士神父(Abbe Sieyès)提出的观点呢?④西哀士神父认为,应该区分积极权利和消

---

① See Temma Kaplan, "Female Consciousness and Collective Action: The Case of Barcelona, 1910 – 1918", *Signs: Journal of Women in Culture and Society*, 7:3(Spring 1982), 545 – 566.

② *Remonstrances, plaintes et doléances des Dames Françoises, à l'occasion de l'assemblée des États-généraux*, par M. L. P. P. D. St. L. (dated Paris, 5 March 1789). Reprinted in *Les Femmes dans la Révolution française, 1789 –1794*, présentés par Albert Soboul(Paris: EDHIS, 1982), vol.1, no.5; quote, p.2.

③ *Cahier des doléances et réclamations des femmes, par Madame B*** B*** , Pays de Caux, 1789*, reprinted in *Cahiers de doléances des femmes en 1789 et autres textes*, préface de Paule-Marie Duhet(Paris: des femmes, 1981), pp.47 – 51. Transl. KO.

④ Emmanuel-Joseph Sièyes, *Préliminaire de la constitution: Reconnaissance et exposition raisonnée des Droits de l'Homme et du Citoyen*(Versailles, July 1789), as reprinted in Sièyes, *Écrits politiques*, ed. Roberto Zapperi(Paris: Éditions des archives contemporaines, 1985), p.199. Transl. William Sewell.

极权利、积极公民身份和消极公民身份。消极公民身份包括妇女、儿童、外国人以及那些"对公共机构的建立毫无贡献"的人。他的主张奠定了性别隔离的开端，最终决定了法国对公民身份的认定不同于其他国家：法国区分了民事（财产）权和公民（政治）权，1791 年的革命赋予了单身成年女性民事权，却没有公民权。

赋公民身份以性别

1789 年 8 月 26 日至 27 日晚，国民议会颁布了《人权和公民权宣言》，但没有提到妇女。那么，"公民"（citizen）是一个普遍的范畴吗？还是说，与"女公民"（citoyennes）不同，"公民"（citoyens）指的是男性？"公民"是一个自相矛盾的范畴吗？就像最近的一位分析人士想让我们相信的那样。①第二天（8 月 27 日），一个毫无疑问的答案马上就出现了，国民议会重申了所谓的《萨利克法案》（Salic Law），该法在 16 世纪末被有意改造，以排除女性继承法国王位的可能。鉴于路易十六和玛丽·安托瓦内特最年长的孩子即长公主是女性，议会的法案是关于新秩序中政治性别的深思熟虑的政治声明。年底（1789 年 12 月 22 日），国民议会在西哀士神父的领导下，区分了积极公民和消极公民，从而有意将女性从体现主权国家的新选民中剔除。②

一些法国女性对"男人（人）的权利"表达非常不满，坚持"向国民议会提出支持性别平等的动议"，认为"男性权利首要的也是最神圣的是让他们的伴侣幸福"③。其他人坚持认为，作为一种性别，女性作为"公民"可以发挥政治作用。9 月，资产阶级和工匠阶级的妇女向国民议会

---

① 参见 Joan Wallach Scott, *Only Paradoxes to Offer: French Feminists and the Rights of Man*(Cambridge, Mass.: Harvard University Press, 1996)。

② 相关的谈论见 Christine Fauré, *Democracy without Women: Feminism and the Rise of Liberal Individualism in France*(Bloomington: Indiana University Press, 1991), chap. 5; Sarah Hanley, "La Loi salique", in *Encyclopédie politique et historique des femmes*, ed. Christine Fauré(Paris: Presses Universitaires de France, 1997), pp. 11 – 30。

③ *Motions adressées à l'Assemblée Nationale en faveur du sexe*(Paris: Imprimerie de la Veuve Delaquette[1789]); repr. in *Femmes dans la Révolution française*, vol. 1.

赠送了她们最珍贵的珠宝作为礼物,以避免王国破产。这种"爱国礼物"追随着罗马妇女的历史先例,以及关于"英勇牺牲"的原则声明。①英国的妻子们是不可能做到这一点的,因为"她们"的财产属于她们的丈夫。

1789 年 10 月 5 日,在巴黎面包短缺和价格高涨的刺激下,由一群从市场出来聚集的妇女带领,大约 6 000 名妇女在大雨中由国民警卫队陪同,向凡尔赛宫出发游行,寻求国王和国民议会的帮助。这次游行是一次女性政治活动,它刺激了同时代的以及后来的评论家的想象。它不能被视为一个"女权主义"事件,事实上,它成了为反女权主义者,用来质疑女权主义,主张并使妇女被排斥在政治生活之外的例子。埃德蒙·伯克(Edmund Burke)在他的《反思法国大革命》一书中,对人群返回巴黎的游行进行了阴暗联想的描述,甚至让人联想起了女巫的安息日:"王室的俘虏们则排队走在后面,慢慢地向前移动,周围尽是可怕的呻吟和尖利的叫声,激动的颤抖和下流的谩骂以及以最下贱的女人撒泼的姿态,像魔鬼发疯般地展现的种种难以言表的恶行。"②

伯克的谴责虽然生动,但并不公平。法国有一个悠久的传统,即妇女会参加与食物问题相关的请愿,也就是现在的学者们所说的抗击"生存危机"。妇女的主要责任被认为是让家庭有饭吃,她们有权在缺少面包时提出抗议。巴黎市场上的女性宣布的目标是"把面包师、他的妻子和小学徒带回来",理论上说,如果皇室成员住在巴黎,巴黎人将得到食物。她们成功了,在人群引发的极大的震惊、不确定性和一些流血事件中取得了成功。因此,王室将居住在巴黎,在那里,它实际上成为普通民众的人质。法国著名历史学家儒勒·米什莱(Jules Michelet)后来对这一事件感叹

---

① *Discours prononcé par Mme Rigal, dans une assemblée de femmes artistes et orfèvres, tenue le 20 septembre, pour délibérer sur une Contribution volontaire* (n. p., n. d. [1789]); translated in *Women in Revolutionary Paris*, pp. 31–33.

② Edmund Burke, *Reflections on the Revolution in France*(1790). 引自 the Dolphin edition(New York: Vintage Books, 1961), p. 85. 对向凡尔赛宫游行的妇女最新的重新解读,参见 Kerstin Michalik, *Der Marsch der Pariser Frauen nach Versailles am 5. und 6. Oktober 1789: Eine Studie zu weiblicher Partizipationsformen in der Frühphase der Französische Revolution* (Pfaffenweiler: Centaurus, 1990)。

道:"男人占领了巴士底狱,而女人抓住了国王!"①

在妇女向凡尔赛宫进军后不久,出现了一篇非常激进的文章,标题是"妇女对国民议会的要求"②。其中的观点值得引述:

> 令人惊讶的是,在改革的道路上走了这么远,并且(正如著名的达朗贝尔曾经说过的那样)砍掉了偏见森林的很大一部分,却留下了最古老、最普遍的偏见,将这个辽阔王国中最美丽、最可爱的一半居民排除在显要岗位、尊严、荣誉之外,而且还剥夺了她们在你们之中平起平坐的权利……

> 你们打破了专制的权杖,你们宣布了美丽的公理……**法国人民是自由的人民**。然而,你们仍然让1 300万奴隶可耻地戴着1 300万暴君的镣铐!你们已经发现了真正的权利平等,而你们仍然不公正地拒绝给予你们中最美丽、最有趣的那一半人民以权利!……

> 最后,你们已经颁布法令,通往尊严和荣誉的道路应该没有偏见地向所有有才华的人开放;然而,你们继续对我们自己的生活设置无法逾越的障碍!那么,你们认为大自然——这位对所有孩子都很慷慨的母亲,对我们很吝啬吗?你们认为大自然只对我们无情的暴君施以恩惠吗?翻开过去伟大的著作,看看在各个时代伟大的女性所做的事情,她们各自省份的荣誉,我们性别的骄傲。如果你们的盲目自大,你们的男性统治,没有持续地束缚着我们的勇气、智慧和才能,你们想想我们能取得什么成就!

在这篇对"男性统治"非同寻常的控诉之后,有六页的篇幅讲述了女性在历史上的贡献,这些篇幅取自当时流传的关于这个话题的许多著作。但这还不是全部。这篇文章的其他不知名的作者们继续陈述,他们援引女性的才能,并强调女性的性吸引力对男性的影响,并认为女性参与公共事

---

① Jules Michelet, *Les Femmes de la Révolution*〔Paris: Delahays, 1853; repr. Paris: Éditions Carrère(introd. Françoise Giroud)〕; quote, p.92(1988), transl. KO.

② *Requête des Dames à l'Assemblée Nationale*(1789), repr. in *Femmes dans la Révolution française*, vol.1, no.19; transl. KO.

务的正义行为,可以而且应该抵消性吸引力的不利影响:"让我们有可能像你们一样工作,和你们一起为法国人民的荣耀和幸福工作。"

《妇女对国民议会的要求》随后提出了一项法令,包括一个序言,然后是一系列令人震惊的提案:

法令提案

国民议会,希望改革最严重、最普遍的陋习,并修复长达六千年的不公正,颁布一系列法令如下:

1. 在整个法国,彻底地、不可逆转地废除男性的所有特权。

2. 女性和男性一样,永远享有同样的自由、利益、权利和荣耀。

3. 鉴于所有的性别、所有的性和所有的生物都应该是同样高贵的,所以男性性别将不再被视为更高贵的性别,即使在语法上也是如此。

4. 从此以后,任何人都不得在法案、合同、义务等中插入这一条款,这一条款对妇女来说是如此常见但又如此具有侮辱性:即妻子必须由丈夫授权才能代表自己,因为在家庭中,双方应享有相同的权力和权威。

5. 穿裤子(la culotte)不再是男性的专属权利,而是每个性别都有权利穿裤子。

6. 当一名士兵因为懦弱而损害了法国的荣誉时,他将不再像现在的习俗那样,通过让他穿女人的衣服羞辱他;因为在人类的眼中,男女都是而且必须是同等高贵的,因此,他将受到不分性别的惩罚。

7. 所有的女性在满足选举法规定的要求时,必须无例外地承认她们有权利进入地区议会和部门议会,可以在城市管理中任职,甚至成为国民议会的代表。她们将拥有协商和审议的权利……

8. 她们也可以被任命为治安法官:没有比坐在美丽的座位上,看着优雅的女性在那里主持审判更好的办法来调和公众与法院之间的矛盾了。

9. 这同样适用于所有职位、薪酬和军人职分……

关于本文件的作者或产生本文件的直接背景，我们一无所知。然而，根据文本的措辞，将其列为革命中最激进的女权主义声明之一是没有问题的。"妇女的要求"中对男性统治的批评，在随后出版的文本中得到了女性的呼应，而"性别"一词的使用，是与性别的社会政治建构联系在一起的，这体现了早期启蒙运动中女权主义者的贡献。它明确呼吁结束男性的所有特权，这或许是整个 18 世纪女权主义主张的最激进表述。与要求平等权利相比，结束男性特权是一种不同的、更具对抗性的表述。

因此，妇女公民权问题可以被视为中心议题，可以围绕这个议题重新解释整个革命时代。1789 年法国女权主义宣言直接挑战了"普遍"的人的抽象观念。只有在反对者眼中，女性的公民身份才显得自相矛盾。这些文本表明，革命的立法者将会面对关于女性公民身份这一具有挑衅性的问题，以及早些时候提出的有关婚姻和离婚、女孩教育、妇女就业以及贫困和卖淫等相互纠缠的棘手问题。妇女的完全解放是非常"可能的"——也是非常具有威胁性的。

1789 年人们是如何考虑女性的公民身份的？18 世纪早期，在法国君主制下，公民通常被认定为国王的臣民，信奉同一宗教的人。因此，要被视为法国公民，一个人只需要表现出对天主教的顺从迹象就可以了；这实际上在革命之前就排斥了新教徒和犹太人。[1]公民身份丝毫不包含独立自由财产的含义，这是当时英国采取的模式（英国公民身份的性别特征甚至更加男性化，因为已婚英国女性不能拥有自己的财产）。狄德罗的《百科全书》（第 3 卷，1753）强调了家庭领导者的男性身份，且"这个词只能在指代公民家庭中的成员时，才适用于妇女、幼儿和服务人员，但他们并不是真正的公民"[2]。正如历史学家多米妮克·戈迪诺（Dominique

---

① 参见 Jeffrey Merrick, "Conscience and Citizenship in Eighteenth-Century France", *Eighteenth Century Studies*, 21:1(Fall 1987), 48-70; William H. Sewell, Jr., "Le Citoyen/la citoyenne: Activity, Passivity, and the Revolutionary Concept of Citizenship", in The Political Culture of the French Revolution, ed. Colin Lucas, vol. 2 (Oxford: Pergamon, 1988), pp.105-123. 早期的观念参见 Charlotte Wells, *Law and Citizenship in Early Modern France* (Baltimore: The Johns Hopkins University Press, 1994)。

② "Citoyen", in *L'Encyclopédie*, vol.3(Paris, 1753), p.488.

Godineau)所强调的,"妇女不可能是政治个体",在大革命前的背景下,"政治个体"代表着家庭,而不仅仅是他们自己。①

1789年,《人权和公民权宣言》一经制定,公民身份确认将有所不同:财产的含义(这已经被重农主义者在法国语境中进行了阐述并得到孔多塞的赞同)与公民身份联系在一起,并很快在选举安排中区分出"积极"公民和"消极"公民的不同,这两类人都是男性。除此之外,还增加了在民兵中服役的特权——携带武器的权利,这是公民身份的组成部分。这种发展在很大程度上要归功于古典共和主义的先例,正如美国(以及早期的英国)革命传统所重新宣称的那样,这一传统为法国受过教育的人所熟悉。

1790年,随着制宪会议试图为法国制定一部新宪法,关于妇女公民身份——作为妇女——的争议再次升温,这项任务直到1791年9月才告一段落。在这场关于第一部宪法的辩论中,发表了代表妇女权利和妇女公民权的两项最雄辩、最著名的声明:孔多塞的《论承认妇女的公民权》(1790年7月),以及奥兰普·德古热(Olympe de Gouges)的《妇女权利和公民权利宣言》(1791年9月前后)。这些文本将妇女问题直接与法国殖民地关于黑人奴隶制问题的辩论、犹太人的解放,以及更广泛的对自然权利和理性的诉求联系起来。

孔多塞侯爵是法国启蒙运动时期伟大的人文主义思想家之一,也是一位杰出的数学家和哲学家。他是极少数参加革命集会的哲学家之一。就像一个世纪前的浦兰·德·拉巴尔一样,孔多塞在他简短的"呼吁"中主张,所有人类,无论是何种性别,都基于共同的理性基础而拥有自然权利:

> 现在,人类的权利只能是来自理性。人类是具有感性的存在,具有获得道德观念的能力,并对这些观念进行推理。因此,拥有这些相同品质的妇女必然拥有平等的权利。情况必然是这样:要么人类中没有一个个体拥有真正的权利,要么所有人都有同样的权利。当一

---

① 参见 Dominique Godineau, *Citoyennes Tricoteuses*(Paris: Alinea, 1989), pp.14 - 15。

个人投票反对另一个人拥有权利时，无论另一个人的宗教、肤色或性
别如何，都意味着这个人从此背弃了他自己的权利。①

孔多塞并没有说男人和女人是完全一样的；事实上，在他的论证中，很多
都提到了性别的独特性；他的观点与早期启蒙运动的讨论相呼应，认同性
别的社会建构："不是自然，而是教育，是社会生活方式，造成了性别差
异。"他直截了当地反驳了基于"公共事务"而反对妇女参与政治生活的意
见，包括妇女影响力问题，以及政治活动会转移妇女的注意力，使她们无
法完成本应由她们完成的照料家庭的任务。他最后呼吁将投票权扩大到
所有拥有财产的妇女身上。

　　剧作家兼散文家奥兰普·德古热用更具对抗性的措辞阐述了她的主
张："男人们，你们能做到公正吗？是女人在问你这个问题……告诉我！
谁给了你们至高无上的权利，使你们可以压制我们这一性别？"②然后，她
呼吁成立由母亲、女儿和姐妹组成的妇女国民议会，并通过《妇女权利和
(妇女)公民权利宣言》。

　　《人权宣言》将"国家"定义为所有主权的来源，奥兰普·德古热对该
宣言进行了批判，并将国家重新定义为是男人和女人的联盟。在 17 篇相
互独立的文章中，她呼吁根据自然法则和理性法则，在法律面前，男女平
等参与并得到平等对待。而且她在国民教育和婚姻契约方面的辩论尤其
引人入胜。德古热的"宣言"引申了卢梭"社会契约"的观点，以令人惊讶
的现代的"男人和女人的社会契约模式"作结。

　　这些主张招致了很多批评。卢梭的信徒、激进的共和派记者路易-马
里·普吕多姆(Louis-Marie Prudhomme)反驳了孔多塞的观点，也反驳
了这一时期出现的"妇女的要求"。他援引路易十五和路易十六君主统治
期间，女人们的密谋对国家产生了不良影响的事件，作为反对妇女参与国

---

　　①　Marie-Jean-Antoine-Nicolas Caritat, marquis de Condorcet, "Sur l'Admission des femmes au droit de cité", *Journal de la Société de 1789*, 3 July 1790. English transl. John Morley(1870), repr. in *WFF*, vol.1, doc.24.

　　②　这一"宣言"是德古热的作品 *Les Droits de la femme* (Paris, 1791)的一部分。Transl. Nupur Chaudhuri, with SGB & KO, in *WFF*, vol.1, doc.26.关于德古热，参见 Olivier Blanc, *Une Femme de libertés: Olympe de Gouges*, ed. revue et augmentée(Paris: Syros, 1989)。

家事务的论据:"交际花的统治使国家趋于毁灭;皇后的治国则毁灭了这个国家。"①普吕多姆认为,妇女永远不能离开自己的家庭。相比之下,《人权杂志》(1791 年 8 月 10 日)同意妇女确实有要求权利的权力。然而,该杂志的编辑们认为——正如许多法国女权主义者所批评的那样,这些主张必须基于女人与男人的"差异",而不是基于他们的共同点,如基于理性等抽象概念。②

将"公共事务"解读为妇女的家庭生活

《人权宣言》规定,民事区分只能基于"公共事务"原则。1791 年的宪法最终于 9 月下旬由制宪会议颁布(在国王和王后试图逃离法国失败后),宪法援引公共事务原则,拒绝基于共同利益和理性承认妇女权利和妇女的公民身份,尽管它将婚姻重新规定为民事契约。因此,在宪法将妇女排除在政治权利之外的基础上,被天主教革除教籍的主教和立法者塔列朗(反对孔多塞及其支持者)随后主张妇女应该扮演纯粹的家庭"内部"角色和接受教育。③塔列朗援引公共事务原则,将妇女排除在政治生活之外。他简略地驳斥了所有对抽象原则的诉求,并用男性对女性竞争的恐惧来支持他的观点:

　　　这里不可能将有关妇女教育的问题与对她们政治权利的审

---

① Louis-Marie Prudhomme, "De l'influence de la révolution sur les femmes", *Les Révolutions de Paris*, 9, no. 83(5 - 12 Feb. 1791), 227.值得注意的是,反女权主义者普吕多姆出版了(很可能是委托出版) Louise de Kéralio Robert 的 *Les Crimes des reines de la France* (1791)。关于这方面的著作见 Carla Hesse, "Revolutionary Histories: The Literary Politics of Louise de Kéralio(1758 - 1822)", in *Culture and Identity in Early Modern Europe*, ed. Barbara Diefendorf & Carla Hesse(Ann Arbor: University of Michigan Press, 1993), pp. 237 - 259。

② *Journal des Droits de l'homme*, no. 14(10 Aug. 1791), as repr. in *Collections des matériaux pour l'histoire de la Révolution de France. Bibliographie des journaux*, ed. F.-J. Deschiens(Paris, 1829), pp. 242 - 243; transl. KO.

③ Charles-Maurice de Talleyrand-Périgord, *Rapport sur l'instruction publique, fait au nom du Comité de constitution, à l'Assemblée nationale, les 10, 11, et 19 septembre 1791 [Projet de décrets sur l'instruction publique]* (Paris, 1791), quotes interspersed on pp. 115 - 120; transl. KO.

查分开。在抚养[女儿]时，人们必须彻底了解她们的使命。如果我们承认[女性]与男性享有同样的权利，就必须给予她们同样的手段来利用这些权利。如果我们认为她们的责任应该只是家庭幸福和履行家庭责任，那么应该尽早培养她们以完成这一使命。

塔列朗详细阐述了这一点：

> 我们似乎不可否认，共同的幸福，尤其是妇女的幸福，要求她们毫不向往行使权利和担任公共职务。让人们在自然的愿望中寻找她们的利益吧……她们参与制定法律的次数越少，她们从中得到的保护和力量就越多……尤其是当她们放弃所有政治权利时，她们将确凿无疑地看到自己的民事权利会得到实质性的提升，甚至扩大。

事实上，尽管 1791 年的宪法将婚姻重新规定为民事契约，但 1792 年的立法议会只赋予单身成年女性充分的民事（财产）权利，而剥夺了她们的公民（政治）权利。

在英吉利海峡对岸，玛丽·沃斯通克拉夫特在《女权辩护》(1792)一书中质疑塔列朗的论点，认为这是男性暴政的证据。该书是她早些时候回复伯克的《反思法国大革命》一书的续篇。在她看来，政治权利是建立在共同拥有理性基础上的自然权利，使妇女处于屈从地位"既违反自然权利又不公正"[1]。

> 假使女人和男人是分享天赋理性的话，是谁使男人成为唯一的

---

① Mary Wollstonecraft, *A Vindication of the Rights of Woman, with Strictures on Political and Moral Subjects* (1792). 页码索引见 1967 Norton Library 版本，其中有 Charles W. Hagelman, Jr. 撰写的序言；引自 "Dedication", pp. 3 - 4. 参见 Virginia Sapiro, *A Vindication of Political Virtue: The Political Theory of Mary Wollstonecraft* (Chicago: University of Chicago Press, 1992); *The Works of Mary Wollstonecraft*, ed. Janet M. Todd & Marilyn Butler, 7 vols. (London: Pickering & Chatto, 1989)。

审判者的呢?

　　各种不同的暴君,从昏庸的国王到昏庸的家长,都是使用这样论调的辩论者;他们全都渴望扼杀理性,然而他们却总是说他们窃据理性的宝座是为了于人有利。当您否认妇女享有公民权利和政治权利,强迫一切妇女幽居家庭、在黑暗中摸索的时候,您不是扮演着同样的角色吗?但是假如不许妇女分享自然权利,不许她们有发言权,那么为了抵赖自相矛盾和不公平的罪名,首先就必须证明她们缺乏理性,否则你们的新宪法中的这个缺点,将永远说明,男人一定会以某种形式像暴君那样行动,而暴君专制无论在社会的哪一部分显示其厚颜无耻,都会破坏道德。①

塔列朗将女性定位于她们的教育和社会角色,而不是她们的政治地位,这一观点与孔多塞、德古热和沃斯通克拉夫特的观点背道而驰。然而,后者的挑战并没有被置若罔闻。其他人已经开始讨论女性参与政治生活的问题,比如荷兰女权主义者埃塔·帕尔姆·德艾尔德斯(Etta Palm d'Aelders),她在巴黎"社会小组"(Cercle social)为女性权利鼓劲。此外,居住在加斯科尼西部的四个孩子的年轻母亲伊丽莎白-博纳旺蒂尔·拉福里(Elizabeth-Bonaventure Lafaurie)于1791年发表文章,驳斥八种反对女性参政的观点。②在法国以外,其他一直关注革命辩论的人也加入了讨论。在《论提高妇女的地位》(1792)这本极其激进的匿名出版物中,著名的柯尼斯堡(东普鲁士)行政官员特奥多尔·戈特利布·冯·希佩尔(Theodor Gottlieb von Hippel)同样质疑取消女性公民身份和全面参与政府事务的理由。瑞典作家托马斯·托里尔德(Thomas Thorild)也加入了他的行列,认为女性首先是人类,享有与男性相同的权利,而且女

---

① 译文参考[英]玛丽沃斯通克拉夫特著,王蓁译:《女权辩护》,商务印书馆2007年版,第12页。——译者注

② *Discours sur l'état de nullité dans lequel on tient les femmes, relativement à la Politique; dédié à M. Carra, par Élizabeth Bonaventure Lafaurie, Patriote et Démocrate, Mère de quatre enfans, dont elle en allaite un actuellement...* (16 mai 1791), (Dax: Chez René Leclercq, 1791).感谢Suzanne Desan转发给我Lafaurie的文稿的副本。

性实际上优越于男性。①

　　在相当长的一段时间里,"公共事务"仍将是革命的性别战争中有争议的话题。到 1793 年,面对国内混乱的局势、内战和外国入侵的威胁,关于女性与男性差异的争论,通过反复援引让-雅克・卢梭权威的论述,以及基于"自然"之上的公共领域和私人领域区别,"公共事务"成为借口,在将妇女从公民生活中驱逐出去,并重申她们在婚姻中处于从属地位的政治必要性方面起着决定性的作用。

　　然而,渴望参与公共事务管理的女性不会停止奋斗。事实上,"公共事务"的口号也可以被女权主义者有效地运用,尤其是在 18 世纪 90 年代早期,女权主义者组织妇女俱乐部的过程中。在这些俱乐部中,妇女在巴黎有埃塔・帕尔姆等女性组织者,省级城镇和村庄的妇女也组织起来。她们作为我们现在所说的社会和教育工作的组织者,要求得到公共当局的认可和支持,在各个领域为穷人和失业者、贫困的母亲、女孩、儿童以及病人提供救济,这些组织接管了在教会革命世俗化之后,天主教慈善工作无法顾及的地方。

　　如果妻子身份可以被用来排除女性的公民身份,那么母亲身份提供了一个无可争辩的基础,可以要求妇女在公共事务中享有权利。参加俱乐部的妇女通过自己作为母亲、照料者和教育者的角色,为自己的俱乐部和公民身份辩护。②甚至一名妇女在给国民议会的一封信中辩称,母亲

————————————

　　① 　Theodor Gottlieb von Hippel, *On Improving the Status of Women*, transl. and ed. with introd. Timothy F. Sellner (Detroit: Wayne State University Press, 1979); orig. publ. in German as *Über die Bürgerliche Verbesserung der Weiber* (1792). Thomas Thorild, *Om qvinnokönets naturliga höghet* (On the natural dignity of the female sex: Copenhagen, 1793); repr. Stockholm: Bokförlaget Rediviva, 1978). 感谢瑞典哥德堡大学图书馆妇女历史馆的 Helena Wedborn 转发了这个文本的副本给我,感谢 Stina Katchadourian 翻译了这个文本。

　　② 　参见 *Prospectus pour le Cercle patriotique des Amies de la Vérité* (Paris: Imprimerie du Cercle social, 1791), p.1。在 Marilyn Yalom 基金会的资助下,由 Stephanie Whitlock 翻译。"在我们归功于自由的新秩序中,每个个体能够而且必须服务于国家……母亲的忧虑与关心是与人性的爱分不开的。"参见 Gary Kates, "'The Power of Husband and Wife Must Be Equal and Separate': The *Cercle Social* and the Rights of Women, 1790-91", in *Women & Politics in the Age of the Democratic Revolution*, ed. Harriet B. Applewhite & Darline G. Levy (Ann Arbor: University of Michigan Press, 1990), pp.163-180。

身份应该使妇女有资格成为国家公民①。这些交流促进了基于"公民母亲""母亲教育者"和"社会管家"的公共事务管理关系论点的阐述;这些观点将为整个 19 世纪和 20 世纪初的民族国家建设语境中的女权主义活动提供极其重要的平台。不仅个人主张妇女拥有共同的理性,而且基于妇女的独特角色和特征的关系论证,以及她们通过履行其广泛的家庭责任为公共福利而做的贡献,都可以为反对 18 世纪末欧洲女性从属地位提供有力的论据。事实上,如果我们相信埃尔克(Elke)和汉斯-克里斯蒂安·哈尔滕(Hans-Christian Harten)的话,当革命走向象征性的弑父之举时,代表文明化母亲身份的争论——实际上是对母性的神话化和对救赎女性的颂扬——呈现出一种完全末世论的性质,特别是在 1793 年初国民公会投票决定处死国王之后。在女性公民权的这一观点中,"性别之间的角色划分不是以从属关系为依据,而是以考虑到差异的平等原则和男女同样关心的自然的情感为依据"②。

关闭女性俱乐部:"让男性去革命吧!"

1792 年 8 月,国民公会呼吁建立一个新政府,并于 9 月正式宣布成立共和国,法国对妇女和公民身份的争论进入了新阶段。当国民公会着手制定第二部宪法时,关于妇女与男子完全平等的呼声响亮而有力。起初,新的共和国似乎为主张妇女的平等权利和平等参与公共服务提供了能够实现的希望。

但是,由妇女建立起来的新组织,特别是那些没有男性监督的组织,引起了某些身居高位的革命者的怀疑,他们继续坚持认为妇女的位置应该在家里,并且男性可以充分代表她们的利益。

1793 年的头几个月,路易十六(现在通俗称为断头路易)受审并被处

---

① 这一例子被 Hippel 提到,见 *On Improving the Status of Women*, p.121。1790 年 3 月 29 日这一时段的文本可以参看 *Archives parlementaires*, Iᵉ série, t. 12(Paris, 1881), p.402。

② Elke Harten & Hans-Christian Harten, *Femmes, Culture et Révolution*, transl. from the German by Bella Chabot, Jeanne Etoré, and Olivier Mannoni(Paris: des femmes, 1989), p.9.

决后,作为记者的普吕多姆得知在省级城市建立了两个妇女俱乐部,开始抨击她们的一系列做法,如在俱乐部中选举主席、做会议记录、邀请地方当局参加她们的讨论、研究《社会契约论》,并且高唱颂扬自由的歌曲。他在被广泛阅读的出版物《巴黎革命》的专栏中猛烈抨击了此类活动:

> 以祖国的名义,以这些妇女心中所怀的爱的名义,以自然的名义,她们不能在自然中迷失方向,人们不能违反他们的天性,以良好的家庭道德的名义,妇女俱乐部就是一种瘟疫,我们呼吁里昂善良的女公民留在家里,看管她们的家庭,不必担心拉穆雷特主教(Bishop Lamourette)的改革教义问答,也不必假装阅读《社会契约论》。我们请她们想想,如果法国的每个城镇、每个小村庄都效仿她们,无疑会给共和国带来巨大的错误和麻烦。到处都会有俱乐部,而很快就会没有被照顾良好的家庭了。①

在普吕多姆看来,就像许多其他雅各宾派男性一样,女性参与任何公民生活都会分散她们对本应由她们操持的家务的注意力。而同时男性的特权和男性的公民身份却不需要重新确认。

这两个有争议的女子俱乐部的主席很快就普吕多姆的指控进行了辩护。第戎共和国之友协会主席布兰丁·德莫林(Blandine Demoulin)特别雄辩地阐述了女性公民活动的必要性:

> 诚然,我们对你这样的言语感到惊讶;难道今天比(某个)共和派人都更接近革命巅峰的女性必须给他上哲学和自由的课吗? ……
> 在所有形式的政府中,共和制政府最接近自然;在共和国中,每个个体构成了整体中不可缺少的部分,因此,应该在所有涉及共和国

---

① Louis-Marie Prudhomme, "Club de femmes à Lyon", *Les Révolutions de Paris,* 19, no.185(19-26 Jan. 1793), 234-235; transl. KO.根据 Suzanne Desan 的观点,革命妇女俱乐部在法国 56 个城镇和村庄都可以找到踪迹,参见她的文章,"'Constitutional Amazons': Jacobin Women's Clubs in the French Revolution", in *Recreating Authority in Revolutionary France,* ed. Bryant T. Ragan & E. A. Williams(New Brunswick: Rutgers University Press, 1992), pp.11-35, 177-186。

福利的问题上进行合作;作为必然结果而产生的是,作为社会一部分的女性为了共同的利益,应该尽其所能做出贡献。

　　……我们的革命在世界历史上是独一无二的,它要求共和国的所有公民贡献自己的工作、财富或知识;[因此]自豪地成为革命一部分的"女公民"应该为公益事业提供服务,并就如何做到这一点提出建议,这是很自然的。为了以更有利、更可靠的方式实现这一点,她们必须集会。个人在孤立中能完成什么? 正是在共和国的兄弟会上,哲学启蒙运动产生了惊人的影响,使女性从诋毁她们的古老偏见中解放出来,在女性身上重新播下了美德的种子,使得所有的法国人从婴儿期就可以接受美德的教育……

　　那就放弃你的制度吧,普吕多姆公民,独裁者对待女性,就像贵族对待人民一样。是时候对女性的道德规范进行革命了,是时候让她们恢复自然赋予她们的尊严了。一个人能指望奴隶身上有什么美德! ……女人无论在哪里当奴隶,男人也会同样在那里受到专制统治的压迫。①

普吕多姆对德莫林夫人的雄辩(这些辩护与孔多塞和沃斯通克拉夫特早些时候提出的许多主题相呼应)仍不以为然,在最后的反驳中,他寻求卢梭的主张为自己辩护:"你们管好你们的家务事,让我们管好共和国;让男人们去革命吧。"②

　　1793 年 4 月,政府迈出了第一步,正式禁止女性在法国军队服役,尽管在宪法辩论期间,要求女性公民平等的呼声日益高涨。新的小册子,包括议员皮埃尔·居约马尔(Pierre Guyomar)的演讲《个体间政治平等的支持者》,重申了孔多塞和其他人的论点,主张公民身份是一项绝对的个人权利,不分性别或种族。居约马尔认为自由和平等应该平等地属于男人和女人;他坚持认为,如果不是这样的话,"不朽的权利宣言就包含着一

---

① 31. Rejoinder from Citoyenne Blandin-Demoulin *Révolutions de Paris*, 19, no. 189 (16 - 23 Feb. 1793), 367 - 371; transl. KO.

② Response by Prudhomme, *Révolutions de Paris*, 19, no. 189(16 - 23 Feb. 1793), 371 - 372; transl. KO.

种致命的错误"①。国民公会在审议 1793 年宪法的最终版本时拒绝了居约马尔的主张，该宪法最终于 6 月中旬颁布。这一次"人"（man）的真正含义是"男人"（male）。

激进的巴黎女性认为，革命男性仍然需要她们的帮助，包括她们的武装力量。1793 年 5 月，革命共和派女公民协会在巴黎成立，并迅速与巴黎议会的有投票权的公民建立了联系。严格地说，这个组织不是我们所说的女权主义者；它的成员并没有主张妇女解放，相反，她们声称妇女是国家抵抗内外颠覆的主要捍卫者，这一角色甚至带有恐怖主义的含义。该组织的成员在将吉伦特派赶出国民公会方面发挥了重要作用，她们勇敢地开展活动，打击奸商和其他所谓的国家敌人。

然而，不出所料的是，新共和国有意将女性排除在领导职位之外，这显然激怒了革命共和派女公民协会的一些成员。在一份现存的协会会议报告中，一位女演讲者首先详尽描述了历史上的女性英雄事迹，以论证女性是适合参与军事斗争和政府权力的，并要求考虑撤销将女性排除在此类职位之外的做法。②在另一次会议上，作为一项军事标准，女公民协会向社会提出了这一问题，并且得到了回应："为什么具有感知和解释自己思想能力的女性，被排除在公共事务之外？《人权宣言》对男女两性应该一视同仁，差别仅仅在于义务的不同，即有公共义务和私人义务的区别。"妇女作为妻子和母亲的私人义务，可以毫无困难地通过监督和指导，与承担公共义务相调和。③

妇女俱乐部的命运，以及妇女获得任何政治角色的机会，最终将取决

---

① Pierre Guyomar, *Le Partisan de l'égalité politique entre les individus, ou problème très important de l'égalité en droits et de l'inégalité en fait* (Paris, 1793), published in annex to Session of 29 April, Convention Nationale, in *Archives parlementaires de 1787 à 1860*, 63(Paris, 1903): 591 – 599.

② Speech by Soeur Monic, as quoted in the account in Pierre-Joseph-Alexis Roussel, Le Château des Tuileries(1802), vol. 2; translated and reprinted in *Women in Revolutionary Paris*, pp. 166 – 171. 这一说法的真实性一直受到 John R. Cole 的质疑，"Debunking Roussel's 'Report on the Society of Revolutionary Republican Women'", *French Historical Studies*, 21:1(Winter 1998), 181 – 191. 然而，利用历史来证明妇女有资格的观点在那个时代是相当典型的。

③ "A Laudatory Address to the Revolutionary Republican Women", in *Women in Revolutionary Paris*, p.176.

于如何解决革命共和派女公民协会这一类的团体对男性领导层构成的深远而温和的挑战。7 月,让-保尔·马拉(Jean-Paul Marat)被夏洛特·科尔黛(Charlotte Corday)(既非巴黎人,也非该协会成员)刺杀,这大大加剧了雅各宾派对女性普遍参与导致"混乱"的焦虑程度。1793 年秋季,这一事件之后发生了一系列冲突,在这些冲突中,协会成员自己发起了一场直接的身体恐吓运动,迫使持不同政见的女商人佩戴三色徽记,三色徽记表明妇女被认可享有权利,而且还必须戴着象征自由的红色帽子,这遭到了女商人的反对。她们坚持认为,红色帽子主要是男性服饰的象征,并要求解散所有女性俱乐部,以此作为对革命共和派女公民协会的报复。

有了这个很好的借口,雅各宾派男子立即以维护公共秩序的名义呼吁镇压这些政治上好斗的妇女。就在一天后[雾月 9 日(9 Brumaire, Year Ⅱ),或 1793 年 10 月 30 日],在向公共安全委员会提交的报告中,安德烈·阿马尔(Andre Amar)提出了两个关于妇女公民身份的基本问题:"(1)妇女应该行使政治权利、干预政府事务吗? (2)她们能够以政治协会或民众协会的名义进行商议吗?"[1]在回答这些问题时,他提出了女性相对于男性的道德和身体的力量问题,并指出自然赋予女性不同于男性的职责;他认为,归根结底,重要的是道德问题。结论必然是,国民公会投票禁止"以任何名义建立妇女俱乐部和妇女公众团体",并主张"民间社团的所有会议都必须公开"。

达兰·盖伊·莱维(Darline Gay Levy)和哈里特·阿普怀特(Harriet Applewhite)是两位著名的研究法国大革命中女性地位的历史学家,他们认为雅各宾派对雾月 9 日的镇压是"对女性自 1789 年以来一直实行的激进公民身份的极端政治回应"[2]。这些学者认为,到这个时间节点为止,情况已经变得非常不乐观了(我支持这一观点)。1793 年的法案,把革命共和派女公民协会的成员,以及所有的法国妇女都坚决地驱逐

---

[1]　下面的引用来自阿马尔的报告,摘自以下译本:*Women in Revolutionary Paris*, pp. 214 -216。

[2]　参见 Darline Gay Levy & Harriet B. Applewhite, "Women and Militant Citizenship in Revolutionary Paris", in *Rebel Daughters: Women and the French Revolution*, ed. Sara E. Melzer and Leslie W. Rabine(New York: Oxford University Press, 1992), p. 96。

出新共和国的政治生活领域。

　　11 月中旬,巴黎市议会比国民公会更进一步,甚至拒绝接待戴着红色帽子的妇女代表团,并谴责她们的行为。巴黎市议会愤怒的检察官皮埃尔-加斯帕德·肖梅特在会议上轻蔑地宣称:

　　　　从什么时候开始,允许妇女放弃她们的性别变成男人? 从什么时候开始,习惯了看到妇女抛弃了对家庭和子女的精心照料,来到公共场所,来到演讲台,来到议会? 大自然赋予男人照顾家庭了吗? 大自然给我们乳房让我们喂养孩子了吗? ⋯⋯

　　　　那些想成为男人的厚颜无耻的女人,你们的生活还不够好吗? 你们还需要什么? ⋯⋯以自然的名义(作为爱的独裁者),保持你们的本色,不要嫉妒我们暴风雨般的生活,满足于让我们在家庭中安享宁静的生活,让我们的眼睛停留在孩子们因你们的关心而快乐的迷人景象上。①

　　两天后(雾月 29 日),雅各宾派在《公共安全报》上发表了一篇尖刻地谴责"政治女性"的文章,提醒女性在新的共和秩序中的从属地位。报道援引了玛丽·安托瓦内特皇后、奥兰普·德古热和玛农·罗兰三人被处决的案例,谴责并指控她们的背叛和幻想。编辑们发表了他们的权威性建议,强调了新的共和的道德秩序:

　　　　女人们,你们愿意是共和主义者吗? 那么就热爱、遵守并教导那些提醒你们的配偶和孩子行使权利的法律吧⋯⋯衣着朴素,在家里努力工作;永远不要想着参与民众会议,并在会议上发言,而是想着你们的出席有时会鼓励你们的孩子也这样做。②

---

　　①　肖梅特的评论的英语版本,是从巴黎市议会(Conseil-général)的正式会议记录中翻译而来的。Commune de Paris, 27 brumaire, *Gazette nationale, ou Le Moniteur Universel*, no.59, Nonidi, 29 Brumaire, l'an II(repr. in the *Réimpression de l'Ancien Moniteur*, vol.18, p.450),可以从以下文献查询:*Women in Revolutionary Paris*, pp.219-220。

　　②　Editorial, *La Feuille de Salut public*, as repr. in *Gazette National, ou le Moniteur universel*, 29 Brumaire, l'an II(mardi, 19 novembre 1793, vieux style), *Réimpression de l'Ancien Moniteur*, vol.18, p.450; transl. KO.

11 月底,巴黎市议会在这些警告的基础上颁布了一项法令,废除妇女俱乐部;另一项法令则禁止变装,目的是让女性不仅坐在壁炉前,而且要穿着裙子坐在壁炉前①。1795 年 5 月,法令禁止妇女参加聚会活动和参加政治性的集会,并禁止她们五人以上在街上游行。

因此,法国共和政体以定义公民身份和政治空间的方式,认定公民身份和政治空间属于男性。然而一个世纪以来的女权主义主张迫使法兰西共和国的男性明确表达自己的观点;此后,排斥女性的支持者将不再像塔列朗那样,断言女性的角色和责任使她们不适合参与公共事务,而是认为基于自然的生理差异之上,女性不适合参与公共事务。因此,基于性别的"自然差异"的学术论据被大量引用和阐述,同时通过在公共领域和私人领域之间建立明确的壁垒来强化这种差异。

避开反革命的抵制

火山爆发式地提出女权主义主张,是法国大革命早期的特点。然而,反女权力量施以压制,试图把火山喷发造成的裂缝重新用父权制的外壳填补起来,使女权主义的主张有所减弱。只有这样,男性在政治、法律、智力,甚至情感上遏制和限制女性的权利才能得到重新确认。面对这些措施,以及女性被任意排斥在公民生活之外所产生的激烈情绪,只有少数坚定的人继续公开自己的主张,坚持男女完全平等是应该的。在躲避恐怖统治的过程中,一直满怀希望的孔多塞写作了《人类精神进步史表纲要》(这一著作于 1795 年他去世后出版):

> 在人类精神的种种进步之中,我们应该把彻底扫除偏见——它在两性之间奠定了一种权利上的不平等,那甚至于对它垂青的一方,也是致命的——当作是对普遍的幸福最关重要的事情。人们徒劳无益地在寻找各种理由以维护不平等,以他们生理机能的不同,以人们

---

① The decree read by Chaumette to the Commune de Paris, session of 7 Frimaire (27 Nov. 1793), was reported in *La Gazette nationale*, 30 Nov. 1793, p.281.

要在他们智力高低上、在他们道德感受力上所发现的不同来论证这一点。这种不平等除了力量的滥用外,再没有别的根源,后来人们力图以种种诡辩来为它辩解,都不过是徒劳的。①

然而,即使是孔多塞的朋友和同事、医生皮埃尔-让-乔治·卡巴尼斯(Pierre-Jean-Georges Cabanis)也不同意他的观点。卡巴尼斯承认两性在许多方面相似,但强调作为所有社会道德和组织的基础,人类的生理和繁殖方式的不同更为重要。卡巴尼斯认为(受到卢梭和皮埃尔·鲁塞尔关于"自然"观点的启发,卡巴尼斯明确赞赏他们早期发表的关于这些问题的观点),男人和女人的不同角色、特征和生活方式从根本上取决于他们不同性别的生理,且生理特点也影响他们的骨骼、肌肉、细胞和神经系统。他坚持认为,判断两性问题需要密切观察动物活动,而不是纯粹的哲学推断。卡巴尼斯医生情不自禁地说,妇女在政治生活或公民生活中没有地位,妇女,包括有学问的妇女,如果跨越了她们性别所指定给她们的命运界限,是不可能吸引男人的。②这项有影响力的研究经常被转载,19世纪反对女性接受高等教育的人经常引用这项研究。

法国哲学家、历史学家热纳维耶芙·弗雷斯(Genevieve Fraisse)忠实地记录了1800年至1820年革命后的法国强烈反对妇女解放的过程,尤其关注对于女性在知识(以及政治和经济)上与男性平等的辩论和否定。③她特别提到了哲学家、医生维雷(J.-J.Virey)的观点,后者表达了比卡巴尼斯更极端的卢梭主义立场:

从来没有一个女人通过培养自己的智力,在科学和文学中提出

---

① Marie-Jean-Nicolas Caritat, Marquis de Condorcet, *Esquisse d'un Tableau historique des progrès de l'esprit humain* (1795), ed. Monique et François Hincker (Paris, 1966), pp. 274 –275; transl. KO.

② Pierre-Jean-Georges Cabanis, "Cinquième mémoire. De l'influence des sexes sur le caractère des idées et des affections morales", *Rapports du physique et du moral de l'homme*, 2 vols. Second ed. (Paris: Crapart, Caille et Ravier, An XIII-1805), 2: 357 – 358. Transl . KO.

③ 参见 Geneviève Fraisse, *Muse de la raison: La Démocratie exclusive et la différence des sexes* (Aix-en-Provence and Paris: Alinea, 1989);英文版 *Reason's Muse: Sexual Difference and the Birth of Democracy* (Chicago: University of Chicago Press, 1994).

过崇高的天才的观念,而这些观念才是对人类心灵最崇高的征服。爱是女人统治的手段……女人的甜蜜是她的力量,女人的魅力是她的荣耀,是大自然在女人所有的魅力中装饰她的珍宝。①

这种言论很难被称为厌恶女性,但在反革命不断发展的背景下,它们肯定可以被解读为是反女权主义的。

一位善于观察的女作家清楚地看到了这些争论的导火索。为了回应对女作家身份的攻击,诗人康斯坦丝·德泰斯·皮普莱·德勒里(Constance de Theis Pipelet de Leury)(后来的德萨尔姆亲王夫人)在其长篇散文诗《致妇女函》(1797)中明确提出:

> 现在请听智者说:
> "女人,你怎么敢说奴隶制呢?
> 你的一瞥就能征服我们所有人!
> 你把我们捆在一起,在你的膝盖前颤抖!
> 你的美丽,虚假的眼泪,背信弃义的爱抚,
> 这些不足以让你当女主人吗?
> 那么你还需要什么更多的手段呢?
> 你统治我们! 你还想要什么?"
> 我们还想要什么! 立法的权力。
> 欺骗是一个人被压迫的根源。
> 别逼我们做这些不值得的诡计。
> 给我们更多的权利,你们会损失更少。

她也清楚地看到了所谓"自然"的论点的荒谬:

> 让解剖学家,被他的科学蒙蔽,

---

① J.-J. Virey, Art. "Femelle, femme, féminin", in *Nouveau Dictionnaire d'histoire naturelle* (Paris: Deterville, 1816 - 1819), 11(1817), p. 337; transl. KO.

　　　　巧妙地计算肌肉的力量,

　　　　暗示,不要呼吁,无论是多还是少,

　　　　这样他的妻子应该永远尊敬他。①

作家范妮·拉乌尔(Fanny Raoul)的作品由康斯坦丝·德萨尔姆出版,她用谴责的语言表达了她对革命后法国妇女遭遇的担忧:

　　　　谁被赋予了民事责任的行使权? 男人们。谁得到了财产权的保证? 男人们……谁被赋予了亲子关系的权利和特权? 男人们。为谁建立了自由和平等? 再说一遍,男人们。总之,一切都是由他们做主或者是为了他们;因此,政治社会的形成也是为了他们,仅仅为了他们,而女人在其中没有任何发言权。②

1789 年,一群女人和男人怀着如此高的期望踏上了通往平等公民之路,而最终的结果却是令人沮丧的。

法国之外:解放的倡议和欧洲的反弹

　　法国大革命中关于妇女权利的争论,在法国以外的地方引起了极大的反响。类似的情景和辩论在整个欧洲的许多不同地方爆发,尽管它们从未造成同样程度的动荡。当代女权主义历史学家正在发掘新的证据,证明在上文描述的法国革命之后,在比利时、荷兰,以及意大利和德国的各个州和公国发生的对妇女解放的讨论。例如,罗莎·卡利福尼亚(Rosa

---

①　Constance-Marie de Théis Pipelet de Leury(later Princess de Salm-Dyck), "Épître aux femmes"[Letter to Women: 1797), transl. Dorothy Backer in *The Defiant Muse: French Feminist Poems from the Middle Ages to the Present: A Bilingual Reader*, ed. Domna Stanton(New York: The Feminist Press, 1986), quotes, pp. 113, 115. 参见 Elizabeth Colwill, "Laws of Nature/Rights of Genius: The *Drame* of Constance de Salm", in *Going Public: Women and Publishing in Early Modern France*, ed. Elizabeth C. Goldsmith & Dena Goodman(Ithaca: Cornell University Press, 1995), pp. 224－242。

②　F. R. *** [Fanny Raoul], *Opinion d'une femme sur les femmes*(Paris: Giguet, 1801), pp. 68－69; transl. KO.

Califronia)于 1794 年在阿西西(意大利)发表关于妇女权利的作品,她抱怨说,新闻界一直在喋喋不休地谈论男人的权利:

> 今天,人们从未看到过一部关于妇女权利的理性著作。说女性也包含在男性物种里,这可能是正确的吗? ……看看法国上演的闹剧吧,在那里,人权(the RIGHTS of MAN)受到了热烈的颂扬。男人得到多少益处呢! 而为妇女及其权利建立了什么制度呢?①

与其说这是对女性权利的保护,不如说是对女性的保护。几年后,由于法国军队的到来和持共和思想的人占领了意大利的各个城邦,包括米兰、罗马和那不勒斯,这本书又得到了其他人的补充。1797 年 10 月发给热那亚一家报纸的一份宣言就是这样一份文本,它对新宪法文本的规定提出了尖锐的批评,特别是反对影响妇女婚姻权利的条款。该宣言的作者声称,宣言有 2550 名妇女签名。②在另一份来自威尼斯的出版物中,声称"一位女性公民对意大利人的演讲"的匿名者批评道:

> 我们已经花了一年时间,闭门不出,考虑你们的新计划和新宪法。立法委托给了男人;政府和地方行政长官的职位给予了男人,大使馆、条约、法院和军队的职位也给予了男人。简言之,男人的声音在各处回荡,女人听到的召唤只是为了婚姻的目的,或是为了与男人有关的类似婚姻的目的。因此,那些拥抱新制度的绅士们,你们考虑的只是你们自己的特权和男性的幸福;要么你们不认为女性也是人类的个体,要么你们只是考虑一半的人类幸福。

随后,作者提出了两个观点:第一,"女性本质上与男性平等,甚至优于男性";

---

① Rosa Califronia, comtessa romana[pseud.?], *Breve difesa dei diritti delle donne, scritta da Rosa Califronia, contessa Romana* (Assisi: n.p., 1794), p.3. 该文献委托 Mary S. Gibson 翻译,由 Marilyn Yalom 基金会资助。

② "[Sull'egoismo mascolino] Agli estensori del giornale", *Il Defensore della libertà* (Genoa), 21 Oct. 1797, repr. in *I Giornale giacobini italiani*, ed. Renzo De Felice(Milan: Feltrinelli, 1962), pp.470 - 471。该文献委托 Rhoda Hanafi 翻译(MY 基金资助)。

第二,"女性有权参与和意大利当前改革有关的所有公共利益的领域"①。

1795 年,一位身份不明的荷兰作家(仅以 P. B. v. W. 署名)发表了他或她对法国《人权宣言》的看法,题为《捍卫国家政府中妇女的参与》(1795),谴责排斥妇女的行为是"专横的"和"独裁的"。这一作者援引并超越了普芬道夫(Pufendorff)对自然法的思考,认为:"既然许多妇女都有能力管理自己的丈夫,我不知道是何来的权力把对妇女的统治强加给了我们。谁能怀疑妇女绝对有能力做任何事情? 女人和男人的大脑是一样的。"②

关于女性权利和角色的争论甚至出现在欧洲音乐界,比如在席卡内德(Schikaneder)为莫扎特的歌剧《魔笛》(1791)所写的剧本中。在第一幕中,帕米娜试图逃离她的父亲琐罗亚斯德,回到她的母亲——夜女王身边时,琐罗亚斯德说:"如果我把你留给你的母亲,那么真理和权利会变成什么样子?"这一揭示性的陈述之后是他对前配偶的评价:"她太自负了! 必须由男人决定你要走的路。因为如果一个女人独自走自己路的话,她就会走出自己的领域,并被误导。"在海顿(Haydn)的清唱剧《创世纪》(1799 年首次在维也纳演出)中,剧作家为亚当和夏娃谱写了一首二重唱,夏娃在其中唱出了亚当作为她的保护者、她的庇护所的故事:"你是我的一切。""你的意志就是我的律法;造物主就是这样决定的,服从你,将给我带来喜乐、幸福和荣耀。"③这些奥地利词作者不可能没有参与关于女

---

① *La Causa delle Donne. Discorso agl'Italiani della cittadina* *** (Venice: G. Zorsi, 1797). Republished in *Giacobini italiani,* ed. Delio Cantimori & Renzo De Felice, vol. 2(Bari: Laterza e Figli, 1964), 455 - 464. 该文献委托 Rhoda Hanafi 翻译(MY 基金资助)。Elisa Strumia 在她的论文中重新收录了来自米兰和都灵的女权主义文本:"Il dibattito sulla donna nell'Italia del periodo giacobino(1796 - 99): il Piemonte e la Repubblica cisalpina"(Turin: Faculty of Letters, University of Turin, 1983 - 1984)。

② P. B. v. W., *Ten betooge dat de Vrouwen behooren deel te hebeen aan de Regeering van het Land*(Harlingen: V. van der Plaats, 1795), 16-page pamphlet, republished by Judith Vega in "Het Beeld der Vryheid; Is het niet use zuster?" in *Socialisties-Feministiese Teksten,* no. 11, ed. Selma Sevenhuijsen et al. (Baarn: Amboboeken, 1989)。该文献委托 Sarah Lewis 翻译成英语(MY 基金资助),"In Defense of the Participation of Women in the Government of the Country",由 Judith Vega 引荐、发表于 the *Journal of Women's History,* 8:2(Summer 1996), 144 - 151。

③ 分别参见 Wolfgang Amadeus Mozart, *The Magic Flute*; Franz Joseph Haydn, *The Creation*。

性权利的革命辩论,只是他们用自己的方式表达了看法。看来这场辩论影响了他们对主题的选择。

其中一些辩论的重要性随着时间的流逝显示出来,而其他的辩论后来就在欧洲的档案馆和图书馆蒙尘,被遗忘了。这些音乐剧中的争论被反复传唱,但是都脱离了当时的语境。可是,在德国城邦和公国,那些在他们那个时代有着深远影响的主要的哲学家,他们的作品至今仍在被阅读,他们在限制妇女自由和公民参与方面进行的争论,对后来西方政治哲学的发展和国家治理中的性别政策的形成产生了深远影响。在法国大革命发生期间及其之后不久,康德、费希特和黑格尔的著作构成了对女权主义主张的回应——反女权主义叙事的一部分。然而,为了更好地理解他们的反对观点,我们必须首先考察特奥多尔·戈特利布·冯·希佩尔、歌德和施莱格尔的重要贡献。

希佩尔在东普鲁士的柯尼斯堡(他是当地的市长)匿名撰文,发表了几篇关于妇女问题辩论的文章。

1792 年,他出版了最激进的著作《论提高妇女的公民意识》,这是他得知法国没有给予妇女公民权后写的。他的思想受到以下这些因素的影响:法国作家路易丝·德·凯拉利奥(Louise de Keralio)所阐述的妇女对历史的作用,俄罗斯凯瑟琳二世所展示的才华,苏格兰人大卫·休谟(David Hume)的哲学思想,以及他的朋友、著名哲学家伊曼纽尔·康德所发展的绝对律令原则。基于此,希佩尔认为,压制妇女自由是**不道德**的。与雅各宾派把妇女限制在家庭中的规定相反,希佩尔提出了这样一个观点:妇女不仅应该享有作为个人的充分自由,而且应该可以进入知识领域工作。与荷兰同行 P.B.v.W 一样,他断言许多妇女显然有能力成为国家的行政人员。希佩尔采取了更激进的立场,他质问道:"如果我认为压迫妇女是世界上所有其他压迫产生的原因的话,我所说的太过分了吗?"①

德语世界的许多领域都在辩论妇女解放的利弊。1798 年,《普鲁士法典》的合著者、法学家恩斯特·费迪南德·克莱因(Ernst Ferdinand

---

① Hippel, *On Improving the Status of Women*, in Sellner transl, p.188. Hippel 的两篇文章都有英译本,谢谢 Timothy F. Sellner 的翻译。

Klein)质疑妇女是否应该享有与男子相同的权利，他认为男性应该利用自己的权力保护弱势性别。① 著名作家约翰·沃尔夫冈·冯·歌德(Johann Wolfgang von Goethe)在他的小说，如《威廉·麦斯特》(1795—1796)和《赫尔曼和多罗泰》(1797)中也阐述了同样的观点，尽管他的小说中的英雄们经常说妇女是家庭的统治者，理应比男性受到更好的待遇。威廉·冯·洪堡(Wilhelm von Humboldt)和弗里德里希·施莱格尔在18世纪90年代中期探讨了男性气质和女性气质的含义，以及这些气质与创造力和天才之间的关系。洪堡持亚里士多德的观点，重申了男性气质是主动的、女性气质是被动的这一看法；相对而言，施莱格尔则用更高的雌雄同体的伦理观念进行了反驳："女性气质，就像男性气质，应该被提升到更高的人性层面……只有独立的女性气质，只有温柔的男性气质才是好的和美丽的。"② 这些作家继续在小说作品中探讨"自由之爱"的问题，如施莱格尔的《吕桑德》(1799)和歌德的《亲和力》(1809)。

伊曼纽尔·康德关于女性问题的观点与他的导师卢梭的观点相呼应，在被认为是其哲学体系最高点的论文《实用人类学》(1798)中，他阐述了关于"性别特征"的观点。康德的崇高理想和他对人类超验可能性的分析，在他认同女性的自卑、顺从和相对低下的道德能力的传统观点面前消失了，尽管他承认女性的权力和影响力。在这篇文章中，康德认为女性并不关心自己是否有勇气去认识或思考；她的主要角色，就像卢梭笔下的索菲一样，是通过操纵男人来提升男人的道德。在婚姻中，一方必须服从另一方，同时康德坚持认为，标志着"女性气质"的特征随着文明的进步而发展，正是为了便于"男人的管理"③。

来自耶拿大学的年轻且刚刚结婚的政治哲学家约翰·戈特利布·费

---

①   Ernst Ferdinand Klein, "Muss das weibliche Geschlecht mit dem männlichen durchgehend gleiche Rechte haben?", *Annalen der Gesetzgebung und Rechtsgelehrsamkeit in den Preussischen Staaten*, 17(1798), pp. 202‒213. 感谢 Ute Gerhard 传送了这一文本。

②   Friedrich Schlegel, "Über die Diotima" (1795), in *Friedrich Schlegel, seine prosaischen Jugendschriften*, 2d ed., ed. J. Minor, 2 vols. (Vienna, 1906), vol. 1, p. 59. 初次发表于 *Berlinische Monatsschrift*, 译本见于 SGB, in *WFF*, vol. 1, doc. 16, p. 71.

③   Immanuel Kant, "The Character of the Sexes", in his *Anthropology from a Pragmatic Point of View*, transl. Victor Lyle Dowell; rev. ed. Hans H. Rudnick(Carbondale, Ill.: Southern Illinois University Press, 1978), pp. 216‒220; repr. in *WFF*, vol. 1, doc. 27, p. 113.

希特(Johann Gottlieb Fichte)直接回应了女权倡导者的观点。在《权利的科学》(1796)一书中,他主张男女确实都有权利。常见的反对论点,如女性缺乏教育所以不能行使权利,是难以令人信服的。然后,他将辩论的焦点转移到"女性是否以及在多大程度上可以行使其所有权利"上①。他认为,已婚女性首先自愿服从婚姻;她们的权利由她们的丈夫在与她们协商后行使。这就只留下单身女性的问题,而她们可能随时结婚。费希特声称,女权倡导者真正要求的是公开行使权利,而这是公民身份的外在表现;他坚持说,这种要求与女性气质本身是不相容的。费希特将女性气质定义为谨慎、谦逊和自我牺牲。对费希特来说,将妇女排除在行使政治权利之外的,并不是严格意义上的公共事务,而是基于婚姻关系的性质和女性气质的内涵,妇女行使政治权利与公众的认知是完全不相容的。在费希特僵化的亚里士多德思想中,公共领域/私人领域,以及男性气质/女性气质的二分法被完全认同。女人在公共场合行使她自己的权利,就是把自己男性化!

在黑格尔的理论中,这些范畴成为一般国家理论的核心,这一理论在后革命时代的反女权主义背景下得到了明确阐述。黑格尔一直在思考两性关系,尤其是关于爱情和婚姻的问题。在1807年出版的《精神现象学》中,他为家庭的伦理特征做了辩护。他指出,在家庭中,公共的需求与个人的私利之间存在着紧张关系,我们应该关注这种紧张关系的性别特征:"女性——这是对共同体生活的一个永恒的讽刺,——她竟以诡计把政府的公共目的改变为私人目的,把共同体的公共活动转化为某一特定个体的事业,把国家的公共产业变换为家庭的私有财富和装饰品。"②1821年,黑格尔基于性别的不同生理特征提出了一个完整的社会政治体系,这一体系可以追溯到更古老的积极/消极以及动物/植物的二分法。黑格尔在其《法哲学原理》(1821)的一个注释中坚称:"当女性执掌国家政权时,国家立刻处于危险之中,因为女性不是按照普遍规则的要求来行事的,而是

---

① Johann Gottlieb Fichte, *The Science of Rights,* transl. A. E. Kroeger(London, 1889; repr. London: Routledge &. Kegan Paul, 1970), p.440.

② G. W. F. Hegel, *The Phenomonology of Mind* (1807), transl. J. B. Baillie. 2d rev. ed.(New York: Macmillan, 1931), p.496.

通过武断的倾向和意见来做出行为的。"①黑格尔在安提戈涅的故事中举例说明了这一观点，女性由于对个人和特定事物的兴趣，不能相信她们会按照理想的普遍理性的要求行事。因此，必须将她们排除在国家的管理之外。

德国政治哲学家费希特和黑格尔以高尚而冷静的方式，成功地在纸上把女性赶出了国家管理的行列，并且他们的意见也没有招致太多的反对。相比之下，在英国，反对妇女解放的声音从一开始就很激烈。在离法国如此近的地方，关于妇女权利的辩论与关于革命本身的辩论密不可分，这主要是因为埃德蒙·伯克在《反思法国大革命》（1790）一书中谴责革命的方式，以及妇女在革命中的作用。在伯克看来，这场革命似乎不仅威胁到君主权威的概念，而且威胁到家庭中男性权威的原则，伯克的观点为接下来的争论铺垫了基础。

玛丽·沃斯通克拉夫特在《人权辩护》（1790）中挑战了伯克在《反思法国大革命》中所持的观点，这部作品为她带来了最初的名声。随后，她出版了《女权辩护》（1792）。虽然沃斯通克拉夫特可能不是"最早"的英国女权主义者，然而她成为了人们记忆最深同时也是最遭诽谤的人，因为她在那个时代提倡妇女解放。她的语言和论据，就像她在反对男性暴政的开场白中一样雄辩，相比之下，她的法国同僚则显得非常温和。的确，她的作品主要涉及女性行为的变革、两性之间的友谊、品味的观念、体面的家庭生活、负责任的母亲身份和性行为的自我控制。"我不希望（女性）对男性拥有权力；但她应该有权决定自己的事情"，这一观点主要是针对卢梭，卢梭坚持认为，如果女性与男性越来越像，女性对男性的权力就会越来越强。②在沃斯通克拉夫特所有的作品中，女性教育占据着主导地位，因为她认为妇女的教育是妇女获得权力和独立的关键。

---

① *Hegel's Philosophy of Right* (1821); transl. T. M. Knox (Oxford: The Clarendon Press, 1942; repr. 1967), note to para. 166, p. 263.

② Mary Wollstonecraft, *A Vindication of the Rights of Woman*, p. 107. 同时参见上文第 55 页注释①。对沃斯通克拉夫特的观点和与她同时代法国学者的观点的进一步比较，参见 Karen Offen, "Was Mary Wollstonecraft a Feminist?: A Contextual Rereading....", in *Quilting a New Canon: Stitching Women's Words*, ed. Uma Parameswaran (Toronto: Sister Vision, 1996), pp. 3 - 24。

　　玛丽·沃斯通克拉夫特是极少数如此直言不讳地为女性权利辩护的英国作家。沃斯通克拉夫特的主张以更隐秘的形式在英国小说中得到呈现,如夏洛特·史密斯(Charlotte Smith)的《德蒙》(1792),托马斯·霍尔克罗夫特(Thomas Holcroft)的《安娜·圣艾夫斯》(1792)和玛丽·海斯的《埃玛·考特妮回忆录》(1796),以及沃斯通克拉夫特自己的小说《埃莉诺·泰》,在这些小说以及海伦·玛丽亚·威廉姆斯(Helen Maria Williams)和伊丽莎白·英奇博尔德(Elizabeth Inchbald)的其他小说中都有关于政治的讨论。①这种政治批判也可以在关于女孩教育的辩论中找到,无论是在小说中还是在讨论教育的论文中,都可以发现作家们相互冲突的观点,如玛丽亚·埃奇沃思(Maria Edgeworth)在她的小说《贝琳达》(1801)中,以及汉娜·莫尔在《论现代女性教育体制的制约》(1799)和她的小说《单身汉寻妻记》(1809)中表现出来的那样。

　　1797年,妇女的政治权利问题短暂地进入英国议会,却被立即驳回了。自由派演说家查尔斯·詹姆斯·福克斯(Charles James Fox)在为了延长选举权发言时,煞费苦心地向下议院保证,他提出的动议不会让不合适的人获得选举权。他故意举女性作为反面的例子,来阐明享有投票权的必要条件,即法律独立和经济独立。对他来说,男女拥有共同的理性是一种无足轻重的标准。福克斯在恭维了英国女性一番之后,蛮横地宣称:

　　　　每一位听到我的话的绅士都会真心实意地认为,英国所有上层阶级女性都比倡导普选的底层男性的无知者更有能力。然而,为什么从来没有人想到选举权应该延伸到女性身上?为什么?因为根据国家的法律,也许也根据自然法,女性依赖于我们;因此,她们的声音将由她们在社会中所处的地位所决定。②

---

① 参见 Eleanor Ty, *Unsex'd Revolutionaries: Five Women Novelists of the 1790s* (Toronto: University of Toronto Press, 1993)。

② Charles James Fox, speech in the debate on Mr. Grey's motion for a reform of Parliament(1797), in *The Parliamentary History of England*, vol. 33(London, 1818), pp. 726 - 727; as repr. in *WFF*, vol. 1, doc. 30.

难以想象，确实！女性的政治权利当然是虚构出来的，不仅在英吉利海峡两岸，而且在整个欧洲都是这样。同时福克斯的观点得到了最具影响力的激进哲学家詹姆斯·穆勒(James Mill)的响应，他在1814年声称(恢复到政治的家庭模式)"所有这些个人的利益，无可争议地包括在其他人的利益中，即使没有政治权利，也不会感到不便"。这些个人包括孩子，以及"还有女性……几乎所有女性的利益都与他们的父亲或者丈夫有关"①。福克斯和穆勒都认为女性是相对男性而言的"可怕的生物"②。

英国对妇女解放提案的反对与汉娜·莫尔保守的福音派基督教以及英国民族主义的兴起密切相关，英国民族主义的定义是反对法国世俗的、革命的甚至放荡不羁的文化。③威廉·戈德温在玛丽·沃斯通克拉夫特死于难产后，出版了《女权辩护作者的回忆录》(1798)，书中讲述她早年与吉尔伯·特伊姆利(Gilbert Imlay)的婚外情以及她第一个非婚生孩子的出生，这给攻击妇女权利的敌人提供了确凿的口实，证明妇女想获得解放就是想在性方面为所欲为。具有讽刺意味的是，戈德温试图在当时反对妇女解放已经成为一种压倒性政治气候的情况下，为已故妻子辩护，这只会使女权主义的主张看起来更加糟糕。关于妇女解放的辩论将在地下持续酝酿，这场辩论的表与里，在简·奥斯汀(Jane Austen)的小说中没有说出来的字里行间的意思和说出来的话之间的张力，得到充分表明，虽然她的小说表面上是与政治无关的。④

在英国，对妇女权利的倡导最终被大量嘲讽性的说教类出版物所淹

---

① James Mill, in *Encyclopedia Brittanica*, 5th ed., supplement (London, 1814), s.v. "Government"; as repr. in *WFF*, vol.1, doc.31.

② 这一术语被 Françoise Basch 所使用，见 *Relative Creatures: Victorian Women in Society and the Novel*, transl. from the French by Anthony Rudolf (New York: Schocken, 1974)。

③ 论性别政治与日益高涨的英国沙文主义之间的联系，见 Gerald Newman, *The Rise of English Nationalism: A Cultural History, 1740–1830* (New York: St. Martin's Press, 1987); Leonore Davidoff & Catherine Hall, *Family Fortunes: Men and Women of the English Middle Class, 1780–1850* (Chicago: University of Chicago Press, 1987); 以及 Linda Colley, *Britons* (New Haven: Yale University Press, 1992)。

④ 参见 Marilyn Butler, *Jane Austen and the War of Ideas* (Oxford: The Clarendon Press, 1975); Claudia Johnson, *Jane Austen: Women, Politics and the Novel* (Chicago: University of Chicago Press, 1988)。

没,比如福音派的托马斯·吉斯伯恩(Thomas Gisborne)的《女性职责调查》(1797),以及牧师理查德·波尔威尔(Richard Polwhele)对女权主义者(和她们的法国高卢思想)的恶毒谴责,他在那首被广泛热议的、题名为《无性别的女性》的诗(1798)中,称女权主义者为"一伙蔑视**自然**法则的女人"①。到了 1799 年,玛丽·安妮·拉德克利夫(Mary Anne Radcliffe)用温顺的、几乎是哀求的声音,在一部名为《女性倡导者》的作品中,代表"贫穷无助的女性"和"不幸的女性",请求给予这些女性经济上的机会;这无意中说明了女权主义者是如何被迫处于守势的。②

革命镇压行动之后,欧洲对妇女解放运动的强烈抵制是十分严厉的,其影响持续了数十年。这一点在布拉格出版的《犹太德国月刊》以及法国反革命政治理论家路易斯·德·博纳德(Louis de Bonald)和约瑟夫·德·迈斯特(Joseph de Maistre)的作品中都有体现。但也许最重要的是,反对妇女解放是由政治最高层推动的。在法国,1802 年为自己加冕成为皇帝的拿破仑,基于个人兴趣制定了一部《民法典》(Civil Code),该法典有意使妇女在婚姻中处于从属地位,并规定她们要服从丈夫,以换取男性的保护。他后续的军事行动把这部法典带到了整个欧洲,为从意大利到波兰的许多其他国家的立法者树立了典范。尽管拿破仑也对女孩的教育表示出个人兴趣,为其功绩卓著但穷困潦倒的男性支持者、荣誉军团成员的女儿们建立了学校,但他并不提倡解放的目标:"让她们成为信徒,而不是推理者。"1807 年,拿破仑在前线给荣誉军团委员会的信上写道:"我不是在培养时髦的小贩,也不是在培养女佣或管家,而是在培养普通家庭和贫困家庭的妻子。"③考虑到她们将从事体力劳动,所以为这些女孩制定了一种实用的教育,不需要丰富的知识,也不需要艺术作品,最重

---

① Richard Polwhele, *The Unsex'd Females: A Poem Addressed to the Author of Pursuits of Literature*(London: Cadell & Davies, 1798; repr. New York: Garland, 1974), p.6.

② Mary Anne Radcliffe, *The Female Advocate; or An Attempt to Recover the Rights of Women from Male Usurpation*(London: Vernor & Hood, 1799); repr. New York: Garland, 1974(Edinburgh, 1810).

③ Napoleon, "Notes sur l'établissement d'Écouen", addressed to the comte de Lacépède, grand chancellor of the Legion of Honor, 15 May 1807. 重印版:Gabrielle Reval, *Madame Campan, assistante de Napoléon*(Paris, 1931); transl. KO, in *WFF*, vol.1, doc.23。

要的是,女孩之间没有基于阶级或成绩的区别。对于男孩的教育,拿破仑建立了公立中等学校和法国大学体系。然而,在意大利,女孩的公立中等学校却是在拿破仑征服后建立起来的。

即使在拿破仑帝国政权的敌对气氛中,女权主义的声音也绝不会完全沉默。女权主义思想仍在继续酝酿,寻求新的裂隙,再次挑战父权制。坎潘夫人被指定为拿破仑军团士兵的女儿们组织女子学校,她仍然梦想着要有一所女子大学。即使在19世纪初的压抑气氛中,也有少数男性为女性发言。其中一位是巴黎诗人加布里埃尔·勒古韦(Gabriel Legouve),他于1801年发表了一首有影响力的长达92页的诗歌《女性美德》。另一位是米兰的某位"托塞利公民",他认为女性可以也应该分担每一项社会义务,并且参与科学和文学。第三位是维孔特·德·塞居尔(Vicomte de Segur),他在1803年发表著作《妇女在社会中的身份和影响》,为从事妇女历史研究进行了辩论,这本书立即被翻译成英语。第四位是来自弗朗什孔泰大区(Franche-Comte)的一位默默无闻的梦想家查尔斯·傅立叶,他在《关于四种运动和普遍命运的理论》(1808年)中,谴责"关于妇女的一切都缺乏正义",并重新阐述了早期启蒙哲学家和历史学家著作中经常出现的主题:

> 总的来说,社会进步和历史变化是因为妇女走向自由,而社会秩序的衰落是因为妇女自由的减少。其他事件也会影响这些政治变化,但没有任何原因能像妇女状况的变化那样迅速推动社会进步或衰落……总之,扩大妇女的权利是所有社会进步的基本原则。①

傅立叶对启蒙思想中这一关键主题的重新强调,将在整个19世纪产生重要影响,尤其是对社会主义思想的发展。

---

① Charles Fourier, *Théorie des quatre mouvements et des destinées générales* (1808), 3d ed. (1846), republ. in *Oeuvres complètes*, vol. 1 (Paris: Éditions Anthropos, 1966); quote, pp. 132–133, transl. KO, in *WFF*, vol. 1, doc. 9. 关于傅立叶的观点,参见 Jonathan Beecher, *Charles Fourier: The Visionary and His World* (Berkeley & Los Angeles: University of California Press, 1986).

　　在拿破仑及其军队开始征服欧洲的那些年里,最引人注目的是勇敢的自由捍卫者斯塔尔夫人(Madame de Stael),她被宣布为拿破仑的敌人,而且无疑是 19 世纪初欧洲最著名的女性。"我相信那一天总会到来,"她在 1800 年写道,"哲学的立法者认真关注女性的教育,关注保护她们的法律,关注应该赋予她们的责任,关注能够保障她们的幸福……如果公民社会中的女性状况是如此有缺陷,我们必须努力要做的是改善她们的处境,而不是损害她们的心智。"①关于妇女问题的辩论,尤其是在一个压抑的社会中,有才华的女性所面临的问题,以及将爱与天赋的实现结合起来的困难,这些问题占据着她生活和出版作品的核心,也体现在她被广为阅读的小说《黛尔菲娜》(1802)和《科琳娜》(1807)之中。1815 年,用武力带来的和平,以及以男性为首的法国君主制再次降临欧洲之后,斯塔尔夫人的生平和作品将激励新一代的女权主义活动人士。

---

　　① Madame de Staël, *De la littérature,* 2d ed. (Paris, 1800), as transl. in *An Extraordinary Woman: Selected Writings of Germaine de Staël,* transl. and introd. Vivian Folkenflik (New York: Columbia University Press, 1988); quotes, pp. 201, 205. 关于 Staël,参见 *Germaine de Staël: Crossing the Borders,* ed. Madelyn Gutwirth et al. (New Brunswick: Rutgers University Press, 1991)中收录的文章。

第二部分

19世纪
（1815—1914）

　　第二部分的五个章节探讨了 19 世纪女权主义理论和实践的发展,以及同时期反女权主义不断加剧的反扑情况。这些章节呈现了我自 20 世纪 80 年代初以来,一直在不断打磨的一个被延伸的、不断更新的以及细微化的解释版本。我的叙述密切关注了女权主义的爆发与出现在政治、思想、文化、经济和社会历史的传统年表中的重大事件之间所产生的交集——包括代议制政府的发展、对民主化的渴望和战争的萌芽。当女权主义的要求和批评被置于辩论的中心时,这些事件就有了截然不同的意义。①

　　回首过去,这个动荡的世纪显然经历了源源不断的女权主义爆发,虽然在政治镇压时期的爆发被暂时性地压制,但在革命的政治动荡时期依旧激烈地爆发出来——最明显的是在 19 世纪 30 年代、1848 年、1871 年,以及 19 世纪 90 年代再度爆发。从 19 世纪 60 年代开始,女权主义的挑战以稳定的速度发展,在 19 世纪 90 年代至 1914 年的社会经济变革加速期中不断地涌现。

　　然而,在 19 世纪早期,镇压的力量似乎是压倒性的。法国大革命和随后的反革命运动所投下的阴影将一再地(如果只是暂时的)抑制欧洲女权主义的发展,在一些地区,如低地国家、瑞士和二元君主制(奥匈帝

---

　　①　关于 1986 年之前发表的早期解释和学术书目,参见 *WFF* 中的概述章节和书目,以及我 1987 年的文章:Liberty, Equality, and Justice for Women: The Theory and Practice of Feminism in Nineteenth-Century Europe, in *Becoming Visible: Women in European History* (Boston: Houghton-Mifflin, 2d ed., 1987),其中包括一篇很长的列举书目的文章。在这些章节的尾注中,我主要参考了原始资料或 1986 年以来出版的特别值得关注的学术著作。关于 19 世纪欧洲女权主义的更多最新学术成果也将列在精选书目中,包括一系列宝贵的已出版的文献集。这些章节也极大程度上受益于 1995 年由比安卡 · 皮特罗-恩克(Bianka Pietrow-Ennker)和西尔维娅 · 帕雷切克(Sylvia Paletschek)在斯图加特(Stuttgart)举办的 19 世纪欧洲女权主义会议以及为此会议而准备的一系列文章;由此而来的书籍已于 2004 年出版,即 *Women's Emancipation Movements in the 19th Century*, ed. Paletschek & Pietrow-Ennker(Stanford: Stanford University Press, 2004)。

　　同时参见 *A History of Women in the West*, ed. Georges Duby & Michelle Perrot, vol. 4: *Emerging Feminism from Revolution to World War*, ed. Geneviève Fraisse & Michelle Perrot (Cambridge, Mass.: Harvard University Press, 1993)一书中的文章和书目。这一卷中,许多欧洲著名的妇女史学家都做出了贡献,其中包括 Anne-Marie Käppeli 关于 19 世纪女权主义的一篇深思熟虑的文章:"Feminist Scenes", pp. 482 - 514。在相关的地方,下文将引用杜比-佩罗(Duby-Perrot)文集的荷兰语、德语、西班牙语和意大利语版本中出现的补充文章。

国)所控制的领土,公开的女权主义活动在几十年内都没有重新出现。法国雅各宾派在 1793 年对妇女的政治活动施以严厉限制,19 世纪初《拿破仑法典》的制定者,通过对已婚妇女施加严格的法律限制强化了对妇女的束缚。正如我们所看到的,法国的哲学家们试图将排除妇女于政府事务之外这一举动合理化。19 世纪的法国教育家建立了一个全国性的教育体系,其中的大学旨在培养男性,以便他们将来能够为公众服务。另一方面,妇女被噤声,并接受为家庭服务的培训。所有这些措施都试图或明或暗地对抗女权主义者们对妇女社会伙伴关系的渴望,而欧洲其他地区的男性政治领导人往往根据自己的目的对这些限制进行调整。

欧洲大陆的后革命时期在许多方面都具有压制性。在整个 19 世纪 20 年代,奥匈帝国、日耳曼邦联各州(the states of the Germanic Confederation)或沙俄帝国,每当紧张局势加剧时,公共当局就会迅速禁止传播所有改革派和激进派的出版物,并疑惧地监视任何敌对政治活动的迹象,特别是妇女叛乱。欧洲大陆的胜利者有意通过在家庭和政体中加强中央集权、等级制度和男性主导的政治权威来巩固社会秩序,他们往往依靠既定宗教(已成为国家支持的教会)的强权来加强他们控制"反社会"行为的努力,并坚持家庭才是妇女的归宿。特别是在欧洲的天主教占优势的国家,对男性权威及其特权的挑战变得极其不受欢迎,以女权主义为主题的出版物会被列入禁书目录。

反革命逆流不仅催生了大量的惯例法,还催生了大量的"科学"出版物,这些出版物由新传统主义者和世俗化的作者撰写,他们试图在所谓的公共和私人领域之间构建不可逾越的界限,为妇女在家庭中的屈从地位阐述最新的、更有力的理由,并试图证明妇女在其他选择方面的无能。[①]19 世

---

① 关于反女权主义的知识生产,参见以下德文文献:Silvia Bovenschen, *Die imaginierte Weiblichkeit: Exemplarische Untersuchungen zu kulturgeschichtlichen und literarischen Präsentationsformen des Weiblichen*(Frankfurt: Suhrkamp, 1979); Karin Hausen, "Family and Role-Division: The Polarisation of Sexual Stereotypes in the Nineteenth Century . . .", in *The German Family*, ed. Richard J. Evans & W. R. Lee(Totowa: Barnes & Noble, 1981); Ute Frevert, ed. *Bürgerinnin und Bürger: Geschlechterverhältnisse im 19. Jahrhundert*(Göttingen: Vandenhoeck & Ruprecht, 1988)一书中的文章;以及 Claudia Honegger, *Die Ordnung* (转下页)

纪的"知识战争"在后革命时期以其前所未有的报复性力量肆虐,并在1848年的动荡后表现出新的力量。倡导变革者曾援引"理性"来反对武力和暴力,从而为妇女解放提供了强有力的工具,但反女权主义者也可以再度利用"理性"取代暴力,以反对妇女解放。知识本身可以成为并且也确实成为了某些思想的两性之战的战场。这是一场风险极大的赌博。

然而,这些镇压运动产生了意想不到的效果,使人们关注起了妇女的屈从地位,并进而激发了进一步的反抗。妇女解放不仅是可能的,而且已经开始吸引越来越多的倡导者。因此,在查尔斯·博立叶的社会批评中,

---

(接上页)*der Geschlechter: Die Wissenschaft vom Menschen und das Weib, 1750 – 1850* (Frankfurt-am-Main: Campus, 1991)。亦参见 Sigrid Lange, ed. *Ob die Weiber Menschen sind: Geschlechterdebatten um 1800* (Leipzig: Reclam, 1992)。有关婚姻等法律问题的极其丰富的文件集,可在 Ute Gerhard, *Verhältnisse und Verhinderungen: Frauenarbeit, Familie und Rechte der Frauen im 19. Jahrhundert* (Frankfurt-am-Main: Suhrkamp, 1978)中查询。

关于拿破仑时代法国的哲学和医学辩论,参见 Genevieve Fraisse, *Reason's Muse: Sexual Difference and the Birth of Democracy*, trans. by Jane Marie Todd(Chicago: University of Chicago Press, 1994),关于在革命后的逆流中,对妇女的文学和艺术重构,参见 *Rebel Daughters: Women and the French Revolution*, ed. Sara E. Melzer & Leslie W. Rabine(New York and Oxford: Oxford University Press, 1992)中的文章。亦参见 June K. Burton, *Napoleon and the Woman Question: Discourses of the Other Sex in French Education, Medicine, and Medical Law, 1799 – 1815* (Lubbock: Texas Tech University Press, 2007)。

关于19世纪男性为重新定位女性而进行的相关努力,参见 Stephane Michaud, *Muse et madone: Visages de la femme de la Révolution française aux apparitions de Lourdes* (Paris: Seuil, 1985)。关于对女性作家的攻击,参见 Christine Planté, *La Petite Soeur de Balzac: Essai sur la femme auteur* (Paris: Seuil, 1989); Janis Bergman-Carton, *The Woman of Ideas in French Art, 1830 – 1848* (New Haven: Yale University Press, 1995)。

关于在英国为将妇女的劣等地位合理化而进行的"科学"的努力,参见 Cynthia Russett, *Sexual Science: The Victorian Construction of Womanhood* (Cambridge, Mass.: Harvard University Press, 1989); Ornella Moscucci, *The Science of Woman: Gynaecology and Gender in England, 1800 – 1929* (Cambridge: Cambridge University Press, 1990)。此外,要长远地了解男性医务人员对女性重新定位以及使女性屈从而进行的努力,参见 Thomas Laqueur, *Making Sex: Body and Gender from the Greeks to Freud* (Cambridge, Mass.: Harvard University Press, 1990)。

关于19世纪的英国经济思想,参见 Michèle A. Pujol, *Feminism and Anti-Feminism in Early Economic Thought* (Aldershot, Hants.: Edward Elgar, 1992)一书的第一部分。亦参见 Anna Clark, *The Struggle for the Breeches: Gender and the Making of the British Working Class* (Berkeley & Los Angeles: University of California Press, 1995),以及 Mary Ann Dimand, Robert W. Dimand, & Evelyn L. Forget, eds., *Women of Value: Feminist Essays on the History of Women in Economics* (Aldershot, Hants.: Edward Elgar, 1995)一书中关于哈莉特·泰勒·穆勒(Harriet Taylor Mill)等人的经济思想的文章。

在热尔梅娜·德斯塔埃尔(Germaine de Staël)或她的继任者乔治·桑[阿芒汀-露西尔-奥萝尔·迪潘(Amantine-Lucile-Aurore Dupin)的笔名,杜德文特男爵夫人],夏洛蒂·勃朗特等人创作的为世人广泛阅读的小说中,女权主义的主张得到了激进式的重新表述。这些行为不能被理解为孤立的文学反抗行为,而应理解为反抗男性特权的白热化熔流的支流。这些作品的流传确保了早期辩论中若隐若现的余烬,最终会被重新点燃。詹姆斯·比林顿(James Billington)曾称之为"人类心中火焰"的东西会在随后几代欧洲男男女女中传播。①

尽管19世纪出现了反革命的政治反弹,但为了理解女权主义者最终如何设法撬开了新的裂缝,并通过这些裂缝发起了抗议,我想指出五个相互抵消、相互交叉的背景发展。这些发展是妇女历史的核心,也是本书所讨论的女权主义的具体历史,它们确保了反女权主义者最终未能遏制或压制住女权主义的要求。这些发展中的每一项都有大量的学术文献对其进行研究,尽管我将在脚注中标出相关文献中特别重要的标题,但在这里我无法对其进行公正的评价。

首先是妇女识字率的提高和教育的蓬勃发展,这始于18世纪,但在19世纪急剧增长,尽管事实上它仍然落后于男性的教育。扩大和改善妇女的教育在18世纪的欧洲就已经成为突出的女权主义主题——事实上,在革命的背景下具有特别的政治意义——这之后仍然是女权主义关注的重点。女权主义者不仅继续批判现有的女孩教育形式,而且还成为教育家,他们创办学校,争取进入大学,并获得能够使她们进入需要专业知识的职业领域和公共服务的领域,如医学、法律、神学和其他领域的证书,同时,一些女权主义者也越来越多地对反女权主义的知识结构提出异议。②到19世纪60年代中期,一些来自俄国的年轻妇女开始在苏黎世的大学攻

---

① 参见 James Billington, *Fire in the Minds of Men: Origins of the Revolutionary Faith* (New York: Basic Books, 1980),他仅将"妇女的角色"作为一个后来补充的东西来处理。

② 女孩的教育向女权主义历史提出了一些重要的政治问题,其中包括支持者、教师、课程设计,以及谁在组织和资助哪些学校,以什么级别,以及为了什么目的组织和资助学校。关于19世纪英国女孩的识字和教育,参见 Kate Flint, *The Woman Reader, 1837 - 1914*, rev. ed. (Oxford: Clarendon Press, 1994)。关于法国,参见 Françoise Mayeur, *L'Éducation des filles en France au XIXe siècle* (Paris: Hachette, 1979); Linda L. Clark, *Schooling the* (转下页)

读医学学位；在巴黎的法国妇女和英格兰以及后来的爱丁堡妇女也加入了学习医学的行列。19 世纪 70 年代，妇女们被英国（伦敦大学）、爱尔兰和丹麦的大学正式录取。19 世纪 80 年代，俄国数学家索菲娅·科瓦列夫斯基（Sofia Kovalevsky）在海德堡（Heidelberg）大学获得了高等学位，

（接上页）*Daughters of Marianne*（Albany: SUNY Press, 1984）。同时参见 Mayeur 的文章，"The Secular Model of Girls' Education", in *Emerging Feminism*, pp. 228 - 245；关于教师培训，参见 Jo Burr Margadant, *Madame le Professeur: Women Educators in the Third Republic*（Princeton: Princeton University Press, 1990）。关于德国以及德语区参见以下文献：James C. Albisetti, *Schooling German Girls and Women*（Princeton: Princeton University Press, 1988）；Marie-Claire Hoock-Demarle, "Reading and Writing in Germany", in *Emerging Feminism*, pp. 145 - 165；Juliana Jacobi, "Zwischen Erwerbsfleiss und Bildungsreligion: Mädchenbildung in Deutschland", in the German edition of *History of Women*; James C. Albisetti, "Female Education in German-Speaking Austria, Germany, and Switzerland, 1866 - 1914", in *Austrian Women in the Nineteenth and Twentieth Centuries*, ed. David Good, et al.（Providence: Berghahn, 1996）；Ursi Blosser & Franziska Gerster, *Töchter der Guten Gesellschaft: Frauenrolle und Mädchenerziehung im schweizerischen Grossbürgertum um 1900*（Zurich: Chronos, 1985）；Ilse Brehmer & Gertrude Simon, eds. *Geschichte der Frauenbildung und Mädchenerziehung in Österreich*（Graz: Leykam, 1997）。

关于意大利，参见 Simonetta Soldani, ed. *L'educazione delle donne: Scuole e modelli di vita femminile nell'Italia dell'Ottocento*（Milan: Franco Angeli. 2d ed., 1991）。关于罗马天主教会的态度，参见 Adriana Valerio, "Patienza, vigilanza, ritiratezza: La questione femminile nei documenti ufficiali della chiesa(1848 - 1914)", *Nuova DWF*, no. 16（Spring 1981）; Michela De Giorgio, "The Catholic Model", in *Emerging Feminism*, pp. 167 - 197。关于西班牙，参见 Pilar Ballarín, "La construcción de un modelo educativo de «utilidad doméstica»", in the Spanish edition of *A History of Women*, vol. 4；Gloria Espigado Tocino, *Aprender a leer y a escribir en el Cádiz del ochocientos*（Cádiz: Universidad de Cádiz, 1996）。关于希腊，参见 Eleni Varikas, "Subjectivité et identité de genre: L'Univers de l'éducation féminine dans la Grèce du XIXe siècle", *Genèses*, no. 6（Dec. 1991）。

关于荷兰，参见 Cornelia Wilhelmina（Mineke）Bosch, *Het Gesclacht van de Wetenschap: Vrouwen en joger oonderwijs in Nederland, 1878 - 1948[The Gender of Science: Women and Higher Education in the Netherlands]*（Amsterdam: SUA, 1994）。亦参见 Mineke Van Essen & Mieke Lunenberg, eds. *Vrouwlijke pedagogen in Nederland*（Nijkerk: Intro, 1991）。关于俄国，参见 Christine Johanson, *Women's Struggle for Higher Education in Russia, 1855 - 1900*（Kingston: McGill-Queen's University Presses, 1987）。关于波兰，参见 "Kobieta i edukacja", eds. Anna Zarnowskiej[Zarnowska] & Andrzeja Szwarca, 2 vols., *Kobieta*, 2（1992）中的文章。

关于爱尔兰，参见 Mary Cullen, ed. *Girls Don't Do Honours: Irish Women in Education in the 19th and 20th Centuries*（Dublin: Women's Education Bureau, 1987）。关于瑞典的女子私立学校关系网，参见 Gunhild Kyle, *Svensk flickskola under 1800-talet*（Göteborg: Kvinnohistoriskt Arkiv, 9, 1972）; Christina Florin, "Schoolboys, Schoolgirls and the Swedish State", unpublished paper, Bielefeld, 1993）。关于比利时，参见 Luc Courtois, *L'Éducation des étudiantes à l'Université de Louvain*（Louvain-la-Neuve: L'Université, 1987）。

一些妇女开始在西班牙的大学学习。

然而,妇女的小学和中学教育的扩大从根本上说与第二个发展有关——民族主义和民族国家形态的成长和发展。文化民族主义的表达在诸如法国、英国和西班牙等这些由来已久的(民族)国家已经变得很重要,但在意大利和德国这些政治上支离破碎的领土之上,国家统一运动围绕着文化民族主义而发展:语言、音乐、艺术、历史和其他文化表达方式开始界定什么是"德国""意大利""挪威""瑞士"或"捷克"。即使在那些正在发展代议制政府的国家中,妇女在政治参与方面仍被拒之门外。然而,国家领导人却采用了女性的寓言来象征他们的国家:法国人将他们的国家人格化为自由或平等的女神,不列颠尼亚(Britannia)、赫尔维蒂娅(Helvetia)、希伯尼亚(Hibernia)和日耳曼尼亚(Germania)也很快加入了这个进行国家寓意表达的欧洲集会。①的确,这些国家的性别是什么? 它是如何形成的?

19 世纪及 20 世纪初,希腊、挪威和芬兰发生了独立运动,建立了民族国家,还有许多国家没有实现建国愿望,这包括波兰和乌克兰,它们的部分地区被俄国和奥匈帝国统治。为民族主义奋斗的领导人们以新的和不同的方式坚持妇女教育,这不仅是为了促进公民以其"母语"接受教育,也是出于对国家人口增长的关注,以及对劳动力补充和军事力量影响的

---

① 关于民族主义、国家建设和人口问题有大量的历史学研究。在此,我只想指出一些特别关注从女权主义角度探讨民族和国家的性别问题的作品。其他作品可以在本章注释中找到。特别值得关注的是 *Gendered Nations: Nationalisms and Gender Order in the Long Nineteenth Century,* eds. Ida Blom, Karen Hagemann, & Catherine Hall(Oxford & New York: Berg, 2000).

关于妇女形象如何在男性主导的社会中作为国家象征发挥其作用的问题的研究,法国方面,参见 Maurice Agulhon, *Marianne into Battle: Republican Imagery and Symbolism in France, 1789-1880,* transl. Janet Lloyd(London: Cambridge University Press, 1981); *Marianne au pouvoir: L'Imagerie et la symbolique républicaines de 1880 à 1914*(Paris: Flammarion, 1989)。亦参见下列所示书目:Ian Jeffrey, Isabelle Julia, & Alain Sayag, eds. *La France: Images of Woman and Ideas of Nation, 1789-1989*(London: South Bank Center, 1989); Georg Kreis, *Helvetia-im Wandel der Zeiten: Die Geschichte einer nationalen Repräsentationsfigur* (Zurich: Verlag Neue Zürcher Zeitung, 1991); *Les Révolutions de 1848: L'Europe des images,* 2 vols.(Paris: Assemblée Nationale, 1998), and *Mythen der Nationen: Ein europäisches Panorama,* ed. Monika Flacke(Berlin: Deutsches Historisches Museum, 1998)。关于女性在俄国作为文化象征的问题,参见 Joanna Hubbs, *Mother Russia: The Feminine Myth in Russian Culture* (Bloomington: Indiana University Press, 1988)。

关注。在后一种情况下,为了国家利益,国家越来越多地聚焦于妇女的生理和心理健康,以满足生育的需要,并试图在人口结构转型时期促进生育。①特别是医生和政治家们开始对出生率下降和婴儿及儿童高死亡率可能给国家带来的不利后果而忧虑重重,这种情况在法国尤其突出。德国和英国在 1900 年之后也出现了同样的趋势。医生和政治家们对国家劳动力以及战斗力的身体、精神和道德发展感到担忧,一些人甚至坚持认为,未来应对子孙后代的出生问题必须成为政府的优先事项。显而易见,妇女对男人的国家政治抱负非常重要,毕竟人口增长是男性无法单独完成的一件事。

　　第三项重要的发展,也是与国家的抱负问题密切相关的发展,涉及妇女的大规模流动,其中许多是年轻的单身妇女,她们进入了日益城市化的劳动力市场,她们的工作不再囿于家庭,因此非常引人注目。19 世纪30 年代,法国、比利时以及德国和瑞士的部分地区,与几十年前的英国一

---

　　①　关于民族主义框架和国家统一努力中女权主义愿望的运作,以及民族国家的性别化的深刻见解,参见以下文献:Bogna Lorence-Kot, "Klementyna Tanska Hoffmanowa, Cultural Nationalism and a New Formula for Polish Womanhood", in *History of European Ideas*(special issue on "Women, Society, and Culture", ed. Karen Offen), 8:4/5(1987); Lorence-Kot, "A New Vision for Polish Women: Handmaidens to the Nation?", in *Views of Women's Lives in Western Tradition*, ed. Frances Richardson Keller(Lewiston: The Edwin Mellen Press, 1990); Martha Bohachevsky-Chomiak, *Feminists Despite Themselves: Women in Ukrainian Community Life, 1884 – 1939*(Edmondton: Canadian Institute of Ukrainian Studies, University of Alberta, 1988); Linda Edmondson, *Feminism in Russia, 1900 – 1917*(Stanford: Stanford University Press, 1984); Ann Taylor Allen, *Feminism and Motherhood in Germany, 1800 – 1914*(New Brunswick: Rutgers University Press, 1991)。亦参见 Christiane Veauvy & Laura Pisano, *Paroles oubliées: Les Femmes et la construction de l'État-nation en France et en Italie, 1789 - 1860*(Paris: Armand Colin, 1997)(另有意大利语版, 1994 年); Eleni Varikas, "La Révolte des dames: génèse d'une conscience féministe dans la Grèce du XIXe siècle(1833 - 1907)", thèse du troisième cycle, University of Paris VII, 1986(希腊语版, 1987 年);以及 Marie Neudorfl 关于 19 世纪捷克女权主义的书(参见本书参考书目第 497—498 页)。
　　关于民族主义、帝国主义、女权主义和人口问题的融合,参见 Anna Davin, "Imperialism and Motherhood", *History Workshop*, no. 5(Spring 1978), 9 - 65; Karen Offen, "Depopulation, Nationalism, and Feminism in Fin-de-siècle France", *American Historical Review*, 89:3(June 1984), 648 - 676。亦参见 Michael S. Teitelbaum & Jay M. Winter, *The Fear of Population Decline*(Orlando, FL: Academic Press, 1985); John R. Gillis, Louise A. Tilly & David Levine, eds., *The European Experience of Declining Fertility, 1870 - 1970: The Quiet Revolution*(Oxford: Blackwell, 1992);以及特别论坛"Population and the State in the Third Republic", ed. Rachel G. Fuchs, in *French Historical Studies*, 19:3(Spring 1996)。

样,进入了一个重要的经济发展时期,其核心是纺织业和金属加工业中的机械化及日益集中的制造业化。工业生产的发展和现金经济的扩张给家庭自给自足的经济带来了严重的压力,同时佐证了在 18 世纪时,意识形态上已然形成的关于劳动的性别分工的思想所产生的转变。①

---

① 关于工业化过程中性别和阶级问题交织的一系列案例研究,参见 Laura L. Frader &
Sonya O. Rose, eds., *Gender and Class in Modern Europe*(Ithaca & London: Cornell Universi-
ty Press, 1996)。早期的辩论可以在 *European Women and Preindustrial Craft*, ed. Daryl
M. Hafter(Bloomington: Indiana University Press, 1995)里的文章中看到。

亦参见最近由劳拉·莱文·弗拉德(Laura Levine Frader)对女工、工业资本主义经济和劳
动的性别分工进行的解释性分析,见 *Becoming Visible*, 2d ed. (Boston: Houghton-Mifflin,
1987), 309 - 333;该文修改后的版本增加了参考书目,见"Doing Capitalism's Work: Women in
the Western Industrial Economy", in *Becoming Visible*, 3d ed. (1998), pp. 295 - 325。亦参见
Joan W. Scott, "The Woman Worker", in *A History of Women*, vol. 4, ed. Fraisse & Perrot,
pp. 399 - 426;以及在同卷中的 Michelle Perrot, "Stepping Out", pp. 449 - 481。

关于 19 世纪欧洲不同社会中妇女的有偿和无偿工作的各个方面,西班牙方面,参见 Mary
Nash, "Identidad cultural de género, discurso de la domesticidad y la definición del trabajo de las
mujeres en la España del siglo XIX",载于西班牙语版第 4 卷, *Historia de las mujeres*, ed. Duby
& Perrot。英格兰方面,参见 Sonya O. Rose, *Limited Livelihoods: Gender and Class in Nine-
teenth-Century England*(Berkeley & Los Angeles: University of California Press, 1992); Debo-
rah Valenze, *The First Industrial Woman*(New York: Oxford University Press, 1995);以及上
文提及的安娜·克拉克(Anna Clark)的书。法国方面,参见 Michelle Perrot, ed., "Métiers de
femmes", special issue of *Le Mouvement social*, no. 140(July-Sept. 1987)。关于妇女联盟,参见
Clio: Histoire, Femmes et Sociétés, no. 3: *Métiers, corporations, syndicalismes*(1996)中的文
章。俄国方面,参见 Rose Glickman, *Russian Factory Women: Workplace and Society,
1880 - 1914*(Berkeley & Los Angeles: University of California Press, 1984)。关于组建工会的
努力,参见 *The World of Women's Trade Unionism: Comparative Historical Essays*, ed. Nor-
bert C. Soldon(Westport, CT: Greenwood Press, 1985)中的文章。

关于妇女的贫困问题、道德问题以及对欧洲大陆贫困母亲问题进行干预而付出的努力,
19 世纪上半叶,参见 Frances Gouda, *Poverty and Political Culture: The Rhetoric of Social
Welfare in the Netherlands and France, 1815 - 1854*(Lanham: Rowman & Littlefield, 1995)。
19 世纪下半叶,参见 Elinor Accampo, Rachel G. Fuchs & Mary Lynn Stewart, eds., *Gender
and the Politics of Social Reform in France, 1870 -1914*(Baltimore: Johns Hopkins, 1995)中的
文章,以及 Leora Auslander & Michelle Zancarini-Fournel, eds., *Différence des sexes et protec-
tion sociale(XIXe-XXe siècles)*(St. Denis: Presses Universitaires de Vincennes, 1995)。法国方
面,参见 Rachel G. Fuchs 的杰出研究 *Abandoned Children: Foundlings and Child Welfare in
Nineteenth-Century France*(Albany: SUNY Press, 1984); *Poor and Pregnant in Paris: Strate-
gies for Survival in the Nineteenth Century*(New Brunswick: Rutgers University Press, 1992)。
关于对妇女权利的要求和生育问题,参见 Anne Cova, *Maternité et droits des femmes en France*
(Paris: Anthropos, 1997);关于亲子关系的诉讼,参见 Rachel Fuchs, *Contested Paternity: Con-
structing Families in Modern France*(Baltimore: The Johns Hopkins University Press, 2008)。

妇女一直在参与有偿劳动,但在一些国家(以英国为首),政治家和经济学家对妇女——尤其是已婚妇女——和儿童在新的工业劳动力中的参与程度表示担忧。报纸上流传着关于制造商剥削男女工人的可怕故事,关于矿井、工厂和车间的男女混合工作而导致的滥交和性骚扰的指控引起了公众的严厉批评。反对妇女就业的人重申,两性必须占据独立的物理空间,妇女的位置就像不存在于政治生活中一样,也不会存在于有偿劳动队伍中,而应该存在于家庭中,存在于男性的保护和控制下。

反对妇女参政的规定很快就延伸至她们的经济参与方面。反革命的经济理论家、工会成员和社会天主教改革者加入了政治理论家的大合唱,他们试图将妇女在家庭中的"封闭"和屈从地位制度化。在他们"性别两分领域"的描述中,他们主张,受雇的男性户主(被认为是养家糊口的人)应该得到"家庭工资"——也就是一笔足以养活妻子和孩子的钱——而妻子则管理家庭和抚养孩子。这些理论家敦促未婚的女儿跟随母亲一起完成关于家务的学习,而不是寻求在外就业。

随着现金经济的发展和工业化的推进,有关妇女就业的问题变得更加明显并富有争议。在这个繁荣和萧条并存的时代,似乎只有土地财富才能为妇女或男性提供安全感,然而在大多数欧洲国家,这种财富仍然只由极少数家庭控制,更确切地说,由这些少数家庭的男性户主控制。由于新获得的家庭财富会随着市场经济不可预测的周期而起伏,单身中产阶级妇女(一种新的历史现象)面临着必须自立的前景,因此在 19 世纪下半叶,受过教育的中产阶级妇女涌入劳动力市场,这引起了很大争议。这些妇女的已婚姐妹,至少是其中比较富裕的姐妹,可能会退居家庭并投身于精心管理复杂的家庭生活,然而,这其中也只有少数人可以成为有钱且有闲的女士。①

---

① 关于中产阶级妇女所特有的问题、两分领域的构建,以及消除两分领域的努力,参见 Bonnie G. Smith, *Ladies of the Leisure Class: The Bourgeoises of Northern France in the Nineteenth Century* (Princeton: Princeton University Press, 1981); Leonore Davidoff & Catherine Hall, *Family Fortunes: Men and Women of the English Middle Class, 1780 - 1850* (Chicago: University of Chicago Press, 1987); Marion A. Kaplan, *The Making of the Jewish Middle Class: Women, Family, and Identity in Imperial Germany* (New York & Oxford: Oxford University Press, 1991)。关于围绕着中产阶级妇女进入荷兰劳动力市场的争论,参见 Francisca DeHaan, *Gender and the Politics of Office Work: The Netherlands 1860 - 1940* (Amsterdam: Amsterdam University Press, 1998)。

19世纪初在欧洲的城市和大型城镇,尽管越来越多的技术工人渴望实现这种新理想,但很少有工人阶级能够按照这种新理想来生活。对大多数人来说,这种"性别两分领域"的规定只是有吸引力的理想,而在当时的条件下不可能实现。妇女的经济贡献,无论是有偿的还是无偿的,对家庭福利来说都太过重要。然而,具有讽刺意味的是,妇女的家务劳动却被有效地重新定义为非经济劳动。因此,大多数城市妇女所做的实际家务,从打水到做饭和洗衣服,在经济上变得不可见,在文化上也被贬低。唯一"有价值"的贡献越来越被认为是那些能带来现金的贡献。无论婚否,妇女都必须有能力赚取赖以生存的工资。统计学家发现,妓女和未婚妈妈的数量在增加,堕胎、杀婴和自杀事件数量也在增加。性道德——亦即妇女的性道德——成为一个巨大的问题。所有这些问题都指向了在发展中的竞争性市场经济中不成比例的妇女贫困问题。

为了面对并回应这些问题,19世纪的欧洲女权主义者要求承认和重新评价妇女的家务劳动,他们努力的领域还包括:妇女在家庭以外工作的权利、同工同酬、缩短工时,改善工作场所条件,争取女工加入工会并由女性劳动监察员监督女工,国家对母亲的支持,以及堕胎与杀婴的非刑罪化。[①]社

---

① 关于卖淫、救援工作,以及女权主义者为废除欧洲大陆上受管制的卖淫活动所做的努力,参见 Edward Bristow, *Prostitution and Prejudice: The Jewish Campaign against White Slavery, 1870–1939* (Oxford: Clarendon Press, 1982); Laurie Bernstein, *Sonia's Daughters: Prostitutes and their Regulation in Imperial Russia* (Berkeley & Los Angeles: University of California Press, 1996); Anne-Marie Käppeli, *Sublime croisade: Ethique et politique du féminisme protestant, 1875–1928* (Carouge-Geneva: Éditions Zoé, 1990)。关于意大利,参见 Mary S. Gibson, *Prostitution and the State in Italy, 1860–1915* (New Brunswick: Rutgers University Press, 1986); Annarita Buttafuoco, "Motherhood as a Political Strategy: The Role of the Italian Women's Movement in the Creation of the Casa Nazionale di Maternità", in the Bock-Thane volume.

关于英格兰和爱尔兰女权主义者为解决卖淫问题所做的努力以及反对男性滥交并视其为不负责任的行为,参见 Lucy Bland, *Banishing the Beast: English Feminism and Sexual Morality, 1885–1914* (New York: The New Press, 1995); Sheila Jeffreys, *The Spinster and her Enemies: Feminism and Sexuality, 1880–1930* (London: Pandora Press, 1985)。亦参见 Philippa Levine, "Consistent Contradictions: Prostitution and Protective Labour Legislation in Nineteenth-Century England", *Social History*, 19:1 (Jan. 1994), 17–35。关于爱尔兰,参见 Maria Luddy, "Prostitution and Rescue Work in Nineteenth-Century Ireland", in *Women Surviving*, ed. Maria Luddy & Cliona Murphy (Dublin: Poolbeg, 1990)。

关于女性组织的其他方面,从慈善事业和公益事业到女权主义政治,参见 Catherine (转下页)

会主义女权主义者则走得更远,最终发展出一种多层面的反资本主义批判,并提议对生产、家务和儿童护理进行集体重组,使妇女成为与男子平等的经济伙伴。只有少数人主张彻底的性解放。19 世纪末的欧洲女权主义者更倾向于主张对女性和男性进行性教育,并实行男女同一的性道德标准,严格限制男性滥交行为。

在 1848 年之前,社会主义者和女权主义者似乎可以在平行的轨道上行进,但在 19 世纪末,他们在政治上出现了分歧。在此背景之下,第四个重要的发展就是关于女权主义者和社会主义者之间形成的激烈竞争。1889 年马克思主义-社会主义者成立了政治上强大的第二国际工人协会之后,这种竞争变得更加尖锐。19 世纪 90 年代,具有阶级意识的马克思主义-社会主义者妇女,立志发动潜在的大量无产阶级妇女从事国际社会主义革命事业,她们创造并谴责了"资产阶级女权主义"这一类别,坚持认为只有劳动参与而非法律权利(无论是民事还是公民法律权利)改革,或教育或社会改革,才是妇女解放的关键。她们还坚持认为,在实现社会主义革命之前,工人阶级的事业必须优先于妇女的事业。[①]女权主义者对社

(接上页)M. Prelinger, *Charity, Challenge, and Change: Religious Dimensions of the Mid-Nineteenth Century Women's Movement in Germany* (Westport: Greenwood Press, 1987), Kathleen D. McCarthy, ed., *Lady Bountiful Revisited: Women, Philanthropy and Power* (New Brunswick: Rutgers University Press, 1990)中的文章。其中,关于俄国,参见 Brenda Meehan-Waters, "From Contemplative Practice to Charitable Activity: Russian Women's Religious Communities and the Development of Charitable Work, 1861 – 1917"。关于爱尔兰,参见 Maria Luddy, *Women and Philanthropy in Nineteenth-Century Ireland* (Cambridge: Cambridge University Press, 1995)。关于法国,参见 Evelyne Lejeune-Resnick, *Femmes et associations (1830 – 1880)* (Paris: Publisud, 1991); Sylvie Fayet-Scribe, *Associations féminines et catholicisme: De la charité à l'action sociale, XIXe-XX siècle* (Paris: Les Éditions ouvrières, 1990)。关于瑞典,参见 Brita Åkerman, ed. *Vi Kan, Vi Behovs: Kvinnorna Går Samman i egna förengar*[*We Can, We Are Needed: Women Enter Their Own Associations*](Stockholm: Akademiklitteratur, 1983)。

① 关于 19 世纪早期英格兰和法国的社会主义女权主义的分析,参见 Barbara Taylor, *Eve and the New Jerusalem: Socialism and Feminism in the Nineteenth Century* (New York: Pantheon, 1983; rev. ed. Cambridge, Mass.: Harvard University Press, 1993); Claire Goldberg Moses, *French Feminism in the Nineteenth Century* (Albany: State University of New York Press, 1984)。亦参见 Susan K. Grogan, *French Socialism and Sexual Difference: Women and the New Society, 1803 – 1844* (London: Macmillan, 1992);以及 Moses and Leslie Rabine, *Feminism, Socialism, and French Romanticism* (Bloomington: Indiana University Press, 1993)中的文章和文本。(转下页)

会主义者拒绝合作而感到恼火，但坚持认为，妇女解放是所有妇女的事业，所有妇女都是处于屈从地位的"姐妹"，无论其社会经济阶层如何。许多人认为，充分的政治公民权将为妇女提供所需的权力，一劳永逸地打破嵌入在现行法律、制度和惯例中的男性霸权。

第五项发展与所有其他发展交织在一起，既涉及国家有组织的女权运动的发展，也涉及促进组织良好和持久的国际女权运动的倡议，以便解决所有这些问题。①随后，在法国和英国女权主义者的领导下，来自北美的新欧洲人以及来自其他各国的女权主义者的互相竞争的举措越来越多，直到 1900 年，一系列平行的国际组织开始出现。

国家和国际女权主义大会的计划，以及当时的戏剧、小说和报刊都证明了女权主义批评的范围、广度和重要性。只是随着第一次世界大战的爆发，武装冲突的紧迫性压制了这些热烈的辩论和变革的要求。战争有办法让所有竞争性的讨论保持沉默——至少是暂时的。

第四章讨论了从 1820 年到 1848 年革命前夕这一不稳定时期女权主义者如何重新阐述其主张。它标志着女权主义批判出现在新的地方，重新表述其原有的论点。它关注的是女权主义思想的几个重要分支，这些分支围绕着对婚姻制度的批判，围绕着在新兴国家文化中妇女作为公民-母亲或母亲-教育者的战略性赋权。

第五章研究了 1848 年至 1870 年这一时期。本章讨论了欧洲大陆爆发的一系列重大的女权主义抗议活动，再次以巴黎的革命事件开始，并迅速蔓延到欧洲的主要城市。本章还探讨了 1848 年革命失败后，另一次大

（接上页）关于 19 世纪后期，参见我在导论中的评论以及第六章和第七章的讨论和扩展注释。亦参见 Lise Vogel 的研究 *Marxism and the Oppression of Women: Toward a Unitary Theory*(New Brunswick, NJ: Rutgers University Press, 1983)，特别是第 4—8 章。如果我在研究过程中更早地发现 Vogel 的著作，我就可以节省很多精力。

① 关于早期国际女权主义者建立人际网的两项补充性研究是：Bonnie S. Anderson, *Joyous Greetings! The First International Women's Movement* (New York: Oxford University Press, 2000); Margaret H. McFadden, *Golden Cables of Sympathy: The Transatlantic Sources of Nineteenth-Century Feminism*(Lexington: University of Kentucky Press, 1999)。关于 19 世纪后期以及 20 世纪早期，参见 Leila J. Rupp, *Worlds of Women: The Making of an International Women's Movement*(Princeton: Princeton University Press, 1997)中所做的杰出研究。

规模针对反女权主义的强烈反对势力的出现,特别是在德国,以及边远的斯堪的纳维亚半岛的小说和报刊中对女权主义的阐述。在英国,19世纪50年代末,一个规模小但组织良好的女权主义运动开始关注妇女的工作。本章研究妇女为争取接受大学教育而开展的运动,以及对立升级的"知识战争",这场战争是因为女权主义者试图打破男性对正统知识的垄断,特别是在医学和法律领域,这两个领域都被反女权主义者反复用来重新规定妇女的屈从地位。本章最后重新讨论了约翰·斯图尔特·穆勒极其重要的著作《妇女的屈从地位》(1869)一书,并突出强调了其在整个欧洲范围的接受程度。这部作品,加上穆勒于1867年在英国议会中对妇女选举权的支持,有效地将焦点从法国转移。以下两个事件的发生也促进了这种焦点的转移:1870年,由普鲁士领导的德意志各州联盟击败了法兰西第二帝国,以及1871年,包括许多激进女权主义者在内的巴黎公社起义被"道德秩序"的力量击溃。在第三共和国早期这一关键时期,整个形势都使得法国女权主义者处于不利的政治氛围中。

第六章探讨了19世纪70年代初至1889年期间欧洲女权主义历史上的一系列新发展,1889年是法国大革命100周年纪念日,也是国际女权主义运动以及与之敌对的国际社会主义运动的确切创立年。本章还探讨了女权主义者对妇女工作,以及工业化劳动中妇女经济福利的持续关注,并探讨了女权主义者和社会主义者之间为解决"妇女问题"而加剧的相互竞争。

在第七章和第八章中,我追溯了1890—1914年这一政治和社会变革加速的时代"各种女权主义"的激增。这是"女权主义"被命名的时期,在这一时期,人们热切欢呼"新女性",她们受过教育,通常受过专业训练,经济上越来越独立,对婚姻保持警惕,因为婚姻是被系统地构建为有利于男性权威的制度。在这一时期,女权主义的关注开始在有组织的罗马天主教内部发展,也开始在第二国际所体现的马克思主义社会民主主义中发展。

第八章更深入地讨论了19世纪末至20世纪初发展中的国家政治文化和民族主义背景下的女权主义问题,特别强调对选举权和其他公民权利的追求。本章对较小国家和文化(芬兰和乌克兰、希腊和比利时)以及

较大国家(包括不列颠统治下的爱尔兰,以及法国)的案例研究也做了简
要介绍。在这一时期,一些女权主义者在跨国界的问题上,特别是在女工
的保护性劳动立法上存在分歧,但其他女权主义者则跨越国界联合起来,
对男性的性交行为——从国家管理的卖淫到军国主义——进行了激进
的、全面的批判。

　　在19世纪的进程中,欧洲女权主义者提出的问题均涉及他们各自社
会的基础,这些问题反复出现,并被每一代人以越来越强大的力量重新阐
述出来。随着19世纪末军国主义和帝国主义的扩张,女权主义抗议的轰
鸣声变成了再也无法压制的震耳欲聋的怒吼声。女权主义者迫使他们的
对手——反女权主义者——对他们反对的理由作出说明,从而将反女权
主义者置于愈发防守的地位。事实上,尽管——或者正是因为——有这
种强烈的抵抗,我们可以毫不夸张地说,在整个19世纪,欧洲对妇女解放
的支持程度急剧上升。正是在这一背景下,我们必须理解爱伦·凯
(Ellen Key)、埃弗丽尔·德·圣克罗伊夫人、米利森特·加勒特·福塞
特以及其他许多人就女权主义在20世纪初的重要性所提出的主张。我
将在此重复凯的主张:"妇女现在进行的斗争比其他任何斗争都影响深
远;如果没有发生路线偏离,它最终将在狂热程度上超过任何宗教或种族
战争。"①

---

① Ellen Key, *Love and Marriage*, transl. Arthur G. Chater (New York: Putnam, 1911), p.214;原版为瑞典文,1903年;德语版,1904年,以及法文版,1906年。

第四章　重述女权主义之主张
（1820—1848）

　　1820 年起至 1848 年新革命爆发这段时期，当时的批判观点（我们现在称之为女权主义）的支持者再次发起了一场运动。这场运动旨在削减甚至废除男性的特权，揭露支持男性特权的偏见，改造既存的制度，赋予妇女以权利，从而将她们从男性控制中解放出来。特别是在法国和英国这些革命后的民族国家，大量的作家和社会评论家重新审视了早期启蒙运动的构想，以期对家庭和社会中的两性关系进行彻底重构。他们对经济自由和政治权利、道德改革、性自由，甚至（在英国的）生育控制提出了全面要求，这些要求触及法律、教育、经济和政治等一系列问题。他们就提出的问题不仅在短论和书籍中进行了辩论，而且在伦敦的《泰晤士报》和《威斯敏斯特评论》上，以及在巴黎的《两大陆评论》和《喧声报》上进行了辩论。

　　新一代女权主义挑战者包括哈丽雅特·马蒂诺（Harriet Marti-neau）、约翰·斯图尔特·穆勒、乔治·桑、弗洛拉·特里斯坦（Flora Tristan）和路易丝·奥托（Louise Otto）在内的诸人。他们将对抗拿破仑们、维雷们、汉娜·莫雷斯们和黑格尔们等一干人众，因为这些人试图以男性为主导的家庭的名义，或以性和社会等级制度的"公共秩序"的名义，抑或以普遍主体"男性"的名义限制、约束并引导妇女的发展潜能。

　　这些女权主义挑战者们使用一系列富有创造力的论据，表达他们对妇女自由、平等和公正的看法：他们援引与奴隶制的类比，发展阐述性互补的论据，主张母职和妇女道德权威的重要性，以及妇女作为男性的文明教化者的独特角色。例如，1817 年，拿破仑战争结束后不久，英国诗人雪

莱就曾思考过这样的问题:"如果女人是奴隶,男人能自由吗?"①1830 年,
英裔爱尔兰人安娜·多亚尔·惠勒(Anna Doyle Wheeler)就争辩道:"当
我主张妇女权利时,我是基于一个最完美的信念,即我也是在为男人的事
业辩护,表明妇女对男人本身的幸福或痛苦拥有着强大的影响力。"②
1831 年在巴黎,普罗斯珀·昂方坦(Prosper Enfantin)向圣西门主义者宣
称,"男人和女人都是社会个体",并呼吁重建男人和女人之间的和谐,或
者如他所说的重建理性和感性之间的和谐。③居住在柏林的德国犹太作
家拉埃尔·瓦恩哈根(Rahel Varnhagen)在她逝世后出版的信件
(1834)中抱怨道:"男人和女人在欧洲是两个不同的民族",而神学家路德
维希·费尔巴哈(Ludwig Feuerbach)也赞同圣西门主义者的论点,坚持
认为"男女互为彼此的补充,他们结合起来首先呈现的是完美的人这一物
种"④。1847 年,在阿佛烈·丁尼生勋爵(Alfred Lord Tennyson)著名的
诗歌《公主》中,老国王和艾达公主之间的有力对话体现了不同的观点,老
国王重申了性别等级和男女两分领域的专制观点,而艾达公主则主张妇
女完全融入生活事务中:

---

① Percy Bysshe Shelley, *The Revolt of Islam*(1817), canto 2, verse 43.关于雪莱,参见
Barbara Charlesworth Gelpi, *Shelley's Goddess: Maternity, Language, Subjectivity* (New
York: Oxford University Press, 1992)。

② Anna Doyle Wheeler, "Rights of Women. A Lecture delivered by Mrs. Wheeler last
year, in a Chapel near Finsbury Square", *The British Co-Operator*, 1:1(April 1830), 13.感谢
George Offen 在伦敦找到了这份文本的副本。关于惠勒,参见 Margaret McFadden, "Anna
Doyle Wheeler(1785 - 1848): Philosopher, Socialist, Feminist", *Hypatia*, 4:1(Spring 1989),
91 - 101; Dolores Dooley, "Anna Doyle Wheeler(1785 - c.1850)", in *Women, Power and Con-
sciousness in 19th Century Ireland*, ed. Mary Cullen & Maria Luddy(Dublin: Attic, 1995),
pp. 19 - 53。

③ Prosper Enfantin, "Extrait de la parole du Père dans la réunion générale de la famille, le
19 Novembre 1831", *Oeuvres de Saint-Simon et d'Enfantin*, vol.47(Paris, 1878), as transl. KO in
WFF, vol.1, doc. 34.

④ *Rahel: Ein Buch des Andenkens für ihre Freunde*, ed. Karl Auguste Varnhagen von
Ense(Berlin: Duncker und Humblot, 1834), vol.1, p.312; as transl. Doris Starr Guilloton in
"Toward a New Freedom: Rahel Varnhagen and the German Women Writers before 1848", in
Woman as Mediatrix, ed. Avriel H. Goldberger(New York: Greenwood Press, 1987), p.136;
Ludwig Feuerbach, *The Essence of Christianity*(1841), transl. George Eliot(1854; New York:
Harper & Row, 1957), appendix 15.

老国王：

男人为种田，女人为炉灶：

男人为剑，女人为针：

男人用脑，女人用心：

男人负责指挥，女人负责服从；

其他都是混杂的。

艾达公主：

天下之大，不论何处，

都将由男女共同宰制，

无论是议会还是家庭，

或是混乱的世界贸易

以及生活中的大小事务部门，

科学研究和人类心灵的探索也将

由男女学者共同参与。将来必将涌现更多的

音乐家、画家、雕刻家、评论家。①

　　正如这些引文所示，"妇女问题"在有思想的欧洲人心中十分重要。19 世纪 30 年代初，即使是那些保守派（包括对欧洲公众舆论有着巨大影响力的人在内），例如年迈的法国天主教作家弗朗索瓦-勒内·德·夏多布里昂（François-René de Chateaubriand）也承认，为纠正针对妇女的不公正行为而提出的主张具有革命潜质。1834 年，他认为妇女解放是对革命后欧洲秩序的主要挑战之一。除了雇佣劳动和财富的再分配所带来的经济不公正，妇女问题是新社会出现的又一个关键问题，而这个新社会也不再是"围绕群体和由家庭"组织而成的社会。"（新社会）将会是什么样子？"他问道，"当它是由个人（构成的社会）的情况下，人们似乎在美国形

---

　　① Alfred, Lord Tennyson, *The Princess* (1847), Part V, lines 427 – 431 and Part II, lines 155 – 161. John Killham 在 *Tennyson and the Princess: Reflections of an Age* (London: Athlone Press, 1958)中所作的背景研究仍然非常有用。这首诗后来启发吉尔伯特和沙利文 (Gilbert & Sullivan)创作了音乐剧《艾达公主》。

成的方式中看到它形成的方式?"①

反革命背景下的女权主义特征

尽管不断有人反对,但解放妇女的事业在欧洲社会获得了力量,这项事业与解放其他处于从属地位群体的努力交织在一起。这些群体包括从殖民地的黑人奴隶,到类似"白人奴隶"的欧洲工人阶级,再到法国以外大多数国家中仍然受到制度性歧视的犹太人,以及好战的英国天主教徒和爱尔兰人。之后,俄罗斯和奥匈帝国部分地区的农奴也出现在被压迫者的队伍中。但在任何地方,妇女的事业都被认为不是少数人的事业,而是一半人口以上人类的事业。

在中欧和东欧国家,妇女解放的倡导者继续遇到激烈的抵抗,反对者会在他们进行解放的道路上设置新的政治障碍。在此,记忆发挥了重要作用。在拿破仑滑铁卢战役最终失败后,缔结了 1815 年和平协议的年长男性幸存者们仍然记得《人权宣言》的动荡后果,以及随之而来的令人不安的妇女权利要求;他们也仍然记得革命中妇女政治活动的非凡现象,并认为在1793 年恐怖时期对妇女的无情镇压是合理的。他们还注意到,法国革命政府试图通过将民事结婚和离婚制度化,将继承法对女儿和儿子的权利规定平等化,来结束对男性长子的偏袒,从而重建和改造作为世俗国家堡垒的家庭。他们也不能被动地忽视那些在激烈的爱情中探索自由界限的欧洲男性作家对制度化的婚姻和宗教结构提出的挑战。他们更清楚地记得那些以"自由"为名,而在随后发生的拿破仑式的征服战争和战场上惨重的男性生命损失。这些事件都动摇了欧洲大陆的政治和社会体系的根基。

1815 年结束战争的条约重建的欧洲和平是不稳定的。但是,欧洲大陆获胜的(普鲁士、沙俄和奥地利的)君主们并没有仅仅满足于和平条约。在奥地利总理克莱门斯·梅特涅的领导下,他们还发起了一场运动,以压

---

①　François-René, vicomte de Chateaubriand, "L'Avenir du monde", *Revue des Deux Mondes*, 15 April 1834, 236 - 237.夏多布里昂的这一观点可能受到了 1829 年至 1831 年间他年轻的情妇奥尔唐斯·阿拉尔(Hortense Allart)的深刻影响,后者随后发表了 *La Femme et la démocratie de notre temps*(Paris: Delaunay, 1836)。

制从法国传入中欧和东欧的革命能量和思想。这场反革命运动以
1820年的《卡尔斯巴德法令》(Carlsbad Decrees)为缩影,试图通过审查公
共言论(钳制新闻和政治会议)以及限制公共结社和个人自由来实施严格
控制。在1797年的沙俄,沙皇保罗一世已经改变了王位继承顺序,重新
建立了男性统治,以避免未来出现如他的母亲凯瑟琳二世一般的女沙
皇。在尼古拉一世和皇后亚历山德拉·费奥多萝芙娜(Aleksandra
Fedorovna)(原普鲁士的夏洛特公主)的领导下,沙俄皇后的角色被重新
塑造为强调生育、家务和美德的典范。[①]19世纪20年代的沙俄帝国政府
成为专制主义镇压的缩影,成为反对西方各种解放主义思想的堡垒。

即使在这种新的压迫环境下,19世纪20年代仍有可能讨论一些妇
女解放的概念,这可以从卡罗琳·皮希勒(Caroline Pichler)1843年在维
也纳再版的《我的写字台上散落的书页》(1823)[②]一书中关于女儿教育的
虚构书信往来中看出来。女权主义的倡议也从哲学家和诗人的零星努力
中摄取理论动力,设想个人作为独立的、自我决定的主体获得解放(不仅
是道德上的,而且是物质上的)。特别是在德国哲学家中,公共和私人的
古典概念被黑格尔重新激活,一种更抽象、更理想化的思维方式出现了,
有力地论证了个人的道德自我实现,超越了性别身份或性别"领域"的限
制。随着"自由"的超验主义哲学方法在欧洲思想界传播,并且被用于妇
女和男子的事业,这些不同的论证路线之间的紧张关系将开始为西欧国
家的女权主义论证提供肥沃的土壤。

然而,在这一时期,女权主义对抽象的个人主义的论证,不应该被过
分夸大。在1848年之前,大多数19世纪的欧洲女权主义思想家和他们
的反对者都可以被描述为关系型思想家和改革家(relational thinkers and
reformers)。这些女权主义思想家中的大多数人保留了对社会的整体看
法,并同意更保守的反对者的观点,即两性的社会政治关系是维系社会结

---

① 参见 Richard Wortman, "The Russian Empress as Mother", in *The Family in Imperial Russia*, ed. David L. Ransel(Urbana: University of Illinois Press, 1978), pp.60-74。

② Caroline Pichler, "Über weibliche Erziehung"(1823), in *Zerstreute Blätter aus meinem Schreibtische, neue Folge*(Vienna: A. Pichler's sel. Witwe, 1843). 委托 Barbara Hyams 从德语版翻译而来(基金资助)。

构的黏合剂;他们把女人和男人视为具体存在的个体,婚姻和性/性别角
色具有固有的政治性并且是社会凝聚力的关键,但他们确实想通过结束
妇女的从属地位,来改变家庭结构中的性别权力的不平衡。有一些人即
使呼吁自由和平等的原则,也仍谨慎地强调妇女作为**工具的**社会角色,并
坚持认为妇女的特殊天性是一种积极的社会力量。但是占主导地位的平
等概念仍然是道德的平等以及智力上的平等。

事实上,在这一时期,性别的互补性是女权主义观点的核心。大多数
女权主义者接受社会中某些类型的性别分工。她们反对的是将公共/私人
领域的性别划分为男性/女性(男女分属公共和私人领域是由亚里士多德、
卢梭、费希特和黑格尔等诸多政治理论家提出的);女权主义者认为这是不
恰当的,正如丁尼生在《公主》中所认为的,女人**作为女人**的影响力必须在整
个社会中体现出来,无论是在民事、民权、社会经济领域,还是在家庭领域。

这个时代的大多数大陆系女权主义者都承认两性之间生理差异的社
会重要性,并将阿德里安娜·里奇(Adrienne Rich)后来称为的"强制性
异性恋"视为理所当然的事情。事实上,一些(尽管不是全部)支持妇女解
放的政治进步人士也主张普及婚姻并结束娼妓业,尽管他们极力反对当
时宗教婚姻和民事婚姻形式中的支配与从属模式,因其体现出性别不平
衡的特征。通常被认为是无政府主义者的少数人提出了"自由恋爱",个
人以及配偶都要性解放,不受教会或国家监管的限制,也不涉及财产转
移。另一些人,特别是在英国,针对成年单身女性的法律和经济解放,寻
求具体的改革措施(法国通过革命已经建立了这一制度)。在法国,人们
特别强烈地要求民事离婚权,因为法国废除了18世纪90年代颁布的具
有创新性、革命性的离婚法。1837年,弗洛拉·特里斯坦发表了一篇抨击
法国婚姻法和禁止离婚所体现的"专制"和"奴役"的文章,呼吁建立一种"平
等的关系"①。

---

① Flora Tristan, *Pétition pour le rétablissement du divorce à Messieurs les députés, le 20
décembre 1837*(Paris: Impr. de Mme Huzzard, 1838); as transl. in *Early French Feminisms
1830 -1940: A Passion for Liberty*, ed. Felicia Gordon & Máire Cross(Cheltenham: Edward El-
gar, 1996), pp.44-46.关于特里斯坦的研究非常丰富。弗洛拉·特里斯坦的一些长篇著作,包
括《工人联盟》,现在已经有了英译本;亦参见文集 *Flora Tristan: Utopian Feminist*, transl. and
ed. Doris Beik & Paul Beik(Bloomington: Indiana University Press, 1993)。

这一时期的大多数女权主义者认为，母职是妇女的特定角色和责任，也是主张妇女跨越社会阶层和分工团结起来的共同战略基础。他们主张让女孩接受适当的教育，以履行这一重要的成人角色。正如英国教育家玛丽·莫里斯(Mary Maurice)所说的那样，"除非妇女本身受过良好的教育，否则无论她的地位如何，都无法真正履行她所承担的职责"[1]。的确，对很多人来说，母职不同于妻子职责(wifehood)，母性(不仅仅是身体上的，还有精神上和教育上的)也可作为妇女解放的工具予以重新想象；正如历史学家安娜·泰勒·艾伦(Ann Taylor Allen)所指出的，"精神上的母职"成为了促进妇女利益和展现她们在社会中地位的强大动力。德国女权主义者援引歌德的"永恒之女性"以反对将她们置于基座上，或像金丝雀一样将她们关在笼子里的做法。[2]这种母职的主张甚至可以提供一种手段，从而故意转移或淡化长期以来对女性性欲泛滥和无法控制的看法，尽管这些有关女性性欲的看法将继续困扰几代欧洲男性。

与无政府主义者相反，许多19世纪的欧洲女权主义者也坚持(远超我们今天所做的事情)家庭和国家之间的共生关系；事实上，在民族国家急剧发展的时代，他们乐观地希望以妇女解放的名义利用国家权力，并坚持认为妇女的权力和影响可以给国家带来好处。即使解放者设想对现有的异性关系、家庭和家族机构进行彻底重组，包括养育子女的做法、家务劳动和性别劳动分工，这种乐观主义仍然保持不变。而这种设想与19世纪初欧洲大部分君主制和军国主义国家统治者所偏爱的新父权制截然相反。

女权主义争论中的政治、文化和经济问题

然而，影响人们重申女权主义主张的重要因素，不仅仅来自政治的记忆与压制，以及母系国家建设(motherly state building)。欧洲女权主义

---

① Mary Maurice, *Mothers and Governesses*(1847)，引自 *WFF*, vol.1, doc.47, p.175.

② 参见 Ann Taylor Allen, "Spiritual Motherhood: German Feminists and the Kindergar-ten Movement, 1848-1911", *History of Education Quarterly*, 22:3(Fall 1982), 319-339。

的历史发展,伴随着读写教育和大众教育的出现,也与人们为建立纯粹世俗的国家机构而进行的斗争相伴生(在那些受到法国早期暴力和军事占领影响最直接的国家中,常常被定义为反对法国人的斗争)。在阐述女权主义的具体要求时,也是针对城市化、商业化以及日益工业化为特征的市场经济所带来的问题,因为这样的市场经济扩大了贫富之间的鸿沟,使富人比以前更富有,穷人也比以前更贫穷。女权主义词汇如自由、平等、姐妹情谊、解放、权利,是在欧洲启蒙运动和法国大革命期间发展起来的。这些词汇在 1830 年后将具有新的意义,特别是指涉革命后诞生的新的政治思想范畴和行为:"保守派""自由派""激进派"和"社会主义者"。像民主、个人主义和社会主义[最后这个术语是法国改革家皮埃尔·勒鲁(Pierre Leroux)在 19 世纪 30 年代创造的]这样的概念,在 19 世纪初的欧洲,即使仅用于男性,也要么被视为乌托邦式的理想,要么被当作可怕的幽灵。而当妇女被纳入其中时,一些人发现这些概念更具威胁性。

在波旁王朝复辟时期的法国,19 世纪 20 年代标志着停顿。在那些年里,代表妇女的杰出声音之一是阿贝·格雷瓜尔(Abbé Grégoire),这位法国教士在革命期间曾支持犹太人、奴隶和妇女的联合解放。1820 年,他新发表了《论基督教对妇女地位的影响》,在该论文中,他坚持认为基督教教义在提高妇女地位方面具有重要性,他还进一步将生活在基督教下妇女的命运与生活在"偶像崇拜、穆斯林和野蛮国家"中的妇女的命运进行了正面对比。①同年,贝里公爵(Duke de Berry)(王位继承人)被暗杀后,某位名为托马西的人(a certain Thomassy)认为,当前作为君主立宪制的法国应该恢复女性对王位的继承权。而鉴于法国几百年来排斥女性的传统,这一提议无疑引起了非常复杂的反应。②1830 年,新独立的比利时建立的君主立宪制采用了法国的传统,将女性排除在王

---

① Abbé Henri Grégoire, *De l'Influence du christianisme sur la condition des femmes* (1821).重印版:*Oeuvres de l'abbé Grégoire*, vol.13(Nendeln: Krauss-Thomson, 1977); quote, chap.1, p.5; transl. KO。

② Thomassy, *De la nécessité d'appeler au trône les filles de France* (Paris: A. Egron, 1820).被处决的路易十六国王的弟弟们重新建立了"合法的"波旁王朝;路易十六唯一幸存的一个女儿,仍然由她的叔叔们监护着。

位之外。

虽然对女性统治和女王地位的担忧甚至在英国也引起了强烈的反应,但英国在(反法同盟)战胜国中仍然是政治上最自由的国家。同样在1820年,乔治四世(George Ⅳ)努力通过议会法案和与他分居的配偶卡罗琳王后(Queen Caroline)离婚。这次离婚使卡罗琳王后获得了巨大的公众支持,她不仅是议会改革需要的象征,也是妇女冤屈的代言人。妇女通过公开支持卡罗琳王后来反对乔治四世。用托马斯·拉克尔(Thomas Laqueur)的话说,妇女"打击了性别不平等和双重标准的最核心之处"①。随后维多利亚女王(Queen Victoria 1837—1901)长期统治的象征意义,在围绕着卡罗琳王后展开的辩论中就明显地预示了。尽管事实证明维多利亚女王对妇女的政治解放不感兴趣,因为她与阿尔伯特亲王(prince consort,Albert)结婚后,仍然强调家庭和母职,但她也确实支持那些促进妇女教育的努力。然而,对一些人来说,她从1837年开始在王位上的存在,似乎证明了他们对妇女参与政治生活的要求是正确的。在西班牙,女性统治的问题是不同的。1833年,尽管年轻的西班牙波旁王朝公主伊莎贝拉二世(Isabelle Ⅱ)是公认的王位继承人,但是她的继承权却需要对抗她的叔叔唐·卡洛斯(Don Carlos),并通过她母亲[费迪南德七世(Ferdinand Ⅶ)的第四任妻子]的煞费心机的政治手段才能得到保证。

在英国,卡罗琳王后事件引起轩然大波之后,威廉·汤普森和安娜·多亚尔·惠勒发表了一篇重要的短论,其标题是《半数人类对另一半人类(男人)的上诉,控告他们自称可以占有女人,让她们成为政治上的奴隶,并进而成为民事上与家庭内的奴隶》。激进的新教派别成员,即英国国教异见者(Dissenters),(基督教)唯一神教派教徒(Unitarians)和贵格会信徒(Quakers),例如弗朗塞斯·赖特(Frances Wright)和伊丽莎·夏普莱斯·卡莱尔(Eliza Sharples Carlyle),以及纺织大王、社会改革家和工会

---

① 参见 Thomas W. Laqueur, "The Queen Caroline Affair: Politics as Art in the Reign of George IV", *Journal of Modern History*, 54:3(Sept. 1982), 417 - 466; Anna Clark, "Queen Caroline and the Sexual Politics of Popular Culture in London, 1820", *Representations*, no. 31(Summer 1990), 47 - 68。

组织者罗伯特・欧文(Robert Owen)的弟子们,开始在他们的演讲和出版物中讨论妇女问题。①

　　有产阶级单身妇女的政治权利问题很快浮出水面。1832 年 6 月议会通过了具有里程碑意义的《改革法案》(Reform Act),但是,涉及议会选举权的每个段落前都有前缀"每位成年且不存在任何法律上无行为能力的男性"②。这明确地排除了拥有财产的成年单身妇女和将财产"交给"丈夫的已婚妇女的政治权利。8 月,来自约克郡史丹摩的玛丽・史密斯(Mary Smith)向英国议会请愿,要求获得投票权,她辩称,既然她纳税并受法律约束,她就应该在制定法律时有发言权;她的请愿书由亨特先生(Mr. Hunt)提交,但在论及"陪审团中男性和女性成员须一起整夜隔离而多为不便"时,请愿很快被驳回。③

　　正如安娜・克拉克(Anna Clark)和其他人的著作所述,19 世纪40 年代,为争取更广泛的男性选举权而发起运动的宪章主义者们(Chartists),以及其他男性劳动者都不是特别支持妇女投票权。④事实上,尽管女权主义者不断推动,但他们变革法律或政治的要求在英国遇到了强烈的反对。1840 年在伦敦举行的世界反奴隶制大会上,美国妇女代表被排除在外,这成为当时欧洲女权主义者最著名的"意识提升"事件之一。这一事件必须在男性反对女性参与政治的背景下加以理解。在英国,即使卡罗琳・诺顿(Caroline Norton)凭借卓越的政治联结和个人努力来推动,19 世纪 50 年代之前,也仅有一项重要的法律改革——确立母亲对自

----

①　关于所有这些团体,参见 Barbara Taylor, *Eve and the New Jerusalem: Socialism and Feminism in the Nineteenth Century*(London: Virago, 1983)。关于汤普森和惠勒的著作,特别参见 Dolores Dooley, *Equality in Community: Sexual Equality in the Writings of William Thompson and Anna Doyle Wheeler*(Cork: Cork University Press, 1996)。

②　"An Act(2 William IV, c. 45) to Amend the Representation of the People in England and Wales, 7 June 1832", in *English Historical Documents*, ed. David C. Douglas, vol. 11, 1783‑1832, ed. A. Aspinall & E. Anthony Smith(Oxford: Oxford University Press, 1959), doc. 303, arts. 19 and 20.

③　玛丽・史密斯的请愿书在 1832 年 8 月 3 日的下议院会议上被提交并讨论,参见 *Hansard's Parliamentary Debates*, 3d ser., vol. 14(3 July‑16 Aug. 1832), p. 1086.

④　尤其参见 Anna Clark, *The Struggle for the Breeches: Gender and the Making of the British Working Class*(Berkeley & Los Angeles: University of California Press, 1995)。

己孩子的有限监护权——获得了实现。①

与此同时,以女性读者为对象的出版物激增,其中有时也存在有预谋的只面向女性的出版物,这些女性读者通常享有社会特权、受过教育并且有足够的闲暇时间进行阅读。这些出版物涵盖的领域包括关于家庭经济的短论、分析妇女生殖功能的医学专著,以及关于妇女适当教育的辩论。文学作品的体裁包括说教式小说、诗歌和戏剧,主题则支持从新传统主义到激进主义的各种妇女观。

也许历史上从未出现过如此多的针对妇女的出版物,其中许多是由妇女执笔,并为妇女而书。其中一些出版物促进了女性解放,但更多的出版物则似乎坚持认为,在以男性为首的家庭单元中,妇女和她们的孩子都必须处于从属地位。这些说教作品吹捧家务的好处,阐明男女分属不同领域是高瞻远瞩的视野,是未来文明的趋势。同时,教育家们仔细研究女孩和妇女应该读什么书——此时,他们的做法被视为理所当然。

早在19世纪30年代末,令人生畏的保守派人物莎拉·斯蒂克尼·埃利斯(Sarah Stickney Ellis)就已经开始撰写诸多关于英国的女儿、妻子和母亲的书籍,宣扬妇女应该自觉服从养家的男人的理论。她认为,"作为女性,首要的事情就是要同意自己比男人低下——精神力量比男人卑下,就像身体力量比男人弱小一样"②。与此同时,女作家们发表了令人信服的女权主义抗议,如玛丽昂·柯克兰·里德(Marion Kirkland Reid)的短论《为妇女请愿书》(1843),夏洛特·勃朗特的小说《简·爱》(1847)和《雪莉》(1849)都证明了其他妇女热切反对与埃利斯一样的女性所主张的反革命论点。

19世纪30年代和40年代的女权主义还强调了构成妇女从属地位的重要物质因素。首先是在英国,随后在法国、比利时、瑞士和德国的一

---

① 卡罗琳·诺顿在丈夫指控她通奸并带着他们的孩子离开时进行了反抗,她的努力改变了儿童监护权法律,见她的小册子 *The Separation of Mother and Child by the Law of "Custody of Infants", Considered* (London: Roake & Varty 1838), excerpted in *WFF*, vol.1, doc.41。

② Sarah Stickney Ellis, *The Daughters of England: Their Position in Society, Character and Responsibilities* (London: Fisher; New York: Appleton, 1842). 里德和勃朗特抗议的摘录可在 *WFF*, vol 1, docs. 44, 54, 68, 81, and 83 中查阅。

些州,妇女和儿童成为新的引人注目的工业劳动力大军,社会评论家(大多是中产阶级背景)对此表达了关切,同时他们也关注城市贫困人口数量增长的问题。所谓的妇女工作,其实获得的报酬特别低,工作条件也非常艰苦。比利时女权主义者、傅立叶的信徒佐伊·加蒂·德·加蒙德(Zoé Gatti de Gamond)在 1838 年写道:"妇女不幸的最直接原因是贫穷;要求她们获得自由首先意味着要求改革社会经济,以消除贫穷,同时使每个人都能接受教育,享有最低生活标准和工作权利。"①她认为,所有妇女的从属地位,归根结底是由于社会组织的缺陷导致的资源匮乏问题。如果不首先解决妇女的贫困问题,妇女的"权利"将是空洞的。

然而,开创先河的英国 1834 年《济贫法》(Poor Law)的主旨并不是要给妇女更多的报酬,而是要让男人去工作,以支持依赖他们的妻子和孩子。②随着人们对妇女参加工作的抵触情绪的增加,英国也成为世界上第一个限制妇女和儿童在采矿业有偿就业,并且就妇女和儿童在制造业的有偿就业进行监管的国家。③英国妇女通过创办专业学校,培养年轻的中产阶级妇女成为教师和家庭教师来挑战男性的统治,并取得了较大成功。这些职位被认为是母亲角色的延伸,因此对男性的职业利益威胁较小。④

法国社会评论家亚历克西·德·托克维尔(Alexis de Tocqueville)越过英国,将目光投向了美国,向他的同胞们推荐美国人对性别平等的理解,在他看来,每个性别都有自己独特的活动领域,且同时尊重另一个性别。

---

①　Zoé Gatti de Gamond, *Fourier et son système* (Paris: Capelle, 1841 - 1842); as transl. in Bonnie G. Smith, *Changing Lives* (Lexington: D. C. Heath, 1989), pp. 174 - 175. 加蒂·德·加蒙德的著作最初发表于 1838 年。

②　参见 Pat Thane, "Women and the Poor Law in Victorian and Edwardian England", *History Workshop*, no. 6 (Autumn 1978), 29 - 51。

③　参见 Angela V. John, *By the Sweat of Their Brow: Women Workers at Victorian Coal Mines* (London: Croom Helm, 1980); Sonya O. Rose, *Limited Livelihoods: Gender and Class in Nineteenth-Century England* (Berkeley & Los Angeles: University of California Press, 1992)。

④　关于英国女孩的学校教育和教师职业的发展,请参见 *Lessons for Life: The Schooling of Girls and Women, 1850 -1950*, ed. Felicity Hunt (Oxford: Basil Blackwell, 1987) 中的文章;以及 *The Private Schooling of Girls, Past and Present*, ed. Geoffrey Walford (London: Woburn Press, 1993)。

他热情洋溢地写道:"美国人把指导我们这个时代制造业的政治经济学这一伟大原则应用于两性之上,通过谨慎划分男性和女性的职责,使社会的伟大工作能够更好地进行。"①但是,这种男女两分领域的概念并不意味着妇女在"妇女领域"的工作会被赋予经济价值。相反,政治经济学家、雇主和劳工领袖们推进的发展更为阴险——提升男性有偿劳动,贬低女性无偿家务劳动的价值。法国女权主义者珍妮·德隆(Jeanne Deroin)非常清楚这一发展。她在叙述工人阶级家庭的妻子所从事的无数日常工作时,辛辣地向她的读者指出了性别差异:"人们在谈到她时会说,只有她丈夫在工作,而她什么都不做。她只有她的家庭和她的孩子需要照顾。"②"工作"和"生产力"这两个词越来越多地只意味着有偿劳动,而有偿劳动被赋予男性化的性别特征。因此,主张妇女有权工作,使其生产性劳动能够获得丰厚的报酬,并重新定义什么是"生产性的",这在女权主义议程中占据了突出的位置。

中产阶级和贵族妇女投身于慈善和公益事业——虽然没有报酬,但却备受重视和赞扬——有时似乎是强化了这样的观念,即妇女和赚钱(就像妇女和政治)可能是不相容的。③然而,这种慈善工作使她们很快就接触到了穷人的悲惨境遇——失业女工、未婚母亲、囚犯和娼妓。于是,这些背景截然不同的妇女之间的接触,不断提升了特权阶层对所有妇女的结构性从属和依赖地位的认识,并鼓励这些特权阶层努力改革这些维护不公正的法律、经济和政治结构。同时,这种接触也导致了对私人和国家干预的要求以及后来,特别是在新教社会中被称为"社会工作"的这一领

---

① Alexis de Tocqueville, *Democracy in America*, vol. 2(New York: Vintage, 1959), pp. 222 – 225.

② Jeanne Deroin, "Le Travail des femmes", *Almanach des Femmes*(1852); transl. in *Victorian Women: A Documentary Account of Women's Lives in Nineteenth-Century England, France, and the United States*, ed. Erna Olafson Hellerstein, Leslie Parker Hume, & Karen M. Offen, assoc. eds. Estelle B. Freedman, Barbara Charlesworth Gelpi, & Marilyn Yalom (Stanford: Stanford University Press, 1981[hereafter *VW*]), p. 305. 关于德隆,参见 Moses, *French Feminism*, 以及本书第 5 章注释中的其他参考文献 Michèle Riot-Sarcey, *La Démocratie à l'épreuve des femmes*(Paris: Albin Michel, 1994)是一本不可或缺的法文新书。

③ 对慈善事业的看法不尽相同:关于法国的问题,可以在 Evelyne Lejeune-Resnick, *Femmes et associations(1830 –1880)*(Paris: Publisud, 1991)中找到有益的讨论。

域中的专业培训和就业的开始。

欧洲大陆的乌托邦愿景

从 19 世纪 30 年代到 40 年代，在法国和其他大陆地区，新的、更强烈的妇女解放的世俗主张重新出现。特别是在 1830 年法国革命之后，妇女解放的利弊问题困扰着相当多的欧洲大小思想家，并再次在旧秩序的支持者中产生了相当大的焦虑。

在欧洲大陆，女权主义理论和行动再次在巴黎获得了最大的激励。在那里，经过一场相当短暂的革命，以路易-菲利普·德奥林斯(Louis-Philippe d'Orleans)为首的新君主立宪派取代了拥护君主制的波旁王朝，制定了权利宪章，建立了两院制议会，并短暂地恢复了新闻和结社自由。随着全国范围内建立小学的计划出台，关于妇女公民权的辩论爆发了。正如米谢勒·里奥-萨尔塞(Michèle Riot-Sarcey)所指出的那样，没有为女孩指定学校就意味着故意将妇女排除在公民舞台之外。①

在这种动荡的政治氛围中，社会评论家和文学浪漫主义者再次提出了关于妇女地位的问题，法国之外整个欧洲其他地区的知识界的男男女女参与了传播和讨论。其至英国女权主义者安娜·多亚尔·惠勒和约翰·斯图尔特·穆勒也在法国找到了灵感，向他们同时代的英国人介绍了傅立叶和圣西门主义者关于妇女问题的见解。②尽管有审查制度，这些思想还是从法国传播到了德意志各公国、斯堪的纳维亚半岛各国、意大利各州、各低地国家和俄国。欧洲女权主义者再次挑战男性在婚姻中对妇女的法律控制原则，并将此原则比作合法卖淫；他们重申了女性教育的要求(包括允许妇女学医)，改组家庭，保护妇女的行业不受男性侵扰，以及主张妇女通过有偿工作获得经济独立的权利。在巴黎，"珍妮-维克多

---

①　参见 Riot-Sarcey, *Démocratie à l'épreuve*, pp. 94 - 99。

②　关于法国的影响，特别参见 Iris Wessel Mueller, *John Stuart Mill and French Thought* (Urbana: University of Illinois Press, 1956)；以及 Patricia Thomson, *George Sand and the Victorians* (London: Macmillan, 1977)。在 19 世纪 30 年代初的一系列文章中，惠勒在《危机》杂志上向欧文派介绍了圣西门主义者的思想。

(Jeanne-Victoire)"认为,"直到现在,妇女还在被剥削和欺压……以公正之名,一半人类不得为另一半人类所奴役"。她呼吁所有妇女——从特权阶层到穷人——应该代表她们共同的利益,跨越阶级界限团结起来。克拉丽丝·维古勒(Clarisse Vigoureux)的思想则具有强烈的对抗性,认为世界事务的"管理无能"是"源于强势的性别区分"。在这种强有力的融合中,法国的欧仁妮·尼布瓦耶(Eugénie Niboyet)和弗洛拉·特里斯坦以及瑞典的卡尔·阿尔姆奎斯特(Carl Almqvist)等倡导者也强调了联合和合作。①

　　浪漫主义流派的法国小说家们,特别是乔治·桑,[其小说《安蒂亚娜》(1832)和《莱丽亚》(1836)引发争议却被广泛阅读]批评了妇女在婚姻中的法律状况和情感状况。在重新评估女作家乔治·桑、丹尼尔·斯特恩[Daniel Stern,玛丽-凯瑟琳-索菲·德·弗拉维尼(Marie-Catharin-Sophie de Flavigny),即达古儿伯爵夫人(Comtesse d'Agoult)的笔名]和奥尔唐斯·阿拉尔(Hortense Allart)的贡献时,历史学家惠特尼·瓦尔顿(Whitney Walton)有说服力地指出,她们对婚姻的女权主义批判、重新配置家庭事务以及重塑以女性为中心的家庭的构想,构成了另一种以女性为中心的社会政治理论。②桑的女性独立宣言使一些读者感到震惊和鼓舞。"我知道我是奴隶而你是主人",桑的《安蒂亚娜》一书中女主人公德尔马尔夫人宣称道:

　　　　这个国家的法律使你成为我的主人。你可以束缚我的身体,捆绑我的双手,管理我的行为。你有强者的权利,而且社会也肯定了你的权利:但你不能指挥我的意志,先生;只有上帝才能使意志屈服,征服意志。试着找到让你能够得逞的一条法律、一个地牢、一个折磨人

　　① "Jeanne Victoire", "Appel aux femmes", *La Femme libre*, no. 1 (1832), p. 1; as transl. in *WFF*, vol. 1, doc. 36, pp. 146-147; Clarisse Vigoreux, *Parole de Providence* (1834; repr. Seyssel: Champ Vallon, 1993), p. 94. 亦参见 Carl Jonas Love Almqvist, *Sara Videbeck*, transl. Adolph Burnett Benson (New York, 1919; orig. publ. as *Det Går An* [Stockholm, 1839]); Eugénie Niboyet, "Prospectus" for *Le Conseiller des femmes* (dated 1 Oct. 1833); Flora Tristan, *Union ouvrière* (Paris: Prévot, 1843)。

　　② 参见 Whitney Walton, "Sailing a Fragile Bark: Rewriting the Family and the Individual in Nineteenth-Century France", *Journal of Family History*, 22:2 (Apr. 1997), 150-175。

的工具！你还不如同时也试着去把握空气和抓住四周。①

即使是以虚构的形式,这也是令人振奋的事情!

　　这一时期女权主义的显著特点是女权主义在新领域的爆发,包括构想新的宗教或准宗教体系去展望如何筹划社会转变。例如,有人发现,19世纪30年代,在巴黎的圣西门主义者和傅立叶主义者中,英国的欧文派和不信奉英国国教的新教基督徒及异见派中都有强烈的女权主义冲动;同时在19世纪40年代,在德国天主教徒和法国基督教社会主义者中,以及在更高度世俗化的法国社会主义和共产主义团体中,如艾蒂安·卡贝的伊卡里安派(Etienne Cabet's Icarians)中,也有这种冲动。这些"乌托邦社会主义"团体,从它们对问题构想的长期影响,以及对后续解放方案的长期影响来看,举足轻重。②

　　圣西门主义者和傅立叶主义者再次提出了"自由恋爱"这一爆炸性主题,认为男女应该仅根据性或情感倾向结为夫妻,而不是屈服于基于阶级的家庭社会政治或经济需求的支配;其主张是基于夫妻而不是基于宗族。热衷倡导自由恋爱者坚持认为,这种做法将为更好的婚姻奠定基础,但他们的反对者则谴责这种做法,认为这意味着性乱交,且破坏以男性为首的家庭。

　　1831年,普罗斯珀·昂方坦呼吁妇女就其自身解放的条件发表意见,他是圣西门主义者(大多数受过良好教育)公认的领袖,也同时主张建

---

　　①　George Sand, *Indiana* (1832);摘自乔治·伯纳姆·艾夫斯(George Burnham Ives) 1900年的译本,in *WFF*, vol. 1, doc. 37; quote, p. 149。

　　②　参见 Barbara Taylor, *Eve and the New Jerusalem: Socialism and Feminism in the Nineteenth Century* (New York: Pantheon, 1983; rev. ed., Cambridge, Mass.: Harvard University Press, 1993); Moses, *French Feminism*; Sylvia Paletschek, *Frauen und Dissens: Frauen im Deutschkatholizismus und in den freien Gemeinden 1841 – 1852* (Göttingen: Vandenhoeck & Ruprecht, 1990);以及 Susan K. Grogan, *French Socialism and Sexual Difference: Women and the New Society, 1803 – 44* (London: Macmillan, 1992)。关于伊卡里安派(Icarians),参见 Diana M. Garno, "Gender Dilemmas: 'Equality' and 'Rights' for Icarian Women", *Utopian Studies*, 6:2(1995), 52 – 74. 亦参见 Diana M. Garno, *Citoyennes and Icaria* (Lanham, MD: University Press of America, 2005)以及 Naomi J. Andrews, *Socialism's Muse: Gender in the Intellectual Landscape of French Romantic Socialism* (Lanham, MD: Lexington Books, 2006)。

立新的宗教和社会秩序,这将颠覆天主教精神优于肉体的教义。他呼吁"重新安顿肉身"(rehabilitation of the flesh),这使许多成员,包括该教派的男性领导在内都感到羞耻,并导致政府以违反公共道德的罪名起诉他。在巴黎的一次高度公开的审判之后,"解放"一词便带有挑衅性,甚至难以消除危险色彩。

　　1832年,作为对昂方坦呼吁妇女发声的回应,一小群圣西门主义者妇女创办了一份妇女期刊,先后被称为《新妇女》《女传道协会》《妇女论坛报》和《自由女性》。这个团体的成员包括苏珊·瓦尔坎(Suzanne Voilquin)、德西蕾·韦雷(Désirée Veret)〔后来被称为德西蕾·盖伊(Désirée Gay)〕和珍妮·德隆(Jeanne Deroin),她们都是年轻的女工,在文章中都只用自己的名字来署名——"珍妮-维克多""珍妮-德西蕾(Jeanne-Désirée)"——而放弃了父权制的姓氏。她们淡化了昂方坦的自由恋爱学说(圣西门主义者曾因此被告上法庭),而是坚持优先实现经济独立,不依赖男人。即使她们特别主张妇女有工作的"权利"和自食其力的"权利",她们也仍(像18世纪的前辈一样)专注于捍卫如售卖丝带这样的传统妇女就业部门免受男性的侵吞。①

　　虽然圣西门主义者的妇女和男子在性解放问题上存在分歧,但他们都提出了激进的两性互补概念。两方都把配偶中的男人和女人视为社会个体,但圣西门主义者的妇女把母性视为女性团结的共同标准。妇女不仅仅是更大整体中的一部分,她们还以其母性而拥有独特的品质,这种品质在论辩妇女解放的重要性时起到很好的支持作用。这就是**母亲**(*LA MÈRE*),当她的椅子空着的时候,圣西门主义者在等待她的启示,而他们终将在1834年去东方寻找她。珍妮-德西蕾在早年的一期《女传道协会》中提出了如下的主张:"妇女的旗帜是普遍的,因为……她们不都是由同一个纽带——母性——联合起来的吗?"②苏珊·瓦尔坎支持这项动议,

---

　　① 参见 Moses, *French Feminism*, chap. 3。关于圣西门主义者(Saint-Simonians)妇女文本的英译本选集,以及解释性文章,可在 Claire Goldberg Moses & Leslie Wahl Rabine, *Feminism, Socialism, and French Romanticism* (Bloomington: Indiana University Press, 1993) 中查阅。

　　② "Jeanne-Désirée", "Amélioration du sort des femmes et du peuple par une nouvelle organisation du ménage", in *L'Apostolat des femmes*, no. 5(3 Oct. 1832), p. 38.

认为:"女人,依靠你的母亲头衔,从男人那里夺回你的平等……母职是我们最美丽的品质……它是由女人完全实现的。"①某位 E.A.C.夫人(Madame E.A.C.)甚至在 1834 年断言,孩子应该只跟母亲姓,母亲应该得到国家的财政支持。②这种一心一意地将母职(在妻子身份的依赖性之外)作为妇女差异的核心特征,将妇女独特的生育能力与坚持她们作为母亲-教育者的重要作用结合起来,是 19 世纪 30 年代法国女权主义思想中最激进和大胆的特征之一。

强调母职和母亲-教育者的社会政治重要性的,绝不仅限于这些乌托邦式的女权主义者。事实上,许多妇女认为这个新角色很有吸引力,法国女教育家已经证明她们在阐述这一思想方面具有特别的影响力。在19 世纪 20 年代,玛丽安-珍妮·德·坎潘是拿破仑建立的精英女子学校的负责人,她发表了诸多重要文稿之后,法国和瑞士的三位杰出的新教女作家即德·雷米萨伯爵夫人(the comtesse de Rémusat)、波利娜·莫兰(Pauline Meulan)(后来的基佐夫人)和阿尔贝蒂娜·内克尔·德·索叙尔(Albertine Necker de Saussure)(德·斯塔尔夫人的表妹)为改善妇女的教育提出了强有力的主张,她们都坚持认为妇女作为母亲-教育者的显而易见的家庭角色,具有公民性和社会重要性。③男性倡导者们为支持教育这一主张提出了更进一步的要求,如路易·艾梅-马丁(Louis Aimé-Martin)的短论《母亲的教育;或者,妇女创造的人类文明》(1834)颇有影响力,该书的英译本和法文版本广泛流传,同时也被英国作家们以女性的口吻予以重构,例如萨拉·刘易斯(Sarah Lewis)的短论《妇女的使命》

---

① Suzanne Voilquin, "Preface" to Claire Démar's *Ma Loi d'avenir* (1834); as repr. in Claire Démar, *L'Affranchissement des femmes*(Paris: Payot, 1976), p.164.事实上,Démar 对圣西门式的母性强调不以为然,她主张激进的自由主义/个人主义女权主义路线,参见 Eleni Varikas, "'A Supremely Rebellious Word': Claire Démar, a Saint-Simonian Heretic", in *Die Marseillaise der Weiber*, ed. Inge Stephan & Sigrid Weigel (Hamburg: Argument-Verlag, 1989), pp.89 – 103。

② Madame E.A.C. *La Femme est la famille*(Paris: chez Gautier, 1834), pp.8 - 9.

③ 参见 Margaret H. Darrow, "French Noblewomen and the New Domesticity, 1750 - 1850", *Feminist Studies*, 5:1(Spring 1979), 41 - 65; Barbara Corrado Pope, "Revolution and Retreat: Upper-Class French Women after 1789", in *Women, War, and Revolution*, ed. Carol R. Berkin and Clara M. Lovett(New York: Holmes & Meier, 1980), pp.215 - 236。

(1839)就是其中的代表。[1]

即使是比较传统的母亲-教育者的思想表达,也具有战略上的重要性和吸引力。对于尚未能参与正式政治生活的妇女而言,这种母亲-教育者的思想为她们提供了公民或政治的角色,这一角色超越了纯粹的家庭("私人"/"家庭")责任。对于中产阶级和中下层的城市妇女来说,新的母亲-教育者模式为她们作为文明代言人的重要性提供了理由,而作为文明代言人可以抵消许多其他重要但不那么鼓舞人心的家务劳动的贬值。同时它还提供了一个战略工具,要求为她们提供正式的教育机会和针对她们性别的特殊机构,特别是获得教师培训。有了这个工具,她们最终能够向国家提出持久的要求,不仅是为了获得充分的教育,而且符合 E. A. C.夫人提出的路线。

在德国城市,幼儿园运动为女权主义活动提供了一个重要的论坛,以促进母亲-教育者的角色作用,正如历史学家安娜·泰勒·艾伦(Ann Taylor Allen)的著作所证明的那般。[2]在各种民族主义运动中,无论是波兰、意大利、乌克兰,还是后来的芬兰,女作家们都会基于女性作为母亲对国家的社会政治效用,而反复提出对妇女完整公民权的要求。母亲-教育者主张保持民族语言的活力的重要性,或者在面对主流政治制度压制民族语言所带来的压力时,助其恢复活力的重要性。然而,在这样的背景下,这一角色到头来也可能起到反女权主义的作用。在 19 世纪早期的波兰民族主义者中,作家克列缅蒂娜·坦斯卡·霍夫曼诺娃(Klementyna Tanska Hoffmanova)敦促母亲们教她们的孩子学习波兰语(而不是法语),她还广泛发表关于波兰妇女的角色和职责的文章:

> 年轻时我看到,因我们迷恋一切法国事物而造成对民族意识的伤害。但我拥有世界上最真实、最好的母亲,在年轻时我发现,如果

---

[1]　参见 Elizabeth Helsinger, "Sarah Lewis and 'Woman's Mission'", in *The Woman Question: Society and Literature in Britain and America, 1837 - 1883*, ed. Elizabeth K. Helsinger, Robin Lauterback Sheets, and William Veeder(Chicago: University of Chicago Press, 1983), vol 1, *Defining Voices*, pp. 3 - 20。

[2]　参见 Ann Taylor Allen, *Feminism and Motherhood in Germany, 1800 - 1914*(New Brunswick: Rutgers University Press, 1991)。

一个女人坚持走她真正的命运之路，她的天职就是美好的。因此，自接触文学后，我所有的努力都是为了为波兰儿童提供尽可能多的波兰语书籍。这样做的目的是让他们熟悉波兰的一切，并向成长中的女孩灌输这样的意识：虽然上帝将她们创造为女性，但她们仍然可以成为有用的人。我在这方面的观点与任何主张解放的观点相去甚远，我完全反对解放。据我所知，除了基督的哲学之外，不需要任何其他的妇女哲学，也不需要任何其他的位置，只需要上帝在创造的第一天就决定的位置：成为男人的助手。①

这种对妇女作为母亲的重要性的强调，即使在新传统、民族主义的背景下也具有重要的改革意义。在汉堡的德国犹太人改革之初，就可以看到为重新确定两性关系所做的谨慎努力。妇女在保护和传播犹太文化方面的中心作用被广泛认可，但她们被排除在正式的宗教教育和教会管理之外，这是根深蒂固的习俗。由于亚伯拉罕·盖格（Abraham Geiger）等犹太教教士们（拉比）的努力，这一切都将发生改变。亚伯拉罕·盖格在1837年认为：

从现在起，除非是源于支配两性的自然法则，否则男女的职责不应有任何区别。不要假定妇女在精神上是弱势的，仿佛她不能掌握宗教中的深奥事物；无论是从内容还是从形式上，不存在在妇女面前关闭圣殿大门的公共服务制度；不存在以婚姻服务的形式贬低妇女，不使用可能破坏妇女幸福的枷锁。如此，犹太女孩和妇女就会意识到我们信仰的重要性，逐渐热切地依附于它，我们的整个宗教生活也将从女性内心被赋予信仰的有益影响中获益。②

---

① 参见 Bogna Lorence-Kot, "Klementyna Tanska Hoffmanowa, Cultural Nationalism and a New Formula for Polish Womanhood", *History of European Ideas*, 8, no. 4 - 5 (1987), 435 - 50; quote, p.445。

② Rabbi Abraham Geiger, "Die Stellung des weiblichen Geschlechtes im Judenthume unserer Zeit", *Wissenschaftliche Zeitschrift für jüdische Theologie* (1837), as transl. in W. Gunther Plaut, *The Rise of Reform Judaism: A Sourcebook of Its European Origins* (New York: World Union for Progressive Judaism, 1969), p.253.

无论是在世俗理性主义者和文化民族主义者中,还是在包括诸如独立德国天主教徒在内的宗教启示团体中较为进步的派别中,这种关于女性文化影响和妇女文明使命的重要性的主张都赋予了女性身份(womanhood)以尊严。我们自己的当代批判视角(伴随着对妇女因"差异"而"低人一等"并非毫无道理这一想法的担忧)长期以来蒙蔽了学者们的双眼,让他们忽略了19世纪所强调的"差异中的平等"的性别互补性所具有的更广泛的历史意义。事实上,作为性别差异的主要表现形式,对母职的文化意义的赞美一直是21世纪女权主义重新配置"女性身份"和"女性气质"的核心。

将上述这些构想与法国男性思想家,如奥古斯特·孔德和儒勒·米什莱提出的更为著名的倡议区分开来是同等重要的事情。他们创造了以妇女为中心的世俗宗教,这种世俗宗教将妇女置于受人尊敬的地位之上且禁止她们降尊。例如,在19世纪40年代,哲学家-社会学家(和圣西门主义的叛徒)孔德重构了他早期的"积极哲学",在其中他援引了新的科学发现来反对两性平等,将"妇女"重新定位为他提出的新的"人性宗教"的核心宗旨,并将政治置于"道德"之下。此外,他称"男人应该供养女人"的原则是"人类的自然法则"[1]。这是完全不同类型的论证。尽管孔德的构想同样赋予了妇女某种尊严,看似将妇女奉为男人的缪斯,但事实上,这只是将妇女定位为男人的附属品的另一种构想。

扩大妇女的"领域":世俗雄心复现的问题

乔治·桑在她的《致玛西的信》(1837)中写道,"平等不是相似性。平等的价值并非意味着每个人均适合做同样的任务"[2]。论证妇女作为母

---

[1] 参见 Auguste Comte's *Cours de philosophie positive* (1839) 和 *Système de politique positive* (1848), repr. in *WFF*, vol.1, docs.62-63 的摘录。关于对孔德(Comte)后来论点的更有力的解释,参见 Mary Pickering, "Angels and Demons in the Moral Vision of Auguste Comte", *Journal of Women's History*, 8:2(Summer 1996), 10-40。

[2] *Lettres à Marcie*(1837), repr. in George Sand, *Les Sept Cordes de la lyre-Lettres à Marcie-Carl, etc.*, new ed.(Paris: Michel Lévy frères, 1869; lst ed., 1843), pp.228-229.参见 Naomi S. Schor, "Feminism and George Sand: Lettres à Marcie", in *Feminists Theorize the Political*, ed. Judith Butler & Joan W. Scott(London: Routledge, 1993), pp.41-53。

亲-教育者的社会政治重要性,就是为独特的公共角色进行功利主义的辩护,但同时也为两性的道德和智力平等发表了有力的声明——这种平等是建立在性别差异和互补性的基础之上的。与此同时,一个不同的论证趋势正在出现。1846 年,印刷工人活动家皮埃尔-约瑟夫·蒲鲁东(Pierre-Joseph Proudhon)告诫说,妇女只能选择成为妓女或家庭主妇,对此,欧洲的一些女权主义者,就像丁尼生笔下的艾达公主一样声称,妇女进入社会生活的各个方面是她们的天赋权利。①

公民母职和道德的平等实际上是要求妇女放弃某种程度的世俗雄心。这对这一时期的一些女权主义者来说是无法接受的。1837 年初,玛丽-马德莱娜·普特雷特·德·毛尚帕斯(Marie-Madeleine Poutret de Mauchamps)与她的丈夫弗雷德里克·赫比诺·德·毛尚帕斯(Frédéric Herbinot de Mauchamps)共同编辑了巴黎的《妇女公报》,发表了一份长达 5 页的致法兰西学院(Institute de France)的请愿书。该请愿书请求允许妇女进入学院下设的所有五个学术院,并请求给予她们竞争所有大奖的资格,包括绘画、雕塑、雕刻、建筑和音乐创作。第二年,她又向国王和众议院成员发出请愿书。在这份请愿书中,她请求允许妇女参加所有的公共课程,并在考试之后,接受她们成为医学、法律、文学和科学的博士。普特雷特·德·毛尚帕斯声称,如果妇女为支持这种教育而纳税,她们就应该像男人一样享受其好处。她补充认为,"如果出于自私的原因,你们将这些专业仅保留给男人,那么妇女就会认识到(1830 年的)宪章(The Charter)是谎言。就像你们在 1830 年所做的那样,她们应该尽一切努力来改变一部宪法,一部把她们完全排除在自由和学术职业之外,剥夺她们所有应得的有价值和有用的指导,并阻止她们了解自己国家法律的宪法。"②

女权主义者再一次提出了挑战。他们宣称,妇女有机会获得知识是一个政治问题,包括获得文化出版的机会,有机会接触艺术和专业,以及

---

①　关于蒲鲁东的反女权主义,参见 Pierre-Joseph Proudhon, *Système des contradictions économiques, ou Philosophie de la misère*(1846), in *Oeuvres complètes de P.-J. Proudhon*, new ed., ed. C. Bouglé & H. Moysset, vol. 2(Paris: M. Rivière, 1923);节选译自 *WFF*, vol. 1, doc. 52。

②　*La Gazette des Femmes; Journal des droits politiques et civils des françaises*, 1 Jan. 1837 and 1 Jan. 1838; quote, issue of 1 Jan. 1838, 4.

有机会在公共场合发表意见并出现在公共领域。在这里,女权主义者对妇女只能作为男性天才的缪斯的主张提出异议。著名的巴黎女作家丹尼尔·斯特恩(Daniel Stern)就问道:"为什么我们这个时代的男人,如此害怕女哲学家,却又如此愿意容忍女人卖弄风情?"[1]

在整个19世纪初的西欧,尽管许多教育仍然是私下里或在家里以非正式的方式进行,但女孩的正规教育机会正在急剧增加。然而,妇女的学习——除了基础知识之外——仍然被认为是不合适的。以自己的名字发表作品会被指责为"公开展示",因此许多女作家以男性的笔名掩饰其身份,甚至在英国和法国也是如此。自卢梭以来,妇女吸引人们注意她们的博学或观点的行为被打上了庸俗、应受谴责甚至淫乱的烙印。事实上,有学问的妇女——即使是那些用文字矫揉造作地表达自我的妇女——在革命后似乎比革命前更受怀疑;虽然意大利的各学院(Italian academies)仍然偶尔会选拔一些杰出的女文学家,例如索菲·盖伊(Sophie Gay)或德尔芬·盖伊·德·吉拉丁(Delphine Gay de Girardin),但在意大利的大学再也找不到像劳拉·巴斯那样任教的妇女了。虽然有天赋的女数学家索菲·杰曼(Sophie Germain)最终被允许参加某些男性的科学聚会,但在19世纪20年代的巴黎,她一直保持着低调的公众形象。乔治·桑就直接谈及该问题:"妇女接受的教育很糟糕;这是男人对她们犯下的最大罪行。"但也许是仍满怀希望,她补充道,"阻碍妇女从事严肃的与脑力相关职业的偏见是近来才发生的"[2]。

甚至保守派也鼓励妇女成为公民的母亲、帮手,并通过安静的方式在社会中发挥她们深远的影响。但是,妇女如何依靠自身的力量实现呢?她们能被誉为天才吗?还是像许多男人所宣称的那样,天赋完全是一种男性的属性?她们可以——或者她们应该——引人注目地参与到脑力劳动中去吗?到了19世纪30年代,法国新一代的女学者和女作家正以越来越快的速度"走向公众",她们以已离世但可敬的德·斯塔尔夫人为榜样,以乔治·桑为旗手。事实上,尽管使用的是假名,但桑的榜样和影响

---

[1]　Daniel Stern, "Esquisses morales: Pensées sur les femmes", *La Revue indépendante* (25 Sept./10 Oct. 1847), 193.

[2]　Sand, *Lettres à Marcie*, pp.230-231.

远远超出了法国的边界,启发和鼓励了整个欧洲的女作家。①其他女性知识分子,从弗洛拉·特里斯坦到伊丽莎白·盖斯凯尔和贝蒂娜·布伦塔诺·冯·阿尔尼姆(Bettina Brentano von Arnim),都将社会批评与小说结合起来,表达她们的观点,即必须在专业和个人方面拓展妇女的视野。19世纪40年代的巴黎甚至出现了提名女作家进入法兰西学院的讨论。但正如德尔芬·盖伊·德·吉拉丁[在她丈夫的报纸《新闻报》上以"劳奈子爵"(Vicomte de Launay)的笔名发表]具有讽刺意味地注意到的那样,辩论陷入了完整的闭环:"为什么(妇女)要在一个她们不能拥有王位的国家拥有(学院的)一席教职之地? 当你拒绝了她们的权杖时,你为什么还要给她们一支笔? 为什么当她们因出生而一无所有时,却要因天赋而有所作为? 当她们被剥夺了一切权利时,为什么还要承认她们的特权?"②

私下里追求知识或艺术是一回事。反对者指责说,当女人要求公开发表意见,或表示她的博学,她实际上失去了其自身的性别特征。朱尔·雅南将"才女"冷嘲热讽为"女文学家",1842年乔治·桑身着男装的讽刺漫画中附上的诗句清楚地表明,人们对妇女想要写作和出版、学习和发表意见的要求持消极甚至敌对的态度:

> 如果这幅乔治·桑的画像
> 让人感到有点疑惑,
> 那是因为天才是抽象的,
> 而且人们知道天才没有性别之分。③

---

① 桑的影响力远至俄国,这一点在 Martin Malia, *Alexander Herzen and the Birth of Russian Socialism 1812 - 1855*(Cambridge, Mass.: Harvard University Press, 1961)第11章中有所记载。亦参见 Thomson, *George Sand and the Victorians*。关于她在英格兰的影响,参见 Penny Brown, "The Reception of George Sand in Spain", *Comparative Literature Studies*, 25: 3(1988), 203 - 244。新的传记是 *George Sand*, by Martine Reid(Paris: Gallimard, 2013)。

② Delphine Gay, *Lettres parisiennes*, vol.3(Paris: M. Lévy, 1857), letter of 23 March 1844, p.303; transl. KO.

③ Jules Janin, "Le Bas-bleu", in *Les Français peints par eux-mêmes*(Paris: L. Curmer, 1842), pp.201 - 231; quote, p.202.这里引用的诗句是来自 Alcide Lorenz, *Miroir drolatique*(1842)漫画的标题,该漫画转载并翻译于 Janis Bergman-Carton, *The Woman of Ideas in French Art, 1830 - 1848*(New Haven: Yale University Press, 1995), pl. 19, p.48。

克里斯蒂娜·普朗泰(Christine Planté)记录了法国七月王朝时期，男性文学评论家对"女作家"采取敌对行动的范围和程度，而詹妮丝·伯格曼-卡顿(Janis Bergman-Carton)则证明了那些年的漫画和绘画对"有思想女性"的严厉批评。[①]在这场高度公开的对抗中，令人震惊的恐吓策略也延伸至法国之外。1841年，一位匿名的英国评论家对当时出版的一本由安娜·佩波利(Anna Pepoli)为意大利母亲-教育者写的建议书进行评论，他认为："反对女性作家的最不可逾越的障碍在于根深蒂固的反感，或者，如果我们必须这样说的话，就是该国人民的偏见，即反对任何女性试图吸引众人目光或吸引宫廷恶名的举动……在意大利，女作家被视为一种道德上的雌雄同体。"[②]这篇评论的语气表明，评论者隐约希望将这种立场推荐给其英国同胞。事实上，正如戴尔德·戴维(Deirdre David)所指出的，在维多利亚时代的英国，女作家的道路同样满布地雷。[③]安娜·佩波利为意大利母亲们写的相当保守的建议书被教皇政府列入禁书目录，并不得不在瑞士出版。

根据苏珊·柯克帕特里克(Susan Kirkpatrick)对19世纪40年代女作家的研究，女作家在西班牙甚至比在法国、英国或意大利更不受欢迎。在西班牙，开创西班牙浪漫主义的男人们——即文学前卫派——似乎执着地专注于将女性视为家庭天使，即"家中的天使"(el angel del hogar)。西班牙的女作家们，也许不如法国的姐妹们那般勇敢，但她们觉得有必要采用高度隐晦的自我表现形式，以证明她们进入出版界的合理性。[④]在这种情况下，女权主义的主张就很难得到阐述。

---

① 参见 Christine Planté, *La Petite Soeur de Balzac*(Paris: Seuil, 1989); Bergman-Carton, *Woman of Ideas*, esp. pp. 216 – 218。

② 佚名对安娜·佩波利［桑皮耶里侯爵(marquis de Sampieri)的遗孀］所著 *La Donna saggia ed amabile* 的评论(1838)，载 *Foreign Quarterly Review*, 27:55(Oct. 1841), 94。

③ 参见 Deirdre David, *Intellectual Women and Victorian Patriarchy*(Basingstoke: Macmillan, 1987)。

④ 参见 Susan Kirkpatrick, *Las Romanticas: Women Writers and Subjectivity in Spain 1835 – 1850*(Berkeley & Los Angeles: University of California Press, 1989)。关于1848年以前德国各州女作家更为严峻的处境，参见 *Out of Line/Ausgefallen: The Paradox of Marginality in the Writings of Nineteenth-Century German Women*, ed. Ruth-Ellen Boetcher Joeres & Marianne Burkhard. *Amsterdamer Beiträge zur neueren Germanistik*, vol. 28(Amsterdam: Rodopi, 1989)中的文章。

　　但在西班牙、意大利和其他地方,只要法语、英语和德语的出版物可以流通,读者就能了解到妇女志向和抱负的范围和程度。男性特权已被反复要求予以解释说明。男性特权的捍卫者们则到处报复,试图通过将女权主义的主张,及女权主义的创立者们定义为不像女人而使她们丧失信誉。因此,一个人要想成为一名女权主义者,就必须异常勇敢。

　　早在1848年革命之前,尽管欧洲大多数国家充斥着敌对的政治气氛,诸多妇女群体及一些同情妇女解放的男性仍雄辩地重述着结束妇女屈从地位的要求。他们再次重申了18世纪启蒙运动期间涌现的主张,并在该世纪剩余的时间里详尽阐述了表现妇女解放运动特征的各种批判。他们提出了妇女与男性平等的新社会的愿景。他们批判男性建立的婚姻制度,谴责妇女因作为妻子而在法律、经济和性方面产生的依赖性,并呼吁通过离婚以结束不良婚姻。他们抨击男性对妇女身份的定义,并提出自己的定义,通过坚持妇女作为母亲-教育者、医生、道德工作者、思想家和实干家、艺术家和作家、选民的潜在重要性,以及通过不断强调妇女对社会各方面的潜在贡献的独特性,从而修复妇女身份的观念。他们质疑男性对经济生活的定义,主张妇女享有经济独立的权利,应改造新出现的家庭之外的就业领域,使妇女——特别是在生育方面——不会处于不利地位。他们反对以牺牲贫困妇女的利益为代价,来维护拥有特权妇女的"美德"的性别双重标准,最后,他们批评男性对政治生活的控制,并明确地基于妇女与男性的差异,以及妇女可对公共利益做出的潜在贡献主张妇女的政治代表权。到1848年,对欧洲社会进行彻底的女权主义批判的基础已清晰明了,但酝酿一场有组织的妇女解放政治运动尚待时日。

第五章 "妇女问题"的诞生
（1848—1870）

1848 年父权政治秩序的外壳发生了动摇和颤抖，即所谓人民的春天的到来。从路易-菲利普（Louis-Philippe）在巴黎逊位开始，柏林、维也纳和法兰克福、美因茨、迈森、米兰、摩德纳、巴塞罗那、科隆、布拉格、威尼斯和斯德哥尔摩都爆发了抗议和骚乱。曾经红极一时的奥地利首相克莱门斯·梅特涅逃离维也纳，曾经令人生畏的针对言论自由、新闻自由和结社自由的欧洲控制体系也消失了——尽管只是暂时的。"民主"正在进行中——但它会包括妇女吗？

其中一些城市，透过男性要求代议制政府、新闻和结社自由所开辟的裂缝，女权主义活动也不断涌现出来。妇女们再次要求获得她们的那份自由，她们创办了报纸，成立了自己的协会，以要求获得权利以及承认她们作为"人民"这一整体的成员的责任。一些妇女要求法律上的投票权，要求包括离婚权利在内的婚姻自由。她们还呼吁采取教育和经济解决方案来解决妇女日益增长的贫困问题。一些妇女在革命的街垒上与男性并肩作战；少数妇女甚至穿上了男装，以对抗既定秩序。在巴黎，一群妇女以意大利南部的著名火山为名，自称为"维苏威人"，她们组织起来，穿上革命者的灯笼裤服装，佩戴三色腰带，在街上游行，这激发了人们对新秩序的热情。她们的"政治章程"要求男人分担家务，并要求民事离婚。①她们和萨克森州的活动家罗伯特·布鲁姆（Robert Blum）、路易丝·奥托

---

① 参见小册子 *Les Vésuviennes ou la Constitution politique des femmes, par une société des françaises*（Paris: Imprimerie d'Edouard Bautruche, 1848），Bibliothèque Nationale Lb[53]. 1298。这份出版物列出了一份妇女权利和义务的清单。关于这个群体，以及她们如何被代表，参见 Laura S. Struminger, "The Vésuviennes: Images of Women Warriors in 1848", *History of European Ideas*, 8, no. 4-5(1987), 451-488。

(Louise Otto)一样,明确认为"妇女参与国家事务不仅是权利,而且是义务"①。

1848年革命的女权主义者名单越来越长。在德语区,萨克森州的路易丝·奥托、科隆的玛蒂尔达·弗朗兹卡·安妮克(Matilda Franziska Anneke)、美因茨的卡汀卡·济慈-哈伦(Kathinka Zitz-Halein)和维也纳的卡罗利妮·佩林(Karoline Perin),她们的名字已经加入了巴黎的知名活动家名单,还有珍妮·德隆(Jeanne Deroin)、欧仁妮·尼布瓦耶(Eugenie Niboyet)、德西蕾·盖伊(Désirée Gay)和热尼·普安萨尔·德埃里古(Jenny P. d'Héricourt)。大多数关于1848年革命的历史叙述很少提及这些妇女及其同侪的非同寻常的政治活动;也许对于那些专注于以男性为中心的政治议程的历史学家来说,这太具破坏性了。即使在欧洲女权主义的新兴史学中,这段时期及其反革命的余波——从1848年广泛的革命延伸到19世纪60年代中期有组织的妇女运动的真正诞生——仍然没有得到完整的理解。在欧洲大陆,法兰西第二共和国(1848—1851年)的女权活动到目前为止已经有了充分的记录。②女权主义历史学家坚持认为,在共和国新政府于3月初宣布"普选"和废除奴隶制之后,妇女对政治权利的要求具有重要意义(这两项发展都是在英国早期结束奴隶制和部分扩大全体男性议会选举权的运动基础上进行的)。但是,历史学家只是在最近才对莱茵河以东的发展有所了解。③

---

① 路易丝·奥托在1843年11月肯定了妇女参与国家事务的权利和义务,这是对罗伯特·布鲁姆在他的 Sächsische Vaterlandsblätter(1843年8月22日)中的最初提议的回应。奥托答复的情况在 Bonnie S. Anderson, Joyous Greetings! The First International Women's Movement(New York: Oxford University Press, 2000)中进行了讨论。

② 关于1848年法国的女权主义,参见 Claire Goldberg Moses, French Feminism in the Nineteenth Century(Albany: SUNY Press, 1984), chap. 6; S. Joan Moon, "Woman as Agent of Social Change: Woman's Rights During the Second French Republic", in Views of Women's Lives in Western Tradition, ed. Frances Richardson Keller(Lewiston: Edwin Mellen Press, 1990), pp. 323 - 359;以及 Michèle Riot-Sarcey, La Démocratie à l'épreuve des femmes(Paris: Albin Michel, 1994), pp. 183 - 261。Joan Wallach Scott 在她的 Only Paradoxes to Offer: French Feminists and the Rights of Man (Cambridge, Mass.: Harvard University Press, 1996)一书中的"The Duties of the Citizen: Jeanne Deroin in the Revolution of 1848"篇章里(pp.57 - 89)探讨了矛盾和冲突。

③ 关于德语区妇女运动的学术研究常常在更广泛的妇女公民运动的背景下进行(转下页)

似乎很清楚的是,到 1850 年,反革命势力在大多数社会中残酷地压制了女权行动。但在 19 世纪 50 年代末和 60 年代初,随着越来越多善于表达的妇女和男性就"妇女问题"(法语为 question des femmes;德语为 Fruenfrage;俄语为 zhenskii vopros;以及瑞典语为 kvinnofrågan)在新的印刷物中发表意见,这些问题又相对迅速地出现了。他们在小说、诗歌、散文以及期刊和日报上的文章中论证了自己的观点。这些努力可能还不足以称为有组织的"运动",但它们发生的频率和广泛的地理分布表明,行动的冲动将越来越难以遏制,更不用说根除了。

19 世纪 60 年代,父权制地壳的裂缝扩大,女权主义者抗议妇女从属地位的熔岩开始了更加持续的流动。随着欧洲女权主义者从平等的个人人权(通常与基于性别的义务相联系)的角度重新表述妇女权利,新的组织和改革举措遍地开花。女权主义者们继续将妇女解放与结束美国黑人奴隶制,及结束俄罗斯帝国农奴制的运动进行类比,同时设法解决工人和城市穷人的问题——其中城市穷人问题涉及极高比例的女性。也许长远来说最重要的是妇女问题在知识战争中占据的核心地位,这为新的人文科学——社会学、人类学、生物学、心理学、教育学和经济学——的构建提供了基础。

挑战法兰西共和国的仅限男性的公民身份

1848 年妇女的公民(或政治)权利问题,特别是她们对投票权的要求

(接上页)探讨,但"妇女运动"和"妇女公民运动"这两个术语不应该被混淆。迄今为止,关于维也纳妇女运动(但也考虑到了其他德语地区的发展)的最全面的论述是 Gabriella Hauch, *Frau Biedermeier auf den Barrikaden: Frauenleben in der wiener Revolution 1848* (Vienna: Verlag für Gesellschaftskritik, 1990)。亦参见 *Schimpfende Weiber und patriotische Jungfrauen: Frauen im Vormärz und in der Revolution 1848*, ed. Carola Lipp(Moos &. Baden-Baden: Elster Verlag, 1986); Catherine M. Prelinger, *Charity, Challenge, and Change: Religious Dimensions of the Mid-Nineteenth-Century Women's Movement in Germany* (Westport: Greenwood Press, 1987); Sylvia Paletschek, *Frauen und Dissens: Frauen im Deutschkatholizismus und in den freien Gemeinden 1841 - 1852* (Göttingen: Vandenhoeck &. Ruprecht, 1990); Ann Taylor Allen, *Feminism and Motherhood in Germany, 1800 - 1914* (New Brunswick: Rutgers University Press, 1991); Stanley Zucker, *Kathinka Zitz-Halein and Female Civic Activism in Mid-Nineteenth-Century Germany*(Carbondale: Southern Illinois University Press, 1991);以及 Dagmar Herzog, *Intimacy and Exclusion: Religious Politics in Pre-Revolutionary Baden*(Princeton: Princeton University Press, 1996)。

值得仔细研究。19世纪中期,大多数欧洲国家都没有代议制机构,而在少数有代议制机构的国家,妇女却不能投票选举议会代表。在这一点上,大部分男性也没有权利,追求民主、议会代表这种措辞华丽的主张甚至对有产者来说也是相对新颖、罕见的现象。正如我们所看到的,在最古老的议会君主制国家英格兰,妇女被故意排除在1832年的《改革法案》之外。甚至最激进的民主主义宪章运动者也只要求所有男性拥有投票权。类似像苏格兰妇女参政论者玛丽昂 • 柯克兰 • 里德(Marion Kirkland Reid)在她的《为妇女请愿书》(1843)中雄辩地表达的观点也实属罕见。她认为:"要求所有男性平等的理由对所有妇女也具有同等效力;因为妇女具有相同的人性,也拥有所有那些使男性成为负责任的人,并使他们有资格成为自身统治者的卓越能力。"重拾法国大革命期间女权主义者提出的主题,里德认为男性只为自己的利益立法,妇女的利益需要妇女代表,特别是当有产的(单身)妇女也像男性一样纳税时。①

　　法兰西第二共和国是欧洲第一个不受财产或税收限制而赋予所有男性选举权的民族国家,这被称为"普遍"选举和"民主"。临时政府吹嘘道:

> 　　我们制定的临时选举法是世界上任何民族中最广泛的,它呼吁人民行使人的最高权利,即自己的主权。选举毫无例外地属于每个人。从这项法律开始,法国就没有无产者了。每个成年的法国人(Français)都有政治公民权。每个公民都是一个选举人。每个选举人都是主权者。法律对所有人都是平等和绝对的。②

　　但这种"每个人"和"所有人"的男性用词,让一些法国妇女大为吃惊。一小部分巴黎妇女立即要求知道为什么妇女被"遗忘"了,并准备了一份给临时政府的请愿书,坚持性别的互补性,并指出,如果"革命是为了所有人而进行",那么妇女肯定占据了"所有人的一半",因为"不可能有两种自

---

　　① Marion Kirkland Reid, *A Plea for Women* (1843);转载于 *WFF*, vol. 1, doc. 68; quote, p. 233。

　　② "Le Gouvernement provisoire, au peuple français", proclamation du 16 mars, reproduced in *La Commune de Paris*, no. 10(18 March 1848); transl. KO.

由、两种平等、两种兄弟会","人民"是"由两种性别组成"的。①此后不久，一个自称为妇女权利委员会(Committee on the Rights of Women)的团体向新政府派出一个代表团，要求政府作出解释："你们说'没有无产者了'，但如果你们的法令中并未包含妇女，法国仍然可以计算出一千七百多万名无产者。"②巴黎市长也是临时政府的成员，他巧妙地将针对该要求而要采取的行动，推托至尚未选出的国民议会。然而，故意将妇女排除在外，暴露了民主共和国运动核心的严重缺陷，即向所有人表明，在法国，"公民"的概念一直是男性化的。

以珍妮·德隆和欧仁妮·尼布瓦耶为首的巴黎妇女拒绝让此事不了了之。她们通过新闻舆论和各俱乐部继续呼吁妇女参加选举，还提议提名候选人。在《妇女之声》中，德隆向国民议会发出呼吁，主张"完全和真正的平等"，甚至援引了智慧战胜野蛮的原则，并且像她的英国同行玛丽昂·里德一样，还援引了无代表权不纳税的原则："当他们废除所有的特权时，他们不会想到保留所有特权中最糟糕的一个，并让国家的一半人处于另一半人的统治之下。他们至少会让我们在全国代表中发挥作用。"③

参加国民议会的代表们明确拒绝了这一呼吁。甚至当议会代表维克多·孔西代朗，坚定的傅立叶主义者，随后提议仅将市政投票权扩大到单身成年妇女时，他遭到了全体与会者的嘲笑。法国国民议会对妇女选举权的蔑视也引起了国外的注意。在伦敦，当本杰明·迪斯雷利(Benjamin

---

① "Les Femmes au Gouvernement provisoire et au peuple français"，时间是 1848 年 3 月 16 日，由 Antonine André de Saint-Gieles 和另外几个人签署，发表于 La Voix des femmes, no.3(23 March 1848)；再版于 Maïté Albistur & Daniel Armogathe, Grief des femmes (Paris: Éditions Hier & Demain, 1978), vol.1, pp.277–279。

② Pamphlet, Les Femmes électeurs et éligibles (Paris, J. Dupont, 1848), Bibliothèque nationale Lb54.423；也部分再版于 Albistur & Armogathe, Grief, vol.1, pp.280–281。法语和英译本的全文，参见 Karen Offen, "Women and the Question of 'Universal' Suffrage in 1848: A Transatlantic Comparison of Suffragist Rhetoric", NWSA Journal, 11:1 (Spring 1999), 150–177。法语版是 "Femmes et suffrage «universel»: Une comparaison transatlantique", in 1848: Actes du colloque international du cent cinquantenaire, tenu à l'Assemblée nationale à Paris, les 23–25 février 1998, ed. Jean-Luc Mayaud(Paris: Société d'histoire de la révolution de 1848 et des révolutions du XIXe siècle et CREAPHIS, 2002), pp.29–45。

③ Jeanne Deroin, "Aux Citoyens français", La Voix des femmes, no.7(27 March 1848); transl. WFF, vol.1, doc.70.

Disraeli)(之后他成为维多利亚女王的首相)在 6 月中旬关于人民代表制的辩论中,再次在英国下议院提出妇女的议会选举权问题时,严肃的《泰晤士报》(*Times*)注意到了这一点:

> 我相信,在另一个国家,一位主张另一性别权利的绅士已经沦为了笑柄。(笑声)但是,主席先生,就单纯的抽象推理而言,我倒想听听那些支持这位尊敬的议员先生的人中,有哪位先生站起来反对这一主张。在一个由妇女统治的国家里(大家在听)——在那里你们允许妇女成为王国的另一个等级的一部分,因为妇女能够凭自己的能力成为贵族——在那里她们拥有庄园,并担任法院法官——在那里妇女依法被选为教堂的负责人(笑声)——我不明白的是,当妇女在这个国家的国家层面和教堂层面有如此多的事情要做之时,那么在探究她们为何能够担任这些重要职责时,为什么她们不应该拥有投票权。①

正是在这种国际背景下,法国妇女公民权利的失败和珍妮·德隆随后在 1849 年参加制宪议会的竞选才具有更为重要的意义。即使在 19 世纪中期,这样的消息也传播得很快。在维也纳,一个身份不明确的妇女团体也呼吁让妇女获得政治权利。"要警惕那些相信我们对人类的解放没有强烈兴趣的说法……我们要求政治权利平等。为什么妇女不应该被选入议会? ……如果至少有一半的主体都被排除在外,那么所谓的普选就是错误的。"②

到了 1848 年 6 月中旬(经过几周的内乱之后),与在 3 月份参与革命的人们所预期的相反,国民议会突然关闭了所有政治俱乐部,并明确表示

---

① Benjamin Disraeli 在 1848 年 6 月 20 日下议院(House of Commons)关于代表制改革的辩论中的讲话。*Hansard's Parliamentary Debates*, 11 & 12 Vic., 1847 - 1848, vol.99(29 May - 30 June 1848), p.950.亦在 The Times(London), 21 June 1848 中有报道。

② "Briefe an einen Clubb", in Hauch, *Frau Biedermeier*, pp.139 - 140. 由 Gabriella Hauch 翻译,收录于未出版的 AHA 论文集,"Gender Battles and Bourgeois Revolutions: European Women in 1848/49", Jan. 1998. Publ. in *Österreiche Zeitschrift für Geschichtswissenschaften*...9: 4(1998), as "'Wir hatten ja gern die ganze Welt Beluckt': Politik und Geschlicht im demokratischen Milieu 1848/49", pp.471 - 495。

要关闭那些由妇女组织起来的政治俱乐部。在这些关于选举权和关闭俱乐部的辩论中,女权主义者有效地揭示了语言对于公民权的政治性意义。在法国,"所有法国人"是否包括妇女? 在英国,"人类"或"人民"一词是否包括了妇女? 显然,答案——至少在选举法中的答案——是否定的。在英国,法律语言中的性别政治的重要性得到了充分的认可,以至于议会在1850年通过了一项法案(多亏了支持妇女的法律改革者布鲁厄姆勋爵和罗米利勋爵)来解决这一问题。正如1832年《改革法案》中的情况一样,"在所有法案中,除非有相反的明文规定……否则表示阳性的词语应被视为包括女性"[①]。这一澄清将为变革打开大门。

1848 年革命中女权主义者诉求所用的语言

在1848年那个时期,女权主义者用权利和平等的语言论证她们的事业。她们常常从男女差异的角度,而非相似性的角度出发来论证妇女的平等。当时,平等的概念仍然主要被理解为法律上的形式平等(例如,持有财产的权利、投票权)或机会平等(接受正规教育、就业)的问题。尽管女权主义者把要求妇女融入社会上所有领域的抱负作为优先任务,但她们当时并没有把平等权利理解为"同样"的同义词,或理解为要求所有个人在社会生活的所有情况下享有相同的待遇。妇女们主张她们作为女性的权利,作为性别碰巧是妇女的人的权利,但她们同时也自豪地主张她们的女性身份。在这过程中,一些人即使对于在19世纪30年代就引起了争议的"解放"一词的含义(当时圣西门主义者的实践使得公众把"解放"作为纵欲的代名词)进行纠正时,也仍然拒绝介入对纵欲的指责。1848年3月中旬,位于巴黎的妇女解放协会的宣言是这样表述的:

解放一词,在其绝对和合法的意义上,首先意味着智力和道德的

---

① "An Act for Shortening the Language Used in Acts of Parliament"(1850), *Hansard's Parliamentary Debates*, 13 & 14 Vic., 1850, vol.113, c. 21;引文参见 Erna Reiss, *Rights and Duties of Englishwomen: A Study in Law and Public Opinion*(Manchester: Sherratt & Hughes, 1934), p.195。

解放。对两性而言,这个首要和最高的条件是所有社会进步的正常基础,从而带来所有其他的结果。解放这个词经常被滥用,所以这个解释说明似乎很有必要。①

1848 年欧洲女权主义思想和行动的可能性和局限性,从下述这两位妇女的经历可以体现出来。法国妇女珍妮·德隆和她来自萨克森州的略显年轻的德国同行路易丝·奥托,说明了妇女解放事业与当时的政治和思想历史相结合的方式。她们各自的方法也让人了解到 19 世纪出现的国家间的差异。她们两位都在 19 世纪中叶的欧洲革命事件中发挥了积极作用,在革命年代德隆在巴黎,奥托首先在迈森(萨克森州),然后在格拉市出版了妇女期刊。两位都提出了激进的要求:德隆主张妇女的选举权,而奥托则主张重塑妇女的教育和经济处境。两位都坚持对自由和平等的主张,就像她们捍卫妇女的"差异"一样坚定不移,丝毫不认为这些要求是自相矛盾的。两位都是"关系型"女权主义者,接受法国男性女权主义者埃内斯特·勒古韦所普及的"差异中的平等"这一术语。②

珍妮·德隆是一位四十出头的巴黎工人阶级妇女,是裁缝和教师。虽然已经结婚并做了母亲,但她使用自己的名字,而不是她丈夫德罗什的名字。如前所述,她在 19 世纪 30 年代参加了圣西门主义运动,为圣西门主义的妇女报纸写了许多文章,随后她吸收了查尔斯·傅立叶关于重组家庭和劳动的许多主张。她虽然自认为是民主社会主义者,但她优先考虑的却是妇女的事业。③

德隆在欧仁妮·尼布瓦耶于巴黎革命爆发不久后,创办的妇女报纸《妇女之声》上发表文章,首次呼吁妇女正式参与公共事务。即使国民议

---

① "Manifeste, Société pour l'Émancipation des Femmes", dated 16 March 1848(Paris),副本在国家档案馆(Archives Nationales), BB³⁰.307, no.6802.为完整地再现此文本和评论,亦参见 Michèle Riot-Sarcey, "Emancipation des femmes, 1848", *Genèses*, no.7(March 1992),pp.194-200。

② 关于这一概念的发展,参见 Karen Offen, "Ernest Legouvé and the Doctrine of 'Equality in Difference' for Women: A Case Study of Male Feminism in Nineteenth-Century French Thought", *Journal of Modern History*, 58:4(June 1986), 452-484。

③ 关于德隆,参见本书第 121 页脚注①所列著作。

会关闭了诸多俱乐部,从而有效地结束了法国所有有组织的女性政治活动,德隆仍然在继续坚持。即使在男性选民选举路易-拿破仑(Louis-Napoleon)(波拿巴王朝的继承人)为法兰西第二共和国总统后,她仍继续推动妇女参与政治生活。她创办了自己的期刊《妇女的意见》,并在1849年春天连载的《妇女的使命》中,提出了她对妇女参与公共领域需要实现的目标的相关看法。①

尽管前一年的情况令人失望,德隆仍断言,1848年推翻君主制的革命和民主政府的建立从根本上改变了法国的政治生活条件。今后,暴力和镇压必须让位于参与式政府。民主政府的首要任务必须是结束男女之间的斗争。只有废除男性特权(在这里是指男性的政治特权),新政府才能实现一个真正的新社会。德隆认为,性别特权比阶级特权更加阴险。她写道:"除非完全废除性别特权,否则不可能从根本上彻底废除种族、出生、种姓和财富特权。"德隆认为,只有实现完整的公民权,妇女才能有效地参与法国社会的重建。

在德隆看来,妇女和男性对社会的贡献是完全不同的。德隆坚持两性的互补性,她认为妇女参与政治事务的依据是性别互补性和妇女与男性的差异(包括生理和社会方面的差异),特别是妇女"作为母亲的神圣职能"和"崇高的人道主义母性"。在德隆看来,鉴于妇女的母性角色,她不仅有权利而且有义务参与公民和政治生活,以履行照看子女未来的职责。

德隆认为必须呼吁妇女"教授大家如何实践友爱",从而向男性展示个人之间、家庭之间和国家之间如何以冲突以外的方式解决争端的方法。妇女的使命就是"在地球上实现上帝之国,实现友爱和人类和谐的统治"的使徒使命。德隆从未明确阐述过她坚持妇女有能力实现这些目标的理由;在当时持续的男性革命暴力氛围中,无论是身体上还是语言上,她似乎都认为妇女的道德优势是不言而喻的。

德隆不仅提出了妇女参与公共生活的要求,她还将此付诸行动。1849年初,她向民主社会党提出申请,希望成为制宪议会的候选人。她

① 德隆的"Mission de la femme dans le présent et dans l'avenir"连载于1849年1月28日、3月10日和4月10日的该杂志上;transl. in WFF, vol.1, doc.77。接下来段落中的引文都是来自该文本。

最激烈的对手是党内的首要论战者印刷商皮埃尔-约瑟夫·蒲鲁东,他因反女权主义的主张而闻名,即认为妇女只能在成为"家庭妇女或妓女"当中选择。①虽然民主社会党人拒绝了德隆的候选人资格,但由于综合了理想和行动主义,她在欧洲女权主义的历史上拥有独特的地位。她不仅是第一个在民主政权下宣布竞选公职的欧洲妇女,而且也是第一批因努力组织男女工人联合协会(19世纪中期法国禁止的另一种政治活动形式)而被逮捕和监禁的妇女之一。1852年,德隆与其他积极反对路易-拿破仑严苛统治的男人和女人一起逃往英国。虽然她与法国的进步人士仍然保持着联系,但她成为了政治流亡者而在伦敦度过了余生。②

德国各州的女权主义活动家采用了另一套论证方式,尽管他们和法国人一样强调妇女的差异是核心原则。在那里,德国的女性气质与社会母职相结合成为中心主题。在德国女权主义话语中,相关论点往往带有民族主义色彩,强调妇女作为女性,可以而且必须为建立当时仍不存在的德意志国家做出独特的贡献。建立德意志国家是普鲁士国王在1871年强制统一许多德意志公国之前政治改革者们向往的目标。路易丝·奥托是一位受过良好教育的中上阶层单身女性,她和德隆一样,成为了政治激进分子,她提出的论点就代表了这种特殊方法。

1849年,奥托在德国工业化程度最高的地区之一萨克森州创办并编辑了《妇女报》。这是德国几个革命妇女出版物中寿命最长的一个。③自

---

① 参见 Pierre-Joseph Proudhon, *Système des contradictions économiques, ou Philosophie de la misère*(1846); transl. in *WFF*, vol.1, doc.52。在19世纪50年代,蒲鲁东针对妇女的劣等地位发展出冗长——且完全是嘲讽的——的论点。参见 *WFF*, vol.1, docs. 52, 84 - 85, and 95 中的英语翻译。

② 关于德隆后来的生活,参见 Riot-Sarcey, *Démocratie à l'épreuve*。特别参见 Vaughan B. Baker, "Jeanne Deroin: The Years in Exile", in *Proceedings of the Western Society for French History: Selected Papers of the Annual Meeting, 1997*, vol. 25, ed. Barry Rothaus (Greeley: University Press of Colorado, 1998), pp. 142 - 155, 以及 Pamela Pilbeam, "Jeanne Deroin: French Feminist and Socialist in Exile", in *Exiles from European Revolutions: Refugees in Mid-Victorian England*, ed. Sabine Freitag(New York, Oxford: Berghahn Books, 2003)。

③ 关于奥托,参见 Ruth-Ellen Boetcher Joeres, "Louise Otto and Her Journals: A Chapter in Nineteenth-Century German Feminism", *Internationales Archiv für Sozialgeschichte der deutschen Literatur*, 4 (1979), 100 - 129; Catherine M. Prelinger, "The *Frauen-Zeitung* (1849 - 1852): Harmony and Dissonance in Mid-Century German Feminism", *History of European Ideas*, 11(1980), 245 - 251。关于奥托的文集,参见 Ute Gerhard, Elisabeth (转下页)

19世纪40年代中期以来,她一直在为中产阶级妇女教育的系统性改革和萨克森州工业城市中劳动妇女条件的改善而奔走。在奥托看来,婚姻是一种堕落的制度,仅仅是"为女性设置的支持制度"。她蔑视文化中对妇女的"无个性"要求,因为在文化中,对受过教育的男性而言,品格的培养是极为重要的。奥托反映了自康德以来德国理想主义哲学的精神(尽管康德不认为这种思想适用于妇女),她强调"独立"不仅具有道德或伦理上的性质("判断力的行使"),同时也具有物质或经济上的性质("行动力的行使")。①

对路易丝·奥托来说,尤为重要的是她经常关注的"真正的女性气质"。这种品质与她所反对的同时代许多德国妇女的无个性截然不同,且比无个性更有力量。然而,她对"真正的女性气质"的争论带有一种防御性的语调;她不断地发表声明,反对那些"贬低妇女,认为这些妇女是对男性的可笑模仿",从而诋毁解放妇女的人。奥托无疑想到了直言不讳的作家路易斯·阿斯顿(Louise Aston)——他在1846年出版了《野玫瑰》之后被逐出了柏林。②

在一波"乔治桑主义(Georgesandismus)"浪潮之后,生活方式问题成为德国女权主义者之间的敏感话题。"乔治桑主义"这一术语用来指称那些自封的"解放女性",她们乐于效仿法国小说家乔治·桑非正统的、语出讽刺的做派。她们的习惯引发争议,包括穿男装(如果没有警察的许可,即使在法国也仍然是非法的)、吸烟,以及与未婚男性有染。事实上,在中

(接上页)Hannover-Drück, & Romina Schmitter, eds., *"Dem Reich der Freiheit werb' ich Burgerinnen": Die Frauen-Zeitung von Louise Otto* (Frankfurt-am-Main: Syndikat, 1980); *Die Anfänge der deutschen Frauenbewegung: Louise Otto-Peters*, ed. Ruth-Ellen Boetcher Joeres (Frankfurt-am-Main: Fischer Verlag, 1983);以及 *Louise Otto-Peters: Politische Denkerin und Wegbereiterin der deutschen Frauenbewegung*, ed. Ilse Nagelschmidt & Johanna Ludwig(Dresden: Sächische Landszentrale für Politische Bildung, 1996)。亦参见 Birgit Mikus, *The Political Woman in Print: German Women's Writing, 1845 – 1919* (Oxford: Peter Lang, 2014)的第六章。

① 这里提到的奥托文本的英译本可在 *WFF*, vol.1, docs. 48, 78, 89 中查阅。

② 参见 Hans Adler, "On a Feminist Controversy: Louise Otto vs. Louise Aston", *German Women in the Eighteenth and Nineteenth Centuries*, ed. Ruth-Ellen Boetcher Joeres & Mary Jo Maynes(Bloomington: Indiana University Press, 1985), pp.193 – 214。

欧,桑已经成为法国文化中所有危险因素的象征,对她不羁的生活方式的谴责,不仅反复出现在反女权主义者和德国民族主义者中,而且也出现于这一时期德国女权主义改革者支持妇女的观点中。因此,19 世纪中叶的德国女权主义者常常表现出一种特殊的自以为是和固执的特质。奥托的"真正的妇女身份"概念中首要的是美德、勇气、道德主义、爱国及和平。除了反驳"解放了的妇女"之外,它还代表了所有据称不属于德国男性的品质。①

一位巴黎的男性女权主义者的论点证实了"差异中的平等"的重要性。法国散文家和剧作家埃内斯特·勒古韦(Ernest Legouvé)在他的《妇女道德史》(1849)中,总结了彻底改变妇女法律、教育和经济地位的论据。他于 1848 年春天在法兰西学院由新共和国公共教育部主办的一系列公开讲座中首次阐述了这些内容。②勒古韦呼吁男人们思考将妇女纳入新政权的政治意义,他认为 1789 年大革命之所以失败,就是因为其对妇女不公正。他主张,为了实现自由和平等的"男性"的共和制原则,必须辅之以他认为源于"女性之爱"的"博爱的女性美德"。他暗示,除非付出这种代价,否则任何共和政体都不会成功。勒古韦的演讲和随后的著作为"差异中的平等"提供了持久的论点,这是在共和政体下妇女解放的证据,其成立的基础是妇女在生理、心理和情感上与男性的独特差异,特别是她们作为母亲的角色的重要性。他强调,妇女作为一种性别,在私人和公共生活方面,对人类文化的过去和未来具有重要的贡献。他还坚持认为有必要为妇女和男子建立隔离但平等的——或平行的——轨道,并通过一夫一妻制的婚姻制度将两性联系起来。他明确地聚焦于《拿破仑法典》中妇女的法律从属地位,以及妇女教育的不充分。但是,他反对给予妇女充分的政治权利。在 1848 年选举前的政治背景下,他提出"妇女应该在国家中占有一席之地,但这种地位与男人的地位不同"③。

最近对德国女权主义的分析表明,许多具有宗教身份的改革派与法

---

① 关于 *Georgesandismus*,参见本书第四章。

② Ernest Legouvé, *Histoire morale des femmes* (Paris: Gustave Sandré, 1849). 这部有影响力的著作有 10 个法语版本,并被翻译成西班牙语(1860 年)、英语(1860 年)、俄语(1862 年)和瑞典语(1867 年),部分内容被翻译成意大利语。

③ Ernest Legouvé, "Au citoyen Directeur-Gérant de *La Commune*", *La Commune de Paris: Moniteur des Clubs*, no.30(Friday, 7 April 1848), 1.

国的改革派一样,都急于援引妇女的"差异"作为平等的基础,并援引女性的影响作为有力的政治工具。安娜·泰勒·艾伦(Ann Taylor Allen)对"精神上的母职"的研究,以及凯瑟琳·普雷林格(Catherine Prelinger)和西尔维娅·帕雷切克(Sylvia Paletschek)对建立了汉堡女子高中的约翰内斯·龙格(Johannes Ronge)所领导的激进德国天主教团体的研究,都表明了这一主张可能充满了激进的潜力,不过,达格玛·赫尔佐克(Dagmar Herzog)在巴登(德国巴登-符腾堡州)的发现也表明了其局限性。①

然而,在19世纪中叶,女性从属地位的支持者也在援引女性影响的重要性的论点。世俗哲学家奥古斯特·孔德(Auguste Comte)(他后来被称为社会学"之父"和"实证主义"哲学的创始人)在一部新作品《实证哲学体系》(1848)中坚持认为,自然和人类进化都不允许两性平等:"所有的历史都使我们确信,随着社会的发展,每种性别的独特特征不是变得更少,而是变得更为明显。"②孔德主张政治从属于道德,将妇女指认为"人类天然的女祭司",将她们置于家庭领域,在那里男性可以供养妇女,但也应该崇拜她。

罗马天主教教皇庇护九世(Pius Ⅳ)在1849年逃离罗马革命时,也同样求助了受过教育和有影响力的妇女的积极力量,他呼吁颁布"圣母无染原罪"的信条。由于男人们叛离了教会,教皇似乎特别渴望在革命动荡时期保留妇女的忠诚,他明白并希望利用天主教徒母亲们的力量为教会塑造灵魂。③虽然教皇和孔德在政治上主张截然不同,但他们都证明了他们的共同信念,即女性的影响对欧洲政治和文化生活的复兴非常重要,也证明了控制和引导这一信念的必要性。与女权主义者不同的是,他们都没

①　参见本书第121页脚注③中引用的著作。

②　Auguste Comte, "The Influence of Positivism upon Women", in his *General View of Positivism*, transl. J. H. Bridges(London, 1875; reprint, Stanford, Calif, n. d.);原文发表于 Comte 的 *Système de politique positive* (Paris, 1848)第一章;再版于 *WFF*, vol. 1, doc. 63 (quote, p. 223)。

③　Pius IX, "Ubi Primum", 2 February 1849, in *Pontificis maximi acta*, vol. 1(n. p., n. d.);英语文本见 *Papal Documents on Mary*, comp. William J. Doheny & Joseph P. Kelly (Milwaukee, 1954), pp. 1 - 5;再版于 *WFF*, vol. 1, doc. 79。

有在这种信念的基础上主张妇女解放,甚至是有条件的解放。在 19 世纪中期欧洲高度政治化的氛围中,男女性别两分领域、女性影响、公民的母亲身份和母亲-教育者这些重新焕发活力且具有高度灵活性的主张,可以并将在今后为革命和反革命的目的服务。

革命者和反革命者都同意一件事,即妇女的公民活动,即使没有伴随着公开的女权主义主张,也仍对男性霸权构成明显的威胁。因此,为了浇灭欧洲大陆上的革命火焰,政府关闭了妇女协会和俱乐部,并通过法律排除妇女在政治新闻舆论中的积极作用。在布拉格革命期间,《波西米亚》报纸的编辑们试图阻止妇女权利运动。一个布拉格妇女代表团去维也纳面见哈布斯堡皇后,她们的目标是在布拉格建立一所女子学校。只有一位妇女,即鲍日娜·聂姆曹娃(Bozena Nemcová)在不放弃权利主张的情况下,公开支持女孩子们的教育。作为预防措施,帝国当局在 1849 年 3 月颁布了一项关于结社的法律,禁止妇女的所有政治活动。[①]1850 年,普鲁士国王推动通过了"保护合法自由和秩序,防止滥用集会和结社权利"的法令,该法令禁止妇女——以及男学生——成为政治组织的成员,甚至禁止她们参加会议。[②]这项法令的有效性一直持续到 1908 年。巴伐利亚州、萨克森州和布伦瑞克州也颁布了这类措施,1854 年,这些措施都被纳入德国联邦的议定书(protocols of the German Confederation)。只有少数公国(principalities)和自由城市逃脱了它们的严格要求。

女性女权主义者对 1848 年关于妇女权利革命的失败并没有保持沉默。路易丝·奥托在她的诗作《为所有人》(1848)中哀叹了德国局势的排他性:

> ……只有男性被赋予了权利,
> 在革命的动荡中。
> 尽管看似变化已发生
> 看似君主制也处于解体的边缘:

---

① 关于为防止女权主义在布拉格爆发而采取的各种措施,参见 Stanley Z. Pech, *The Czech Revolution of 1848* (Chapel Hill: University of North Carolina Press, 1969), chap. 9。

② 1850 年 3 月 11 日颁布的《普鲁士协会法令》(The Prussian Decree on Associations),在 *WFF*, vol. 1, doc. 86 中予以英语翻译。

只是那些新的斗争是为了男性的权利；

妇女的权利并未在他们的计划之内……

自由之民谈到了友爱：

他们是公民，不是领主和奴隶。

他们唱诵自己的新归属，

是为重生的种族。

但他们却鄙视自己的姐妹们——

半数民众没有任何权利，

因为"为所有人！"的呼声将妇女排除在外——

她们被剥夺了公民的权利。①

西班牙诗人卡罗琳·科罗纳多(Caroline Coronado)在《自由》(1852)中也提出了类似的观点：

年轻人自豪，

老年人幸福，

我们的土地上存在着平等，

我们的国度中存在着自由。

但我告诉你们，姐妹们，

法律只是他们的法律，

妇女不算在内，

也不存在为了女性性别的国家。

因此，虽然我听到了男人们的声音，

我不会为自己鼓掌，也不会感到喜悦。②

---

① Louise Otto, "Für Alle"(1848); transl. S. L. Cocalis & G. M. Geiger, in *The Defiant Muse: German Feminist Poems from the Middle Ages to the Present*, ed. Susan L. Cocalis (New York: The Feminist Press, 1986), p.57.

② Caroline Coronado, "Libertad", *Poesias* (1852 ed.)，再版于 Susan Kirkpatrick, *Las Románticas: Women Writers and Subjectivity in Spain, 1835 - 1850* (Berkeley & Los Angeles: University of California Press, 1989), pp. 319 - 320. 由 MY Fund 基金赞助，委托 Maria-Cristina Urruela 进行了英语翻译。

　　因此,鉴于欧洲大陆再次出现的极度压抑的政治氛围,有组织的妇女运动难以起步也就不足为奇。最成功的组织运动的努力发生在欧洲以外的美国,始于 1848 年 7 月的塞纳卡·福尔斯(Seneca Falls)妇女权利会议。这次会议是在巴黎妇女的俱乐部被迫关闭后不久召开的,它以妇女的名义重写了美国《独立宣言》。1851 年中期,英国评论家哈莉特·泰勒·穆勒(她与她的长期伴侣约翰·斯图尔特·穆勒结婚不久)在《威斯敏斯特评论》中对 1850 年在马萨诸塞州伍斯特市召开的美国妇女追求其"权利"的大会,及采取的行动表示钦佩。她写道:"妇女需要的是平等的权利,平等地获得所有的社会特权;而不是一种(与男性)分离的地位,也不是一种充满感性的祭司之位。"①1851 年,珍妮·德隆和保利娜·罗兰(Pauline Roland)在监狱牢房的艰苦环境中向美国妇女呼吁:"黑暗的反应遮蔽了 1848 年那看似冉冉升起、光芒四射的太阳";"一部以自由、平等和博爱的名义制定的宪法,却没有提到妇女的权利"②。

　　伟大的法国戏剧家维克多·雨果(Victor Hugo)在路易-拿破仑政变后流亡,当革命被粉碎,成年人普选权再次被废除时,他在 1853 年哀悼一位被流放海外的法国妇女活动家之死。在她的葬礼上,他预言道:"18 世纪宣布了男人的权利;19 世纪将宣布女人的权利。"③在欧洲大陆,雨果的预言经历了漫长的等待时间。直到 19 世纪 50 年代末和 60 年代,为妇女解放而进行的有组织的努力才开始发挥作用。

---

　　① 哈莉特对 *The New York Tribune for Europe*(issue of 29 Oct. 1850)的评论文章,见 *Westminster Review*, no.109(July 1851)。后与约翰·斯图尔特·穆勒所写序言一起,在他的 *Dissertations and Discussions*(1859)中以"Enfranchisement of Women"为题再版,并在 John Stuart Mill and Harriet Taylor Mill, *Essays on Sex Equality*, ed. Alice S. Rossi(Chicago: University of Chicago Press, 1970)中再次以同一标题再版;亦收录于 *WFF*, vol.1, doc.88 中。最近的重新评论是 Gail Tulloch, *Mill and Sexual Equality*(Hemel Hempstead: Harvester Wheatsheaf; Boulder: Lynne Rienner, 1989)。

　　② Jeanne Deroin and Pauline Roland, "Letter to the Convention of the Women of America", 15 June 1851,英文版发表于 *History of Woman Suffrage*, vol. I, ed. Elizabeth Cady Stanton, Susan B. Anthony, & Matilda Joslyn Gage(New York: Fowler & Wells, 1881), 234–237;全文再版于 *WFF*, vol.1, doc.87。

　　③ Victor Hugo, "Sur la Tombe de Louise Jullien"(1853), *Oeuvres complètes de Victor Hugo*(Paris: Éditions Hetzel-Quantin, 1880–1889), vol.44, p.92.

新倡议,多条战线(1850—1865)

在可预见的未来,欧洲大陆上实现妇女政治权利的希望被粉碎,但分散于欧洲各地的多条战线上出现了其他倡议。也许是受到了当时正在美国进行的已婚妇女财产法案运动的刺激,在几年内,对婚姻法改革的呼声、对妇女教育和就业的呼声,在英国和斯堪的纳维亚半岛的国家占据了中心地位。

英国的女权主义者迅速采取了行动。1854 年,芭芭拉·利·史密斯(Barbara Leigh Smith)[后来的博迪雄(Bodichon)]和卡罗琳·诺顿(Caroline Norton)发表了两篇尖锐的评论,批评英国妻子在法律上被消灭,因为与其他欧洲国家相比,她们在婚姻法中的从属地位更为彻底。①普通法中妻子的法律身份使她们实际上成为丧失法律地位的人,甚至她们的个人所有物也是丈夫的财产。此外,完整、有资格的民事离婚只有在通过议会的特别法,以及在法院认定妻子犯有通奸罪之后才有可能实现。由于"法律修订协会"(1844 年)创始人布鲁厄姆勋爵的参与,在其他一些议会改革派成员的帮助下,妇女们 1856 年开始采取行动;1 300 名英国妇女,包括一些最知名的作家,在当年 3 月向议会提交了一份请愿书。②在请愿书中他们认为,在这个收入对所有阶层的妇女而言越来越必要的时代,包括享有更多特权的妇女和妻子在内的所有妇女皆因妻子的身份而受到不利影响。即使是相对而言反对女权主义者的记者伊丽莎·林恩(林顿,Eliza Lynn, Linton)也支持已婚妇女财产权的倡议。③

---

①　Barbara Leigh Smith(Bodichon), *A Brief Summary in Plain Language of the Most Important Laws of England Concerning Women, Together with a Few Observations Thereon* (London: J. Chapman, 1854);节选自 *WFF*, vol. 1, doc. 90,以及 Caroline Norton, *English Laws for Women in the Nineteenth Century* (printed for private circulation, 1854)。参见 Sheila R. Herstein, *A Mid-Victorian Feminist, Barbara Leigh Smith Bodichon* (New Haven: Yale University Press, 1985)。

②　卡罗琳·康沃利斯(Caroline Cornwallis)在"The Property of Married Women", *Westminster Review*, 66(Oct. 1856), 336 - 338 一文中转载了这份请愿书;该请愿书也转载于 Lee Holcombe, *Wives and Property: Reform of the Married Women's Property Law in Nineteenth-Century England* (Toronto: University of Toronto Press, 1982), pp. 237 - 338。

③　Eliza Lynn Linton, "One of Our Legal Fictions", *Household Words*, 9(April 1854);引自 Mary Lyndon Shanley, *Feminism, Marriage, and the Law in Victorian England, 1850 - 1895* (Princeton: Princeton University Press, 1989), p. 29。

议会于 1857 年批准了《离婚法案》(Divorce Act),但代价是不得提出已婚妇女财产问题的任何决议,这使得已婚妇女的财产问题在英国女权主义议程上的核心地位又被保留了 20 年之久。玛丽·林登·尚利(Mary Lyndon Shanley)总结道:"在 19 世纪的进程中,议会的确极大地扩大了已婚妇女的权利,但它一再拒绝女权主义者提出的使丈夫和妻子的权利和义务平等化的请求。"①

妇女在法律上受制于人的问题在挪威和瑞典得到了更快的解决,这部分归功于两部以女权主义为主题的先锋小说,即卡米拉·科莱特(Camilla Collett)的《区长的女儿》(1854—1855)和弗雷德里卡·布雷默(Fredrika Bremer)的《赫塔》(1855)。②布雷默的小说在 1858 年争取推翻瑞典 1734 年的《父系法规》方面有特别的影响力,该法规赋予父亲对女儿具有极大的法律权力,甚至是对成年女儿的权力。到 1872 年,瑞典的未婚女儿实现了完全的法律解放。丹麦于 1857 年通过了类似的《多数人法案》,给予单身成年妇女完全的民事(法律)地位。

在意大利,1861 年国家统一的实现引发了妇女的公民身份及教育的问题。1861 年,由来自伦巴第大区的一群意大利女公民(cittadine italiane)签署的一份传单认为,"(国家自由的)主要基础必须是对妇女解放的最广泛肯定"③。国家统一还提出了关于已婚妇女的法律问题。为了巩固国家,以前存在的五个主要政治区域的法律必须在一部统一的法典中加以协调,因为这五个主要政治区域的每个区域的法律对妇女的法律地位都有不同的处理方式。在关于拟议法典的辩论中,米兰女权主义

---

① Shanley, *Feminism, Marriage, and the Law*...; quote, p.17.

② Camilla Collett, *Amtmadens dötre*(Christiania, 1854–1855); Fredrika Bremer, *Hertha; eller, En själs historia*(Stockholm, 1854).多亏玛丽·豪伊特(Mary Howitt)的翻译,《赫塔》(Hertha)的英文版早已问世(New York & London, 1856)。科莱特(Collett)的小说现在也有了英语版本:*The District Governor's Daughter*, transl. Kirsten Seaver(Norwich: Norvik Press, 1991)。

③ *Alla camera dei deputati*(Milan: Tipografia Ciminago, 1861),在位于米兰的复兴运动博物馆的档案库中;正如在 Annarita Buttafuoco, "Motherhood as a Political Strategy: The Role of the Italian Women's Movement in the Creation of the *Cassa Nazionale di Maternità*", in *Maternity & Gender Policies*, ed. Gisela Bock & Pat Thane(London: Routledge, 1991), p.193 中所引用的。

者安娜·玛丽亚·莫佐尼(Anna Maria Mozzoni)与法学教授卡罗·弗朗切斯科·加巴(Carlo Francesco Gabba)展开了争论,前者主张妇女获得完全的公民和政治解放。婚姻、母职、职业,以及妇女与男性不同的体格问题都不应该使妇女失去公民资格,因为在莫佐尼看来,妇女的自然权利是绝对的。[①]1865年颁布的《意大利民法典》沿用了1837年《皮埃蒙特(阿尔伯丁)法典》的模式,该法典本身在很大程度上借鉴了《拿破仑法典》,主要区别在于其关于婚姻中财产分割的规定对已婚妇女的不利影响较小。

与此同时,改革法国已婚妇女法律地位的努力,不得不等到19世纪60年代末第二帝国放宽限制。莱昂·里歇尔(Leon Richer)和玛利亚·德赖斯默斯(Maria Deraismes)联手挑战《拿破仑法典》中关于婚姻权的规定,以及妻子在夫妻共同财产法中的从属地位。单身成年妇女在民法中早已获得了完全的解放,但在婚姻地位方面仍然受到行政上的困扰。在接下来的二十年里,里歇尔的期刊《妇女权利》(成立于1868年)即使面对巨大的阻力,也仍然坚持推动法国婚姻法的彻底变革。[②]

在19世纪中叶的俄国社会,已婚妇女的确享有财产权。但年轻的未婚成年妇女在形式上仍受制于父亲的法律权威,因此,在俄国实现个人自主权的意义,远比在法国或英国更具实质性,因为在法国或英国,这些未婚妇女在法律上——即使不是在道德上或经济上——并不受父亲的法律权威限制。19世纪60年代的年轻俄罗斯妇女,经常与富有同情心和不拘小节的年轻男性假结婚(称为"白色婚姻"),以便获得必要的男性授权从而逃离家庭,追求学业,追寻梦想。历史学家琳达·埃德蒙森(Linda

---

① 关于加巴-莫佐尼(Gabba-Mozzoni)的辩论,参见 Judith Jeffrey Howard, "Visions of Reform, Visions of Revolution: Women's Activism in the New Italian Nation", in *Views of Women's Lives*, ed. Keller, pp. 432-450,以及 *WFF*, vol. 1, docs. 122, 123 中的翻译文件。关于莫佐尼(Mozzoni),参见 Franca Pieroni Bortolotti, *Alle origini del movimento femminile in Italia, 1848-1892*(Turin: Giulio Einaudi, 1963), chap. 2,以及她的文本集 *Anna Maria Mozzoni: La Liberazione della donna*, ed. Franca Pieroni Bortolotti(Milan: Gabriele Mazotta, 1975)。

② 关于里歇尔以及德赖斯默斯,参见 Patrick Kay Bidelman, *Pariahs Stand Up! The Founding of the Liberal Feminist Movement in France, 1858-1889*(Westport: Greenwood Press, 1982),以及 Moses, *French Feminism*, chaps. 8 and 9。亦参见 Laurence Klejman & Florence Rochefort, *L'Égalité en marche: Le féminisme sous la Troisième République*(Paris: des femmes & Presses de la Fondation National des Sciences Politiques, 1989)。

Edmondson)有力地指出,在俄罗斯,国家和父权制家庭权威之间的紧密联系可以解释为什么在那个环境下,女权主义者对个人自由的鼓动会迅速向反家庭和反宗教的方向发展。①

改善妇女其他方面状况的更有组织性的努力很快就出现了,特别是在英国,因为英国在 1848 年革命中受到的创伤远比欧洲大陆上的邻国小。在那里,1857 年成立了对妇女友好的全国社会科学促进协会(NAPSS),该协会中的妇女成员催生了一系列旨在改善妇女状况的组织和项目,包括全国妇女卫生知识传播协会、促进妇女工业就业协会和济贫院参访协会(均为 1859 年),随后是女性中产阶级移民协会、维多利亚出版社(一个全部由妇女组成的出版企业,出版了《全国社会科学促进协会会报》)和全国改善各级妇女教育联盟(1871 年)。已婚妇女财产委员会(1867 年)、伦敦国家妇女选举权协会(1867 年)和全国妇女废除传染病法协会(1870 年)等各种行动都源于全国社会科学促进协会女会员的努力。正如历史学家凯瑟琳·麦克龙(Kathleen McCrone)所指出的,"(全国社会科学促进协会)女性成员的名册读起来就像维多利亚时代女性的名人录",包括许多维多利亚时代女权主义者中的主要人物,如莉迪亚·贝克尔(Lydia Becker)、海伦·布莱克本(Helen Blackburn)、杰西·布彻里特(Jessie Boucherett)、弗朗西斯·帕沃·科布(Frances Power Cobbe)、艾米丽·戴维斯(Emily Davies)、贝茜·雷纳·帕克斯(Bessie Rayner Parkes)、芭芭拉·利·史密斯和伊丽莎白·沃尔斯滕霍姆(Elizabeth Wolstenholmes)。②

在这一时期,妇女的教育和就业机会是整个欧洲女权主义者特别关

---

① 参见 Linda Edmondson, "The Women's Movement and the State in Russia Before 1917", paper presented at the University of Bielefeld, April 1993。关于早期的重要解释,参见 Richard Stites, *The Women's Liberation Movement in Russia: Nihilism, Feminism, and Bolshevism, 1860‐1930* (Princeton: Princeton University Press, 1978);以及最近的 Bianka Pietrow-Ennker, *Russlands "Neue Menschen": Die Frauenemanzipationsbewegung von den Anfängen um 19. Jahrhundert bis zur Oktoberrevolution*, Habilitationsschrift, University of Tübingen, 1994。

② 关于有组织的改革工作的这一全国社会科学促进协会(NAPSS)关系网,参见 Kathleen E. McCrone, "The National Association for the Promotion of Social Science and the Advancement of Victorian Women", *Atlantis*, 8:1(Autumn 1982), 44‐66; quote, p.47。

注的问题。在伦敦,芭芭拉·利·史密斯[即后来的博迪雄(Bodichon)]、贝茜·雷纳·帕克斯和他们在朗豪坊圈(Langham Place Circle)的同事们不仅成立了促进妇女就业协会(解决单身中产阶级妇女的需求),还创立了《英国妇女杂志》。在 19 世纪 60 年代初的巴黎,当帝国政府授权允许妇女在国营的特许经营行业,包括电报服务和烟草特许经营中就业时,埃莉萨·莱莫尼耶开创了女子职业指导学校。安德烈·莱奥(莱奥迪勒·贝拉·尚塞)成立了妇女权利诉求协会,以鼓励妇女教育以及促进法律改革。在柏林,在普鲁士王储夫人的赞助下成立了莱特-韦列因组织(1865 年)以促进妇女的就业,路易丝·奥托成功地建立了"非政治性"的德国妇女协会。在圣彼得堡,一个当地的妇女团体也制定了成立妇女工作协会的计划。1865 年,荷兰人安娜-玛丽亚(米内特)·斯托姆·范·德·奇斯[Anna-Maria(Minette) Storm van der Chijs]在阿姆斯特丹建立了第一所女子工业贸易学校,1869 年荷兰活动家在哈勒姆建立了一所女子私立中学。1870 年,卡洛琳娜·斯韦特拉(Karolina Svetla)在布拉格组织了波西米亚妇女商业和工业协会。

　　教师培训学校是许多重要的工作之一。英国的妇女活动家们已经建立了学校,为中产阶级的贫困单身女性在私人家庭中担任家庭教师和学校教师做准备。在西班牙短暂的"1868 年革命"之后,马德里的改革者们为妇女建立了一所教师学院,目的是开展对女孩和妇女的教育运动,因为她们中的大多数人仍然是文盲。教导儿童在当时被认为是适合妇女的职业,这无疑是因为它可以被理解为妇女母亲角色的延伸,并为婚后成为公民母职做准备。但即使在这方面,女童教育的倡导者也坚持认为,妇女受教育作为一项人权是为了她们自己,而不仅仅是为了她们的孩子。[①]在丹麦这样的小国,传统主义者积极反对女童接受正规教育,所以开展女童教育的学校成立得相对较晚,且只能是出于最保守的理由才可成立。

　　在英国,随着芭芭拉·利·史密斯于 1857 年出版的小册子《妇女与工作》,对妇女工作权利的主张达到了激进主义的新高度。为了对抗日益

---

　　① 参见 Giuliana di Febo, "Origines del debate feminista en España: La Escuela krausista y la Institución Libre de Enseñanza(1870‐1890)", *Sistema*, no.12(Jan. 1976), pp.49‐82。

高涨的"男性是养家糊口者"的争论浪潮,利·史密斯的论点刻意强调了妇女自立问题中涉及的性别政治:

> 父亲无权把抚养女儿的责任交给其他男人。这降低了妇女的尊严,容易导致卖淫,无论是合法卖淫还是街头的卖淫。只要父亲把孩子的性别看作是不应该教育她为自己获得面包的理由,那么妇女就必然长期被贬低。成年妇女如果要作为有尊严、有理性的人站在上帝面前,就绝不能让男人养活。……妇女必须有工作,才能组成平等的联盟。①

比培训妇女让她们能够自食其力更具有争议性的是,让妇女进入大学级别的课程以及获得学位。在整个欧洲,凡是有通过高等教育获得为教会和国家服务的职业生涯,以及获得先进知识的地方,妇女进入这些男性圣殿的努力,就会经常引起教授和男学生的强烈抵制,我们将在下面医学领域的案例中看到此类情况。

随着新问题的出现,更大胆的女权主义倡议也随之而来。在城市,社会问题逐渐增多,尤其是女性贫困的背景下,对政府许可的娼妓业的批判,为女权主义议程增加了另一个颇具争议的问题。自 1802 年在巴黎设立"道德警察"机构以来,国家监管体系由男性医生、公共卫生专家和军事当局共同热情推动并在整个欧洲蔓延。例如,在 1860 年意大利统一后,对娼妓业的监管迅速成为政府的优先事项。

在英国,议会在 1864 年、1866 年和 1869 年颁布了一系列《传染病法案》(Contagious Diseases Acts),建立了一个经过修正的国家监管体系,旨在通过控制和检查妓女,来保护男性军事人员免受性病之害。这一计划很快导致警察肆意地骚扰驻军城镇街道上的妇女,包括许多不是妓女的人。这些行动激起了约瑟芬·巴特勒的不满,她迅速发起了一场运动,要求废除这些法案。由 124 名妇女签署并发表在 1870 年元旦的《每日新

---

① Barbara Leigh-Smith(Bodichon), *Women and Work* (London: n.p., 1857),原文发表于 *Waverley Journal*;转载于 *Barbara Leigh Smith Bodichon and the Langham Place Group*, ed. Candida Lacey(London: Routledge and Kegan Paul, 1987): quote, p.41。

闻》(伦敦)上的《妇女抗议书》指出,这些行为不仅侵犯了妇女固有的公民权利,而且这些法律还隐含着双重道德标准:"惩罚作为恶行受害者的性别,而不惩罚作为产生恶行及其可怕后果的主要原因的性别,是不公正的;并且(在抵制这种做法的情况下)这些法案对妇女施加的监禁和苦役,是最有辱人格的惩罚。"①这份宣言勇敢地直面了一个问题,一个那些有教养的"女士",尤其是单身女士和牧师的妻子,本不应该知道的问题,并要求解决这一"罪恶的根源"。巴特勒的努力尤其为女权主义者赢得了《星期六评论》赋予的"令人尖叫的姐妹情谊"的尊敬,但是却遭到了英国媒体令人尴尬的"沉默的阴谋"的对抗。勇敢无畏的巴特勒创办了自己的期刊《盾牌》,以传播反监管运动的信息。

巴特勒的运动很快成为一个国际事件。伦敦的哈丽雅特·马蒂诺、巴黎的朱莉-维克多·道比和米兰的安娜-玛丽亚·莫佐尼等女权主义作家都指出了管制娼妓业的问题,呼吁废除这种公然歧视妇女的制度。19世纪70年代,巴特勒的抗议行动导致了一个国际联盟的形成,该联盟的最终目标不仅是在整个欧洲废除法国模式的国家管制的娼妓业,还有废除所谓的白奴贸易本身。②英格兰的《传染病法案》最终于1886年被废除,但欧洲大陆的废除运动一直持续到20世纪。

英国女权主义者倡议反对的领域包括管制的娼妓业、已婚妇女财产法以及结束糟糕的婚姻面临的持续困难,其中,她们将注意力集中在家庭中男性对妇女和儿童的性暴力问题上。弗朗西斯·帕沃·科布(Frances Power Cobbe)在此问题上起了带头作用,他首先挑战了"丈夫的神圣权利",然后揭露了一些妇女在家庭庇护所内的真实生活,试图代表受伤害

① "The Women's Protest",原文发表于 The Daily News(London), 1 Jan. 1870。转载于 Josephine E. Butler, Personal Reminiscences of a Great Crusade (Westport, Conn.: Hyperion Press, 1976; from the "new edition" of 1910 - 1911), pp.9 - 10;并且与马蒂诺写给《每日新闻》(The Daily News)的附信一同转载于 Harriet Martineau on Women, ed. Gayle Graham Yates (New Brunswick: Rutgers University Press, 1985), pp. 265 - 267。

② 参见 Judith R. Walkowitz, Prostitution and Victorian Society: Women, Class, and the State (Cambridge: Cambridge University Press, 1980);以及 Anne-Marie Käppeli, Sublime Croisade: Ethique et politique du féminisme protestant, 1875 -1928 (Carouge-Geneva: Éditions Zoé, 1990)。

的妻子寻求放宽对婚姻法的限制。①这种关注也提出了关于男性使用和滥用酒精的问题。

妇女的反战运动认为,战争是国家认可的另一种男性暴力形式,这一运动把 19 世纪 50 年代和 60 年代发起的新女权主义倡议推至高潮。1854 年 8 月底,克里米亚战争爆发后不久,瑞典小说家弗雷德里卡·布雷默(Fredrika Bremer)在《伦敦时报》上发表了一封信。此前由于玛丽·豪伊特努力的翻译工作,布雷默彼时在英国已经很有名。她的"和平联盟邀请函"呼吁建立一个由妇女组成的国际和平联盟,"反对战争的可怕影响……并促进……国家的和平、爱和人类的发展,并且在战争的恐怖结束,破坏的时代过去后,能够站出来。"布雷默提议跨越国界和边界将博爱的基督教妇女联合起来,邀请她们"像姐妹一样携手合作",相互学习,以"减轻世界的苦难"②。

布雷默的和平倡议只是一系列跨国女权主义倡议中的一个,这些倡议试图将妇女团结起来,以解决普遍的社会问题,不仅要补救问题带来的影响,更重要的是要解决问题产生的根源。这些"问题"包括战争现象本身。19 世纪 60 年代后期,当普鲁士以国家统一为目标进行吞并和扩张的军事行动时,瑞士女权主义和平主义者玛丽·古格(Marie Goegg)建立了一个具有多种解放目标的国际妇女协会,其中最重要的目标就是通过解决产生军国主义价值观的根本原因以寻求阻止战争本身。用历史学家桑迪·库伯(Sandi Cooper)的话说,古格的目标之一是"对母亲进行再教育,以防止通过军事征服,将下一代男孩训练为崇拜那些国家荣誉的虚假偶像"③。古格的文章和演讲发表在国际和平和自由联盟曾昙花一现的期刊《欧洲合众国》上。1870 年普鲁士对法国的胜利和 1871 年的巴黎公

① 关于科布(Cobbe),参见 *Woman's Work and Woman's Culture*, ed. Frances Power Cobbe(London: Macmillan, 1869)中的文章;以及 Deirdre Raftery, "Frances Power Cobbe (1822 - 1904)", in *Women, Power and Consciousness in 19th Century Ireland*, eds. Mary Cullen & Maria Luddy(Dublin: Attic Press, 1995), pp.89 - 123。

② Fredrika Bremer, "Invitation to a Peace Alliance", *The Times*(London), 28 August 1854.

③ Sandi E. Cooper, "The Work of Women in Nineteenth Century Continental European Peace Movements", *Peace and Change*, 9:4(Winter 1984), 11 - 38; quote, p.16.

社使古格有预见性的和平主义-女权主义项目戛然而止,但它在 19 世纪
70 年代又重整旗鼓,再次出现。①

发起知识战争

1850 年,在著名的哥本哈根知识分子约翰・路德维格・海贝尔
(Johan Ludvig Heiberg)的赞助下,一位几乎默默无闻的丹麦妇女玛蒂尔
德・菲比格(Mathilde Fibiger)出版了《克拉拉・拉斐尔:十二封信》。在
该书中,她讲述了一位年轻女子希望献身于追求思想事业的故事。菲比
格笔下的克拉拉・拉斐尔为了实现她的目标,拒绝与一位知名人士结婚:

> 人生中第一次,我为自己不是男人而感到遗憾。与他们相比,我
> 们的生活是多么的贫瘠和空虚啊! 难道一半的人就应该被排除在追
> 求所有知识之外吗? 还是我们的上帝真的用比创造男人更差的东西
> 创造了我们(就像我听到附近一位迷人的绅士一本正经地如此宣
> 称),这样我们就能今生满足于自动完成那些分配给我们的琐碎劳
> 动? 难道我们的思想就没有力量,我们的心就没有热情吗? 它们当
> 然有,但我们内心真正的生命还尚未意识到,我们的精神被俘虏了,
> 而偏见在监狱外站岗。②

菲比格的这本书在哥本哈根和整个斯堪的纳维亚文学界引发了激烈
的争论,一场关于妇女问题的虚构文学之战。这是一个预兆,因为有才智
和抱负的妇女,作为个体开始从超越婚姻和家庭的负面限制之外的自我

---

① 关于 Marie Goegg 的工作,参见 Franca Pieroni Bortolotti, *La Donna, la pace, l'Europa: L'Associazione internazionale delle donne dalle origini alla prima guerra mondiale* (Milan: Franco Angeli, 1985);以及 Susanna Woodtli, *Du Féminisme à l'égalité politique: Un Siècle de luttes en Suisse, 1868–1971* (Lausanne: Payot, 1977)。

② Klara Raphael(pseud. of Mathide Fibiger), *Klara Raphael: Tolv Breve* (1850), as transl. in Inga Dahlsgård, *Women in Denmark Yesterday and Today* (Copenhagen: Det Danske Selskab, 1980), p.80.关于丹麦女权主义的开端,参见 Erwin Kurt Welsch, "Feminism in Denmark, 1850–1875", Ph. D. dissertation, Indiana University, 1974 (Univ. Microfilm 74–13548)。

实现方面,而非从性别的互补性方面阐明她们的愿望。克拉拉·拉斐尔主张妇女要拥有有思想的生活,这一观念早于弗洛伦斯·南丁格尔(Florence Nightingale)。南丁格尔的《卡桑德拉》(写于1852年,秘密出版于1860年)抨击享有特权的妇女在家庭中过着窒息的生活的现象。

在1850年至1870年期间,妇女与知识关系问题的讨论取得了巨大进展。女权主义作家试图抢占制高点,主张自己有知识,对此主张的证明超越了关于妇女创造力的旧有争论。因此,她们希望能够解决关于妇女是否能够创造"天才"作品的问题,或者是否应该仅满足于成为天才男性的母亲,就像亨利·巴克尔(Henry Buckle)在1859年建议的那样。

在法国,多产作家乔治·桑的小说源源不断地出版,激励了整个欧洲的女作家。1865年,有大量的文学宣传册推荐她成为受人尊敬的法兰西学院的候选人。在英国,夏洛蒂·勃朗特通过《简·爱》(1847)和《雪莉》(1849)将小说提到了新高度,同样做出贡献的还包括伊丽莎白·盖斯凯尔的《玛丽·巴顿》(1848)、《露丝》(1853)、《克兰福德镇》(1853)和《北方与南方》(1855),以及伊丽莎白·巴雷特·布朗宁(Elizabeth Barrett Browning)具有里程碑意义的史诗《奥罗拉·利》(1855)。这些作家都将对妇女问题的分析置于中心地位。随后,乔治·艾略特(George Eliot)和玛丽安·埃文斯(Marian Evans)的小说为女性的文学天赋提供了新的证据。艺术的天赋体现于画家罗莎·博纳尔(Rosa Bonheur)的巨幅油画中。1865年6月,法国皇后欧仁妮(Eugénie)将荣誉军团十字勋章颁发给博纳尔时,她坚持道:"我希望在我摄政的最后一项行动中能展现出天才在我眼中是没有性别之分的。"①

法国新教女权主义者热妮·普安萨尔·德埃里古[Jenny P. (Poinsard) d'Héricourt]利用1848年革命失败后的几年时间,获得了顺势疗法的学位,从巴黎医学院得到证书,成为了一名执业助产士。1855年她在意大利皮埃蒙特大区都灵市发表的《论妇女的未来》一文中,就圣西门主义者早先呼吁妇女发表意见一事,提醒她的读者:"今天,许多

---

① 引自 Bonheur's account in Anna Elizabeth Klumpke, *Rosa Bonheur, sa vie, son oeuvre* (Paris: Flammarion, 1909), p.264。

妇女已经从性别的世俗偏见中脱离而出,发展自己的个性。这些女性(我也是其中的一员)现在可以响应这一号召……而这正是我要做的。"①

热妮·普安萨尔·德埃里古挑战了既定的关于智慧的意见,在知识战争中,她展示了自己作为与男性一样成熟的战斗者身份。她援引进步法则,勾勒出性别形成的理论。她认为,大脑是会发生器质性改变的,"本质上是可以修改的"。现在有一些接受过男性特质教育的女性拥有理性能力,就像有一些男性也会表现出具有压倒性的情感一样。她认为,"自然使男人理性、女人感性的理念是完全错误的,是教育和道德使他们如此:感性和理性的分布是平等的……大脑是进步的工具"。思想可能没有性别之分,但无性别之分的大脑需要锻炼才能发展。不再有妇女的天性、妇女的命运、妇女的功能,不再有妇女的领域。就像男人一样,妇女正在走上"个人独立"的道路。最后,妇女必须停止请求她们的权利,而是掌握她们的权利。她们必须继续做女人,而不是模仿男性的习惯或气质,而且她们必须与其他妇女团结一致。德埃里古坚持认为:"胜利将属于那些因感情和共同目标而团结起来的人,她们懂得敢做敢为。"

作为思想上获得解放的近 50 岁女性,热妮·普安萨尔·德埃里古挑战了《圣经》的权威,坚持认为基于基督教信仰的两性平等的主张(近年来被讨论很多)实际上是不正确的。她列举了《旧约》和《新约》中的多个例子,证明"两者都宣称妇女的地位低下,要求她绝对服从父亲和丈夫,拒绝她作为女儿、配偶和母亲的一切权利,使她远离神职、科学和教育,否认她的智慧,践踏她的贤淑,折磨她的感情,允许买卖和利用她的美貌,阻止她继承或拥有财产"②。在德埃里古看来,天主教是一个特别的障碍:脱离

---

① Jenny P. d'Héricourt, "De l'avenir de la femme," *La Ragione* (Turin), no. 54 (27 Oct. 1855), 26 - 31, and no. 56 (10 Nov. 1855), 59 - 64. Quotes, pp. 31, 59 - 61, 64. 关于德埃里古,参见 Karen Offen, "A Nineteenth-Century French Feminist Rediscovered: Jenny P. d'Héricourt, 1809 - 1875", *Signs*, 13:1 (Autumn 1987), 144 - 158; 以及 Alessandra Anteghini, *Socialismo e femminismo nella Francia del XIX secolo: Jenny d'Héricourt*, Quaderni dell'Istituto di Scienza Politica, Università di Genova, Pensiero politico 10 (Genoa: ECIG, 1988)。

② 参见她的四篇系列性文章,"La Bible et la question des femmes", in *La Ragione* (Sept. - Oct. 1857); quote, issue of 24 Oct. 1857, pp. 38 - 39。一个略有不同的版本以单篇文章的形式发表在 1956 年 8 月的 *Revue philosophique et religieuse* (Paris) 中。

盲目的信仰对妇女来说是一件好事。

正是在这些攻击的浪潮中,热妮·普安萨尔·德埃里古与来自弗朗什-孔泰大区的同乡皮埃尔-约瑟夫·蒲鲁东的反女权主义展开了正面交锋,蒲鲁东是工人互助主义运动的主要代言人,也是珍妮·德隆早期竞选活动的对手。在一次激烈的争论中,热妮对蒲鲁东自 1841 年以来发表的关于妇女问题的观点提出质疑。她还把蒲鲁东对她的回应也发出来。在回应中,蒲鲁东认为妇女的事业不能与男人的事业分开,正义永远不可能使女人与男人平等,"并非是女性的劣等性构成了农奴制或屈辱,或是尊严的降低",而是相反。蒲鲁东认为妇女为妇女的利益而进行的鼓动是"一种疯狂的行为,正是由于女性的弱点,由于女性无力认识自己,也无力单独管理自己"①。

热妮·德埃里古很快予以反击,声称蒲鲁东实际上是在对妇女使用双重正义标准。在回应中,蒲鲁东勾勒出了一个轮廓,这个轮廓后来成了他臭名昭著的男尊女卑的"计算法"。1857 年 3 月,热妮宣布蒲鲁东没有对她的反驳作出回应,即是他承认失败,这场讨论突然终止了。

在 1858 年出版的主要著作《论革命与教会的正义》一书,特别是"爱情和婚姻"一节中,蒲鲁东做出了回应。他挑出那些可能成为妇女解放者的人,声称"女性的轻率行为已然引起了人们的关注,六个舞文弄墨的叛乱分子顽固地试图把妇女变成我们不想要的东西,用辱骂的方式要求归还她们的权利,并藐视我们把问题暴露在光天化日之下"②。蒲鲁东仍然坚持他先前提出的"家庭主妇或妓女"公式,认为解放就等于卖淫。然后,他阐述了妇女在"身体、智力和道德方面不如男性"的计算细节,其依据是亚里士多德式的假定——G. J.巴克·本菲尔德(G. J. Barker Benfield)恰当地命名为"精子经济",而我们现在可能称之为睾丸激素的印记。蒲鲁东宣称:"完整的人"是男性。在智力方面,他声称"天赋是……精神上的

---

① 蒲鲁东的信,引自"M. Proudhon et la question des femmes", *Revue philosophique et religieuse*, 6:21(Dec. 1856), 7。

② P.-J. Proudhon, *De la Justice dans la révolution et dans l'église*(1858), in *Oeuvres complètes de P.-J. Proudhon*, new ed., ed. C. Bouglé and H. Moysset, vol.12(Paris, 1935), transl. KO, *WFF*, vol.1, doc.95;所有的引文均自 C. Bouglé 以及 H. Moysset 这一来源。

男性阳刚之气,以及随之而来的抽象、概括、发明、概念化的能力,这些在儿童、太监和妇女身上都同样缺乏……就像在生孩子上一样,妇女在思想生产方面没有带来任何自己的东西,她是一个被动的、令人感到无力的存在,她的谈话如同她的拥抱一般让人疲惫不堪"①。在热妮·普安萨尔·德埃里古的《解放的妇女》(1860)一书中,她回应该指控,认为"我们要求我们的权利,因为我们相信,妇女必须在科学、哲学、正义和政治上留下她的印记"②。

在瑞士洛桑,一位法国妇女已经开始在科学和哲学上留下自己的印记。19世纪50年代末,克莱芒丝·鲁瓦耶(Clémence Royer)为女士们开设了一门"女性哲学"课程,为女性拥有特殊的天赋这一立场进行辩护。她在导论课中解释道:"我必须找到一种形式,是科学的女性化表达形式。这是……我必须创造的新的艺术。"这种艺术可以给冷冰冰、男子气的科学赋予生命,可以使妇女充分参与科学事业。鲁瓦耶解释道:"只要科学仍然完全掌握在男人手中,它就永远不会深入到家庭和社会的深处……为什么……要把[妇女]排除在追求真理的事业之外?"③鲁瓦耶继续出版了(在1862年)她翻译的查尔斯·达尔文(Charles Darwin)《物种起源》的法文译本,她在前面加了一段长长的、打破传统的评论。19世纪70年代,鲁瓦耶从瑞士回到法国后,成为巴黎人类学会的具有争议的会员。

---

① WFF, vol.1, *ibid*.

② Jenny P. d'Héricourt, *La Femme affranchie*(1860),英译本是 *A Woman's Philosophy of Woman, or Woman Affranchised; An Answer to Michelet, Proudhon, Girardin, Legouvé, Comte, and Other Modern Innovators*(New York: Carleton, 1864; reprint Westport: Hyperion Press, 1981),并摘录于 *WFF*, vol.1, doc.98; quote, *WFF*, vol.1, p.346。

③ Clémence Royer, *Introduction à la philosophie des femmes, cours donné à Lausanne par Mlle A. C. R. : Leçon d'ouverture* (1859), transl. Sara Miles,在她的博士论文"Evolution and Natural Law in the Synthetic Science of Clémence Royer"(University of Chicago, 1988)的一个附录中;经 Miles 授权引用, pp. 397, 405, 407。关于鲁瓦耶,参见 Geneviève Fraisse, *Clémence Royer, philosophe et femme de sciences* (Paris: Éditions la Découverte, 1985); Joy Harvey, "'strangers to Each Other': Male and Female Relationships in the Life and Work of Clémence Royer", in *Uneasy Careers and Intimate Lives: Women in Science, 1789 - 1979*, ed. Pnina G. Abir-Am & Dorinda Outram(New Brunswick: Rutgers University Press, 1987),以及 Joy Harvey, *"Almost a Man of Genius": Clémence Royer, Feminism, and Nineteenth-Century Science*(New Brunswick: Rutgers University Press, 1997)。

再次为父权制正名

从19世纪50年代开始,这些关于妇女是完整的人,并拥有完整的能力的勇敢宣言就备受激烈的争议。事实上,这一时期的知识战争中最不为人知的特点之一,就是泛欧范围内涌现出大量的为父权制的必要性辩护的学术或准学术出版物。在对女性身份的颂扬、对母职的讴歌以及对女性地位的尊崇中,一股更具敌意的知识逆流正在发展。除了法国的蒲鲁东和儒勒·米什莱广为流传的回应外,还必须注意到与他们同时代的德国人亚瑟·叔本华(Arthur Schopenhauer)和威廉·里尔(Wilhelm Riehl)以及英国的亨利·萨姆纳·梅因爵士(Sir Henry Sumner Maine)和瑞士的约翰-雅科多·巴霍芬(J.-J. Bachofen)贡献的反对思想。19世纪一些最杰出的知识分子直接参与了妇女问题的讨论,将他们在生理学、人类学、语言学和历史方面的专业知识集合起来,为男性统治辩护——或为其正名。新兴的人文科学——社会学、心理学、人类学——都参与了这些争论。

1851年,年迈的亚瑟·叔本华(Arthur Schopenhauer)(他的母亲是一位沙龙常客,也是诗人兼哲学家歌德的密友)在写《论女人》时,再次引用了大自然对妇女的计划,他将其总结为受难和服从。在尼采和其他人之前,叔本华几乎完全以否定的方式构建了妇女的"差异"。在理智问题上,他宣称妇女缺乏理性,所以她们也缺乏正义感。她们缺乏对伟大艺术的鉴赏能力,也缺乏天分。叔本华宣称,"整个(女性)性别中最杰出的知识分子从未在美术方面取得过任何一项真正伟大的、真实的和原创的成就,或在任何领域为世界提供过任何具有永久价值的作品":

> [妇女]构成第二性,在各方面都不如第一性,应当充分考虑她们的弱点。男人要是对女人表现出无比的崇敬,那真是荒唐之事,也让女人贬低了男人。当大自然将人类分成两性时,男女人数并非平衡。确实,两性的区分就只在男女性别的不同,这不仅是质的不同,也是量的不同。……如果这样的二等人类(Number-Two of the human race)在欧洲也能退居她原本自然的位置,就不存在令人生厌的妇人

了,这真是求之不得的事。这种妇人不仅在亚洲成为笑柄,在古希腊与古罗马也受到同样的嘲笑。①

　　叔本华认为,即使是一夫一妻制也会不适当地把女人抬高到与男人平等的地位,亚洲各民族深谙此事。此外,妇女不应继承财产或处理财富:"赚钱的人是男人,不是女人;由此可见,女人既没有理由无条件地拥有财富,也不适合被委托管理财富。"

　　在德国,年轻的记者和社会科学家威廉·海因里希·里尔(Wilhelm Heinrich Riehl)赞同叔本华的反击。作为对 1848 年动乱的回应,里尔开展了一项社会学项目,从而发现"真正的"德国,即乡土的传统父权制的德国。在创作他的三部曲《德意志民族的自然史》时,里尔在《德国季刊》发表了《论妇女:社会政治研究》,在这篇文章中,他严厉批评了 1848 年的"被解放的妇女",因为她们忘记了自己性别的天然使命。②这为他在《家庭》(1855)一书中以《圣经》权威为基础,进一步讨论两性关系提供了跳板。就像在他之前的孔德一样,他声称文化的发展导致了两性的日益分化和不同,而不是走向无差别的平等。他认为,站在国家的角度,只有让(男性)户主而非个人成为家庭代表,妇女才能得到解放。在里尔的计划中,单身汉和单身女性一样,都是不幸的,没有权利的。

　　在法国,社会学家弗雷德里克·勒普莱(Frederic LePlay)对工人和农民家庭进行了与里尔类似的调查,以期能够找到让妇女持续作为男性辅助者的社会改革方法。正如他在专著《社会改革》(1864)中所述,英国尚未改革的婚姻法为他提供了模式,他认为妇女的位置必须在家庭中,她不应该与制造业、商业或财产有关。这位改革者极力支持男女两分领域和男性养家糊口。勒普莱对社会和经济生活的调查得到了保罗·伯纳德(Paul Bernard)研究结果的补充,此人是 1860 年法国皇家道德和政治科

　　① Arthur Schopenhauer, "On Women", in *Studies in Pessimism: A Series of Essays*, sel. and transl. T. Bailey Saunders, M. A. (London: Swan Sonnenschein., 1893), pp. 105 - 223(quotes, pp. 105 - 106);出版的原文是"Über die Weiber", chap. 27 of Schopenhauer's *Parerga und Paralipomena: Kleine philosophischen Schriften*(1851).

　　② R. (Wilhelm Heinrich Riehl), "Die Frauen: Eine social-politische Studie", *Deutsche Vierteljahrsschrift*, 1852, no. 3, pp. 236 - 296.

学学院主办的父权历史(征文)比赛的获胜者。[1]

儒勒·米什莱广受欢迎的社会哲学调查《爱》(1859)和《妇女》(1860),在很大程度上借鉴了当时关于女性生殖生理学的医学研究,坚定了妇女作为永久病人的学说,从而为"生理还原论"一词赋予新的含义。米什莱认为,"妇女"必然要在男性的家庭中处于男性的权威之下,她的思想和她的身体都受到男性的优越属性熏陶。此外,他还主张将妇女与她的原生家庭分开,从而使她完全依赖她的丈夫。米什莱花言巧语式的伪父权学说,用针对男性的婚姻手册的形式做掩饰并被广泛翻译,在19世纪余下的时间里,在整个欧洲和美国投下了长久的阴影。[2]

正是鉴于这种对1848年爆发的女权主义的压制性回应,这些重新制定父权制思想基础——事实上也是重新确认男子气概及其特权——的运动必须被重新评估。也正是在这种情况下,我们必须重新考虑由诸多诗人和作家开展的更为人知的文学与哲学运动,该运动将"妇女"理想化为"家中的天使"(西班牙文为angel del hogar;意大利文为angelo del focolare)。[3]卢梭在18世纪中期的《新爱洛伊丝》(*Julie*)中为"天使"提供了一个持久的模型,但随后的"天使"模型使用了文化上的具体形式。英国的考文垂·帕特莫尔(Coventry Patmore)《家中天使》(1854—1863)和约翰·拉斯金(John Ruskin)《女王的花园》(1865)中的诗歌和散文,被广泛翻译的法国新教牧师阿道夫·莫诺(Adolphe Monod)的专著《妇女:使命和生活》(1848年被翻译为法语,1858年翻译为英语以及丹麦语),意大利

① 参见 Paul Bernard 引人注目的研究,*Histoire de l'autorité paternelle en France*(Montdidier: Radenez, 1863),以及 Frédéric Le Play's *La Reforme sociale en France*, 2 vols. (Paris: Plon, 1864)。

② Jules Michelet, *Love*, transl. J. W. Palmer (New York: Carleton, 1860; orig. publ. Paris, 1859 **as L'Amour**);以及 Jules Michelet, *Woman(La Femme)*, transl. J. W. Palmer, M. D. (New York: Carleton, 1873; originally published in Paris, 1860);二者摘录于 *WFF*, vol.1, docs. 97, 98。一项重要的女权主义的分析是 Thérèse Moreau, *Le Sang de l'histoire: Michelet, l'histoire et l'idée de la femme au XIXe siècle*(Paris: Flammarion, 1982)。

③ 参见 Carol Christ, "Victorian Masculinity and the Angel in the House", in *The Widening Sphere*, ed. Martha Vicinus(Bloomington: Indiana University Press, 1977); Susan Kirkpatrick, *Las Románticas: Women Writers and Subjectivity in Spain, 1835-1850*(Berkeley & Los Angeles: University of California Press, 1989)。

天主教教士贾基莫·文图拉·迪·劳利卡(Gioacchimo Ventura di Raulica)被多语种翻译的多卷本论著《卡托利卡酒店》(1855),这些作品都为这一运动做出了贡献。至于女权主义者,许多人同意法国女权倡导者和受欢迎的公共演说家玛利亚·德赖斯默斯的观点。她在 19 世纪60 年代拒绝了"作为天使的荣誉",并将那些坚持认为妇女应该扮演自我牺牲和纯粹家庭角色的人斥责为妇女最大的敌人。①

这一时期的新历史学术研究密切关注人类社会的起源和发展,尤其是欧洲的起源。在伟大的考古发掘和现场人类学考察时代到来之前,这些学者不得不依赖于法律和文学作品中保存的早期书面记录里的证据。他们为自己能以科学的、学术的方法观察过去而感到自豪,尽管他们在写作时对自己的时代有着毫不掩饰的关注。1861 年出版的两部主要作品揭示了妇女问题在社会发展史理论中的核心地位。

在《古代法》中,英国法律学家亨利·萨姆纳·梅因爵士借鉴比较法学的成果,认为自古以来印欧社会都是围绕父权制家庭组织起来的,尽管随着个人自由(特别是女性个人)和所有权自由的增加,父亲的绝对权威在近代受到了越来越多的削弱。梅因写道:"古代法律规定妇女从属于她的血缘关系,而现代法学的一个主要现象是妇女从属于她的丈夫。这一变化的历史是显著的。"②正如在个体出现之前家庭组织已经松散,在进步社会中,契约(关系)也取代了身份(关系)。未婚的成年女性,像男性一样,可以作为个人订立契约。

巴塞尔大学的罗马法教授约翰·雅科多·巴霍芬(Johann-Jakob Ba-chofen)仔细分析了古代地中海世界母权制的兴衰。他特别感兴趣用宗教的意义以及神话作为解释工具。在《母权论》中,巴霍芬认为他记录了男性统治推翻了女性统治的过程,他明确认为父权制是一种更优越的社会组织,在他心目中代表了"思想"对"物质"的胜利。他影响深远的贡献

---

① Maria Deraismes, "La Femme et le droit",在 19 世纪 60 年代末发表的公开演讲,出版于 *Ève dans l'humanité*(Paris, 1891); quote pp.16 - 17,摘录并翻译于 *VW*, doc. 25ii, p.140。*Ève dans l'humanité* 此文再版时由 Laurence Klejman 写了序言(Paris: côté-femmes, 1990)。

② Sir Henry Sumner Maine, *Ancient Law: Its Connection with the Early History of Society, and Its Relation to Modern Ideas*, 6th ed.(1876; orig. pub. 1861); in *WFF*, vol. 1, doc. 101(quote, p.374)。

是令人信服地证明了早期地中海文化中母系亲属关系模式的存在,即使当时不存在严格意义上的女性统治①。梅因和巴霍芬的发现,加上苏格兰人约翰·弗格森·麦克伦南(John Fergusson McLennan)关于原始婚姻的发现,为攻击当代欧洲社会中适当地重新安排性别次序的问题提供了新的弹药。在随后弗里德里希·恩格斯和弗里德里希·尼采(Friedrich Nietzsche)等不同作家的作品中都能感受到他们的影响。

就19世纪60年代女权主义的发展而言,知识战争的两个最重要的方面是:第一,为妇女提供医学教育的运动;第二,对妇女在有偿就业方面的严重劣势进行证据确凿的批评。

医学教育运动的关键在于对妇女身体和生殖的了解和控制。男性医生越来越多地在妇科和产科问题上宣称自己的权威,并在这些领域行医,同时也建立了助产士的传统特权。在法国,堕胎在法国大革命期间被宣布为反国家罪,并在《拿破仑刑法典》(1810年)中再次被定为犯罪,助产士也受到政府的控制,对人口增长速度慢的担忧使辩论变得复杂。

当著名的男医生,特别是热衷于公共卫生的安布鲁瓦兹·塔迪厄(Ambroise Tardieu)(他于1852年初在医学院提出了堕胎问题,随后成为法国在这个问题上的主要医学法律权威)首先主张改变法律标准以确保对堕胎者定罪,而且指控助产士过于频繁地充当为他人堕胎者(即作为反社会的奸商)而非新生命的促进者时,这些问题在19世纪50年代后期和60年代引发了人们的关注。②

在英国,议会通过了1858年的《医疗法案》,根据该法案,只有持英国大学学位者方能进入医学领域。这是对当时刚刚注册了的英裔美国人伊丽莎白·布莱克维尔(Elizabeth Blackwell)的直接回应,她在美国获得了医学学位,并曾在法国实习。一些有奉献精神的英国妇女被这种趋势所

---

① Johann-Jakob Bachofen, *Myth, Religion, and Mother Right*, transl. Ralph Manheim (Princeton: Princeton University Press, 1967), orig. publ. as *Das Mutterrecht: Eine Untersuchung über die Gynakokratie der alten Welt nach ihrer religiösen und rechtlichen Natur* (Stuttgart, 1861);摘录于 *WFF*, vol.1, doc.102。

② 针对这场辩论,关于 Tardieu 的重要性的资料,我参考了 Nancy Robin Jaicks 的博士论文 "Angel Makers: The Crime of Abortion in Nineteenth-Century Lyon" (Columbia University, 1993)。他还强烈反对同性恋。

激怒,在她们前辈和导师榜样的激励下,准备猛烈攻击英国医学职业的堡垒。英国政府在 1861 年将堕胎定为犯罪,这可能也是她们下定决心展开冲击的一个因素。

与此同时,1864 年,苏黎世大学悄悄地向女性学生敞开了大门。来自东欧,包括波兰、罗马尼亚特别是俄国在内的年轻妇女们,纷纷涌入苏黎世大学就读。在俄国,伴随着农奴的解放,科学和政治进步在 19 世纪 50 年代后期及 60 年代已经联系在一起。但是,女权主义批判只是随着 M. L.米哈伊洛夫(M. L. Mikhailov)(在很大程度上受到他在巴黎读到的热妮·普安萨尔·德埃里古的出版物的启发)的出版物以及 N. G.车尔尼雪夫斯基(N. G. Chernyshevsky)的小说《怎么办》(1863)的出版才开始发展起来的。一些享有特权的妇女与她们的男性同行一样被卷入自然科学和医学研究浪潮中,她们在圣彼得堡大学旁听课程。在 1863—1864 年这些大学和医学院对她们关闭大门后,许多人离开俄国到国外学习,而苏黎世大学在最开始就对她们表示热烈欢迎。这开创了对西欧其他医学院产生重要影响的先例。①

在法国,允许妇女学习医学的情况则以截然不同的方式发展。1865 年,德国的玛蒂尔德·泰厄森(Mathilde Theyessen)在巴黎通过了"健康和药学官员"的考试,成为 19 世纪欧洲第一位获得官方认证的女医生。1868 年,在另一个短暂的摄政期间,欧仁妮皇后(她长期以来一直是女孩教育的推动者)和部长议会(the Council of Ministers)决定允许妇女们,包括伊丽莎白·加勒特(Elizabeth Garrett)、美国人玛丽·帕特南·雅各比(Mary Putnam Jacobi)、俄国人贡查洛夫小姐(Mlle. Gontcharoff)和法国首位妇女玛德琳·布雷斯(Madeleine Brès)参加巴黎医学院(Faculty of Medicine)的考试。当法兰西第二帝国覆灭时,她和教育部长急于赶在圣彼得堡建立女子医学院之前,在法国建立一所这样的医学院。妇

----

① 对苏黎世妇女的最新研究是 Thomas Neville Bonner, "Rendezvous in Zurich: Seven Who Made a Revolution in Women's Medical Education, 1864 - 1874", *Journal of the History of Medicine*, 44:1(Jan. 1989), 7 - 27。同时参见 Bonner's book *To the Ends of the Earth: Women's Search for Education in Medicine* (Cambridge, Mass.: Harvard University Press, 1992)。(自 Bonner 的书之后,Natalia Tikhonov-Sigrist 调查了许多最初在欧洲大学学习医学的妇女的背景。她已经用英语、法语和德语发表了关于她的调查结果的文章)

女在法国行医的障碍,并不在于医学院存在与否或是否有机会进行考试,而在于这之后的环节:她们被排除在能够进入医院实习和成为住院医师的竞争性考试之外。对女医生来说,这些由医疗当局控制的障碍更难跨越。

在有志于接受医学教育的英国人中,伊丽莎白·加勒特于1868年设法报名参加了巴黎的考试,但索菲娅·杰克斯-布莱克(Sophia Jex-Blake)决心在英国成为一名医生,并获得了在爱丁堡大学单独的"女子班"学习医学的许可。杰克斯-布莱克在1869年指出:"如果妇女主张她们确实需要,并且能够理解任一学科或所有学科方面的教学内容,我不知道谁有权利否认这种主张。"①经过三年的争论,爱丁堡大学评议会禁止妇女报名参加可以获得学位的考试。虽然妇女们赢得了针对大学的诉讼,但校方随后通过上诉来拖延时间,在经历长时间的拖延、耗费巨额开支后,妇女们被迫离开了。1877年,伦敦大学成为第一所向妇女授予医学学位的英国大学,因为英国议会在前一年修订了《医疗法案》,取消了所有基于性别差异的限制。虽然成本很高,但女性进入英国医学界的机会从此得到了保障。

面对招收妇女接受医学教育的运动,一些受过大学教育的男性的反应则惊人地刻薄。特别是在德国和奥地利,男性学术界发起了反对妇女参与大学学习的所有方面努力的行动。慕尼黑的医学教授西奥多·冯·比朔夫(Theodor von Bischoff)在他的短论《妇女的医学研究和实践》(1872)中的反对意见产生了持久的影响。在19世纪70年代后期,德国所有领域的教授都团结起来反对所有研究领域的女学生,这种反对一直持续到19世纪90年代。②

---

①　Sophia Jex-Blake, "Medicine as a Profession for Women", in her *Medical Women*, 2d ed. (Edinburgh, 1886);该文最初发表于1869年。摘录于*WFF*, vol. 1, doc. 133, quote, p. 475。

②　关于德国的反对意见,参见James C. Albisetti, *Schooling German Girls and Women: Secondary and Higher Education in the Nineteenth Century* (Princeton: Princeton University Press, 1988); Patricia Mazón, "Academic Citizenship and the Admission of Women to German Universities, 1865 - 1914", Ph. D. dissertation, Stanford University, 1995. [亦参见她的书: *Gender and the Modern Research University: The Admission of Women to German Higher Education, 1865 - 1914* (Stanford: Stanford University Press, 2003)]

即使在英国,妇女赢得了医学教育的战斗,人们对妇女接受高等教育的反对仍在继续。反对者声称,高等教育会破坏妇女的生殖能力或导致神经衰弱,而且在这个过程中,这些妇女会以某种方式变得彻底男性化。针对亨利·莫兹利(Henry Maudsley)关于女性接受高等教育的目的是"将女性的思想同化为男性思想"的指责,英国首位女医生伊丽莎白·加勒特·安德森坚持认为:"她们渴望让妇女接受更高、更严肃的教育,唯一目的就是希望妇女可以尽可能自由地处理她们可支配的事物。"她一针见血地补充道:"如果她们失败了,那肯定不是因为她们认为优秀的男性特质就囊括了人类所期待的一切。"[1]在各种权利中,妇女有权拥有她们自己的思想和观点。

然而,女权主义者并不需要大学学位,就可以在有关妇女就业的辩论中,根据系统的观察对经济知识做出重要贡献。当英国和法国的经济学家和劳工领袖都在主张用"家庭工资"将妇女留在家中时,作为社会科学家的妇女正在收集自己的数据,指出男性养家者模式的问题。早在19世纪40年代,弗洛拉·特里斯坦就在调查有关妇女和就业的问题,并在她的《工人联盟》(1843)一书中对妇女的低收入问题提出了一些特别敏锐的观察。她讽刺地指出,如果妇女得到同工同酬,妇女的收入会比男性多,因为她们的生产力更高。

在《妇女》(1860)中,儒勒·米什莱咒骂"女工"这个词是"不虔诚的"和"肮脏的",但他愤怒的反对并不能根除女工现象。朱尔·西蒙(Jules Simon)在1861年发表的关于女工的研究,再次激起了人们对妇女在家庭之外从事工业劳动的反对。西蒙非常了解英国纺织制造业城镇的工人阶级家庭中出现的许多棘手的社会问题,并带着这些问题考察了法国的类似社会问题。尽管历史学家已经证明,在纺织业就业的妇女中,年轻单身妇女的比例出奇地高,但西蒙还是把她们的工作完全当作已婚妇女的工作来讨论。他的假设是,每个单身妇女都是一个大家庭未来的妻子和母亲,哪怕在结婚之前,她的劳动力参与不仅阻止了家庭技能的获得和实

---

[1]   Elizabeth Garrett Anderson, "Sex in Mind and Education: A Reply", *Fortnightly Review*, n.s., 15(May 1874); quotes, p.583.

践,而且对她的美德构成了致命威胁。像他那个时代的许多自由派经济学家一样,西蒙主张提高男人的工资,以提供可以养活妻子和孩子的"家庭工资"。他认为,妇女从事的任何生产性劳动,都应该在自己家里完成,在那里她们可以继续做"女人"。西蒙呼应了米什莱、孔德和其他人的观点并断言:"如果有一件事是大自然清楚地教导我们的,那就是妇女生来是被保护的,作为女儿与母亲一起生活,作为妻子在丈夫的保护和权威之下生活。"①

朱莉-维克多・道比(Julie-Victoire Daubié)是首位通过法国中学毕业会考(1861 年)——这意味着可以进入大学学习——的妇女,她对西蒙的论点提出了异议。她参加了里昂学院(Academy of Lyon)在 19 世纪 50 年代末主办的一次论文竞赛,提交的论文于 1866 年以《可怜的女人》为名出版。道比并没有像西蒙一样试图通过提高男性的工资,使劳动妇女回归到依赖性的家庭角色,而是像她的女权主义前辈一样,敦促进行改革,使妇女在经济上变得独立。此外,她还呼吁通过法律来遏制性骚扰,从而使妇女在法国社会有更多的行动自由。她特别反对男性侵入在她看来是女性的职业:

> 每当我们仔细调查贫困妇女不稳定状况的原因时,我们就会发现,这可以归结为中央集权的行政管理,它任意地将她们排除在学校和工作之外,以及不负责任的不道德行为,在将她逐出家庭之后,又让她承受法律、制度和习俗的三重压迫。②

道比在她漫长的研究中详细列举并谴责了这些法律、制度和习俗,拆穿了

---

① Jules Simon, *L'Ouvrière*, 4th ed. (Paris, 1862); transl. KO in *WFF*, vol. 1, doc. 126, p. 458.[米什莱对工厂女工的谴责(女工! 一个不道德的、肮脏的词,没有任何语言能够……)可以在 *Woman/La Femme*, p. 23 中找到]

② Julie-Victoire Daubié, *La Femme pauvre au XIXe siècle*(Paris, 1866); transl. KO in *WFF*, vol. 1, doc. 127, p. 459. Daubié 的 *Femme pauvre*(3 vols., 1870)的第二版已再版(Paris: côté-femmes, 1992‐1993)。Joan W. Scott, "'L'Ouvrière! Mot impie, sordide …'": Women Workers in the Discourse of French Political Economy, 1840‐1860", in *The Historical Meanings of Work*, ed. Patrick Joyce(Cambridge: Cambridge University Press, 1987), 119‐142 and 282‐285(notes)对西蒙—道比的往来意见交流进行了优秀的分析。

西蒙等自由主义经济学家的家长式论点的漏洞。19 世纪 60 年代,当美国内战在大多数有思想的欧洲人的观念中意味着黑人奴隶的解放时,英国的贝茜·雷纳·帕克斯和德国的路易丝·奥托对妇女工作的研究,也同样呼吁通过妇女的经济解放,实现个人发展的自由。奥托断言:"我们希望通过要求男女自然地分担劳动,将自己从依赖性的压力中解放出来。"①

1866—1867 年,在新成立的国际工人协会(International Working Men's Association)的年度大会上出现有关妇女问题的辩论时,已有的研究为妇女工作权利的倡导者提供了充足的武器弹药。进步的中产阶级知识分子和手工业者均参加了这些会议,并就妇女在劳动力和家庭中的作用展开激烈的辩论。出席会议的工人中很少有人支持妇女工作权的原则。像当时许多知识分子一样,他们更偏爱让男人赚到足够多的钱,以养活妻子和孩子的"家庭工资"概念。在这里,蒲鲁东、西蒙和米什莱的大量论点得到详细表述,在工人们的辩论中,这些论点与马克思和恩格斯的论点混合在一起。经过一年的研究和激烈的辩论,1867 年工人大会的共识是,妇女应该从工作中解放出来,留在家庭中。委员会 1867 年的报告宣布:"地球上最伟大的名字是父亲的名字,最伟大的东西是父权:这些是家庭的创造因素和保存因素。"

妇女因其身体和道德的天性,自然而然地被召唤于家庭炉灶的和平琐事中;这是她的活动范围。我们认为,社会赋予她任何其他职责都是无益的。如果无产者的妻子能够成为商会的代表,那么工人喝的汤就很可能不够美味了。作为母亲,妇女是孩子的第一任教育者,但前提是在父亲的指导下。②

---

① Louise Otto, *Das Recht der Frauen auf Erwerb: Blicke auf das Frauenleben der Gegenwart* (Hamburg, 1866); transl. SGB in *WFF*, vol. 1, doc. 129, p. 465.

② 第一国际工人协会(The First International Working Men's Association),1867 年洛桑大会(Lausanne Congress), "Rapports lu au Congrès ouvrier réuni du 2 au 8 septembre 1867 à Lausanne", in *La Première Internationale: Recueil des documents*, ed. Jacques Freymond, vol. 1(Geneva: Droz, 1962); transl. KO in *WFF*, vol. 1, doc. 131, pp. 469 - 470。

在巴黎,女权主义者强烈反对第一国际的结论。在 1868 年巴黎举行的一系列公开讲座中,许多发言者谈到了这些问题。社会主义女权主义者波勒·明克(Paule Mink)雄辩地提出了妇女的自主权、工作权和获得同等报酬的权利:"剥夺妇女的工作权利,就是贬低她,就是把她置于男人的枷锁之下,并把她交予男人享用……只有工作才能使独立成为可能,没有工作就没有尊严。"但是,就像许多前辈的论点一样,明克对平等和独立的论点是以女性与男性的差异为前提的:

> 为什么女人在不希望变得像男人一样的情况下不能与男人一样平等? 模仿不可避免地是一种软弱。最重要的是,人必须肯定和保持自己。女人有属于自己的美德,而男人有属于自己的品质。为什么要把他们融合成一个无形的、各部分都无法辨认的团体? 我们肯定自己的个性,但我们想保持女性的身份。①

明克认为,有酬劳动远远没有使妇女失去女性的特征,而是使妇女能够作为女性个体得到最充分的发展。

19 世纪 50 年代和 60 年代的知识战争激励女权主义者做出了重大贡献,同时也促使那些我们称之为反女权主义者的人重新阐述和重申了对妇女解放的反对意见。人们清楚地看到工作和家庭在构建女性从属地位方面的作用。因此,对于一个将极大地加速整个欧洲女权主义思想传播的出版事件来说,时机已经成熟,这就是 1869 年约翰·斯图尔特·穆勒的伟大作品《妇女的屈从地位》的出现。

重塑辩论:穆勒的《妇女的屈从地位》及其诋毁者

在关于妇女的天赋、古代史、医学教育、差别工资的激烈争论中,在美

---

① Paule Mink, "Le Travail des femmes, discours prononcé par Mme Paul [sic] Mink à la réunion publique du Vauxhall, le 13 juillet 1868", Bibliothèque Nationale, microfiche RP 12236; transl. KO, in WFF, vol. 1, doc. 132, pp. 472 - 473. 感谢 Marilyn J. Boxer 提供的这篇四页的演讲稿。

学家和宗教领袖对妇女"领域"的持续浪漫化,以及社会学家和历史学家对父权制的辩护中,英国著名哲学家约翰·斯图尔特·穆勒为妇女从父权制中获得合法解放写下了他最雄辩的论据——《妇女的屈从地位》。这本厚重的小书在 1869 年出版,对妇女权利事业来说是一个真正具有国际意义的事件。伦敦版很快在纽约和费城重印,此后不久,几乎出现了所有欧洲语言的译本。值得注意的是,穆勒的许多译者都是妇女和女权主义者,其中包括意大利人安娜·玛丽亚·莫佐尼(Anna Maria Mozzoni)、德国人燕妮·希尔施(Jenny Hirsch),以及几年后(19 世纪 80 年代)的西班牙小说家和散文家埃米莉亚·帕尔多·巴桑(Emilia Pardo Bazán)。冉冉升起的年轻世界文学评论家格奥尔格·布兰德斯(Georg Brandes)是妇女解放的热心倡导者,他策划并推动了该书丹麦语的翻译。

自 19 世纪 30 年代初以来,妇女问题一直是穆勒思想的核心,他坚信没有理由承认"一个性别对另一个性别的必然从属关系"。他最终中断了与奥古斯特·孔德在这个问题上的讨论,彻底拒绝了孔德在妇女问题上的生理决定论。穆勒扩展了他在《论自由》(1859)这篇强大而有影响力的短论中提出的原则,建议消除所有阻碍女性人格发展的人为或社会构建的障碍,从而使"妇女的本质"问题得到彻底的回答。他认为,应该允许妇女拥有与男性同样的个人自由机会,同样的获得个人尊严的自由。他持续关注女性能力的发展对整个社会可能带来的好处。他坚持认为:"人类因担心自然界不能成功实现其目的,而代表自然界进行干预的焦虑,是一种完全不必要的担忧。"面对那些反对妇女解放的人的基本关切,穆勒提出了挑战:

> 我希望听到有人公开阐述这一学说(它已经隐含在关于这一问题的许多文章中)——"妇女结婚和生育对社会是必要的。除非她们被强迫,否则她们不会结婚生育。因此,有必要强迫她们。"这样一来,情况的是非曲直就会被明确界定。[①]

---

① John Stuart Mill, *The Subjection of Women* (London: Longmans, Green, Reader & Dyer, 1869; New York, Appleton, 1869); quoted in *WFF*, vol.1, doc.105, pp.392, 393.这部著作经常以英文再版,并被翻译成许多其他语言。

　　穆勒精心构建的雄辩论点的精妙之处在于,在消除对妇女作为人而全面发展的所有法律和文化限制之前,妇女的"本质"永远无法得到完全确定。这种推理方式使女权倡导者能够在要求对妇女的法律地位和教育进行解放性改革时采取攻势,而不必以妇女的特殊天性来证明这种要求的合理性。

　　由于穆勒作为哲学家已经颇具声誉,他的《妇女的屈从地位》得到了广泛的评论和讨论,而且远远超出了英国。最激烈的反驳之一来自德国著名的历史学家海因里希·冯·西贝尔(Heinrich von Sybel),他是法国大革命的批评者。和许多德国知识分子一样,西贝尔完全反对对妇女进行除婚姻和与母职相关之外的任何训练。①在英国,詹姆斯·菲茨詹姆斯·斯蒂芬爵士(Sir James Fitzjames Stephen)的回应,则表达了他坚定的信念,即由于体力的差异和婚姻的要求,两性之间不可能有平等。斯蒂芬在英属印度殖民地服务多年,是一个顽固守旧的专制主义者,也是20世纪小说家弗吉尼亚(斯蒂芬)·沃尔夫的叔叔。在对斯蒂芬的反驳中,女权活动家米利森特·加勒特·福塞特重申了她的观点,她反对英国妇女在婚姻中的法律从属地位,而她的同事莉迪亚·贝克尔(Lydia Becker)则认为斯蒂芬的假设是错误的,他把对平等的理解错误地建立在身体素质上,特别是错误地将妇女的从属地位与儿童的从属地位进行类比。个人权利的平等和机会的平等,而非条件的平等,这是贝克尔讨论两性平等问题的特点。②

　　在法国,爱德华·德·蓬佩里(Édouard de Pompéry)与穆勒的最终目标一致,但他批评穆勒将其平等权利的理由建立在表面的能力平等上。与此相反,蓬佩里援引了正义原则:"不是以男女能力平等的名义来要求妇女的权利,而是以人类正义的名义来要求妇女的权利,它应该保证社会

---

　　① Heinrich von Sybel, *Über die Emanzipation der Frauen* (Bonn: Cohen & Gohn, 1870).

　　② James Fitzjames Stephen, *Liberty, Equality, Fraternity,* 2d ed. (1874; orig. publ. 1873), ed. with introd. and notes R. J. White(Cambridge: Cambridge University Press, 1967); Millicent Garrett Fawcett, *Mr. Fitzjames Stephen on the Position of Women*(London: Macmillan, 1873); and Lydia E. Becker, *Liberty, Equality, Fraternity. A Reply to Mr. Fitzjames Stephen's Strictures on Mr. J. S. Mill's 'Subjection of Women'* (Manchester: A. Ireland, 1874).斯蒂芬的短论的新版本已由芝加哥大学出版社于1991年出版。

的每个成员都能最充分、最完整地发挥自己的作用。"他还在一个概括性的结论中补充道：

> 奴隶制、农奴制、妇女的屈从地位，以及战争、神权政治、专制制度和那种延伸至每个家庭成员生死权的父权，都是过去必不可少的东西；而这些制度没有一个能够在权利中找到正当的理由，也无法在理性的信仰中站稳脚跟。[1]

保守派俄国知识分子斯特拉霍夫(N. N. Strakhov)在《扎利亚》(1870年2月)上发表了一篇长文，对穆勒的《妇女的屈从地位》的两个译本作出了回应。斯特拉霍夫认为穆勒关于妇女合法解放的论点不适合俄国，他对俄国主张女性解放的人所表现出的对人类理性的过度信仰更是持批评的态度：

> 大胆提出对古老问题的新的解决方案相当于以下内容：上帝和自然之间(上帝只是自然的化身)……精神和物质之间(精神是物质行为的结果)……人类和动物之间(人类只是一种直立行走的动物)……或者男性和女性之间(女性是某种没有胡子的男性，只是更矮)都没有区别。[2]

基于查尔斯·达尔文在著名的《物种起源》(1859)中提出的新进化论及其社会影响，其他反对男女平等的人断言，即使像穆勒所建议的那样，结束妇女在法律上的屈从地位，她们也不可能达到男性的创造力和智力高度。因此，穆勒的书发起了新一轮的讨论，中心问题围绕进化对妇女自

---

[1] Édouard de Pompéry, "L'Assujetissement des femmes, par Stuart Mill", *La Philosophie positive*, 6:5(March – April 1870); transl. KO, in *WFF*, vol. 1, doc. 108(quotes: p.406).

[2] N. N. Strakhov, "Mill(zhenskii vopros)", *Zaria* (Feb. 1870)，再版于 Strakhov, *Borba s zapadom v nashei literature*, 2d ed., vol.1(St. Petersburg, 1887), p.176; 在 Linda Gerstein, *Nikolai Strakhov*(Cambridge, Mass.: Harvard University Press, 1971), p.123 中引用及翻译。

由的限制,正如当代科学对大脑大小和颅骨容量以及两者与体质关系的调查所表明的那样。

英国、法国、德国和瑞士的体质人类学家已经运用他们在测量古代和近期的头骨方面的专业新知识来回答妇女问题。以达尔文本人为首的进化论者利用头骨的发现,不仅宣称妇女的不同,而且强调她们在精神和身体方面的劣势。在他的第二本重要著作《人类的由来》(1871)中,达尔文提出了性选择或择偶的进化的重要性,认为它是造成随时间推移而增加的男女之间的差异——不仅是指生理上的差异,还包括心理和情感构成的差异——的原因。他认为,随着女性越来越受到男性的保护,她们已经失去了在不懈的生存斗争中磨炼智慧的必要性,从而使她们持续保持相对较低的发展。他坚信,无论19世纪女权倡导者的愿望如何,进化中的性分化的结果以及由此产生的男性优势是永远无法消除的。男性与其他男性对女性的竞争,在生活中的竞争,以及他们作为养家糊口者的角色将确保他们持续的优越性。达尔文说:"虽然现在男性不再为妻子而争斗,而且这种选择形式已经消失,但在成年期间,他们通常都要经历一场激烈的斗争以维护他们自己和家庭;这将倾向于保持甚至增加他们的心智力量,并因此导致目前两性之间的不平等。"①

进化论社会学家赫伯特·斯宾塞(Herbert Spencer)也对女性最终有可能与男性匹敌持怀疑态度。斯宾塞[在他的《社会统计学》(1851)短论中]曾经是主张妇女发挥其所有能力的平等权利的热情拥护者,后来他对妇女因过度学习而产生的负面影响表示担忧:"通过对历史的广泛研究,女学究赢得了多少次征服? 有哪个男性曾因为一个女性懂意大利语而爱上她?"②斯宾塞持有强烈的达尔文主义观点,加上他坚持认为有关两性比较心理学的知识是所有社会科学的基础,这导致他断言,"对父亲和母亲职责的适应"决定了两性的心理。他认为,这种差异是为了满足人类生

---

① Charles Darwin, *The Descent of Man and Selection in Relation to Sex* (New York, 1879; orig. publ. London: John Murray, 1871), p. 565; repr. in *WFF*, vol. 1, doc. 110, p. 411.

② Herbert Spencer, *Education: Intellectual, Moral and Physical* (London, 1861), p. 279.

存的需要而演变的。即便如此,面对未来,他还是得出了比达尔文更乐观的结论:减少妇女培养男性亲善友好的需求,应该"意味着[妇女]个人进化不会过早的停止,那些早期因控制产生的男女间的心理差异也会减少"①。与孔德、里尔和其他人不同,斯宾塞似乎在预测,随着时间的推移,两性之间会出现相对的趋同,而不是越来越大的分歧。穆勒对妇女解放问题的重塑确实激发了广泛的反响,其中许多反响在随后所有的欧洲思想中都留下了深刻的印记。

　　1867 年 5 月,妇女选举权问题重新回到了英国的政治议程上。整个西方世界见证了关于妇女选举权的第一次实质性议会辩论,该辩论由约翰·斯图尔特·穆勒和许多坚持将妇女选举权纳入选举改革议程的妇女活动家们发起。穆勒进一步有力地推动了这场运动,他在下议院的会议上论证了将"人"(man)改为"人"(person)的理由。②虽然修正案被否决了,但新的《改革法案》赋予广大男性纳税人以权利。一个妇女权利倡导者联盟联合起来,挑战将未婚女性纳税人排除在外的做法——"无代表,不纳税"似乎提供了无可辩驳的理由。历史学家简·兰德尔(Jane Rendall)强调,早期选举权运动中的妇女所运用的语言是复杂的,她们确实宣传过个人主义的观点,她们同时也基于在反对国内或国外的原始主义和野蛮行径中妇女的教化使命,围绕相关情况进行论辩。③

　　为了应对妇女问题带来的挑战,特别是应对穆勒从古典自由主义的角度对争议的重新表述——也就是消除束缚妇女的枷锁——所带来的挑战,一些国家的知识分子、科学机构和权威组织开始动员起来。再加上女权主义者对卖淫和战争原因的质疑,女权主义者的要求——无论是从解

　　①　Herbert Spencer, "Psychology of the Sexes", *Popular Science Quarterly*, 4:1(Nov. 1873), 30 - 38; quotes, 31, 36.

　　②　关于穆勒的演讲和随后的辩论的记录,参见 *Hansard's Parliamentary Debates*, 30 Vic., vol. 187, 20 May 1867, pp. 817 - 845;摘录于 *WFF*, vol. 1, docs. 135 & 136。亦参见 Bruce L. Kinzer, Ann P. Robson, & John M. Robson, *A Moralist in and out of Parliament: John Stuart Mill at Westminster, 1865 - 1868* (Toronto: University of Toronto Press, 1992)。

　　③　参见 Jane Rendall, "Citizenship, Culture and Civilization: The Languages of British Suffragists, 1866 - 1874", in *Suffrage and Beyond: International Feminist Perspectives*, ed. Caroline Daley & Melanie Nolan(Auckland: Auckland University Press; London, Pluto Press; New York: New York University Press, 1994), pp. 127 - 150。

放、自由、平等、权利还是从正义的角度提出的要求——通过挑战教育、经济和政治权力,都对现有秩序构成了威胁。女权主义对自我实现和社会伙伴关系的要求,意味着对家庭和社会进行彻底的重组,最终,交配和生殖的实践以及控制它们的制度都处于危险之中。

克里斯蒂娜·贝尔乔索(Cristina Belgiojoso)是意大利的首位女作家、历史学家、沙龙女主人和记者,她在新自由主义出版物《新选集》(1866)第一期中将这些发展视为通往"现代社会"的一步。她问道:"如果妇女开始从事男性的工作,并与男性分享公共、社会和文学活动,那么目前的家庭会发生什么变化?"①法国自由派经济学家亨利·博德里亚(Henri Baudrillart)反对穆勒的建议,他在 1872 年的《两大陆评论》上详细研究了妇女解放的问题。博德里亚并没有夸大最终的危险是什么:

> 如果人们接受(妇女问题)所提出的条件(即从个人自由的角度),就可以从中看到世界上迄今所经历的最伟大的革命的萌芽。这无异于让整个一类性别——也就是说,人类的一半——获得自己的权利,而直到现在这种权利还在被不公正地剥夺。即使是致力于从地球表面消除几百万贫穷黑人被奴役的废奴主义,与此相比也是微不足道的。②

对妇女解放的大量要求已经超出了乌托邦梦想的范围,进入了政治可能性的应许之地。在 1868 年谈到"两种性别"时,玛利亚·德赖斯默斯成功地强调了所有人都能看到的东西:"妇女的劣等地位不是自然界的事实……它是人类的发明,是社会的建构。"③

---

① Cristina Belgiojoso, "Della presente condizione delle donne e del loro avvenire", La *Nuova Antologia*, no. 1(31 Jan. 1866), 96 - 113(quote, 100); transl. in Beth Archer Brombert, *Cristina: Portrait of a Princess*(New York: Alfred A. Knopf, 1977), p.229. Belgiojoso 对意大利国家建设的贡献记录于 Christiane Veauvy & Laura Pisano, *Paroles oubliées: Les Femmes et la construction de l'état-nation en France et en Italie, 1789 - 1860*(Paris: Armand Colin, 1997)之中。

② Henri Baudrillart, "L'Agitation pour l'émancipation des femmes en Angleterre et aux États-Unis", *Revue des Deux Mondes*(1 Oct. 1872), 652; transl. KO.

③ Deraismes, "La Femme et le droit", in *Ève dans l'humanité*(repr. ed., 1990), pp.21 - 42(quotes, pp.26, 39); transl. KO.

第六章 女权主义的国际化
（1870—1890）

　　1870 年普鲁士对法宣战，战争粗暴地阻止了欧洲大陆有组织的女权活动的势头。这场战争以法国失败、法兰西第二帝国垮台告终，普鲁士的威廉一世统一了德意志。紧随 1871 年初法兰克福条约的签订，3 月，一场短暂而激烈的内战爆发了，这就是著名的巴黎公社。在这一重要事件中，巴黎的女权活动家代表妇女提出了广泛的诉求，但是她们的活动再次被另一股压制性立法和控制措施所镇压。随着主动权从法国（一些人认为这过于革命了）转移，妇女运动进一步国际化，随后进入英语世界。过去法国妇女解放的主张一直强调与男人的伙伴关系和母亲角色的影响，现在则日益表现出对彻底的平等和个人自我发展的要求，但是即使在最为个人化的形式下，英国妇女解放的主张也都表现出对平等权利历史的细致考察，这种平等和权利建立在妇女独特的文明使命和责任之上。与此同时，在意大利、比利时、荷兰、德意志第二帝国和斯堪的纳维亚国家，终结妇女屈从地位的压力开始变大。到 1889 年，随着法国大革命百年纪念活动，我们可以看到相当大的进步。

战争、革命和政治生活中的妇女问题

　　1870—1871 年法国事件在妇女史中占据独特地位，很大程度上得益于社会主义历史学家对欧洲革命及妇女参与革命的早期研究。伊迪丝·托马斯（Edith Thomas）、希拉·罗博特姆（Sheila Rowbotham）和尤金·舒尔坎德（Eugene Schulkind）三十年前发表的研究，向新一代读者介绍了妇女参与巴黎公社的情况，尤其是路易丝·米歇尔（Louise Michel）引人注目的事迹所引发的传说，以及时人对所谓的妇女纵火者在公社最后几天纵火焚烧巴黎的指责。其他学者聚焦于对"乌合之众"的解释，以及大众政治性别化为女性(gendered female)和歇斯底里的方式。凯瑟琳·琼斯(Kathleen Jones)、弗朗索瓦丝·韦尔格斯(Francoise Verges)、盖伊·格利克森(Gay Gullickson)的新研究强调巴黎公社拥护者们所代表的政治意义。①然而，本节我将聚焦 19 世纪 60 年代解放运动倡导者——她们要求在巴黎公社之前和之中全面参与政治决策——的具体诉求，从而将妇女的行动及其相关传奇故事放在女权主义的语境中讨论。

1868 年西班牙女王伊莎贝拉二世(Queen of Isabelle Ⅱ)被废黜之后，德国首相奥托·冯·俾斯麦在西班牙王位继承问题上引发了外交僵局，最终导致普法战争的爆发。1870 年 7 月中旬战争爆发前夕，总部设在巴黎的女权出版物《妇女权利:政治杂志》的一位主笔呼吁妇女采取行动反对战争:"让我们以人类的名义抗议王侯的消遣，这会导致人民流血……妇女不仅有权利干涉，而且有责任这样做。让她们抗议，这就是她们能做的。现在谁还敢说政治与妻子和母亲无关?"在第二周一篇呼吁妇女协助的文章中，编辑们进一步指出:"他们告诉你们……你们没有承担任何战争的责任。当你们要求享有与男性的平等权利时，这是反对你们的重要论点之一。现在，向他们展示你们知道如何承担危险的责任吧。"②

《英国妇女评论》的编辑提出了稍微不同的观点:"我们的道德赋予全欧的妇女以政治权力，这会创造一种伟大的和平力量，会减少战争的频

---

① 近来关于巴黎公社中的妇女的女权学术研究包括 Kathleen B. Jones & Françoise Vergès, "Women of the Paris Commune", *Women's Studies International Forum*, 14:5(1991), 491–503; Jones & Vergès, "'Aux Citoyennes!': Women, Politics, and the Paris Commune of 1871", *History of European Ideas*, 13:6(1991), 711–732; Gay L. Gullickson, *Unruly Women of Paris: Images of the Commune*(Ithaca: Cornell University Press, 1996)。仍然有价值的作品包括 Edith Thomas, *The Women Incendiaries*(New York: George Braziller, 1966); Eugene Schulkind, "Socialist Women in the 1871 Paris Commune", *Past and Present*, no.106(Feb. 1985), 124–163。关于妇女公社成员对后来"大众"文学的影响，尤其是 Gustave LeBon 有影响力的反女权主义解释，参见 Susanna Barrows 和 Robert Nye 的研究，参见 Carolyn J. Eichner, *Surmounting the Barricades: Women in the Paris Commune* (Bloomington: Indiana University Press, 2004)。

② *Le Droit des femmes*, 17 & 24 July 1870;译自 *The Englishwoman's Review of Social and Industrial Questions*, n.s., 1:4(Oct. 1870), 248。

率,最终可能彻底终结战争。"①9月,一群德国女工在响应了此观点,在其宣言的结尾呼吁"和平、面包和工作"②。交战各方对这样的恳求无动于衷。半年后,德国联军入侵色当(Sedan)并在此地击败了法国,俘虏了皇帝拿破仑三世,围困了巴黎,将屈辱的和平条约强加给在凡尔赛的法国临时政府,在外交能力和军事威力的炫目展示中巩固了德意志帝国的统一。

　　1871年3月中旬,巴黎工人和激进分子反抗法国临时政府的起义爆发了。5月下旬,起义被军事行动镇压。在这十周里,妇女支持者们的表现引人注目。她们组织了战时流动医院,提供护理服务,建立了日托设施、世俗小学和女子职业学校,为女工建立了生产合作社。她们挑战了现有的婚姻秩序,挑战了教会对儿童教育的控制,尤其挑战了她们自己的职业受剥削的状况——她们将其归因于受教会赞助的工场和监狱中低薪工人的竞争和社会服务的不足。在我看来,最重要的是,一些妇女逐步以批判的眼光看待她们的巴黎公社同志表现出来的男性沙文主义。这些妇女表达了一种作为公民有资格参与的感觉,她们通过唤起历史记忆来证明她们的要求的合理性:

　　　　巴黎公民们,我们,大革命中妇女的后辈,曾以人民和正义的名义在凡尔赛游行的人们,曾俘虏路易十六的人们,我们,法国人民的母亲和姐妹——还能再忍受我们孩子的悲惨和无知吗? ……公民们,决定的时刻到了,旧世界必须终结! 我们想要自由!③

　　几天后,一群妇女组建了妇女联合会,坚持应该让妇女参与巴黎公社

---

　　①　Le Droit des femmes, 17 & 24 July 1870;英译收录于 The Englishwoman's Review of Social and Industrial Questions, n.s., 1:4(Oct. 1870), 249。

　　②　"Friedensruf an die Frauen Deutschlands", September 1870;重印收录于 Dokumente der revolutionären deutschen Arbeiterbewegung zur Frauenfrage (Leipzig: Verlag für die Frauen, 1975), pp.25 - 26。

　　③　"Appel aux citoyennes de Paris par un groupe de citoyennes", 11 Avril 1871, Journal officiel de la République française sous la Commune (Paris, 1871; also in La Sociale, no.13 [12 April 1871]);英译收录于 The Paris Commune of 1871: The View from the Left, ed. Eugene Schulkind(London: Jonathan Cape, Ltd., 1972; New York: Grove Press, 1974), pp.171 - 172。

的政治工作。她们认为,每个人都应该能为人民而战。签名的妇女敦促巴黎公社的领导人"考虑任何人的所有合法申诉,不会进行性别歧视,这样的歧视是作为维持统治阶级特权的手段而制定和实施的"①。男性对政治生活的垄断,男性坚持将妇女贬低到她们的家庭责任中,坚持男女两性的性别区隔,所有这些都被指责为统治者的发明,不适合"人民"。妇女联合会的领导者呼吁巴黎公社政府成立妇女指挥部,向她们提供会议场所,以及为公告、海报和其他有利于共同事业的材料提供印刷补助金。

　　然而,巴黎公社的领导人反对妇女的请求和她们的参与,甚至反对她们成为战时流动医院的成员,这激怒了安德烈·利奥[Andre Leo,小说家和女权活动家莱奥迪尔·贝拉·尚普西(Léodile Béra Champceix)所用的笔名],她指出:"他们认为能在没有妇女的情况下实现革命吗?……从某个角度看,1789 年以来的历史可以被书写为'革命党无效的历史'。妇女问题会是其中最长的篇章。"②巴黎公社负责战争事务的代表公开做出了回应,主动提出会尽他所能让妇女发挥作用。但是,几天后,他就被巴黎公社的公共安全委员会逮捕,并被剥夺了职务。这难道仅仅是巧合?

　　随着敌意的加深,一些妇女盗用了巴黎公社的制服——红色饰带和其他装饰,其他人则拿着左轮手枪、来福枪,在街垒上"站岗"。在与镇压叛乱的政府军的战斗中,一些妇女被杀害或受伤。在 9 月巴黎公社之后的军事审判中,胜利者因反对公社社员而表现出来的凶猛残暴再次暴露无遗,这种残暴超出了合理的限度。军事检察官裴安(Jouanne)上尉甚至将文明濒临衰落归咎于妇女解放学说,以及妇女表面上拒绝作为合法配偶的行为! 包括未婚的路易丝·米歇尔(Louise Michel)在内的激进妇女活动人士遭受了驱逐出境和漫长监禁的严厉惩罚,其他人被判处死刑。

---

①　From the *Journal officiel ... sous la Commune*, 14 April 1871；Schulkind 翻译的英文版收录于 *Paris Commune*, pp.172 - 173。

②　André Léo, "La Révolution sans la femme", *La Sociale*, no.39(8 May 1871)；作者翻译。研究 André Léo 最好的著作如下：Fernanda Gastaldello, "André Léo: Quel Socialisme?" (laureate thesis, University of Padua, 1978 - 1979)。同时参看 Eichner, *Surmounting the Barricades*。

公社中的男性并不是唯一拒绝妇女独立政治行动的人。

西方世界的其他国家也是如此。在那些地方,人们对公社社员的活动充满强烈的敌意。在英格兰,埃德蒙·伯克的幽灵似乎在 1871 年初英格兰《星期六评论》的匿名评论中再次出现:

> 妇女的起义是一面红旗的边缘,这面红旗在城市上空傲慢地飘扬,婚姻是不必要的,父亲的身份应该被淘汰,妇女获得了她们盲目叫嚣的那些可怕权利。现在是谴责走向妇女个体化(individualization of women)的每一步的时候了,否则她们会变成悍妇,而她们无人照管的孩子则会变成贫民区的流浪儿童。这种可能破坏家庭关系的潜在愚蠢行为,是巴黎纵火犯疯狂的开端。①

反女权主义者谴责妇女就业是倒退,他们声称这会让妇女"去性别化"(unsexed)。"平等"是一个骗局,权威已经被削弱,无神论、共产主义和乌托邦主义随处可见。《星期六评论》接着说:"应该全力以赴地抵制所谓的妇女解放……诋毁妇女的从属特质、通过解放支持她们参与与男人的职业竞争,可能是我们民族野蛮化的最短途径。"在蒲鲁东《色情政治》(1875)一书中,他也支持上述评论。这本书是他死后十年由他的支持者出版的,内容来自《论革命与教会的正义》这本书中的大量谩骂。书中,蒲鲁东假设了另一种广泛讨论的选择:不是"家庭主妇还是娼妓",而是"妇女的顺从还是男人的贬低"②。蒲鲁东警告那些考虑结婚的年轻男性,"对男人而言,首要条件是支配他的妻子,成为她的主人"。

19 世纪 70 年代初,对妇女活动及其主张的敌意加深了,这种氛围并没有彻底阻止其他国家的活动分子表达诉求,但一旦她们认定了那是法国极端主义,就会疏远之。1871 年初,丹麦国会明确地在基于财产的投票权中排除妇女。谨慎的丹麦妇女权利提倡者波利娜·沃尔姆(Pauline

---

① "The Probable Retrogression of Women", *Saturday Review*, 32:818(1 July 1871), 10 - 11; quotes,11.

② P.-J. Proudhon, *La Pornocratie, ou les femmes dans les temps modernes* (Paris: A. Lacroix, 1875); quotes, pp.379, 430.

Worm)拒绝法语词汇"解放"和"女士";即使她倡导"妇女的公民权利"，她也拒绝了对女性宽松的道德观念，因为她认为这是法国解放主义者的主张。她坚持认为，在北方，必须要保留女性气质和婚姻。①

1872 年，瑞士政府着手进行大规模的宪法修订。朱莉·冯·迈·冯·吕德(Julie von May von Rued)认为必须处理妇女问题。和吕德一起，玛丽·古格(Marie Goegg)和其他国际妇女协会的成员恭敬地呼吁立法者通过修改民法典和扩大妇女的教育机会来扩大妇女在瑞士社会中的机会："我们构成了人类中绝大多数，男性的存在与我们的存在紧密相连，他们掠夺我们，势必也伤害自己。"②瑞士的男性则对此不以为然。

早在 1870 年，巴黎女权主义者朱莉-维克多·道比就已经组织了一次为单身成年妇女和丧偶妇女争取选举权的请愿活动，但是在巴黎公社之后冷淡的政治氛围中，这样有限制条件的方案也遭到"道德秩序"支持者的强烈抵抗。1874 年，当法国国民公会就新选举法辩论时，议员们试图忽视妇女投票问题，他们稍作停顿，只是为了一些讽刺女权主义者的幽默。道比在这一年去世，这使得女权事业一直无人支持，直到 1878 年休伯特·奥克勒特(Hubertine Auclert)接手。

在柏林，妇女投票问题的提倡者是海德薇·多姆(Hedwig Dohm)，她一直在密切关注英国的女权运动和相关辩论，以及欧洲其他地区和美国女权运动的发展。在 1871 年德意志统一，以及为了选举共和国国民议会而建立了全国男性选举权制度之后，多姆强烈主张女性选举权，以缓和生活在以男性为中心的法律(妇女并没参与制定)之下的女性所承受的暴政。1873 年，她写道："对我来说，妇女问题的所有真正进步始于妇女的投票权，越强调两性之间的差异，就越需要具体的妇女代表。"她谴责男性

---

① Pauline Worm, "Kvindesagens fortid og fremtid [The Past and Future of the Woman's Cause]", *Faederlandet*, 8 April 1872；同一标题更长的文章发表于 *Nordisk maanedsskrift*, 1872, pp. 19 – 63。参见 Erwin K. Welsch, *Feminism in Denmark, 1850 –1875* (Ph. D. dissertation, Indiana University, 1974), 197 – 202。

② Julie von May von Rued, *Die Frauenfrage in der Schweiz: Zur Bundesrevision am 12. Mai 1872* (Biel, 1872); Petition of the International Association of Women, in *L'Espérance* (Geneva), 9 March 1872；重印：Beatrix Mesmer, *Ausgeklammert, Eingeklammert: Frauen und Frauenorganisationen in der Schweiz des 19. Jahrhunderts* (Basel & Frankfurt/Main: Helbing & Lichtenhahn, 1988), p. 310；作者翻译。

故意忽视妇女投票的必要性，谴责他们的恐惧——"整个女性这一性别可能会沿着陌生的选举权之路慢慢消失"①。1876 年，通过引用妇女行使政治权力的历史先例，多姆在《妇女的天性与权利》一书中重新讨论了这一问题。她反驳了一系列反对妇女选举权的观点，并详述了各种社会中男性在法律和习俗方面对女性施行的一系列历史暴行："不管是在亚洲还是欧洲，所有社会安排、所有习俗和法律都是对'他应该是你的主人'这句话的诠释。"考虑到"天性"的概念，她评论道：

> 我们无法从良心上谴责男性无意将妇女置于与他们平等的地位。我们发现他们紧握自己的性别特权，这是很自然的。哪个等级或阶级曾自愿让出他们的特权？我们发现他们不关心做饭或照顾孩子也完全是自然的，因为对最聪明的男性来说，妇女参与政府事务与他们必须在厨房和保育院花费精力的想法是密不可分的。②

多姆是一名热心的社会民主党人，她坚信最终的选择是在专制国家与民主国家之间。她认为，如果女人和男人都无法获得自由，那么自由就是一个毫无意义的概念。她呼吁德国妇女像英国和美国的妇女一样组织妇女选举权协会，延续法国大革命期间及其以后的妇女活动人士的传统，她认为"人类的权利没有性别之分"。

在 19 世纪 70 年代的德国，海德薇·多姆没有多少追随者，但她的作品和观点表明，她的热情和主张既是出于对德国境外妇女活动发展的了解，也是出于她在自己所处的社会中所认识到的那些问题。她的作品证明了女权意识的逐渐发展，是识字率提高和书本知识扩大的产物，同时也

① Hedwig Dohm, *Der Jesuitismus im Hausstande, ein Beitrag zur Frauenfrage* (Berlin, 1873)，重印：*Die deutsche Frauenbewegung*, vol. 2, *Quellen: 1843 - 1889*, ed. Margrit Twellmann (Meisenheim am Glan: Verlag Anton Hain, 1972); SGB 翻译，in *WFF*, I, doc. 139。关于 Dohm，参见 *Hedwig Dohm: Erinnerungen und weitere Schriften von und über Hedwig Dohm*, ed. Berta Rahm (Zurich: ALA Verlag, 1980); and Julia Meissner, *Mehr Stolz, Ihr Frauen! Hedwig Dohm, eine Biographie* (Dusseldorf: Schwann, 1987)。

② Hedwig Dohm, *Der Frauen Natur und Recht* (Berlin, 1876), transl. Constance Campbell, in Dohm, *Women's Nature and Privilege* (London: Women's Printing Society, 1896)；此处及以下引文，见 pp. 117, 119 - 20, 151。

是接触莱茵河以外,有时甚至是欧洲以外的女权活动发展的结果。这种
接触的影响在荷兰也能看到。在这里,年轻的医生阿莱塔·雅各布斯
(Aletta Jacobs)——19 世纪 70 年代曾在哥廷根学习医学——从英国选
举权提倡者那里获得启发,于 1882 年尝试登记投票。与法国和英国的法
律不同,当时荷兰的宪法并没有禁止纳税的妇女投票。雅各布斯的请愿
被拒绝,申诉后失败,于是 1887 年,为了让法律含义变得更清晰,荷兰的
立法者在宪法中加入了"男性"一词。①雅各布斯随后成为荷兰和国际妇
女选举权运动的领袖。因此,尽管有周期性被镇压的插曲,但女权主义思
想的传播跨越国家和语言的界限,妇女运动的国际化将会成为 1875—
1890 年欧洲历史上越来越显著的特征。

妇女运动的国际化

尽管因为 1870—1871 年事件之后持续的镇压氛围,将妇女的活动跨
越国界联系起来的运动出现了间歇性倒退,但这一运动在 1876—1890 年
间出现了反弹。此外,妇女报纸杂志和国际邮政通讯系统的进步,极大地
促进了妇女运动网络的发展,截至 1878 年,在对妇女报纸杂志的一项调
查中,《英国妇女评论》将妇女问题定性为"当代主要的话题之一"②。交
通的改善也起到了作用:海路、水路和跨大西洋蒸汽船以及日益扩大的铁
路网,将众多男女带到了 19 世纪 70 年代末和 80 年代末在巴黎举行的世
界博览会。在那里,他们会讨论许多共同关心的主题,包括妇女解放。在
这些集会上,妇女权利倡导者把组织代表大会作为重点,促进了世界各地
具有改革思想的个人之间的接触和思想交流。即便如此,志同道合的女
权主义者往往要多年后才能相遇。

在普法战争和巴黎公社造成的破坏之后,勇敢的玛丽·古格和她的
同事在日内瓦复兴了国际妇女协会(AIF)。1870 年 12 月底,她们给哥廷

---

① 参见 Aletta Jacobs, *Memories: My Life as an International Leader in Health, Suffrage,
and Peace*, ed. Harriet Feinberg, transl. Annie Wright(New York; The Feminist Press, 1996;
orig. Dutch publ. 1924)。

② "Women's Newspapers", *The Englishwoman's Review* (15 Oct.1878), 433.

根的马蒂尔德·巴耶(Matilde Bajer)发了一张国际妇女协会会员证,上面用法语写明了协会的目标:"致力于提高妇女的道德和知识水平,通过提倡妇女的人权、公民权、经济权、社会权和政治权,逐步改善妇女在社会中的地位。"协会呼吁"在薪资、教育、家庭和法律方面的平等"①。

然而,到1872年年中,国际妇女协会的工作遭到严重破坏,一方面是因为巴黎公社之后"国际"一词让人怀疑,另一方面是因为有人攻击玛丽·古格的领导能力。在3月的分裂之后,其支持者在6月重组了协会,更改了名称。在朱莉·冯·迈·冯·吕德的家乡波恩召开的会议的公报中,有来自英格兰、瑞士、德国和意大利以及耶路撒冷各城市15名妇女的名字,包括利物浦的约瑟芬·巴特勒(Josephine Butler)、卡斯特尔附近萨巴塔利的卡洛琳·德·巴劳(Caroline de Barrau)、米兰的克里斯蒂娜·拉扎蒂(Christine Lazzati)、杜塞尔多夫的罗莎莉·舍恩瓦瑟(Rosalie Schönwasser)、德累斯顿的玛丽安娜·门泽尔(Marianne Menzzer)和什切青的尤丽叶·屈内(Julie Kühne)。这个新的国际组织自称"团结:捍卫女权协会",并且出版了一份也名为"团结"的期刊。②

在国际主义者的行动中,阴霾只是暂时的。随着1878年世界博览会的召开,在1875年宣布新成立但仍未稳定的法兰西第三共和国中,国际主义者的行动又回到了女权主义者的手中。经过一系列的拖延,莱昂·里歇尔(Leon Richer)和玛利亚·德赖斯默斯(Maria Deraismes)[1869年创刊的女权刊物《妇女权利》的创办人,该刊物后来与玛丽·古格的《妇女杂志》合并]召集了第一次国际妇女权利大会。

1878年妇女权利大会定于盛大的巴黎国际博览会举行期间召开,大会从7月下旬开始在共济会大厅[Masonic Hall(rue Cadet)]举行,为期两周。这次会议吸引了一群法国共和党政要和来自其他11个国家的代表。妇女权利倡导者来自许多国家,受到了法国的玛利亚·德赖斯默斯和意大利的安娜·玛丽亚·莫佐尼的欢迎,前者追溯了1789年、1830年

---

① Membership card of Matilde Bajer, in the Bajer Collection, Women's History Collection, State and University Library, Aarhus, Denmark.

② 手稿和印刷材料,馆藏信息:the Bajer Collection, Aarhus, and in the Gosteli Foundation Archive, Worblaufen, Switzerland。

和 1848 年的革命遗产,后者做了开幕式演讲。除了来自法国周边国家的
与会者之外,其他注册参会者包括荷兰的埃利莎·万·卡尔卡(Elise
Van Calcar)、瑞典的卡尔(Carl)和索菲娅·万·贝延(Sophie Van Ber-
gen),以及来自巴西、俄国、罗马尼亚的男性参与者。一群美国人也出席
了会议,包括来自波士顿的朱莉娅·沃德·豪(Julia Ward Howe)和西奥
多·斯坦顿(Theodore Stanton),前者被任命为荣誉联合主席,后者是能
言善辩的选举权活动家伊丽莎白·卡迪·斯坦顿(Elizabeth Cady
Stanton)的儿子。这次大会标志着女权活动真正迈向国际网络发展的新
阶段,在最后的晚宴中,安泰得·马丁(Antide Martin)的祝酒词"敬坚持
不懈的国际进步派",巩固了这一网络的团结。①

　　大会组织者将议题分为五个部分:历史、教育、经济、道德和法律。尽
管有意决定避免妇女选举权的话题,但仍讨论了许多其他有争议的话题,
包括政府管制娼妓业、双重道德标准、同工同酬、家政、政府对母亲的补贴、
工会化、战争与妇女从属地位的关系。这次大会出版的会议记录得到广泛
传播,今天读起来仍然颇有兴味。艾米丽·文丘里(Emily Venturi)通过重
述闭幕晚宴上的轶事将此次雄心壮志的议程压缩成一段话:

　　　　昨天晚上,一位看起来对我们大会取得的成就有点怀疑的绅士
　　问我:"嗯,女士,你们向世界宣告了什么伟大的真理?"我回复他:"先
　　生,我们宣布妇女是人。"他笑道:"但是,女士,那只是陈词滥调。"的
　　确如此。但是当人类法律认识到这个陈词滥调,即每个人仅仅把它
　　当作一个词语而微笑着接受时,世界的面貌将会改变。到那时,我们
　　肯定没必要聚集在这里开会要求妇女的权利。②

　　然而,1878 年大会将选举权排除在外的做法引起了一些人的反对,
她们坚持认为在新法兰西共和国,妇女的政治权利必须是首要目标。休
伯特·奥克勒特随后发表了她在 1878 年大会上不被允许发表的演讲。

　　①　Congrès international du droit des femmes. Ouvert à Paris, le 25 juillet 1878, clos le
9 août suivant. Actes et Compte-rendu des séances plénières(Paris: Aug. Ghio, c. 1878), p.195.

　　②　"Discours de Madame Venturi", ibid., p.202.

在这份雄辩的呼吁中,她指出了 900 万法国妇女应该投票的所有理由:
"对我们而言投票这个武器将会是获得想要的改革的唯一手段,就像对男
性一样。只要我们仍然被排除在公民生活之外,男性就仍只会关心他们
自己的利益而非我们的。"妇女应该被允许投票,就是因为她们被要求纳
税。她呼吁共和党的男性"放弃他们的男性特权。是时候宣布平等
了……在你们承认妇女的完整权利——公民权利和政治权利之前,在公
正的证人和我们这些被忽视的一半人类看来,你们为获得更大的自由而
进行的斗争,只能是专制制度之间的斗争"①。

从 19 世纪 70 年代开始,妇女运动领导人不再仅仅是发表原则声明
了,无论声明多么激进,她们必须做出政策选择并付诸行动。战略和战术
开始变得重要,并引发了可选择的、相互竞争的组织倡议。事实上,这种
内部分歧的发展可以视为女权主义成熟的明确标志,也是女权组织和观
点日益复杂的标志。

西奥多·斯坦顿当时 30 岁,曾短暂居住在欧洲,近来刚刚与法国新
教妇女玛格丽特·贝瑞(Marguerite Berry)成婚。他在 1878 年女权大会
之后着手调查欧洲妇女的地位。1880 年底,他开始收集资料做一项研
究,试图将欧洲旧世界女权主义的发展介绍到美国新世界来。1884 年,
他出版了大部头的《欧洲的妇女问题:原创论文集》。除了斯坦顿本人撰
写的有关法国的长文外,本书的参编者们都写了她们各自国家的妇女地
位问题。

通过阅读斯坦顿的跨国文集,我们可以清晰地看到,哪里"岩溶"的裂
隙已经打开,释放出了妇女解放的"岩浆",哪里还没有。对英国和法国的
描述占了全书近 40% 的篇幅,不过英国——作为曾经的"宗主国"——被
赋予了特别的荣誉地位。争取妇女选举权的内容占比也达 40%,争取妇

---

① Hubertine Auclert, *Le Droit politique des femmes, question qui n'est pas traitée au
Congrès international des femmes*(Paris, 1878), transl. *WFF*, I, doc. 142; quotes, p. 515. 关于
Auclert,参见 Steven C. Hause, *Hubertine Auclert: The French Suffragette*(New Haven: Yale
University Press, 1987)。Auclert 这一时期的作品选集:*Hubertine Auclert: La Citoyenne, arti-
cles de 1881 à 1891*, ed. Édith Taïeb(Paris: Syros, 1982), also in Hubertine Auclert: *Pionnière
du féminisme: Textes choisis*, préface de Geneviève Fraisse; présentation par Steven C. Hause
(Saint-Pourçain-sur-Sioule: Bleu autour, 2007)。

女选举权在英国和美国的发展最为强劲。

在介绍这本书时,盎格鲁-爱尔兰裔活动家弗朗西斯·帕沃·科布(Frances Power Cobbe)运用"波浪"和"潮汐"的比喻来揭示各式各样的、相互重叠的、不断发展的妇女运动:

> 这场运动已经唤醒了全体女性,甚至是一半人类。就像即将到来的潮汐一样,它也以单独的波浪形式滚滚而来,每一个都按照相同的法则行动,在推动所有剩下波浪的过程中尽到了自己的责任……但是进步的顶点和最终的目标必须是:在每个代议制政府占主导的国家实现妇女政治选举权,在实现这一点之前,我们对任何已经实现的目标都不会满意。[1]

本书的作者不仅包括许多1878年女权大会的参与者,还包括许多没有参会但是同情或积极从事妇女权利抗争的人。英国部分包括米利森特·加勒特·福塞特(论选举权)、玛丽亚·格雷(论妇女教育运动)、弗朗西丝·伊丽莎白·霍根(医学界中的妇女)、杰西·布彻里特(Jessie Boucherett)(工业运动)以及亨丽埃塔·O.巴尼特(Henrietta O. Barnett)(女性慈善家)的文章。撰写德国妇女运动的是安娜·舍佩莱尔-莱特(Anna Schepeler-Lette)、燕妮·希尔施和玛丽亚·卡尔姆(Marie Calm),她们都强调(正如几年前波利娜·沃尔姆在丹麦所做的一样)"解放"一词在本国令人不快的内涵。埃利莎·卡尔卡(Elise Calcar)写了关于荷兰妇女运动的一个简短章节,约翰娜·莱滕贝格尔写了奥地利妇女的地位。小说家卡米拉·科莱特介绍了挪威的情况,罗莎莉·乌尔丽卡·乌利韦克罗纳(Rosalie Ulrica Olivecrona)追踪了瑞典妇女运动的发展,柯斯汀·弗雷德里克森(Kirstine Frederiksen)总结了丹麦的状况。《科尔纳利》的编辑奥丽奥尔·奇米诺·福列罗·德·卢纳(Aurelia Cimino Folliero de Luna)和多拉·德伊斯特里亚(海伦妮·科

---

[1]　Frances Power Cobbe, "Introduction", to *The Woman Question in Europe: A Series of Original Essays*, ed. Theodore Stanton(New York, London, and Paris: G. P. Putnam's Sons, 1884), ⅩⅣ.

尔佐夫-马萨尔斯基公主)都来自佛罗伦萨,她们报告了统一后的意大利的各种情况。

其他的作者包括悲观地写下了西班牙妇女状况的康塞普西翁·阿雷纳尔(Concepcion Arenal),代替病弱的女作家玛丽亚·阿马利娅·巴斯·德·卡瓦略萨(Maria Amalia Vaz de Carvalho)报道葡萄牙状况的罗德里格斯·德·弗雷塔斯(Rodrigues de Freitas),讨论比利时妇女状况的女医生伊萨拉·范·迪斯特(Isala Van Diest),撰写瑞士妇女状况的玛丽·古格,描述俄国妇女状况的玛丽·泽布里科夫(Marie Zebrikoff),解释波兰妇女状况的埃莉斯·帕夫洛夫斯卡·奥列斯科[Elise Pavlovska Oresko (Orzeszko)]和报道波希米亚妇女状况的埃莉斯·克拉斯诺霍斯卡(Elise Krasnohorska),她是布拉格妇女杂志《女人的叶子》的作者和编辑。最后一章"东方"是由卡利奥普·安妮·卡哈娅(Kalliope A. Kehaya)撰写的,她在雅典受过教育,是君士坦丁堡一所欧式风格的女子学院的校长。卡哈娅简要地讨论了妇女地位和状况的变化,不仅涉及希腊人和土耳其人,还包括居住在奥斯曼帝国最西边的犹太人、保加利亚人和亚美尼亚人。

通过1878年女权大会的信息交流,我们越来越清晰地发现,不管法兰西共和国的妇女权利倡导者多么希望维持其象征性的领导地位,组织力量的轴心正在转移。英裔美国人现在接过了选举权问题的火炬,其中占多数的新教徒代表好像在道德改革问题上也处于领先地位。休伯特·奥克勒特承认这种转移,1884年2月,她向她的美国同行梅·赖特·休厄尔(May Wright Sewall)和苏珊·B.安东尼(Susan B. Anthony)发起了雄辩的呼吁:"我们呼吁你们来帮助我们,就像一百年前你们的国民恳求法国帮助他们摆脱英格兰的统治一样。你们难道不会像拉法耶特(Lafayette)和他的军团飞奔去帮助你们那样来帮助我们吗?"奥克勒特呼吁美国的妇女参政论者在巴黎召集一次"支持妇女选举权的世界大会",坚持认为这对推进"全世界的妇女解放"事业具有重要意义。[①]

---

① 奥克勒特的信的英文版发表在 May Wright Sewall 的书 *Genesis of the International Council of Women(1888 – 1893)* (Indianapolis: n. p., 1914), p.5。

　　第二个国际联盟(international alliance)也在 19 世纪 70 年代形成了,它与上述组织有所重叠,目的是击败政府管制的娼妓业。在反对大不列颠《传染病法》的运动中,约瑟芬·巴特勒发现所有政府管制的来源不是别的国家,正是法国,它给妓院办理许可证,检查和巡视娼妓,整个欧洲都或多或少模仿了法国的做法。在其产生的各种影响中,法国的制度催生了一个国际医生网络,他们希望传播这一管制制度,同时还催生了活跃的买卖未成年女性肉体的商业交易,以满足男性在妓院的新奇口味。为了对抗这种恐怖的事情,19 世纪 70 年代中期,巴特勒和她的同事们组织了由两性构成的国际改革者联盟,名为"英国及欧陆反对国家管制娼妓业联盟"(British and Continental Federation against the State Regulation of Vice)。这个组织的总部设在瑞士,分别在 1877 年和 1889 年的日内瓦、1881 年的纳沙泰尔(Neuchatel)、1884 年的巴塞尔(Basel)和 1887 年的洛桑(Lausanne)举办了国际会议。瑞士纳沙泰尔(之前是普鲁士的属地)的艾梅·安贝尔(Aimé Humbert)编辑了联盟的月报。该组织在瑞士的主要成员,除了安贝尔之外,还有埃玛·皮琴斯卡-赖兴巴赫(Emma Pieczynska-Reichenbach)和查尔斯·塞克雷坦(Charles Secretan)。在法国,艾米丽·德·莫西埃(Emilie de Morsier)和伊夫·居约(Yves Guyot)在玛利亚·德赖斯默斯的协助下扛起了反管制的旗帜。该联盟的最终目标是彻底废除法国的娼妓管制制度。[①]

　　反管制联盟在 1882 年成功挑起了对巴黎道德警察的调查,但结果并不怎么令人满意,1884 年,法国政府将管辖权从巴黎市政当局转移到了内务部。赞成反管制论的法国医生路易斯·菲诺克斯(Louis Fiaux)在伊夫·居约 1882 年出版的《论娼妓业》之后,发表了上千页的报告《法国和欧洲主要国家的道德警察》(1888),揭示了滥用该制度的危害。包括安娜·玛丽亚·莫佐尼、阿莱德·加贝尔·贝卡里(Alaide Gualberta Beccari)和杰茜·怀特·马里奥(Jessie White Mario)(她们都曾参加过 1877 年在日内

---

　　① 联盟成员出版的著名专著包括被译成多种语言的 Guyot 的 *La Prostitution*(1882)和 Charles Secrétan 的 *Le Droit de la femme*(1886),这本书高度哲学化,直到 20 世纪都在被反复重印。关于该联盟的项目和政治努力,参见 Anne-Marie Käppeli, *Sublime Croisade: Ethique et politique du féminisme protestant, 1875 – 1928*(Carouge-Geneva: Éditions Zoé, 1990)。

瓦召开的联盟第一次大会)在内的反管制论者在 1888 年成功促进了加富尔法案的废止,该法案曾在 19 世纪 60 年代的意大利建立了管制娼妓业的制度。然而,她们的胜利是短暂的。1891 年,管制制度经过改良重又施行,并持续到 1958 年。

用巴特勒自己的术语说,国际反管制运动已经成了一项"伟大的改革运动",随着有关娼妓业的学术和报告文学不断涌现,这项运动对知识战争做出了巨大贡献。[①]它同样也引发了学者对娼妓的文化、状况和性格的兴趣,以及更广泛的对女性的"偏差"(deviancy)和"犯罪"(criminality)问题的兴趣。后者的发展在 19 世纪 90 年代伴随着被翻译成多种语言的《犯罪的女人》的出版而达到顶峰。该书由赞成管制的意大利医生、犯罪学家切萨雷·龙勃罗梭(Cesare Lombros)和他的女婿古列尔莫·费拉罗(Guglielmo Ferraro)撰写,他们坚信有一种生物是"天生的娼妓"(born prostitute)。女权主义的反管制论者断然反对这种观点。社会主义作家坚持认为,娼妓业只是资本主义社会的产物,会随着社会主义的到来而消失。

女权主义的反管制论者不想等待。她们的运动催生了以城市为基地的妇女组织的许多地方性举措,包括营救和重新安置娼妓、照顾被释放的女囚犯、保护新来城市的年轻女孩免受皮条客之害,以及与性病战斗。她们开展运动,为妇女开辟有偿劳动的新领域、提高性同意年龄,取缔"白奴贸易"——这是对当时贩卖妇女以从事性产业的称呼。就像历史学家玛丽·S.吉布森(Mary S. Gibson)指出的,除了这些实际的慈善事业,"反管制论者宣扬终结性的双重标准,期待未来不再强调性,并将男女的性行为限制在一夫一妻制婚姻中"[②]。反管制论者开始将男人个体控制和限制性冲动视为一种根本的必要,她们视性冲动的"自然性"(natureness)为另一种社会建构(social fiction),两性的性节制标志着人类从野蛮走向

---

① 除了上述法国人的研究,亦参见 Tito Mammoli's *La prostituzione considerata nei suoi rapporti con la storia, la famiglia, la società* (1881); John Chapman's "Prostitution at Paris",这篇文章最初是为 1878 年巴黎代表大会而撰写的,后发表于 *Westminster Review*, n.s., 63: 1(April 1883), 494 - 521; and *La Revue de morale progressive* (1887 - 1892)。

② Mary S. Gibson, *Prostitution and the State in Italy, 1860 - 1915* (New Brunswick: Rutgers University Press, 1986), p.49.

文明的漫长进化中的进步。历史学家茱蒂丝·瓦尔科维茨(Judith Woalkowitz)指出,"在女权主义者眼中,去性征(desexualization)会赋予女人抨击男人特权的力量"①。但是,男女都应该努力培育一种新型的、统一的道德标准。例如,19 世纪 80 年代挪威剧作家比昂斯滕·比昂松(Bjørnstjerne Bjørnson)出版了具有轰动效应的戏剧《挑战的手套》(1883),在剧中,他提倡男性婚前守贞,此后他就"一夫一妻制和一夫多妻制"发表了巡回演讲。②根据历史学家玛丽·诺伊德夫尔(Marie Neudorfl)的说法,摩拉维亚捷克人托马斯·马萨里克(Moravian Czech Thomas Masaryk)在 1884 年开设的大学讲座涉及了"不可言说"的娼妓问题,围绕这场讲座的流言蜚语几乎让他付出失去大学教职的代价。③

这些女权主义者几乎无法预料,更无法有效地抵抗当时同时存在的性压抑运动,这些运动由随之而来的色情文学的反对者、社会纯洁运动的极端主义者、义务警察发起,似乎在强化而非减轻男人对女人的统治。这样的运动在英格兰、法国和欧洲大陆的其他地方接踵而至,后来 20 世纪晚期的学者认为它们是极端消极的。然而,从 19 世纪 90 年代开始,一群提倡性解放的女权主义者,与以性纯洁的名义参与上述运动的女权主义者针锋相对,这引发了大规模的争议,其程度是 19 世纪 30 年代早期法国圣西门主义者的"重新安顿肉身"运动以来都未曾出现过的。

与此同时,在美国,受到伊丽莎白·卡迪·斯坦顿和苏珊·B.安东尼 1882 年访欧的影响(可能也受到 1884 年休伯特·奥克勒特的呼吁的影响),全国妇女选举权协会的领导人召集了一次国际妇女大会,以纪念 1848 年塞纳卡·福尔斯妇女权利大会四十周年。1888 年 3 月,她们齐聚首都华盛顿,进行了为期八天的讨论。在宗教仪式、茶会、招待会和赞美

---

① Judith R. Walkowitz, "Male Vice and Feminist Virtue: Feminism and the Politics of Prostitution in Nineteenth Century Britain", *History Workshop*, no. 13(Spring 1982), 86.

② 比昂松的突破性演讲,原版于 1888 年以 Engife og mange gife 为名发表,后来翻译成多种语言出版。关于后续的争议,参见 Elias Bredsdorff, "Moralists Versus Immoralists: The Great Battle in Scandinavian Literature in the 1880s", *Scandinavica*, 8(1960), 91 - 111.

③ Marie L. Neudorfl, "Masaryk and the Women's Question", in *T. G. Masaryk (1850 -1937): Thinker and Politician*, ed. Stanley B. Winters(New York: St. Martin's Press, 1990), vol. 1, pp. 258 - 282.

诗(为促进妇女权利事业而进行了适当修改)、演讲和报告中,与会代表讨论了各种话题,涉及教育、慈善、禁酒、工业、职业、组织、法律、社会纯洁和政治状况。代表们在白宫受到了克利夫兰总统和夫人的招待,也受到了参议员帕尔默(密歇根州)、斯坦福(加州)及其夫人的招待。

尽管与会人员绝大部分是美国人,但也有少数来自欧洲的妇女参与了这次大会:包括代表巴黎圣拉扎尔自由组织(帮助从圣拉扎尔监狱出狱妇女的组织)的伊莎贝尔·博格洛特(Isabelle Bogelot)、代表芬兰妇女协会的亚历山德拉·格里彭伯格(Alexandra Gripenberg)及其同事阿莉·特里(Allie Trygg)、代表挪威妇女选举权协会的索菲娅·马格尔森·格罗特(Sophia Magelsson Groth)、代表丹麦妇女协会的阿达·M.弗雷德里克森(Ada M. Frederiksen)(在芝加哥)和来自爱尔兰的玛格丽特·穆尔(Margaret Moore)。来自英格兰的几名代表包括艾丽斯·斯卡彻德(Alice Scatherd)(利兹)、劳拉·奥米斯顿·钱特(Laura Ormiston Chant)和玛格丽特·迪尔克(Margaret Dilke)。丹麦的柯斯汀·弗雷德里克森,以及刚刚在罗马成立的《妇女评论》的编辑范妮·赞皮尼·萨拉扎罗(Fanny Zampini Salazaro)和约瑟芬·巴特勒都发来了论文(后来发表在会议记录中)。不少其他人,包括来自法国的休伯特·奥克勒特和玛利亚·德赖斯默斯、来自俄国的无政府主义者彼得·克罗波特金王子(Prince Peter Kropotkin),都向大会发来了支持信息,这些信息也都被自豪地发表在了会议记录中。

伊丽莎白·卡迪·斯坦顿在结束这场大会时向男性发起挑战,要求他们积极解决妇女问题,并警告说如若不然,"它最终将以暴力解决"①。为了提高男同胞的政治风险意识,她援用了移民外来者这一令人不安的形象,这些人刚刚从欧洲乘坐次等船舱到达美国,正是这艘船将这些妇女代表们带到了这次大会上,她警告道,"现在从外国聚集的所有不满都在这里,法国巴黎公社的场景可能在我们国家重现":

---

① Elizabeth Cady Stanton, "Closing Address", in *Report of the International Council of Women, Assembled by the National Woman Suffrage Association, Washington, D. C. . . . , March 25 to April 1, 1888* (Washington, D.C. : Rufus H. Darby, 1888), p.436.

　　在过去为自由而战的所有抗争中,妇女都曾积极参与,可以说,她们将来也会继续参与。她们从来没有像现在这样清醒地认识到她们遭受的不公正,意识到自己对妇女长期受压迫的那种愤怒,当妇女与虚无主义者、社会主义者、共产主义者和无政府主义者联手捍卫人民最广泛的自由时,我们不需要预言家就可以预测革命就在前方。

斯坦顿认为,在诉诸革命之前,妇女必须行动起来去抨击贫穷和不幸人群面临的问题:"塑造人民的道德的政府机构是明确地属于妇女的,而实现这一目标的第一步,就是让人们相信**所有**国民的幸福和成功是可能的。"

　　1889 年是法国大革命一百周年。仲夏时节,在巴黎举行了两次国际妇女大会与庆祝活动。当时居住在阿尔及利亚(Algeria)的休伯特·奥克勒特对开会的时机并不满意,她在《公民》上写道:"妇女不应该庆祝男人的 1789 年,而应该组织庆祝女人的 1789 年。"① 玛利亚·德赖斯默斯和莱昂·里歇尔组织的法国和国际妇女权利大会于 6 月 25 日开幕并持续到 29 日。玛利亚·德赖斯默斯邀请"赫赫有名的同僚"伊丽莎白·卡迪·斯坦顿担任荣誉主席,但是斯坦顿无法参会。在写给大会的贺信中,她回应了德赖斯默斯恭敬的邀请,坚信美法这两个共和国必须在追求妇女权利上领导世界。妇女权利大会之后是妇女慈善事业和机构国际会议,从 7 月 12 日到 7 月 18 日都在与政府赞助人会面,因此其讨论的中心问题直接围绕着法兰西共和国纪念巴士底日的节庆活动展开。

　　就像 1888 年华盛顿大会庆祝了美国妇女权利提倡者有组织的行动四十周年一样,巴黎妇女权利大会的组织者也援引了她们国家妇女运动的源头,并追溯得相当久远:"我们是先驱……我们播下了种子,后来忽视了它们,其他人则培育了这些种子,并且正在收获果实。"② 这不难看出一

---

　　①　Hubertine Auclert, "Le Quatre-vingt-neuf des femmes", *La Citoyenne*, no. 145(June 1889);重版于 *Hubertine Auclert: La Citoyenne*, pp. 126 - 127;作者翻译。

　　②　Maria Deraismes, "Congrès français et international du droit des femmes", *Nouvelle revue internationale(matinées espagnoles)*, no. 10(1 June 1889), 303. Deraismes 的其他文章与演讲稿,参看文集:*Maria Deraismes: Ce que veulent les femmes, articles et discours de 1869 à 1894*, ed. Odile Krakovitch(Paris: Syros, 1980)。

些国际竞争的味道,也看出了友好团结的表示。在开幕式上,玛利亚·德赖斯默斯坚持认为 1789 年的《人权宣言》具有普遍意义,即使她也强调了"人类的一半"是如何被"这项普遍的解放事业所遗忘"的。她将法国妇女被严格排除在政治生活之外并于 1783 年关闭妇女俱乐部,与孔多塞关于性别平等的富有远见卓识的话语进行对比,指出:也许在当时,人们可以为革命未能解决妇女的需求开脱。然而,一百年后,这些人仍然在拖延。对此,现在没有任何借口可言。[①]

国际妇女大会听取了来自四个领域的论文,内容涵盖历史、经济、道德和法律,与会人员明确提出了一系列专门针对法国状况的要求:彻底改革关于已婚妇女公民权(尤其是财产权)的法律,男女教师同工同酬,享有进入自由职业的机会,在职业学校而非车间对女性进行学徒教育,抑制道德警察,拆除圣拉扎尔监狱以及废除禁止父子关系诉讼的法律。

听众主要来自东道主法国,也有少数来自丹麦、挪威、苏格兰、英格兰和波兰(包括一群学生)的外国代表。来自瑞典的艾伦·福莱斯(Ellen Fries)(文学博士),来自比利时的玛丽·波普兰(Marie Poplin)(新近获得法学博士学位)、西奥多·斯坦顿(代表国际妇女选举权协会),来自雅典的卡利尔霍·帕伦(Callirhoe Parren)(新建立的希腊妇女权利杂志《妇女杂志》的编辑)组成了来自国外的代表群。她们一起庆祝学术界妇女所展现的杰出能力,尤其是在医学和法律研究方面。由于组织者的策划,一份新闻剪报进行了报道,不管是在法国还是国际上,这届大会比巴黎博览会期间举办的其他大会受到了媒体更多的关注。没有唱赞美诗,但是喝了很多酒,在闭幕晚宴上也有许多庆祝活动。玛利亚·德赖斯默斯特别赞扬媒体对这项事业的支持。在简短的祝酒词中,莱昂·里歇尔坚称:"原则无国界,真理无边境,妇女权利的问题在任何地方都一样;都可以总结为两个词:平等和公正。"[②]卡利尔霍·帕伦向那些通过她们的作品和行动让"妇女问题"成为国际问题的人们敬酒。克莱芒丝·鲁瓦耶(Clémence Royer)举杯致敬了过去那些杰出的妇女,包括那些从事体力

① Maria Deraismes, opening address, in *Congrès français et international du droit des femmes*(Paris: E. Dentu, 1889), pp. 2 - 11(quotes, pp. 4 - 5);作者翻译。

② Richer toast, *ibid.*, p.265.

劳动以建立人类社会的默默无闻的妇女,并提及了妇女作为和平缔造者的使命。路易丝·科佩(Louise Koppe)举杯致敬那些将会庆祝 1789 年法国大革命两百周年的孙女们和曾孙女们。她当时并不知道,其中一些人后来会成为妇女史学家。

1889 年国际主义视野的温暖余辉持续了一段时间。在大会之后,《妇女权利》的编辑们制定了建立"国际妇女权利联合会"的计划。到 1890 年,该刊物对欧洲和欧洲之外地方的妇女运动进行了越来越多的报道。1890 年初,世界妇女联合会的建立加强了对妇女运动的关注,该组织的简报由年轻的玛丽亚·切利加-洛维(Marya Chéliga-Loevy)编辑,她是居住在巴黎的波兰后裔。这样一来,到 1890 年底,整个欧洲的妇女权利支持者都有充分的理由感到乐观,尽管她们还会遇到许多棘手的问题以及持续出现的反对势力。

妇女就业与婴儿福祉问题的国际化

在这些问题中最棘手的是妇女的有偿工作问题,在对国家人口需求和公共健康日益增长的关注之下,这个问题再次被提出来。即使是反对者也普遍承认单身女性可能需要养活自己,尽管他们也会持续抱怨无法让所有妇女都正常结婚并且得到丈夫供养。更多的争议围绕已婚妇女的就业问题展开,在 19 世纪 70 年代和 80 年代的国族主义背景中,已婚妇女正越来越首先被视为母亲——不仅是受教育公民的基本提供者,而且在人口主义思想的新计划中,她们还是工人和士兵的基本提供者——简言之,是巩固民族国家所需的人力资本。

如前所述,19 世纪晚期西欧关注劳动力市场中的妇女并不新鲜。性别已经成为工业社会围绕工作的讨论中心,就像在前工业社会中一样。然而,妇女参与产业工作人数逐步增加,这让人们相信,这些新要素会影响 1870—1890 年间的相关讨论的形式。除了资产阶级经济学家、工人阶级的男性、宗教权威和女权主义者早先的观点之外,新一代的医生和人口专家也参与讨论新发现的健康问题,这些问题与母亲和儿童的福祉有关。果然,这些医生强烈主张,为了国家的利益,已婚妇女不应该受雇佣,即使被雇佣了,她们也不应该在新生儿需要她们的全部关注和身体营养时出去工作。

法国的女权主义者继续秉承波勒·明克、朱莉·道比和巴黎公社妇女前辈们的传统,捍卫妇女的工作权。1877 年男性女权主义者莱昂·里歇尔写道:"完全不应该想着从生产中排除工人,我们必须在生产中加入新工人。"

> 我们必须要做的是改变当前妇女的工作状况,我们必须从道德角度考虑妇女工作,我们必须找到一种方式……将工人的利益与每个妇女应受的尊重以及母亲的责任相协调……即便已婚了,妇女也必须能够按照自己的意愿靠自己的工资生活。[1]

莱昂·里歇尔不盲目推崇用男人养家来解决妇女生存问题的办法,他认为所有妇女必须能够自由参与市场经济,独立于男性养家者。

但是,在许多国家,妇女就业的环境仍然很糟糕。在 1877 年日内瓦召开的国际废除娼妓业管制联盟大会上,安娜·玛丽亚·莫佐尼对里歇尔的乐观主义提出了质疑:"每个人都有靠工作生存的权利,但是妇女似乎更拥有死亡的权利,因为对她们来说,找到一份可靠、足够养活自己的工作是如此困难。"[2]卡洛琳·德·巴劳(Caroline de Barrau)报告说,巴黎女工的平均工资(她们的工作大部分是季节性的)大概是日薪 2 法郎,这远远不能满足生存需要。

男性主导的工人运动也对就业组织感兴趣,尤其在英格兰。但是,只要在男性养家者伦理垄断了讨论的地方,劳工领袖就会敦促管制和限制工厂中妇女和儿童的工作时间,并希望(并不总是公开表达)这样的法律也会有效地管制(和减少)男人的工作时间。他们后来把目标转向了不以工厂为基础的生产或"廉价"劳动,在那里女性更多。作为家庭佣人和农业工人(到那时为止,19 世纪欧洲妇女大部分做此类工作),以及作为各种以家庭为基础的工作者(home-based workers),妇女的工作更加分散,这就

---

① Léon Richer, *La Femme libre* (Paris: E. Dentu, 1877), p.90.

② Anna-Maria Mozzoni, in Rina Macrelli, *Indegna schiavitù: Anna Maria Mozzoni e la lotta contra la prostituzione di stato* (Rome: Riuniti, 1981); transl. Gibson, *Prostitution*, p.53.

引发了更困难的问题,而这些问题直到 20 世纪才被提上解决的日程。

19 世纪 70 年代早期,有几个问题引起了男性医生、政府官员、实业家和劳工领袖之间的讨论,在每种情况下,讨论都以母职和道德问题为中心。这些问题包括对妇女在矿井中和矿井周围工作、夜间工作的持续讨论,以及围绕产妇和乳母的一系列担忧。并非所有问题都引起女权主义者的异议。

在英格兰,1842 年妇女在地下矿井工作是非法的,到 19 世纪 80 年代,她们也只是勉强被容许在矿井表层(pit face)工作。这为欧洲其他地方进步主义立法者的讨论提供了一个强有力的先例。19 世纪 70 年代早期,法国和比利时政府都限制妇女在矿井中工作,德国也在 19 世纪 70 年代晚期紧随其后,奥地利则在 1884 年做出了相关规定。

改革者的另一个目标是妇女的夜间工作。高度工业化的瑞士在 1877 年禁止妇女在工厂从事夜间工作。作为一种预防措施,俄国政府在 1885 年宣布女工和儿童的夜间工作为非法,因为在当时可以让妇女获得这种工作的工厂数量仍然很少。种种限制被强制实施,几乎没有人询问过女工的意见。

医生、卫生专家和道德家对城市的职场母亲的育儿实践表达了担忧,因为城市婴儿的死亡率不成比例地高。1874 年,法国政府当局对商业化的乳母业务进行了额外的行政管控。在英格兰,国会逐渐加紧审查职场母亲们采取的寄养方式(baby-farming),导致了 19 世纪 70 年代的管制。西欧国家对这些问题的关注引起了其他国家的焦虑,从而诱发了额外的政府干预。

1877 年,保守的瑞士联邦共和国成了欧洲第一个宣布女工夜间工作非法和强制女工休无薪产假的国家。历史学家雷吉娜·韦克(Regina Wecker)强调"1877 年的法律……不仅为国际保护性立法打开了缺口,还为改造后的保护概念——只针对妇女的特殊保护——打开了缺口。"①德

---

① Regina Wecker, "Equality for Men? Factory Laws, Protective Legislation for Women in Switzerland, and the Swiss Effort for International Protection", in *Protecting Women: Labor Legislation in Europe, the United States, and Australia, 1880 - 1920*, eds. Ulla Wikander, Alice Kessler-Harris, and Jane Lewis(Urbana: University of Illinois Press, 1995), p.72.

意志帝国于 1878 年通过了第一部保护性立法,19 世纪 80 年代早期俾斯麦的综合社保计划跟进了这部立法。政府的举措也在 19 世纪 80 年代和 90 年代早期开始形成。正如在瑞士和德国,这些措施的目的显然是为了维护家庭中的性别劳动分工,办法是通过将妇女指定为需要"保护"的特殊阶层,使她们免受工作的剥削危害。这些举措的最终目的是将已婚妇女从劳动力市场中排除出去,这是男性工会领导人、男性天主教雇主和改革家们的共同目的。

　　1890 年,奥地利和荷兰也采取一种或多种方式限制妇女就业。这一年,瑞士和德国政府发起了一次政府间劳动者保护的大会,会议在柏林举办。这次会议起草了一些决议,促进了其他国家随后的一系列立法尝试,以限制 16 岁及其以上的妇女在夜间和周日工作、限制她们的工作时间、限制妇女在危险和不健康的行业就业,并禁止她们在生育期间和之后就业。产假是强制的,但是没有报酬。

　　对这些她们既没有推动也没有发起的举措,女权主义者的回应各异。大部分女权主义者坚定地捍卫妇女在她们认为合适的情况下工作的权利,她们发展了一些围绕"工作自由"的新战术,来对抗建立在男性养家者/支配者模式之上的保护主义的压力。第二种干预途径更加有力,那就是呼吁国家直接对母亲提供财政补助,包括带薪产假,那样她们就不必依靠在外就业或男性养家者。法国社会主义女权主义者莱奥妮·鲁扎德(Leonie Rouzade)在 19 世纪 80 年代反复强调母职应该成为国家的有偿社会职责,尽管成效寥寥。这种国家主义-女权主义的路径将会在 19 世纪 90 年代和 20 世纪早期获得巨大的支持,尤其是在斯堪的纳维亚国家和德国的女权主义者中间。

　　第三种策略通过挑战现存的性别劳动分工,打开了女权主义批评的新路径。该策略是休伯特·奥克勒特在回应男性工人主张的"妇女正在抢走他们的工作"时阐发的。她坚持认为,妇女完全有工作权,但是妇女有偿工作的前提条件,是男性分担妇女现在正在男人主导的家庭里所做的那些无偿的额外工作。她宣称,这些工作不是"妇女的工作","在家庭中分配给妇女的所有非生产性工作,都是社会中男人为赚钱而做的工作。为了赚钱,男人打扫、刷鞋、清洗衣服;为了赚钱,男人缝纫;为了赚钱,男人做饭、摆放和清洗桌子、洗盘子；为了赚钱，男人照顾儿童"①。由于期待妇女在有偿劳动之外做家务，职业妇女不得不比她们的丈夫工作更长时间、更努力。奥克勒特相信，这样的家务劳动在法国还没有被恰当地估价，因为妇女仍然被视为男人的仆人，而不是与他们平等的人。

1889 年在巴黎召开了两次国际妇女大会，原因是对妇女保护性立法的分歧。玛利亚·德赖斯默斯和莱昂·里歇尔坚持妇女经济独立的权利，她们反对朱尔·西蒙(Jules Simon)的选择，朱尔是保护性立法的坚定拥护者、妇女大会的荣誉主席。在持异议的妇女权利大会上，玛利亚·德赖斯默斯发表了开幕演讲，她暗指自由主义者和保护主义者之间的差异，前者坚持妇女经济独立的"权利"，后者坚持"特权"，支持禁止妇女从事夜间工作："比起特权，这种类型的保护看起来更像是限制、压迫，而不是有利的让步。我们从经验中得知，保护和自由是两个相互排斥的术语。"②此外，她指出，这样的"保护"事实上可能是相当无效的。因此，她的代表团拒绝按照这些条款被选为大会的"官方"代表，而选择了一条独立的道路。直到 19 世纪 90 年代，法国女权主义者还在持续反对保护性立法，与英国的女权主义者通过《英国妇女评论》联合起来。然而，潮流正在转向。19 世纪 90 年代，其他国家尤其是德意志帝国的女权主义者，欣然采纳国家支持的保护性立法的"特权"，因为它们对女工的即时好处比任何假想的平等"权利"或"自由"都要多。

妇女问题的竞争性解决方案

巴黎公社结束后，在女权主义组织的一系列活动中，筋疲力尽的国际工人运动领导人提出了妇女解放的替代路线。有些人也支持妇女选举权和彻底的平等权利，但是其他人专注于把妇女和儿童排斥出劳动力群体，

① Hubertine Auclert, "Femmes! vous allez prendre notre place", *La Citoyenne*, No. 25, 31 July 1881; transl. in Patricia Hilden, *Working Women and Socialist Politics in France, 1880-1914: A Regional Study*(Oxford: Clarendon Press, 1986), p. 196.

② Deraismes, opening address, in *Congrès français et international du droit des femmes* (1889), pp. 3-4, quote, p. 3.

为了保护他们的利益而限制她们的工作时间,或者提倡国家扶持母亲。然而,更具革命性的马克思主义-社会主义者们设想的不是改革,而是彻底推翻资本主义的生产方式。

到1890年,有关妇女的马克思主义-社会主义纲领可以大致总结如下:妇女从属地位的根源,在于资产阶级对无产阶级的剥削。只有由胜利的无产阶级建立的社会主义新秩序才能提供解决妇女问题的答案。她们逐步把妇女权利的要求描述为严格来说是"资产阶级"或"自由主义"的解决方案(即主要对公民权感兴趣,这一点轻蔑地暗示这种解决办法是"保守"的),而这个方案并没有解决资本主义的统治和剥削问题。必须优先考虑以革命的方式推翻阶级秩序和现有的财产制度,妇女的解放才会自动随之而来。[①]

第一国际工人协会于1876年解散,第二国际工人协会1889年诞生。在这之间的十多年中,德国社会主义者成功统一了各竞争性党派(1875),但是1878—1890年新的社会民主党因"反家庭"而被德意志帝国政府宣布为非法。不过,这些年也出现了几份里程碑式的妇女问题声明(源于德国),这些声明是具有马克思主义信仰的社会主义发言人提出的,为后来的运动提供了纲领性文件。有两份重要的长篇论文分别是奥古斯都·倍

----

① 许多历史学家探索了19世纪晚期社会主义者和女权主义者之间的分歧。德国的相关情况,参见 Jean H. Quataert, *Reluctant Feminists in German Social Democracy, 1885 - 1917* (Princeton: Princeton University Press, 1979); Richard J. Evans, "Bourgeois Feminists and Women Socialists in Germany, 1894 - 1914: Lost Opportunity or Inevitable Conflict?" *Women's Studies International Quarterly*, 3:4(1980), 355 - 376,重印收录于 *Comrades and Sisters: Feminism, Socialism, and Pacifism in Europe, 1870 - 1945* (New York: St. Martin's Press, 1987), pp.37 - 65; Alfred G. Meyer 关于 Lily Braun 的文章同时参看本书第七章的注释。关于法国,参看以下文献所提供的不同分析视角:Marilyn J. Boxer 与 Charles Sowerwine 在 *Third Republic / Troisième République*, no.3 - 4(1977)中发表的文章;Boxer, "Socialism Faces Feminism: The Failure of Synthesis in France", in *Socialist Women*, eds. Marilyn J. Boxer & Jean H. Quataert(New York: Elsevier, 1978), pp.75 - 111; Sowerwine's, *Sisters or Citizens? Women and Socialism in France Since 1876* (Cambridge: Cambridge University Press, 1982)。同时参看 Françoise Picq, "'Bourgeois Feminism' in France: A Theory Developed by Socialist Women before World War I", in *Women in Culture and Politics*, eds. Judith Friedlander, et al.(Bloomington: Indiana University Press, 1986), pp.330 - 343。我重新查阅了19世纪八九十年代社会主义的史料,从女权主义的立场重构了马克思主义-社会主义立场的理论发展史。也参见第七章的注释。

倍尔的《过去、现在和未来的妇女》（最初于 1878 年用德文发表，后来以《妇女与社会主义》之名重新发表）和弗里德里希·恩格斯的《家庭、私有制和国家的起源》(1884)。这一时期还出现了两份篇幅较短但同样极有影响力的声明，阐述了马克思主义-社会主义者在妇女问题上的立场。第一篇是卡尔·马克思(Karl Marx)的女儿艾琳娜(Eleanor)和她的伴侣爱德华·艾威林(Edward Aveling)发表在伦敦《威斯敏斯特评论》(1886)上的英文文章，后来以小册子形式再版。第二篇是克拉拉·蔡特金(Clara Zetkin)在 1889 年第二国际工人协会成立大会上的演讲《女工和妇女问题》，这份演讲也被广泛传播。

倍倍尔的著作从能够让他的所有后继者产生共鸣的关键论断开始，他坚持阶级相对于性别的政治优先性，把后来以"女权主义者"闻名的那些人谴责为"资产阶级"。"所谓的妇女问题……仅仅是整个社会问题的一个方面……只有相互联系起来，这两个问题才能找到最终的解决方案。"①对倍倍尔来说，性别关系不是主要问题，尽管他认为"妇女是第一个体会到奴役滋味的人……在奴隶存在之前就是奴隶"。

因此，在回应女权主义者的诉求时，倍倍尔认为，法律和经济平等，以及增加妇女进入各种职业的机会，在现存的秩序中不会改变什么，这方面的进步既不会减轻工资奴隶制（wage slavery），也不会改变性奴隶制（sexual slavery）："女人服从男人，绝大多数女人对男人的金钱依赖，以及随之而来的性奴隶制——在现代婚姻和娼妓业中可以发现——将仍然完好无损。"我们要求"彻底的解决方案"，任何其他的办法都只是修修补补："按照我的理解，彻底的解决方案不仅意味着法律面前的男女平等，还有经济自由和物质独立，以及尽可能的精神发展上的平等。**在现存社会和**

---

① August Bebel, *Woman in the Past, Present, and Future*, transl. H（ope）B（ridges）. Adams Walther(London: Modern Press, 1885)；初版：*Die Frau in der Vergangenheit, Gegenwart, und Zukunft*(1878)。这里和下面的引文分别出自"引言"第 1—5 页和第 7 页。后来更著名的英文版《社会主义下的妇女》(*Woman under Socialism*, 1904)由丹尼尔·里昂(Daniel de Leon)在倍倍尔的基础上修订和扩展而成，这个版本后面这段话（第 5 页）的措辞更加强烈："相应的，目标并不仅仅是在现有社会中实现男女的平等权利，这也是资产阶级妇女解放者的目标。不仅如此，目标在于打破男人依赖男人以及因此造成的一种性别依赖另一种性别的所有障碍。因此，妇女问题的解决方案与社会问题的解决方案完全一致。"

政治制度下,妇女问题的彻底解决方案就像劳工问题的解决方案一样难以实现。"

弗里德里希·恩格斯也像倍倍尔一样超越了卡尔·马克思的早期方案,马克思对男女婚姻关系的看法仍然相对传统,即便他批评了当时流行的家庭制度形式。恩格斯的长篇《家庭、私有制和国家的起源》是以马克思的笔记为基础写成的,并辅以来自达尔文、斯宾塞、巴霍芬的资料,以及路易斯·亨利·摩根对古代社会的研究,来探究妇女屈从于男人的历史起源。他最令人吃惊和最有影响力的发现是指出了继承的转移,在早期社会,一旦建立繁殖的畜群和人类奴隶的财产权,继承权就从女性转移到了男性。达尔文高度依赖巴霍芬在古代社会中有关母权制的发现,恩格斯则宣称"母权制被推翻,乃是妇女具有世界历史意义的失败"。恩格斯批评以财产为基础的专偶制婚姻,在这种婚姻中,妇女被系统性地置于从属和被支配的地位,他推断"妇女解放的第一个先决条件就是所有女性重新返回公共事业中去……这反过来要求废除作为社会经济单位的专偶制家庭"①。

艾琳娜·马克思和爱德华·艾威林向英国读者发表了他们对倍倍尔的评论,再次强调在妇女的压迫(紧随倍倍尔,他们有意用"压迫"一词代替了穆勒的"屈从")中经济的优先性,像 19 世纪 30 年代早期的女权主义批评者们(如信仰圣西门主义的妇女和弗洛拉·特里斯坦)一样,他们将妇女的命运与工人的命运联系起来:"妇女的地位就像我们这个复杂的现代社会里的一切一样,都建立在经济基础上。要是倍倍尔坚持这一点,他的著作就会有价值。妇女问题是整个社会组织的一部分。"马克思和艾威林像倍倍尔一样批评当时的妇女权利提倡者没有看到这一点,没能找到根源,没能明白无论采取什么形式的改革,能改变的都很少:

---

① Friedrich Engels, *Der Ursprung der Familie, des Privateigenthums und des Staats* (Hottingen-Zürich: Schweizerische Genossenschaftsbuchdruckerei, 1884); 4th ed. (1891), transl. Alick [Alec] West, *The Origin of the Family, Private Property, and the State, in the Light of the Researches of Lewis H. Morgan* (New York: International Publishers, 1942): excerpted in *WFF*, II, doc. 13(quotes, pp. 79 – 81).

　　妇女是有组织的男人暴政的产物,正如工人是有组织的游手好闲者暴政的产物一样。即便理解到如此地步,我们也必须永不疲倦地坚持不理解如下内容,即就像对工人阶级一样,对妇女来说,现在眼前的困难和问题在现有社会条件下无法找到解决方案……妇女的解放只会来自自己。妇女会在好一点的男性那里找到盟友,就像工人在哲学家、艺术家和诗人中找到盟友一样。但是,妇女对整体男性没什么好期待的,工人对整个资产阶级也没什么好期待的。①

只有在革命之后产生的无阶级社会中,男女完全平等才会普遍存在,妇女的物质独立让她们能够实现作为自主个体的全部潜能。因此,阶级优先于性别。

　　克拉拉·蔡特金在 1889 年巴黎的国际劳工大会上代表柏林的女工,她根据自己身为母亲和经济独立女性的经验,对妇女就业中的具体问题提出了理论和实际的看法。她声称,只有怀孕妇女的工作需要管制。她试图说服男性工人,问题不在于妇女劳动与他们的劳动竞争,真正的问题在于资本家对妇女劳动的剥削。像她的前辈一样,她认为唯有将劳动从资本中解放出来才能解决问题:"只有在社会主义社会中,女性和男性工人才会获得完整的人权。"蔡特金宣称,为了建立新社会,妇女准备做战友,但是她们打算"一旦获胜,就要求所有的权利"②。显然,马克思主义-社会主义者有意在改变两性关系问题上占领理论和政治高地。

　　倍倍尔、恩格斯、马克思和艾威林、蔡特金在 19 世纪 80 年代如此一贯阐明的观点,成了新成立的第二国际工人协会及其相关国家政党的党派"路线"。对有些人来说,资本主义而非男性统治是敌人,社会主义革命才是答案,这种观念提供了非常令人信服的想象。

　　因此,从 19 世纪 90 年代到 20 世纪早期,欧洲的社会主义者和女权

---

　　① Eleanor Marx & Edward Aveling, "The Woman Question: From a Socialist Point of View", *Westminster Review*, 125:1(Jan. 1886), 207 – 222; excerpted in *WFF*, vol.21 doc.14; quote, p.83.

　　② Clara Zetkin, "Für die Befreiung der Frau! Rede auf dem Internationalen Arbeiterkongress zu Paris, 19 Juli 1889", *Protokoll des Internationalen Arbeiter-Congresses zu Paris, 14 – 20 Juli 1889*(Nürernberg, 1890); transl. SGB, in *WFF*, vol.2, doc.15.(quotes, pp.90, 91).

主义者之间的关系变得越来越紧张,我将在第七章中对此进行阐述。德国社会民主党(SPD)再次发表了倍倍尔对妇女问题的观点,书名为《妇女与社会主义》,这个经过修订扩充的版本,把恩格斯和其他学者的论述也纳入进来,倍倍尔的观点得到了广泛传播和译介。1890 年,德意志帝国废除了反社会党人法(Antisocialist Laws),该法自 1878 年以来严重阻碍了社会主义组织的发展。除了建立国家社会保险项目,俾斯麦政府还制定了措施专门平息工人的不满,包括对女工的保护性立法。1891 年,作为一个大众政治党派,新兴的社会民主党寻求社会支持,它采取了非常激进的立场,通过在爱尔福特大会上投票争取"废除阶级统治,消灭各种阶级,不论性别和出身,都要获得平等权利和平等义务。以此为基础,它不仅反对对工人的剥削和压迫,还反对现代社会中任何形式的剥削和压迫,不管其针对的是阶级、党派、性别还是种族"。结果,社会民主党支持不分性别的普选权,支持"废除在公共和私人领域中歧视妇女的所有法律"①。

到 1894 年,作为新成立的德国社会民主党妇女运动的先锋,克拉拉·蔡特金拒绝与所谓的资产阶级妇女运动的代表进一步合作,即使是在她持续提醒她的男同志必须遵守他们对妇女的承诺之时②。由于社会民主党是第二国际中最具民族性的政党,这些政治举措将在整个欧洲产生重要的连锁反应,试图让女权主义者处于守势,从而加剧女权主义者和社会主义者之间的紧张关系。他们在声称解放妇女的同时破坏女权主义(捕获其潜在追随者),方法就是接纳她们的要求,但延迟颁布反映这些要求的法规。

这样一来,妇女解放的拥护者与坚持阶级团结的社会主义理论家和政治家——包括无产阶级的女性和男性——之间形成了有力的竞争。与倍倍尔和蔡特金不同,许多妇女解放的拥护者不愿意等待革命的成功。

---

① 这份德国社会民主党的计划,被党组会议采纳:Erfurt, 21 Oct 1891。英译本收录于 Louise Wilhelmine Holborn et al., *German Constitutional Documents Since 1871* (New York: Praeger, 1970), pp. 51 - 53; quotes, pp. 51, 52。

② 参见 Richard J. Evans, "Theory and Practice in German Social Democracy 1880 - 1914: Clara Zetkin and the Socialist Theory of Women's Emancipation", *History of Political Theory*, 3:2(Summer 1982), 285 - 304。

她们对一整套革命性的社会主义目标持保留态度,尤其是它们的优先顺序,就像 1848 年的珍妮·德隆一样,她们认为两性之间的不平衡关系才是核心问题。尽管她们承认阶级差异的存在和经济问题的重要性,她们仍然对社会主义领导人和工人阶级男性身上表现出的男性特权和男性傲慢(masculinisme 是一个新创的法语词,意指男性特权和男性傲慢)感到困扰。她们主张妇女解放必须在当前推进,不能推迟到一个假想中的无产阶级革命推翻资本主义之后。

休伯特·奥克勒特在 19 世纪 80 年代的法国社会主义圈子里的经历是一个生动的例子。1879 年 10 月,马赛正在召开法国社会主义工人运动大会,休伯特·奥克勒特向与会代表们寻求对妇女选举权的支持。在演讲中,她清晰地点明了性别和阶级之间的联系,以新的语言改写了长久被遗忘的圣西门主义先辈们的论断:"像你们(工人)一样,我们(妇女)也是残暴力量的受害者……我们仍然在忍受那些有权有势之人的残暴,在我们的情况中,还要加上那些正在享受他们权利之人的残暴……一个让妇女处于低人一等位置的共和国不会让男人获得平等。"休伯特·奥克勒特谴责"性别特权",要求大部分男性代表:"你们希望将其他人置于你们的控制之下,你们又如何谈及平等?"她坚持认为,由于缺乏保证,"我真的担心任何一个社会主义学派鼓吹的人类平等,仍然只意味着男人之间的平等,妇女将会被无产阶级男性欺骗,就像无产阶级男性被资产阶级欺骗一样"。休伯特·奥克勒特坚信,妇女对"帮助暴政易主"不感兴趣,"我们想要的是终止特权,而不仅仅是重新配置特权"①。

马赛工人大会的代表们投票支持休伯特·奥克勒特的决议。在法国,社会主义和女权主义的蜜月期持续了几年,但是当改革者与更激进的马克思主义者(提倡集体主义和革命)分裂时,对妇女权利的追求最终成了 19 世纪 80 年代双方内讧的牺牲品。作为一个经济独立的人,休伯

---

① Hubertine Auclert, *Égalité sociale et politique de la femme et de l'homme, discours prononcé au Congrès ouvrier socialiste de Marseille*(Marseille, 1879), as reproduced in *Romantisme*, nos. 13 - 14(1976), pp. 123 - 129; transl. KO in *WFF*, vol. 1, doc. 143(quotes, pp. 515 - 517 passim). 同时,再版收录于 Hubertine Auclert: *Pionnière du féminisme: Textes choisis*(引文信息见本章前面,第 176 页注释①),pp. 83 - 101。

特·奥克勒特发现集体主义的纲领是不可接受的,她在法兰西共和国建立了自己的组织和宣传中心以追求妇女选举权。1881 年 2 月,她创办了《公民》,在十年间,她都在这个刊物上为所有法国妇女争取完整的权利,包括投票权。

奥克勒特更激进的同僚莱奥妮·鲁扎德也试图弥合 19 世纪 80 年代社会主义党派和妇女权利拥护者之间不断扩大的鸿沟。作为新的妇女团体"妇女联盟"(以 1871 年巴黎公社建立的协会名字命名)的创办人和工人大会的频繁参与者,莱奥妮·鲁扎德声称,妇女应该享有与男人完全相同的权利。对平等教育的诉求是她议题的中心。对那些认为(当时法国刚刚确立了全体男性服兵役制度)男性有资格享有权利是因为他们是士兵的人,她打出了母职的王牌:"我们的责任与你们是等价的,如果有人因为杀人而拥有权利,那么造人的人就应当拥有更多的权利!"①像休伯特·奥克勒特和莱奥妮·鲁扎德一样,许多女权主义者——甚至那些曾同情社会主义目标的人——对马克思主义-社会主义者感到沮丧和轻微的怀疑,因为他们试图把阶级的楔子插入正在成长中的女权主义姐妹情谊之中。这些人要求在她们生活的社会中拥有完全的公民权,目的是在此时此地从内而外改变社会。②

重塑跨越国界的国内外关系

1880 年,亨里克·易卜生(Henrik Ibsen)的娜拉第一次抛弃家庭生活。《玩偶之家》在哥本哈根首演,后来在整个斯堪的纳维亚国家和德国上演,引起了激烈的辩论甚至毁谤。其后十年,这部引人入胜的戏剧几乎被翻译为欧洲所有的语言,主要演出地在伦敦(1889)和巴黎(1894),由欧洲的一流女演员扮演易卜生的女主角。娜拉从她丈夫的统治中彻底退出

---

① Léonie Rouzade, *Développement du programme de la Société "L'Union des femmes"*, *par la citoyenne Rouzade*(Paris: Au Siège social de l'Union des femmes, 1880), p. 24, transl. KO. 关于鲁扎德,参见 Boxer 和 Sowerwine 的著作(前引第 190 页注释①),以及 Anne Cova, *Maternité et droits des femmes en France(XIXe - XXe siècles)*(Paris: Anthropos, 1997)。

② 参见 Marilyn J. Boxer 与 Charles Sowerwine 对此相互冲突的解释,见本章前面的相关注释(前引第 190 页注释①)。

的行为成了整个欧洲的话题。

伴随娜拉的独立宣言,妇女作为个体对自由和幸福权利的追寻,成了有关妇女问题辩论中的重要主题。对有些人来说,易卜生的作品严厉批判了针对女性身份的家长制观念,导致它成了婚姻的大敌。除了以多种方式鼓舞妇女运动之外,娜拉的行动也引起了一场有关未来两性关系的辩论,这场辩论吸引了诸多著名的斯堪的纳维亚作家,如奥古斯特·斯特林德贝里(August Strindberg)、格奥尔格·布兰德斯(Georg Brandes)、维多利亚·本尼狄克森(Viktoria Benedictsson)、安-夏洛特·莱弗勒(Ann-Charlotte Leffler)和阿马利娅·斯克拉姆(Amalia Skram),从而对欧洲文学产生了剧烈而深远的影响。①

这些年间,娜拉并不是唯一一个挑战性别限制和传统期待的虚构角色。几乎同时出版的乔治·梅瑞狄斯(George Meredith)的小说《利己主义者》(1879)描绘女主角克拉拉·米尔顿拒绝了威洛比·帕滕爵士(Sir Willoughby Pattern)的求婚,因为他将女人视作财产和装饰品。随着小说《十字路口的戴安娜》在1884年发表,乔治·梅瑞狄斯对"真正伴侣"的探索达到了顶点,在这篇小说中,他将"真正"的婚姻看作两个全面发展的个体的结合,即使这样深刻的观点并不那么令人吃惊和具有革命性。文学分析家伊丽莎白·代斯(Elizabeth Deis)认为梅瑞狄斯的解决办法是"维多利亚和现代价值观的一种妥协",一边尊重婚姻,一边坚持伴侣之间的平等。②

在梅德狄斯的小说和易卜生的戏剧发表几年后,刚刚到达英格兰的南非作家奥利弗·施赖纳(Oliver Schreiner)就发表了她的第一部小说

---

① 关于这场辩论,参见 Pil Dahlerup, Det. moderne gennembmds kvinder(Copenhagen: Gyldendal, 1983);关于意大利、瑞典和俄罗斯作家的章节在 Donald Meyer 的 *Sex and Power: The Rise of Women in America, Russia, Sweden, and Italy*(Middletown: Wesleyan University Press, 1987)中;关于俄国的,参见 Laura Engelstein, *The Keys to Happiness: Sex and the Search for Modernity in Fin-de-Siecle Russia*(Ithaca: Cornell University Press, 1992)。我对这一时期斯堪的纳维亚辩论的理解受到 Ida Blom, Kathleen Dahl, Ulla Manns 和 Verne Moberg 的洞见的影响。

② Elizabeth Deis, "Marriage as Crossways: George Meredith's Victorian-Modem Compromise", in *Portraits of Marriage in Literature, Essays in Literature Series*(Macomb: Western Illinois University, 1984), p.24.

《一个非洲农场的故事》(1883)。它的女主角林德尔向往拿破仑和文明的兴起而不是她的嫁妆。从寄宿学校回来后,她告诉已婚的姐姐:"我并不急于把自己的脖子放在任何男人的脚下,我也没有那么欣赏婴儿的哭啼……有其他女人喜欢那样的事。"①在林德尔的沉思中,她分析了女子教育、作为支持系统的婚姻、妇女隐秘权力的滥用、做重要工作的必要性。确实,林德尔这个角色具有不可思议的先见之明,她的明智超越了她的时代,就像她的创作者一样,令人惊讶地能言善辩。

欧洲人还不习惯以"只是女孩"的视角讲述她们的思想,哪怕是在小说中。更具诽谤性的是对已故之人的直白讨论。1887 年《玛丽·巴什克塞夫日记》在巴黎发表后就引起了一场文化轰动。这是一位居住在法国的俄裔贵族兼天才画家的日记,她 24 岁死于肺痨。日记对青春期年轻女性的描写,再次激发了整个欧洲知识界对于妇女"真正"本质的讨论,还极大地推动了新兴的心理学和精神分析领域对妇女问题的讨论。玛丽·巴什克塞夫在 1878 年巴黎第一届国际妇女权利大会召开后不久写道:"我从未像现在这样反抗妇女的境况,我没有傻到要求愚蠢的平等,那是乌托邦……因为在像男人和女人这样如此不同的两个存在之间不会有平等。我不要求任何东西,因为妇女已经拥有她应该拥有的一切,但是我对作为女人有怨言,因为我只是碰巧外表上是女性。"②

"女性气质"(womanliness)的首要标准一定是自我牺牲吗? 玛丽·巴什克塞夫否认这一点。她要求作为一名艺术家凭借自身的实力获得成功和认可,并为此努力。在她的日记和生活中,她敢于——就像施莱纳小说中的林德尔一样——把野心和名声当作与生俱来的权利,并且使用自己的名字(不必隐藏姓名)。就像与她惺惺相惜的乔治·伯纳德·肖(George Bernard Shaw)在评论英文版日记及其引起的诽谤时所说:"总而言之:除非女人拒绝她的女性气质,拒绝她对丈夫、孩子、社会、法律和

---

① Olive Schreiner, *The Story of an African Farm* (London: Chapman and Hall, 1883), p.217;再印版:WFF, vol.2, doc.3(quote, p.33),关于 Schreiner 的生平,参见 Ruth First & Ann Scott, *Olive Schreiner: A Biography* (London, 1980);再印版:New Brunswick: Rutgers University Press, 1989)。

② Marie Bashkirtseff, *Journal of Marie Bashkirtseff*, 2 vols., transl. A. D. D. Hall (Chicago & New York: Rand, McNally, 1908), vol.1, p.402.

自己以外的其他人的责任,否则她就无法解放自己……因此,妇女必须拒绝全部责任。这种拒绝成就了她的自由……一整套最神圣品质的理想将会被女人和男人平等的实现所粉碎。"①

在伦敦,剑桥毕业的卡尔·皮尔逊(Karl Pearson)在 1885 年组织了男女俱乐部(Men and Women's Club),一群进步的、大部分是单身的女性和男性聚集在一起讨论性话题(the subject of sex)。历史学家茱蒂丝·瓦尔科维茨观察道:"俱乐部成员将自己视为知识和政治先锋,热心地从事一项对她们来说似乎是——也确实是——革命性的事业:审慎地讨论性道德和性激情。"然而,她承认"异性恋幻想和观念为俱乐部的讨论设定了边界"②。但是,在当时,坦率地讨论异性恋关系是一项非凡的成就。

英格兰在过去十五年兴起的反对《传染病法》运动,受到那时披露的伦敦儿童卖淫事件的支持,极大地促进了这种讨论的可能,并深刻地影响了参与运动妇女的观点,让她们意识到自己在性方面的脆弱性。然而,皮尔逊的社会达尔文主义目的、他对建立"真正的性科学"(像他自己说的那样)的兴趣,以及他坚持强调妇女的社会责任(尤其是生育)而不是她们作为个体(像易卜生的娜拉那样的)的解放,都抑制了俱乐部中女权主义视角的自由表达。从约翰·斯图尔特·穆勒终结妇女屈从地位的激进自由路线中后撤,皮尔逊返回了"公共效用"的主题。作为一名科学家,他坚持认为"妇女的'权利'毕竟只是一种对'什么是最适合她的位置'的模糊描述,只是她在未来的发达社会中发挥最大效用的领域。在谈论这一点之前,我们必须首先搞明白什么是妇女的身体能力,她的解放会对种族再生产造成怎样的影响"③。

---

① George Bernard Shaw, "The Womanly Woman", from *The Quintessence of Ibsenism* (London, 1913; orig. publ. London: Walter Scott, 1891); quote as repr. in WFF, vol. 2, doc. 5, p. 45.

② Judith R. Walkowitz, "Science, Feminism and Romance: The Men and Women's Club 1885-1891", *History Workshop,* no. 21(Spring 1986), 37.

③ Karl Pearson, "The Woman's Question "(1885),再印版:Pearson, *The Ethic of Free-thought and Other Addresses and Essays* (1888); quote, 2d ed. (London: A. & C. Black, 1901), p. 355。

像他的社会主义同道一样,皮尔逊将经济关系改革和性关系改革结合起来,认为妇女经济独立于男人、自食其力是必要的,这是完整个性和新道德的前提条件:"妇女的经济独立会第一次让以下事实成为可能:最崇高的人类关系成为纯粹感情的事,排除一切约束的怀疑和商业主义的玷污。"①对皮尔逊来说,社会主义是通向合法化一夫一妻制未来的关键。至于生育的妇女,她们必须受到国家的支持,而不是个体男性的支持,甚至当国家限制她们生育时亦是如此。俱乐部的许多女性成员对皮尔逊的分析和结论没那么兴奋,最终由于观点不同,及其女性成员对自认为能代表女性的男性所表现出傲慢的不满,俱乐部分崩离析。

蒙娜·凯德(Mona Gaird)于 1888 年 8 月发表在《威斯敏斯特评论》上的《婚姻》将这些私人讨论带入了公众视野。蒙娜·凯德引起了公众争议的风暴,在《每日邮报》后续的调查"婚姻失败了吗"中,英格兰的读者发出了 27 000 封信参与讨论。蒙娜·凯德没有受邀参加男女俱乐部,但是她就两性沟通的困难发表了看法。她反对男性思想家和哲学家不重视或忽视女性的思想和感情的做法,他们将妇女糟糕的受教育程度和封闭的生活归咎于"妇女的本性"。通过借鉴皮尔逊、奥古斯都·倍倍尔和其他人的各种研究,凯德重述了当时所理解的婚姻的历史,尤其责备马丁·路德,认为是他(就像皮尔逊一样)导致了在一个世俗化、严格商业形式的婚姻中妇女的从属地位:"在男女相互感兴趣,但却不被驱使着要么结婚,要么完全放弃频繁会面的快乐和好处时,我们才会拥有一个值得生活的世界。"②凯德认为,要向这个方向发展,需要妇女的经济独立和男女同校。两性之间的友谊也是她的理想。在第二篇文章中,她认为,在当前的婚姻制度中,"不服从……是妇女的首要责任!"③自由必须是两性关系的最高原则,就像在其他关系中一样。

正是在这种背景下,格兰特·艾伦(Grant Allen)的《简述妇女问

---

① Karl Pearson, "Socialism and Sex"(1887),再印版:*The Ethic of Free thought*, 2d ed., p. 422。

② Mona Caird, "Marriage", *Westminster Review*, 130:2(Aug. 1888), 196.关于 Caird,参见 Ann Heilman, "Mona Caird(1854 - 1932): Wild Woman, New Woman, and Early Radical Feminist Critic of Marriage and Motherhood", *Women's History Review*, 5:1(1996), 67 - 95。

③ Mona Caird, "Ideal Marriage", *Westminster Review*, 130:5(Nov. 1888), 624.

题》提到了国家的需求。他忽视了"过剩"的(单身)女性的问题,清晰阐
述了大不列颠的人口需求,预演了接下来二十年内整个欧洲广泛讨论
的主题:

> 在每个社会、所有时期,绝大部分女人必须成为妻子和母亲,每
> 人必须生育至少四个孩子。如果有人逃避她们的天然责任,那么剩
> 下的人就必须承担更重的任务。但无论如何,几乎所有的女人都必
> 须成为妻子和母亲,几乎所有的女人都必须至少生育四五个孩子。
> 在我们现有的情况下,我们国家每个女人最少应生育六个孩子。①

格兰特·艾伦认为,妇女解放"绝不能是那种干扰这一首要天然需求的类
型"。必须以最适合成为妻子和母亲的方式对妇女进行"身体上、道德上、
社会上、精神上的训练","给予她们最全面、最慷慨的支持以履行作为妻
子和母亲的职责"。在艾伦看来,19 世纪 80 年代的解放主义者在通过教
育女性成为男性而培养"去性别化的妇女"。"自食其力的大龄单身女性"
是"一时的不幸事件……一种异常,而非妇女的未来"。

在其他欧洲社会,新一代女作家和活动分子就妇女问题发表看
法。有些人比其他人更"女权",但很少有人像凯德一样激进。例如,
在西班牙,康塞普西翁·阿雷纳尔(Concepcion Arenal)在 19 世纪
90 年代早期对格兰特·艾伦们做出了回应,反击西班牙人眼中的"家
庭天使":

> 用"她们的唯一使命是成为妻子和母亲"这种观念来教育女性,
> 是一个重大错误,也是最有害的方式之一。这就等同于告诉她们依
> 靠自己她们什么都不是……妇女必须首先肯定她们的人格,她们身
> 份的独立性,说服自己,不管是单身、已婚还是丧偶,她们都有要承担
> 的责任,都有权利自我辩护,都有工作要做……生活是严肃的,如果

---

① Grant Allen, "Plain Words on the Woman Question", *Fortnightly Review,* 521
n.s. 46(1 Oct. 1889, 448 – 458; quotes, pp.449, 452, 455.

她们将其视为游戏,她们会持续被当作玩具对待。①

这一时期,并非所有的女性小说家都像康塞普西翁·阿雷纳尔或她更年轻的同事埃米莉亚·帕尔多·巴桑(Emilia Pardo Bazan)一样是公开宣称的女权主义者,后者后来成了西班牙 19 世纪末最直言不讳的女权主义者。意大利那不勒斯的小说家和新闻记者玛蒂尔德·塞劳(Matilde Serao)从女性的视角进行颇具说服力的创作,并作为记者和批评家为自然主义或现实主义学派开辟了新领域,但她在作品中表达的观点只能被称为反女权主义。塞劳本人是一个打破传统性别角色的人和改革家,但是她有意识地捍卫妇女在家庭中的传统角色——爱、服务和顺从的角色。她支持罗马天主教的道德观念,提倡从上而非从下或通过个人的能动性进行改革。就像历史学家朱迪思·杰弗里·霍华德(Judith Jeffrey Howard)评论的:"塞劳的妇女观抹杀了改善妇女地位的可能性,因为它建立在对妇女的怜悯而非尊重之上。"②塞劳将顺从描述为获得圣徒身份的前提条件。在后复兴运动的意大利,公开的女权主义声音仍然是例外而非常态。在 1888 年美国华盛顿特区召开的国际妇女大会上,范妮·赞皮尼·萨拉扎罗坚持认为意大利妇女权利活动分子正面临困难:"在意大利,我们仍然必须为抵抗男人既定的主导地位、对抗心胸狭隘的牧师的偏执(他们害怕丧失对妇女的权力)而战,对受过理智教育的妇女来说,她们会开始为自己考虑而不是逆来顺受地屈从于他们的权威。"③她的努力当

---

① Concepción Arenal, speech delivered to and debated at the Congreso pedagógico hispano-portugués-americano, 1892; transl. in Mary Nash, "The Rise of the Women's Movement in Spain",未出版论文,Stuttgart/Birkach, 1995。后来正式出版:"The Rise of the Women's Movement in Nineteenth-Century Spain", in *Women's Emancipation Movements in the Nineteenth Century: A European Perspective*, ed. Sylvia Paletschek & Bianka Pietrow-Ennker(Stanford, CA: Stanford University Press, 2004), pp.243 - 262。

② Judith Jeffrey Howard, "The Feminine Vision of Matilde Serao", Italian Quarterly, 18, no. 71 (Winter 1975), 67. 同时参见 Wanda De Nunzio Schilardi, "L'antifemminismo di Matilde Serao", in *La parabola della donna nella letteratura italiana dell'Ottocento*, ed. Gigliola De Donato et al.(Bari: Adriatica, 1983), pp.277 - 305。

③ Fanny Zampari Salazaro, "Condition of Women in Italy", Report of the International Council of Women,...1888, p.208.

时受到罗马教廷极端牧师派的攻击,发表她主张的刊物《妇女评论》很快就停刊了。

在法国,19世纪七八十年代,女权主义作家不是什么新鲜事。从小说家杰曼·德·斯塔尔和乔治·桑到19世纪30年代发起创立《自由妇女》杂志的圣西门主义妇女,有许多前辈。在巴黎,19世纪80年代,玛利亚·德赖斯默斯、休伯特·奥克勒特和厄热涅·波托尼耶-皮埃尔继续争取妇女权利。例如,1882年,奥克勒特在《公民》上撰文祝贺塞纳新任地方行政长官解除了其前任颁发的禁令,该禁令禁止妇女在城市大厅举办的公民婚姻仪式中演讲,随后,奥克勒特发表了一次演讲。她主张女权主义者和自由思想家有权批评在法国强制举行的民事婚礼上对新婚夫妇大声宣读的婚姻法,坚持认为"妇女解放派有权发言"[①]。1883年5月,她认为如果产妇有工资(就像莱奥妮·鲁扎德曾经建议的那样),男人就会试图接管它。1884年9月,她对当时正在开会审议宪法改革的法兰西共和国国民大会提出质疑,要求它鼓起勇气,赋予法国妇女全面公民权和政治权利。在巴黎人出版社发表的一份被广泛讨论的请愿中,奥克勒特坚称"一部总是把国家分成两个阵营——一个是国王的阵营即拥有统治权的男性,一个是奴隶的阵营即受到剥削的妇女——的宪法是一份贵族式的、失败的宪法"[②]。

法国的女权主义者也开始在政策问题上发声。一个有力的例子是1877年战争恐慌期间,维尔日妮·格里斯-特劳特(Virginie Griess-Traut)的《妇女反战宣言》。随后她在1883年与玛利亚·德赖斯默斯及改善妇女状况协会的成员一起提交请愿,督促法国政府接受近来美国人的提议,即建立一个国际仲裁委员会来调和各国政府间的分歧,否则可能会导致战争。请愿者们指出:"武装的和平(armed peace)具有不亚于战争的破坏性和对道德的打击力度……如果武装的和平不能保证和平,它

---

① Hubertine Auclert, "A Monsieur le Préfet de la Seine", in *La Citoyenne*, no. 64 (4 Sept. - 1 Oct. 1882), 1.

② Hubertine Auclert, petition of the Cercle du Suffrage des femmes to the National Assembly, published in *La Citoyenne*, no. 88 (Sept. 1884), 1.

就不应该成为一种正常的社会状态。"①

　　在其他情况下,妇女对那些掌权者进行如此果断而尖锐的批评是不可想象的,在欧洲大陆的大部分国家仍然是不可能的。19 世纪 80 年代,多至数百名女权主义者涌现。她们不仅要求妇女解放,还开始批评男性领导的国民政府,呼唤正义。并非人人都对这种发展感到兴奋。40 岁的哲学家弗里德里希·尼采 1866 年时正处于与美丽聪慧的俄裔露·安德烈亚斯·莎乐美(Lou Andreas Salome)关系失败的沮丧之际,他贬低这些新兴的声音:"妇女想要自立,因此她开始启迪男人对于'女性本身'的看法:**这**是对欧洲的普遍**丑化现象**中最糟糕的发展……唉,竟然允许'永恒无聊的女人'去冒险!"②

　　生于 19 世纪 40 年代到 60 年代中期的新一代女权主义者,开始在欧洲各地的女子教育机构中涌现。英国的年轻女性群体蜂拥至新成立的女子学院,即剑桥大学的格尔顿学院和纽纳姆学院,以及后来牛津大学的玛格丽特·豪学院和萨默维尔学院。即使当她们的导师还在对"现存的男子教育形式对她们来说是否是最佳的形式"存在分歧时,一些女学生已在与男同学的竞争性考试中脱颖而出。其中一人就是菲利帕·福塞特(Philippa Fawcett),她在 1890 年获得了剑桥大学数学荣誉(honors in mathematics),这让她的母亲、妇女权利活动分子米利森特·加勒特·福塞特非常高兴。其他人在学术上也非常杰出,包括一些在西方接受高等教育的俄罗斯女性。1888 年,法兰西科学院将鼎鼎大名的博丹奖颁发给俄裔索菲娅·科瓦列夫斯基(科瓦列夫斯卡娅)(Sofia Kovalevskaia)(她从海德堡大学获得了博士学位),表彰她在理论数学领域做出的开创性贡

---

　　① 　Virginie Griess-Traut, "Manifeste des femmes contre la guerre", *Le Travailleur*, 16 Nov. 1877, p. 12. (我感谢 Sandi E. Cooper 提供这一文件的复印本)1883 年的请愿书发表于 *La Citoyenne*, no. 73(4 June - 1 July 1883), 2. 参见 Sandi E. Cooper, "The Work of Women in Nineteenth Century Continental European Peace Movements", *Peace & Change*, 9:4(Winter 1984), 11 - 28;以及她的著作:*Patriotic Pacifism: Waging War on War in Europe, 1815 - 1914*(New York: Oxford University Press, 1991)。

　　② 　Friedrich Netzsche, *Beyond Good and Evil, in Basic Writings of Nitzsche*, transl. and ed. Walter Kaufmann(New York: Modern Library, 1968; orig. publ. as Jenseits von Gut und Bose, 1886); quoted in *WFF*, vol. 2, doc. 6, p. 47.

献。随后,斯德哥尔摩大学为她提供了终身教职,当时整个欧洲的女权主义者都庆祝她的胜利,将此作为天才没有性别的生动证明。①

在 19 世纪 80 年代的法国,新共和政府建立了两性都可以享受的、完全免费的初等义务教育制度,相配套的是一个完整的世俗女子中等教育制度,其中包括培养新的精英女教师的机构和一所培养她们教授的高等师范学校。在法国,男女同校,尤其是中等教育阶段的男女同校,仍然被认为是一种诅咒,甚至世俗男性也这样想,因此人们认为训练有素的世俗女教师(取代修女)去教女学生是完全必要的。为新高中女生设立的课程故意设计成不能直接获得(基于拉丁语和希腊语的)学士学位、不能进入大学和职业领域,尽管在其他方面,这些课程有大量实质内容且在知识层面上令人敬重。有进取心的法国女性仍然可以私下里准备国家考试,越来越多的人开始在她们自己的国家进行大学学习,而她们在德国、奥匈帝国和其他中欧、东欧和南欧的姐妹们还没有这种可能性。②

1888 年,年轻的卡罗琳·舒尔策医生(Caroline Schultze)向巴黎医学院提交了她的博士论文《19 世纪的女医生》,这不仅标志着妇女在学术界的另一个胜利,更重要的是标志着在仍然由男性主导的学术界至少有一些成员接受了一个以妇女为中心的研究主题。尽管在舒尔策的论文答辩期间,著名的沙尔科医生(Dr. Charcot)反对她所认为的"医学应该成为既适合女性也适合男性的职业",舒尔策的学术成就依然鼓舞了大量法国女学者以妇女为主题撰写学位论文,并激励了一系列"新女性"小说的诞生。这些小说以女医生和其他职业女性(而非艺术家)为主角,探索了她们面临的事业和家庭的两难处境。舒尔策和统计学家雅克·贝蒂荣(法国人口增长联盟的未来创办人)结婚并生育了两个女儿。舒尔策后来在法国邮政、电话和电报服务局工作,担任女雇员们的主治医生。

在爱尔兰,为了让新成立的非宗教性爱尔兰皇家大学准许女学生参加大学学位授予考试,贝尔法斯特女子学院的创办人伊莎贝拉·托德

① 关于 Kovalevskaia,参见 Ann Koblitz, *A Convergence of Lives: Sofia Kovalevskaia: Scientist, Writer, Revolutionary*(Boston & Basel: Birkhauser, 1983)。

② 参见 Karen Offen, "The Second Sex and the Baccalaureat in Republican France, 1880 - 1924", *French Historical Studies*, 13:2(Fall 1983), 252 - 286。

(Isabella Tod)努力奋战。准备这种考试的途径有很多种,不过男学生有明显优势。爱尔兰天主教女性很快也提出了她们对高等教育的要求。1888 年,玛格丽特·唐斯(Margaret Downes)发表了《皇家大学天主教女学生的状况》,抱怨在都柏林的天主教女学生无法获得准备考试所需的设施,而这些女学生像她一样不愿意去新教女子中学亚历山德拉学校读书。最后,一些天主教修道会(彼时还专注培养顺从和虔诚的妻子和母亲)为天主教女孩设立了一些中等学校,让她们和新教姐妹一起成功完成了考试。就像历史学家艾伯林·布雷斯纳克(Eibhlin Breathnach)所说:"英国考试和认证的价值观占领修道院教育是这一时期最令人关注的发展之一。"[1]类似的竞争出现在巴黎建立了私立塞维尼学院(College Sevigne)的新教徒和培养女孩参加法国本科学位考试的世俗教育者,与天主教的教育者之间。

借用米歇尔·佩罗(Michelle Perrot)的说法,19 世纪 80 年代的年轻女性"正在走出家门"[2]。新一代女性中,很多人清除了通往中等和高等教育的障碍,更大一群年轻女性(虽然接受正式教育者较少,但意义重大)选择了文职和进入办公室工作(现在我们称之为技术白领工作),部分在私营部门,部分在政府部门,这不仅发生在英格兰和法国的城市中心,还日益出现在德国、荷兰、奥匈帝国、斯堪的纳维亚国家和希腊。[3]瑞士《家庭评论》的创始人之一罗莎莉·乌尔丽卡·乌利韦克罗纳在 1884 年乐观地描述了斯德哥尔摩和其他瑞典城市向年轻女性开放的新机会:

---

[1] Eibhlin Breathnach, "Charting New Waters: Women's Experience in Higher Education, 1879 - 1908", in *Girls Don't Do Honours: Irish Women in Education in the 19th and 20th Centuries*, ed. Mary Cullen(Dublin: Women's Education Bureau, 1987), p.68.

[2] 参见 Michelle Perrot, "Stepping Out", in *Emerging Feminism from Revolution to World War*, eds. Genevieve Fraisse & Michelle Perrot, vol.4 of *A History of Women*, eds. Georges Duby & Michelle Perrot (Cambridge, Mass.: Harvard University Press, 1993), pp.449 -481.

[3] 例如有关荷兰的情况,参见 Francisca de Haan, *Gender and the Politics of Office Work: The Netherlands, 1860 - 1940* (Amsterdam: University of Amsterdam Press, 1998);关于德国的情况,参见 Carole Elisabeth Adams, *Women Clerks in Wilhelmine Germany: Issues of Class and Gender*(Cambridge: Cambridge University Press, 1988)。

许多女性在以前只开放给男性的职业中找到了工作,例如,在私人储蓄银行、股份公司和保险公司、商业和铁路公司办公室做职员。几乎所有大一点的商店都有女收银员。有些情况下,女性还担任私人银行分行的部门主管,有一个城镇出现了女性财务主管。①

这些“妇女的职业”或者用法语说 *metiers feminins*,最初是新的、经济上过渡的产物,拥有这些职业的人被认为是雇员而非工人(ouvrieres),她们一般是“拿薪水的”(salaried),即按周或双周付酬,而不是“拿工资的”(waged),即按小时或每日付酬,或者像许多女工一样计件。其他相关的职业不太引人注目,像教学和护理仍然被视为是妇女家庭责任的延伸。整个就业部门极大地扩展了,给年轻单身知识女性提供了重要机会。但是,随着这些部门的发展,劳动分工出现了,这些职位很快在范围和晋升机会上受到限制,酬劳也比做同类工作的男性少,并在男性的监督之下被隔离。除了在英格兰,工会和其他妇女职业协会仍未建立。②

女子教育和职业上的这些进展推动了人们对妇女不利地位的关注,为争取妇女权利的需求提供了额外支持。并非所有的职业女性都认识到妇女作为一个群体所面临的困境。早期的妇女权利组织往往是中上阶层妇女智慧的结晶,她们通过在家庭中的个人经验,通过阅读和旅行,有时候也通过接触父亲、兄弟或者丈夫的政治活动,认识到妇女的不利处境。例如,在意大利,阿莱德·加贝尔·贝卡里(Gualberta Alaide Beccari)领导了一个围绕刊物《女人》(1868—1891)的组织,该组织追随马志尼的路线,追求以妇女为中心的道德改革,与此同时,安娜·玛丽亚·莫佐尼则在1881年感到建立“推动妇女利益联盟”的时机到来了。

在斯堪的纳维亚国家,19世纪80年代的标志事件是,三个国家级妇女权利组织几乎同时成立:芬兰妇女协会、挪威妇女权利协会和瑞典的弗

---

① Rosalie Ulrica Olivecrona, "Sweden", in *The Woman Question in Europe*, ed. Stanton, p.213.

② 关于法国的情况,参看以下讨论:*Métiers de femmes*, ed. Michelle Perrot, special issue of *Le Mouvement social*, no.140(July-Sept. 1987)。在挪威,Kari Melby 讨论教师和护士的组织的著作值得参考,特别参见 *Kallog Kamp: Norsk Sykepleierforbunds historie*(Oslo: Cappelens, 1990)。

雷德里克·布雷默协会。小国挪威虽然名义上处于瑞典的统治之下,但它有自己的议会制政府,其中少数持有财产的男性可以投票选举代表。1884 年,代表的范围扩大了,保守派和自由派政党形成了。作为对此事的回应,吉娜·克罗格(Gina Kron)在 1885 年建立了纯女性的妇女选举权协会,其论点是如今都熟悉的思路:妇女必须像男人一样在国家事务中有发言权,妇女应该基于与男人同样的理由享有选举权。从那时起,挪威的女权主义者有意参与国家事务,包括外交事务,就像历史学家艾达·布罗姆(Ida Blom)所说,她们成功开展了一场为"妇女战舰"(women's warship)筹资的大型活动(即便有些人大声疾呼和平),该战舰在 1896 年被命名为女武神(*Valkyrien*)。①挪威的妇女权利杂志《新领域》创办于 1887 年,在 1916 年停刊之前都在推动女权议程,就像瑞典的出版物《达尼》(《家庭评论》的继任者)一样。

在瑞典,男爵夫人苏菲·阿德勒斯帕雷(Baronness Sophie Adlersparre)和她的同事在 1884 年建立了弗雷德里克·布雷默协会,旨在"推动妇女的道德、智识、社会和经济进步"。男爵夫人苏菲·阿德勒斯帕雷特别相信"假解放"(意思是当时哲学自然主义者们提倡的性解放观念)会被"真解放"击败。②瑞典历史学家乌拉·曼斯(Ulla Manns)观察到,在 19 世纪 80 年代阿德勒斯帕雷和她的同事的观念中,性感的身体、性存在和肉体之爱并没有像她们的继任者所认为的那么重要。确实,19 世纪 80 年代流行的观点是高度理想化的基督教女权观,曼斯称之为"性别超越"(gender transcendence),这个词可能只是描述"个人主义"女权主义论断

---

① 参见 Ida Blom, "Equality and the Threat of War in Scandinavia, 1884 – 1905", in *Men, Women and War: Historical Studies XVIII* (Dublin: The Lilliput Press, 1993), pp. 100 –118。概述文章参见:Ida Blom, "The Struggle for Women's Suffrage in Norway, 1885 – 1913", *Scandinavian Journal of History*, 5:1(1980), 3 – 22;尤其是:Blom, "The Norwegian Women's Movement from the 1880s to 1914: Continuities and Changes in Gender Relations",未发表,提交于 Stuttgart/Birkach, 1995。[现已出版,收录于 *Women's Emancipation Movements*, eds. Paletschek & Pietrow-Ennker(cited above), pp. 125 – 151]

② Quotes from Sophie Adlersparre, "En öfverblick af arbeet på den svenska qvinnans framåtskridande", *Tidskrift för hemmet*, 27(1885), 17; transl. in Ulla Manns, "The True Emancipation: Gender and Feminism in Sweden",未发表,Stuttgart/Birkach, 1995。[现已出版:"Gender and Feminism in Sweden: The Fredrika Bremer Association", in *Women's Emancipation Movements*, eds. Paletschek & Pietrow-Ennker(cited above), pp. 152 – 164]

的另一种方式而已。这一观点在某些方面与约瑟芬·巴特勒和英国及欧陆反对国家管制娼妓业的法国基督徒拥护者紧密相关,1888 年丹麦女权主义者伊丽莎白·格伦特维格(Elizabeth Grundtvig)对此进行了令人信服的阐述:

> 如果我们设想一个社会,其中性欲只与爱共存;男人和女人一起生活在纯洁、幸福的婚姻中;男人和女人在日常生活中相互帮助;诱惑、强奸、卖淫和所有随之而来的痛苦都消失了;不存在悲惨的无家可归的儿童——如果我们想象这些,所有人肯定会说这就是幸福。①

然而,在 19 世纪 90 年代,这样一个对女权友好的世界还没有诞生。

乐观的原因?

1885 年,英国作家卡尔·皮尔逊写道:"在我国,妇女迅速获得独立的社会和政治地位——接近她们的彻底解放——是我们时代最显著的特征之一。"他也坚持认为这种发展不应该零星地发生,而应该引导它进入"这样的道路,使其在不危害社会稳定的情况下逐渐改变社会的根基"②。1889 年,皮尔逊的女同胞伊丽莎白·罗宾斯·彭内尔(Elizabeth Robins Pennell)在评论美国刚刚被承认为独立州的领地(怀俄明州)时——该州伦敦县议会(London County Council)录用了两名女性,此外该州还颁布了妇女选举权法案——公开称赞这是"妇女解放史上的新纪元"③。

女权主义的乐观富有感染性,这种感染性不仅出现在英格兰和法国。就像 1889 年巴黎两次国际妇女大会所显示的,庆祝是惯例,尽管人口学家、进化论者、科学家和军官抱怨说,他们并不相信妇女解放是为了男人

---

① Elisabeth Grundtvig, *Nutidens sedliga jemnlikhetskraf* (Helsinki, 1888); transl. Manns, "True Emancipation...", p. 6;收录于"Gender and Feminism in Sweden", p. 156。

② Pearson, "The Woman's Question", in *The Ethic of Freethought*, 2d ed., p. 354.

③ Elizabeth Robins Pennell, "A Century of Women's Emancipation", *Fortnightly Review*, n. s., 48(1 Sept. 1890), 408–417; quotes, 408.

的最大利益。英国的女权主义者再版了玛丽·沃斯通克拉夫特的《女权辩护》,彭内尔认为沃斯通克拉夫特是"第一个勇敢面对公众舆论,并高声宣布妇女拥有和男人同等权利的女性"。但其实彭内尔对很多"第一"的认知充满错误,而且除了斯坦顿的几卷关于英格兰或欧洲大陆的女权主义历史著作之外,人们对 1889 年的事情知之甚少。[①]

就在女权主义者欢呼雀跃之时,反对者重新发起了反对她们主张的知识战争。关于妇女心智能力(mental capacities)的"科学"辩论,关于她们声称自己是天才的辩论还在继续。为了反击早期反女权主义者关于妇女的大脑更小的论断,男性女权主义者莱昂斯·马努夫里耶医生(Dr. Leonce Manouvrier)在 1889 年的国际妇女权利大会上指出,事实上,妇女的大脑相对于她们身体的比例,比男性的大脑相对于他们身体的比例要大。但是,一旦一个反对妇女平等诉求的论点被推翻,另一个反对论点就会出现。苏格兰生物学家帕特里克·格迪斯(Patrick Geddes)和小亚瑟·汤普森(J. Arthur Thomson)在他们广泛被传阅的研究《性的进化》(1889)中,对达尔文更易变的性选择理论提出异议,坚持将两性之间的智力和情感差异视为本质的性差异。他们警告说,要消除性差异,"所有的进化都必须在新的基础上重新开始":"在史前原生动物中决定了的事情是无法被国会的法案废除的。"[②]在接下来的几十年内,这段话被那些坚信妇女的屈从地位肯定是"自然的"的人们广泛引用。甚至在医生、科学家、小说家、记者、教师和职员当中,也能发现公开反对女权主张的声音。随着新世纪的到来,男女科学家都会出动"重型火炮",来证明或反驳妇女解放的社会政治主张。

---

① 参见 Karen Offen, "Women's Memory, Women's History, Women's Political Action: The French Revolution in Retrospect, 1789 - 1889 - 1989", *Journal of Women's History*, 1:3(Winter 1990), 211 - 230; Joyce Senders Pedersen, "The Historiography of the Women's Movement in Victorian and Edwardian England: Varieties of Contemporary Liberal Feminist Interpretation", *The European Legacy*, 1:3(May 1996), 1052 - 1057。

② Patrick Geddes & J. Arthur Thomson, *The Evolution of Sex*(New York: Scribner & Welford, 1890;初版: London, 1889), p.267。

第七章　女权主义者的挑战和反女权主义者的回应(1890—1914)

　　19 世纪 90 年代和 20 世纪初,欧洲女性媒体上突然冒出一些图片形象:日出、散去的乌云和妇女领导其他女性走向平等和自由。发表在 1897 年创刊的巴黎女性报纸《投石党报》上、由克莱门汀-海伦·杜佛(Clementine-Helene Dufau)设计的艺术海报,和瑞典社会民主党妇女在《晨风》1904 年创刊号上发表的封面图像,都折射了女权主义者对女权事业的乐观态度。

　　1900—1914 年是一段后来被称为"美好年代"或"现代"诞生的时期,但其他人可能视之为动荡的时代:大规模的工业化、城市化、军国主义、帝国主义的扩张、工人动乱和无政府主义暴动——事实上,整个欧洲社会都出现了分裂,女权主义的熔流就从这些裂隙中喷薄而出。随着 20 世纪的来临,这些裂隙急剧增加和扩张,熔流变成有许多支流的洪水。女权运动前所未有地吸引了公众的注意力,在广泛的政治和社会经济问题光谱中,妇女问题已经开始成为争论的中心,从婚姻与生殖到战争与和平。事实上,这一时期的女权主张将涉及一系列问题,而女权主义者对投票权的要求正是她们将妇女纳入解决这些问题之中的方法。

　　当然,姐妹情谊仍然因阶级、宗教甚至种族的不同而存在分歧,但是,与通过狭窄的裂缝慢慢渗漏相反,女权主义扬言要瓦解父权制的外壳。它所累积出来的成功可以从两个方面来衡量,一是女权主义者和不同政治派别的男性同盟不时成功地协调了他们在地方、国家和国际层面的努力,二是从某一方面挑战男性统治的文章、短论和其他出版物的绝对数量。它也可以通过知识战争的死灰复燃来衡量,这种争论受到医生、犯罪学家、心理学家、社会学家和其他专家发表的海量出版物的煽动,他们中许多人(尽管不是所有人)致力于将妇女置于上帝给定的位置或生物命定的位置上。事实上,对现代的诞生持悲观态度的男性知识分子多得令人吃惊,对他们来说,妇女解放是问题的中心,它首先代表着男性身份的危机。①

为"女权主义"命名和定义(1890—1910)

19世纪90年代,欧洲流行用feminisme和feministe两个术语来描述妇女解放运动。1889年在巴黎召开的两次国际代表大会,为未来的行动铺平了道路。尽管休伯特·奥克勒特在19世纪80年代的《公民》中已经引入了这些词汇,并且经常将它们与"妇女解放"和"妇女权利"交替使用,一般媒体仍然将扩大妇女权利的运动称为le monuvement feminine,或"妇女"或"妇女的"运动(俄语是emantsiatisiya zhenshchin)。

1891年底,这个词开始发生变化。在《妇女的权利》(1891年9月20日)中,厄热涅·波托尼耶-皮埃尔(Eugenie Poronie-Pierre)呼吁成立法国女权社会联合会。该联合会的章程出现在1891年12月刊上,1892年5月中旬,联盟召开了女权主义机构大会,此次会议被媒体广泛报道,包括重要的刊物《时间》。法国、比利时和瑞士的法语媒体和大众期

---

① 参见 Annelise Maugue, *L'Identité masculine en crise au tournant du siècle, 1871 - 1914* (Marseille: Rivages, 1987); Elaine Showalter, *Sexual Anarchy: Gender and Culture at the Fin de Siècle*(New York: Viking, 1990)。

关于妇女问题各个方面的小册子和学术论文在这一时期激增,其中很少有女权主义学者的著作。随着知识论争的继续,出版物似乎越来越厚,学术机构也越来越庞大。这些出版物包括诸如 Finn Edvard Westermarck's *History of Human Marriage* (1891; 2d ed. 1894); *La Femme au point de vue du droit public: Étude d'histoire et de législation comparée*(1892),作者是支持改革的 Moïse Ostrogorskii,随后出现了英语和德语译本;Jeanne Chauvin 研究法律的博士论文, *Des Professions accessibles aux femmes en droit romain et en droit français, et l'évolution historique de la position économique de la femme dans la société* (1892); Lina Morgenstern 关于女性工作的两卷调查,*Frauenarbeit in Deutschland*(1893); *La donna delinquente, la prostituta, la donna normale*(1893),作者是意大利的犯罪人类学学者 Cesare Lombroso 与 Guglielmo Ferraro,随后被翻译成法语、英语和其他语言;Havelock Ellis, *Man and Woman: A Study of Human Secondary Sexual Characters*(1894);奥地利人 Otto Weininger 独特的博士论文 *Geschlecht und Charakter*(*Sex and Character*)(1903); Rosa Mayreder, *Zur Kritik der Weiblichkeit*(1905); Jeanne(Oddo-)Deflou, *Le Sexualisme: Critique de la Prépondérance et de la mentalité du sexe fort*(1906); Marianne Weber, *Ehefrau und Mutter in der Rechtentwicklung: Eine Einführung*(1907); 以及 Pauline Tarnowski, *Les Femmes homicides*(1908)。以上仅列举几个最重要的出版物。

刊随即将这两个词视为圭臬般地引用。在英国,最早在报道中使用"女权主义者"(feminist)的媒体可以追溯到 1894 年 11 月 12 日伦敦的《每日新闻》,"女权主义"(feminism)则在 1895 年 4 月一本文学书评中初次登场,1896 年,《英国妇女评论》报道了巴黎"女权主义者"代表大会。但是,迟至 1901 年,《英国妇女评论》的一位评论家仍然将"妇女运动"等同于"Feminisme",就像在法国称呼的那样。到 1907 年,这两个术语都已经引入英语词汇中,甚至激烈的反女权主义者 E.贝尔福特·巴克斯(E. Belfort Bax)都不得不承认这两个词。①

从 1893 年开始,le movement féminist 这一术语也开始广泛传播,与 le movement féminin 形成竞争之势。6 月,《拉鲁斯百科评论》使用了前者。1895 年,克洛蒂尔德·迪萨尔(Clotilde Dissard)出版了第一期《女权主义评论》。1896 年 4 月,第二届女权主义者国际代表大会在巴黎召开。这次大会获得了媒体的广泛报道,让女权主义的概念变得更加流行,尽管在法国语境下,有关什么是 feministe 和什么是 feminin 的讨论逐渐获得了不同的支持者。

在 1896 年 9 月的柏林妇女代表大会上,厄热涅·波托尼耶-皮埃尔在报告法国妇女地位时,将发明 feminisme 一词的功劳记在她和她的法国同事身上,并赞扬了媒体在成功发布该词上做出的贡献。几个月后,玛丽亚·切里加-洛维(Marya Cheliga-Loevy)编辑了专门讲述法国女权主义的《百科评论》特刊,正是在这期特刊中,她错误地主张空想社会主义者、政治批评家查尔斯·傅立叶发明了 feminisme,从此以后,这一说法就一直充斥于法国词典。1896 年 8 月,《政治与议会评论》开始发表一系列有关英国、意大利、美国、澳大利亚和德国女权主义(feminisme)的文章。1895 年,有关罗马尼亚、西班牙和俄国妇女状况的特约通信稿开始发表在《期刊评论》上,它们对上述文章做了补充。此后,媒体就会让公众熟悉女权主义者关心的问题、女权主义改革运动的进步以及运动的领导人。德裔记者克特·席尔马赫(Käthe Schirmacher)用西班牙语和法语发表

---

①   E. Belfort Bax, "The 'Monstrous Regiment' of Womanhood", in his *Essays in Socialism* (London: E. Grant Richards, 1907), p.113.

了关于女权主义的文章,并出版了一本名为《美国、法国、英国、瑞典和俄国的女权主义》(1898)的著作。

从那时起,派系出现了。不同的群体和个人支持不同且常常相互冲突的目标,她们开始将自己与对手区分开来,其手段是我们今天非常熟悉的排外的分类、包含详细说明的形容词、独立的组织和出版物。到20世纪初,仅法国就有许多自称或被划归的女权主义:"家庭女权主义者""整体女权主义者""基督徒女权主义者""社会主义女权主义者""资产阶级女权主义者""激进女权主义者"和"男性女权主义者"。在荷兰,"伦理"女权主义者与"理性"女权主义者争夺公众的支持。事实上,就像教育家波利娜·凯戈马尔(Pauline Kergomard)在1897年强调的一样,"在反女权主义者所称的'女权主义'和我所称的'女权主义'之间有一条鸿沟"①。

19世纪90年代,法国的女权出版物激增。除了迪萨尔的《女权主义评论》(1895—1897),新刊物包括由休伯特·奥克勒特的前同事玛丽亚·马丁编辑的《妇女报》(1891—1911)、由社会天主教徒玛丽·莫热雷编辑的《基督教女权主义》(1896—1899)、由盖德主义-社会主义者(Guesdist-socialist,即法国政治领袖茹尔-盖德所倡导的马克思社会主义和通过革命进行改革的方案)艾琳·瓦莱特(Aline Valette)编辑的《社会和谐报》(1892—1893)、由伊丽莎白·雷诺(Elisabeth Renaud)编辑的《社会主义妇女》(1901—1902,1912—1940),以及短暂存续的工团主义女权主义(Syndicalist-feminist)的《蜜蜂》。可能其中最引人注目的是日报《投石党报》(1897—1903),该报由记者和前演员玛格丽特·杜兰德(Marguerite Durand)创办,全部由女员工构成。到1900年,法国至少有21份女权主义期刊定期出版。在比利时,1896年布鲁塞尔成立了全球女权主义办公

---

① 关于在荷兰的差异,参见 Marijke Mossink, "Tweeërlei Strooming? 'Ethisch' en 'rationalistisch' feminisme tijdens de eerste golf in Nederland", in *Socialisties-Feministiese Teksten 9*, ed. Selma Sevenhuisjen et al. (Baarn: Ambo, 1986), pp. 104 - 120。Pauline Kergomard, "Il y a 'féminisme' et 'féminisme'", *L'École nouvelle*, suppl. no. 5(1897), 17。感谢 Linda L. Clark-Newman 对获取该文献提供的帮助。关于 Kergomard,参见 Clark-Newman, "Pauline Kergomard: Promoter of the Secularization of Schools and Advocate of Women's Rights", *Proceedings of the Western Society for French History, 1989*, ed. Gordon C. Bond, 17(1990), 364 - 372。

室,同时出版了《女权杂志》(1896—1905)。

在德国,一种新型的出版活动快速发展起来。由路易丝·奥托和奥古斯特·施密特于 1875 年出版的《新道路》,1893 年 10 月由海伦妮·朗格·施蒂夫通编辑的月度评论《妇女》和 1895 年 1 月由明纳·考尔(Minna Cauer)和莉莉·冯·吉茨基(Lily von Gizycki)(后来的莉莉·布劳恩)编辑的《妇女运动》(1895—1919)相继问世。然而,在那里,术语"女权主义"(在德语中是 Feminismus)遭到了抵抗,尽管波托尼耶-皮埃尔在柏林吹嘘该词,但大部分人仍然使用 Frauenbewegung 或"妇女运动",在由莉莉·布劳恩和克特·席尔马赫在法国出版的德国妇女运动文章中,她们交替使用 mouvement feministe 和 Frauenbewegung。[1]社会主义女权主义妇女创立了以妇女为中心的出版物,包括创立于 1891 年由埃玛·伊勒(Emma Ihrer)编辑的《女工》,及其后继出版物《平等》(1892—1917),这是由不知疲倦、永不妥协的克拉拉·蔡特金在德国社会民主党的支持下创立的。除了贬低和反对外,德国的社会主义妇女只有在极少数情况下才会提到"女权主义"一词。

在意大利和西班牙,女权主义(feminismo)的讨论蔚然成风。在这些拉丁文化中,采纳法语术语似乎毫无问题,她们从 1896 年起就在像《现代西班牙》(*Espana Moderna*)这样进步的刊物上使用该词。甚至希腊语的媒体也学会了这个词,并将它译成了希腊文。北欧却不同,在这里,暗含"妇女"的那些表述仍然用来描绘这场运动的特性。例如,在俄国,尽管季娜伊达·文格罗夫(Zinaida Vengerova)在《教育》(1898)中运用 feminizm 一词,但这一词却是在表达贬义,而且这样运用该术语成了惯例。1904 年出现的期刊《妇女》包括了"女公民"这一部分,它和玛丽·波卡维斯卡亚(M. Pokrovskaia)的《妇女先驱报》都提倡性别平等。在瑞典,尽管作家弗丽达·斯滕霍夫(Frida Steenhoff)试图在她的《女权主义的道

―――――――――

[1] 例如 Käthe Schirmacher, "Le Féminisme en Allemagne", *Revue de Paris* (1 July 1898), 151 - 176; Lily Braun-Gizycki, "Le Mouvement féministe en Allemagne", *Revue politique et parlementaire*, 20, no.58(April 1899), 21 - 65. 关于 Schirmacher,参见 Anke Walzer, *Käthe Schirmacher: Eine deutsche Frauenrechtlerin auf dem Wege vom Liberalismus zum konservativen Nationalismus*(Pffafenweiler: Centaurus, 1991)。

德》(1904)一书中采用 feminisme 一词并将其本土化,但是妇女解放(kvinnoemancipation)的概念仍然很盛行。在挪威,更受偏爱的术语是 kvidersorge kvinnen 或者"妇女的事业妇女做"(women's cause women)。

在这一时期的许多出版物中,特别让人感兴趣的是记录女权主义和/或妇女运动历史的新尝试。在德国,这包括古斯塔夫·科恩(Gustva Cohn)在《德国评论》(1896)上发表的有关《德国妇女运动》的一系列文章,特别重要的是由海伦妮·朗格和格特鲁德·博伊默(Gertrud Baumer)编著的五卷本《妇女运动手册》,其中第一卷于 1901 年出版。与西奥多·斯坦顿 1884 年的《欧洲的妇女问题》相呼应,几乎每一篇发表于 19 世纪晚期 20 世纪早期有关妇女运动的文章都以真实的历史调查开始。但并非所有的文章都能因其准确性而受到称赞。

法国的女权主义者效仿早期的玛利亚·德赖斯默斯,骄傲地将她们的起源和世系追溯到 1789 年大革命。据此,在面对反对者指责她们所承袭的传统是"外国进口的""非法国的",是盎格鲁-撒克逊、共济会、犹太教、新教阴谋的一部分,或者直接说是"美国的"之时,她们诉诸自己的传统或将其"本土化"。对这一努力的重要贡献是利奥波德·拉库尔(Leopold Lacour)的研究《三位革命妇女:奥兰普·德·古热、戴洛瓦涅·德·梅丽古尔、罗丝·拉科姆》(1900),该书的副标题是"当代女权主义的起源"。尽管游历广泛的克特·席尔马赫(曾在法国学习,1893 年参加了芝加哥世界妇女大会)坚持将女权主义的起源归于美国,但是包括哈夫洛克·埃利斯在内的其他人则坚持它起源于法国大革命。20 世纪早期,一些英国的女权主义者对这些历史相当执着。英国的社会主义女权主义者埃塞尔·斯诺登(Ethel Snowden)在她的《女权主义运动》(1911)一书中坚持认为"欧洲的女权主义运动实际上诞生于法国。尽管妇女在革命的所有活动中都起到了重要作用,像男性一样热情地牺牲自己,她们的俱乐部还是被公共安全委员会为了所谓的公共和平而无情地关闭了,但关闭的真实原因是妇女的要求太坚决了"[1]。在斯诺登的版本

---

[1] Ethel Snowden, *The Feminist Movement* (London: Collins' Clear Type Press, 1911), pp. 62, 63 - 64.

中,革命时期法国的妇女甚至激发了玛丽·沃斯通克拉夫特的《女权辩护》的诞生。

女权主义者也试图从更广泛的公众利益来定义女权主义。这样的定义强调多种多样的观念,例如,英国人更强调个体自由和行动自由(individual freedom and liberty),而法国人更倾向于两性平等,哪怕她们在运用自由(liberty)的语言时。埃利斯·埃瑟默(伊丽莎白·沃斯滕霍尔姆·埃尔米和/或她的伙伴埃尔米·本的笔名)在将女权主义归功于法国时,将其定义为"建立两性平等的运动"[1]。随后,在"女权主义的意义"一章中,埃塞尔·斯诺登提出了自己的定义:"彻底、完全认可妇女的人性(humanity)。"[2]她认为没有人会反对这样的主张。

在法语中,feminisme 这一术语的含义是有争议的。[3]波利娜·凯戈马尔在 1897 年认为,该词与婚姻制度中产生的不平等争议关系密切。到20 世纪早期,这个术语的定义从"屈从"和"压迫"转向对自由的日益强调。与反女权主义者的主张相反,内莉·鲁塞尔(Nelly Roussel)坚持认为女权主义不是将妇女"男性化",不是由女性统治代替男性统治,女权主义"宣称自然对等,要求人类两性的社会平等"。在她看来,两性是互补的,女权主义是关于"选择的自由",她既强调妇女之间的差异,也强调两性之间的差异:"我们不承认模糊抽象意义的'妇女',我们看到我们周边的妇女,她们是具体的生物体,有各种各样的态度、品位、倾向和性情。"内莉·鲁塞尔呼吁承认个体差异、承认全面发展的权利、承认正义。[4]在1905 年的小册子《什么是女权主义?》中,奥黛特·拉盖尔(Odette

---

① Ellis Ethelmer, "Feminism", *Westminster Review*, 149(Jan. 1898), 59.

② Ethel Snowden, *Feminist Movement*, 9.

③ 参见 Claire Goldberg Moses, "Debating the Present, Writing the Past: 'Feminism' in French History and Historiography", *Radical History Review*, no.52(1992), 81-82。

④ Nelly Roussel, "Qu'est-ce que le 'féminisme'?" *Le Petit Almanach féministe illustré* (1906;初版于 1904), pp.4-5。关于 Roussel,参见 Anne Cova, "Féminisme et natalité: Nelly Roussel(1878-1922)", *History of European Ideas*, 15:4-6(Aug. 1992), 663-672; Elinor Accampo, "Private Life, Public Image: Motherhood and Militancy in the Self-Construction of Nelly Roussel", in *The New Biography: Performing Femininity in Nineteenth-Century France*, ed. Jo Burr Margadant(Berkeley & Los Angeles: University of California Press, 2000); and Accampo, *Blessed Motherhood, Bitter Fruit: Nelly Roussel and the Politics of Female Pain in Third Republic France*(Baltimore: Johns Hopkins University Press, 2006)。

Laguerre)给出了如下定义:"一股正义的力量,让男性和女性的权利与义务平等化。"她补充道:"女权主义不仅仅是一种正义的力量,也是一股自由的力量,标志着男性统治的终结,标志着朱尔斯·布瓦(Jules Bois)所说的'人类中心主义'的终结。"[1]即使在法国,女权主义也日益从妇女的自我发展权和自我决定权的角度来定义。它直接建立在自由、平等和正义的混合观念基础上,其最终的基础是启蒙话语。

不管在女权主义的定义上有多么大的分歧,不管"女权主义""妇女权利""妇女解放"或"妇女运动"是否是描述该现象的最佳用语,欧洲的观察家确实在该现象的重要性上达成了共识。埃弗丽尔·德·圣克罗伊夫人在她1907年的历史著作《女权主义》中写道:"今天,在经过一个世纪的抗争之后,妇女争取更多正义和独立的斗争似乎已经到了成功的边缘。女权主义不再激起幸灾乐祸的笑容……女权主义的发展是没有人能否认的事实,是一场任何力量都无法阻止的运动。妇女……已经成为一个必须要认真对待的因素。"[2]1909年,瑞典改革家爱伦·凯(Ellen Key)写道:"妇女运动是世界历史上所有追求自由的运动中最重要的运动。而这场运动会引导人类走向进步还是退步的未来,是这个时代最严肃的问题。"[3]

"新女性"和其他反女权主义者对女权主义的回应:知识战争的延续

无论是在出版界还是在发展中的知识产业,女权主义者都无法控制

---

[1]　Odette Laguerre, *Qu'est-ce que le féminisme?* (Lyon: Société d'éducation et d'action féministes, 1905), pp.1-3.

[2]　Mme Avril de Sainte-Croix, *Le Féminisme* (Paris: V. Giard & E. Brière, 1907), p.6.关于Ghénia Avril de Sainte-Croix(以及这个阶段的其他法国女权主义者),参见Steven C. Hause, with Anne R. Kenney, *Women's Suffrage and Social Politics in the French Third Republic* (Princeton: Princeton University Press, 1984); Laurence Klejman & Florence Rochefort, *L'Égalité en marche: Le Féminisme sous la Troisième République* (Paris: des femmes, 1989)。亦参见Karen Offen, "'La plus grande féministe de France': Pourquoi a-t-on oublié l'inoubliable féministe internationaliste française, Ghénia Avril de Sainte-Croix", in *Les Féministes de la première vague,* ed. Christine Bard(Rennes: Presses Universitaires de Rennes, 2015), pp.181-194。

[3]　Ellen Key, *The Woman Movement,* transl. Mamah Bouton Borthwick(New York & London: G. P. Putnam's Sons, 1912;初版:Kvinnororelsen, 1909), pp.59-60。

她们所受到的对待,正如她们反复澄清她们的目标时所强调的那般。并非所有参与讨论女性问题的人都是女权主义者,哪怕是女性,这一点在1890 年后变得尤为突出。围绕"新女性"的讨论就是一个例证。

随着 19 世纪晚期更多受过教育的单身中产阶级职业女性变得为人所知,欧洲的媒体在传播女权主义(feminisme)之外,也推动了对"新女性"的讨论。19 世纪 30 年代持圣西门主义妇女在巴黎开始使用"新女性"一词,从此以后,这个术语就已经在广泛传播,19 世纪 60 年代诸如车尔尼雪夫斯基这样的作家,再次使用这个词来描述追求教育和革命的年轻俄国妇女。在 1894 年英国小说家萨拉·格兰德(Sarah Grand)和维达(Ouida)的辩论中,"新女性"重新出现在英语中。格兰德使用小写的"新女性"(new woman),但是当维达使用大写之后,该词被反女权主义媒体采用,尤其是漫画杂志《彭克》,该杂志还非常重视"新幽默"(the New Humor)、"新新闻主义"(the New Journalism)、"新艺术"(the New Art)等词的讨论。《彭克》用这首诗描写新女性(New Woman):

> 有一名新女性,你觉得怎么样?
> 她只靠大号书写纸和墨水为生!
> 尽管大号书写纸和墨水是她全部的食物,
> 这位唠唠叨叨的新女性还是永远不会安静![1]

新女性很快被反对者们在讽刺媒体上描述为"受过教育、玩转运动、香烟不离手、厌恶婚姻"的一类妇女,身体没有女性魅力。[2]这些形象不管在字面上还是在图像上都与五十年前被全欧洲拿来反对乔治·桑时所使用的形象有很多共同之处,与 1848 年之后十年中蒲鲁东反对热尼·普安

---

[1]　参见 Ellen Jordan, "The Christening of the New Woman: May 1894", *Victorian Newsletter*, no.63(Spring 1983), 19 - 21. The verse from *Punch* is quoted on p.21.

[2]　参见以下作品中再现的"新女性"人物漫画:Paul Ducatel, *Histoire de la IIIe République, vue à travers l'imagerie populaire et la presse satirique*, vol. 2(Paris: Jean Grassin, 1975); Gustave Kahn, *La Femme dans la caricature française* (Paris: A. Méricourt, 1907); 以及 Eduard Fuchs & Alfred Kind, *Die Weiberherrschaft in der Geschichte der Menschheit*, 3 vols. (Munich: A. Langen, 1913 - 1914)。

萨尔·德埃里古和她的同事所使用的形象也有很多共同之处,只是添加了重要的补充物——自行车。自行车是那时新型的交通工具,实惠且方便女人和男人出行。1897 年,伊丽莎白·雷切尔·查普曼(Elizabeth Rachel Chapman)(尽管她对自由思想家攻击婚姻持保留意见,但是她赞成妇女运动)指出"新女性"是一个新闻神话,她坚称"真实的女性"(Real Woman)才是妇女的真正朋友。①

这一时期英格兰出版的"新女性"小说范围广泛,其作者包括格兰特·艾伦(Grant Allen)、乔治·吉辛(George Gissing)、乔治·梅瑞狄斯和托马斯·哈代(Thomas Hardy)这些男作家,也包括萨拉·格兰德[弗兰斯·伊丽莎白·麦克福尔(France Elizabeth McFall)的笔名]、莫娜·凯德(Mona Caird)、乔治·埃格顿[玛丽·查维利·布莱特·邓恩(Mary Chavelita Bright Dunne) 的笔名]和艾玛·弗朗西斯·布鲁克(Emma Frances Brooke)这些女作家。②并非所有小说中的"新女性"都是女权主义者,小说作者也并非都是女权主义者。的确,思考妇女问题并不一定会导致女权意识的发展,即使在那些会成为著名作家和社会政治评论家的妇女中也是如此。

这些"新女性"文学作品的意义恰恰在于,这些作家提出了女权主义者已经提出的问题,关于婚姻的束缚、关于工作、关于自我实现的可能性与困难,从而让更多读者了解她们的主张,并根据周围的文化背景讨论利弊。这些小说在这一时期的"新女性"戏剧中扩大了影响力,有些成了畅销书。③布拉姆·斯托克(Bram Stocker)的《德古拉》(1897)等小说中虚构

---

① Elizabeth Rachel Chapman, *Marriage Questions in Modern Fiction, and Other Essays on Related Subjects*(London: John Lane, 1897).

② 参见最近的研究: Ann L. Ardis, New Women, *New Novels: Feminism and Early Modernism*(New Brunswick: Rutgers University Press, 1990),其中包含一系列 1880 - 1920 年的"新女性"小说; Jane Eldridge Miller, *Rebel Women: Feminism, Modernism and the Edwardian Novel*(Chicago: University of Chicago Press, 1994; London: Virago Press, 1994)。

③ 关于"新女性"戏剧,参见 New Woman Plays, eds. Viv Gardner & Linda Fitzsimmons (London: Methuen, 1991); *The New Woman and Her Sisters: Feminism and Theatre 1850 - 1914*, eds. Viv Gardner & Susan Rutherford(Ann Arbor: University of Michigan Press, 1992); Gail Finney, *Women in Modern Drama: Freud, Feminism, and European Theater at the Turn of the Century*(Ithaca: Cornell University Press, 1989)。

了败坏的"新女性"形象,反女权主义的艺术和文学借助"蛇蝎美人"(la
femme fatale)这一魅惑而又具有威胁性的美女形象,扩大了作品的传播
范围。①这些出版物有力地证明了女权主义主张对英国的小说家们的冲
击,并已引发文学界"现代主义"的反挫。

在法国,小说家和剧作家都探索"新女性"主题,他们往往从"新夏娃"
的角度进行刻画。像马赛尔·普雷沃(Marcel Prevost)这样的男作家创
作的《一半的童贞女》(Les Demi-vierges, 1894)和《坚强的童贞女》(Les
Vierges fortes, 1900)成了畅销书,其他人跟风而上,其中就有保罗·玛
格丽特(Paul Margueritte)和维克托·玛格丽特(Victor Margueritte)的
《新女性》(1900)、保罗·伯吉(Paul Bourget)的《离婚》(1904)。"新女性"
面临的选择驱使一些富有同情心的男性剧作家创作戏剧作品,如保罗·
埃尔维厄(Paul Hervieu)、朱尔斯·卡斯(Jules Case)、莫妮斯·唐奈
(Maurice Donnay)和尤金·布里欧(Eugène Brieux),他们的作品引起了
争议和广泛讨论。由女作家创作的"新女性"小说中,重要的包括加布丽
埃勒·雷瓦尔(Gabrielle Reval)的《塞夫尔女子高等师范的学生》(1900)、
玛塞勒·蒂奈尔(Marcelle Tinayre)的《反叛者》(1906)、科莱特·伊韦
(Colette Yver)的《塞尔韦兰斯》(1903)和《科学公主》(1907)及丹尼尔·
勒叙厄尔(Daniel Lesueur)的《尼采风》(1908)。调查发现,在 1900—
1914 年法国出版的"新女性"小说中,所有作者所描绘的解放了的妇女,
不管异性恋还是同性恋,"女性角色面临的主要问题总是爱情,不管是在
理论上还是在实践上"②。

在"新女性"的批评者当中,可能最有趣也最知名的除了著名的戏剧
家奥古斯特·斯特林德贝里外,就是世界主义者劳拉·马尔霍尔姆·汉
松(Laura Marholm Hansson)。劳拉·马尔霍尔姆·汉松生于拉脱维

---

① 参见 Bram Dijkstra 在他的著作 Idols of Perversity: Fantasies of Feminine Evil in
Fin-de-Siècle Culture(New York: Oxford University Press, 1986)中对"真正的厌女症肖像"的
讨论。引文来自 Dijkstra's 的前言,p. Ⅷ。

② Jennifer Waelti-Walters, Feminist Novelists of the Belle Epoque: Love as a Lifestyle
(Bloomington: Indiana University Press, 1990), p. 178. 亦参见从 Feminisms of the Belle
Epoque, eds. Jennifer Waelti-Walters & Steven C. Hause(Lincoln: University of Nebraska
Press, 1994)中翻译过来的法国小说。

亚的里加(Riga),具有丹麦和德国血统,和一位瑞典作家结了婚,生活在哥本哈根、柏林和巴伐利亚等地,以批评受过教育的妇女缺乏智慧为业。无论是对妇女的屈从地位和主张妇女独立的历史环境缺乏敏感还是不感兴趣,劳拉·马尔霍尔姆·汉松聚焦于心理问题。她坚持认为"现代妇女"因关注理性和科学而背叛了她们的女性气质(她将这个词等同于本能/直觉和神经质,带点"原始"、诱惑力和生殖力,更贴近自然和神性)。对劳拉·马尔霍尔姆·汉松来说,妇女权利的主张似乎对妇女的自我实现完全无关紧要,在她看来,妇女的自我实现就是妇女要充分发挥她们的女性气质。她问道:"最好的女人有想成为半个男人的不自然的渴望,想逃避母亲的职责,这是真的吗?"①对劳拉·马尔霍尔姆·汉松来说,妇女实现自我本身不是目的,她想要自由生活的渴望只是"一种幻觉"。她在1897年出版的有关妇女心理的著作中写道:"追求自我自由生命的真正实现,必将导致精神贫瘠和身体不育的痛苦空虚。"②

反女权主义者选择把心理解释作为手中的武器。围绕"新女性"的争论引发了有关"妇女的灵魂""妇女自我""真实的妇女"和"妇女的真实需要"的探索,心理解释不仅成为小说家和散文家作品的特征,而且成了社会学家、犯罪学家和其他社会科学家作品的特征。确实,如果在19世纪60年代,科学为个人提供了违反性别规范(sexual norms)的主题,那么,美学、心理学和哲学则在世纪末发展出了一种矫正办法。总之,"女人"到

---

① Laura Marholm Hansson, *Six Modern Women: Psychological Sketches, transl. Hetmione Ramsden*(Boston: Roberts' Brothers, 1896;初版:Das Buch der Frauen, 1895), p.33。关于Marholm,参见 Susan Brantly, *The Life and Writings of Laura Marholm*(Basel & Frankfurt-am-Main: Helbing & Lichtenhahn, 1991);以及 Marilyn Scott-Jones 的文章,包括:"Laura Marholm(1854 - 1928): Germany's ambivalent feminist", *Women's Studies*, 7:3(1980), 87 - 96; and "Laura Marholm and the Question of Female Nature", in *Beyond the Eternal Feminine: Critical Essays on Women and German Literature*, eds. Susan L. Cocalis & Kay Goodman (Stuttgart: Akademischer Verlag Hans-Dieter Heinz, 1982), pp.203 - 223。关于德国自然主义作家圈子,Marholm Hansson 的作品位列其中,参见 Linda Schelbitzki Pickle, "Self-Contradictions in the German Naturalists' View of Women's Emancipation", *German Quarterly*, 52:4(Nov. 1979), 442 - 456。

② Laura Marholm, *Studies in the Psychology of Woman*, transl. Georgia A. Etchison (Chicago and New York: Herbert S. Stone, 1899;德语初版于1897), p.222。

底是什么？很显然，对这个问题的回答会随着提问者的经历不同而呈现出不同的特点。

　　在中欧和东欧，使用德语和俄语的作家们为此类针对妇女问题的激烈心理探索提供了一套新的参照系。许多人要么完全是女权主义的敌人，要么不了解英国和法国提出的女权主义主张，以及提出的政治解决方案、法律改变诉求等，在不同的社会政治背景下产生了什么样的意义。有些人是现代主义美学的支持者，具有强烈的个人主义，有时候是神秘主义的、内省的倾向。

　　在《俄罗斯妇女》一文中，俄国犹太裔作家季娜伊达·文格罗夫将她的写作对象描述为拥有"神秘的灵魂和活跃的思想"之人。旅居西方多年后，她做出了如下判断：俄国女作家区别于西欧女作家的地方就在于，不论她们是坚持现实主义还是象征主义学派，她们都没有被女权主义占据全部心神，"她们没有因女性（这个性别）而产生独特感情和使命，她们的灵感主要不是来自妇女权利……她们参与普遍的文艺运动"。在她看来，这是一大优势。"俄国妇女是欧洲妇女中最自由的……她首先是一个人，与其他人平等的人。"①在俄国，敌人是传统和惯例，而不是民法典或妇女被排斥在政治或经济生活之外。从文格罗夫的角度看，自由是向内获取，而不是在与外在限制的关系中寻找的。在后续文章中，她坚称这样的内在自由是俄国妇女拥有而法国妇女所没有的。俄国的妻子和女儿在整个一生中，都在丈夫和父亲的合法权力支配之下，这一点似乎并没有让季娜伊达·文格罗夫感到困扰。

　　俄国社会主义者柯伦泰在她1913年的文章《新女性》中抱怨，新女性没有在俄国文学中获得应有的关注，旧的女性形象仍然盛行。一种全新的女主角吸引了作家们的注意力："对生活有独立要求的女主角，个性鲜明的女主角，反抗她们在国家、家庭和社会中的普遍受奴役地位的女主角，代表女性为她们的权利而战的女主角。越来越决定这一类型特征的

---

① Zénaïde Wenguerow [Zinaida Vengerova], "La Femme russe", *Revue des revues*, 22, no.18(15 Sept. 1897), 489‑499; quotes, 496, 499.关于Wengerow(其名字有各种拼法，比如德语为Wengeroff)，参见Charlotte Rosenthal, "Zinaida Vengerova: Modernism and Women's Liberation", *Irish Slavonic Studies*, no.8(1987), 97‑106。

是单身女性。"①然后,她从德国、斯堪的纳维亚国家和法国的文学中列举了一份值得注意的虚构小说女主角目录,这些人物角色为研究这类妇女提供了"实验室",她们认为"'爱情'并不是全部,也不是女性存在的唯一目的":

> 于是,新女性就出现在我们面前:自律而非被情感俘获,有能力珍视自己的自由和独立而不是麻木地顺从,坚持自己的个性而不是幼稚地努力内化和反映"所爱之人"的异己形象。展现家庭幸福的权利而不是戴着虚伪的贞洁面具,最后,将爱情经验置于生命中次要的地位。我们面前站着的不再是丈夫的影子"妻子",而是有个性的、作为人的女性。②

在德语世界,"新女性"成了小说家和剧作家的主题,其中就有格哈德·豪普特曼创作的剧本《孤独的人》(1891)和蕾特·迈泽尔-赫斯(Grete Meisel-Hess)的小说《知识分子》(1911)。但是,受到"新女性"和女权主义争论激发的、最令人吃惊的著作可能是那些性心理学和道德哲学著作。以男性气质与女性气质之间的关系为中心,以康德伦理学为基础,一些有极大影响力的作家讨论了女权主义的优缺点,远远超出了19世纪80年代"女子气的女性"(womanly woman)的讨论界限。

大部分德国传统中的美学家、心理学家和哲学家的抽象概念,将女权主义在两性关系上的社会政治变革主张问题化、相对化,最终贬低它们。可能最令人担心的女权主义主张的挑战者是维也纳年轻的奥托·魏宁格(Otto Weininger)。他颇具争议的畅销书《性与性格》(1903)源于他的哲学博士论文。这本书很快翻译成了英语、俄语和许多其他语种。根据学者吉塞拉·布鲁德-菲尔瑙(Gisela Brude-Firnau)的说法,"魏宁格将两性

---

① Aleksandra Kollontai, "Novaya zhenshchina", *Sovremennyi mir*, 10(1913);再版:"The New Woman", in Kollontai, *Autobiography of a Sexually Emancipated Communist Woman*, transl. Salvator Attanasio(New York: Herder & Herder, 1971), p.54. 关于柯伦泰的著作,见本书第246页注释①。

② Kollontai, "New Woman", p.94. 柯伦泰可能暗指 Anton Chekov 的著名短篇小说"The Darling"(1898);参见 *WFF*, vol.2, doc.9。

关系视为所有伦理问题的中心。对他来说,妇女是问题的起因,她体现了性存在(sexuality)。因此,也是她阻碍了人性的伦理救赎,进而完全阻碍了成为真正的人的进程"①。无罪的亚当再次将诱惑、堕落和罪恶归咎于夏娃。而且,魏宁格不仅谴责"女性化"(feminine)对女性和男性有害,而且将其与"犹太性"(Jewishness)和"奴性"联系起来。

魏宁格这部著作的大部分内容实际上是对妇女解放的反思,他以一种新颖而不同寻常的方式做出了解释。在"解放了的妇女"一章的开头,他宣称"妇女对解放的要求及其获得这种解放的资格直接与她身上的男性的量(the amount of maleness)成正比"。然而,他所说的"解放"并不意味着妇女的法律、教育和经济地位的改变,而是"深深地渴求获得男性性格,获得男性的精神和道德自由,实现他的真正兴趣和创造力"。魏宁格坚持认为,所有有这方面志向的妇女都不是真正的妇女(true women),而是中间型(intermediate types),"部分双性,部分同性"。"在已解放妇女身上,只有男性因素才渴望解放……女性的原则是意识不到解放的必要性的"。魏宁格鼓吹"远离整个'妇女运动',远离它的不自然、人为性和根本性的错误",并进一步断言整场运动是"从母亲走向娼妓的反叛"。他坚持认为,通往妇女自由的道路和真正的解决办法是支持"男性将他们自身从性中解脱出来"②。难怪魏宁格在 23 岁就自杀了。不过,他将男性气质/女性气质(masculine/feminine)划分为对立的两种类型,其中,"男性气质"代表一切积极和活跃的东西,而"女性气质"代表一切糟糕的东西(虽然不是被动的),这对欧洲的精神生活造成了直接、广泛的不利影响,尤其在像弗兰兹·卡夫卡、詹姆斯·乔伊斯和大卫·赫伯特·劳伦斯这样的作家当中。

在 1905 年出版的《致女性气质的批评者》中,维也纳作家罗莎·迈雷

---

① Gisela Brude-Firnau, "A Scientific Image of Woman? The Influence of Otto Weininger's *Sex and Character* on the German Novel", in *Jews and Gender: Responses to Otto Weininger*, eds. Nancy A. Harrowitz and Barbara Hyams(Philadelphia: Temple University Press, 1995), p.173. 亦参见这一作品集中的其他文章。

② Otto Weininger, *Sex and Character*, transl. of the 6th ed. (London: William Heinemann; New York: G. P. Putnam's Sons, 1906), quotes, pp.64, 65, 66, 68, 70, 75, 332, 345.

德尔(Rosa Mayreder)反击了魏宁格和他的支持者,转而聚焦男性气质本身。她在"论男性气质"一章中写道:"只要仍然没有考虑男性的生活状态的变化,就永远不会正确地理解女性地位变化的真正源头……女权主义运动兴起的最重要因素之一,可能是发生在男性身上的变化。"她指出"妇女"这个概念很大程度上"是男性头脑的产物,是一种永恒的幻觉,是可以拥有所有形式却不占有任何一种形式的幽灵"。而且,她坚持认为:"妇女必须与那些不断把具体的女人转化为抽象概念的男性思想进行斗争,没有什么比这更重要的事情了……她们必须抵制把妇女神化的做法。"①

哈夫洛克·埃利斯(Havelock Ellis)对人类性生理和性心理的辛勤调查,为理解"新女性"设定了新标准。埃利斯和迈雷德尔一样对男性盲目崇拜女性气质不以为然,他试图利用科学更深入地理解女性的性存在和男性的性存在。其中特别重要的是他的著作《男人和女人:对人类第二性征的研究》(1894)、开创性的研究《性倒错》(1897),及后来的研究《女性的性冲动》(1902),这些研究将注意力重新转向了女性性存在本身的特性。

与反女权主义者甚至厌女者魏宁格形成鲜明对比的是,埃利斯采取了一种进步的、多层面的方法来分析性问题。他的兴趣在于通过艰辛的比较研究,揭示这个仍然存在大量无知和有意误解的领域。尽管埃利斯在英格兰做研究,但是他的许多发现首先在美国或德国出版,在那里出版商不受英国臭名昭著的、关于性问题的严格审查法律的制约。

毫无疑问,哈夫洛克·埃利斯的研究受到了女权主义问题的启发,这种启发可能在他与小说家奥利弗·施赖纳(Olive Schreiner)密切却失败了的恋爱关系中,在他与伦敦男女俱乐部成员的友谊中得到了加强。他所使用的方法肯定受到了他的医学训练和执业产科医生经验的强化。这

---

① Rosa Mayreder, *A Survey of the Woman Problem* [*Zur Kritik der Weiblichkeit*]. Transl. Herman Scheffauer(New York: George H. Doran, Co., 1913;初版于维也纳,1905), pp.90, 239 - 240. 英语翻译不准确,最好改为"To Critics of Femininity"。关于 Mayreder,参见 Harriet Anderson, *Utopian Feminism: Women's Movements in Fin-de-Siècle Vienna* (New Haven: Yale University Press, 1992)。

些关注点在他对《妇女地位的变化》的评论中非常明显,这是他最早发表于19世纪80年代晚期的文章。然而,他的女权主义是有限制的,他并不主张妇女完全平等,他评论道,"有必要记住,这种地位变化所导向的两性平等是社会平等,即自由的平等。它不是智力平等,更不具有相似处。只有当男女在身体构造和生理功能上有相似之处时,他们在精神上才能相似。即使是完全的经济平等,也是无法实现的。"①而且,他主张生殖的社会意义,认为生殖是"所有地方所有生命的目的和目标",他坚持认为"每名健康的妇女不仅应该只有性关系,还应该在一生中至少承担一次至高的母亲功能,拥有那些只有母职才能给予的经验"②。

埃利斯对获取更深、更好的知识持开放态度。几年后,在与那些坚信"新女性"中的同性恋正在增加或"第三性别"正在发展的人对话时,埃利斯宣称"整体而言,现代解放运动——获得与男性同样的权利和职责、同样的自由和责任、同样的教育和职业的运动——必须被视为一场有益的、不可避免的运动"。但是,他警告道:"这些现代运动无可置疑的影响并不能直接引起性倒错,但是会培养性倒错的胚芽。"他相信,"倒错"的倾向"特别经常出现在具有高智商的妇女身上,她们自觉或不自觉地影响着他人"③。埃利斯仍然确信母职是妇女的最高使命,但是他的著作也促进了人们对女同性恋的性存在的日益关注。

另一位德国知识分子,居住在柏林的犹太裔社会学家、哲学家和文化理论家格奥尔格·齐美尔(Georg Simmel)强调欧洲文明从根本上是男权主义(masculinisme)的,进而突出了女权主义者的困境。像魏宁格和其他德国哲学家一样,齐美尔也从康德道德哲学的角度思考,但与康德或魏宁格不同,他似乎对女权主义的志向和个体发展、人际关系问题更富有同

---

①　Havelock Ellis, "The Changing Status of Women", chap. 2 of his *The Task of Social Hygiene*(Boston & New York: Houghton-Mifflin Co., 1912), p. 63. 关于埃利斯的生平,参见 Phyllis Grosskuth, *Havelock Ellis: A Biography*(New York: Knopf, 1980)。

②　Ellis, "Changing Status", pp. 65－66;亦参见 Havelock Ellis, *Man and Woman: A Study of Human Secondary Sexual Characteristics* (London: Walter Scott, 1894), pp. 17, 385－386。

③　Havelock Ellis, "Sexual Inversion in Women", in *Sexual Inversion* (1897); repr. in *Studies in the Psychology of Sex*, vol. I(New York: Random House, 1936), p. 262.

情心：毫不奇怪，他曾阅读并评论了西奥多-戈特利布·冯·希佩尔在18世纪90年代发表的激进著作，并偶然地促进了德国媒体上有关妇女问题的辩论。①

在1911年发表的《女性文化》一文中，他讨论"客观文化"的概念时，发现它"完全是男性的"："是男人创造了艺术和工业、科学和商业、国家和宗教"。"人类"(Human)被认为等同于"男人"(Man)。这就是为什么妇女对"器物文化"(artifacts of culture)的贡献，总是被拿来放在天平上与男人的成就进行比较(往往是为了否定她们)。换句话说，我们今天所称的社会性别位于文化的中心，尽管像齐美尔所指出的，社会性别一般并没有被命名或者被认识到。齐美尔颇具挑衅性地提出了这样的问题，即"自主的女性气质"(autonomous femininity)会是什么样的，"客观的女性文化"的内容可能是什么样的。②

齐美尔随即讨论了男性文化的统治地位对女性主体性的影响。他认为，"男性和女性之间的关系是人类生命中最根本的关系"，这是一种权力关系，其中，"妇女"总是位于不利的一方。精神上，妇女在客观文化中被置于不同于男性的位置，这就意味着最终她比她的男性同类更加自我、在身体和心灵上更加局限于她的女性气质(femininity)。齐美尔不断提出复杂、冗长的论据以使他的结论更具说服力，但是并没有为女权主义者提供答案，最终也没有带来微弱的希望，尽管他对妇女难以破解甚至是悲剧性的困境表现出了相当大的同情。③在这样一个高度德国化、伦理化和宿命论的视角中，"新女性"特别是女权主义者正在打一场无法获胜的战争。

如果说像齐美尔这样极具智慧的同情者最终采取了悲观的态度，欧洲社会的另外两个跨国实体则将女权主义视为严重的威胁和政治敌手，

---

① 参见 Suzanne Vroman, "Georg Simmel and the Cultural Dilemma of Women", *History of European Ideas*, 8, no. 4 - 5(1987), 563 - 579。

② Georg Simmel, "Female Culture", in *Georg Simmel: On Women, Sexuality, and Love*, transl., ed., and introd. Guy Oakes(New Haven: Yale University Press, 1984), pp. 65 - 102 *passim*;初版："Weibliche Kultur", *Archiv für Sozialwissenschaft und Sozialpolitik*, 33 (1911), 1 - 36;再印版:Simmel, *Philosophische Kultur: Gesammelte Essais*(Leipzig: Klinkhardt, 1911)。

③ Georg Simmel, "The Relative and the Absolute in the Problem of the Sexes", *ibid.*, pp. 102 - 132 *passim*.

认为其会对现存的男性统治秩序造成深远的影响。罗马天主教会和有组织的社会民主党基于不同的原因对妇女解放的主张提出异议，哪怕他们的男性领导人将妇女纳入麾下。他们都受到女权主义主张的深远影响，甚至是在他们坚持通过利用妇女以抵制女权主义的"分离主义"时。罗马教廷反对的是女权主义的最终目的，即妇女应该独立于上帝指定的、男性为首的家庭的主张。社会民主党反对的不是这些目的而是手段，就像我们已经看到的，在第二国际的领导人看来，在为新社会奋斗的过程中，必须优先考虑阶级斗争而非妇女解放。妇女只有通过有偿工作才能独立于家庭，而有偿工作正是教会当局极端反对的。

罗马天主教会内部关于妇女地位问题的争论

19 世纪晚期，女权运动在多个地方爆发，甚至教皇利奥十三(Leo ⅩⅢ，1878—1903)改革时期的罗马天主教廷也成了女权辩论的场所。这位教皇在 1880 年重述了教廷在结婚和离婚问题上的立场。①1891 年，他发布了通谕《工人阶级的状况》。作为对社会主义学说的明确回应，利奥十三起草了这个以男性为中心的声明，他主张作为家庭的基础，私有财产有其必要性，并援引个人所有权这一"自然权利"来反击社会主义者共同财产的观点。他坚定地捍卫男性养家者模式，认为这对英国政治经济学家来说非常重要：作为一家之主，男人应该辛勤劳动以养活他的妻子和孩子，应该能够将他积累的财产传递给他的后代。此外，教皇通谕还认为，不应该期待女人和孩子与男人做同样的工作，并补充说"女人天性适合做家务，这最适于保留她的贤淑，同时也适于促进孩子的养育和家庭的幸福"②。

①　Leo ⅩⅢ, "Arcanum", 10 Feb. 1880; repr. in Sodal Wellsprings, ed. Joseph Husslein, vol.1(Milwaukee: Bruce, 1940), pp.25 - 46;摘自 *WFF*, vol.2, doc.44。

②　Leo ⅩⅢ, "Rerum Novarum", 15 May 1891, in Social Wellsprings, vol.1;摘自 *WFF*, vol.2, doc. 16 (quote, p.95). 关于天主教教义的演变，参见 Adriana Valerio, "Pazienza, vigilanza, ritiratezza: La questione femminile nei documenti ufficiali della chiesa(1848 - 1914)", *Nuova DWF*, no.16(Spring 1981), 60 - 79; Richard L. Camp, "From Passive Subordination to Complementary Partnership: The Papal Conception of Women's Place in Church and Society since 1878", *Catholic Historical Review*, 76:3(July 1990), 506 - 525。

英国红衣主教、威斯敏斯特大主教曼宁(Manning)详细阐发了教皇的声明,为了强调他对工业社会中基督教婚姻的观点,他援引了契约理论(而非圣经权威)。他坚称已婚妇女已经定下了"与丈夫一起完成妻子、母亲和一家之主的职责"的契约。已婚妇女为工资而工作,意味着妻子不能完成这些先前订立的契约职责。此外,曼宁坚称"在母亲不养育自己幼儿的地方,没有家庭"。他警告并且呼吁更公平地分配男人之间的工资:"在一个民族的家庭生活遭到破坏的地方,他们的社会和政治生活也建立在一盘散沙之上。"①在这种观点中,没有考虑到女工可能会单身或者希望保持单身,也没有考虑到妇女就业不会给她们和下一代带来灾难的可能性。对妇女解放更强烈的反对来自反女权主义者、维也纳的神父奥古斯丁·罗齐尔(Father Augustin Rosler)。他于 1893 年在德国出版了一份冗长的小册子《从自然、历史和神启的角度看妇女问题》,后来,这本小册子在天主教圈子里被广泛翻译、传播和再版。②

巴黎的《基督教女权主义》月刊编辑玛丽·莫热雷礼貌而坚定地支持妇女就业。她领导了法国基督教女权主义的发展,坚称女权主义是一场"不属于社会任何阶级、不属于人类任何一部分,而是属于整个社会和整个人类"的事业。③她确信,女权主义可以很好地与基督教道德结合起来。

她宣称,基督教女权主义最首要的要求是妇女"工作的权利"(right to work):"我们不接受对这种自由的约束、限制和管制,我们以全部的力

① Henry Edward, Cardinal Archbishop Manning, "Leo XIII on 'The Condition of Labour'", *Dublin Review*, 3d ser., 26:1(July 1891), 165 – 166.

② Augustin Rösler, *Die Frauenfrage vom Standpunkte der Natur, der Geschichte und der Offenbarung, auf Veranlassung der Leo-Gesellschaft beantwortet* (Vienna, Freiburg-in Breisgau, Berlin, etc.: Herdersche Verlagshandlung, 1893). 法语版本: *La Question féministe examinée au point de vue de la nature, de l'histoire et de la révélation* (Paris: Perrin, 1899)。1915 年出版了意大利语版。

③ Marie Maugeret, "Le Féminisme chrétien", *La Fronde* (11 Dec. 1897); transl. KO in *WFF*, vol.2, doc.17(quotes, pp.96 – 97).关于莫格莱特和法国基督教女权主义政治,参见Steven C. Hause & Anne R. Kenney, "The Development of the Catholic Women's Suffrage Movement in France, 1896 – 1922", *Catholic Historical Review*, 67:1(Jan. 1981), 11 – 30; James F. McMillan, "Wollstonecraft's Daughters, Marianne's Daughters and the Daughters of Joan of Arc: Marie Maugeret and Christian Feminism in the French Belle Epoque", in *Wollstonecraft's Daughters: Womanhood in England and France, 1780 –1920*, ed. Clarissa Campbell Orr(Manchester: Manchester University Press, 1996), pp.186 – 198.

量抗议任何打着荒谬和虚伪的'保护'借口,夺走我们最神圣的正当谋生权的法律。"此外,她还要求女工的工资仍然是她的个人财产,要求有财产的妇女带入婚姻中的财产仍然由她控制,她特别提出,"妇女需要法律的'保护',正是为了反对那些经常浪费共同财产的丈夫,而不是反对劳动的辛劳"①。她的工作受到了一系列改革天主教女子教育举措的支持,包括从新教皈依天主教的阿德玛伯爵夫人撰写的教育专著《天主教妇女与法国民主》(1900)一书的支持。

与此同时,玛丽·莫热雷还成立了备受争议的天主教妇女联盟,取名圣女贞德联合会(Federation Jeanne d'Arc),该联合会于 1900 年举办了第一次大会,它不同于同年在巴黎举办的另外两场更世俗的女权主义大会。1903 年,她在让·莱加尔代尔(Abbe Jean Lagradere)编辑的刊物《当代女性》上发表文章,对妇女问题采取了更进步的立场:尽管继续将家庭的利益置于男女的个人利益之上,它却表达了对妇女的智力和专业可能性的积极看法。让·莱加尔代尔被证明是坚定的盟友,她在教会内部对妇女问题注入了更进步的观点,就像《女权主义与基督教》的作者 A.D.塞蒂扬热(A. D. Stetillanges)一样。

1906 年,莫热雷成功地让圣女贞德联合会的代表们批准了妇女在政治上享有代表权的决议,甚至进一步要求妇女的完整政治权利。她的行为受到了法国妇女爱国联盟的强烈反对,她们的领导人仍然认为现存秩序——尤其是婚姻中妇女的屈从地位——是由上帝而非男人确立的。莫热雷和她的追随者们坚持不懈,在天主教徒反对她们的丛林中寻找出路。她们也面临来自犹太教徒和新教徒妇女的敌意,这些人领导着法国的世俗女权组织,似乎下定决心拒绝与天主教合作。法国天主教和共和政府之间的冲突在 20 世纪早期达到了顶峰,因为反对教会干预政治的共和政府有意识并成功地(于 1904 年)实现了政教分离。结果,法国姐妹情谊的纽带仍然长久地因信仰的不同而断裂。

1900 年之后,女权主义开始在比利时、意大利、奥地利、爱尔兰和西班牙,以及法国新成立的天主教妇女组织中涌现。这些组织吸引了成千

---

① Maugeret, "Féminisme chrétien".

上万名天主教妇女,远远超过她们世俗的女权主义同行。在意大利,妇女问题成了社会天主教徒出版的《社会文化》上讨论的话题,路易莎·安佐莱蒂(Luisa Anzoletti)和阿德莱德·夸里(Adelaide Coari)开始从事基督教女权事业,并在 1907 年米兰召开的第一届意大利女权大会上制定了"最低限度女权主义项目"(minimum feminist program)。①女权主义的目标成功吸引了教皇庇护十世(Pius Ⅹ,利奥十三世的继任者)的注意,他在 1906 年接受奥地利女权主义小说家卡米勒·泰默(Camille Theimer)采访时公然反对妇女直接参政。这次采访在《新维也纳报》和国际媒体上都成了头版头条。1909 年,教皇召集了一干听众,其中有意大利天主教妇女联合会、法国妇女联盟和法国妇女爱国联盟的领导者,进一步阐发他的观点。他在会上坚持认为,妇女寻求"与男人一样的权利和社会角色"是错误的。他说:"女人在男人的权威之下……但是,女人既不是男人的奴隶,也不是男人的仆人。她是一个朋友、助手、伙伴……她们的功能不同,但是同样崇高,她们有独特的目标:养育子女,组成家庭。"②

尽管有这样的声明,一些国家的天主教女权主义者仍然继续她们的妇女权利活动。虽然她们不愿意面对世俗女权主义者挑战的婚姻和性存在问题,但是她们奋力解决与下述方面相关的问题:妇女教育、妇女的社会行动参与,尤其是影响单身女性的就业问题,包括为女工建立许多工会和慈善协会。这些活动在 1914 年第一次世界大战爆发之后仍在继续。

在英格兰,1911 年成立了更激进的基督教女权主义团体,她们也用圣女贞德(Joan of Arc)作为自己的领路圣徒。新的天主教妇女选举权协会(创办于 1911 年)的成员庆祝"新夏娃"(New Eve)的诞生,甚至与一位主教就教会在婚姻上的立场发生争吵。1914 年,这个团体开始出版一份

---

① 参见再版原始资料作品集 *Il femminismo cristiano: La question femminile nella prima democrazia cristiana(1898 - 1912)*, ed. Francesco Maria Cecchini(Rome: Ed. Reuniti, 1979)。同时参见 Michela De Giorgio & Paola Di Cori, "Politica e sentimenti. Le organizzazioni femminili cattoliche dall'età giolittiana al fascismo", *Rivista di Storia contemporanea*, 9:3(July 1980), 337 - 371。

② Pius X, 引文来自 Odile Sarti 的译文, "The Ligue Patriotique des Françaises (1902 - 1933): A Feminine Response to the Secularization of French Society", (Ph.D. dissertation, Indiana University, 1984), pp. 243, 238. 同时参看 Sarti 的著作, *The Ligue Patriotique des Françaises, 1902 -1933*(New York: Garland Press, 1992)。

报纸宣传其先进观点。①她们对选举权的坚定支持引起了竞争对手天主教社会行会的反对。行会成员玛格丽特·弗莱彻(Margaret Fletcher)为基督教妇女出版了一份研究指南,标题是《基督教女权主义:权利和责任宪章》,其中,她批评了天主教妇女选举权协会的立场,尽管她肯定了妇女有选择独身而非婚姻的权利,并认为"基督教神启是所有女权主义的根源"②。

到了 1917 年战争正酣时,罗马教廷似乎意识到了妇女解放问题不会就此烟消云散。本尼迪克特十五世(Benedict ⅩⅤ)反对世俗主义者试图"将妇女从母性的关怀和教会的指引中夺走",他宣称:

> 随着宗教的衰落,有教养的妇女已经丧失了她们的虔诚和羞耻感,许多人为了从事某项不适合其性别的职业而模仿男人,其他一些人抛弃了她们被培养成的家庭主妇的责任,不顾一切地投身于时代的潮流中。③

在本尼迪克特十五世看来,这种情况导致了"令人震惊的道德堕落",而战争极大地加剧了这种堕落。战后,推动妇女着装朴素成为这位教皇喜爱的活动之一,同时他还对妇女在世界上的行动采取有限的支持,而这被一些人解释为对妇女选举权不冷不热的支持。在诸如法国等国家,明确支持妇女投票权和政治行动的天主教联盟建立起来,但是这些国家的妇女在一战结束后并没有立即获得投票权。

然而,大部分天主教女权主义者没有英国的女权主义者大胆,她们拒

---

①　关于这个组织,参见 Francis M. Mason, "The Newer Eve: The Catholic Women's Suffrage Society in England, 1911 - 1923", *Catholic Historical Review*, 72: 4 (Oct. 1986), 620 - 638。

②　Margaret Fletcher, *Christian Feminism: A Charter of Rights and Duties* (London: P. S. King & Son, Ltd., 1915), pp. 7, 9 - 17 passim, 74。

③　Benedict XV, letter "Natalis trecentesimi", 27 Dec. 1917, to the Superior General of the Roman Union of Ursulines;重印版:*Papal Teachings: The Woman in the Modern World*, ed. The Monks of Solesmes(Boston: St. Paul Editions, 1959), p. 27. 下一引文也是出自这一来源。

绝批评婚姻制度,而且向罗马教廷有关婚姻的神圣性和民事离婚的邪恶教义低头。在读完塞蒂扬热的著作之后,加泰罗尼亚天主教女权主义者多洛雷斯·蒙塞尔达·德·玛西亚(Dolors Moserda de Macia)在她的《女权主义研究》(1909)一书中清晰地阐明了她的立场:

> 我丝毫不会抨击或贬损妇女对男人的屈从——按照自然法、按照耶稣基督的命令、按照妇女自愿接受的契约婚姻的屈从,因为这种屈从对家庭和社会沿着正确的轨道运转是完全必要的。[①]

然而,法国的玛丽·莫热雷和西班牙的天主教女权主义者多洛雷斯·蒙塞尔达·德玛西亚仍然支持单身女性的工作权,并坚定支持已婚妇女有权充分参与解决社会问题。她们逐步加入天主教社会行动中,改善妇女的困境。

第二国际对妇女问题回答的争论

1890—1914年,社会主义语境下的女权主义者面临一系列不同的问题,这些问题具有理论和实践双重特征:虽然第二国际的领导人口头上热情支持女权主义的主张,但是他们仍然提出了优先按照工人阶级的主张采取行动的必要性,在这种情形下,如何最好地维护性别平等?"私有财产制是妇女受压迫的根源"是马克思主义-社会主义的信念。在将"妇女问题"简化为经济问题之后,他们相信首先反对资本主义和私有财产制度是符合逻辑的。就像我们在第六章所述,倍倍尔、恩格斯和蔡特金的早期著作都反复强调这一观点。

社会主义女权主义者并不希望等到革命之后才出现结果。此外,她们还在更广泛的社会民主运动和工人运动中面临严重的性别歧视。英国选举权倡导者米利森特·加勒特·福塞特虽然不是社会主义者,但是她

[①] Dolors Monserdá de Macia, *Estudi feminista: Orientacions pera la dona catalana*, 2d ed. (Barcelona: Lluis Gili, 1910), p. 14;基于原本的修正版本的英译本;Mary Nash, *Defying Male Civilization: Women in the Spanish Civil War* (Denver: Arden Press, 1996), p. 12。

指出了一个问题：

> 许多社会主义者无法摆脱婚姻中的财产观念。在她们看来，婚姻在于男人抓住或占有女人，将她作为他的私人财产而排斥其他男人。放弃财产观念，上升到互相忠诚、互相负责、互相尽义务、互相享有权利这种观念，这是超出男人理解的事情。这是运用市场或经济学的理论和语言带来混乱的一个实例，这样的理论和语言是完全不适用的。①

　　在法国，1893 年 5 月 1 日，法国女权社会联合会的成员在市政厅放置了一份《妇女的困境》小册子或申诉声明。这份小册子提倡"人权"宣言始于"生存的权利"(the right to life)，作者们用这个词表达谋生权。作者们还提倡妇女进入每种需要高等专门知识的专业(profession)、毕生从事的事业(career)和职业(vocation)，获得足够其生存的薪水，并且在每个行业的工作中都能同工同酬。声明还呼吁向两性开放所有的教育机构，废除法国民法典中所有维持女人屈从于男人地位的条款，让妇女参与政府事务，为所有不能或不再能工作的人提供社会援助。

　　和这份声明一起出版的还有一本小册子《社会主义与性别主义：社会主义妇女党的纲领》，它和第二国际一样认为经济方案是解决社会主义和女权主义要求的核心。然而，除了全面批评父权制之外，这本小册子的作者们还抨击了男权主义(masculinisme)，反对两性在工作场合的竞争，公开肯定妇女作为性个体和生殖个体的解放。这本小册子和其后发表在《社会和谐报》和《工人》等其他出版物上的一系列文章都出自艾琳·瓦莱特(Aline Valette)之手。除了积极拯救妇女前科犯和娼妓的慈善工作之外，艾琳·瓦莱特还是法国工人党的一名积极分子，该党据称是由朱尔·盖德(Jules Guesde)和马克思的女婿保罗·拉法格(Paul Lafargue)组建的"马克思主义"政党，事实上，她从 1896 年开始一直担任该党的常务秘

---

① Millicent Garrett Fawcett, "The Woman Who Did", *Contemporary Review*, 67:5(May 1895), 630-631.关于福西特，参见 David Rubenstein, *A Different World for Women: The Life of Millicent Garrett Fawcett*(Columbus: Ohio State University Press, 1991)。

书,直到 1899 年去世。①

　　和 1889 年以来的其他社会主义者一样,瓦莱特坚信女权主义计划完全包含在社会主义计划之内:"女权运动……是位列第一的革命运动,妇女解放是其目标,它本身就是一场革命。"②她对工业劳动力中的妇女展开调查,1897 年底开始在《投石党报》上发表调查结果,这些调查不仅详细描述了法国大量涌现的从事工业的妇女,而且指出了她们面临的困境:缺乏工会组织,没有被选入"法官委员会"(负责裁决劳资纠纷)以及没有政治代表。瓦莱特坚称职业妇女的数量超过 441.5 万人,她们必须意识到自己所代表的力量。她们必须能够体面谋生,而难以维持温饱的"零花钱"般的工资无法实现体面谋生,继续将妇女限制在某些悲惨的有偿工作上也无法实现体面谋生:"像男人的尊严和独立一样,没有什么能像工作那般为女性尊严和独立提供更可靠的保障了。"③这种工作应该有足够的报酬,且组织良好。虽然瓦莱特坚持妇女的就业权,但是她同时认为妇女从根本上是母性的,即便她对母职的新看法比罗马天主教或大部分社会主义男性都激进,他认为妇女最终要回归家庭。

　　法国的社会主义者直到 1904 年才成为统一的政党,这与她们的德国同志不同。在德国,19 世纪 80 年代女权主义者和社会主义者似乎就发现她们很容易合作。大部分关于社会主义——这是第二国际的特征——中女权主义主张的地位的争议首先在德意志帝国社会民主党(SPD)的框架内完成。德国人的争议在其他国家得到了回响,包括法国、意大利和

---

① 关于瓦莱特,参见 Marilyn J. Boxer, "French Socialism, Feminism, and the Family", *Third Republic / Troisième République*, no. 3 - 4 (1977), 128 - 167; Boxer, "Linking Socialism, Feminism, and Social Darwinism in Belle Epoque France: the maternalist politics and journalism of Aline Valette", *Women's History Review*, 21:1(February 2012), 1 - 19. 对瓦莱特在 19 世纪 90 年代法国母职政治中的位置的更广泛理解,参见 Anne Cova, *Maternité et droits des femmes en France(XIXe - XXe siècles)* (Paris: Anthropos, 1997), chap. 2.

② Aline Valette, in "Le Féminisme à la Chambre 1893 à 1898", *La Fronde*, no. 142, 29 April 1898, p. 2.

③ Valette, "Sténographie et machine à écrire", *La Fronde*, 6 February 1898. 这篇文章和她的其他讨论妇女工作的文章已经结集并重新出版:*Aline Valette, Marcelle Capy: Femmes et travail au XIXe siècle: Enquêtes de La Fronde et La Bataille syndicaliste*, eds. Marie-Hélène Zylberberg-Hocquard & Evelyne Diebolt(Paris: Syros, 1984).

俄国。在法国和意大利,蔡特金和倍倍尔反对与女权主义者合作的论断由路易丝·索莫诺(Louise Saumoneau)和安娜·库利肖夫(Anna Kuliscioff)阐述了。在俄国,这一观点由柯伦泰阐述。

与法国和英格兰不同,在德国的政治文化中只有非常脆弱的"自由"思想,19世纪晚期,自由思想被更清晰地等同于"国家自由主义"。随着1871年的统一,俾斯麦领导下的德意志帝国在男性君主的统治下作为联邦(federation of states)运转,采用父系继承制(male line of succession)。普鲁士仍然是一个高度军事化、独裁主义的极权国家。就像在俄国和其他东欧地区一样,"自由"(Freiheit)的意思更接近"伦理的"或"哲学上的"自由,而不像在法国和英格兰那样更具体地被理解为政治自由和权利。社会主义或自由主义的圈子是女权主义的反抗能够渗透进来的唯一裂缝,这两个圈子之外,实质上并没有西欧争论的那种"权利"话语,"公民身份"的观念指代的含义也不一样。像其他没有经历过"自由"革命的欧洲社会一样,公民身份仍然被视为对臣民服务(包括兵役)的奖赏而非权利。在一个日益军事化和全体男性服兵役的时代,这给妇女造成了实质性的障碍。社会民主党成功地捕捉到了关于"平等"或Gleichheit(这个词在德语中也表示"相似"或"相同")的话语,吸收了许多法国和英国空想社会主义的早期观念,即便他们拒绝这样的"乌托邦"观念而赞成马克思的"科学"解决方案。

因此,尽管女权主义抗议鲜为人知的历史传统一直存在——它根植于欧洲启蒙运动和1848年的革命——在德国,仍然很少有人认识到,"妇女的屈从地位可能是社会政治和文化而非'自然'的产物"。许多19世纪的德国女人和男人相信,女人是与男人截然不同的生物,上帝指定了她们的屈从地位,歌德"永恒女性"的观念仍然占据统治地位,虽然它的确带有更多积极而非消极的力量。以男人为一家之主的家庭已经彻底"自然化"了,像萨维尼和里尔这样的法律和社会理论家的早期著作赋予这种家庭极大的道德权威。并非所有人都和劳拉·马尔霍尔姆·汉松与教会权威(不管是天主教还是新教福音派)一样,相信妇女屈从于不可避免的性别处境,就可以真正地自我实现,在那种处境中,她们几乎完全依赖男人的善意。但是,当时的舆论氛围却是:只有少数像路易丝·奥托-彼得斯或海德薇·多姆这样的人,胆敢就这些激进的观点发表意见或采取行动。即便如此,大部分持异议者仍从"经济、社会或文化"的角度表达她们的观点,于特·格哈德(Ute Gerhard)称之为"非政治化的思维方式"①。

俾斯麦的反社会党人法在 19 世纪 90 年代并未更新,有关联盟的普鲁士法律仍然禁止妇女参与政治协会,德国其他各州的法律也是如此(有一些例外,例如汉堡城邦、前公国巴登和符滕堡)。因此,当 1894 年德国妇女协会联合会(BDF)成立时,领导层在确定目标的措辞上极其小心谨慎。该联盟由较老的德国妇女协会(成立于 19 世纪 60 年代)和许多慈善、教育和公益组织构成,但并没有欢迎"革命性"的社会民主党妇女,因为社会民主党妇女为了无产阶级团结的利益,明确且反复表达了拒绝与任何"资产阶级"妇女运动合作的意愿。

19 世纪 90 年代,妇女协会联合会将妇女"权利"尤其是妇女选举权视为禁忌,她们更重视教育、经济和慈善问题。对女孩教育的强调一点也不令人吃惊。就像英国观察家艾丽斯·罗素(Alys Russell)在 1896 年所说的,只要看一下高等教育,"我们就发现德国给予女性的机会经常少于欧洲除土耳其之外的其他国家"②。德国妇女协会联合会第一次向政府请愿提出的问题就包括管制娼妓业和工厂审查。同时,女童的教育机会以及提高女教师的地位在其议程中占据主导地位。妇女协会联合会第一任主席奥古斯特·施密特(Auguste Schimdt)坚称联合会成员不是为自己工作,而是为了"大众的福祉",修辞重点不在于权利而在于"责任",此外,"提倡妇女权利的人"是非常可恶的。③这些协会联合会的妇女可能正在进入"公共领域",但是她们最初的领导人根本不愿认同女权主义的主张。

---

① Ute Gerhard, "A Hidden and Complex Heritage: Reflections on the History of Germany's Women's Movements", *Women's Studies International Forum*, 5:6(1982), 563.

② Alys Russell, "The Woman Movement in Germany", *Nineteenth Century*, 40:233 (July 1896), 98.

③ Auguste Schmidt, "Die Parteien in der Frauenbewegung", *Die neue Bahnen*, 33 (15 Nov. 1898), 233 – 234; as quoted and discussed by Amy Hackett, "The German Women's Movement and Suffrage, 1890 – 1914: A Study of National Feminism", in *Modern European Social History*, ed. Robert Bezucha(Lexington: D. C. Heath, 1972), pp.363 – 364.

　　19 世纪 90 年代中期,这种情形开始发生变化。在柏林,有一些直言不讳的"权利"提倡者,她们不害怕提到选举权,即使不熟悉本国的先例,也非常熟悉法国和英国的先例。在这些人当中,莉莉·冯·吉茨基(后来的莉莉·布劳恩)在 1894 年底勇敢地为选举权代言。她在 1895 年初和明娜·考尔一起创办了期刊《妇女运动》,重点呼吁左派和右派的妇女合作,通过签字向政府提交请愿以追求妇女权利和妇女选举权。

　　为此,社会民主党发言人克拉拉·蔡特金严厉批评了冯·吉茨基,她将激进分子在《平等》上提出的计划视为"有关和谐的朦胧而愚蠢的梦想",并宣称"在表示女性群众和无产阶级妇女的解放这一意义上,'妇女的事业'确实是党派的事业,是唯一一个政党——社会民主党的事业"①。冯·吉茨基反驳说,与其他国家的妇女权利提倡者和德国的社会民主党妇女不同,资产阶级妇女运动背后没有任何政党推动其需求,因此采取谨慎路线。尽管如此,她坚称:"妇女运动要求的不是对女性的施舍而是正义。它要求打开进入大学的大门,改变视妇女为二等公民的法律,从宪法上承认妇女作为公民享有的平等权利。"她还一针见血地补充道:"我怀疑,当那些先锋人物转过来用棍棒敲打那些没有跟随她们脚步的人时,人类是否会更接近这一目标——所有人最大可能的幸福,我尤其怀疑领导人克拉拉·蔡特金做出的示范是否最富有成效。"②

　　1896 年,明娜·考尔、莉莉·布劳恩(她在第一任丈夫乔治·冯·吉茨基去世后再婚)和她们的伙伴在柏林组织了德国的第一届国际妇女代表大会,正是在这次大会上,来自巴黎的厄热涅·波托尼耶-皮埃尔(Eug-

————————————

　　①　Clara Zetkin, "Women's Libbers' Stupid Dreams about Harmony", from *Die Gleichheit*, 9 Jan. 1895; as transl. by Alfred G. Meyer from Lily Braun's article, "Left and Right" ["Nach links und rechts", *Die Frauenbewegung*, 1, nos. 5 & 7(1895)], in his *Lily Braun: Selected Writings on Feminism and Socialism*(Bloomington: Indiana University Press, 1987), p.48.亦参见梅耶的自传 *The Feminism and Socialism of Lily Braun*(Bloomington: Indiana University Press, 1985)。蔡特金和布劳恩之间的分歧在 Jean H. Quataert, *Reluctant Feminists in German Social Democracy, 1885 - 1917*(Princeton: Princeton University Press, 1979)中也有体现;Anna-E. Freier, *"Dem Reich der Freiheit sollst Du Kinder gebären": Der Antifeminismus der proletarischen Frauenbewegung im Spiegel der "Gleichheit", 1891 - 1917*(Frankfurt-am-Main: Haag & Herchen Verlag, 1981);以及 Ute Gerhard, *Unerhört: Die Geschichte der deutschen Frauenbewegung*(Hamburg: Rowohlt, 1990)。

　　②　Braun, "Left and Right", pp.52, 48.

enie Potonie-Pierre)提出了她的女权主义主张。她们还在柏林组织了一次群众集会,抗议新的德国民法典对妇女的影响,随后向政府提交了抗议请愿书。

1896 年的事件极大地激发了德国女权主义者的热情,她们后续的政治活动让克拉拉·蔡特金极为担忧,因为一些主要党员转向了改良主义的道路,同情地拥抱女权主义。在 10 月社会民主党的代表大会上,蔡特金向她的同志们做了演讲,谈到了妇女跨阶级团结的不可能性:"无产阶级妇女、资产阶级妇女、知识分子妇女和上流社会的妇女各有自己的问题,它有多种表现形式,这些形式取决于她们的阶级状况。"①妇女必须与无产阶级团结起来,而不是采取分离主义的行动。

1899 年,这群自诩的"激进分子"试图通过在妇女协会联合会的计划中插入法律和政治要求,使妇女协会联合会激进化,这一行动失败后,她们成立了进步妇女组织联盟,该联盟直到 1907 年之前都独立于德国妇女协会联合会运作。1902 年,她们又组建了德国妇女选举权协会,该协会立即与德国妇女协会联合会建立了联系,加快了德国妇女协会联合会对投票权的支持。这些妇女中的许多人[包括后来成为德国妇女协会联合会主席的玛丽·施特里特(Marie Stritt)]在母亲保护联盟中也很活跃,同时公开参与改革婚姻、性道德和母亲状况的活动。实际上,就像欧洲其他地方一样,以妇女为中心的母亲身份的扩展及重塑,成了大部分德国女权主义的核心计划,不管是温和派、激进派还是社会主义者,都是如此。②

---

① 蔡特金 1896 年 10 月 16 日在社会民主党代表大会上的演讲是以小册子 *Nur mit der proletarischen Frau wird der Sozialismus siegen* 的形式发表的,后收录入她的作品集。英文译本可以在 Hal Draper & Anne G. Lipow 的文章中找到优秀的分析:"Marxist Women versus Bourgeois Feminism", *The Socialist Register 1976*, eds. John Saville & Ralph Miliband(London: Merlin Press, 1976), 192 - 201,参见 Lise Vogel, *Marxism and the Oppression of Women* (New Brunswick: Rutgers University Press, 1983), pp.107 - 115。

类似的冲突也能在意大利发现,1892 年,Anna-Maria Mozzoni 挑战了俄裔马克思主义-社会主义派活动分子和记者安娜·库利肖夫(Anna Kuliscioff):"《社会主义评论》(The *Critica Sociale*)[由库利西奥夫编辑]认为妇女问题从根本上只是经济问题,它会随着阶级问题的解决而解决。我不仅怀疑这一点,而且相信这个论断是错误的。"参见 Mozzoni, *I socialisti e l'emancipazione della donna*(Alessandria, 1892);重印版:Mozzoni, *La liberazione della donna*, ed. Franca Pieroni Bortolotti(Milan: Gabriele Mazzotta, 1975), p.212(transl. KO)。

② 对德国母职问题的阐述,参见 Ann Taylor Allen, *Feminism and Motherhood in Germany*, *1800 - 1914*(New Brunswick: Rutgers University Press, 1991)。

到 1907 年,变得更勇敢的妇女协会联合会发表了一份全面的纲领声明,包括教育、经济生活、婚姻和家庭、公共生活、社会和国家各个方面,坚称其成员"为所有阶层和党派的妇女"效力。它公开宣称的目标是通过"转变这些领域的观念和状况","使妇女的文化影响触及各个方面,实现自由社会的目标"①。妇女协会联合会坚持承认妇女在婚姻和母亲身份上的"天职"的文化意义,同时也坚持以下工作的重要性:妇女的有偿工作,同工同酬,婚姻法的改革,反对娼妓业,将妇女纳入公共生活的所有领域,包括地方、教会和政治选举权。这个全面的计划坚持在相关的框架内充分实现妇女的潜能。

在克拉拉·蔡特金的领导下,社会民主党妇女对此做出了回应,她们提出了一个不受限制的妇女选举权提案,同时也提出不受限制的男性选举权提案。1907 年 8 月第二国际斯图加特代表大会期间,召开了第一次欧洲社会主义妇女会议,代表们通过了一次决议,呼吁各成员党派支持所有人的选举权。但是,对蔡特金来说,为妇女选举权而进行的战斗本身永远不会被视为目标,它总是为了实现"无产阶级解放斗争"这一更大目标的手段。②而且,接受"资产阶级"女权主义的目标——以最激进的两性普选权的形式表达出来——这一事实,可以看作是对社会民主党早期革命立场的一种妥协。

一些法国的社会主义女权主义者对社会民主党主导的第二国际坚持不与"资产阶级"女权主义合作持悲观态度。医生兼活动家马德莱娜·佩尔蒂埃(Madeleine Pelletier)、《妇女参政论者》杂志的编辑认为,通过实现两性的政治和社会平等,女权主义会让所有妇女受益,她看不出无产阶级/社会主义女权主义与其他女权主义合作有什么过错:"无产阶级妇女

---

① Bund Deutscher Frauenvereine, "Programm"(1907), transl. in Katharine Anthony, *Feminism in Germany and Scandinavia*(New York: Henry Holt, 1915), pp. 20 - 26;最初发表于 *Centralblatt des Bundes Deutscher Frauenvereine*(July 1907); repr. in *WFF*, vol. 2, doc. 20。

② International Socialist Women's Conference, resolution on woman suffrage, Stuttgart, 1907; from *Dokumente und Materialien zur Geschichte der deutschen Arbeiterbewegung*, vol. 4(Berlin 1967); transl. Alfred G. Meyer, in *Women in Russia*, eds. Dorothy Atkinson, Alexander Dallin, & Gail Lapidus(Stanford: Stanford University Press, 1977), pp. 93 - 94; also in *WFF*, vol. 2, doc. 59.

是双重奴隶,既是丈夫的奴隶,又是老板的奴隶,女权主义诉求的成功可以确保她只做一次奴隶,这已经是一种进步。"①休伯特·奥克勒特没那么乐观:"不可能同时有资产阶级的女权主义和社会主义女权主义,因为不会同时存在两个女性性别(two female sexes)。"②

　　1910年,在与哥本哈根第二国际代表大会联合举办的第二次社会主义妇女代表大会上,有人提议设立国际妇女节(International Women's Day),并把该提议描述为一个专门的社会主义的庆祝活动。克拉拉·蔡特金和她的同事们提交的决议指出了这一点:

> 与各国无产阶级的阶级意识、政治和工会组织相一致,各国社会主义妇女将每年举办一次妇女节,其首要的目标必须是帮助妇女获得选举权。根据社会主义理论,这一要求必须和整个妇女问题一起解决。③

　　所谓的"资产阶级"或者公民女权主义与马克思主义-社会主义女权主义之间竞争的另一个变种也在俄国上演。在1905—1906年俄国革命期间,出现了一个非常重要的女权方案。即使此前有季娜伊达·文格罗

---

　　① Madeleine Pelletier, "Féminisme bourgeois et féminisme socialiste", *Le Socialiste* (5-12 May 1907), 2.亦参见她的季刊 *La Suffragiste*(1907-14); and Felicia Gordon, *The Integral Feminist: Madeleine Pelletier, 1874-1939*(Minneapolis: University of Minnesota Press, 1990)。同时参见 Charles Sowerwine & Claude Maignien, *Madeleine Pelletier, une féministe dans l'arène politique*(Paris: Éditions ouvrières, 1992); *Madeleine Pelletier (1874-1939): Logique et infortunes d'un combat pour l'égalité*, ed. Christine Bard (Paris: côté-femmes, 1992); and Marilyn J. Boxer, "Placing Madeleine Pelletier: Beyond the Dichotomies Socialism/Feminism and Equality/Difference", *History of European Ideas*, 21:3(1995), 421-438。

　　② Hubertine Auclert, "Socialistes et bourgeoises", *Le Radical*(3 Sept.1907); transl. in Hause, with Kenney, *Women's Suffrage and Social Politics*, p.70.

　　③ From *Die Gleichheit*, 29 Aug. 1910; transl. in *Clara Zetkin: Selected Writings*, ed. Philip S. Foner(New York: International Publishers, 1984), p.108.同时参见 Temma Kaplan, "On the Socialist Origins of International Women's Day", *Feminist Studies*, 11:1(Spring 1985), 163-171; and Pam McAllister, "A Tale of Two Days", in her book, *This River of Courage: Generations of Women's Resistance and Action*(Philadelphia: New Society Publishers, 1991), esp. pp.84-92。亦参见 the special theme section, "A Hundred Years of International Women's Day in CESEE", in *Aspasia: The International Yearbook of Central, Eastern, and Southeastern European Women's and Gender History*, vol.6(Berghahn Journals, 2012), 1-59。

夫对俄国的轻蔑看法,从西方公民和政治自由的标准看,俄国妇女也确实
处于严重不利的境地,不过俄罗斯帝国的已婚妇女确实能够控制她们的
独立(土地)财产,这在西欧几乎是不存在的。但是,在一个女儿和妻子一
生都要在形式上顺从男性权威的制度中,这没有多少实际意义。由于拥
有财产权,这些妇女能够在当地政府事务中享有非常有限的公民权(往往
由一个男性亲属代理)。另一个情况是,虽然 19 世纪 70 年代俄国已经开
启妇女高等教育的重要机会,但是在 19 世纪八九十年代,这些机会反复
因政府干预和教育机构的关闭而受到损害。即便如此,越来越多的俄国
妇女接受了高等教育。同时,随着俄国的工业化,妇女进入新型产业劳
动的数量增加了,尤其是在圣彼得堡和莫斯科这样的重要城市,这就提
出了关于工资和财产的问题。但是,仅仅提到这样的改革都会激起强
烈的抵抗。法律改革者修改婚姻和家庭法的运动"激起了保守分子和牧
师强烈的抵抗,以至于直到旧制度垮台时,妇女的法律地位也几乎没有什
么改善"①。

　　20 世纪初,俄国专制政府仍然在通过庞大的官僚机构和秘密警察对
言论、结社和地方活动施加高效控制。无论男女,结社的可能性非常小。
几乎不存在任何西欧意义上的"公共领域"。事实上,即便在 1905 年后,
审查人员仍然将"妇女解放"看作危险话题,就像历史学家琳达·埃德蒙
森(Linda Edmondson)指出的,"女权主义"是知识界没有引入的一个外
来词。1895 年建于圣彼得堡的俄国"妇女互助博爱会",从 1902 年起就
一直在计划召开一次妇女代表大会,但总是被内政部阻挠,内政部不仅坚
持将大会议程限制在慈善和教育问题上,而且要求将大会文件提交给官
方审批,博爱会最终取消了这次大会。在建立一个全国妇女理事会一事
上,俄国妇女权利活动家从没有得到政府当局的授权。

　　在这样的环境中,一些雄心勃勃的改革家变得失望,继而转向崇高的
社会革命观念和恐怖主义的方法(包括暗杀公职人员)也就不足为奇了。
这种革命性的替代选择曾经铭刻于 19 世纪六七十年代民粹主义运动和

---

① 参见 William G. Wagner, "The Trojan Mare: Women's Rights and Civil Rights in Late
Imperial Russia", *Civil Rights in Imperial Russia*, eds. Olga Crisp & Linda Edmondson (Oxford:
Clarendon Press, 1989), p. 66。

后来由俄国流亡知识分子领导的社会主义秘密协会的记忆中。只有
1905年"血色星期日"(公历1月9日)大屠杀之后,女权主义的公民和政
治权利诉求才找到了出口。

　　1905年的新结社法允许建立注册过的(受控制的)协会,2月底,一群
莫斯科知识女性组建了妇女平等权利联盟。到5月,在俄国各个城市成
立了20个分会。但是,当两名该联盟的妇女代表在5月初出现在包含所
有联盟的联盟联合会(Union of Unions)成立大会上时,她们得到的回应
是:"妇女怎么会到这里来呢? 这肯定有什么误解。"①

　　在5月初莫斯科召开的第一次大会上,妇女平等权利联盟详尽阐述
了其纲领,提出了一系列女权要求,并将其与改变俄国政治特征的事业联
系起来。纲领写道:"妇女解放的斗争与俄国政治解放的斗争密不可分。"
代表们呼吁召开立宪会议,"在不分性别、国籍、宗教的普遍、直接和不记
名投票的基础上,初步确立人身和住宅的不可侵犯性、良心、言论、集会和
结社自由,恢复所有因政治和宗教信仰而受苦的人的权利"。它支持在俄
罗斯帝国内的文化和民族自决的要求,支持"农妇和农夫在未来的土地改
革中享有平等权利"的要求。此外,呼吁教育和职业选择的平等机会,"废
除所有有关卖淫和贬低妇女人格尊严的特殊法律"。最后,它呼吁立即结
束与日本的战争。②

　　其他新的妇女组织,如位于伏尔加河畔萨拉托夫(长久以来一直是异
议思想的中心)的女工人互助会也坚持平等选举权,认为"作为家庭成员和
公民中的一员,妇女必须在决定战争与和平的问题上起到积极作用"③。俄

　　① Ekaterina Shchepkina, *Zhenskoe dvizhenie v otzyvakh sovremennykh deiatelei*(1905),
quoted in translation by Linda Edmondson, "Women's Rights, Civil Rights and the Debate over
Citizenship in the 1905 Revolution", in *Women and Society in Russia and the Soviet Union*,
ed. Linda Edmondson(Cambridge: Cambridge University Press), p.96, n.3.

　　② Program of the All-Russian Union of Equal Rights for Women, Moscow, May 1905;
transl. Linda Edmondson in *Sbornik: Study Group on the Russian Revolution*, no.9(Leeds,
1983), 125-126. Excerpts also in Edmondson, *Feminism in Russia, 1900-1917*(Stanford:
Stanford University Press, 1984), pp.40-41. 感谢 Linda Edmondson 把她翻译的影印本发
给我。

　　③ Reported in *Zhenskii vestnik*, no.5(1905), 143-144; transl. Edmondson, *Feminism
in Russia*, p.37.

国各地许多其他妇女组织随即也明确表达并发表了改变妇女状况的要求,包括平等权利。

然而,妇女的选举权和公民权利被证明是极具争议的,就像在1789年和1848年的法国一样。沙皇的《十月宣言》赋予了有限的公民权,同意建立代表大会的要求,但直接忽视了妇女权利问题。新成立的政党,包括自由派的立宪民主党(Kadets)一再被证明不愿意赞同妇女平等权利的原则,尽管许多立宪民主党的领导人承认他们对妇女权利的同情性支持。当选举第一届国家杜马(国会)的条款最终确定下来时,妇女被排除在外,但男性被赋予了选举权。这在欧洲历史上是太熟悉不过的场景。甚至农妇也知悉这个问题。一位来自沃罗涅什省的愤愤不平的妇女在向第一届国家杜马请愿时指出,沃罗涅什省的代表曾"在杜马宣布男性农民只承认妇女在家庭中的工作,声称妇女自己不想要权利"。请愿者们认为这种对妇女权利的需求几百年前就已经有了,她们坚称:"在杜马中根本没有妇女代表能为妇女说话,那他是怎么知道的? 他错了,如果他问过我们他就会了解。我们,来自沃罗涅什省的妇女……非常明白我们就像男性一样需要权利和土地。"①

妇女平等权利联盟最终成功向男性代表施压,在1906年6月初的杜马上讨论了妇女选举权问题。妇女互助博爱会已经在妇女平等权利的请愿书上收集到了4 000份签名,议员列夫·佩特拉日茨基(Lev Petrazitskii)在赋予妇女投票权的问题上提出了雄辩的论据,以支持妇女的请愿。但是,这是第一次也是最后一次进行这类辩论。7月初,杜马突然被政府军队关闭,然后被解散。

1905—1906年,俄国的女权主义者几乎面临所有新兴政治派别的反对,从右派的穆斯林、东正教徒和极端保守主义的农民到左派的社会民主党和社会革命党。1905年4月10日,当妇女平等权利联盟在圣彼得堡的支持者们组建创始部门会议(founding section meeting)时,代表俄国社会民主党的柯伦泰试图中断大会。她后来写道:"这些年来,资产阶级

---

① Petition cited by N. Mirovich, *Iz istorii zhenskogo dvizheniia v Rossii* (1908); transl. in Rose Glickman, *Russian Factory Women: Workplace and Society, 1880 - 1914* (Berkeley & Los Angeles: University of California Press, 1984), p.244.

的妇女运动对工人阶级运动的团结造成了严重威胁。"她和她的同志"警告工人阶级妇女不要被女权主义冲昏头脑,呼吁她们捍卫单一的革命工人的旗帜"。然而,她们"勾勒出的无产阶级团结原则"的决议却被无情地击败了。①其他激进的社会革命派妇女加入了圣彼得堡的妇女平等权利联盟委员会,但是并没有待太久,她们在 1906 年春就离开了联盟。

就像德国社会民主党一样,俄国的社会民主党强硬地捍卫他们对无产阶级(包括无产阶级妇女在内)作为其唯一选民的主张。即使当妇女平等权利联盟中的妇女正日益靠近政治谱系的左派时,社会民主党妇女的抵抗似乎还在增长,不管是温和的孟什维克(Menshevik)还是激进的布尔什维克(Bolshevik)。像德国同行一样,俄国的社会民主党妇女坚称,阶级斗争必须居于优先地位,反对用平等权利的尝试来吸引'她们的'工人阶级妇女支持女权事业,不希望她们'受到影响',就像柯伦泰在回忆中所说,受到'女权主义的毒害'"②。

柯伦泰的思想和策略就像克拉拉·蔡特金的一样(1906 年她曾向蔡特金寻求建议),为后续社会民主党解决俄国妇女问题定下了基调。她蓄意破坏女权主义努力的尝试,揭示了女权主义面临的巨大阻力,这些阻力不仅来自 20 世纪早期欧洲有组织的社会主义运动,还来自社会主义政党对女权主义者争夺工人阶级妇女忠诚的深深恐惧。柯伦泰虽然反对俄国"资产阶级"女权主义,但是她仍想将妇女解放的事业纳入俄国社会主义的计划中,从而为社会民主党吸纳妇女。但是,没有一个社会民主党男性(不管是什么派别)特别感兴趣或予以理解,事实上,他们责备她是"女权主义者",尽管她对有组织的女权主义和"单独的"妇女问题

---

① Aleksandra Kollontai, "Towards a History of the Working Women's Movement in Russia"(1920),重印版:*Selected Writings of Alexandra Kollontai*, transl. with introduction and commentaries by Alix Holt(New York & London: W. W. Norton, 1980), pp.50 - 51。关于柯伦泰,参见 Barbara Evans Clements, *Bolshevik Feminist: The Life of Aleksandra Kollontai* (Bloomington: Indiana University Press, 1979);Beatrice Brod Farnsworth, *Aleksandra Kollontai: Socialism, Feminism, and the Bolshevik Revolution*(Stanford: Stanford University Press, 1980)。

② Kollontai, "Towards a History", in *Selected Writings*, p. 51. 关于这些事件,参见 Linda Edmondson, "The Women's Movement and the State in Russia before 1917",提交给 IFRWH Bielefeld conference 的论文,未发表,April 1993, p. 8。

表达了敌意。

在 1908 年 12 月圣彼得堡举办的全俄妇女代表大会上,女权主义者和社会民主党之间的冲突达到了顶峰。面对柯伦泰和工人阶级妇女代表团所坚持的"妇女问题不能在社会民主党之外解决"的观点,妇女平等权利联盟的女发言人坚持认为所有阶级的妇女面临共同的问题,而这些问题的根源是男性统治。安娜·卡尔曼诺维奇(Anna Kal'manovich)认为,投票只是开始,是实现更宏大的计划的手段:

> 现代秩序几乎没有给无产阶级男性带来多少快乐。而且,他们还将会失去一个奴隶:一个侍奉他,养大他的孩子,做饭洗衣的妻子。可能这就是为什么社会民主党本能地、无意识地不急于实现妇女平等权利的计划,而愿意把这个任务留给后代。①

在代表大会上,安娜·卡尔曼诺维奇坚持认为,立宪民主党人推动妇女权利是为了装点门面,社会民主党也一样:"不管男人们如何自称——自由派、保守派或社会民主党——都不能指望他们给予妇女自由。"②

这种类型的分析不受柯伦泰这样的女性社会民主党人欢迎,但是,柯伦泰突然被迫离开了代表大会,逃离了俄国,以免被捕。她的发言由妇女工人代表中的另一个成员代为宣读:

> 不存在单独的妇女问题,妇女问题是作为我们时代整个社会问题的一部分而出现的。妇女作为社会成员、工人、个体、妻子和母亲的彻底解放,只有和整个社会问题一起,和现代社会秩序的根本转型一起,才有可能实现。③

---

① Anna Kal'manovich, in *Soiuz Zhenshchin*, no. 9(1908), 3; as translated by Glickman, *Russian Factory Workers*, p. 262.

② Kal'manovich, from the congress proceedings, *Trudy I vserossiiskogo shenskogo sēzda* (St. Petersburg, 1908), p. 784; transl. in Glickman, *Russian Factory Workers*, p. 257.

③ Aleksandra Kollontai, "Zhenshchina-rabotnitsa v. sovremmenom obshchestve [The Woman Worker in Contemporary Society]", in *Trudy I vserossiiskogo*, pp. 800 - 801; as transl. in Clements, *Bolshevik Feminist*, p. 63.

柯伦泰后来出版了《妇女问题的社会基础》(1909)，批判性地评价了俄国
女权主义运动和社会民主党的回应，这本书成了她的遗产。直到 1917
年，她都在西欧和中欧过着流亡生活。随着全俄妇女代表大会成为往事，
随着柯伦泰的离开，除了少数例外，俄国社会民主党"事实上丧失了对女
工的所有兴趣"①。

　　从柯伦泰的早期职业生涯中，我们可以清晰地看到，其他的事业(社
会民主党的工作；和布尔什维克一起反战)总是反复优先于妇女解放。只
有在流亡期间，她才开始更细致入微地分析妇女屈从于男人的问题，这些
分析出现在她的后期著作中。在 1918—1919 年的革命年代，布尔什维克
夺取了俄国政权之后，列宁才让柯伦泰负责新成立的共产党妇女部，在妇
女部短暂的存续中，它负责制定革命政府的妇女计划。柯伦泰后来写道：
"事实上，所有活动的重点就是落实妇女作为国民经济中的劳动单位和政
治领域中的公民的平等权利。当然，有一个特殊的附带条件，即生育被视
为一种社会功能而由国家保护和供养。"②这种做法的后果成为半个世纪
以来东欧和北欧的特征。

　　①　Glickman, *Russian Factory Workers*, p.272.
　　②　Aleksandra Kollontai, *The Autobiography of a Sexually Emancipated Communist Woman*, transl. Salvator Attanasio(New York: Herder & Herder, 1971), p.41.

第八章 女权主义国族化，
国族主义女权化（1890—1914）

法国大革命以后，民族国家和国族中心式的思想为女权行动的发展开辟了新的渠道。雄心勃勃的爱国主义与国族主义团体设法（并相当成功地）赢得了妇女的支持，让她们为蓬勃发展的国家身份（statehood）贡献力量。他们仔细地设计了一些渠道，供妇女在公共领域活动，并时不时给她们一些有机会参与最终决策的希望。与此同时，这些男性主导的团体却也设置了新的障碍，甚至通过一些特别的民族文化特征而助长了对妇女运动的抵制。妇女的命运与国族建构紧紧地绑定在了一起。在1893年的世界妇女大会上，波希米亚的捷克作家约瑟法·帕尔·泽曼（Josefa Himpal Zeman）强调："不管她们做什么，不管她们渴望什么，（女人们）永远不会忘记她们对民族的责任；她们首先是爱国者，其次才是妇女。"①

如前文所述，在19世纪欧洲的城镇中，女权主义的挑战有着爆炸式的方式发展。女权主义者和女权组织的数量飞速增长，发展出了因文化和语境而各异的身份和特征——历史学家埃米·哈克特（Amy Hackett）将之称为"国族女权主义"（national feminism）。②近来的研究越来越关注女权主义政治文化的特殊性，后者往往借助对民族、男人和孩子的权利与义务来组织一系列关系性的论述，从而发展她们的观点。

---

① Josefa Humpal Zeman, "The Women of Bohemia", in *The Congress of Women Held in the Woman's Building, World's Columbian Exposition, Chicago, U. S. A., 1893,* ed. Mary Kavanaugh Oldham Eagle(Chicago: W. B. Conkey Co., 1894), vol. I, p.129.

② Amy Hackett, "The German Women's Movement and Suffrage, 1890 - 1914: A Study of National Feminism", in *Modern European Social History,* ed. Robert Bezucha(Lexington: D. C. Heath, 1972), p.354.亦参见 Amy Hackett, "The Politics of Feminism in Wilhelmine Germany, 1890 - 1918", 2 vols. (Ph. D. dissertation, Columbia University, 1976)。亦参见 Richard J. Evans 那本至今仍有价值的著作: *The Feminist Movement in Germany, 1894 - 1933*(London & Beverly Hills, Calif. : Sage, 1976)。

国际主义者的工作也日益发展,在来自不同民族与文化的妇女之间编织出一张紧密的联系网。如果说罗马天主教和第二国际工人协会在19世纪晚期对妇女解放(不管是从正面还是反面)抱持着坚定且具有国际影响力的态度,现在可见度越来越高的独立女权主义国际组织则加快了她们的活动,在巴黎、伦敦、柏林、布鲁塞尔和罗马召集了一系列的大会和联合行动。①女权主义者也参加其他关于特定议题的会议,例如推广大众教育、反对酗酒、推动保护性立法、提倡优生学、组织工人以及防止战争。在这一时期,她们把很多极具争议性的问题搬上台面讨论,包括性教育、节育、堕胎,以及国家管制的娼妓业和白奴贸易。她们将这些议项和决议出版并广为宣传,在报刊中得到了广泛的报道。②

在1899年的伦敦国际妇女委员会大会和1904年的柏林大会,支持投票权的行动派们开始竭力要求国际动员和统一战线。成立于1902年的国际妇女参政权联盟(The International Woman Suffrage Alliance,IWSA)自此成为这一倡议的前锋,鼓励在各成员国建立投票权协会并积极开展运动。不管是对于那些生活在已有某类代议政体的社会中的人,还是渴望建立这种政体的人来说,妇女选举权运动都象征着妇女的斗争:为了不再被排斥,为了争取决策角色,以便能够塑造她们居住(或渴望居住)的民族国家的未来。

女权主义与国族主义:关于新兴民族国家的四个个案研究

在波希米亚、波兰、匈牙利、芬兰和乌克兰等哈布斯堡(Habsburg)王

① 巴黎和柏林,1896年;布鲁塞尔,1897年;伦敦,1899年;巴黎,1900年;柏林,1904年;多伦多,1909年;布鲁塞尔,1912年;巴黎,1913年;罗马,1914年。如要查阅1878年至1914年间历次国际大会及其官方名称的完整清单,请参见 Ulla Wikander, "International Women's Congresses, 1878 - 1914: The Controversy over Equality and Special Labour Legislation", in *Rethinking Change: Current Swedish Feminist Research*, eds. Maud L. Eduards et al. (Uppsala: HSFR, distributed by Swedish Science Press, 1992), p.14。这一时期,全国性的大会也开始激增。首届瑞士妇女权利大会召开于1896年;首届意大利大会和葡萄牙大会分别召开于1908年和1909年。

② 参见 Leila J. Rupp, *Worlds of Women: The Making of an International Women's Movement* (Princeton: Princeton University Press, 1998)。感谢 Leila Rupp 让我参考她未发表的书稿。

朝和沙俄治下的地区，在渴望独立国家地位的人们之中，女权主义灼热的熔岩流借助着文化民族主义政治打开的缺口，向四面八方流去。波兰、波希米亚和匈牙利都曾是古老的王国，但在早先的领土争端中丧失了主权；而乌克兰人和芬兰人虽然发展出了独特的文化，但从未拥有过作为国族的主权地位。这些社会中的女权主义者（包括挪威人、加泰罗尼亚人、拉脱维亚人和爱沙尼亚人等其他渴望独立的人们）提出各种诉求时，总是涉及文化和民族的建设。在 19 世纪早期，希腊(Greece/Hellas)成功地发起了一场民族运动，从奥斯曼帝国中独立出来；当希腊的男人们探索着如何定义希腊相对于西欧的族群和文化身份，希腊的女权主义则在此时爆发。在每个个案中，妇女解放的倡导者都坚决而公开地直面特定的内部环境与外部的影响；同样，每个个案中，女权主义者都宣称妇女教育和完整的公民身份是实现国族工程的核心要素。接下来我将对芬兰、乌克兰、希腊和比利时四个个案进行分析。

芬兰这个北欧小国给我们提供了一个格外成功的民族女权主义(national feminism)案例。芬兰是欧洲第一个所有女人和所有男人一起（即 24 岁及以上的男女）获得无限制投票权和从事公职资格的国家。1809 年，被瑞典统治了六个世纪之后，芬兰成为沙皇治下拥有自己代议机构的半自治公国，沙皇亦持有芬兰大公的头衔。因此，芬兰文化自主权的政治同时被两方面定义：一方面是人数不多但长期占据统治地位的少数瑞典人；另一方面是更大、更强的专制俄罗斯帝国。在 19 世纪 80 年代，对穆勒《妇女的屈从地位》的阅读催生了妇女组织"芬兰妇女协会"(Suomen Neisyhdistys，在讲瑞典语的芬兰人中被叫作 Finsk Qvinnoforening)。

然而，相较于穆勒的影响，在国族身份政治方面取得妇女权利或许更应该归功于脱离沙俄的独立斗争和芬兰社会主义者的政治影响。在这场斗争中，芬兰人采用了"为民族事业服务的母亲/教育者"的法国革命理念，这一概念到 19 世纪 90 年代已经渗透了整个 19 世纪欧洲国族主义的政治。在讲芬兰语的多数群体中，妇女领袖通过刻意教她们的孩子芬兰语和办校和办纸宣扬芬兰文化，在国族主义斗争中扮演了十分重要且可见度极高的角色。正如小说家与长期的妇女权利倡导者亚历山德拉·格里彭伯格男爵夫人(Baroness Alexandra Gripenberg)在

1893 年世界妇女代表大会上所言:"男性领导人诉诸母亲们,国族理念通过她们用母语对孩子进行的教育,得以传递到下一代。妇女们不会一直对此漠不关心,对她们来说,这一运动成了耕耘另一块土地的犁,那片土地将留给另一种伟大的理念——她们自身的权利。"①19 世纪 80 年代,男女同学制学校的建立进一步为男女两性的年轻人提供了一起学习并克服旧偏见的途径。

芬兰的女权主义政治是平等主义且极其关系性的,颂扬相对于"男性"(masculine)的"女性"(feminine)。在某些方面,芬兰女权主义者与德国女权主义者类似,都声称在社会与文化意义上拥有"母性的"和"女子气的"特质。在 1897 年一场对芬兰国会的演讲中,格里彭伯格男爵夫人这样表达这一概念:"换言之,女性特质一词最深刻的意义就是母职。在社会这个最大的家庭中赋予母职真正的价值,就是妇女权利工作最重要的目标;这是我们所有努力的核心,尽管常常被反对派和表面上的盟友误解。"②

沙俄独裁政府惊恐地注意到芬兰文化运动的政治含义,便在 1899 年发动了一场俄化运动。这一运动激起了一场危机,把芬兰的男人和女人都动员了起来,加入一场保卫自身权利和民族与文化自决的斗争。在 1905 年 10 月下旬,这场斗争在一次全国性大罢工中达到了顶峰;这次罢工和俄国内部正在发展的革命活动一起,迫使沙皇向芬兰国会做出了巨

---

① "Finsk Qvinnoforening, The Finnish Women's Association—Address by Baroness Gripenberg of Finland, Read by Meri Toppelius of Finland", *The World's Congress of Representative Women*(15 - 22 May 1893), ed. May Wright Sewall(Chicago & New York: Rand, McNally, 1894), p.523.

② Baroness Aleksandra Gripenberg 的话,转引自 Irma Sulkunen, "The Mobilisation of Women and the Birth of Civil Society", in *The Lady With the Bow: The Story of Finnish Women*, eds. Merja Manninen and Päivi Setälä, trans. Michael Wynne-Ellis(Helsinki: Otava, 1990), pp.50 - 51. Irma Sulkunen 告诉我 Gripenberg 1897 年 1 月的演讲由 Lilli Lilius 引用并刊行于芬兰戒酒出版物 *Kylväjä*(1898, no.1)中(第二页)。在上书第 51 页,Sulkunen 深入剖析了女权主义试图从国族身份来重新定义与评估女性特质的努力:"母职作为新身份中的关键概念出现,但这一特征并不像很多人误解的那样跟任何传统的女性角色有关,而是关乎某些实质上非常新的东西。母职——即照料、养育和理解的能力,被认为是妇女最高的品质,而且必须从传统女性角色那些起削弱作用且据称是生物性的束缚中解脱出来。由妇女权利行动派自己发起并得到了所有'进步'组织支持的母职这一新机制,本质上充满能量与关怀,开始穿透整个社会结构而成为解放的妇女获得公民权的唯一公认标准。"

大的让步，包括事实上的独立和男女两性的民主选举权。与沙俄相反，芬兰所有的政治派别都支持妇女选举权；妇女也早已在地方一级实行好几十年投票权。全国性的投票权被公开承认为对妇女在国族主义斗争中重大贡献的"奖赏"。

亚历山德拉·格里彭伯格男爵夫人热情地向她满怀艳羡的欧洲同事们宣告了芬兰 1906 年妇女选举权斗争的胜利，她随后也被选入了芬兰议会。

> 在任何情况下，我们的胜利都是巨大的——尤其当我们的动议几乎毫无反对地被采纳了，就更是如此了。一方面，我们妇女感到十分感激；另一方面，我们也明白英格兰和美国的妇女早已怀抱着比我们多得多的能量和毅力，极为忠实地斗争了这么久，她们远比我们更值得这种巨大的成功。①

芬兰选举权运动的胜利离不开关键的组织力量和社会主义者的支持，这一胜利成了整个西方世界中女权主义者加强选举权运动的聚集点，最终导致了社会主义者和天主教在这一问题上的政策转向。在接下来的历次选举中，一群又一群妇女被选入芬兰国会；1909 年，两性权利义务平等也被写入芬兰宪法。她们的改革议程有 26 条，包括在财产与监护权法中为已婚妇女赋权的若干重大变动，以及雇用妇女进入国家机构或成为地区助产士和卫生检查员。然而，直到 1917 年，芬兰人才终于多次抵抗沙皇俄国之后，获得了作为民族国家的完全独立。

---

① Alexandra [sic] Gripenberg, "The Great Victory in Finland"(29 June 1906), in *The Englishwoman's Review*, n.s., 38:3(16 July 1906), 155 - 157；重印于 *WFF*, vol. 2, doc. 57(quote, p.230)。关于芬兰女权行动与其 1906 年成功获得选举权的英文研究包括：Riitta Jallinoja, "The Women's Liberation Movement in Finland: The Social and Political Mobilisation of Women in Finland, 1880 - 1910", *Scandinavian Journal of History*, 5:1(1980), 37 - 49；以及 Aura Korppi-Tommola, "Fighting Together for Freedom: Nationalism, Socialism, Feminism, and Women's Suffrage in Finland 1906", *Scandinavian Journal of History*, 15: 3(1990), 181 - 191。关于社会主义妇女，参见 Maria Lähteenmäki, "The Foreign Contacts of the Finnish Working Women's Movement(c. 1900 - 18)", *Scandinavian Journal of History*, 13:1(1988), 29 - 37。

　　19 世纪另一次处于文化-国族主义语境中但不那么成功的女权主义的爆发,则发生于乌克兰的妇女团体。她们与乌克兰的男人一起进行了一场漫长却徒劳的建国尝试。之后,乌克兰人便生活在沙俄和奥匈这两个巨大而迥异的多族群帝国统治下(后者主要在加利西亚);在两个帝国内,他们在族裔和宗教方面都是政治上很不安全的少数群体。在他们居住的主权实体中,乌克兰人不论男女都没有"权利";他们共同的目标就是整个社群得到自决和承认。然而,在乌克兰民族运动中,性别歧视还是时不时抬起丑恶的头颅;当妇女认为她们应当参与政治决策时,男性领袖就试图把她们流放到厨房,为此,一些乌克兰妇女便创造了一种本土的女权主义政治。用历史学家玛莎·博哈切夫斯基-乔米亚克的话来说,她们"不由自主地"成了女权主义者。①

　　加利西亚乌克兰妇女运动中无可争辩的头号人物就是纳塔利娅·厄扎尔克维奇·科布伦斯卡(Natalia Ozarkevych Kobryns'ka),她对妇女问题的思考不仅受到乌克兰问题的影响,也来自她对德语和英语世界中妇女问题辩论的大量接触。她的父亲是一名乌克兰天主教牧师,也担任维也纳两院制议会的议员。作为他最大的孩子和唯一的女儿,科布伦斯卡的阅读范围相当广泛(根据现有材料,包括德语、德译、波兰语和俄语的作品),并且非常熟悉车尔尼雪夫斯基、约翰·斯图尔特·穆勒、马克思和恩格斯以及其他若干作者的作品。

　　科布伦斯卡尤其关注妇女对教育和经济独立的需求,在 19 世纪80 年代中期,她在斯坦尼斯拉沃夫(Stanyslaviv)组织了一个妇女协会,目标是通过文学引导妇女进行批判性反思。在 19 世纪 90 年代,她出版了一系列妇女年鉴《吾辈之命运》(*Nasha dolia*,英译 *Our Fate*),在其中倡导妇女的组织、自助、更多教育和经济机会以及妇女投票权。作为一名信仰坚定却不教条主义的社会主义者,她(和其他很多人一样)在出版物里和克拉拉·蔡特金辩论,坚持所谓资产阶级女权主义的合法性和必要性,并提出男人不管是不是社会主义者,都不可能自动为妇女解放工作。

---

① 参见 Martha Bohachevsky-Chomiak, *Feminists Despite Themselves: Women in Ukrainian Community Life 1884 - 1939* (Edmonton: Canadian Institute of Ukrainian Studies, University of Alberta, 1988)。

她写道："遗憾的是，长久以来对妇女的奴役成了刻在男人观念里的一道疤痕，因此，妇女不仅要和蓄之为奴的社会秩序作斗争，还要和男人的偏见作斗争。"[1]

为了减轻妇女的负担，科布伦斯卡为那些需要在田间劳作的农村母亲建立了中央厨房和乌克兰语的日托中心；这些举措和其他事情一起，使其得以对抗波兰天主教提供这些服务（并由此使小孩们疏远乌克兰文化）的努力。她也组织了各种请愿，尤其是 1890 年 4 月一次向维也纳两院制议会的请愿：这份由 226 名乌克兰妇女签名的请愿要求给予奥地利治下的妇女接受高等教育的机会，以支持捷克女权主义者提出的类似要求；科布伦斯卡随后也试图与后者建立同盟。[2]她的父亲把这一请愿递交给了两院制议会，但根本没得到讨论。这封请愿书在措辞上把教育方面的要求置于更广大的背景下，完全可以和西欧对妇女从属地位的种种理解相提并论：

> 妇女的问题毫无疑问是本世纪最重要的运动。其他议题只跟社会的某一部分有关，这一运动却关涉全人类的整整一半……当下的社会制度在精神生活和经济生活的各个层面都把男人和女人区分开来。社群和私生活中的利益冲突使得控制公领域的男人们对女人最正当的愿望和要求都视而不见。[3]

科布伦斯卡的努力没有得到乌克兰男性知识分子的接纳，他们抨击她没有无条件支持他们的努力。而她则痛斥"我们妇女对男性权威的盲

---

① Natalia Kobryns'ka, in *Nasha dolia*, vol.2(L'viv, 1895), p.10；翻译并收录于 Martha Bohachevsky-Chomiak, "Natalia Kobryns'ka: A Formulator of Feminism", in *Nationbuilding and the Politics of Nationalism: Essays on Austrian Galicia*, eds. Andrei S. Markvits & Frank E. Sysyn(Cambridge, Mass.: Harvard University Press, 1982), p.214.

② 关于捷克女权主义者在教育方面的动议，参见 Karen Johnson Freeze, "Medical Education for Women in Austria: A Study in the Politics of the Czech Women's Movement in the 1890s", in *Women, State, and Party in Eastern Europe*, eds. Sharon L. Wolchik & Alfred G. Meyer(Durham, N. C.: Duke University Press, 1985), pp.51 - 63。

③ Petition to the Reichsrat, April 1890；翻译并收录于 Bohachevsky-Chomiak, *Feminists Despite Themselves*, pp.87 - 88。

目信任,以及妇女在经济上对男人可悲的依赖"。①下一代的妇女变得冷漠:她们于 1908 年创办的出版物《目标》[Meta(Aim)]虽然副标题是"乌克兰进步妇女的杂志",但编辑们却不愿意公开表达女权主义的目标。她们认为最重要的是坚持爱国主义而非女权主义;乌克兰主权是最终的目标,这一目标在 1917 年由于俄国革命而得以短暂实现,却是昙花一现。1920 年,乌克兰共和国再次被一个更大的国家吞并,这次是被新成立的苏维埃社会主义共和国联盟(苏联)。

在女权主义与国族主义的关系方面,希腊王国提供了完全不同的案例。19 世纪 20 年代初,希腊人为了从奥斯曼帝国的统治之下独立出来而发动革命;其后,一位巴伐利亚的王子被引入成为国王。用历史学家埃莱妮·瓦里卡斯(Eleni Varikas)的话来说,此后新的希腊国家将自己定位为"西方之东,或东方之西"。②在那里,女权主义的不满通过一套语言和一种历史书写找到了出口:一方面,其语言根植于希腊独立运动本身,并且刻意利用了大量法国大革命语汇;另一方面,其历史书写日益把历史上的希腊(尤其是雅典)打造为真正的民主发源地的形象。

希腊女权主义曾有一些早期的轰鸣,但在卡利尔霍·西加努·帕伦(Callirhoe Siganou Parren)主编的纯女性周刊《妇女杂志》[Efimeris ton kyrion (Ladies' Journal)]于 1887 年在雅典发行之后,希腊女权在 19 世纪 90 年代迎来了爆发。直到 1908 年,《妇女杂志》都是八页的周刊;随后改版为半月刊,直至 1916 年初。帕伦既会很多种语言(除了希腊语,还有英语、法语、意大利语和俄语),也有丰富的旅行经验。帕伦出生于克里特

---

①　Kobrynsk'a, in *Nasha dolia*, vol. 2, p. 99;翻译并收录于 Bohachevsky-Chomiak, Feminists Despite Themselves, p. 217。

②　Eleni Varikas, "The Women's Movement in Greece", unpublished paper, presented at the conference on nineteenth-century European women's movements, Stuttgart/Birkach, June 1995, p. 1[该文的修订版本发表于:*Women's Emancipation Movements in the Nineteenth Century: A European Perspective*, eds. Sylvia Paletschek & Bianka Pietrow-Ennker(Stanford: Stanford University Press, 2004), pp. 263 - 279];亦参见 Varikas, "La Révolte des dames: Génèse d'une conscience féministe dans la Grèce du XIXe siècle(1833 - 1917)"(Ph. D. dissertation, University of Paris VII, UER Histoire et Civilisation, 1986)。Varikas 研究的希腊语版本曾于 1987 年在雅典发表,但我在这里参考的是法语版本。Varikas 近期的一篇英文论文是:"Gender and National Identity in *fin de siècle* Greece", *Gender & History*, 5:2(Summer 1993), 269 - 283。

(Crete)，在俄国和巴尔干半岛的希腊侨民城市做过女校长，并和法国记者让·帕伦(Jean Parren)结了婚(他原本在君士坦丁堡建立了法国的出版机构，婚后他们搬到了雅典)。因此，她是一个彻头彻尾的世界主义者，并且处于通信革命的最前沿。她的合作者中，很多都毕业于雅典一所私立女校，该校是独立战争时期一对美国夫妇创立的。她们都是杰出而充满能量的妇女，并且明确表达了很多激进的要求。

帕伦此时已着手写作一部世界妇女史，而她也乐于为其女权目的而改编希腊历史。在1893年芝加哥世界妇女代表大会上，她在对代表们的发言中巧妙地援引了"不为人知"的雅典妇女史。除了"光明、进步、文明、文学、艺术、科学"的意义之外，它还意味着"女神在奥林匹亚的主导地位和妇女在社会中的支配地位，以及与男人相同的公民权"。她断言，是妇女选择了智慧女神雅典娜(Athena)而非海神波塞冬(Poseidon)作为城市的保护神。此外，她还提出，雅典的"黄金时代"应"归功于阿斯帕齐娅(Aspasia)"。至于独立后的现代希腊："妇女在保存希腊的语言、习俗和传统。她们拥抱基督教，比其他任何人都努力地充当演说家、改革家和传教士，以期基督教得到提升和改善；而基督教则赋予她们从事爱国主义大业的力量。"①这一呼吁显然是为了吸引西方，还有芝加哥大会上数千名美国女权主义者而专门设计的。

帕伦和她的伙伴们明确否认要争取立法选举权。当她们在教育与就业机会方面要求激烈变革的时候，这种否认是为了表现其温和态度而做出的一个策略性且慎重的决定。之后，她把那些批评女权主义愿景及目标的人都叫作"东方厌女者"(oriental misogynists)。然而，1906年芬兰妇女获得选举权后，帕伦表现出了发自肺腑的失落和沮丧：

> 看看这些快活的人，不再被迫去恳求男性立法者，不再被迫去祈求改革。再看看我们，戴着荆棘刺冠(crowns of thorns)的所谓家庭

---

① "Callirrhoë Parren of Greece, Representing Her Country by the Particular Appointment of Queen Olga", in *World's Congress of Representative Women*, ed. Sewall, p. 28, 以及"The Solidarity of Human Interests – An Address by Callirrhoë Parren of Athens, Greece", *ibid.*, pp. 639, 640。

> 王后……即使我们被残暴又愚蠢的主人奴役，却还要在很长一段时间内继续屈服于我们的命运。[1]

在这段时间内，帕伦和她的同事积极地投入各种工作中：推广女作家的作品，重新挖掘妇女的历史，以及建立妇女职业学校、主日学校和各种为希腊妇女扩大机会的慈善活动。"为了妇女能亲自争取自己的解放，我们奋斗着。"[2]在颂扬妇女和抗击希腊男人的沙文主义时，帕伦和她的伙伴们把错误归咎于男人：

> 自希腊存在以来，不管是古希腊还是殖民地希腊、自由的希腊还是奴隶的希腊，一直都是男人掌握着政府、霸权、暴政和绝对权力，至今依然如此。是男人，不是女人。因此，如果社会事务变糟，那责任就在于统治者，而非被统治者。[3]

这些希腊女权主义者坚持要对价值观念进行某种再评估，使妇女不再为当下混乱的政治局面背负责任，而是将她们视为希腊的道德救赎者。

在上述每一个新兴小国，女权主义者都无法掌控政治生活，却又要面对后者不断的变化。1909 年，一场军事政变改变了希腊女权主义活动的环境，这种情况在 20 世纪不止一次地出现过。俄国政府的威权主义和1917 年革命带来的动荡，都深刻影响着俄国国内和乌克兰社群内女权主义者的前途。1914 年以前，只有挪威人和芬兰人依靠一系列有利的政治环境，得以在得到主权时实现了部分目标。在其他地方，女权主义者还要一直面对那些总是有优先权的国家民族议程。

第四个案例是比利时。在经历了西班牙、奥地利与荷兰若干世纪的统治后，比利时在 1831 年获得了独立。为了防止法国打比利时的主意，

---

[1] "The Real Queens", *Efimeris ton Kyrion*, 15 April 1907；由笔者译自 Varikas 翻译的法文版，参见 Varikas, "Révolte des dames", p. 402。

[2] *Efimeris ton Kyrion*, 21 Feb. 1902，由笔者译自 Varikas 翻译的法文版，*ibid*., p. 335。

[3] Parren, "Subjects and Objects", *Efimeris ton Kyrion*, 25 Oct. 1898；由笔者译自 Varikas 翻译的法文版，*ibid*., p. 425。

列强们在此建立了受国际保护的君主立宪政体。种种原因使得比利时必须发明一种更明确的国族认同:其人口分为法国文化和佛兰芒文化两个阵营;大部分人是保守的天主教徒,一小部分是反教权的自由主义者;治理国家的是《拿破仑法典》所代表的法国法律;反对荷兰;并且日益工业化。

比利时的准女权主义者们长期以来都非常关注妇女教育。19 世纪90 年代,由于玛丽·波普兰(Marie Popelin)(首位获得法律学位的比利时妇女)和其律师兼同事路易斯·弗兰克(Louis Frank)的努力,一场女权主义运动开始在法语人口中获得支持者。波普兰参加了 1889 年巴黎的国际女权主义会议,并在 1892 年成功仿照玛利亚·德赖斯默斯和莱昂·里歇尔在法国确立的模式来建立了比利时妇女权利联盟(LBDF,Belgian League for Women's Rights)。联盟由进步且说法语的教育家、律师、自由主义者和自由思想家组成,并且和常驻巴黎的女权主义者们有密切联络,这些都确保了联盟成员们会采取(与法国)同样的行动来改革妇女在《拿破仑法典》下的婚内地位,并致力于女孩的中等教育。在天主教主导的政府之下,大概不可能做得更多了。比利时女权主义者拒绝承认阶级斗争的优先性,因而和比利时工人党产生了一种起初很友好的竞争关系。①

在埃米利·克拉埃(Emilie Claeys)和其他说佛兰芒语的工人阶级社会主义女权主义者的压力下,比利时工人党在 1894 年的纲领中热情地对妇女获得参政权和废除一切歧视性法令表示了支持。但是,到了 1902年,该党领袖却和自由党(Liberal Party)达成了一项协定,通过提倡男性普选来挑战天主教的政治控制;协议的条件之一就是回避工人党对妇女参政权的原则性支持。比利时工人党的领导号召女党员公开地搁置她们

---

① 关于比利时女权运动,特别参见以下著作:Denise De Weerdt, *En de Vrouwen? Vrouw, vrouwenbeweging en feminisme in belgie(1830 - 1960)* (Ghent: Masereelfonds, 1980); Denise Keymolen, Greet Castermans, & Miet Smet, *De Geschiedenis geweld aangedaan: De Strijd voor het vrouwenstemrecht, 1886 - 1948* (Antwerp: Nederlandische Boekhandel, 1981);特刊 *Féminismes*, of *Sextant: Revue du Groupe interdisciplinaire d'études sur les femmes*, ed. Éliane Gubin, no. 1(Winter 1993),以及 Éliane Gubin, Valérie Piette, & Catherine Jacques, "Les Féminismes belges et français de 1830 à 1914: Une approche comparée", *Le Mouvement social*, no. 178(Jan. - March 1997), 36 - 68(with bibliographical notes indicating earlier articles)。最近的著作,可参见 Julie Carlier 的博士论文和 *Moving beyond Boundaries: An Entangled History of Feminism in Belgium 1890 - 1914*(University of Ghent, 2010)。

的选举权诉求。尽管不是没有激烈的反对,但她们最终还是不情愿地照办了。一位历史学家尖锐地评价道,比利时工人党"在选举的诱惑之歌刚奏响时,就立刻背叛了妇女的事业"。[①]这个机会主义的动作并没有逃过欧洲各地社会民主主义者和女权主义者的眼睛。

已确立民族国家的女权主义与国族主义

绝不是只有上述这些较小的文化和蓬勃新生的国族才生产"民族女权主义"。欧洲主要的几个列强——英格兰、法国、德国也进行着完全同样的实践。很多女权主义者尽管是积极的国际主义者,但她们的活动主要还是涉及自己国家的政治文化。法国妇女坚持"法国女人"(Françaises)的认同;尤其当她们在高度中央集权且世俗化的法国民族国家框架下重新找回自己的过去、追求公民与政治权利时,便愈是如此。[②]起着《英格兰妇女评论》(*The Englishwoman's Review*)和《英格兰妇女》(*The Englishwoman*)之类标题的出版物,也刻意给英格兰女权主义者们强调这一点。用一位历史学家的话来说:"德国女权主义者敏锐地意识到,她们既是德国人,也是女人。"[③]在 20 世纪初的女权活动面前,没有人敢说女人没有祖国。

到 20 世纪的第一个十年,基本所有女权主义者都同意的一件事就是,女人(包括已婚妇女)必须在她们各自的民族国家获得选举权和完整的公民身份。但是,正如几十年前英语世界的人们和 1789 年及 1848 年后的法国女权主义者一样,欧陆的行动派们越来越能察觉到,男性主导的政府极度不愿跟妇女分享他们新得到的权力,尤其是那些只对男性投票人和试图代表

---

① Patricia Penn Hilden, *Women, Work, and Politics: Belgium, 1830 - 1914* (Oxford & New York: Oxford University Press, 1993), p. 238. 亦参见 Marinette Bruwier, "Le Socialisme et les femmes", in *1885 - 1985: Du Parti Ouvrier Belge au Parti Socialiste. Mélanges publiés à l'occasion du centenaire du P. O. B. par l'Institute Emile Vandervelde* (Brussels, 1985), pp. 309 - 336。

② 参见 Karen Offen, "Exploring the Sexual Politics of Republican Nationalism", in *Nationhood and Nationalism in France: From Boulangism to the Great War, 1889 - 1918*, ed. Robert Tombs(London: Harper Collins, 1991), pp. 195 - 209。

③ Hackett, "Politics of Feminism", vol. I, iv.

他们的新兴政党表示回应的民主化政府。在奥匈帝国一些省份，投票权仍以财产为基础，而妇女一直通过男性代理人投票——女性纳税人被故意剥夺了选举权——此事在 1889 年发生于下奥地利(Lower Austria)，激发了奥地利教师中的女权组织活动。在波希米亚，此事也激怒了讲捷克语的女权主义者，她们发起运动，要求在维也纳两院制议会中设置一名女代表。①

女权主义者从法国大革命之初就开始要求民主议会选举权，但是只有生活在英美世界边缘的妇女获得了成功——美国西部(以 1869 年的怀俄明为起点)、新西兰(1893 年)、澳大利亚(1894、1899 年)。在欧洲，妇女选举权似乎有争议得多。尽管有些妇女可以就地方事务投票，但在 1914 年以前只有芬兰(1906 年)和挪威(1913 年)在国家层面赋予了妇女选举权。②有些国家的政府反而成功堵住了妇女投票的通道。给选举资格加上"男性"一词似乎成了不吉利的消遣。

为了支持妇女参与全国性的政治生活，妇女参政论者不断发展出新的论点。不同国家的环境要求不同的言语策略和政治手段。在英格兰，下议院否决了约翰·斯图尔特·穆勒 1867 年对议会改革案的修订案提案后，单身成年妇女却在 1869 年被赋予了市级和学校选举的投票权。1892 年，英格兰再度召开全国议会选举，极有影响力的英国自由党领袖、四任首相的威廉·格拉德斯通(William Gladstone)据理反对给予妇女投票权，声称即使是未婚妇女，也必须从"公共生活的漩涡"中被"拯救"出来。③苏珊·伊丽莎白·盖伊(Susan Elizabeth Gay)代表妇女解放联盟回应道：

> 不，先生，不是要剥夺妇女(或任何一部分妇女)应有的权利才能

---

① 参见 Katherine David, "Czech Feminists and Nationalism in the Late Habsburg Monarchy: 'The First in Austria'", *Journal of Women's History*, 3:2(Fall 1991), 26 – 45。

② 参见下述论文集中的篇章：*Suffrage and Beyond: International Feminist Perspectives*, eds. Caroline Daley & Melanie Nolan(Auckland: Auckland University Press; London: Pluto Press; New York: New York University Press, 1994)。对妇女参政权运动的比较分析，参见：Steven C. Hause and Anne R. Kenney, "The Limits of Suffragist Behavior: Legalism and Militancy in France, 1876 - 1922", *American Historical Review*, 86:4(Oct.1981), 781 - 806。

③ *Female Suffrage, a Letter from the Right Hon. W. E. Gladstone to Samuel Smith, M.P., 11 April 1892*. 最初发表于伦敦，后重印于"American Women Remonstrants to the Extension of Suffrage to Women"(n.p., n.d.)；in *WFF*, vol.2, doc.55(引用来自 p.224)。

保护"她的精致、纯洁与高雅",也不是非要强调性别区分才能促进
"她本性的提升";正确的是保持那些让她是完整意义的人的东西,让
她自由选择,并拥有和你们一样多的收益、一样神圣的灵魂、一样深
远的不朽声望……当你们认为妇女有依赖性,并把这种因个人情绪
而产生的想法,转化成一个宗教及法律压迫与道德不平等的系统,此
时,你们不仅对全体妇女,也对整个种族犯下了无耻的错误。男人们
过度且错乱的性本能就是这种错误导致的自然结果。[1]

　　不列颠的选举权运动迅速发展壮大,蔚为壮观,因为由妇女社会政治
同盟(Women's Social and Political Union,WSPU)领导的激进运动补充
了米利森特·加勒特·福塞特(Millicent Garrett Fawcett)领导下的全国
妇女选举权联盟(the National Union of Woman Suffrage Societies,
NUWSS)的活动。[2]在1906年到1914年间,这些运动吸引了数千中产阶
级和工人阶级妇女。事实上,妇女社会政治同盟的运动吸引了全世界的注
意力:她们举行大规模游行,故意对财产实施暴力行为并广为宣传,而且任
何一个政党只要拒绝支持妇女选举权,她们就集中精力打败其候选人。在
这场由艾米琳·潘克赫斯特(Emmeline Pankhurst)与女儿克丽丝特布尔
(Christabel)和西尔维娅(Sylvia),以及佩西克-劳伦斯(Pethick-
Lawrence)夫妇组织的"妇女参政论者"(suffragette)(不同于suffragist)运动
中,所谓的女性礼节(feminine propriety)——虽然不是女性特质(femi-
ninity)——被彻底摒弃了。正如艾米琳·潘克赫斯特1908年因"行为不

　　① Susan Elizabeth Gay, *A Reply to Mr. Gladstone's Letter on Woman Suffrage*(London, 1892); in *WFF*, vol.2, doc.56, p.227.

　　② 关于NUWSS和WSPU的运动,参见:Leslie Parker Hume, *The National Union of Women's Suffrage Societies* (New York: Garland Press, 1982), Andrew Rosen, *Rise Up, Women! The Militant Campaign of the Women's Social and Political Union, 1903-1914*(London: Routledge & Kegan Paul, 1974); Jill Norris & Jill Liddington, *One Hand Tied Behind Us: The Rise of the Women's Suffrage Movement*(London: Virago, 1978); Les Garner, *Stepping Stones to Women's Liberty: Feminist Ideas in the Women's Suffrage Movement 1900-1918* (London: Heinemann, 1984);以及Sandra Stanley Holton, *Feminism and Democracy: Women's Suffrage and Reform Politics in Britain, 1900-1918*(Cambridge: Cambridge University Press, 1986)。亦参见Midge Mackenzie, *Shoulder to Shoulder*(New York: Knopf, 1975),以及Lisa Tickner, *Spectacle of Women: Imagery of the Suffrage Campaign*(London: Chatto & Windus, 1987)。

端"被捕后在法庭证词中所说的：“我们试过要有女子气，也尝试运用女性的影响力，但我们发现这毫无用处……我们在这儿不是因为我们是犯法者，我们在这儿是为了成为立法者。”①不列颠妇女的选举权运动排得上女权主义运动中最惊人的媒体事件，而不列颠政府对妇女参政论者们采取的镇压措施引发了全世界男女的愤慨。

　　1910 年到 1914 年间，英国议会中的妇女选举权和爱尔兰自治(Home Rule for the Irish)的命运紧紧绑定在了一起。爱尔兰选举权运动尽管没有英格兰的壮大，但在某些方面甚至更有戏剧性，赌注也异常之高。1801 年以后，被不列颠统治(也有人叫殖民)、且自己议会被废除的爱尔兰人越来越坚定地要求民族自决。但是爱尔兰社会在政治上分为联合派(Unionists)和国族主义派(Nationalists)，在宗教上又分为新教徒(一般是英裔爱尔兰人，住在北爱尔兰)和天主教徒(一般是凯尔特裔，比前者贫困，聚集于更南方的郡)。国族主义派为了宪法上的自治奋斗了几十年，而更激进的少数派则越来越希望把这场运动推向完全的民族独立。爱尔兰妇女忠实地支持国族主义派的工作。1898 年，她们和男人们一起获得了地方选举权，而很多温和的妇女选举权社团开始推进争取议会选举权的事业。

　　但是，在 20 世纪早期，爱尔兰议会党(Irish Party)——在英国下院代表爱尔兰(并在 1910 年到 1914 年间处于举足轻重地位)的下院议员(M.P.)——要么直接拒绝支持妇女选举权本身，要么在决定和当权的自由党内阁商讨爱尔兰自治的协议时，不愿将妇女参政作为其中的一部分。爱尔兰议会党的领袖在拒绝给予妇女选举权一事上臭名昭著；他们坚称，绝不能为了提出妇女投票权的问题而连累爱尔兰自治的诉求。此外，他们还声称，应该由爱尔兰人自己而非英国下院来决定这些事。他们害怕神职人员(也就是罗马天主教)对妇女选民的影响。

　　爱尔兰女权主义者迅速意识到，她们获得选举权的最大障碍就在她们

---

　　①　Emmeline Pankhurst, in *Votes for Women*, no. 34(29 October 1908), 77 - 83(quote, 81)；重印于 *WFF*, vol. 2, doc. 61。Brian Harrison 对于 WSPU 在策略上的激进转向有一些困惑，参见“The Art of Militancy: Violence and the Suffragettes, 1904 - 1914”, in Brian Harrison, *Peaceable Kingdom: Stability and Change in Modern Britain* (Oxford: Clarendon Press, 1982), pp. 26 - 81。而这则演讲似乎提供了结论性的解答。

自己的议会代表中间。因此，爱尔兰国族主义妇女参政论者汉娜·希伊·斯凯芬顿（Hanna Sheehy Skeffington）和玛格丽特·卡曾斯（Margaret Cousins）从英格兰的妇女社会政治同盟获得灵感，成立了激进的爱尔兰妇女选举权联盟（Irish Women's Franchise League，IWFL），其成员同时包括国族主义派和联合派，然后开始努力工作。[①]爱尔兰妇女选举权联盟的纲领特别强调，要在任何下院可能签署的自治法案中包括妇女选举权的条款。因为"相信为了整个国家的利益，妇女应该被准许在爱尔兰政府中有一席之地"，该团体于 1911 年详细表达了其具体要求："计划的自治法案应规定基于地方政府名单的爱尔兰议会成员选举，并同时包括男女。"[②]

1912 年 4 月，威斯敏斯特的爱尔兰下院议员破坏了《和解法案》（Conciliation Bill），这份法案原本能够赋予有财产且纳税的妇女（大部分单身或守寡）选举权；随后，他们立即提交了没有任何妇女选举权相关条款的《自治法案》（Home Rule Bill）。实质上，他们为了男性的自治而出卖了爱尔兰妇女。玛格丽特·卡曾斯愤怒地批评道："每个有自尊心的女人都不会对任何因性别而否定其公民权资格的自治法案感到满意。"[③]

[①] 参见 Rosemary Cullen Owens, *Smashing Times: A History of the Irish Suffrage Movement* (Dublin: Attic Press, 1984); Cliona Murphy, *The Women's Suffrage Movement and Irish Society in the Early Twentieth Century* (Philadelphia: Temple University Press, 1989); Margaret Ward, *Unmanageable Revolutionaries: Women in Irish Nationalism* (Dingle: Brandon, 1983; and London: Pluto Press); 以及 *In Their Own Voice: Women and Irish Nationalism*, ed. Margaret Ward (Dublin: Attic Press, 1995). 亦参见 *Women in Ireland, 1800 - 1918: A Documentary History*, ed. Maria Luddy (Cork: Cork University Press, 1995). 关于 Hanna Sheehy Skeffington, 参见 Leah Levenson & Jerry H. Natterstad, *Hanna Sheehy Skeffington, Irish Feminist* (Syracuse, NY: Syracuse University Press, 1986), 以及 Maria Luddy, *Hanna Sheehy Skeffington* (Dublin: Dundalgon Press, 1995).

[②] "Resolution of the Irish Women's Franchise League", 发表于 *Votes for Women*, no. 189 (20 October 1911), 34. Christabel Pankhurst 在 *Votes for Women* 中支持 IWFL 的要求，并论证道："在世界历史上，现在早已来不及创立不给妇女平等选举权的议会，或颁布不给妇女选举权的宪法了。至于这个帝国，上次南非已经发生了这种错误；同样的错误不能在爱尔兰再发生一次。"参见她的论文"Woman Suffragists and Irish Home Rule"，收录于上文引述的同期第 41 页。

[③] Mary E. Cousins, Hon. Sec. I. W. F. L., "Letter to the Editor", *Votes for Women*, no. 215 (19 April 1912), 458. Christabel Pankhurst 对爱尔兰党的态度同样愤怒，她写道："建立一个全新的、只给男人政治权利的体制，没有比这更反动的事了……我们下定决心，要么爱尔兰妇女同样能拥有自治法案，要么爱尔兰男人就永远等下去吧。"(We are determined that Irishmen shall wait forever for Home Rule unless women are to have it too) 参见她的"Votes for Irishwomen", *ibid.* (19 April 1912), 456.

因此，爱尔兰妇女选举权联盟发起了一场日趋敌对和暴力的运动，在其中，选举权联盟的成员像英格兰妇女社会政治同盟中的激进分子一样，组织大型示威、砸窗户，并到监狱宣称自己是政治犯。在媒体开始封锁她们的活动之后，爱尔兰妇女选举权联盟的成员创办了她们自己的出版物《爱尔兰公民》(*The Irish Citizen*)。

共和国新芬党(Sinn Fein)主张爱尔兰独立，该党的国族主义者代表了爱尔兰问题的另一个极端。20世纪初，新芬党规模不大，但热情日趋高涨，其领袖确实提倡完全的妇女平权，甚至允诺要为妇女恢复英格兰占领后废除的凯尔特权利——但这要等到革命以后。不过，爱尔兰妇女选举权联盟的领导人对新芬党领袖这些支持妇女权利（包括选举权）的声明持怀疑态度。她们表示，在现在的情况下，爱尔兰妇女立刻就需要投票权。

1914年4月，准军事的国族主义组织"爱尔兰志愿者"团体（爱尔兰共和军的前身）成立了妇女附属组织。随着这一组织的成立，康斯坦丝（戈尔-布思）·马凯维奇[Constance(Gore-Booth) Markievicz]领导下的其他妇女参政论者则提出了与爱尔兰议会党相似，而与爱尔兰妇女选举权联盟相反的主张，坚称民族解放事业必须排在第一位。爱尔兰妇女选举权联盟的妇女们则反过来指责她们对男人们"卑躬屈膝式的屈从"和"奴性"，因而立即造成了长久的不和。[①]但是，1916年复活节起义和《共和国宣言》之后，这个妇女附属组织在妇女议题上的立场变得更加积极主动，包括在教育妇女使用（她们认为至此已完全得到的）投票权方面发挥主导作用，以支持新芬党及新兴的爱尔兰共和国。爱尔兰妇女选举权联盟的活动家如汉娜·希伊·斯凯芬顿也代表该组织发言；她的丈夫就是在起义期间被英军谋杀的。爱尔兰妇女最终于1918年获得了投票权。一场血腥的内战之后，一个全新、独立的爱尔兰自由邦成立了，而妇女选举权于1922年在宪法中得到了确认。

在所有的全国性选举权运动中，法国活动家的努力换来了最令人失望的结果。近来一些历史叙述认为，法国选举权运动的失败是由于"普遍

---

　　① 　参见 Beth McKillen, "Irish Feminism and Nationalist Separatism, 1914 - 23", *Eire-Ireland*, 17:3(1982), 52 - 67；引文参见第59页；来自 Mary MacSwiney 在 *The Irish Citizen* 中的文字。关于 Constance de Markievicz 的参考资料，请参见下一章。

主体"(universal subject)即"(男)人"对法国共和派的霸权性影响。但实际上并非如此。在一个已经赋予男人无限制选举权的政权里,立法者彻底而固执的政治抵抗才是失败的原因。[1]1900 年,妇女选举权再度被提上政治议程。很多女权主义者,尤其是新一代的女权主义者,都同意休伯特·奥克勒特的说法:之所以那些支配妇女境况的法律,无法实现重要改革,是因为妇女没有政治权利。正如(之后担任总理的)副总理勒内·维维亚尼(Réne Viviani)在 1900 年巴黎妇女权利大会上对与会代表所宣告的:"凭我相对较长的政治与议会经验,让我告诉你们,立法者为那些选立法者的人制定法律。"[2]这观点没有引起任何争论;妇女必须有投票权来实现女权主义诉求的完整方案。

在法兰西第三共和国,人们越来越担忧"普遍"男子选举下的议会民主的未来,进而引发了关于通过比例代表制进行全面选举改革的讨论。而妇女选举权的问题与这场情绪激烈的讨论纠缠在一起。共和派政治领袖认为第三共和国同时被两方围攻了:一面是天主教君主主义和世俗国族主义的右派,一面是社会主义和社会民主主义的左派。他们不敢再把妇女选民加入这个混合体,尤其因为他们觉得大部分妇女作为天主教徒很可能投票给右翼的反共和派候选人。

与不列颠及爱尔兰的女权主义者不同,法国女权主义者从不参加戏剧性的公开示威,也不故意对财产实施暴力行为;只有两件很小的公共抗议事件被记载了下来。相反,她们开始认真从事组织工作:1909 年,让娜·施马尔(Jeanne Schmahl)、塞西尔·布伦施维格(Cécile Brunschwicg)和玛格丽特·维特-施伦贝格尔(Marguerite Witt-Schlumberger)建立了附属于国际妇女参政权联盟的法国妇女选举权联盟(the Union Française pour

---

① 例如可参见 Pierre Rosenvallon, *Le Sacre du citoyen* (Paris: Gallimard, 1992),以及 Joan W. Scott, *Only Paradoxes to Offer* (Cambridge, Mass.: Harvard University Press, 1996)。关于研究法国参政权活动的另一路径,参见先前章节引述的 Hause 和 Kenney 的作品,以及 Karen Offen, "Women, Citizenship and Suffrage with a French Twist, 1789 - 1993", in *Suffrage and Beyond*, pp.151 - 170。

② René Viviani,报道见于 *La Fronde* (10 Sept. 1900)。演讲全文亦发表于大会纪录 *Congrès international de la condition & des droits des femmes. Tenu les 5, 6, 7, et 8 Septembre 1900...* (Paris: Imprimerie des Arts et Manufactures, 1901), p.201。

le Suffrage des Femmes,UFSF),以引领投票权运动。同年,持支持态度的激进党代表费迪南·比松(Ferdinand Buisson)提交了一份选举权提案,仅赋予所有妇女(不管是否已婚)在市一级的投票权。与英格兰 19 世纪 60 年代末通过的议案类似,该提案要修改 1884 年市级选举法的措辞,给"所有法国人"加上"两性"。其他提案则是加上"不分性别"或"男与女"。自 1913 年,法国女权主义者乐观地认为这一议案终将通过;1914 年 7 月,她们在巴黎举行了第一次规模较大的选举权示威。

在国际层面,国际妇女参政权联盟的干事们认为她们看到了结局。美国人凯莉·查普曼·凯特(Carrie Chapman Catt)在 1913 年国际妇女参政权联盟布达佩斯大会上的主席发言中表达了乐观态度,而以欧洲人为主的与会代表中,很多人同样持这种乐观态度:

> 当运动刚刚出现、尚显薄弱时,议员们嘲笑它们。当运动在孕育阶段时,议员们以不作声的轻蔑对待它们。当运动成熟了,并且即将成为法律,议员们则逃避责任。我们的运动已经到了最后阶段。过去两年的历史毋庸置疑地表明了这一事实。议员们不再嘲笑妇女选举权,政客们开始躲闪! 这是胜利即将到来的必然预兆。①

让妇女的工作与母职符合人口需求:国内与国际环境

女权主义关切的问题超越国界,尽管解决方案必须在具体的法律和文化环境中寻找,但这些环境在新兴和成型的民族国家都很常见。除了追求选举权和完整的公民身份,女权主义者也寻求解决其他重要问题的办法;这些问题同样超越国界,但需要国家层面的解决方案。最重要的问题之一就是一系列围绕妇女就业、母职和全国人口需求的复杂问题。

至少从 18 世纪开始,一些女权主义者就开始为妇女就业的权利作辩护;19 世纪早期,另一些女权主义者提出了新的要求,如同工同酬、缩短

---

① Carrie Chapman Catt,1913 年 6 月 15 日发言,载于 IWSA, *Report of the Seventh Congress, Budapest, Hungary, June 15 - 21, 1913* (Manchester, 1913), p. 85;重印于 *WFF*, vol. 2, doc. 64。

工时、更人道的工作环境以及国家对母亲的支持。这些议题引发了各种群体不同的反应,包括天主教徒、社会主义者、劳工领袖、主流政客、医生、卫生学家以及其他关心的观察者。随着男性领导的大众型政党和工会在19 世纪晚期出现并开始争取支持者,妇女就业及其外在环境再次成为激烈讨论的对象。如果有人把妇女的有偿劳动视为维持她们独立志向的必要条件,其他人则要么将之视为贫困的可悲后果(而这种贫困则被归咎于无法支持男性养家糊口者的经济状况),要么有些更激进的甚至视之为资本主义贪欲的不幸后果。但是不论从什么角度,大部分评论者都同意,妇女就业严重影响女人做母亲的潜能,包括生育和养育。这些观点特别强调母职的身体层面,这与女权主义者在追求公民身份时援引的社会母性(societal motherliness)或“母性主义”(maternalism)完全不同。

20 世纪早期,“人口减少”成为这个等式里出现的新元素。这种仅限于男性的对国族未来的焦虑,出现于国族和帝国的经济军事竞争日益加剧的背景下;欧洲所有的强国和未来的强国都卷入了这一竞争。①值得注意的是,生殖是男人没能也不能完全控制的关键要素(尽管他们非常努力地想控制,例如通过法律将堕胎和杀婴定为犯法,以及试图将那些宣传或尝试分发节育信息的人噤声)。这些对国家人口力量的关切,加上对现有人口在肉体与精神两方面“堕落”的忧虑,让女权主义者面前出现了一系列不得不处理的棘手问题。特别在法国——欧洲第一个经历了向小而精家庭“人口过渡”的国家——但 1900 年以后越来越在德国和大不列颠出

---

① 参见 Angus McLaren, *Sexuality and Social Order: The Debate Over the Fertility of Women and Workers in France, 1770 - 1920* (New York: Holmes & Meier, 1983); Karen Offen, "Depopulation, Nationalism, and Feminism in Fin-de-Siècle France", *American Historical Review*, 89:3(June 1984), 648 - 676; Richard Allen Soloway, *Birth Control and the Population Question in England, 1877 - 1930* (Chapel Hill: University of North Carolina Press, 1982);以及 Barbara Brooks, *Abortion in England, 1900 -1967*(London: Croom Helm, 1988)。最近的著作参见 Anne Cova, "French Feminism and Maternity: Theories and Policies, 1890 - 1918", in *Maternity and Gender Policies: Women and the Rise of the European Welfare States*, eds. Gisela Bock & Pat Thane(London: Routledge, 1991), pp. 119 - 137,以及 Cova 的三本书: *Maternité et Droits des femmes en France((XIXe -XXe siècles)* (Paris: Anthropos/Economica, 1997); *"Au service de l'église, de la patrie et de la famille": Femmes catholiques et maternité sous la IIIe République* (Paris: L'Harmattan, 2000);以及 *Féminisme et néo-malthusianismes sous la IIIe République: "La Liberté de la maternité"* (Paris: L'Harmattan, 2011)。

现，来自受教育阶级的人再次开始担忧那些可能给他们国家带来不利影响的因素：出生率下降、婴儿与儿童的高死亡率，就当时的特定语境而言还有妇女的健康——这一系列互相关联的问题持续激发着知识战争。

当法国人口陷入停滞，共和派的联合内阁一个接一个地介入，简化结婚的法律要求，甚至鼓励女教师（国家雇员）一边教书一边结婚生子。与此同时，法国的对手也紧追直上。在德意志帝国（正如几十年前的英格兰），人口在过去的半个世纪中飞速增长，到达了约 6 000 万。到 1900 年，成年妇女比男人多出约 100 万；对这些"过剩"的女人来说，结婚是完全不可能的，她们要生存下去就必须就业。在一些更小的国家，尤其是斯堪的纳维亚地区的国家，大量前往新大陆的移民使得本就不多的人口更为枯竭。西班牙 1898 年战败后，失去了在古巴和菲律宾的海外殖民地；西班牙军方把这一失利归咎于妇女，西班牙知识分子则开始处理被忽视的妇女教育。英格兰在南非布尔战争中惨遭战败，英军官员开始怀疑其招募来的新兵是否够格，以及由此引申出的，英国母亲参加工作的潜在不良后果。①其他国家政府的领导开始质询劳动力与兵力的身体、精神和道德发展，有些甚至坚称，除了生产下一代，对男子"男人气质"的关注也必须成为政府优先考虑的事，而这需要妇女一直待在家里。英国陆军部长克罗默勋爵（Lord Cromer）就代表了这种观点；1910 年，在曼彻斯特一场反对妇女选举权集会上发言时，他警告他的听众道："德国男人有男人气，德国女人有女人气……如果我们和自然开战，试图颠覆自然的性别角色，我们能指望和这样一个民族竞争吗？"②

---

① 尤其参见 Anna Davin, "Imperialism and Motherhood", *History Workshop*, no.5 (Spring 1978), 9–65。这些联系在英格兰以外国家的情况还需要更多研究。

② Evelyn Baring, First Earl of Cromer, 在曼彻斯特的演讲，报道于 *Anti-Suffrage Review* (Nov. 1910), p.10。毫不意外，这种情绪在反选举权圈子里表达得最为强烈，参见 Brian Harrison, *Separate Spheres: The Opposition to Women's Suffrage in Britain* (London: Croom Helm; New York: Holmes & Meier, 1978)；以及 Diane Trosino, "Anti-Feminism in Germany, 1912–1920: The German League for the Prevention of Women's Emancipation", Ph. D. dissertation, Claremont Graduate School, 1992. 关于奥地利的反女权主义，参见 Birgitta Zaar, "Dem Mann die Politik, der Frau die Familie-die Gegner des politischen Frauenstimmrechts in Österreich(1848–1919)", *Österreichesche Zeitschrift für Politikwissenschaft*, 16:4(1987), 351–361。

　　在这种环境下,关于妇女就业的辩论在整个欧洲达到了新的热度。妇女解放的反对者把女权主义关于妇女进行有偿劳动(尤其是进入"男性"行业)之权利的主张解读为一种威胁,既危及民族国家的人口与经济健康,也影响妇女自身的身体与心理健康。他们认为,工作的妇女无法生育,也不能培养健康的孩子。妇女对"权利"的要求很可能妨碍她们对社会和国家作为母亲的"职责"。不仅如此,妇女解放的反对者甚至提出"个人主义"女权论述的威胁,声称未婚的"独立"女性会成为"第三性"。事实上,他们似乎相信解放的妇女既威胁男人的男子气,也危及国家民族的安全。

　　在整个欧洲,妇女以前所未有的数量加入劳动力,她们工作的可见度也远比从前更高。首先感谢煤气,其次是电灯,她们能够并确实开始上夜班。此前年轻单身妇女一直在女性劳动力中占绝大多数,现在越来越多的已婚妇女和小孩子的母亲加入了劳动大军。从19世纪早期开始,英格兰和比利时就有了相当高比例的职业妇女。单在英格兰,到1912年就有约200万妇女在受保护的企业工作。在德国,特别是19世纪后30年,以年轻未婚者为主的数百万妇女成为新的工业劳动力。光是工业生产中雇佣的妇女就从1882年的39万一路攀升到1895年的150万和1907年的210万。在法国,1899年有近61.9万名工业女工,在1911年和1912年分别增长到75.8万名和76.4万名。①

　　但是,工业领域并不是妇女就业的最主要部分;家佣的数量远比工人更大,白领也在迅速增加。妇女的农业就业也依然非常重要。但在工厂工作的妇女显然是最值得注意的。在工厂和作坊就业让妇女处于一个可以聚集在一起、不受男性家庭权威直接管束的环境。有时候,她们要独自走夜路去工作的地方。尽管不同工厂的工作条件悬殊,但从安全问题到性骚扰这种最严重的弊病,在整个工业环境中都随处可见。这些问题使

---

　　①　这些数据来自 Louise Compain 在1913年巴黎第十届国际妇女大会上作的报告。参见 *Le Dixième Congrès international des femmes. Oeuvres et institutions féminines. Droits des femmes. Compte rendu des travaux, 1913,* ed. Mme Avril de Sainte-Croix(Paris: Giard &. Brière, 1914), pp. 232 - 233。

那些捍卫男性专制家庭的人感到担忧。

在 1890 年到 1914 年间，女权主义者开始公开反对一个重要议题，即（男性立法者）为了女工的生育与家庭角色而特地制定的"保护"她们的国家立法。这种立法以各种方式禁止所有性别为女的人进入危险（例如进行铅、汞基加工或涉磷生产）的行业，限制妇女的工作时长，或禁止她们在晚上和周末工作。历史学家乌拉·维坎德(Ulla Wikander)准确地指出："关于为妇女进行保护性立法的争议紧密关系着当时妇女运动中的关键问题，例如妇女在家庭中的位置、在社会中的职责、劳动的性别分工、与男人竞争就业、女人的天性、（以及）母性。"[①]

在法国，关于对女工进行保护性立法的提案在 19 世纪 80 年代中期出现于政府圈子里，受到多方同盟的支持——社会天主教教徒、弗雷德里克·勒普莱(Frédéric LePlay)世俗社会改革议程的信徒，以及世俗社会主义者。1890 年，瑞士和德国政府在柏林召开了一场具有开创性的政府间大会，激发了各国男性立法者的一系列尝试：限制 16 岁及以上妇女在晚间和周日工作、限制工作时长、限制妇女在危险及有害健康的行业就业，以及坚持强制无薪产假。

女权主义者则反对说，危险行业的工作对男女工人都不好，而非仅对妇女有害。如大部分社会民主主义者一样，她们欢迎女工强制产假，但坚持必须给休产假的妇女补偿她们损失的工资，然而并未成功。对限制工时和禁止夜班等提案的看法则各不相同，有人乐观地认为在工业中限制妇女的工作时长，必然会使男人也工作同样短的时间，其他人则明确反对仅基于工人性别的歧视。

在激烈的争论之后，法国立法机关于 1892 年打破了其长期遵循的不干涉原则，通过了一部专门管理成年妇女就业的法律。这部法律不仅限制了妇女白天在工厂工作的时间，而且（在夜班——尤其是印刷业——往

①　Wikander, "International Women's Congresses", p. 13. 亦参见 *Protecting Women: Labor Legislation in Europe, the United States, and Australiam, 1880 - 1920*, eds. Ulla Wikander, Alice Kessler-Harris, & Jane Lewis(Urbana: University of Illinois Press, 1995)一书的编者导论和收录的各篇论文。

往工资更高的情况下)禁止妇女在夜间工作。①最主要的那些自由主义共和派政治经济学家手握一些惊人的医学证据,声称已婚妇女就业会对她们孩子的生存和发展造成有害影响,不惜牺牲他们的不干预原则来论述所有女工都需要国家保护。对一些男人来说,不管他们是天主教徒还是世俗的共和派,似乎除了"保护"女工之外还想干涉更多;保罗·勒鲁瓦-博利厄(Paul Leroy-Beaulieu)公开谴责女权主义运动诱惑妇女去做"男人的工作",影响了她们为妻为母的利益。②埃米尔·法盖特(Émile Faguet),一个越来越经常批评女权主义愿景的人,于 1895 年下旬在《辩论报》中坚称:"一个强大的民族、一个有未来的民族,是一个妇女除了传统角色便没有其他职业的民族。妇女能进入男性化的职业,起初预示国家民族的衰弱,最终则会直接导致可怕的堕落。"③

在法国与英格兰,对此类断言的反驳迅速增加。玛丽亚·切里加·洛维(Marya Chéliga-Loevy)反驳道,妇女去工作不是为了消遣,而是为了生计。她反击那些说女权主义者都是"男性化的"单身女人的反女权言论,指出大部分参加法国妇女协会联合会的妇女都是母亲;她们非常了解妇女在法国社会中面对的法律责任。④厄热涅·波托尼耶-皮埃尔(Eugénie Potonié-Pierre)等法国社会主义女权主义者特别坚持妇女谋生的权利是其解放的基础。在英格兰,妇女在某些行业的劳动自 19 世纪 40 年代起受到了越来越多的控制,杰西·布彻里特(Jessie Boucherett)和

---

① 参见 Mary Lynn Stewart, *Women, Work and the French State: Labour Protection and Social Patriarchy, 1879 – 1919* (Montreal: McGill-Queen's University Press, 1989); 以及 *Gender and the Politics of Social Reform in France, 1870 –1914*, eds. Elinor A. Accampo, Rachel G. Fuchs & Mary Lynn Stewart(Baltimore: Johns Hopkins University Press, 1995)一书中收录的若干开创性论文;另外,关于和不列颠的比较,参见*Différence des sexes et protection sociale (XIXe – XXe siècles)*, eds. Leora Auslander & Michelle Zancarini-Fournel (St. Denis: Presses Universitaires de Vincennes, 1995)中收录的论文。

② Paul Leroy-Beaulieu, "The Influence of Civilisation upon the Movement of the Population", *Journal of the Royal Statistical Society*, 54(1891), 372 – 384.

③ Émile Faguet, in the *Journal des Débats* (12 Dec. 1895), 2; 翻译收录于 Susanna Barrows, *Distorting Mirrors: Visions of the Crowd in Late Nineteenth-Century France* (New Haven: Yale University Press), p.59。

④ Marya Chéliga-Loevy, in *La Justice*;转引自 Clotilde Dissard, "Féminisme et natalité", *La Revue féministe*, 20 Nov. 1895, 176。

海伦·布莱克本(Helen Blackburn)等女权主义者表达了她们的关切，即 1895 年《工厂法》指明的新规与特殊情况有某些部分会直接让雇主彻底不再雇佣妇女："这些仁慈的立法者因妇女无助又愚昧而想保护她们，但他们把她们当作无望的无助者，只使这种无助更甚罢了。"①包括奥利芙·施赖纳(Olive Schreiner)、伊迪丝·埃利斯(哈夫洛克夫人)和丽贝卡·韦斯特在内的很多英格兰女权主义者都在原则上同意，不论任何阶级的妇女都不应该作为男人的寄生虫活着。事实上，奥利芙·施赖纳 1899 年的论文《妇女问题》(The Woman Question)是这一问题的经典论述；此文后经修订收入其 1911 年颇具影响力的专著《妇女与劳动》(*Woman and Labour*)。伊迪丝·埃利斯赞同地写道："妇女必须停止做寄生虫或奴隶，而应经济自由。在经济上自由，就不再有做妓女或寄生虫的必要。"②

当女权主义者反对 1895 年《工厂法》限制产业女工工作时长的条款时，英国费边社会主义者比阿特丽斯·韦伯(Beatrice Webb)则提出反击，认为"在劳动者阶级的生活中，监管缺失不等于个人自由"。她指出，劳动力是明显区隔的，事实是(至少在英格兰)妇女几乎从不跟男人竞争同样的工作："女工真正的敌人不是男性熟练工人，而是那些既不熟练又三心二意、同时破坏工场和家庭的'外行'女性。"③在韦伯心中，一方面，在工厂组织劳工和成立工会是妇女获得适宜劳动环境的关键；另一方面，在家内的生产(当时被称作"家里的活计")应当被正式反对。

此后的十五年中，在为妇女进行保护性劳动立法上的意见不一乃至两极分化，成为历次国际妇女大会的中心特征。例如，1899 年伦敦国际

---

①　"Women's Work and the Factory Acts", *The Englishwoman's Review*, no. 228(15 Jan. 1896), 7.

②　关于 Schreiner，参见第六章的参考文献。亦参见 Joyce Avrech Berkman, *Olive Schreiner: Feminism on the Frontier* (Toronto: Eden Press, 1979); Ruth First & Ann Scott, *Olive Schreiner*(New York: Schocken Press, 1980); *An Olive Schreiner Reader*, ed. Carol Barash (London: Pandora Press, 1987)；以及 Joyce Avrech Berkman, *The Healing Imagination of Olive Schreiner: Beyond South African Colonialism*(Amherst, Mass.: University of Massachusetts Press, 1989)。Ellis 的引文来自 Mrs. Havelock Ellis, "Political Militancy"(ca. 1913), in *The New Horizon in Love and Life*(London: A. & C. Black, 1921), p.154。

③　Mrs. Sidney(Beatrice) Webb, in *Women and the Factory Acts*, Fabian Tract no. 67 (London, 1896)；重印于 *WFF*, vol.2, doc.50(quotes pp.207, 211)。

妇女会议上,法国代表卡米尔·贝利隆(Camille Bélilon)直截了当地捍卫妇女有权工作的原则,并重申反对保护性立法;她和她的同事们都认为,这种保护性立法是男性工人为了让妇女在劳动力市场中处于劣势,进而逼她们重回家庭的阴谋(在法国的语境下,她们的看法或许没有错)。在教皇对婚姻与工作做出若干声明后,各种政治压力开始阻碍已婚妇女就业;同时,针对下降的出生率出现了很多人口要素论(populationist)的观点,这些要素均致使女权主义者对此进行一场原则性的辩护。法国各派女权主义者都反对给妇女的工作施加任何不同样施加于男工的限制。类似的立场亦见于芬兰的亚历山德拉·格里彭伯格(Alexandra Gripenberg)、比利时的埃米利·克拉埃(Emilie Claeys)、荷兰的威廉敏娜·德鲁克(Wilhelmina Drucker)以及意大利的保利纳·希夫(Padina Schiff)。

德国女权主义者则表达了不同意见。在多次大会上,她们坚定地支持对妇女的保护性立法,尽管她们的语境是理想状态下基于每个性别"特质"的、完全的劳工性别分工。柏林的阿莉塞·萨洛蒙(Alice Salomon)反对德国天主教中央党新近提出的会把已婚妇女完全排除在劳动力之外的方案。萨洛蒙和法国女权主义者一样坚称"只要经济上不再依靠男人,就能为妇女带来社会平等";但她确实支持为妇女进行特别立法,尤其是限制她们工作时长的法律,理由是此类措施不久就会把男人也囊括其中。萨洛蒙相信这不会对妇女就业带来真正的威胁,而且妇女拥有男人没有的"特殊技能"。在她看来,保护性立法"会为劳动阶级创造出我们要为全人类一切阶级争取的东西——因两性的不同特质而进行的分工;这将以基于特性与本质的分工取代技术和组织上的分工"。①

在萨洛蒙之后,英格兰费边社会主义者比阿特丽斯·韦伯强烈支持保护性立法中一些符合国家利益的方面:"我们断言,专门适应妇女特殊需求而非普遍适用的立法……作为一个经济原理问题……在某些情况下

---

① Alice Salomon, "Protective Legislation in Germany", *Women in Industrial Life: The Transactions of the Industrial and Legislative Section of The International Congress of Women, London, July 1899,* vol. 6 of the proceedings (London: T. Fisher Unwin, 1900), pp. 38, 39. 关于 Salomon,参见 Allen, *Feminism and Motherhood,* 以及 Christoph Sachsse, *Mütterlichkeit als Beruf: Sozialarbeit, Sozialreform und Frauenbewegung 1871 - 1929* (Frankfurt-am-Main: Suhrkamp, 1986)。

是永远可取的。"她重申,问题不是跟男人的竞争:

> 在妇女作为一个阶级努力获得就业的过程中,伤害她们的不是
> 与男人偶尔的竞争,而是她们不计后果的互相压价⋯⋯我们必
> 须⋯⋯摆脱这种性别对立的观点⋯⋯如果不推行这种最低条件来保
> 护每个工人——不论男女——不在身体和精神上衰弱,那整个国族
> 的力量就无法达到最大,妇女也就因此无法得到最大的发展。①

尽管韦伯等人试着用非常冷静且科学的经济术语重新表述这些问题,工作场所中的性别对立以及名义上的男性保护者(不论是何种政治立场)的不诚信——都依然是紧迫的问题。在法国,这一问题在 19 世纪末的印刷业达到了顶点。当工场以更低的工资雇佣妇女,男性印刷工便为此发起了多次罢工;在 1901 年南锡(Nancy)一场非常困难的罢工行动中,《投石党报》的玛格丽特·杜兰德(Marguerite Durand)组织的排字女工工会派出了部分成员作为罢工调停者,给男性印刷工的工会上了一课。②

选择性的管理则是另一个问题。1906 年,俄国女权主义者玛丽·波卡维斯卡亚(M. I. Pokrovskaia)注意到,卖淫并不在禁止妇女从事的夜间工作清单上,于是质疑了支持限制性立法的社会主义者与自由主义者的动机:"呵,男性的伪善!⋯⋯他们鼓吹保护妇女的工作,不是为了**妇女自身**的精神与身体健康,而是为了国家、性和家庭。妇女不是作为人得到保护,而是作为性工具,作为必须服务他人需要的奴隶才需要保护。"③

笼统来说,对女工的保护性立法引发了各种讨论;与此同时,一场天主教徒鼓动的、以禁止已婚妇女就业为目的的运动,正在悄悄地持续增长势力。这场运动联合了要为男人争取"家庭工资"的工会主义者,将大大

---

① Beatrice Webb, "Special Legislation for Women", in *Women in Industrial Life*, pp. 40, 43.

② 参见 Marie-Hélène Zylberberg-Hocquard, *Féminisme et syndicalisme en France* (Paris: Anthropos, 1978)。

③ M. I. Pokrovskaia, in *Zhenskii Vestnik*, no. 5(1906), 162 - 163, 148;翻译收录于 Rose Glickman, *Russian Factory Women* (Berkeley & Los Angeles: University of California Press, 1984), p. 251。

抑制妇女的独立劳动。最终,第一次世界大战前,若干西欧国家提出了
"家庭工资"。1912年,荷兰的一群女权主义者联合起来成功击败了一个
名为海姆斯凯克法(Heemskerk Law)的动议,否则根据这项动议,所有已
婚女教师和公务员都会被解雇。①

　　法国1912年左右的一个著名案例突出了印刷工工会试图反对妇女
工作的行径有多卑鄙,以及所牵涉问题的复杂性。艾玛·库里乌(Emma
Couriau)和她的丈夫路易(Louis)都是印刷工,她申请加入里昂本地的印
刷工工会。法国印刷工长期以来都是最反对妇女就业的群体之一。一系
列技术与组织上的变化使雇主可以以更低的薪水招聘妇女,而这便威胁
到了印刷工们熟练的行当。尽管艾玛·库里乌当时领的是工会规定的工
资(union wages),但里昂地方拒绝了她的申请,不仅如此,该工会的成员
还投票开除了她的丈夫,理由是他"允许"他的妻子工作。当库里乌夫妻
把工会的这一决定上诉到国家一级,法国女权主义者团结在了他们身后。
只有女权主义者集合起来支持艾玛·库里乌,她们在1913年12月底安
排了一场大规模集会,口号是"女人有权工作吗?"社会主义妇女"拒绝了,
据她们的领袖路易丝·索莫诺(Louise Saumoneau)说,她们害怕参加'反
男权主义'(antimasculinist)的行动"②。尽管全国工会(the Gonfédération
Générale du Travail, CGT)的领导最终支持了艾玛·库里乌工作和加入
工会的权利,但此类事件使法国女权主义者再次确认,要打破男人对政治

----

　　① 参见 Ulla Jansz, "Women or Workers? The 1889 Labor Law and the Debate on Protec-
tive Legislation in the Netherlands", in *Protecting Women*, p.199。亦参见 Mineke Bosch,
"Historiography and History of Dutch Feminism, 1860 – 1919", paper presented at Stuttgart,
June 1995,发表于 *Women's Emancipation Movements in 19th Century Europe: A European
Perspective*, eds. Sylvia Paletschek & Bianka Pietrow-Ennker (Stanford University Press,
2005), pp.53 – 76。

　　② 参见 Marilyn J. Boxer, "Socialism Faces Feminism: The Failure of Synthesis in
France, 1879 – 1914", in *Socialist Women: European Socialist Feminism in the Nineteenth and
Early Twentieth Centuries*, eds. Marilyn J. Boxer & Jean H. Quataert(New York: Elsevier,
1978), pp.75 – 111;引文参见第111页注释77。亦参见 Charles Sowerwine, "Workers and
Women in France before 1914: The Debate over the Couriau Affair", *Journal of Modern Histo-
ry*, 55:3(Sept. 1983), 411 – 441,以及 Jeremy Jennings, "The CGT and the Couriau Affair:
Syndicalist Responses to Female Labour in France before 1914", *European History Quarterly*,
21:3(July 1991), 321 – 337。

权力的把持，就必须获得投票权。

　　1913 年巴黎的国际妇女大会上，与会代表再次争论了为妇女进行保护性立法的问题。女权主义者并非反对管控本身，而是具体反对那些她们认为对女工(包括已婚女工)进行差别对待且造成不利的规定。她们特别批判了 1906 年的《伯尔尼公约》，该公约呼吁所有政府禁止妇女上夜班。在一份很长的报告里，路易斯·孔潘(Louise Compain)详述了欧洲各地通讯员报告的保留意见。在丹麦，女权组织和妇女工会成功地劝说政府拒绝了《伯尔尼公约》。在荷兰，孔潘引述了马斯特里赫特一名工厂主的例子，他在政府批准了公约后，迅速解雇了所有的已婚女工。然而，在法国，此前对妇女工作的时间限制却带来了对男人、妇女和儿童一视同仁的十小时工作制。比阿特丽斯·韦伯想要达成的男女两性统一标准管理的愿望，至少在那里实现了。其他国家则会在几年之后批准无差别工时法。[1]

　　在激烈的争论后，1913 年国际妇女大会的代表们否决了大会委员会报告(该报告支持妇女保护性立法)的结论。反对意见指出："管理妇女工作的特别法律应当被废除，替换成不分性别、适用于整个劳动人口的平等保护法。"[2]据一位女权主义评论家雅内·米斯姆(Jane Misme)说，这一决定悍然不顾"实用女权主义"(practical feminism)；但另一位评论家珍妮·克鲁兹-本阿(Jeanne Crouzet-Benaben)则认为，为了让接下来讨论的"同工同酬"原则获取支持，这一决定是必要的。[3]

　　使女权主义者产生分歧的保护性立法问题有两个例外，即关于分娩前后带薪产假和母职保险金(endowment of motherhood)的提案。关于前者，各种政治立场的女权主义者(只要比天主教左翼)都倾向于同意；关

---

　　① 关于丹麦和挪威，参见 Anna-Birte Ravn, "'Lagging Far Behind All Civilized Nations': The Debate over Protective Legislation for Women in Denmark"，以及 Gro Hagemann, "Protection or Equality? Debates on Protective Legislation"，均收录于 *Protecting Women*, pp. 210 - 234, 267 - 289。

　　② Resolution, *Dixième Congrès international*, p.519；翻译收录于 Wikander, "International Women's Congresses", p.32.

　　③ Jane Misme, "Un Congrès féministe à Paris", *La Revue* (1 July 1913), 58; Jeanne Crouzet-Benaben, "Une Assemblée des femmes en 1913: Le Congrès international de Paris (2 - 7 Juin)", *La Grande Revue* (10 July 1913), 64.

于后者,则可以看到各种观点。

如何在临产妇女怀孕的最后阶段和她们孩子的性格形成期为其提供支持与供养,是社会组织方面的根本问题——而且现在依然是,并加上了一些更新、更激进的问题,例如谁照顾小孩、为什么只有母亲等。到 20 世纪初,有两派观点出现:第一种观点比较传统,不管是已婚还是未婚的母亲,都应由负责养家糊口的孩子父亲来供养;第二种观点与此相反,母职应当由国家"资助",母亲和婴儿由"母亲酬劳"(mother's wage)来供养,其资金来自向大多数男性(为主的)工薪者征收的税金。后一种立场威胁到了父权制有关家内男性权威必要性的观念。两种观点都假定照顾婴儿是妇女的工作。即使是提倡在儿童到达一定年龄后由社区资助为工作的母亲提供日托服务的社会主义妇女,也大多认为婴儿需要母亲,以及社区应提供经济支持。

要理解这一问题的复杂性,就要探究 19 世纪末女权主义者关于母职的争论,并将之与另外两种观点放在一起考察:一是当时社会主义者认为所有妇女都应被纳入劳动力的主张,二是反女权主义者关于"新女性"表面上男性化或"无性化"的言论。历史学家吉塞拉·博克(Gisela Bock)和帕特·塞恩(Pat Thane)已经清楚地表明,现在被有些人称作"母性主义"(maternalism)的"女权主义关于母职的构想",不是"接受'传统的'女性角色,而是呼吁对母亲、妇女乃至整个社会的情况进行改革——某些人呼吁的甚至是革命。她们不要被强加母职,与此相反,她们寻求让母职处于女人自己的控制之下,并改善其状况"。[①]她们也寻求在"关系性女权主义"的框架中将之用作解放的策略。在以国族为单位的国家形成和发展中,人口和经济增长逐渐成为广受关注的问题,在此背景下,这一立场成了一张王牌,在任何议题中打出都极其有效。所有的母性主义女权主义者都坚持说,女人跟男人的不同,即她们基于母性(motherly nature)的(即使她们自己没孩子)、作为一个性别的"独特性",是她们全面参与社会政治决策的核心资格。妇女作为母亲的认同与作为妻子不同,后者依然使她

---

① "Introduction", *Maternity and Gender Politics: Women and the Rise of the European Welfare States 1880s - 1950s*, eds. Gisela Bock & Pat Thane(London and New York: Routledge, 1991), p.14.

处于从属地位，而前者则提供了一个绝对强有力的平台，供她们在上面提出关于解放和社会承认的要求。

即使是米利森特·加勒特·福塞特等在英格兰的不列颠妇女选举权支持者也阐述了母性主义的立场，如其演讲《家庭与政治》的发表版本所示："如果男人和女人是完全一样的，那么男人有代表权，也就能代表我们了；但我们不一样，因而我们的不同之处在现行体制下得不到。"正因为妇女是事实上或潜在的母亲，并被选定为操持家务和育儿者，所以她们需要被代表——以及参与政府事务："我们希望家庭和家内事务在政治和公务管理中有比现在更高的重要性。"①社会家务管理(social housekeeping)和福塞特称作"真女人气质"(true womanliness)的东西逐渐风行一时。两者都基于妇女的育儿或照料能力。

在1896年4月巴黎国际女权主义者代表大会(Congrès Féministe International)的议程上，关于母职的政策导向型议题非常显眼，这些问题在大会上激起了三个派系间的冲突：支持将未婚母亲向孩子父亲索要抚养费的诉讼合法化(当时在法国不合法)的一派；莱奥妮·鲁扎德等提倡给母亲以国家认可和财政奖励的一派；以及反对国家以任何形式干预生育领域，并呼吁无限制获取避孕信息及器具的另一派。鲁扎德提出："母职是妇女最主要的社会功能，应当得到国家的补贴。"②这些互相矛盾的主张将在日后催生显著的政治后果。在此次女权集会的次月，统计与人口学家雅克·贝蒂荣博士(Dr. Jacques Bertillon)以及他的伙伴们创建了法国人口增长全国联盟(the Ligue de Régéneration Humaine)；仅三个月后，新马尔萨斯主义的无政府主义者保罗·罗班(Paul Robin)建立了人类再生联盟(Ligue de Régénération Humaine，即 League for Human Regeneration)，特意推广工人阶级的节育，以此作为对抗法国国家政府的武器。

---

① Mrs. Henry Fawcett(Millicent Garrett Fawcett)，*Home and Politics: An Address Delivered at Toynbee Hall and Elsewhere*(London: Women's Printing Society, Ltd., n. d.)，p. 3.

② Léonie Rouzade，翻译收录于 Wynona H. Wilkins，"The Paris International Feminist Congress of 1896 and its French Antecedents"，*North Dakota Quarterly*，43:4(Autumn 1975)，5-28；引文来自第 23 页。

　　1896 年，瑞典作家爱伦凯也开始宣讲"妇女权力的滥用"
(Missbrukad Kvinnokraft)，给欧陆女权主义关于母职与工作的见解贡献
了另一个充满争议的论点。在这些演讲的发表版本中，爱伦凯提出妇女
的精力不应被"错置"于家外工作上(这是克拉拉·蔡特金和其他第二国
际的人的论点)，而是应该被导向一种新的、更有力的育儿形式。爱伦凯
的理论作品不限于短文和报纸，也以书本篇幅的沉思形式出现，例如
1900 年最初以瑞典语发表的《儿童的世纪》、1904 年的《恋爱与婚姻》、
1909 年的《妇女运动》以及 1914 年的英文版《母性的复兴》。这些作品在
整个欧美流通，被引用、翻译和争论；爱伦凯的思想对德国、斯堪的纳维亚
和整个英语世界的女权与反女权思想及行动都产生了重大影响。①

　　在某些方面，爱伦凯的论点跟珍妮·德隆和其他 19 世纪中期欧陆妇
女解放倡导者宣扬的社会母职论关系紧密。但是，爱伦凯对这些观点进
行了独特的更改，并带上了悲观的色彩。她同时援引了女人的生物本性

---

①　Ellen Key, *Missbrukad Kvinnokraft och Naturenliga arbetsområden för Kvinnan;
tvenne föedrag* (Stockholm: Albert Bonnier Förlag, 1896)；德语版 *Missbrauchte Frauenkraft*,
transl. Therese Krüger(Leipzig, 1898)。参见 Kay Goodman, "Motherhood and Work: The Con-
cept of the Misuse of Women's Energy, 1895 - 1905", in *German Women in the Eighteenth &
Nineteenth Centuries*, eds. Ruth-Ellen B(oetcher) Joeres & Mary Jo Maynes(Bloomington:
Indiana University Press, 1986), pp.110 - 127。关于对爱伦凯理论的两种相反解读，参见 Cheri
Register, "Motherhood at Center: Ellen Key's Social Vision", *Women's Studies International
Forum*, 5:6(1982), 599 - 610；以及 Torborg Lundell, "Ellen Key and Swedish Feminist Views
on Motherhood", *Scandinavian Studies*, 56:4(Autumn 1984), 351 - 369。亦参见 Ronald de
Angelis, "Ellen Key: A Biography of the Swedish Social Reformer"(Ph. D. dissertation, Uni-
versity of Connecticut, 1978)，以及 Ruth Roach Pierson, "Ellen Key: Maternalism and Paci-
fism", in *Delivering Motherhood: Maternal Ideologies and Practices in the Nineteenth and
Twentieth Centuries*, ed. Katherine Arnup, Andrée Lévesque & Ruth Roach Pierson(London &
New York: Routledge, 1990), pp.270 - 283。瑞典语的研究可参见 Beata Losman, *Kamp för
ett nytt kvinnoliv: Ellen Keys idéer och deras betydelse för sekelskriftets unga kvinnor*(Helsing-
borg: Liber, 1980)；Ulla Manns, "Kvinnofrigörelse och moderskap: En diskussion mellan
Fredrika-Bremer-förbundet och Ellen Key"(Women's Freedom or Motherhood...)，以及 Ellinor
Melander, "Vän eller fiende? Ellen Keys mottagande i sekelskriftets tyska kvinnorörelse"
(Friend or Foe: Ellen Key's Reception in the Turn-of-the-Century German Women's
Movement), in *Det evigt Kvinnliga: En historia om förändring*, ed. Ulla Wikander(Stock-
holm: Tidens förlag, 1994), pp.51 - 79 & 103 - 132. 瑞典妇女运动中关于爱伦凯理论的争议，
参见 Ulla Manns, "Gender and Feminism in Sweden: The Fredrika Bremer Association",
Women's Emancipation Movements in 19ᵗʰ Century Europe: A European Perspective, eds. Pa-
letschek & Pietrow-Ennker, pp.152 - 164。

和现时的家内两性劳动分工；据此，妇女不仅生孩子，还养孩子。在她看来，有越来越多"解放"妇女想逃避生孩子来"过自己的生活"，她对此感到担忧，并反驳道："妇女真正的解放……是不可能的；唯一可能的是以新的方式分配负担。"①

爱伦凯在一个问题上和其他妇女意见不同：由国家组织并补贴、面向劳动妇女的托儿机构。此类由莱奥妮·鲁扎德等人提出的方案根植于柏拉图(Plato)到查尔斯·傅立叶等社会思想家的构想；在19世纪90年代，随着各国政府开始处理妇女就业的社会政治影响，这些方案再次激发了讨论和少量行动。凯参观了一些因应这些要求建立的托儿机构，而她看到的东西使她毛骨悚然，因而刺激了她去探究现代西欧工业社会中母职给妇女带来的复杂问题。

爱伦凯所作的贡献的战略意义在于，她成功地把两种路径结合了起来：一是以承认妇女的不同之处为基础，严格以"关系性"方法解决社会政治问题，二是"个人主义"地要求妇女满足和充分实现自我。爱伦凯提出，妇女可以作为母亲对社会作出贡献，借此达到她们作为个体的最大发展。但她也认为，为了达到这一目标，做母亲的条件必须完全重构，母职也必须得到民族国家在政治和经济两方面的重新评估和认可。

在爱伦凯的眼中，个体妇女在育龄阶段从个体男子处得到的经济支持是妇女从属地位的根本基础，必须将之交付政府，从而使这种经济支持进一步脱离个体男性的控制。尽管育儿有集体的支持，但应该在家中进行，由生物上的母亲负责，而非在机构中进行；育儿不该成为集体的直接责任。事实上，凯发展了早先"公民母职"论的逻辑，认为国家应该确认对妇女这一角色的正式培训和男子服兵役是对等的。

与此同时，她大胆呼吁要公开承认爱有性的方面，包括承认妇女的性欲天性和性愉悦。她论述中的这一特点使她受到了英格兰的哈夫洛克·埃利斯等评论家的青睐，但令那些理所当然捍卫传统道德的人相当反感。她也提倡关于母职的优生学与进化论思想，即使她强烈反对她称作"非母

---

① Ellen Key, *Love and Marriage*, trans. Arthur G. Chater (New York & London: G. P. Putnam's Sons, 1911)；重印于 *WFF*, vol. 2, doc. 26(引文自第 123 页)。

性"(amaternal)的思想:"母性不是自发的自然本能,而是数千年来**既生孩子又养孩子**的结果……母性必须通过母亲给予孩子的个人关怀在每一代得到强化。"①

这样重新表述的母职,成为女权主义行动的"政治策略"。在欧洲各国,女权行动派设计和建立了各类机构来帮助和赋权作为母亲的妇女,以及解决造成母亲和儿童困苦的原因,尤其是穷人和工人阶级。历史学家安纳里塔·布塔福科(Annarita Buttafuoco)在研究意大利的案例时提出:"论证母亲角色在社会中的中心地位,就意味着强调国家对母亲和儿童——作为民族本身必不可少的元素——的责任。"②由此而生的慈善活动可以被视为政治性质大过慈善。在 19 世纪 90 年代的意大利,一群米兰妇女组织了保护妇女利益联盟(the Lega par la Tutela degli Interessi Femminile),在女工、劳工组织、富人妇女和国家的多方支持下要求生育保险基金。其他城市(包括都灵和罗马)与此相关的基金实验导致了在妇女联盟 1908 年首次全国大会上提出的)各种要求全国生育基金的提案。在此时依然没有投票权的女权主义者的重压下,政府最终在 1912 年建立了这一基金。但这一举措的形式让女权主义者和很多女工都不满意。后者拒绝合作,甚至罢工来表达她们的想法。雇主们也不愿合作。只有在听取了妇女的抱怨而在 1917 年做出了一系列改变之后,这一基金才开始实现其允诺。

要求把妇女从依赖男人的有害关系中解放出来,从而在更大层面上支持母职的提案,在德国得到了最为声势浩大的宣传;在俾斯麦的工人保险项目下,德国在 1878 年规定给予工业女工部分产后产妇津贴,作为病假补助费。在海伦妮·斯特克、莉莉·布劳恩、阿德勒·施赖伯和她们德国妇运激进派伙伴领导下的保护母亲联盟(the Bund für Mutters chutz),于 1905 年的《宣言》中强调:

① Ellen Key, *The Woman Movement*, trans. Mamah Bouton Borthwick, intro. Havelock Ellis(New York: G. P. Putnam's Sons, 1912);原文为 *Kvinnorörelsen*(Stockholm: Albert Bonnier, 1909), p.191。

② Annarita Buttafuoco, "Motherhood as a Political Strategy: The Role of the Italian Women's Movement in the Creation of the *Cassa Nazionale di Maternità*", in *Maternity and Gender Policies*, p.180.

> 所有对儿童的保护若不同时保护母亲，都是不合格的……因为
> 母亲是儿童生命的来源，对他们的生存而言也必不可少。一切保证
> 她分娩期间休息和护理的东西，确保她未来经济安全的东西，保护她
> 不受其他人……鄙视的东西，都是为儿童的幸福打基础。①

为了最大程度地降低婴儿死亡率，保护母亲联盟要求不仅要保护已婚妇
女的母职，未婚母亲也要受到保护，由于后者缺乏资源，她们新生儿的死
亡率比前者高得多。这一立场激怒了传统道德的捍卫者。②

　　尽管保护母亲联盟的领导者们并不坚持妇女就业的必要性，但她们
确实支持妇女就业。该团体反复向德国国会请愿，不仅要求为在工业行
业就业的妇女提供更多的产妇津贴，还要求政府承认生育相当于服兵役，
所有母亲都应为此得到恰当的酬劳。在 1907 年的一次请愿中，她们声
称："国家有义务创造新的办法，使母亲可以工作，而整个民族亦不受损
害。"③她们提出，女工必须能在休产假之后返回工作岗位而不受惩罚，在
产假期间获得全额的财政补偿，并由本人收取款项。保护母亲联盟不仅
引证了妇女自己的健康，还举出了健康士兵对保卫国族的重要性，以此呼
吁"在母亲为国家提供后者赖以存在的公民期间，对她们加以保护"。

　　被这一争论壮了胆之后，其他德国女权主义者开始在各种相关议题
上采取激进的立场。玛丽·施特里特（她也是保护母亲联盟的成员）领导

---

①　Manifesto of the League for the Protection of Motherhood, in *Archiv für Rassen- und Gesellschaftsbiologie*, 2(1905), p.164；翻译收录于 Ann Taylor Allen, *Feminism and Motherhood in Germany, 1800 - 1914*(New Brunswick: Rutgers University Press, 1991), pp.179 - 180。

②　除了 Allen, *Feminism and Motherhood in Germany*, chap. 10, 还可参见 Amy Hackett, "Helene Stöcker: Left-Wing Intellectual and Sex Reformer," in *When Biology Became Destiny: Women in Weimar and Nazi Germany*, eds. Renate Bridenthal, Atina Grossmann, & Marion Kaplan(New York: Monthly Review Press, 1984), pp.109 - 130。亦参见 Bernd Nowacki, *Der Bund für Mutterschutz, 1905 -1933*(Husum: Matthiesen, 1983)；Christl Wickert, *Helene Stöcker, 1869 -1943: Frauenrechtlerin, Sexualreformerin und Pacifistin*(Bonn: Dietz, 1991)；以及 Gudrun Hamelmann, *Helene Stöcker, der "Bund für Mutterschutz", und "Die Neue Generation"*(Frankfurt-am-Main: Haag & Herchen, 1992)。

③　Helene Stöcker, ed. *Resolutionen des Deutschen Bundes für Mutterschutz, 1905 - 1916*(Berlin, 1916)，翻译收录于 *European Women: A Documentary History, 1789 - 1945*, eds. Eleanor S. Riemer & John C. Fout(New York: Schocken Books, 1980), doc.39, pp.169 -171；引文(此处及下一处)见第 170、171 页。

下的德国妇女协会同盟(Bund Deutscher Frauenvereine，BDF)曾经是一个温和的组织。1907年，该组织的领导发表了一份重要声明，题为《妇女运动的目标与任务》。这一方案并未赞同国家对母亲(包括未婚母亲)的全面支持，但在其他方面跟保护母亲联盟一样完全以妇女为中心："妇女运动的诉求基于两性在精神和肉体上彻底的差异。从这一事实可以推出，只有通过男女合作，文化才有可能进步。"①德国妇女协会同盟虽然维护婚姻的神圣性，但坚持认为"妇女的职业工作在经济和道德上皆有必要性"；其领导者要求单一的性道德标准，要私生子的父亲负责，谴责国家管制的娼妓业，并坚持要在社会各级——教会、社区、国家——都获得投票权。

　　1910年，因为提倡让所有妇女都有实施节育的机会，玛丽·施特里特在妇女协会同盟的领导地位受到挑战。一群更加保守的妇女联合起来，使她连任的努力以失败告终。然而，在其他国家，女权主义者成功地把这些激进的观点保留在了讨论议程上。在挪威，卡蒂·安克尔·莫勒(Katti Anker Møller)既提倡国家支持母职，也主张获得避孕的权利和妇女对自己身体的控制："我们热爱母职，我们想促进母职，但这必须是自愿的，责任也应该全部由我们承担。"②

　　在法兰西第三共和国，随着政府开始着手解决国内越来越低的生育率，女权主义者在这种十分注重人口的政治环境中，以更加引人注目的方式打出了母职这张王牌。③1900年后不久，女权主义自由思想家、生育控制倡导者，同时又是保罗·罗班同事的内莉·鲁塞尔(Nelly Roussel)雄

　　① Bund Deutscher Frauenvereine, "Programm"(1907)，翻译收录于 Katharine Anthony, *Feminism in Germany and Scandinavia*(New York: Henry Holt and Co., 1915), pp. 20 - 26，来自 *Centralblatt des Bundes Deutscher Frauenvereine*(Berlin, July 1907)；重印于 *WFF*, vol. 2, doc. 20(引用自第 102 页)。

　　② Katti Anker Møller，翻译收录于 Ida Blom, "Voluntary Motherhood 1900 - 1930: Theories and Politics of a Norwegian Feminist in an International Perspective", in *Maternity and Gender Policies*, p. 23. 关于 Møller 和劳工政治对 Elise Ottesen-Jensen 后来性教育运动的启发，参见 Doris H. Linder, *Crusader for Sex Education: Elise Ottesen-Jensen(1886 - 1973) in Scandinavia and on the International Scene* (Lanham: University Press of America, 1996), chaps. 1 and 2。

　　③ 参见 Offen, "Depopulation, Nationalism, and Feminism"；以及 Cova, "French Feminism and Maternity"。

辩地坚持国家对母职的支持和妇女控制自己生育的权利，从而将争论导向了新的方向。

内莉·鲁塞尔已婚，并且是三个小孩的母亲。1903 年，在她就人口政治问题给《投石党报》(*La Fronde*)致信以后，鲁塞尔成了法国女权运动强有力的公共发言人。那封信这样写道：

> 女士们，你们不觉得我们的"再增殖者"们(repopulators)在把妇女当成永不停歇地生产炮灰直至彻底损坏的机器吗？……如此理解她们的崇高角色，只会让所有清醒的母亲感到恶心！女权主义应该在其他所有东西之外首先推崇"母职自由"，这是最首位、最神圣却同时最不被讨论和尊重的一种自由——多么难以置信的反常之事啊。①

鲁塞尔接下来以公开信、文章、戏剧表演和文集的形式介入。她呼吁所有阶级的妇女"与当今社会宣战"，并要求对法国管理婚姻的法律进行全面修订。1904 年，女权主义者组织了一场谴责法国民法典百年纪念的集会，鲁塞尔发表了一场著名的演讲；其中，她甚至威胁要罢生(birth strike)来抗击父权制国家及其人口要素论的规划：

> 啊，社会，当心了！那一天终会到来……永恒的受害者会厌倦她们怀着的儿子——他们日后只会被你们教导着去蔑视他们的母亲或那些注定，唉，也要一生充满牺牲和耻辱的女儿们！我们拒绝再给你们这些食人魔供应战争、做工和受苦的工具人的那一天就要到来了！我们**只有自己乐意**时才做母亲的那一天终于就要到来了。②

正如爱伦凯和保护母亲联盟的领导者，鲁塞尔的论点以妇女在母职中的

---

① Nelly Roussel，发表于 *Régénération*, no. 22(March 1903)，第 153 页的信件；作者翻译。关于 Roussel 的研究，参见本书第七章，第 217 页注释④。

② 为抗议民法典百年纪念而召集的妇女集会上 Nelly Roussel 发表的演讲，1904 年 10 月 29 日。发表于 *La Fronde*, 1 Nov. 1904；作者翻译，收录于 *WFF*, vol. 2, doc. 29(引自第 136 页)。

解放为中心——要求使母职的条款对妇女更有利。如爱伦凯一样,她想要妇女的"自由",但非常强调妇女、儿童,以及男性支配下日益军事化的民族国家三者间联系的政治含义。如鲁扎德一样,她要求确认母职为一种有配套权利的"社会"或国家功能。

鲁塞尔不放过任何一个批判男权主义的机会。她批评社会主义政党反对生育控制,她向所有阶级的妇女说理,并和法国的节育倡导者们密切合作,与他们一起努力让工人阶级妇女也能获得避孕信息。在鲁塞尔的观点中,所有的妇女都是"被压迫的";不同阶级的妇女可能论点有所差异,但全都追求同一个解放目标。她坚持,妇女间的共同点远比不同阶级的男人之间多得多,因为不管是什么阶级,他们都经历共有的压迫。在她看来,妇女仍然是社会"永恒的受害者"。[①]

脱掉手套:向男性的行为发起挑战

当然,在 1914 年以前,女权主义者在争取政治权利方面确实并不成功。但她们在一个非常重要的方面取得了成功:整个欧洲都在回应妇女解放提出的挑战。这不是个无足轻重的成就。重新定义母职就是她们的突破之一;挑战男性的行为则是另一个。

1912 年,莉莉·布劳恩提及了妇女把"必定适应男人需求与能力的职业和工作环境"与母职结合起来时遇到的困难。她指出,永无休止的生育、价值被低估的家务和报酬过低的工作这三重负担创造了令人难以承受的重荷:

> 妇女运动一开始是非常无害的;妇运先驱们孜孜不倦地让我们确信,她们不会触动任何受传统和习俗尊崇的制度,而结果表明妇女运动具有最深意义上的革命性。而且,当妇女运动最初的要求(即妇女的经济、法律和政治平等)得到满足后,这场运动并未实现其最终

---

① Nelly Roussel, "L'Éternelle sacrifiée",译作"She Who Is Always Sacrificed", in *Feminisms of the Belle Époque*, eds. Jennifer Waelti-Walters & Steven C. Hause (Lincoln: University of Nebraska Press, 1994), pp. 18 - 41。

目标，相反，它这时才开始面对最艰巨的任务。不仅妇女，全人类的未来都取决于这一任务的解决。①

确实是预言性的话！布劳恩讲的历史可能不完整，但她的分析直指当下欧洲女权分析及行动提出挑战的核心。事实上，事情已很明显，妇女问题亦是男人问题；此前欧洲社会中建构的男性与女性特质以及它们互相依存的关系，此后在一切有问题的方面都需要彻底重塑。

当关于(精神或肉体意义上)母职的讨论与国家人口增长及帝国扩张的目标并置时，所有此类讨论都能令一些男人极度紧张。在法国，有些人开始悲叹这样下去是"种族自杀"(race suicide)，在英格兰，另一批人则对女性的自决要求表达出更加凶恶的威胁。在德意志帝国，国家自由党的领导弗里德里希·瑙曼(Friedrich Naumann)满腔热情地用他自己的方式对母职问题表达了看法："妇女所有其他工作都要给母职工作让路……国家民族的朝气就取决于它们的女孩儿是否愿意成为母亲。"②1910 年，在一次赴哥尼斯堡的皇家访问期间，德皇威廉二世(Kaiser Wilhelm Ⅱ)本人也给德国妇女讲述了她们对国族的责任：

> 她们应当知道，德国妇女的主要任务不在集会和社团领域，不在于取得想要的权利——这会让她们像男的，她们的任务在于安静地在家里和家庭中工作……这不是一个以牺牲祖国(fatherland)为代价来实现个人目标的问题，而是一个完全、彻底地为祖国着想的问题。③

---

① Lily Braun, "Introduction" to *Die Mutterschaft: ein Sammelwerk für die Probleme des Weibes als Mutter*, ed. Adele Schreiber(Munich: A. Langen, 1912), pp. 3 - 4；由 Alfred G. Meyer 翻译，收录于 Lily Braun, *Selected Writings on Feminism and Socialism*, ed. Alfred G. Meyer(Bloomington: Indiana University Press, 1987), pp.112 - 113。

② Friedrich Naumann, *Neudeutsche Wirtschaftspolitik* (Berlin: Schöneberg, 1906), p.37；译自 1906 年版，pp.30 - 31，载 Hackett, "Politics of Feminism", vol.I, pp. 332 - 334。

③ Kaiser Wilhelm Ⅱ, 1910 年 8 月 25 日演讲，载 *Schulthess' europäischer Geschichtskalender, 1910*(Munich: C. H. Beck), p. 339；此处翻译来自 Hackett, "Politics of Feminism", vol.Ⅰ, pp.370 - 371，但稍有修改。亦参见 Heinrich Rosebrock, *Kaiser Wilhelm Ⅱ und die Frauenfrage* (Berlin, 1910)。作者感谢 Diane Trosino Guido 在 Kaiser 的演讲上提供协助。

不管这些男人处于什么具体的文化或国族语境,他们说"母职"时表达的意思和大部分母性主义女权主义者都不同。

女人的生育能力——乃至她们的性——脱离男人控制的可能性引起了男性的焦虑,事实上,这种焦虑的表达似乎愈发明显。在法国和挪威,正如内莉·鲁塞尔和卡蒂·安克尔·莫勒在论述中强调的,一些女权主义者明确反对把生孩子作为对他人尽责的表现(不管是为男性支配的教会还是男性支配的国家),正如她们在其他方面尊敬与重视母性。因此,正是在 20 世纪初,欧洲社会中的一些女权主义批评家甚至更大胆、更直接地指出那些妇女在性职责和节育方面面临的阻碍。

女权批评家们全身心地加入了一场逐渐成型的观念与知识战争,这场战争的议题围绕性、生育和社会责任,到 1900 年已经确凿无疑地从禁忌的遮盖下冒了出来。终结国家管制的娼妓制度和反抗男人对妇女的暴力这两方面的斗争尤其激励了女权主义者,她们不仅跟双重道德标准斗争,还要攻击男性性行为。她们有意地要拿回女人对自己作为有性人(sexual beings)的生活的控制权,对自己生育的控制权,和对自己出生或未出生的孩子的控制权。她们要求个人选择权、个体自主权;这些要求隐含着革命性的社会影响,并且会引起激烈的争论。有些要求妇女作为女性个体的自主性,有些则要求人类的自主性里属于她们的那份,一种超越和遮盖了任何特定性别身份的自由。

很多妇女调动了她们惊人的智识技能来批判男性在婚姻、性、暴力和好战方面的普遍行为。而且她们直言不讳。这一群女权主义者中有很多人在其他问题上依然引用"母性主义"的观念,但正是在这群人中,可以看到一系列为妇女解放所作的完全自由式的"个人主义"论述。尤其在英格兰,女权主义者可以在前一代人运动的基础上批判管制娼妓制度和男性的性暴力,有些激进派则发展出了强有力的论述支持全面性解放。

莫娜·凯尔德(Mona Caird)对英格兰当下对婚姻与母职的理解进行了破坏性的剖析。在 1894 年的小说《达璐斯的女儿们》中,她追溯了阿德里亚的旅程。阿德里亚是一个聪明的年轻女子,但她的家人却永无休止地给她压力,以此把社会对婚姻与母职的要求强加到她身上,最终毁掉了她的前途与才华。阿德里亚和易卜生笔下的娜拉一样逃离了整个家庭,当她的嫂子请她回家时，她拒绝道：

> 在我们现在的社会状态下，母职既是束缚女人的标志与印记，也是途径与方法。母职给她自己的肉与血锻造了锁链；为她自身的爱与本能编织了绳索……在文明人当中，母职代表了对生育能力的出卖，这和其他在我们大部分人眼中更骇人听闻的虐待完全没有区别。[1]

在意大利，西比拉·阿莱拉莫(Sibilla Aleramo)于1906年发表了一部得到大量翻译的长篇小说《一个女人》，讲述了一个婚姻不幸的女人付出巨大个人代价来追求生存自由的故事，呼应了上述对母职的批判：

> 为什么我们要把母亲的牺牲理想化？谁给了我们这种毫无人性的想法，觉得母亲应该否认她们自己的愿望和欲望？多少世纪以来，母亲把她们对奴役的接受传递给女儿，以至于这现在已经成了一条束缚她们的庞大锁链……如果母亲们不否认她们的女人身份，而是根据自尊的需求来生活，以此作为给孩子的示范，会怎么样呢？[2]

在法国，年轻医生马德莱娜·佩尔蒂埃(Madeleine Pelletier)绝对是最直言批判男性在性与生育方面策划控制妇女的女权主义者。[3]当时，对出生率下降的忧虑引发了对女权主义诉求的激烈抵抗，在这种环境下，佩尔蒂埃开始明确表达一系列毫不让步的主张，要求妇女生育自由。她声

---

[1]　Mona Caird, *Daughters of Danaus*(London: Bliss, Sands & Foster, 1894; repr. New York: Feminist Press, 1989), pp.341, 343.

[2]　Sibilla Aleramo(假名为 Rina Faccio)，*Una Donna* (1906)；英译本为 *A Woman*, transl. Rosalind Delmar(Berkeley & Los Angeles: University of California Press, 1980)，pp.193-194。出版没几年，这本小说就有了西班牙语、英语、瑞典语、法语、德语和波兰语版本。参见 *Svelamento: Sibilla Aleramo: una biografia intellettuale,* eds. Annarita Buttafuoco & Marina Zancan(Milan: Feltrinelli, 1988)。

[3]　关于 Madeleine Pelletier，参见本书第七章第 242 页注释①中的参考文献。更多 Pelletier 文本的翻译可参考 *Early French Feminisms, 1830-1940*, eds. Felicia Gordon & Máire Cross(Cheltenham: Edward Elgar, 1996)，chaps.5 and 6.

称自己有贞操,并雄辩地论证要摧毁男性支配的家庭,为女孩提供女权主义教育、妇女选举权、妇女随心所欲去爱的权利,以及当其他预防性措施都不够的时候,将堕胎作为"最后一招"的权利。根据法国当下的情况,佩尔蒂埃在她 1912 年的传单《妇女的性解放》(L'Émancipation sexuelle de la femme)中指出:"女人只是男人用来享乐的工具;他像吃水果一样消费她。"非意愿妊娠和羞耻不该是女人不可避免的命运。她断言道:"是否以及何时想当母亲要由女人决定,而且只由女人决定。"①佩尔蒂埃明确抨击男性对妇女的性暴力,要求法国社会给她们作为个体的完全性解放;她还要求废除法国刑法典中禁止堕胎的第 317 条。

德国的辩论沿着有些相似的路径展开。②当主张人口要素论(populationist)的医生们(例如在一份德语期刊发表文章的荷兰医生 S. R.斯泰因梅)谴责女权主义阻碍生育,在"人类、我们的种族、我们的文化"需要"最有能力与才华的妇女"生育大量后代时横加阻碍;当德国政府当权者开始执行新民法典中禁止堕胎的第 218 条并成功地加重量刑,女权主义者都迅速回应。③ 1908 年,德国妇女协会同盟对是否要要求废除第 218 条展开论争。尽管结论为否(因为温和派从宗教妇女团体——既有新教也有犹太教——请来代表填满了会场),但妇女协会同盟确实同意支持更改刑罚,以及将堕胎决策医学化,把不情愿做母亲的女人以外的其他妇女也纳入此过程。整个辩论过程中很明显的一件事是,所有女权主义

---

① Madeleine Pelletier, "Le Droit à l'avortement", chap. 3 of *L'Émancipation sexuelle de la femme* (Paris: M. Giard et E. Brière, 1911);英译参见 Madeleine Pelletier, "Feminism and the Family; The Right to Abortion", trans. Marilyn J. Boxer, *The French-American Review*, 6:1(Spring 1982), 3 - 26(引自第 15、17 页)。

② 参见 Allen, *Feminism and Motherhood in Germany*, pp. 188 - 189.另一个对比可参见 Elisabeth Elgán, *Genus och politik: En jämförelse mellan svensk och ansk abort-och preventivmedelspolitik fran sekelskiftet till andra väridskriget* (Gender and Politics: A Comparison of Swedish and French Abortion and Contraceptive Policies from the Turn of the Century to the Second World War), Acta Universitatis Upsaliensis: Studia Historica Upsaliensis, 176 (Uppsala, 1994)。

③ S(ebald) R(udolf) Steinmetz, "Feminismus und Rasse", *Zeitschrift für Sozialwissenschaft*, 7(1904), 752;翻译收录于 Allen, *Feminism and Motherhood*, p. 189. 亦参见他更早期的攻击, *Het feminisme* (Leiden, 1899)。作者感谢 Ann Taylor Allen 传来 Steinmetz 德语文章的全文。

者都同意堕胎和杀婴是"女人在性上受男人所害的绝望回应"。①
1913 年，两名新马尔萨斯主义兼社会主义者的医生要求进行一场"罢生"
(使人想起早先内莉·鲁塞尔在法国所作的威胁)，妇女协会同盟的女权
主义者并没有那么热情。她们要求国家给包括未婚母亲在内的所有母亲
提供支持。克拉拉·蔡特金领导下的社会民主党妇女觉得这个提议同样
不值得支持，她们认为这样的罢工对无产者的最终胜利只会起到反作用，
甚至还维护了一夫一妻制婚姻。废止堕胎相关法律的问题无法很快得到
解决。

性教育和避孕作为女权主义议题更具重要性。1897 年，瑞士女权主
义者和废奴主义者埃玛·皮琴斯卡-赖兴巴赫(Emma Pieczynska-
Reichenbach)出版了一本给女孩的性教育手册《纯洁学校》，该书被译成
34 种语言，并且有很多效仿者。②年轻女子需要知道她们眼前即将发生的
事；皮琴斯卡-赖兴巴赫指出，生理学知识可以和道德上的纯洁结合在一
起。在荷兰，主张妇女参政权的医生阿莱塔·雅各布斯(Aletta
Jacobs)在她的女性患者中宣传子宫帽(diaphragm，Dutch cap)的应用。
在俄国，索菲娅·扎列奇娜亚(Sofiya Zarechnaya)1910 年在《女性事业》
上发表写作，将计划生育措施和妇女解放联系在一起。有些人认为，妇女
的"选择"会提升母性的价值与尊严；其他人则坚持应优先考虑孩子的"质
量"，而非"数量"。

女权主义被攻击的另一个靶子是性病会摧毁母亲与孩子的健康。德
国女权主义者发起了一场运动，要求规定婚前体检，她们认为性病的主要
传播途径是那些婚前有淫乱性行为而无保护措施的不洁的丈夫，因此这
项措施能帮助保护妇女不受性病的摧残。在挪威，对妇女健康的关心跟
生育资格的问题混在一起；优生学家、改革家阿尔弗雷德·米约恩医生
(Dr. Alfred Mjøen)向挪威国会提出请愿，要求修订婚姻法以纳入一项替

---

　　① Allen, *Feminism and Motherhood*, p.193.
　　② E(mma) Pieczynska(-Reichenbach), *L'École de la pureté* (Geneva: Eggimann,
1897). 目前关于 Pieczynska-Reichenbach 最好的作品依然是 E. Serment, "Emma Pieczynska,
née Reichenbach, dans ses oeuvres", *Annuaire des femmes suisse 1926/27*, 10(1927), pp.
81-111。

代方案,让婚姻双方在婚前提供自身健康状况良好的正式声明。①

性病及其经男人传播给毫无提防的女人的问题,在年轻的英格兰选举权激进分子、法学院出身的克丽丝特布尔·潘克赫斯特(Christabel Pankhurst)那里得到了更为直接的表达。在妇女参政论者进行激进行动并受到迫害期间,一系列性丑闻震惊了整个不列颠,随后,潘克赫斯特发表了一份严厉的檄文批判男性的罪恶。梅毒和淋病给无辜的母亲与儿童带来了可怕的后果。潘克赫斯特坚持"性病的起因是妇女的屈从地位;因此要摧毁其一,就必须摧毁另一个……我们此刻面对的或许是妇女问题最紧迫、最严重的形式。"②潘克赫斯特解决方案的核心是"给女人选票,让男人守贞"。她甚至更进一步要求,应该教育男人认清他们的职责:"父职、为父之术以及做父亲的职务与责任是每日一问(question of the day),或者说应该是每日一问……如果男人能意识到他们当父亲的职责,娼妓

---

① Dr. Alfred Mjøen, "Legal Certificates of Health Before Marriage: Personal Health-Declaration versus Medical Examination", trans. Dr. Bergen, in *The Eugenics Review*, 4:4 (Jan. 1913), 362;最初于1912年4月发表于挪威妇女权利杂志 *Nyelande*;重印于 WFF,vol.2, doc.53(引文自第217页)。

② Christabel Pankhurst, "A Woman's Question", in *Plain Facts About a Great Evil* (London, 1913);最初发表于 *The Suffragette*, 8 (August 1913);重印于 *WFF, vol. 2, doc. 54(引文自第219 - 220页)。关于 Christabel Pankhurst 的女权主义,参见 David J. Mitchell, *Queen Christabel: A Biography of Christabel Pankhurst* (London: Macdonald and Jane's, 1977)以及 Elizabeth Sarah, "Christabel Pankhurst: Reclaiming Her Power", in *Feminist Theorists: Three Centuries of Key Women Thinkers*, ed. Dale Spender (New York: Pantheon, 1983)。关于她批判男性性行为/性生活(male sexuality)的背景,参见 Sheila Jeffreys, *The Spinster and Her Enemies: Feminism and Sexuality, 1880 - 1930*(London: Pandora Press, 1985); 另外,*The Sexuality Debates*, ed. Sheila Jeffreys(London & New York: Routledge & Kegan Paul, 1987)是一本极好的资料集。Susan Kingsley Kent 把性解放与选举权要求联系在一起进行了大胆论证,参见 Susan Kingsley Kent, *Sex and Suffrage in Britain, 1860 -1914*(Princeton: Princeton University Press, 1987)。亦可对照 Lucy Bland, *Banishing the Beast: English Feminism and Sexual Morality, 1885 -1914*(New York: The New Press, 1995)以及 Laura E. Nym Mayhall, "'Dare to be Free:' The Women's Freedom League, 1907 - 1918", Ph. D. dissertation, Stanford University, 1993. 最新的研究可参见 June Purvis, *Christabel Pankhurst: A Biography*(London: Routledge, 2018)。关于荷兰的相似问题,参见 *De eerste feministische golf. 6de Jaarboek voor Vrouwengeschiedenis*, eds. Jeske Reys, et al. (Nijmegen: SUN, 1985); Ulla Jansz, *Denken over sekse in de eerste feministische golf*(Amsterdam: Van Gennup, 1990);以及 Marianne Braun, *De prijs van de liefde. De eerste feministische golf, het hywelijksrecht en de vaderlandse geschiedenis*(Amsterdam: Het Spinhuis, 1992)。

业就会消失了。"①

反对性道德败坏和男人对女人暴力的运动提出了一个更具普遍性的问题：有组织的男性暴力。一段时间以来，战争和军国主义是女权主义强烈批判的对象。在19世纪70—80年代，玛丽·古格和维尔日妮·格里斯-特劳特等活跃于和平运动的女权主义者在战争期间发起了若干次抗议，把女人——生命的给予者——呈现为带来和平的调停者。19世纪90年代末出现了一位战争中男性暴力的重要批判者，她就是奥地利作家贝尔塔·冯·苏特纳(Bertha von Suttner)。苏特纳挑战性与爱中的双重标准，并且对社会如何虚伪地批评未婚母亲和她们"非法"的后代感到极度反感，从而发展出了她对组织化战争的批判："你们赞美死亡，甚至大肆谋杀，以至于你们在万事万物中最欣赏、最颂扬战斗之美名；而在你们当中，最受辱骂的、最需要暗中进行的，则是创造生命。"②

苏特纳的畅销小说《放下武器》(发表于1889年，并被翻译成各种语言)很有力量，该书描述了一个年轻女人的故事：她嫁给了一个奥地利军官，并通过守寡和做母亲的经验谴责战争带来的毫无意义的杀戮。通过这个故事，她进一步批判男性暴力，揭露了其虚假表象与徒劳无功。她带领读者在军事大场面的帷幕背后探索战争的丑恶遗产：

> 炮声喑哑，号角消失，鼓点不见；只剩下痛苦的低声呻吟，垂死者的临终喉鸣。在被践踏过的土地上，一些闪着红光的池子，鲜血充斥的湖泊；没有一棵庄稼幸免于难，只有一些零星的土地还保持原样，被残株覆盖着；昨日还欢快的村庄，沦为残垣和废物。森林里的树木

---

① Christabel Pankhurst, "What Women Think", in *The Great Scourge and How to End It*(1913)；重印于 *The Sexuality Debates*(引文自第333-334页)。

② Bertha von Suttner, *Das Maschinenzeitalter: Zukunftsvorlesungen über unsere Zeit* (Dresden and Leipzig, 1899; orig. publ. Zurich, 1889), pp. 165-166；由 Susan Groag Bell 翻译，收录于 *WFF*, vol. 2, doc. 12(引文见第72页)。关于 Suttner，参见 Brigitte Hamann, *Bertha von Suttner: A Life for Peace*, trans. Ann Dubsky, intro. Irwin Abrams(Syracuse: Syracuse University Press, 1996; orig. publ. Munich, 1987)；以及 Regina Braker, *Weapons of Women Writers: Bertha von Suttner's "Die Waffen nieder!" as Political Literature in the Tradition of Harriet Beecher Stowe's "Uncle Tom's Cabin"*(New York: Peter Lang, 1995)。

被烧毁、被劈烂，树篱被霰弹撕裂。在这片战场上，成千上万人死去，或垂死——奄奄一息，没有任何援助。①

为改变这种惨状，她发起了一场著名的裁军运动，最终也以此获得了诺贝尔和平奖。

这类努力激发了其他一些更明确以妇女为中心的事业，例如 1897 年由加布丽埃勒·维什涅夫斯基公主(Princess Gabrielle Wiszniewska)建立的妇女争取国际裁军联盟(the League of Women for International Disarmament)，该组织的宣言呼吁妇女发起一场"反对战争的战争"；另一个由德国行动派玛格丽特·莱诺雷·塞伦卡(Margarethe Lenore Selenka)领导的团体，组织了一场有上百万名妇女签名的国际请愿，以支持 1899 年 5 月海牙和平会议的目标。②很多热心的女权主义者也在和平运动中非常积极，尽管不是所有的和平行动派都是女权主义者。

在 20 世纪初，作为对这些女权主义诉求的直接反应，紧张的男性开始了一场新的强烈抵制。在德国，海因里希·冯·特赖奇克(Heinrich von Treitschke)在两卷本的研究《政治》(1899—1900)中痛斥女性解放的理念是"灾难性"的，并为一夫一妻制婚姻、私有财产和男性为首的家庭辩

---

① Bertha von Suttner, *Lay Down Your Arms: The Autobiography of Martha von Tilling*, trans. T. Holmes(London: Longmans, 1894；重印于 New York: Garland, 1972), p. 255。

② 参见 The Manifesto of the Ligue des Femmes pour le Désarmenent International，重印于 Caïel(Alice Pestana 的假名), *La Femme et la Paix: Appel aux mères portugueses*(Lisbon: Imprensa nacional, 1898), pp. 52 - 54。关于 Selenka 1899 年在 Hague Peace Conference 之际进行的努力，参见 Margarethe Lenore Selenka, *La Manifestation internationale des femmes pour la Conference de la Paix du 15 mai 1899*(Munich: A. Schupp, 1900)。该作品也有德语和英语标题，并且包含了一整套各类文本及请愿的译文。Selenka 的团体向和会呈交了一份超过一百万名妇女签名的请愿书。关于这些努力，参见 Sandi E. Cooper, "The Work of Women in Nineteenth Century Continental European Peace Movements", *Peace & Change*, 9: 4 (Winter 1984), 11 - 38。关于比利时和瑞典，参见 Nadine Lubelski-Bernard, "The Participation of Women in the Belgian Peace Movement(1830 - 1914)", in *Women and Peace: Theoretical, Historical, and Practical Perspectives*, ed. Ruth Roach Pierson(London: Croom Helm; New York: Routledge, Chapman & Hall, 1987), pp. 76 - 89；以及 Abby Peterson, *Women as Collective Political Actors: A Case Study of the Swedish Women's Peace Movement, 1898 -1990*. Research Report no. 107(Gothenburg: Department of Sociology, University of Gothenburg, 1992)。

护,认为它们是国家的必要基础。①在法国,泰奥多尔·约兰(Théodore Joran)每年有一次反女权的控诉,其中有些还获得了法兰西学院颁发的奖项,在这一系列控诉中,他抨击女权主义和社会主义一样,是"反法的疾病"。约兰的作品总是有一些"女权主义首先就是造反、不和、混乱,是嫉妒我们的男性本质"之类的论述。②他提醒读者,对女人身份的崇拜是法国的发明,如若摧毁,一定会导致两性间的战争。

还有一些作品比海因里希和约兰气势汹汹的咆哮更令人不安,其中既表露了崇尚战争的心态,又混杂着反女权主义乃至厌女症。20世纪初种种对男权主义战争贩子行径的重申,有时被建构成对现代社会"女性化"的回应。菲利波·托马索·马里内蒂(Filippo Tommaso Marinetti)于1909年发表在《费加罗报》(巴黎)上的《未来主义宣言》一文尤为充满敌意地表达了这一观点:

> 我们崇拜战争——世界上唯一健康洁净之物——军国主义、爱国主义、自由使者的毁灭姿态、值得为之赴死的美丽信念,以及对女人的蔑视。我们会摧毁所有的博物馆、图书馆、学院,我们会跟道德主义、女权主义,还有一切机会主义或功利主义的懦弱开战。③

这只是青春期的咆哮,还是"男性身份危机"的证据?④如奥托·魏宁格(Otto Weininger)的作品所言,男性身份必须建立在对女性元素的压制

---

① Heinrich von Treitschke, "The Family", chap. 7 of *Politics*, trans. Blanche Dugdale & Torben de Bille(New York: Macmillan, 1916;最初发表于 *Politik*, 2d ed., Leipzig, 1899 - 1900), vol. 1, p. 248.参见 Sybil Oldfield, "The Dubious Legacy of Bismarck and von Treitschke", chap. 1 of *Women Against the Iron Fist: Alternatives to Militarism, 1900 - 1989*(Oxford: Basil Blackwell, 1989), pp. 3 - 18。

② Theodore Joran, *Le Mensonge du féminisme*(Paris: Jouve, 1905), p. 295,以及 *Autour du féminisme*(Paris: Plon, 1906), pp. 20 - 21。

③ Filippo Tommaso Marinetti, "The Futurist Manifesto", in *Marinetti: Selected Writings*, ed. R. W. Flint, trans. R. W. Flint & Arthur A. Coppotelli(New York: Farrar, Straus and Giroux, 1972), p. 42.

④ Annelise Mauge, *L'Identité masculine en crise au tournant du siècle* (Marseille: Éditions Rivages, 1987), p. 8.

上吗？那女性元素呢？另一位未来主义作家瓦伦丁·德·圣-普安(Valentine de Saint-Point)认为,20世纪初的男人和女人都缺乏男子气。女人需要的不是"权利",而是注入鲜血和本能;她要求英勇战士、女战士和凶猛的母亲重新出现。然后男性特质和女性特质就会重回它们正确的位置。"让女人重新发现她的残忍和暴力,这保证了她会撕碎被征服的人。"多愁善感、软弱、同情、人道的价值观都是敌人:对圣-普安来说,女权主义诉求就是这些东西的化身。她总结道:"女权主义是一个政治错误……是脑子出错,女人的本能可以辨别出来这个错误。"①

奥利芙·施赖纳有着跟贝尔塔·冯·苏特纳同样的关切,并且似乎回应了马里内蒂和圣-普安的论断。她有力地指出女人与战争的不相容:

> 男人制造飞镖、箭弓、利剑或枪,用它们互相毁灭;我们制造男人,他们毁灭他人,或被他人毁灭! 我们从古至今都在以巨大的代价制造战争最根本的军需品——没有他们,其他的都不会存在。迄今为止,地球上每一片战场的供给——不管上面发生了多少杀戮——都是仰赖这一种族的妇女流着比倒地的男人更多的血、经历着比他们更多的疼痛;现在依然如此。**我们负担了所有人类生命的主要成本**。②

在施赖纳看来,只有当"知识的文化和活动让女性有可能平等地参与控制和管理现代国家生活",战争才会终结。施赖纳以妇女为中心的逻辑会在20世纪10年代吸引很多支持者,但是不足以避免灾难。19世纪的战争可能比之前更少、更短,但军备预算却持续增长。历史学家桑迪·库伯

---

① Valentine de Saint-Point, "Manifeste de la femme futuriste: Réponse à F. T. Marinetti"(25 March 1912);重印于 *Futurisme: Manifestes, proclamations, documents*, ed. Giovanni Lista(Lausanne: Éditions d'Age d'homme, 1973), pp. 329 - 332(引自第 331 页;Karen Offen 翻译)。该文本于 1912 年春末至夏季由作者在布鲁塞尔和巴黎先锋派画廊的演讲中宣读,并以意大利语、法语和德语发表。

② Oliver Schreiner, "Woman and War", in *Woman and Labour* (1911; repr. London: Virago, 1978); quotes, pp. 169, 178. 该文本也可在此书中查阅:*An Olive Schreiner Reader*, ed. Carol Barash(London: Pandora Press, 1987), pp. 198 - 211.

(Sandi Cooper)指出：“和平实际上是备战的阶段。”①

范尼·克拉尔(Fanny Clar)在一篇文章中反对法国的三年兵役法提案，试图警告读者他们面临的前景：“我们在一座悬崖前，欧洲各国就在悬崖边上头晕眼花地歪斜着，如果……他们不站直身子从深渊退回来，马上就会滑下去……战争是丑恶可怕的！”②来年，1914年5月的国际妇女理事会大会期间，罗马国家剧院举办了一场支持妇女选举权的盛大集会。在会上，法国律师玛丽亚·韦罗内(Maria Vérone)情绪激昂地要求一场“反战争的战争”。③随后，1914年6月28日(塞尔维亚的国族主义纪念日“维多夫丹”)，一个塞尔维亚国族主义者在萨拉热窝刺杀了奥地利大公，即奥匈帝国的皇位继承人。不久后，互相勾连的外交联盟逐渐成型，枪声响起，鲜血开始流淌。

---

① Cooper, "Work of Women", p.11.

② Fanny Clar, "Le mensonge des trois ans", *L'Équité*, 15 March 1913；重印于 *Le Grief des femmes: Anthologie des textes féministes du Second Empire à nos jours*, eds. Maïté Albistur and Daniel Armogathe(Paris: Éditions hier et demain, 1978), p.202；Karen Offen 翻译。

③ 关于 Maria Vérone 这场反响热烈的演讲，参见 *La Française*, 23 May 1914, p.1，以及 Mary Sheepshanks, "The Suffrage Meeting in Rome, May 15, 1914", *Jus Suffragii*, 8:11 (1 July 1914), 137 - 138。我目前还找不到这份演讲发表出来的文本。

第三部分

20世纪

社会学家吉塞拉·卡普兰(Gisela Kaplan)提出:"过去,当重大政治事件似乎在要求全国所有的注意力时,包括妇女解放在内的社会问题便总是因此从政治议程上消失。"①"消失"(disappeared)一词可能把事情说得太轻了,而"社会问题"(social questions)一词则很难抓住女权主义者所提问题的政治含义。或许更准确的说法是把妇女解放称为"政治"(political)而非"社会"问题,并用"(被)抹去"(erased)替换"消失"。这些替代词更好地描述了在当时那种妇女(乃至能投票的妇女)仍只有很少的正式政治权力、女权主义观念也依然不受欢迎的环境下女权主义的诉求,(起码暂时)遭遇到了什么境况。一直到 20 世纪这个战争、革命与抵制的喧嚣时代,欧洲社会一直是这种情况。

1914 年 8 月的枪声标志着一个动荡时代的结束和另一个动荡时代的开始:在这个新时代,民族国家建设的政治和国际上的种种对抗以无数种无法预见的方式,既确认了欧洲女权主义成功的可能性,又在同时开始对其产生威胁。此时的局面甚至让人觉得,在女权主义者历经几十年成功地在父权机制的地壳上强力打开了巨大裂痕之后,那些控制枪杆子的人又试图用炸药把这些裂痕给炸合上。有没有可能这场战争未言明的目标之一,就是拦住——甚至扑灭——女权主义愿景那危险的、吸引了欧洲人和(实际上)全世界注意的熔岩迸发?

还能有什么比战争更强烈的政治活动? 20 世纪新型现代战争高度机械化且愈发技术性,会为了配备武装力量而征用大量的国家资源,并将所有目光重新聚焦于男性为武装化国家(nation-in-arms)所作的努力和显示的勇气,以此(或许远比此前的战争更为)频繁而显著地改变了两性的位置。女权主义者很清楚战争对性别关系而言意味着什么。两名反战的英国妇女参政论者在 1915 年初总结了战争的影响:"在战争时期,只有男人要紧。"②1923 年,奥地利女权行动派及作家罗莎·迈雷德尔(Rosa

————————

① Gisela Kaplan, *Contemporary Western European Feminism* (New York: New York University Press, 1992), p.283.

② M(ary) Sargant Florence & C. K. Ogden, "Women's Prerogative", *Jus Suffragii*, 9: 4(1 Jan. 1915), 218-219;亦参见她们 1915 年的小册子 *Militarism versus Feminism*,重印于 *Militarism versus Feminism: Writings on Women and War*, eds. Margaret Kamester & Jo Vellacott(London: Virago, 1987)。

Mayreder)评论道:"理论上来说,战争代表了男性特质最极端的产物,是无限制的男性活动最终、最可怕的后果。在这种男性特质日益强化的外在环境之下,天生有女性特质的事物根本无法主张自己的平等权利。"①作为战争时期不参加战斗的人,即使女人一直被动员担当支持角色以满足国族利益,她们还是在象征意义上被推到"前线之后"。不管在战争期间还是结束以后,女人和男人一样,都要受到全新形式的监管与控制。②

女权主义遇到了十分复杂的环境:战争的影响加上俄国革命的作用,战后欧洲女性人口的过剩,日益强化的全国动员工作,以及 20 世纪二三十年代的一大特征,即男性支配的左右翼政党为控制国家而起的派系争端(有人把右翼与左翼叫作传统与运动,但这种二元论可能太简单了),再加上会在未来引发第二次世界大战的经济动荡与军国主义抬升——这些都严重扰乱了女权主义的势头,突兀地改变了其发展的方向。鉴于这一系列形势,本书第三部分的标题也许可以叫"被围困的女权主义"。

被围困,没错;但也取得了部分胜利。因为女权主义在 20 世纪上半叶并不是毫无进展。大部分欧洲国家授予妇女选举权当然就可以算作重

---

① Rosa Mayreder, "Geschlecht und Sozialpolitik",收录于 *Geschlecht und Kultur* (Jena: Eugen Diederichs, 1923), p.108;翻译收录于 Harriet Anderson, *Utopian Feminism: Women's Movements in Fin-de-Siècle Vienna* (New Haven: Yale University Press, 1992), p.172。

② 关于妇女在第一次世界大战中的参与及其对妇女的影响,参见 *Behind the Lines: Gender and the Two World Wars*, eds. Margaret Randolph Higonnet, Jane Jenson, Sonya Michel, & Margaret Collins Weitz(New Haven: Yale University Press, 1987)中收录的论文; Diana Condell & Jean Liddiard, *Working for Victory? Images of Women in the First World War 1914 -1918* (London: Routledge & Kegan Paul, 1987);以及 *The Upheaval of War: Family, Work and Welfare in Europe, 1914 -1918*, eds. Richard Wall & Jay Winter(Cambridge: Cambridge University Press, 1989)中收录的各种论文。尤其参见 Françoise Thébaud, *La Femme au temps de la guerre de '14* (Paris: Stock, 1986)和她精彩的比较研究论文"The Great War and the Triumph of Sexual Division", in *Toward a Cultural Identity in the Twentieth Century*, ed. Françoise Thébaud, vol.5 of *A History of Women in the West*, eds. Georges Duby & Michelle Perrot(Cambridge, Mass.: Harvard University Press, 1994), pp.21 - 75。关于俄国,参见 Alfred G. Meyer, "The Impact of World War I on Russian Women's Lives", in *Russia's Women: Accommodation, Resistance, Transformation*, eds. Barbara Evans Clements, Barbara Alpern Engel, & Christine D. Worobec(Berkeley & Los Angeles: University of California Press, 1991), pp.208 - 224。亦参见 Margaret H. Darrow, *French Women and the First World War: War Stories of the Home Front* (Oxford & New York: Berg, 2000)以及 Rochelle Goldberg Ruthchild, *Equality and Revolution, Women's Rights in the Russian Empire, 1805 -1917* (Pittsburgh: University of Pittsburgh Press, 2010)。

大胜利；此外，一些妇女通过选举担任公职并升任到政府的行政主管岗位，同样是巨大成功。①马丽·尤哈斯(Marie Juchacz)是首位在德国议会

---

① 近期关于 1914 - 1950 年间妇女正式参与全国议会及其他政府部门的研究，包括：

英格兰，参见 Beverly Parker Stobaugh, *Women and Parliament, 1918 - 1970* (Hicksville: Exposition Press, 1978); Melanie Phillips, *The Divided House: Women at Westminster* (London: Sidgwick & Jackson, 1980); Brian Harrison, "Women in a Men's House: The Women MPs, 1919 - 1945", *The Historical Journal*, 29:3 (Sept. 1986), 623 - 654; 以及 Patricia Hollis, *Ladies Elect: Women in English Local Government, 1865 - 1914* (Oxford: Clarendon Press, 1987)。

法国，参见 Siân Reynolds, "Women and the Popular Front in France: The Case of the Three Women Ministers", *French History*, 8:2 (June 1994), 196 - 224; 以及 Paul Smith, *Feminism and the Third Republic: Women's Political and Civil Rights in France 1918 - 1945* (Oxford: Clarendon Press, 1996)。

奥地利，参见 Gabriella Hauch, *Vom Frauenstandpunkt aus: Frauen im Parlament, 1919 - 1933* (Vienna: Verlag für Gesellschaftskritik, 1995); 亦参见 Hauch, "Rights at Last? The First Generation of Female Members of Parliament in Austria", *Women in Austria*, special issue of *Contemporary Austrian Studies*, vol. 6, eds. Günther Bishop, Anton Pelinka, & Erika Thurner (New Brunswick & London: Transaction, 1998), 55 - 82. 亦参见 Birgitta Bader-Zaar, "Women in Austrian Politics, 1890 - 1934: Goals and Visions"和 Gerda Neyer, "Women in the Austrian Parliament: Opportunities and Barriers", 这两篇文章均收录于 *Austrian Women in the Nineteenth and Twentieth Centuries*, eds. David F. Good, Margarete Grandner, & Mary Jo Maynes (Providence: Berghahn Books, 1996)。

德国，参见 Patricia K. Fessenden 的两份研究，"The Role of Women Deputies in the German National Constituent Assembly and the Reichstag, 1919 - 1933", Ph. D. dissertation, Ohio State University, 1976, 和 "More Than a Question of Numbers: Women Deputies in the German National Constituent Assembly and the Reichstag, 1919 - 1933", in *Proceedings of the Second Annual Women in German Symposium*, eds. Kay Goodman & Ruth H. Sanders (Oxford, Ohio: n. p. 1977), pp. 80 - 98; 以及 Christl Wickert, *Unsere Erwählten. Sozialdemokratische Frauen im Deutschen Reichstag und im Preussischen Landtag 1919 bis 1933*, 2 vols. (Göttingen: Sovec, 1986)。亦参见 Claudia Koonz, "Conflicting Allegiances: Political Ideology and Women Legislators in Weimar Germany", *Signs*, 1:3, pt. 1 (Spring 1976), 663 - 683。

西班牙，参见 Judith Keene, " 'Into the Clear Air of the Plaza: ' Spanish Women Achieve the Vote in 1931", *Constructing Spanish Womanhood: Female Identity in Modern Spain*, eds. Victoria L. Enders & Pamela Ratcliff (Albany: SUNY Press, 1999), 以及 Capel Martinez & Rosa María, eds, *Historia de una conquista; Clara Campoamor y el voto femenino* (Madrid: Ayuntamiento de Madrid, Dirección General de Igualdad de Oportunidades, 2007)。

丹麦，参见 Drude Dahlerup, *The Women's Sections within the Political Parties of Denmark: Their History, Function and Importance — for the Political Parties, for Women, and for Feminism* (Aarhus: Institute of Political Science, University of Aarhus, 1978)。

瑞典，参见 Sondra Herman, "Feminists, Socialists, and the Genesis of the Swedish Welfare State 1919 - 1945", in *Views of Women's Lives in Western Tradition*, ed. F. R. Keller (Lewiston: Edwin Mellen Press, 1990), pp. 472 - 510; 亦参见 *Kvinnors Roest och Raett* (Women's(转下页)

发言的当选女代表,在演讲中,她可能有些过度乐观地讲道:

> 政治平等让我的性别拥有了充分发展其力量的可能性……照德国目前的情况看,过去意义上的妇女问题已经不存在了……政治斗争……从现在起将以其他形式出现。现在,我们女人有机会在意识形态与自由选择的党派团体(freely chosen party groupings)形塑的框架下,让我们的权力产生影响。①

作为一名坚定的社会民主党员,尤哈斯可能过于乐观,认为现存的意识形态和党派团体能充分促进妇女的解放目标。不过,以男人为主、并包括少数妇女的立法机关确实保证了一些议程的进展:支持贫困母亲的项目,巩固妇女获得高等教育和职业机会的权利,修订婚姻法,实施离婚法,以及最终在20世纪晚些时候实现的废止限制妇女生育自由的法律条款。天赋异禀的女"名流"、行动派与作家们赢得了公众对其贡献的新形式的认可,从大学的荣誉博士学位和政府的功绩勋章,到诺贝尔和平奖[贝尔塔·冯·苏特纳(Bertha von Suttner),1905;简·亚当斯(Jane Addams),1931]、文学奖[塞尔玛·拉格尔勒夫(Selma Lagerlöf),1909;格雷斯·德莱达(Grazia Deledda),1926;西格丽德·温塞特(Sigrid Undset),1928]、化学奖[玛丽·居里(Marie Curie)及其丈夫皮埃尔(Pierre),1903]和物理学奖[玛丽·居里,1911;伊雷娜·约里奥-居里(Iréne Joliot-Curie)及其丈夫弗雷德里克

(接上页)Vote and Rights), eds. Ruth Harmrin-Thorell, Ulla Lindstrom, & Gunborg Stenberg (Stockholm: Allmaennaförlag, 1969)。

　　爱尔兰,参见 Maurice Manning, "Women in Irish National and Local Politics, 1922-77", in *Women in Irish Society: The Historical Dimension,* eds. Margaret MacCurtain & Donncha O'Corrain(Dublin: Arlen House, The Women's Press, 1978), pp.92-102。

　　比利时,参见 Anne Morelli, "L'Action parlementaire des premières femmes députés belges, 1929-1945", in *Femmes, libertés, laïcité,* eds. Yolande Mendes da Costa & Anne Morelli (Brussels: Éditions de l'Université de Bruxelles, 1989), pp.59-70。

　　① "Die erste Parlementrede einer Frau in Deutschland", *Die Gleichheit,* 14 March 1919; 翻译收录于 Karen Hagemann, "Men's Demonstrations and Women's Protest: Gender in Collective Action in the Urban Working-Class Milieu during the Weimar Republic", *Gender & History,* 5:1(Spring 1993), 101.

(Frédéric)，1935]。可即便如此，我们也不能低估她们的"进步"、社会认可以及女权进展被持续威胁的程度；弗朗索瓦丝·泰博（Françoise Thébaud)主编的《西方妇女史》第五卷中关于"妇女之国族化"的若干令人沮丧的论文就非常清楚地展示了这一点。①

事实上，从 20 世纪 20 年代到 30 年代和新一次战争的萌芽阶段起，欧洲的女权主义者遇到了各种跟国内/国际政治与妇女国族化紧密相关的困难。其中最重要的就是，政府更加努力地设计一种基于妇女生育身体的国家人口政治。②"传统"（即男性支配）家庭的捍卫者将提议限制妇

---

① 参见 *Toward a Cultural Identity*, ed. Thébaud 一书中 Françoise Thébaud、Anne-Marie Sohn、Victoria De Grazia、Gisela Bock、Danièle Bussy Génevois、Hélène Eck 以及 Françoise Navailh 的论文；我在一篇对本书的书评中称，这组在其他方面非常优秀的论文是一个"令人沮丧的大合集"（a gloomy collage)，参见 Karen Offen, "Women in the Western World", *Journal of Women's History*, 7:2(Summer 1995), 145 - 151。

② 关于妇女与国家人口政治，参见 *Maternity and Gender Policies: Women and the Rise of the European Welfare States, 1880s - 1950s*, eds. Gisela Bock & Pat Thane(London & New York: Routledge, 1991)一书中的所有论文。跟本研究尤其相关的是 Mary Nash, "Pronatalism and Motherhood in Franco's Spain", pp. 160 - 177 以及 Karen Offen, "Body Politics: Women, Work, and the Politics of Motherhood in France, 1920 - 1950", pp. 138 - 159。亦参见下列相关文章：Denise Destragiache, "Un aspect de la politique démographique de l'Italie fasciste: La repression de l'avortement", *Mélanges de l'École française de Rome*, 92: 2(1980), 691 - 735; Marie-Monique Huss, "Pronatalism in the Inter-War Period in France", *Journal of Contemporary History*, 25:1(Jan. 1990), 39 - 68; Cheryl A. Koos, "Gender, Anti-Individualism, and Nationalism: The *Alliance Nationale* and the Pronatalist Backlash against the *Femme moderne*, 1933 - 1940", *French Historical Studies*, 19:3(Spring 1996), 699 - 723。

俄国，参见 Laura Engelstein, "Abortion and the Civic Order: The Legal and Medical Debates", in *Russia's Women: Accommodation, Resistance, Transformation*, eds. Barbara Evans Clements, Barbara Alpern Engel, & Christine D. Worobec(Berkeley & Los Angeles: University of California Press, 1991), pp. 185 - 207；以及收录于同一论文集的 Wendy Goldman, "Women, Abortion, and the State, 1917 - 1936", pp. 243 - 266。亦参见 Susan Gross Solomon, "The Demographic Argument in Soviet Debates over the Legalization of Abortion in the 1920s", *Cahiers du monde russe et sovietique*, 33:1(1992), 59 - 81。

德国，参见 Jill Stephenson, "'Reichsbund der Kinderreichen': The League of Large Families in the Population Policy of Nazi Germany", *European Studies Review*, 9:3(July 1979), 351 - 375; Cornelie Usborne, *The Politics of the Body in Weimar Germany: Women's Reproductive Rights and Duties*(London: Routledge, 1992)以及她的论文"Abortion in Weimar Germany—The Debate Amongst the Medical Profession", *Continuity and Change*, 5:2(Aug. 1990), 199 - 224。亦参见 Gisela Bock, *Zwangssterilisation im Nationalsozialismus: Studien zur Rassenpolitik und Frauenpolitik*(Opladen: Westdeutscher Verlag, 1986)；以及 Bock, "Antinatalism, Maternity and Paternity in National Socialist Racism", in *Maternity and Gender* （转下页）

女接受大学程度教育的机会,女权主义者则会对此提出有力的质疑。[①]妇女的劳动力参与——她们"工作的权利"——在这一时期有效地得以巩固;与此同时,一方面减轻她们家内劳动负担(并加以歌颂),另一方面促进、巩固妇女的工会与职业组织参与两方面的努力也在同时进行中。[②]不

(接上页)*Policies,* pp. 233 - 255; Atina Grossmann, "Abortion and Economic Crisis: The 1931 Campaign against Paragraph 218", in *When Biology Became Destiny: Women in Weimar and Nazi Germany,* eds. Renate Bridenthal, Atina Grossmann, & Marion Kaplan(New York: Monthly Review Press, 1984), pp. 66 - 86, 以及 Fridolf Kudlein, "The German Response to the Birth-Rate Problem during the Third Reich", *Continuity & Change,* 5:2(Aug. 1990), 225 - 247。

瑞典,参见 Ann-Katrin Hatje, *Bevolkningsfrågan och välfärden: Debatten om familjepolitik och nativitetsökning under 1930-och 1940-talen*(The Population Question and Prosperity: The Debate about Family Policy and the Rise of the Birth Rate in the 1930s and 1940s)(Stockholm: Allmäna Förlaget, 1974); Ann-Sofie Kälvemark [Ohlander], *More Children of Better Quality? Aspects of Swedish Population Policy in the 1930s*(Uppsala: Studia historica Upsaliensia, 115; distrib. by Almquist & Wiksell, Stockholm, 1980); 以及 Ann-Sofie Ohlander, "The Invisible Child? The Struggle for a Social Democratic Family Policy in Sweden, 1900 - 1960s", in *Maternity and Gender Policies,* pp. 60 - 72。亦参见 Ida Blom, "Voluntary Motherhood 1900 - 1930: Theories and Politics of a Norwegian Feminist in an International Perspective", in *Maternity and Gender Politics,* pp. 21 - 39, 以及 Doris H. Linder, *Crusader for Sex Education: Elise Ottesen-Jensen(1886 - 1973) in Scandinavia and on the International Scene* (Lanham: University Press of America, 1996)。

更为男性中心的视角可以参见 Michael S. Teitelbaum and Jay M. Winter, *The Fear of Population Decline*(Orlando: Academic Press, 1985),除此之外,这本书的概述做得很好。该书使用"法国的困扰"(French obsession)和"英国的重视"(British emphasis)之类的字眼,但没有提出具体是"谁"在害怕人口减少和为什么害怕等问题。

① 英格兰、匈牙利、纳粹德国和其他国家都有限制妇女接受大学教育的努力。我还没有看到对这些行动的全面研究,1920 年建立的国际大学妇女联盟(International Federation of University Women, IFUW)一定追踪记录了这些行动。Alison Mackinnon 从澳大利亚和不列颠的角度对 IFUW 进行的研究也许有助于我们进一步了解这些问题;但关于同期欧陆的发展,还需要进一步的研究。

② 关于第一次世界大战后妇女就业的发展,有诸多研究可供参考:法国,参见 Annie Fourcault, *Femmes à l'usine: ouvrières et surintendantes dans les entreprises françaises de l'entre-deux-guerres*(Paris: Maspero, 1982);俄国,参见 Melanie Ilič, *Women Workers in the Soviet Inter-War Economy: From "Protection" to "Equality"* (Houndmills: Macmillan; New York, St. Martin's, 1999);荷兰,参见 Francisca de Haan, *Gender and the Politics of Officework: The Netherlands 1860 -1940*(Amsterdam: Amsterdam University Press, 1998);希腊,参见 Efi Avdela, "Rapports salariaux et division sexuelle du travail: Les Femmes fonctionnaires dans la première moitié du 20e siècle en Grèce", doctoral thesis, University of Paris Ⅶ, 1989;意大利,参见 *Il lavoro delle donne*, ed. Angela Groppi(Rome & Bari: Laterza, 1996)中靠后的论文和书目。(转下页)

过,尤其在 1929 年开始的严重经济萧条后,反女权派们为了给男人工作,
继续激烈地反对妇女在家外就业。他们更想要一种他们认为"自然"的劳
动性别分工,男性一家之主养家糊口、制定规矩,女人养孩子、做饭做家
务、顺从于她们男人的指令。他们拒绝相信这种事物的"自然"规律也可
能是文化建构的。

在文化阵地,关于"重建"战前社会性别旧秩序的关切也是很多"传统
主义者"(traditionalists)反女权主义的标志。[①]当新的精神分析"科学"开
始在男人和母性方面考虑妇女的心理健康(或缺失),知识战争还将继续
下去。此外,男人作家们在较早的现实主义与自然主义文学模式中,雄辩
地传达了很多女权主义洞见,而其中有很多都随着文学艺术中"现代主
义"与抽象、"先锋派"文化表现形式的发展,被模糊甚至被遮蔽。[②]

(接上页)关于 1918 年以后欧洲妇女参与工会的情况,参见 *The World of Women's Trade Unionism: Comparative Historical Essays*, ed. Norbert C. Soldon (Westport: Greenwood Press, 1985)一书中的论文,包括 Theresa McBride, "French Women and Trade Unionism: The First Hundred Years";亦参见 *Women and Trade Unions in Eleven Industrialized Countries*, eds. Alice H. Cook, Val R. Lorwin, & Arlene Kaplan Daniels(Philadelphia: Temple University Press, 1984)。关于英格兰,参见 *Women in the Labour Movement: The British Experience*, ed. Lucy Middleton(London: Croom Helm, 1977)一书中的论文;Norbert C. Soldon, *Women in British Trade Unions, 1874 - 1976*(Dublin: Gill & Macmillan, 1978);以及 Pamela M. Graves, *Labour Women: Women in British Working-Class Politics, 1918 - 1939*(Cambridge: Cambridge University Press, 1994)。关于爱尔兰,参见 Mary E. Daly, "Women, Work and Trade Unionism", in *Women in Irish Society*, eds. MacCurtain & O'Corrain, pp. 71 - 81。

① 以下作品讨论了第一次世界大战战后十年间重整社会性别的努力:Klaus Theweleit, *Male Fantasies*, 2 vols. (Minneapolis: University of Minnesota Press, 1987 - 1989); Susan Kingsley Kent, *Making Peace: The Reconstruction of Gender in Interwar Britain*(Princeton: Princeton University Press, 1993);以及 Mary Louise Roberts, *Civilization Without Sexes: Reconstructing Gender in Postwar France, 1917 - 1927*(Chicago & London: University of Chicago Press, 1994)。关于俄国的相反情况,参见 Elizabeth A. Wood, *The Baba and the Comrade: Gender and Politics in Postrevolutionary Russia*(Bloomington: Indiana University Press, 1997)。

② 最近关于 1920 - 1950 年间妇女的文化与文学生产的研究包括:*Textual Liberation: European Feminist Writing in the Twentieth Century*, ed. Helena Forsås-Scott(London & New York: Routledge, 1991);以及 *Women Writers in Russian Modernism: An Anthology*, trans. & ed. Temira Pachmuss(Urbana: University of Illinois Press, 1978)。亦参见 Athlone Press(London & Atlantic Highlands)出版社的丛书,(1999 年以前的)包括 Janet Garton, *Norwegian Women's Writing, 1850 - 1990* (1993); Sharon Wood, *Italian Women's Writing, 1860 - 1994*(1995); Diana Holmes, *French Women's Writing, 1848 - 1994* (1996); Helene Forsås-Scott, *Swedish Women's Writing, 1850 - 1995*;以及 Catherine Davies, *Spanish Women's Writing, 1849 - 1996*(1998)。亦参见 *Scandinavian Women Writers: An Anthology from*(转下页)

到第一次世界大战结束时，大多数欧洲国家废止了对妇女协会的禁令，妇女的组织活动显著增加了。"妇女运动"包含的专门化团体范围越来越大，其中仅有一些可见度很高的会社和协会可以被认为是"女权主义"的。越来越多的妇女组织开始在有组织的新教、天主教和犹太教等宗教团体中发展起来。①它们同样发展于从慈善事业到爱国社团等一系列世俗环境

（接上页）*the 1880s to the 1980s*, ed. Ingrid Claréus(Westport: Greenwood Press, 1989)；以及 *The Longman Anthology of World Literature by Women 1875 – 1975*, eds. Marian Arkin & Barbara Shollar(New York & London: Longman, 1989)。关于国际文化之都巴黎的妇女艺术与文学，参见 Whitney Chadwick, *Women Artists and the Surrealist Movement* (London: Thames & Hudson, 1985); Shari Benstock, *Women of the Left Bank: Paris, 1900 –1940*(Austin: University of Texas Press, 1987); Gillian Perry, *Women Artists and the Parisian Avant-Garde* (Manchester: Manchester University Press, 1995)；以及 Paula J. Birnbaum, "Femmes Artistes Modernes: Women, Art, and Modern Identity in Interwar France", Ph. D. dissertation, Bryn Mawr College, 1996[于 2011 年以 *Women Artists in Interwar France: Framing Femininities* 为题出版(Ashgate/Routledge)]。关于德国，参见 *Visions of the "Neue Frau": Women and the Visual Arts in Weimar Germany*, eds. Marsha Meskimmon & Sharon West(Aldershot: Scolar Press; Brookfield: Ashgate, 1995)。

① 关于 1914 年后附属于宗教的妇女运动中的妇女，最近的研究包括：

法国，关于法国妇女爱国联盟(Patriotic League of French Women)，参见 Anne-Marie Sohn, "Catholic Women and Political Affairs", in *Women in Culture and Politics: A Century of Change*, eds. Judith Friedlander, et al. (Bloomington: Indiana University Press, 1986)；以及 Odile Sarti, *The Ligue Patriotique des Françaises, 1902 – 1933: A Feminine Response to the Secularization of French Society*(New York & London: Garland, 1992)；亦参见 Sylvie Fayet-Scribe, *Associations féminines et catholicisme, XIXe – XXe siècle* (Paris: Éditions ouvrières, 1990)；更加笼统的关于新教和天主教妇女组织，参见 Evelyne Diebolt, "Les Associations face aux institutions: Les Femmes dans l'action sanitaire, sociale et culturelle (1900 – 1965)", doctoral thesis, University of Paris VII, 1993；以及英文的 Diebolt, "Women and Philanthropy in France", working paper, Graduate School and University Center, City University of New York, Center for the Study of Philanthropy, 1996。

关于意大利天主教妇女运动，参见 Paola Gaiotti di Biase, *Le origini del movimento cattolica femminile*(Brescia: Marcelliana, 1963); *Il femminismo cristiano. La question femminile nella prima democrazia cristiana (1898 – 1912)*, ed. Francesco Ceccini (Rome: Editori Riuniti, 1979); Michela De Giorgio & Paola Di Cori, "Politica e sentimento: Le organizzazioni femminili cattoliche dall'età giolittiana al fascismo", *Rivista di storia contemporanea*, 9:3(July 1980), 337 – 371; Stefania Portaccio, "La donna nella stampa popolare cattolica: *Famiglia Cristiana*, 1931 – 1945", *Italia Contemporanea*, no. 143(April – June 1981), 45 – 68；以及 Cecilia Dau Novelli, "'Daremo sei milioni di voti': Il movimento delle donne cattoliche nei primi anni della Repubblica", *Memoria*, no. 21(1987), 45 – 55。

德国和奥地利，参见 Maria Elisabeth Backhaus, *Probleme des Frauenbilds der Katholischen Frauenbewegung Deutschlands seit 1900*(Aachen: Paedogogische Hochschule, 1979); （转下页）

中。此外,在已经授予妇女选举权的国家,新成立的各派政党,不论右翼左翼,都开始表现出招募妇女并悉心引导她们政治活动的兴趣。随着俄国的布尔什维克革命和共产国际支持下积极招募妇女的运动,整个欧洲女权主义者与社会主义者的对手都发展出了新形式。①非共产主义的女权主义

(接上页) Alfred Kall, *Katholische Frauenbewegung in Deutschland: Eine Untersuchung zur Gründung katholischer Frauenvereine im 19. Jahrhundert* (Paderborn: F. Schoningh, 1983); Doris Kaufmann, "Von Vaterland zum Mutterland. Frauen im katholischen Milieu der weimarer Republik", in *Frauen suchen ihre Geschichte*, ed. Karin Hausen(Munich: C. H. Beck, 1983), pp. 250 - 275;亦参见 Kaufmann, *Frauen zwischen Aufbruch und Reaktion: Protestantische Frauenbewegung in der ersten Hälfte des 20. Jahrhunderts* (Munich: Piper, 1988); Friedrich Steinkellner, "Emanzipatorische Tendenzen im christlichen wiener Frauen-Bund und in der katholischen Reichsfrauenorganisation Österreichs", in *Unterdrückung und Emanzipation: Festschrift für Erika Weinzierl*, eds. R. G. Ardelt, et al. (Vienna: Geyer-Edition, 1985), pp. 55 - 67;以及 Ursula Baumann 和 Birgit Sack 关于教派妇女运动的论文,均收录于 Irmtraud Götz von Oleuhusen, et al., *Frauen unter dem Patriarchat der Kirchen* (Stuttgart: Kohlhammer, 1995); Laura S. Gellott, "Mobilizing Conservative Women: The Viennese Katholische Frauenorganisation in the 1920s", *Austrian History Yearbook*, 22(1991), pp. 110 - 130。

荷兰,参见 Mieke Aerts, "Catholic Constructions of Femininity: Three Dutch Women's Organizations in Search of a Politics of the Personal, 1912 - 1940", in *Women in Culture and Politics*, eds. Judith Friedlander, et al. (Bloomington: Indiana University Press, 1986);以及 *Naar natuurlijk bestel: Vrouwenorganisaties in de jaren dertig* (Women's Organizations in the Thirties), ed. Werkgroep Vrouwen en Fascisme(Amsterdam: SUA, 1980)一书中收录的论文。

①   关于妇女参与世俗(非女权)政治性妇女组织,最近的研究包括:

关于非共产主义的社会主义工人国际(Labour and Socialist International),参见 Christine Collette, "Gender and Class in the Labour and Socialist International 1923 to 1939", in *Geschlecht-Klasse-Ethnizität*, ed. Gabriella Hauch(Vienna & Zurich: Europa Verlag, 1993), pp. 229 - 240。

法国,参见 Charles Sowerwine, *Sisters or Citizens? Women and Socialism in France since 1876* (Cambridge: Cambridge University Press, 1982)一书的第三部分。

丹麦,参见 Drude Dahlerup, "Kvinders organisering i det danske socialdemokrati, 1908 - 1969", *Meddelelser om forskning i arbejder-bevaegelsens Historie*, no. 13(Oct. 1979), 5 - 35。

关于魏玛共和国时期的妇女与德国社会民主党(German SPD),参见 Renate Pore, *A Conflict of Interest: Women in German Social Democracy, 1919 - 1933* (Westport: Greenwood Press, 1981); Ute Daniel、Ute Frevert、Karen Hagemann 和 Alfred G. Meyer 关于妇女与社会民主主义的论文,均收录于 *Bernstein to Brandt: A Short History of German Social Democracy*, ed. Roger Fletcher(London: E. Arnold, 1987);另外,Karen Hagemann 提出,在 20 世纪 20 年代,随着左派(社会民主主义和共产主义)政党发展出了更为军国主义和日益暴力的街头活动,妇女自主抗议活动的空间实际上萎缩了。参见她的论文"Men's Demonstrations and Women's Protest: Gender in Collective Action in the Urban Working-Class Milieu during the Weimar Republic", *Gender & History*, 5:1(Spring 1993), 101 - 119。

关于奥地利在战争与德奥合并之间的社会民主主义,参见 Thomas Lewis Hamer, "Beyond Feminism: The Women's Movement in Austrian Social Democracy, 1890 - 1926", Ph. D. (转下页)

者们更努力地跨越国界联合起来，显著提高了国际女权主义和/或妇女协会的数量，并加强了她们在两方面的共同努力——一方面，促使保障已婚妇女国籍的法律通过，终结国家管制娼妓制度，并在各个层级捍卫妇女就业；另一方面，尽可能利用国际联盟（League of Nations）的框架为和平努力。

本书的第三部分共有四个章节，将探究从第一次世界大战到冷战开始期间欧洲女权主义的发展。

在第九章中，我聚焦于早先的女权主义运动如何受挫于战争的爆发和紧接着的俄国革命。很多女权主义者反对武装暴力和军国主义；有一批女权主义者积极投身于反战和保障持久和平的活动，构成了该时期女权主义历史的重要课题。同时，爱国女权主义者在影响《凡尔赛和约》的若干重要方面上取得了部分胜利，使人们对和平协商的过程与结果有了新见解，展示了当妇女试图影响最高级别的公共政策制订时，能做到——以及做不到的事情。

随着布尔什维克在俄国革命中的胜利，新生的苏维埃社会主义共和国联盟（起码在纸面上）推行了一系列旨在改造家户、家庭与工作的前所未有的变革，尽管苏联政府刻意将战前一代以反布尔什维克为主的女权主义者都噤声了。新生的革命俄国的领导人们响应第二国际长期以来的党派路线，轻蔑地对待字面意义上的"女权主义"本身，他们持续坚称科学

（接上页）dissertation, Ohio State University, 1973；以及 Edith Prost, ed. *"Die Partei hat mich nie enttäuscht": Österreichische Sozialdemokratinnen* (Vienna: Verlag für Gesellschaftskritik, 1989)。

关于妇女与各国共产党及其法西斯敌手：英格兰，参见 Sue Bruley, *Leninism, Stalinism and the Women's Movement in Britain, 1920–1939* (New York: Garland, 1986); Tricia Davis, "'What Kind of Woman Is She?' Women and Communist Party Politics, 1941–55", in *Feminism, Culture and Politics*, eds. Rosalind Brunt & Caroline Rowan (London: Lawrence & Wishart, 1982), 85–107; Martin Durham, "Women in the British Union of Fascists, 1932–1940", in *This Working-Day World: Women's Lives and Culture(s) in Britain, 1914–1945*, ed. Sybil Oldfield (London: Taylor & Francis, 1994)。魏玛德国，参见 Silvia Kontos, *Die Partei kämpft wie ein Mann: Frauenpolitik der KPD in der weimarer Republik* (Basel: Stroemfeld; Frankfurt-am-Main: Roter Stern, 1979)。法国，参见 Jean-Louis Robert, "Le P.C.F. et la question féminine, 1920–1939", *Bulletin du Centre de recherches d'histoire des mouvements sociaux et du syndicalisme* (Paris: University of Paris I, Pantheon-Sorbonne), vol. 3, pp. 56–82；右翼的回应，参见 Kevin Passmore, "'Planting the Tricolour in the Citadels of Communism': Women's Social Action in the *Croix de Feu* and *Parti Social Français*", 作者 1997 年发来手稿，后发表于 *Journal of Modern History* 71:4 (1999), 814–851。

社会主义为"妇女问题"提供了一切必要的解答。

在西欧和中欧,很多新国家和一些老国家给予了妇女选举权,既让战前轰轰烈烈的选举权运动画上了句号,也使女权主义者的能量产生了很多转移和分裂。在接下来走哪条道路最合适的问题上出现了严重的分歧,"平等对差异"(equality-versus-difference)的政治也诞生了。反女权主义的抵制将再度出现,且在医疗和精神分析领域尤其有影响。

第十、十一两章探究女权行动派在各国不同环境中遇到的种种困难,并尤其注重法西斯主义。法西斯主义尽管有"现代"的方面,但仍可以理解为一种同时反共和反女权主义的反动政治。整个欧洲法西斯主义的"社会性别"似乎被很清楚而充分地标记了出来。①第十章讨论了各国情

① "可以给法西斯主义一个性别身份吗?"(Can Fascism Be Assigned a Sexual Identity?)这一问题由 David Carroll 在 *French Literary Fascism: Nationalism, Anti-Semitism, and the Ideology of Culture*(Princeton: Princeton University Press, 1995)一书中提出。

近期关于意大利妇女与法西斯主义,以及德国妇女与纳粹主义的研究,第十章的注释中有大量引用。关于纳粹时期,两本基本的研究是 Jill Stephenson, *The Nazi Organisation of Women*(London: Croom-Helm, 1981)和 Claudia Koonz, *Mothers in the Fatherland*(New York: St. Martin's Press, 1987)。有一本关于 1933 年以前纳粹对妇女问题看法的重要文献集,我在完成了这一章之后才发现: *Nationalsozialistische Frauenpolitik vor* 1933: *Dokumentation*, eds. Hans-Jürgen Arendt, Sabine Hering, & Leonie Wagner(Frankfurt: Dipa, 1995)。亦参见 Rita Thalmann 用法语发表的若干研究。

奥地利,参见 Johanna Gehmacher, *Völkische Frauenbewegung: Deutschnationale und national-sozialistische Geschlechterpolitik in Österreich*(Vienna: Döcker, 1998)。

乌克兰,参见 Martha Bohachevsky-Chomiak, "Feminism in Action: The Ukrainian Women's Union Between the World Wars", *Women's Studies International*(Feminist Press), no. 2(July 1982), 20 - 24。

南斯拉夫,参见 Jovanka Kecman, *Zene Jugoslavije u radnickom pokretu i zenskim organizacijama 1918 - 1941*(Women of Yugoslavia in the Workers' Movement and Women's Organizations, 1918 - 1941)(Belgrade: Narodna Knjiga & Institut za savremenu istoriju, 1978);以及 Lydia Sklevicky, "Karakteristike organiziranog djelovanja zena u Jugoslaviji u razdoblju do drugog svjetskog rata"(Characteristics of Women's Organized Activity in Yugoslavia during the Period up to the Second World War), in *Polja*, no. 308(Oct. 1984), 415 - 416; *ibid*., no. 309(Nov. 1984), 454 - 456。

关于罗马尼亚妇女的组织活动,参见 Elisabeta Ionita 于 20 世纪 80 年代在 *Anale de Istorie* 上发表的一系列文章,以及 Roxana Cheschebec 关于罗马尼亚女权主义的出版物,尤其是 "Toward a Romanian Women's Movement: An Organizational History (1880s - 1940)", in *Women's Movements: Networks and Debates in Post-Communist Countries in the 19th and 20th Centuries*, eds. Edith Sauer, Margareth Lanzinger, Elisabeth Frysak, in *L'Homme*, *Schriften* vol. 13(2006), 439 - 455,以及 "Reclaiming Romanian Historical Feminism: History Writing and Feminist Politics in Romania", *Aspasia*, no. 1(2007), 255 - 265。

况下的发展,包括战后的英格兰,墨索里尼 1922 年建立法西斯政权之前与期间的意大利,作为原奥匈二元帝国后继国家的奥地利和匈牙利,以及魏玛共和国到第三帝国时期的德国。第十一章继续探究深植于各国政治文化中的女权主义,进一步检视在一系列较小或中型民族国家的相异局面下,女权主义、国族主义、社会主义和迅速兴起的反女权主义之间有何关系;这些国家——即葡萄牙、爱尔兰、西班牙和瑞典,常常在欧洲史的叙述中被忽略。

《凡尔赛和约》之后,国联和国际劳工组织等新的国际组织建立了起来,欧洲女权主义者们在其中工作,也影响这些组织——第十二章转而讨论这些活动和她们取得的成功。在这里,我要强调女权行动派在推进国联调查成员国妇女地位上的巨大成效,这是她们在和平和裁军方面的重要干预。但我也要强调,随着法西斯主义和纳粹主义开始不"仅仅"威胁妇女权利,国际女权组织的领导们越来越热衷于使用"人道主义"(humanism)这个新术语,而非"女权主义"。进步人士与社会主义者跟各国共产主义政党一起组成了反法西斯"人民阵线"联盟,使得很多女权主义者的词汇和政治重心发生了转移或变调。有组织的国际女权主义在1918 年后获得了重生,但在第二次世界大战后却仅仅是勉强存活,这不仅是因为其老化的领导层在离散中被瓦解,也是因为一些领导被囚禁或处死;同时,关于其成就和困难的珍贵记录也过于频繁地遗失。

随着第二次世界大战爆发,欧洲各国的妇女在(通常由共产党领头的)反法西斯运动中担当了重要却常不被承认的角色。[1]妇女们(尤其是

---

① 关于第二次世界大战对各参战国妇女的影响,参见 *Behind the Lines*, eds. Higonnet et al. 一书中收录的相关论文。

英格兰,参见 Harold L. Smith, "The Effect of the War on the Status of Women", in *War and Social Change: British Society in the Second World War*, ed. Harold L. Smith(Manchester: Manchester University Press, 1986), pp. 208 – 229;以及 Penny Summerfield, *Reconstructing Women's Wartime Lives: Discourse and Subjectivity in Oral Histories of the Second World War*(Manchester: Manchester University Press, 1998);法国与西班牙,参见 *Identités féminines et violences politiques*, eds. François Rouquet & Danièle Voldman(Paris: Les Cahiers de l'Institut d'Histoire du Temps Présent, no. 31, Oct. 1995)中收录的论文;Sarah Fishman, *We Will Wait: Wives of French Prisoners of War, 1940 – 1945* (New Haven: Yale University Press, 1991),以及 Fishman, *From Vichy to the Sexual Revolution: Gender and Family Life in Postwar France*(New York: Oxford University Press, 2017)。(转下页)

年轻妇女)越来越将自己定义为她们社群与国家的积极参与者,但不会特别提及或意识到一种在政治上独立的女权主义;这种女权主义曾为了种种如今几乎被视作理所当然的权利,进行过很长时间的斗争。冷战使共产主义国家和资本主义国家对立起来,双方都声称自己才是"民主"的;随着妇女日益被拉入这些纷争,女权主义者将越来越难以吸引一批独立的支持者或为她们过去的成就获得应有的认可。

　　在前一个充满戏剧性和困难的历史时期结束后,下一个又开始了。本书结语部分将回顾女权主义在新时代开始后的历史与记忆问题。

　　(接上页)德国,参见 Alison Owings, *Frauen: German Women Recall the Third Reich* (New Brunswick: Rutgers University Press, 1993)一书中很多值得关注的访谈;以及 *Féminismes et Nazisme,* ed. Liliane Kandel(Paris: CEDREF, University of Paris VII, 1997)一书中收录的论文。关于犹太人大屠杀与妇女,参见 *Women in the Holocaust*, eds. Delia Ofer & Lenore J. Weitzman(New Haven: Yale University Press, 1998)。

　　关于妇女在反法西斯抵抗运动中的参与,参见 Sybil Oldfield, "German Women in the Resistance to Hitler", in *Women, State and Revolution,* ed. Siân Reynolds(Brighton: Wheatsheaf; Amherst: University of Massachusetts Press, 1986), pp.81-101,以及 Florence Hervé, "Zwischen Anpassung und Widerstand: Zur Lage der Frauen und zum Widerstand 1933 bis 1945", in *Geschichte der deutschen Frauenbewegung,* ed. Florence Hervé(Cologne: Papy Rossa, 1995), pp. 111-125。奥地利,参见 Laura Gellott & Michael Phayer, "Dissenting Voices: Catholic Women in Opposition to Fascism", *Journal of Contemporary History,* 22:1(Jan. 1987), 91-114。

　　法国与意大利,参见 *Mémoire et oubli: Women of the French Resistance,* ed. Margaret Collins Weitz, special issue of *Contemporary French Civilization,* 18:1(Winter/Spring 1994); Margaret Collins Weitz, *Sisters in the Resistance: How Women Fought to Free France, 1940-1945* (New York: Wiley, 1995); Jane Slaughter, *Women and the Italian Resistance, 1943-1945*(Denver: Arden Press, 1997);以及 Marina Addis Saba, *Partigiane: Le donne nella resistenza italiana*(Mursia: La Casa Editrice, 1998)。南斯拉夫,参见 Barbara Jancar-Webster, *Women and Revolution in Yugoslavia, 1941-1945*(Denver: Arden Press, 1990);以及希腊,参见 Tasoula Vervenioti, *H gynaika tis antistasis: H eisodos ton gynaikon stin politiki* (The Woman of the Resistance: Women's Entrance into Politics)(Athens: Ekdoseis Odysseas, 1994),和 Janet Hart, *New Voices in the Nation: Women and the Greek Resistance, 1941-1964。* Wilder House Series in Politics, History, and Culture(Ithaca: Cornell University Press, 1996)。

第九章　战火下的女权主义：
第一次世界大战、俄国革命与大反动
（1914 年至 20 世纪 30 年代）

1914 年 8 月初在欧洲大陆爆发的战争遏止了国际妇女运动迅速发展的势头，正如其扰乱了此时更为人所知的社会主义工人运动。法国、英格兰和其他欧洲国家的大部分女权主义者都搁置了她们争取选举权的努力。几乎没人像爱尔兰妇女选举权联盟的妇女们那样坚持不妥协。她们强烈抗议道：

> 欧洲的战争一点都没有改变我们受奴役的状况。它只让我们比以往更深刻和惨痛地意识到，作为政治弃儿，我们试图遏制男性侵略与蛮力的浪潮时，是多么彻底地无援无助。[①]

女权主义的困境：忠于国族，抑或反对战争？

战争刚开始时的问题是要集合在国旗下，那些认同国家的个体发现，他们非常难以抗拒对战争的热情。爱国主义的愤慨和对果断行动的渴望甚至影响了很多女权主义者，她们或许为了"挣来"或"被报以"投票权，因而以引人注目的方式投身到了爱国事业中。一开始，被德军入侵的比利时与法国两国妇女以及她们的英国同盟就是如此。与英格兰的埃米琳和克丽丝特布尔·潘克赫斯特母女和米利森特·加勒特·福塞特同时，塞西尔·布伦施维格（Cécile Brunschvicg）和玛格丽特·杜兰德（她与法国

---

① Meg Connery，载 *The Irish Citizen*, 19 Sept. 1914；重印于 *Women in Ireland, 1800-1918: A Documentary History*(Cork: Cork University Press, 1995), doc.76, p.278。

首相勒内·维维亚尼关系密切)呼吁法国的女权主义者支持同盟国的战争努力。德国妇女协会同盟主席格特鲁德·博伊默(Gertrud Bäumer)采取了甚至更强的主战立场,她的奥地利同行也是如此。只有到了几个月后,双方都依然难以获得胜利,严肃的质疑才开始出现。

到 1914 年末,其他女权主义者和持异议的激进社会主义者均发起了相似的反战活动。1914 年 11 月初,英国妇女参政论者玛丽·希普尚克斯在国际妇女参政权联盟(IWSA)的出版物《选举权》(*Jus Suffragii*)中抗议"大规模的自我牺牲"、"屠杀与破坏"、战争触发的"鲜血的纵欲狂欢",并要求妇女"认真研究当下这种可耻的疯狂究竟根源何在"。[1]克拉拉·蔡特金发表了一篇"未经许可"的吁请,题为"致世界各国的社会主义妇女们",它没能逃过德国对《平等》(*Die Gleichheit*)杂志的审查。俄国

---

① Mary Sheepshanks, "Patriotism or Internationalism", *Jus Suffragii*, 9∶2(1 Nov. 1914), 184. 关于 Sheepshanks,参见 Sybil Oldfield, *Spinsters of This Parish: The Life and Times of F. M. Mayor and Mary Sheepshanks*(London: Virago, 1984)。Anne Wiltsher 的著作记述了 Sheepshanks 和其他隶属于 IWSA 的女权主义者(包括匈牙利行动派 Rozika Schwimmer)为拯救和平付出的努力,十分感人,参见 Anne Wiltsher, *Most Dangerous Women: Feminist Peace Campaigners of the Great War*(London: Pandora, 1985)。更加宽泛地讨论英国女权主义者和这一时期和平问题的内容,参见 Jo Vellacott, "Feminist Consciousness and the First World War", *History Workshop*, no. 23(Spring 1987), 81 - 101; Johanna Alberti, *Beyond Suffrage: Feminists in War and Peace, 1914 - 28*(Basingstoke: Macmillan, 1989);以及更加宽泛的 Susan Kingsley Kent, *Making Peace: The Reconstruction of Gender in Interwar Britain*(Princeton: Princeton University Press, 1993)。

关于法国女权主义者、爱国主义和军事管制下反战政治的困难,参见 Christine Bard, *Les Filles de Marianne: Histoire des féminismes, 1914 - 1940*(Paris: Fayard, 1995)一书的第二、三章。关于法国女权主义者的抗议,参见 *Le Grief des femmes*, eds. Maïté Albistur & Daniel Armogathe(Paris: Éditions Hier et Demain, 1978), vol. 2, 202 - 239;关于法国社会主义妇女的抗议,参见 *L'Opposition des femmes*, vol. 2 of *Le Mouvement ouvrier français contre la guerre, 1914 - 1918*, eds. Aude Sowerwine & Charles Sowerwine(Paris: EDHIS, 1985)一书中收录的文献。亦参见 Karen Offen, "How the International Women's Organizations and their Allied Affiliates 'Entered' the War, 1914 - 1915", *Entrer en guerre, 1914 - 1918: des Balkans au monde: Histoire, historiographies, mémoires*, eds. Robert Frank & Catherine Horel. Série: Enjeux internationaux, vol. 44(Brussels: Peter Lang, 2018), pp. 261 - 280。

关于德国反战的女权主义行动,参见 *Frauen gegen den Krieg*, ed. Gisela Brinker-Gabler(Frankfurt-am-Main: Fischer, 1980)中的文本。

关于女权主义者和社会主义妇女和平努力之"失败"的概述,参见 Richard J. Evans, "Women's Peace, Men's War?" in Evans, *Comrades and Sisters: Feminism, Socialism and Pacifism in Europe, 1870 - 1945*(Brighton, Sussex: Wheatsheaf, New York: St. Martin's Press, 1987), pp. 121 - 156。

布尔什维克的柯伦泰从柏林来到斯德哥尔摩后,在那里响应了蔡特金(和玛丽亚·韦罗内)的呼吁,于 1914 年 11 月中旬号召进行一场"对战争的战争"。她响应贝尔塔·冯·苏特纳(Bertha von Suttner)等人早先的反战批评,坚持"战争不仅是战利品、权力和破坏,不仅仅是受难、失业和贫穷;战争还是人性中所有野蛮激情的释放,是蛮力的胜利,是一切军国主义带来的残忍、征服和堕落的借口"。①1915 年 2 月,德国女权主义与和平主义者利达·古斯塔瓦·海曼(Lida Gustava Heymann)发表了她的呼吁《欧洲妇女们,你们的呐喊什么时候响起?》:

> 代表最高文明的城镇,承载人间简单幸福的家,全被摧毁;欧洲的土地散发着人血的血腥气。男人的血与肉成了德国、法国、比利时和俄国未来汹涌麦田的肥料。这场灭绝之战还要继续吗? 欧洲的妇女们,你们的声音在哪里? ……这些事都不能唤起你们去愤怒地抗议吗?②

1915 年 4 月,查尔斯·凯·奥格登(C. K. Ogden)和玛丽·萨金特·弗洛伦斯(Mary Sargent Florence)发表了他们雄辩有力的小册子《军国主义对女权主义:一次证明军国主义涉及妇女屈从地位的调查与行动》。③出版物审查并不能完全扼杀女权主义反战情绪的表达。

政府领导人们很快发现,妇女绝非跟战争毫不相干;战争不是只有士

---

① Clara Zetkin, "To the Socialist Women of All Countries", *Die Gleichheit*, 7 Nov. 1914;重印于 *Clara Zetkin: Selected Writings*, ed. Philip S. Foner(New York: International Publishers, 1984), pp. 114 – 116; Aleksandra Kollontai, "Till de socialistiska Kvinnorna i alla länder", *Stormklockan*, 15 Nov. 1914;翻译收录于 Barbara Evans Clements, *Bolshevik Feminist: The Life of Aleksandra Kollontai* (Bloomington & London: Indiana University Press, 1979), p. 85。

② Lida Gustava Heymann, "Women of Europe, When Will Your Call Ring Out?", *Jus Suffragii*, 9:5(1 Feb. 1915), 232. 亦参见 Regina Bracker, "Bertha von Suttner's Spiritual Daughters: The Feminist Pacifism of Anita Augspurg, Lida Gustava Heymann, and Helene Stöcker at the International Congress of Women at the Hague, 1915", *Women's Studies International Forum*, 18:2(March-April 1995), 103 – 111。

③ 奥格登和弗洛伦斯 1915 年 4 月的小册子重印于 *Militarism versus Feminism: Writings on Women and War: Catherine Marshall, C. K. Ogden & Mary Sargant Florence*, eds. Margaret Kamester & Jo Vellacott(London: Virago, 1987)。原以《选举权》副刊形式发表,参见 Supplement to *Jus Suffragii*, 9:6(March 1915), i-viii。

兵就行。在战争刚开始的几个月,为了"国土防卫"(Defense of the Realm),英国政府领导人强制推行了戒严法,并呼吁妇女维持家庭现状,保持战时经济运转。有些政府领导也暂停了保护性劳动法(包括对妇女工作时长与夜班的限制),把士兵的妻子置于警察监视下(以确保她们没有把军属津贴用来买酒),重建或巩固管制娼妓制度来"服务"士兵或对妇女实施宵禁以保护士兵不得性病。在威尔士的卡迪夫(Cardiff),五名妓女因违反宵禁而被以《国土防卫法》(Defense of the Realm Act)军法审判,并判处 62 天监禁。女权主义者单独强调了这种限制:在《妇女选举权》一文中,一名英国的妇女参政论者敏锐地观察到,"似乎卡迪夫的军事管理者并未想到,他们在保护部队不受妇女侵害时,并没有保护妇女不受部队侵害,或者他们其实可以通过禁止士兵而非妓女上街来同时达成这两个目标"①。从妇女参政论者的角度看,要解决这种对人权的侵犯,办法只有一个:妇女选举权。

　　法国在宣扬增加人口的明信片中,提倡士兵在休探亲假期间进行生育,同时,在另一个极端,法国出版物的投稿人为德军入侵时强奸法国妇女生下的孩子能否算作法国公民而争论不休(大多数人的意见是可以算)。②德国军方领导给他们的部队安装了避孕套售货机,而帝国政府则制定了各种人口政策来刺激出生率、控制节育信息的流传,以及对替人堕胎者及其客户实施法律行动。事实上,如历史学家科尔内利·乌斯博尔(Cornelie Usborne)所说,"军事领导的战时权力,对公共生活愈加严密的控制,都让威廉二世政府有机会干涉人们关于家庭规模与性活动的决定,这

　　① "The Outlook", *Votes for Women*, 8, no.354(18 Dec. 1914), 91.亦参见下文中的讨论:Lucy Bland, "In the Name of Protection: The Policing of Women in the First World War", in *Women-in-Law: Explorations in Law, Family, and Sexuality*, eds. Julia Brophy & Carol Smart(London: Routledge Kegan Paul, 1985), p.29。

　　② 参见 Marie Monique Huss, "Pronatalism and the Popular Ideology of the Child in Wartime France: The Evidence of the Picture Postcard", in *The Upheaval of War: Family, Work & Welfare in Europe, 1914 - 1918*, eds. Richard Wall & Jay Winter(Cambridge: Cambridge University press, 1989), pp. 329 - 367; Ruth Harris, "The 'Child of the Barbarian': Rape, Race and Nationalism in France during the First World War", *Past and Present*, no. 141 (Nov. 1993), 170 - 206;以及 Judith Wishnia, "Natalisme et nationalisme pendant la première guerre mondial", *Vingtième siècle*, no.45(Jan. - March 1995), 30 - 39。

在今天看来是无法容忍的对基本人权的干涉"。①德国的战败和建立了魏玛共和国的社会主义革命使人口增长计划中其他更具侵略性的部分暂时未能通过。但计划是清晰的。德国医生阿尔弗雷德·格罗特雅恩（Alfred Grotjahn）直截了当地挑明了这一点：生育是"女性对战争和军事力量的唯一贡献，相当于……男人战时服兵役"；生育"对于我们国家民族的优势地位而言是不可或缺的"。②

　　1915 年初，女权主义者们克服重重阻碍聚集在海牙，参加由荷兰的阿莱塔·雅各布斯医生（Dr. Aletta Jacobs）和美国的简·亚当斯（Jane Addams）召集的一场国际妇女大会（International Congress of Women），"讨论在我们如今所生活的糟糕时代，全世界的妇女能做什么、应该做什么"。正如雅各布斯在开会通知中所坚持的："我们强烈地感受到，在一个国与国之间充满巨大仇恨的时代，我们妇女必须展现出我们能保持团结，以及我们能维持彼此间的友谊。"③她和同伴们呼吁政府承认妇女参与政治决策的必要性，并要求"中立国召开会议作为持续为战争和解进行调解的中介"。④为了促进讨论，组织者们坚持大会不讨论挑起战争的责任这一争议性问题，而是聚焦于女权主义对和解指导原则的要求。她们在此方向的努力和一系列访问战争双方政府领导人的活动，得到了当时很多政治家的赞许。第二国际的社会主义妇女们则单独质疑战争，她们于 1915 年 3 月在伯尔尼（Bern）召开会议，尽管阵势和参会人数（25—28 人）都比妇女参政权论者小得多。但是，克拉拉·蔡特金、路易丝·索莫诺

　　① Cornelie Usborne, "'Pregnancy is the Women's Active Service': Pronatalism in Germany during the First World War", in *Upheaval of War*, p.390.

　　② Dr. Alfred Grotjahn, *Die Wehrbeitrag der deutschen Frau: Zeitgemässe Betrachtungen über Krieg und Geburtenrückgang* (Bonn: Marcus & Weber Verlag, 1915)；翻译收录于 Usborne, "'Pregnancy'", p.389。

　　③ Call to congress, *Jus Suffragii*, 9:6(1 March 1915), 245–246；重印于 *European Women: A Documentary History, 1789–1945*, eds. Eleanor S. Riemer & John C. Fout(New York: Schocken Books), p.82。

　　④ "Manifesto Issued by Envoys of the International Congress of Women at The Hague to the Governments of Europe and the President of the United States", in Jane Addams, Emily G. Balch, and Alice Hamilton, *Women at The Hague. The International Congress of Women and Its Results*(New York, Macmillan, 1915; repr. New York: Garland, 1972)；重印于 *WFF*, vol.2, doc.69(引文自 267 页)。关于大会，亦参见 Wiltsher, *Most Dangerous Women*。

(Louise Saumoneau)和她们的同伴们(和列宁一起)坚持认为,真正的敌人是在背后推动军国主义的资本主义与帝国主义。社会主义者不论是男是女,都一直坚定地把男性霸权视作次要问题。

不管在资本主义问题上作何感想,女权主义妇女们都对军国主义本身、其男权主义及暴力——尤其是对平民的暴力——表达了发自内心的质疑。在1915年的海牙大会上,利达·古斯塔瓦·海曼(Lida Gustava Heymann)直接强调了战时男性暴力的一个方面一个其他人都不愿说的方面:"我们知道妇女被强奸,我们也抗议此事,因为强奸妇女比死亡更可怕,比地狱更黑暗,比恶魔更恐怖……我们不想要什么说战争在保护我们妇女的声明。不,我们在被战争强奸!"①

在英格兰,英国参政权论者海伦娜·斯旺尼克(Helena Swanwick)谴责战争道:"发动战争的只有男人,但却不可能只对男人开战。所有战争在对男人开战的同时也(一定)是对妇女儿童开战的。"对斯旺尼克来说,战争是"体力论"(physical-force argument)的例证,重身体力量、轻道德规劝,以此有效地保证男性对妇女的支配:"如果破坏性力量还要持续支配世界,那么男人就一定会继续支配妇女,对男女都造成持续的伤害。"②斯旺尼克切断了她与英格兰参政权论者们长期的联系,尤其是和潘克赫斯特母女一起无条件支持战争努力的米利森特·加勒特·福塞特,转而把能量都投入了民主控制联盟(Union for Democratic Control)和国际妇女同盟(the Women's International League)中。在都柏林,汉娜·希伊·斯凯芬顿(Hanna Sheehy Skeffington)也反对潘克赫斯特母女的主战态度,并提出了一则甚至更有煽动性的断言:"战争必然与女权主义的毁灭有密切关系",而"女权主义必然与消灭战争有密切关系"。"不阻止征兵的女人均未完全正确地理解女权运动的基础。故意怂恿征兵的女人则在背叛这一运动——即使她的名字是克丽丝特布尔·潘克赫斯特。"③即使是西尔维娅·潘克赫斯特(Sylvia Pankhurst)也不同意她姐姐的主战

① Heymann;翻译收录于 Bracker, "Suttner's Spiritual Daughters", p.108。

② Helena Maria Swanwick, *Women and War*, UDC Pamphlets, no.11(London, 1915);重印于 *WFF*, vol.2, doc.70(引自第 269、271 页)。

③ Francis Sheehy Skeffington, "War and Feminism", *The Irish Citizen*, 12 September 1914.

态度。她批评英国政府对妇女提出的兵役要求,因为正是这个政府依然拒绝给予妇女完整公民权。她还呼吁女权主义者监督妇女服兵役的环境,保证妇女不仅得到投票权,还有合理工资、参与劳动纠纷裁定的资格,以及工时和工作环境的保障。在西尔维娅·潘克赫斯特看来,妇女对国家的忠诚必须得到物质回馈。①

　　在欧陆,各国政府对反战异议的容忍度则低得多。在法国,教师海伦·布莱恩(Hélène Brion)是最直言不讳的反战抗议者之一,1918 年,她因质疑战争和散播反战宣传被法国的一间军事法庭以叛国罪逮捕并审判。在审判时,她宣告道:"我首先是一个女权主义者。正因为我的女权主义,我是战争的敌人……战争代表了蛮力的胜利,而女权主义只能通过道德力量和思想观念取胜。"②但正如在英格兰和德国,争议双方都有女权主义者:在意大利,律师、妇女参政论者特雷莎·拉布廖拉(Teresa Labriola)(她后来被誉为"拉丁女权主义最杰出的理论家")不顾一切,开始以非常哲学的方式谈论族裔民族(ethical nation),即国家(state),及其未来必须拥有的特征,即性别关系的重构。③

　　血腥的四年中,约 1 000 万男人死去、2 000 万受伤,经历了此般损失后,交战列强在 1918 年 11 月 11 日停战。在美国 1917 年开始向协约国输送资源和人力之后,德意志帝国崩塌了,其盟友离同样的命运也不再遥远。国际妇女参政权联盟(IWSA)的玛丽·希普尚克斯评论道:"至少,有组织的国际性自杀结束了。"④

---

　　①　关于潘克赫斯特的活动,参见以下两本传记:Patricia Romero, *E. Sylvia Pankhurst: Portrait of a Radical* (New Haven: Yale University Press, 1987)以及 Barbara Winslow, *Sylvia Pankhurst* (London: UCL Press, 1995)。亦参见 *Sylvia Pankhurst: From Artist to Anti-Fascist*, eds. Ian Bullock & Richard Pankhurst (Houndmills: Macmillan; New York: St. Martin's Press, 1992)和 *A Sylvia Pankhurst Reader*, ed. Kathryn Dodd(Manchester: Manchester University Press; New York: St. Martin's Press, 1993)两书中收录的文章。

　　②　"L'Affaire Hélène Brion au 1e Conseil de Guerre", *Revue des Causes Célèbres*, no.15(2 May 1918);重印于 *WFF*, vol.2, doc.71(引文自 274 页)。关于 Hélène Brion,参见下书前言:Huguette Bouchardeau's preface to *Hélène Brion: La Voie féministe*(Paris: Syros, 1978), pp.7-47。

　　③　对拉布廖拉的这一描述来自 Robin Pickering-Iazzi,参见她给所编论文集写的导论 *Mothers of Invention: Women, Italian Fascism and Culture*(Minneapolis: University of Minnesota Press, 1995), xix。

　　④　Mary Sheepshanks, "Peace", *Jus Suffragii*, 13:3(Dec. 1918), 25.

影响和平协定

当胜利的协约国聚集在巴黎起草和平条款时,国际妇女参政权联盟里来自这些国家的妇女行动派决定让人们感受到她们的存在。头脑敏锐的玛丽·希普尚克斯注意到了有组织的劳工团体在相同事情上的准备程度,于是在《选举权》上详述了"妇女应向和会要求什么":保证给妇女选举权;捍卫妇女经济自由;停止政府管制的娼妓业;提高性同意年龄;以及彻底改革婚姻法,包括解决已婚妇女的国籍问题。她问道:如非妇女自己,"谁会来捍卫妇女的诉求?"[①]

国际妇女参政权联盟附属组织法国妇女选举联盟(Union Française Pour le Suffrage des Femmes, UFSF)的代表们在 1919 年 1 月致函伍德罗·威尔逊(Woodrow Wilson)总统请求与他会面,并得到同意,时间定于盟国妇女大会(Interallied Women's Conference)开幕日(2 月 10—16 日)。代表们请求威尔逊帮助建立一个与国际劳工委员会对应的国际妇女委员会,并请他支持她们取得政治代表权;与此同时,女权主义者们组织了一个事实上的妇女委员会来起草具体提案。她们几乎和所有协约国全权代表都安排了会面,为妇女委员会争取支持;她们在爱丽舍宫见了法国总统雷蒙·普恩加莱(Raymond Poincaré)夫妇;她们还会见了法国首相乔治·克里孟梭(Georges Clemenceau),此人反对妇女委员会的提案,而是提出让妇女加入一切与其利益相关的和会工作。这个提议获得了胜利;协约国最高委员会(Supreme Allied Council)批准"妇女组织可以在特别处理妇女利益相关问题的委员会上发言"。[②]但是,此处的"妇女利益"指的是妇女和儿童的特殊利益,而非战争与和平或妇女选举权等议

---

① Mary Sheepshanks, "What Women Should Demand of the Peace Congress", *Jus Suffragii*, 13:5(Feb. 1919), 58-59.

② 女权主义者运动的细节由 Suzanne Grinberg 报道于以下文章:Suzanne Grinberg, "Women at the Peace Conference", *Jus Suffragii*, 13:6(March 1919), 71-73,以及"The Inter-Allied Suffrage Conference," *Jus Suffragii*, 13:7(April 1919), 88-89。我也利用了 Grinberg 在 *La Française*(1919 年 2 月 22 日和 4 月 26 日)两期中的记述,和她在 *La Renaissance*(1919 年 3 月 29 日和 4 月 26 日)两期中更详细的报道;以及 Maria Vérone 在 *Le Droit des femmes*(Feb, March, April 1919)中的若干报道。更多的信息可以查阅巴黎 Bibliothèque Marguerite Durand 的档案。

题。因此，女权主义者的计划无法完全实现，她们胜利的欢呼只是相对的。但即使是协约国的这一让步，在妇女积极参与公共事务的原则方面，也是一次重大突破。

各协约国的男人们信守了诺言。次月（3 月 18 日），来自国际妇女理事会和国际妇女参政权联盟的女权主义者联合代表团，出现在了美国劳工领袖塞缪尔·龚帕斯（Samuel Gompers）担任主席的国际劳动立法委员会（Commission on International Labour Legislation）；她们的造访在巴黎成了头版新闻，并且被朱尔·西格弗里德夫人（Madame Jules Siegfried）称赞为"女权主义运动史中值得纪念的一天"。[①]4 月 10 日，女权主义者们第三次派出代表团与威尔逊担任主席的国际联盟委员会会面。在会上，她们要求让妇女加入国联所有的常设委员会，以及各局和官方代表团。她们进一步要求加入国联的各国宣布停止贩卖妇女儿童、支持妇女在婚姻中的自由选择权，她们还要求国际联盟发表支持妇女选举权原则的声明。[②]委员会虽然同意制定关于妇女参与的条款，但认为后面这些要求提出了一些会把国际联盟的创立过度复杂化的议题。

协约国的领袖们确实实现了女权主义者的一些要求。《凡尔赛和约》最终的版本中（序言、第 389 和 427 条）规定了一些关于平权——尤其是同工同酬——的条款［国际妇女参政权联盟和荷兰女权主义者马丁娜·G.克拉默斯（Martina G. Kramers）领导下一群名为"国际通讯员"的行动派强烈要求了这些关于同工同酬的条款］，也专门制定了关于妇女参与国际劳工组织和国联工作的条款。[③]

1919 年 5 月中旬，另一群女权主义者在苏黎世参加第二届国际妇女大会（1915 年海牙会议的后续会议），会议期间恰逢《凡尔赛和约》的条文公布，她们遂表达了对和约其他主要方面的不满。在她们看来，条约草稿既没有满足早前威尔逊十四点和平原则中提出的条件，也没有达到

---

① 委员会公报中的引述再刊于 *The Origins of the International Labor Organization*, ed. James T. Shotwell, 2 vols.（New York: Columbia University Press, 1934）, vol.2, p.275。
② 参见 Grinberg 在 *La Renaissance*（26 April 1919）中的报道。
③ 《凡尔赛和约》的文本，参见 *Major Peace Treaties of Modern History, 1648 – 1967*, ed. Fred L. Israel, vol.2（New York: Chelsea House, 1967）。

1915 年女权主义国际主义者们批准的指导原则(很多女权主义者认为这
是十四点和平原则的基础):

> 和约的条文保证把秘密条约的果实都给征服者们,以此暗中许
> 可了秘密外交,否认了自决原则,承认了胜利者获得战争赃物的权
> 利,并且在整个欧洲创造了只会在将来引发更多战争的矛盾与
> 仇恨。[1]

很不幸,她们是对的! 这些女权主义国际主义者建立了国际妇女争取和
平与自由联盟(Women's International League for Peace and Freedom),
该组织设于日内瓦,并且至今还在工作(我在第十二章中会更详细地介绍
该组织)。

在一些欧洲民族国家,妇女表现出的爱国主义、她们对战争努力的忠
诚,以及她们的牺牲,将在 1918 到 1919 年获得报偿——投票权;而妇女
选民将开始涌向投票点。在很多国家,成年妇女的数量多过男人,而大量
的军事伤亡只会让差距越来越大。1917 年 3 月,英国下议院同意了部分
扩大议会投票权,包括了三十岁以上拥有财产或大学文凭的单身妇女。
然而,让一些提倡参政权论的妇女相当痛苦的是,在 1919 年的选举中,托
利党(保守派)胜利了。

在法国,1919 年达成和平后,下议院将举办第一次关于妇女选举权
问题的正式辩论。支持选举权的众议员(既有世俗人士也有天主教徒)以
压倒性优势修订了一份市镇级选举权的议案,以在各级将选举权授予"不
分性别的所有法国公民"。下议院一致支持了这份全面性的议案。但是,
女权主义者暂时还无法庆祝。法国上议院担心妇女会给右派投票、反对
共和国,在接下来的近三十年中不断拖延妨碍,下议院一次次通过妇女参
政权的议案,上议院就一次次成功地阻止其通过。1919 年,即使没有法

---

[1]   Resolution of the Second International Congress of Women, Zurich, 12 - 19 May 1919;
重印于 Gertrude Bussey & Margaret Tims, *Women's International League for Peace and Free-
dom, 1915 - 1965: A Record of Fifty Years' Work* (London: George Allen & Unwin, Ltd.,
1965), p.31。

国妇女投票，清一色的男性选民也在战后的首次议会选举中让右翼和国族主义势力大获全胜。

丹麦在1915年自豪地给予了妇女选举权。在意大利，立法机关在1919年投票支持了允诺已久的妇女选举权法案，但该法案一直没有成为法律。1920年，比利时授予了战争中战死士兵的母亲和妻子选举权。而摆在爱尔兰妇女面前的是一场独立战争，和之后惨痛的内战。

在战败国——首先是魏玛德国，其次是在奥匈帝国残骸上由和平条约建立的新国家（捷克斯洛伐克、奥地利、匈牙利、波兰）——女人和男人一起被新的民主国家宪法中的法令授予了选举权。在新的魏玛共和国，41名妇女被选入议会，首次成为国家政治舞台上的参与者；一些知名的女权主义者将加入国民会议，如阿莉塞·萨洛蒙、格特鲁德·博伊默，以及路易丝·齐茨与马丽·尤哈斯等社会民主党妇女。事实上，魏玛政府可以夸耀其妇女当选比例是整个欧洲最高的。（如我们即将在第十、十一章中所见，）女性政治行动和投票的模式很快开始受到频繁且常常并不友善的审视。

俄国革命与家/户、工作的变迁

在中西欧国家，围绕战争结束与选举权胜利的期待与庆祝中，俄国一系列不寻常的政治活动将对欧洲女权主义的未来产生重大影响。这些后来被称作"俄国革命"的活动同战争的影响一起，不可逆地改变了中西欧女权主义得到表达、评估和考量的环境，以及非共产主义的社会主义者发展其妇女解放方案的环境。

1917年初，由于世界大战带来的极度食物短缺、通货膨胀、饥荒等严重挑战，在协约国一方作战的俄罗斯帝国在重压下崩溃了。在国际妇女节（俄历2月23日，西历3月8日）当日，妇女开始罢工，要求食物与和平。她们的骚动很快引来了工会中和各种异见派中的男人的支援，后者开始表达政治诉求。1905年的起义中，沙皇的军队朝示威者开了枪；但1917年则不同，军队走到了抗议者这边。很快，沙皇尼古拉二世（Nicolas II）退位，临时政府成立。

新政府解除了演讲和集会禁令,并允诺了立宪会议和公民平等——但没有提到性别是一个需要处理的范畴。平权联盟(League for Equal Rights)的女权主义者抓住了这项"遗漏",随后呼吁妇女为了自身的政治解放团结起来。短短几周内,联盟就于 3 月 19 日组织了一场盛大的妇女游行,她们穿过新的彼得格勒——(据历史学家琳达·埃德蒙森对活动的描述)大街被"两支吹奏着马赛曲的军乐队、红旗、布告,还有一些'马背上的女战士'充斥着"——走到塔夫利宫(Tauride Palace)去见新政府。波利克谢纳·希什基娜-亚韦恩医生(Dr. Poliksena Shishkina-Iavein)发起了女权主义者的挑战:"我们宣布,只有一半人口得到代表的立宪会议根本不能被视为表达了全体人民的意志,而是只表达了一半人的意志。"两天后,一个女权主义者代表团收到保证,称妇女选举权将会是拟议中的选举法的一部分,但她们坚持要该保证以书面形式提供。尽管布尔什维克妇女努力想扰乱其进程,一场全俄妇女大会还是在 4 月召开,以组建一个民主妇女组织共和联盟(Republican Union of Democratic Women's Organizations)。①女权主义者玛丽亚·波克罗夫斯卡亚在《妇女先驱报》(Zhenskii Vestnik)上发表文章,与布尔什维克对抗,反对他们的计划,并斥责他们的方法。

事实上,这种革命"忘记"妇女的局面,正成为欧洲历史上再常见不过的一个特征。而 1917 年有所不同的是,首先,新的俄国政府最终包含了妇女,将投票的权利授予了"选举日已满 20 岁的俄国两性公民"。②另一个重要区别是俄国女权主义者与政治左翼有竞争。在接下来的几个月,妇女组织和出版物都支持新政府和继续作战,包括组建饱受争议并被广为宣传的"女子营"(women's battalions)。③

---

① 对这些发展更完整的记述,参见 Linda Edmondson, *Feminism in Russia, 1900 - 1917* (Stanford: Stanford University Press, 1984), pp.165 - 167。所有翻译的引文均来自该书。亦参见 Rochelle Ruthchild 在 *Equality and Revolution: Women's Rights in the Russian Empire, 1905 - 1917*(Pittsburgh: University of Pittsburgh Press, 2010)一书第 7 章中的记述。

② Edmondson, *Feminism*, p.167.

③ 参见 Richard Abraham, "Maria L. Bochkareva and the Russian Amazons in 1917", in *Women and Society in Russia and the Soviet Union*, ed. Linda Edmondson(Cambridge: Cambridge University Press, 1992), pp.124 - 144。

允诺的选举最终举行了，但立宪会议很快被解散了。1917年10月中旬，布尔什维克控制了政府，坚持他们会和德国签订单独的和约，令此前帝俄的西方盟友都相当错愕。一种新的、更极端的革命来临了。到了共产主义革命者履行他们长期以来允诺的时候了，尤其是作为社会重组大计划一部分的妇女解放。（如我们已经看到的，）布尔什维克并非确切意义上的女权主义者，即使柯伦泰也不是——而且一如其他倍倍尔/蔡特金传统下的马克思主义社会主义者，他们一直批判女权主义者是"资产阶级"（bourgeois）和"分离主义者"（separatist），用斩钉截铁的言辞排除了任何进一步讨论的可能。阶级斗争和阶级团结一直是他们意识形态和战略上最优先考虑的。一取得控制权，更名为共产党的布尔什维克就解散了独立的女权组织，关闭了女权主义出版物，并将女权行动派全都噤声：只有一些人抵抗了布尔什维克，剩下的显然退回到了私人生活或离开了苏俄。事实上，即便新的统治者挪用了女权主义运动的部分计划，他们还是埋没了有关这场与之对立的运动及其追随者的记忆。埃德蒙森认为："从布尔什维克的立场来看，女权主义者不过就是对系统随便做点小修小补；性别间的平等是苏维埃统治独有的成就。"①

要称赞布尔什维克的是，他们确实在妇女地位方面实现了一系列非凡的改革——起码在纸面上是如此——尤其是在婚姻与家庭法的领域，他们对其进行了完全的世俗化和改造。1917年12月中旬，他们通过法令确立了双方同意离婚和公证结婚。根据历史学家温迪·戈德曼（Wendy Goldman）所言，1918年12月颁布的《家庭法典》（*Family Code*）提供了"截至当时世界上最为进步的家庭与社会性别立法"。②截至1920年11月，本人要求后立即施行的流产已得到了布尔什维克政权的合法化和医学化，此外，后者也展望了解决娼妓业这一棘手问题的步骤，坚持所有妇女从事独立有偿工作的必要性。

---

① Edmondson, *Feminism*, p.170. Rochelle Ruthchild 仔细研究了关于俄国女权主义者命运的种种细节（私人交流，1999年5月），并发表于 *Equality and Revolution* 一书中。

② Wendy Z. Goldman, "Women, the Family, and the New Revolutionary Order in the Soviet Union", in *Promissory Notes: Women in the Transition to Socialism*, eds. Sonia Kruks, Rayna Rapp, and Marilyn B. Young(New York: Monthly Review Press, 1989), p.62.

1917 年末,柯伦泰被任命为社会福利部人民委员,并着手将母职变为国家的"社会功能",保护作为工人的妇女,并促进她们的平等权利。她的生育保险(maternity insurance)方案包括"八周全薪产假、哺乳休息时间和工厂休息设施、免费的产前与产后照料以及现金津贴",被赞誉为整个政权"对女工而言的最高立法成就"①。

1918 年 11 月中旬,布尔什维克夺取政权仅一年后,一场新的妇女大会在柯伦泰、伊妮莎·阿曼德和她们合作者的要求下召开,以确认妇女解放——布尔什维克式的——绝非仅仅是分离主义的事业。在全俄劳动妇女和农民大会上,列宁本人也要求终止妇女在家中的奴隶身份和苦工,终止性道德的双重标准,并消除娼妓业。他把妇女视作"无产阶级军队的女性部分",应当拥有完全平等的权利,包括即时的离婚、对婚内外所生子女的平等承认等。妇女必须完全参与革命工作。列宁宣称:"苏维埃共和国的目标是废除所有对妇女权利的限制。""我们的法律有史以来首次摧毁了一切让妇女处于下等地位的东西。"②然而,严峻的挑战依然存在,包括教育以文盲为主的民众、抗击贫困和愚昧、通过发展"社会经济"将妇女从家务苦活中解放出来等诸多问题。但他们全身心投入其中,正如伊妮莎·阿曼德不久后指出的:

> 只要娼妓业未被摧毁,只要旧式的家庭、家庭生活与育儿没有被废除,就不可能摧毁得了剥削和奴役,不可能建设社会主义。如果没有共产主义就没有妇女解放,那没有妇女的全面解放也就没有共产主义。③

柯伦泰 1918 年的小册子《共产主义与家庭》(该书是她在 1918 年大

---

① Richard Stites, *The Women's Liberation Movement in Russia* (Princeton: Princeton University Press, 1978), p.395.

② 列宁 1918 年 11 月 19 日在第一次全俄妇女大会的演讲(Speech at the First All-Russian Congress of Women, 19 November 1918);重印于 Lenin, *Women and Society* (New York, 1938);亦收录于 *WFF*, vol.2, doc.76(引文自第 287、288 页)。

③ Armand 的评论,见 *Kommunisticheskaia partiia i organizatsiaa rabotnits*(Moscow & Petrograd: Kommunist, 1919), p.41;翻译收录于 Clements, *Bolshevik Feminist*, p.155。

会演讲的要旨)令一些热衷者欣喜若狂，也令反对者惊骇不已。在书中，她阐明了布尔什维克的规划，论证曾被认为永恒不变的机制也是社会建构：

> 我们只需要读一读过去的人们怎么生活，就能立刻知道，一切都是会变化的，没有习俗、政治组织或道德是永远固定而不可侵犯的……家庭……一直频繁地改变其形式。①

她宣称，让"老朽的垃圾"(superannuated rubbish)滚开吧。如果批评家们进一步阅读，就会在柯伦泰对未来的想象中找到更多值得钦佩之处，她想象的不是"废除"家庭，而是改造它——可供利用的公共厨房、公共洗衣房和国家托儿津贴将重新定义妇女的角色，让母亲们可以体面地养活自己和孩子；同时，女人和男人可以是"爱人和同志"，外在于那些把支配/从属为特征的关系正式化的结构。在这一想象中，棘手的娼妓业——不论是合法化的还是地下的，都必须要消失。换句话说，柯伦泰对妇女——以及男人——的理想，是超脱于财产考量且有全套社会支持服务的一夫一妻自由结合。列宁 1919 年 9 月底在无党派劳动妇女会议上的演讲又确认了这一构想。列宁特别强调了家务劳动的"非生产性""原始""艰苦"等性质。"即使当妇女拥有了完整的权利，她们依然是受压迫的，因为所有家务劳动都留给了她们。"②

当然，这些要求都深深根植于 19 世纪欧洲的进步思想，在倍倍尔、柯伦泰或列宁采纳它们之前已存在许久；但新生的苏维埃社会主义共和国联盟的领导人想把实现这些诉求变为国家政策。考虑到 1918 年到处存在的不利条件，这一方案到最后会极难实现，列宁、柯伦泰和其他人当时也坦率地承认了这一点。革命意图和实现其目标所需的巨大社会变革之

---

① Aleksandra Kollontai, *Communism and the Family* (1918; repr. San Francisco: The Western Worker, n. d.), p. 2.

② Lenin, "The Tasks of the Working Women's Movement in the Soviet Republic"，发表于 1919 年 9 月 23 日 Fourth Moscow City Conference of Non-Party Working Women 的演讲，报道于 *Pravda* (25 Sep. 1919)；翻译并重印于 *The Emancipation of Women: From the Writings of V. I. Lenin* (New York: International Publishers, 1966), p. 69。

间的距离,将一直比当时任何人想象的都大得多。

1919 年年中,第八次代表大会后,共产党终于(尽管看起来不情愿地)同意在中央委员会中建立一个妇女局,或者"做妇女工作的部门",通常被叫作中央妇女部(Zhenotdel),目标是和其他各部协同动作,以及组织对广大"落后"妇女的政治教育与职业动员,以此拉她们加入共产主义事业。妇女部一开始由伊妮莎·阿曼德领导,在她 1920 年末去世后,由柯伦泰担任领导至 1922 年。与此同时,内战还在激烈进行,生活条件持续地大幅度变差。

随着中央妇女部的建立,这些极度坚定的共产主义妇女也在党内争取更多的支持,她们在 1920 年 3 月俄共第九次代表大会上为自己的工作赢得了强烈支持,创办了一份理论刊物《共产主义者》,以补充更偏向大众的《女工》。在共产国际与更温和的社会民主主义者分裂之后(后者现在控制了第二国际剩余的部分),这些共产主义妇女在夏天成功得到支持,在共产国际建立了秘书处。德国的独立社会主义者克拉拉·蔡特金是社会民主党人的劲敌,她此时正在莫斯科工作,并于 1920 年末在莫斯科设立了该秘书处,大力在国际上进行鼓动,在妇女间进行舆论宣传,并发表了她与列宁的知名访谈,在访谈中列宁委托她制订国际工作的方案。列宁对蔡特金说:"你要写出共产主义妇女工作最重要的论点。""妇女在人类中与社会上的地位与生产方式私有制之间有着不可分割的联系,你必须把重点放在这一联系上,这将与资产阶级的'妇女解放'运动画出一条浓重而不可消除的界线。"①

列宁总结道:"我们不想共产主义妇女有单独的组织!"但是这不意味着完全没有任何妇女组织。必须要在妇女中间做系统性的工作,让她们加入布尔什维克的事业,而这一工作又必须牢牢地嵌入共产党提供的框架中。因此,列宁补充道:"我们必须有自己的队伍在她们中间工作,有特殊的鼓动方法和特别的组织形式。这不是资产阶级的'女权主义',而是实际而权宜的革命策略。"②

---

① 列宁与蔡特金的访谈,见 *Emancipation of Women*, pp.109‒110。

② 列宁,见 *Emancipation of Women*, p.111。

在苏俄之内，中央妇女部的职员开始工作；苏俄之外，蔡特金鼓励附属的各国共产党着手努力招募妇女。例如，在她的指示下，新生的法国共产党(PCF)创立了新的出版物《劳动者》。但即使在苏俄，预算经费的匮乏也一再限制着中央妇女部努力组织、训练妇女的有效性，而党内基层的反对者也依然怀疑妇女部各种努力的核心是"女权主义"，因而拒绝支持她们。1922 年初，柯伦泰因政治原因被撤去妇女部的职位，而后被重新指派到了苏维埃赴挪威贸易代表团工作。她 1923 年关于"长翅膀的情欲"(winged eros，或者说男女间更高形式的情爱)的发表注定了她在苏俄的命运，她的作品和理念也逐渐丧失了声誉。1923 年，中央妇女部被俄共十二大指控有"女权主义倾向"。随着共产主义政权(尤其是在列宁去世、斯大林上台后)致力于拯救核心家庭，促进人口增长，用极权手段推行"一国社会主义"，"路线偏差"(deviationism)越来越受到怀疑。甚至蔡特金的国际活动也在 1926 年被终止，尽管她依然继续强烈批评西方非共产主义社会主义者的"资产阶级"倾向。与大胆的 1918 年《家庭法典》相比，1926 年《婚姻法》倒退了一大步。1930 年，中央妇女部被解散，理由是不再需要这一部门。①柯伦泰和同伴们努力推进她们构想中妇女处境的变革，但最终也无法在苏联完全实现，尽管这一构想在被体制压力与预算短缺无可挽回地辜负之后还存续了很久。

布尔什维克在妇女方面的实验在整个欧洲都产生了回响，不管是慕尼黑、维也纳、柏林和布达佩斯等地爆发的短暂革命，还是这些革命后(尤其在东欧)的反动政权，其中都有这些实验的回声。西欧的女权主义者迫切地想亲眼看看布尔什维克造就了什么奇迹。对一些人来说，现实似乎并没有承诺那么吸引人。正如海伦·布莱恩、路易斯·博丹和其他社会主义女权主义激进派，女扮男装的法国参政权论者、医生马德莱娜·佩尔蒂埃曾热情地欢迎布尔什维克的胜利；作为一名 1920 年图尔(Tours)社

---

① 关于布尔什维克对社会性别的重构，以及中央妇女部的兴起和消亡，Elizabeth A. Wood, *The Baba and the Comrade: Gender and Politics in Postrevolutionary Russia* (Bloomington: Indiana University Press, 1997)，是一本很好的研究。此外，参见 Wendy Z. Goldman, *Women, the State & Revolution: Soviet Family Policy & Social Life, 1917–1936* (Cambridge: Cambridge University Press, 1993)，以及 Barbara Evans Clements, *Bolshevik Women* (Cambridge: Cambridge University Press, 1997)。

会党大会的代表,佩尔蒂埃投票加入新的第三(共产)国际。她在《妇女的声音》(*La Voix des femmes*)中评论了列宁和托洛茨基的作品[该刊物是路易斯·博丹的激进女权主义出版物,新的共产党附属组织合众社会党随后抛弃了这一刊物,转向支持《劳动者》(*L'Ouvrière*)]。1921 年 7 月末,没有法国官方护照、却有法国共产主义者支持的佩尔蒂埃(用她自己的话说)"伪装成女人"出发前往苏俄,靠政党支持者的帮助溜过了一条条国际边境线。一到那儿,她就看到了饥荒、疾病、弃儿等各种各样的苦难。她见了柯伦泰,反驳了后者关于公民有义务将孩子交给国家的观点。她不赞成中央妇女部,(如她在法国时一样)反对给妇女设置单独的部门。她在这个新的布尔什维克乌托邦遇到了各种性别歧视的态度,也看到了新政权面临的极为严重的问题,这些都让她惊骇不已。她拒绝做缝纫来贡献她的义务劳动(义务劳动是对外国访客的要求)。"我参加的所有妇女集会都只是讨论组织儿童聚居地的问题……是把儿童从伏尔加河(Volga)地区救出来免于死亡的问题。然而,男人们的会议讨论的是很多更具普遍性的问题,这表明妇女会议的重要性更低。"[1]

　　饱受磨炼后松了一口气的佩尔蒂埃回到巴黎,出版了这趟旅行的回忆录。这次"惊险的旅程"使她确信自己是一名"完整的女权主义者",严格来讲同时也是一名"理论革命家",一名无政府主义者——她憎恨新俄国持续存在的官僚主义程序,以及人们在骇人条件与愈发显著的政府镇压行动面前貌似宿命论的态度。她在《妇女的声音》上发表写作,总结道:在苏联,妇女解放将是最难打赢的一场战役。到 1925 年,越来越服从莫斯科命令的法国共产党开始采取行动,把佩尔蒂埃边缘化;到了 1926 年,她与党决裂,回到了更意气相投的法国无政府主义圈子。

　　虽然现实很残酷,斯大林治下的布尔什维克政府也越来越不敢往妇女解放上投入资源,但 1917 到 1920 年间打造的海市蜃楼在西欧依然很有影响,被不懈地传播着。到 20 世纪 30 年代初,俄裔奥地利作家

[1]　Madeleine Pelletier, *Mon Voyage adventureux en Russie communiste* (Paris: Giard, 1922;重印于 Paris: côté-femmes, 1996);转引自 Charles Sowerwine & Claude Maignien, *Madeleine Pelletier, une féministe dans l'arène politique* (Paris: Éditions ouvrières, 1992), p.169;作者翻译。

范尼娜・哈莉(Fannina Halle)已在她《苏俄的妇女》一书中对"把妇女变回人"(the humanization of woman)做出了激动人心的描述,该书 1932 年首先以德语出版,次年以英语出版。她重复官方路线,坚持"现在俄国正在进行的解放进程与此前人类历史上所有的都不同,因为它是根据计划执行的,且规模前所未有……女权主义问题此时第一次被理解为宏大社会问题的一部分"①。英国女权主义者威妮弗雷德・霍尔特比(Winifred Holtby)对于推行社会化家务与托儿给妇女开拓的前景尤为热情,指出"共产主义理论相当明确地阐述了男女地位的完全平等,而苏维埃政府则试图把这一理论付诸实践,取得了不同程度的成功。世界上的其他地方可能沿着交错的道路向四面八方前进;而莫斯科则有计划地前进"。如霍尔特比在她 1934 年的《妇女与变化的文明》中所指出的:

> 整个心态都是新的——女人完全有理由工作,有理由生孩子;拖拉机驾驶员和幼儿园老师同样为国家服务,且这两者都可以是母亲;国家应将这种双重角色作为一种服务加以鼓励,而非将之视作危险而放纵的实验而加以劝阻——这整个心态都无疑是全新的……我们必须至少再等几个世代,才能判定这个规划是失败的。②

恰恰是这个计划的全面性和前所未有的规模——以及它被认为具有的女权主义特质(不管多不合理),让一些人感到害怕。当时的决策者中,没什么人有哈莉、霍尔特比和其他欧洲女权主义者的那种热情。事实上,20 世纪 20 年代与 30 年代大部分时间的特征就是反女权的大抵制,其中一个决定性主题就是含蓄拒绝苏俄重构婚姻、家庭组织及男女角色的革命计划。不仅如此,对布尔什维克妇女解放实验的明确拒绝,将成为战后新兴威权主义政党、派系及运动的纲领中最重要的部分。

---

① Fannina W. Halle, *Woman in Soviet Russia*, trans. Margaret M. Green[London: Routledge, 1934;德语原版为 *Die Frau im Sowjetrussland* (1932;英文版 1933)], ix-x。

② Winifred Holtby, *Women and a Changing Civilization*(London: John Lane, 1934; repr. Chicago: Academy Press, 1978), pp.182, 185, 187-188.

反动与抵制:重燃知识战争

时间较长且代价极高的战争和布尔什维克的妇女解放计划一起,引发了另一场对妇女解放的大规模政治与文化反动。在量级上,这场反动无疑和此前在法国大革命、1848 年欧洲革命以及 1871 年巴黎公社之后的几次抵制是同一水平。不同之处在于,战争经验和半世纪的教育与经济参与,让公共舞台上的妇女比此前多得多。与"家中天使"和女权主义者在战前提倡的母亲式新女性都完全相反的"现代"妇女,现在渐渐在西欧大部分地区成为现实。女人味和男子气概的内容都经历着重构,不论人们是否喜欢这种变化。[①]

因此,随着妇女的职责与角色重新得到声量巨大而持久反复的阐述,接下来所有要终结妇女屈从地位——或更正向地说,争取她们权利的女权主义运动,都必须在这些新阐释的阴影下,重新考虑和进行。在一些国家(尤其是东欧),女权主义的喷发刚开始出现就被淹没,几乎彻底被扑灭。在其他喷发规模更大的国家,各项诉求得到了大规模的重组和警告式的重述。政治的发展,知识战争的新进展(尤其在心理学和精神分析领域),以及同期的"现代主义"文学艺术运动,全都助长了这场迅速发展的抵制;这些抵制在当时的报刊中得到了大量的报道。

法兰西第三共和国政府正式承诺了人人享有自由、平等和公正的原则,但即使在这里,女权主义者也依然在选举权方面面临着严峻的阻碍。即将任满的下议院对妇女选举权做出了强有力的支持,而女权主义者要求参议院对此做最后确认,与此同时,法国首相乔治·克里孟梭则在 1919 年 10 月要求参议院批准《凡尔赛和约》时,描绘了他对战后世界中的法国的想象:

　　　　和约没有让法国允诺一定要多生小孩,但这本应是最该包括在

---

① 关于战后法国与英格兰重构社会性别的相似历史方法,参见 Mary Louise Roberts, *Civilization Without Sexes: Reconstructing Gender in Postwar France, 1917 - 1927*(Chicago & London: University of Chicago Press, 1994),以及 Kent, *Making Peace*。(见本书第 314 页注释①)

内的。因为法国若是忽视了大家庭，那么尽管你们大可以在条约中放些你们想放的最漂亮的条款，大可以拿走德国所有的大炮，也大可以干任何想干的事，但法国将会消失，因为再也没有法国人了。[①]

20 世纪 20 年代与 30 年代，法国下议院一次次同意妇女投票权，但到参议院批准时，却四度遭拒；法国的左派男人们担心支持妇女投票权可能给世俗共和国的未来带来不利的（即天主教或反议会的国族主义的）影响。虽然人权联盟(Ligue des Droits de l'Homme)中进步的男人们一直在原则上支持两性平等，但若要正式表示无条件支持妇女享有全部选举权，他们也只是一再回避。在联盟 1924 年的大会上，副主席维克多·巴什(Victor Basch)为组织名称中"（男）人"(Homme, Man)一词的非中立性表示歉意，但并不愿在支持妇女拥有市镇级选举权之外有更多表示。[②]

与此同时，到 20 世纪 20 年代初，法兰西共和国的立法者们已经设置了禁令，禁止传播避孕信息和销售避孕工具（避孕套被认为对"卫生"很必要，因而未被禁止），并将堕胎"非罪化"，希望用严厉的法官替代宽容的陪审团，从而可以定更多的罪。与这些努力相伴的，还有一个母亲勋章项目，这给其他很多战后国家提供了模范。一些政府随后开始了官方的母亲节庆祝活动，来致敬大家庭的母亲和提高出生率。[③]

欧洲反女权主义的言辞变得越来越尖锐。在英国，读者们常常可以拿到一些言辞极其激烈的小册子，例如在都柏林活动的阿拉贝拉·基尼

①　Georges Clemenceau，1919 年 10 月 12 日在法国参议院；转引自 Edouard Bonnefous, *Histoire Politique de la IIIe République,* vol. 3(Paris: Presses Universitaires de France, 1968), p. 58；作者翻译。

②　参见 Françoise Basch, *Victor Basch: De l'affaire Dreyfus au crime de la Milice*(Paris: Plon, 1994), pp. 186-187，以及 William D. Irvine 于 1996 年报告于波士顿法国历史研究会(Society for French Historical Studies, Boston)的未发表论文"Women's Rights, Democracy, and the Ligue des Droits de l'homme"。亦参见 Irvine, *Between Justice and Politics: The Ligue des droits de l'homme 1898-1943*(Stanford: Stanford University Press, 2007)的第四章。

③　关于战后欧洲母亲节庆祝活动的出现，参见 Karin Hausen, "Mother's Day in the Weimar Republic", in *When Biology Became Destiny: Women in Weimar and Nazi Germany,* eds. Renate Bridenthal, Atina Grossmann, & Marion Kaplan(New York: Monthly Review Press, 1984), pp. 131-152，以及 Anne Cova, *Maternité et droits des femmes en France(XIXe - XXe siècles)*(Paris: Anthropos/Economica, 1997), pp. 249-254。

利(Arabella Kenealy)写的《女权主义与性别消亡》(1920 年),在该书中,作者声称女权主义的目标是消灭一切性别差异和让一切男人(Man)臣服。她认为,劳动的性别分工是社会秩序的基础;在基尼利眼中,像奥利芙·施赖纳那样声称女人可以承担自己领域的所有劳动,实在是大错特错。在战后时期,女人必须被说服"自愿交出这些她们不幸进入的本质为男性的职业"。①基尼利称,世界上有"女权主义者"(Feminists)和"女'性'主义者"(Femininists),前者是雌雄同体的;她认为整个发展过程都是反进化的。

　　一代代反女权主义的医生一直在估量女权主义,到了 20 世纪 20 年代,当心理学和精神分析学的分析师加入他们时,知识战争发展出了新的转折。吉娜·隆布罗索医生带着《女人的灵魂》(1922 年)从米兰加入了战争(她是意大利医生兼人类学家切萨雷·隆布罗索的妻子;后者对妇女问题的观点对很多女权主义者来说完全无法忍受),该书探究了作者所称的"妇女总以他人为中心"(alterocentrism)或没有自己主张的"可悲后果"②。卡尔·亚伯拉罕医生(Dr. Karl Abraham)发表了他的重要文章《女性阉割情结的临床表现》(首次报告于 1920 年),提出对家外事物有兴趣的妇女都饱受"阴茎妒忌"(penis envy)之苦。③这个术语和更笼统的"妇女正变得更'阳刚'"的观念,将在国际精神分析圈子里拥有持久的生命力,尤其(虽绝非仅仅)是在西格蒙德·弗洛伊德(Sigmund Freud)的作品中,后者最终在他的重要论文《两性解剖学差异的一些心理后果》中正面回答了妇女问题(该文最初以德语发表于 1925 年,英译发表于 1927 年)。④

　　这样的观念很快就在海伦妮·多伊奇(Helene Deutsch)和卡尔·古

　　① Arabella Kenealy, *Feminism and Sex Extinction* (London: T. Fisher Unwin, Ltd., 1920), ⅵ.

　　② Gina Lombroso, *The Soul of Woman* (New York: Dutton, 1923), p. 15. 关于 Gina Lombroso,参见 Delfina Dolza Carrara, *Essere figlie di Lombroso: Due donne intellettuali tra '800 e '900* (Milan: Franco Angeli, 1990)。

　　③ Karl Abraham, "Manifestations of the Female Castration Complex", *International Journal of Psycho-Analysis*, 3:1(1922), 1-29. "阴茎妒忌"一词首现于第 6 页。

　　④ Sigmund Freud, "Some Psychological Consequences of the Anatomical Distinction Between the Sexes", trans. James Strachey, *International Journal of Psycho-Analysis*, 8:2 (1927), 133-142;最初以德语发表,1925 年。

斯塔夫·荣格(C. G. Jung)关于现代女人身份有什么"毛病"的推断中得到了详细阐释——多伊奇于1925年在维也纳发表了强烈反女权主义的《女性性功能的精神分析》(英译本随后以《女性心理学：一个精神分析的解读》为题发表于1944年)，她的同事荣格则在1927年提到了"精神损伤"和"妇女的精神男性化"；同时，在弗洛伊德后期更具推测性的作品中，也对此类观念进行了阐释。①随着新的弗洛伊德式精神分析范式在英语和德语世界的发展，即使是勇敢的德国女权主义精神分析学家卡伦·霍尔奈(Karen Horney)在20世纪20年代提出的相反假说也无法撼动其权威(她坚持妇女想要的不是阴茎，而是伴随阴茎的社会权力)。②阿尔弗雷德·阿德勒(Alfred Adler)是极少数真心支持妇女解放的欧洲精神分析学家之一。他在重要著作《人性的知识》(1927年；英译本以"理解人性"为题在同年发表)中提出："只要我们不能保证每个妇女都拥有与男人的绝对平等，我们就不能要求她与生活完全调和，与我们文明的现实和社会生活的形式完全协调。"③

　　但欧洲心理学研究者里几乎没人和霍尔奈与阿德勒一样支持女权主义。在巴黎，莱昂蒂尼·然塔(Léontine Zanta)在《女权主义心理学》(1922年)中进行了敏锐的探究，提出了拉丁妇女与北方妇女以及她们各自女权主义间的明显差异，并得到了小说家保罗·布尔热(Paul Bourget)的介绍，后者对可能的读者解释说，女权主义只是"个人主义"的另一种表现形式，而个人主义本身就是社会不稳定和无所属(这些已成为现代社会很令人生厌的特征)的产物。玛丽·路易丝·罗伯茨

---

① Helene Deutsch, *The Psychology of Women: A Psychoanalytic Interpretation*(New York: Grune & Stratton, 1944).亦参见她更早的作品 *Psychoanalyse der weiblichen Sexual-funktionen*(Vienna: International Psychoanalytische Verlag, 1925)以及 Carl Gustav Jung, "Woman in Europe", in *Contributions to Analytical Psychology*, trans. H. G. Baynes and Cary F. Baynes[London, 1928；最早于1927年10月发表在 *Europäische Revue*(Leipzig)]。

② Karen Horney, "The Flight from Womanhood: The Masculinity Complex in Women as Viewed by Men and Women", *International Journal of Psycho-Analysis*, 7, pts. 3 - 4(July - Oct. 1926)；重印于 Karen Horney, *Feminine Psychology*, ed. Harold Kelman(New York: Norton, 1973), pp.54 - 70。

③ Alfred Adler, *Understanding Human Nature*, trans. Walter Beran Wolfe(London: Allen & Unwin；New York: Garden City/Star Books, 1927), p.135.

(Mary Louise Roberts)探究了战后十年间法国社会中围绕所谓现代妇女的话语,她把战争老兵皮埃尔·德里厄·拉罗谢勒(Pierre Drieu la Rochelle)1927 年那句放肆的抱怨"此文明……再无性别"作为象征,并补充道:"'男性'和'女性'之间界限的模糊——一个没有性别的文明——就是文明本身之毁灭的主要所指对象。"①

但谁应当为"模糊"这些界限负责呢?谁成了 20 世纪 20 年代文化战争的真正目标?是不关心政治、剪短发、寻求个人享乐的巴黎"摩登女性"?还是说——更有可能——她仅仅是坚定支持权利而反对战争的"女权主义者"(很多人都把她和新的布尔什维克妇女搞混)的替代者。双方都要求女性可以从事所有劳动、国家对母职的支持和她们对自己生育能力的控制。不管是谁,女权主义都经常成为替罪羊。德国批评家埃尔哈特·F. W. 埃伯哈德(Ehrhardt F. W. Eberhard)是德国反妇女解放联盟的负责人和《女权主义与文化衰落》(1924 年出版,1927 年第二版)的作者,在埃伯哈德看来,女权主义本身就是文化衰退与堕落的同义词。另一位批评家克努兹·阿斯比约恩·维特-克努森(Knud Asbjørn Wieth-Knudsen)是一名挪威的教授,他在一本先后以丹麦语、英语和法语出版的小册子里,动用了千层万叠的生理学、心理学、社会学和历史论据,试图借此证明女人必须臣服于男人;妇女解放对她们没有好处,也不利于保存文明。②罗贝尔·托伊奇(Robert Teutsch)1934 年的《女权主义》是他对法国妇女问题的调查,他坚持必须把女人放回原位:"真正的女人明白自身尊严所要求的职责,不愿过这样生活的女性,早晚都要被纠正……或者送回她们原本的低贱阶层。这是拯救我们社会不受某些道德腐化源头所害的仅有方法之一。"③事实上,文明在此后将被一些反女权的精神分析

---

① Pierre Drieu la Rochelle, *La Suite dans les idées*(Paris: Au Sans Pareil, 1927), p. 125;翻译收录于 Roberts, *Civilization Without Sexes*, p. 2;Roberts 的评论,p. 4。

② Wieth-Knudsen 作品的英文版有两个不同的标题:在英国市场,*Feminism: A Sociological Study of the Woman Question from Ancient Times to the Present Day*(London: Constable, 1928);美国版则更温和,*Understanding Women: A Popular Study of the Question from Ancient Times to the Present Day*(New York: E. Holt, 1929)。

③ Robert Teutsch, *Le Féminisme* (Paris: Société française d'éditions littéraires et techniques, 1934), p. 261;英译版收录于 Carolyn J. Dean, *The Self and Its Pleasures: Bataille, Lacan, and the History of the Decentered Subject*(Ithaca: Cornell University Press, 1992), p. 64。

作者(包括弗洛伊德)与父权制紧紧联系在一起，这一关联最终激发了法国精神分析学家雅克·拉康(Jacques Lacan)最初阶段的修正思想；用卡罗琳·迪恩(Carolyn Dean)的话说，拉康——以最佳的法式风格——"相信父亲的权威不是自然力量，而是文化产物"①。

　　战争严重加剧了欧洲男人普遍的不安全感，这一点从 20 世纪 20 年代至 30 年代初出版的无数老兵作品中可以得到印证。但是，由于布尔什维克在苏联实现性别平等的努力，这一影响会被急剧扩大。此外，法国女权主义论述与行动数世纪之久的象征性领导地位，已受到了英美在国际妇女运动中领导地位的挑战，同时又被新苏维埃试验的支持者严重削弱(尽管没有完全丧失重要性)。这些发展导致各种反妇女解放的世俗攻击形成强大合力，直接促成了一种害怕"传统"性别关系有任何混乱的舆论氛围。在这种氛围下，一种委屈又自卫的国族主义将迅速发展起来，在这种国族主义中，好战的法西斯主义有时可以找到稳固的发展基础。整合民族主义者(integral nationalists)和法西斯主义者都接纳了对妇女问题的反女权主义看法。正如彼得·内森(Peter Nathan)在他 1943 年的著作《法西斯主义的心理学》中明确强调的："法西斯主义是一种对男性特质的过高估价。是试图创造一个男人的世界。……法西斯主义是个宏大的幌子，试图遮掩(男人)内心最深处对虚弱、不像男人和无能的隐秘恐惧。否定虚弱就是其全部的目标和一切行为的线索……法西斯主义……是一场巨大的反女权主义运动。"②

---

① Dean, *Self and Its Pleasures*, p.92.

② Peter Nathan, *The Psychology of Fascism* (London: Faber & Faber, 1943), pp.52-53, 57.

第十章　女权主义者在战后各国政治文化中面临的困境：英格兰、意大利、奥地利、匈牙利和德国

随着战争带来的精神创伤和人口伤亡，以及大规模临时动员妇女作为工人和志愿者参与战争的行动告一段落，关于妇女问题的辩论继续占据欧洲政治和文化生活的中心。战后，女权主义者在重新表达诉求时各持己见，一派坚持认为妇女作为个人应享有绝对权利，另一派则强调妇女作为母亲或工人的社会责任，两派的分歧越来越大。在国家层面，国家是承认妇女是"拥有个人权利的人"，或者仅仅是社会机器运转的齿轮——女性齿轮？在欧洲民族国家中，妇女、家庭和自由之间应是什么关系？当反女权主义者试图将妇女降为仅是生育机器，将她们限制在"性别分离的领域"，或将她们视为劳动力的后备军时，女权主义者会如何构建他们对这些问题的答案？这些答案还要推翻她们早期既要求个人权利，又声称要作为"母亲"哺育全社会这种无所不包的主张。

战后，欧洲各国女权主义者就这些问题展开了激烈的辩论。其中，几个事实一直至关重要：几乎在每个参加了第二次世界大战的欧洲国家，成年女子的人数都超过了成年男子的人数，而且，这些国家出生率持续下降。此外，随着政治民主化以似乎不可抵挡之势推进，各国政府领导人变得极其关心人口规模、人口力量和人民福祉，但他们往往不愿意花费过多的资金来改善和发展这些领域。这些事实对于理解 20 世纪二三十年代新兴欧洲国家的妇女就业、母职和政治之间关系发展，以及处理这一关系可能导致民族国家结构发生何种剧变提供了关键信息。而且，这些事实还提供了一个途径，让人们理解激进女权主义者关于性自由和生育自由（包括节育）的主张会对专制、男性主导政权的领导人和支持者具有怎样的威胁性。

战后初期，再男性化（Remasculinization）的努力随处可见。各国政府有计划地迫使战时女工退出劳动力市场，以便给战争归来的士兵提供工作。为促进国家人口增长，各国政治领导人仔细考虑了控制和管理生育的措施。提倡新传统的国族主义政权和 20 世纪二三十年代新的法西斯专制政权都明确反对妇女提出的和为妇女提出的解放诉求。

20 世纪 20 年代末，随着经济状况的恶化，欧洲的政治气候在左右两派都趋于极端，女权主义者要坚持自己的立场变得越来越困难，使她们的提议成为国家政治中首要考虑的事更是难上加难。战争结束和妇女获得选举权后，在一些人看来，要求妇女拥有平等权利和平等机会的旧模式，似乎很难引发人们对新兴且复杂问题的激动反应。特别是围绕就业、母职的一系列复杂问题，有了更为重大的政治意义。

战后国家政治文化

本章和下一章包含一系列案例研究，将简要考察女权主义在欧洲不同民族国家中的表述，以及社会对女权主义者诉求的回应。首先讨论的是两个"战胜国"，英格兰和意大利，其次是主要的"战败国"，奥地利、匈牙利和德国。下一章节将调查女权主义在其他几个受战争直接影响较小的民族国家的发展状况——两个较小且名义上的天主教国家，葡萄牙和爱尔兰；以及一个较大的天主教国家——西班牙；随后是对瑞典这个规模小却高度民主化的新教国家进行的比较案例研究。

英国女权主义者在 1919 年和 1928 年（此时所有妇女都获得了选举权）成功获得选举权后，或许就是欧洲女权主义者中最直言不讳的了——如果她们在工作和母职方面的策略和战术上都存在十分激烈的分歧，欧陆其他国家的女权主义者只会经历更多困难。在一些国家，女权主义岩浆早期沿着流动的裂隙已几乎全被筑坝拦住，人们对女权主义爆发时间和地点的记忆也都被抹杀。对一些认为布尔什维克已经回答了妇女问题的政治左翼行动派来说，做个共产主义者比做女权主义者更时髦；而对于其他既重视母亲在抚养孩子方面的独特作用，又重视妇女在家庭中的无偿劳动的人来说，布尔什维克对妇女问题的解决方案即使不说令人厌恶透顶,似乎也是明显不合适的。在这两种情况下,如何为了妇女自身的解放来动员她们的问题仍远未得到解答。与此同时,政党、工会和其他职业和志愿者协会(既有单性别,也有"男女混合"的团体)开始争夺妇女的关注和支持。战争确保了妇女进入欧洲的公共生活,但没有保证这些妇女会寻求女权主义者理解中的"解放",或感激女权主义者在为她们开启现代生活大门过程中所发挥的作用。

除上述这些影响因素外,我们必须加上 1919 年至 1939 年期间新的反女权主义政治组织的兴起。以色列历史学家泽埃夫·施特恩赫尔(Zeev Sternhell)称法西斯主义"既非右派,也非左派",他的意思是法西斯主义"高于政党"①。然而,在妇女问题方面,可以说 20 世纪二三十年代产生的很多政党和几乎所有法西斯主义变体都是极度反女权主义的,正如他们极度反布尔什维克。仅凭反女权主义和反布尔什维克这两个特点,就足以说明法西斯主义和这些政党一样,绝对属于政治右派。

然而,即使在法西斯主义占据统治地位之前,两次世界大战期间,一些欧洲国家建立的准军事独裁统治也坚决偏袒男性,并重新巩固他们对妇女的权力;几乎所有准军事独裁统治都明确反对妇女的公共角色(包括专门职业和多种形式的有偿就业)以及妇女参与政治生活。在这一点上,这些国家甚至比罗马天主教会更保守——尽管后者和梵蒂冈一样,认为男性养家糊口者居于首要地位(1891 年在《新事》通谕中制定,并于1931 年在《四十年》通谕中重申),然而,他们在 1919 年便不再反对妇女选举权和妇女参与政治。②意大利、匈牙利、奥地利、西班牙和葡萄牙、爱尔兰、比利时和德国都表现了这一共同主题的不同变体。

第一次世界大战后的数十年里,欧洲政治生活中的这一特征,使世俗女权主义者及其组织在各国政治文化中的工作变得极其艰难,即使在新

---

① Zeev Sternhell, *Ni Droite ni Gauche: L'Idéologie fasciste en France*(Paris: Seuil, 1983);英译本为 *Neither Right nor Left: Fascist Ideology in France*, trans. David Maisel (Berkeley & Los Angeles: University of California Press, 1986)。

② 关于这些教皇通谕的英文文本,我查阅了 *Social Wellsprings: Eighteen Encyclicals of Social Reconstruction, by Pius XI*, ed. Joseph Husslein, vol. 2(Milwaukee: Bruce, 1949)。现在,所有教皇通谕都可以在互联网上查阅。

建立的民主宪政国家亦是如此。若不认识到女权主义者试图实现其目标时，国家政治环境如何日渐充满敌意，就无法充分评估两次世界大战期间女权主义组织的倡议（就民主倡议而言）。这种情况下，即使在妇女已获得选举权的国家，她们的处境也变得艰难。而如以下案例研究所示，在妇女仍然没有正式政治公民身份的国家，其处境则更为艰难——事实上，女权主义的诉求几乎不可能实现。

英格兰

1920—1940 年间英国女权主义的发展历史应当算是迄今为止历史学家记载得最完整的。[1]20 世纪 20 年代，尤其是 30 年代，1928 年所有妇女获得选举权后，英格兰女权主义者开始在如何重新制订其政治议程的问题上产生尖锐分歧。1925 年，《女性领导与共同事业》杂志发表了一篇题为《什么是女权主义》的社论，该文讨论了安普希尔勋爵（Lord Ampthill）和小说家罗丝·麦考利（Rose Macaulay）在《晨报》（*Morning Post*）上就女权主义是否"失败"这一主题进行的激烈交锋。早在此时，该社论作者就阐述了罗丝·麦考利对女权主义的定义："妇女要进行拥有先前因性别被拒绝的权利（政治、职业、经济或其他）的尝试。"但是，该作者补充道，"这还不够"：

---

① 参见 Barbara Caine, *English Feminism* (Oxford: Oxford University Press, 1997), chap.5,对这一时段的近期历史著作进行了限定性调查。历史学家发现很难冷眼旁观历史，通常会支持某一主要人物或团体的观点。1919 年至 1939 年间，Jane Lewis 对英国女权主义的重要论述包括："Beyond Suffrage: English Feminism in the 1920s", *Maryland Historian*, 6:1 (Spring 1975), 1-17; Brian Harrison, *Prudent Revolutionaries: Portraits of British Feminists between the Wars* (Oxford: Clarendon Press, 1987); Johanna Alberti, *Beyond Suffrage: Feminists in War and Peace, 1914-1928* (Basingstoke: Macmillan, 1989); Carol Dyhouse, *Feminism and the Family in England, 1880-1939* (Oxford: Basil Blackwell, 1989); Martin Pugh, *Women and the Women's Movement in Britain, 1914-1959* (Basingstoke: Macmillan, 1992);和 Susan Kingsley Kent, *Making Peace* (Princeton: Princeton University Press, 1993)。亦参见 *Women's History Review* 中的最新文章，以及 Harold L. Smith, Kent, Deborah Gorham, Hilary Land, Pat Thane,和 Martin Pugh 在 *British Feminism in the Twentieth Century*, ed. Harold L. Smith (Amherst: University of Massachusetts Press, 1990)中的文章。*Women's History Review* 中有许多关于这一时期的佳作。

　　仅仅在男人为男人设计的社会体系中向妇女开放所有政治、职业、工业、社会、宗教权利,并不能使我们实现女权主义理想。而这一理想究竟是什么,在我们将女权主义定义为"妇女要整个社会的结构与运动按比例地反映她们经验、需求和期望的要求"时,就变得很清楚了。①

作者认为,这一要求应包括社会认可,母职同样是"经济生产并享有被法律保护"的权利。

　　这些话中包含着国会议员埃莉诺·拉思伯恩(Eleanor F. Rathbone)的想法,她接替米利森特·加勒特·福塞特(Millicent Garrett Fawcett)担任现已更名为全国平等公民社会联盟(简称 NUSEC,原为 NUWSS)的主席。近二十年来,拉思伯恩一直坚持认为,应该以女人的方式来解决女人的需求。她的重要著作《被剥夺继承权的家庭》(*The Disinherited Family*, 1924),假借那些第一次世界大战后英格兰(和他们法国同僚们一样)担心出生率低迷和国家/民族实力萎缩的人之口,实则阐述了她对妇女问题的看法。西尔维娅·潘克赫斯特在她的小书《拯救母亲们》(*Save the Mothers*, 1930)中呼吁政府用有效的国家资助母亲保健系统来补充1918 年《妇幼福利法》中的自愿条款,潘克赫斯特就用这种形式加入了这场运动。然而,由于苏俄维护母亲利益的措施,即使是拉思伯恩提出的支付津贴给妻子/母亲,而非挣工资的丈夫的家庭资助法案也遭到了强烈抵制,正如历史学家苏珊·佩德森(Susan Pedersen)所强调,该法案的基础是战争期间确立的支持英国士兵妻子的拨款制度。②

　　对家庭资助的强烈反对,来自英国女权主义运动的内部,最早由福塞特带头;她警告说,向妇女支付此类款项会削弱男人作为丈夫和父亲的责任感。福塞特断言,家庭资助会削弱男性作为经济供给者的角色,只会破坏家庭,不会稳定家庭。拉思伯恩在反驳福塞特的《旧与新的女权主义》(The Old and the New Feminism)中,严厉抨击英国女权主义长期以来最明显的特征——严格的平等主义取向。拉思伯恩的论证更接近第一次

---

　　① "What is Feminism", *The Woman's Leader and the Common Cause*, 17 July 1925, p. 195.

　　② 参见 Susan Pedersen, *Family, Dependence, and the Origins of the Welfare State: Britain and France, 1914‒1945* (Cambridge: Cambridge University Press, 1993)。

世界大战前德国和法国的欧陆女权主义者,她坚持认为:

> 我们终于可以停止用男人的眼光看待我们所有的问题,不再用男人的语言来讨论这些问题。我们可以要求我们想要女人拥有的东西,不是因为这是男人拥有的,而是因为女人需要这些东西来发挥自己天生的潜力,并调整自己以适应生活环境……实现自由是远比挣脱枷锁更大的事。[1]

1927年,英格兰女权运动在工作相关的保护性立法、母职资助等问题上发生了分裂。长期持续的紧张关系现在变成了分裂。在整个英格兰近一半妇女仍无政治发言权(尽管所有人都在1928年获得了选举权)的时期,埃莉诺·拉思伯恩那种"新"女权主义和对国家支持母亲的追求,都使倡导给妇女正式法律平等地位的人极为不安。事实上,一些支持个体平等的英国人,将所有针对母亲或劳动妇女的法律"保护"或特权都视为陷阱。那些跟六点团体(Six Points Group)和《岁月》(Time and Tide)杂志及其编辑兼赞助人朗达女子爵(Viscountess Rhondda),玛格丽特·黑格·托马斯·麦克沃思(Margaret Haig Thomas Mackworth)有联系的女权主义者,都持有这个观点。1928年获得选举权之后,朗达女士写道,"女权主义的真正任务"是"消除妇女长期屈服导致的对性别的过分强调。个体必须作为一个人、不带任何装饰地显现"[2]。对于这些倡导法律上与

---

[1] Eleanor Rathbone, "The Old and the New Feminism", *The Woman's Leader and the Common Cause*, 13 Mar. 1925, p.2;翻译并收录在 WFF, vol.2, doc.91, pp.326 - 327。关于 Rathbone,参见 Mary D. Stocks, *Eleanor Rathbone: A Biography* (London: Gollancz, 1950); Hilary Land, "Eleanor Rathbone and the Economy of the Family", in *British Feminism*, ed. Smith, pp.104 - 123;以及第341页注释[1]所列的作品。强烈谴责 Rathbone 的关系路径,参见 Susan Kingsley Kent, "The Politics of Sexual Difference: World War I and the Demise of British Feminism", *Journal of British Studies*, 22:3(July 1988), pp.232 - 253。权威著作是 Susan Pedersen 的 *Eleanor Rathbone and the Politics of Conscience* (New Haven: Yale University Press, 2004)。

[2] *Time and Tide*, 6 Apr. 1928;转引自 Shirley M. Eoff, *Viscountess Rhondda: Equalitarian Feminist* (Columbus: Ohio State University Press, 1991), p.328。关于 Lady Rhondda,亦参见 *Time and Tide Wait for No Man*, ed. Dale Spender(London: Pandora Press, 1984)。

工作场所中纯粹平等的人来说,其他女权主义者使用以前的、且之后将反复使用的方式——例如在法国和德国,以及之后在瑞典和其他斯堪的纳维亚国家——打母职这张王牌,似乎是应当斥责的。

这两种女权主义路径,一种高度关注关系且以妇女为中心,另一种高度个人主义,它们之间的分歧随后被概括为"平等对差异"这个有些误导性的表述。事实上,两派都渴望平等,但她们对这个词的理解有些不同。两派的分裂被随后的发展不断深化和具象化,特别是在第二次世界大战后英国福利国家对明显有依赖性的母职与妻职的建构。后来的这一系列发展深刻影响了 20 世纪后期历史学家简·刘易斯(Jane Lewis)、苏珊·金斯利·肯特(Susan Kingsley Kent)、苏珊·佩德森等人对两次世界大战时期的历史解读。事实上,根据历史学家苏珊·金斯利·肯特的说法,"到 20 世纪 20 年代末,新的女权主义者发现自己陷入了一种概念上的束缚,将妇女困在'传统'的家庭和母亲角色中,也限制了她们为妇女倡导平等和正义的能力"。①在评价英国的经验时,往往没有参考英格兰以外的母职方面的发展。若是这样做,或许可以肯定"旧"的女权主义者发现自己也处于概念束缚中,他们将妇女困在一种等同于严格建构主义式的平等中,除了在分离领域模式的性关系中,这一墨守成规的做法不允许承认或表达由妇女的生育经历创造和加强的性别差异。

事实上,到 20 世纪 30 年代,一些行动派的英国妇女(尤其是年轻一代)已经在否定"女权主义"一词(如果不是它所代表的复杂变化)。蕾·斯特雷奇(Ray Strachey)在其 1936 年总结性的著作《我们的自由及其结果》的前言中对此抱怨道:

> 现代年轻女子对战前的生活知之甚少,对"女权主义"一词以及她们想象中该词的一切含义都表现出强烈的敌意。然而,她们本身就是妇女运动的产物,而她们生活环境的不友好与混乱,部分

---

① Susan Kingsley Kent, "Gender Reconstruction after the First World War", in Smith ed., *British Feminism*, p.66.

原因在于，妇女在社会中地位的观念从旧到新的转变，正发生在她们这一世代。①

在《三个畿尼》（1938）一书中，弗吉尼亚·沃尔夫甚至提议抹杀"女权主义者/的"一词——"这是个古老的词，一个过去曾造成严重危害而现在已过时的凶残邪恶之词。"②在沃尔夫看来，妇女不仅赢得了选举权，还赢得了她们的"主要"权利——独立谋生的权利；因此，她认为现在已经不再需要这个词了。可即便如此，已撰写了许多开创性小说和关于女作家困境的发人深省的研究《一间自己的房间》（A Room of One's Own 1929）的沃尔夫，仍写出了有史以来最不含糊、最激进且深刻影响"女权主义"的小册子。《三个畿尼》雄辩地将各职业中的性别歧视，跟种族主义与其他形式的歧视问题结合起来，认为它们皆为战争根源，且互相强化。但沃尔夫对"女权主义"和"女权主义者/的"这两个术语的抹杀，似乎全书被克拉拉·蔡特金或亚历山德拉·柯伦泰审查过一样，有效地毁坏了这本书的声誉。

意大利法西斯主义及其仿效者

1861 年意大利统一后，实行议会君主制。1882 年，意大利建立了非常有限的男性选举权制度。妇女没有选举权，她们在婚姻中的法律地位也受到严重限制。第一次世界大战后期，意大利转投协约国一方，成为一战的战胜国。短短几年内，意大利成为欧洲第一个赋予法西斯政府权力的国家。墨索里尼 1922 年 10 月下旬的"向罗马进军"，以及被任命为总理这两件事，被普遍认为是结束战后意大利政治混乱的标志性手段。

在墨索里尼政权最初的几年里，人们逐渐清楚地发现该政权"主张让妇女重返家庭和厨房，恢复父权权威，并将妇女的生活局限于生育婴孩

---

① Ray Strachey ed., *Our Freedom and Its Results, by Five Women* (London: Hogarth Press, 1936), p. 10.

② Virginia Woolf, *Three Guineas* (London: Hogarth Press, 1938; repr. New York: Harcourt Brace Jovanovich, 1983), p. 101.

上",即使在其庆祝"新意大利妇女"时也是如此。①可能受到苏联共产主义实验至少一个方面的启发,意大利法西斯主义者刻意开始利用妇女去实现新法西斯统治秩序的种种目标。历史学家维多利亚·德·格拉齐亚(Victoria De Grazia)指出:"作为女性的每个方面都……以国家利益为衡量标准,并根据独裁政权的国家建设战略进行解释。"②或者如 1929 年女性青年团体的目标所表达的,年轻女子必须准备"作为最伟大的母亲——所有优秀意大利人的母亲,为祖国服务"③。

意大利政府对女性力量的刻意利用,虽然不是必然削弱女权,但确实让意大利女权主义者陷入了困境。在墨索里尼掌权之前,妇女参政论者曾邀请国际妇女选举权协会在罗马举行 1923 年的会议,想借此促使人们支持通过妇女选举权,这一目标当时似乎触手可及。意大利的选举权即使对男人也有限制:1912 年的选举法虽然将选民从 300 万男子扩大到500 万,但只接纳了 30 岁以上会读写的男性,以及 21 岁以上曾在军队服役的男性(无论识字与否)。同未来党人(Futurists)在内的其他政党一样,1919 年 6 月法西斯党的选举计划主张 21 岁以上的妇女享有全部选举权以及担任公职的资格,预期议会很快将被要求赋予妇女选举权。早

---

① Victoria De Grazia, *How Fascism Ruled Women: Italy, 1922 - 1945* (Berkeley &. Los Angeles: University of California Press, 1992), p. 1.除了以下注释中引用的作品外,请参见 Franca Pieroni Bortolotti 不可或缺的作品, *Femminismo e partiti politici in Italia, 1919 - 1926* (Rome: Editori riuniti, 1978);以及 Fiorenza Taricone, *L'associazionismo femminile in Italia dall'unità al fascismo* (Milan: Edizioni Unicopli, 1996).关于 20 世纪的选举权运动,参见 Mariapia Bigaran, "Il voto alle donne in Italia dal 1912 al fascismo", *Rivista di storia contemporanea*, 16:2(Apr. 1987), 240 - 265.关于法西斯时期,参见 Elisabetta Mondello, *La nuova italiana: La donna nella stampa e nella cultura del ventennio* (Rome: Riuniti, 1987);以及 *La corporzione delle donne: ricerche e studi sui modelli femminile nel ventennio fascista*, ed. Marina Addis Saba(Florence: Vallecchi, 1989)上的一些文章。

② De Grazia, *How Fascism Ruled Women*, p. 7.

③ "Educazione morale, civile e fisica delle piccole e delle giovani italiane", *I Fasci Femminili* (Milan: Libreria d'Italia, 1929);转载在 *Sposa e madre esemplare: Ideologia e politica della donna e della famiglia durante il fascismo*, ed. Piero Meldini(Florence: Guaraldo, 1975), p. 157;翻译并收录在 Robin Pickering-Iazzi, *Mothers of Invention: Women, Italian Fascism, and Culture* (Minneapolis: University of Minnesota Press, 1995), xi. 亦参见 Pickering-Iazzi, *Politics of the Visible: Writing Women, Culture, and Fascism* (Minneapolis:University of Minnesota Press, 1997).

期的法西斯主义欢迎妇女成为支持者，他们中许多是墨索里尼本人这样的前社会主义者，尽管该党并未积极招募妇女。然而，1922 年初，各个新兴妇女组织的指导方针却强调妇女的从属特质。老兵与国族主义团体中被德·格拉齐亚称作"极端的男权主义"的东西，以及罗马天主教会明确的反女权主义立场，都进一步强化了持续的右倾趋势。

　　与此同时，墨索里尼在女权主义者面前炫示各种形式的选举权来逗弄她们。1923 年 5 月中旬，他在国际妇女参政权联盟的开幕式上发表讲话，承诺某些类别的妇女（男性战争伤亡者的寡妇和母亲；受过大学教育的妇女）享有从市政开始多个级别的选举权："我不相信赋予妇女选举权会带来灾难性的后果……反而觉得这十有八九会产生有益的结果，因为妇女在行使这些新权利时能发挥她们镇定、平静和审慎的基本美德。"①然而，不久之后，法西斯政府暂停了所有市级选举，并任命了地方行政长官来管理城镇。在 1924 年 5 月社会主义者代表马泰奥蒂（Matteotti）被暗杀，以及随后反对派代表退出议会后，墨索里尼于 1925 年 1 月初解散了议会，并发动意大利法西斯党的中队对抗反对派。1926 年，"领袖"（il Duce，墨索里尼的称号）彻底废除了选举。

　　然而，即使到了 1925 年，围绕妇女选举权的竞争仍未休止。意大利妇女参政论者认为她们所做的事情是继续倡导赋予妇女选举权，但著名的反女权主义记者玛蒂尔德·塞劳对此表示质疑。她警告了眼前的危险：

　　　　哦，妇女参政论者们，你们可曾想过，大多数妇女都是极度愚昧无知的？……她们不看报，不读书，只对聊八卦感兴趣？你们可曾想过，这些女性群众无法被思想和知识影响，她们逃避思考、反思和判断？注意了，妇女参政论者们，如果你们想向她们解释地方和全国性

---

　　①　Benito Mussolini, "Al congresso dell'Allianza internazionale pro suffragio femminile", 14 May 1923；报道在 Il Popolo d'Italia, no. 115（15 May 1923），并转载在 Opera omnia di Benito Mussolini, eds. Eduardo & Duilio Susmel, vol. 19（Florence: La Fenice, 1956），p. 215；翻译并收录在 De Grazia, How Fascism Ruled Women, p. 36。当时，一个稍有不同的译本发表在 Jus Suffragii, 17:9（July 1923），p. 149。

的法律……就像她们在幼儿园对孩子做的那样,你们只能教她们一点总结性的课,然后让她们重复。就是一种简单的问答教学,一问一答而已。[1]

当然,塞劳并没有在这些妇女中算上她的知识分子同辈们,包括 1926 年诺贝尔文学奖得主——小说家格雷斯·德莱达(Grazia Deledda)。

1925 年,墨索里尼通过其 6 月 8 日法令,动员"所有公民,不论男女,以及所有合法成立的组织"来"在道德和物质方面守卫国族……服从军事纪律"[2]。妇女与其他群体一样,可能最终会被视为意大利法西斯国家的共同利益集团。同年 12 月,服务母亲和婴儿的福利组织——全国妇幼保护组织(简称 ONMI)成立,其广泛发行的出版物《母婴》(*Maternità ed Infanzia*)颂扬了母性之于国家利益的重要性。

1925 年早些时候,热那亚一份支持女权主义的报纸《拉基奥萨》(*La ChioSa*)的编辑们试图捍卫妇女的经济平等,但却徒劳无功:"我们想问问我们优秀的法西斯同志们,你们最近为妇女权利、为教育妇女和提高妇女地位做了什么? 在法西斯主义中,似乎存在一种无法解释却凶猛可怖的反女权主义精神。"[3]不久之后,《拉基奥萨》突然变为一本时尚杂志。支持法西斯主义的记者埃斯特尔·隆巴尔多(Ester Lombardo)在 1927 年《意大利妇女年鉴》中宣称:"意大利的女权运动已不复存在……已被法西斯革命吞并了。"[4]但并不完全是如此:法西斯政权还有更大的

---

[1] Matilde Serao, "Ma che fanno il femministe?" *Il Giorno*, 20 June 1925;翻译并收录在 Nancy A. Harrowitz, *Antisemitism, Misogyny, and the Logic of Cultural Difference*(Lincoln: University of Nebraska Press, 1994), p. 101;转载在 *Matilde Serao giornalista*, ed. Wanda de Nunzio Schilardi(Lecce: Millela, 1986), p. 223。

[2] *Donne e diritto: due secoli di legislazione*, ed. Agata Alma Cappiello, et al., vol. 2 (Rome: Istituto poligrafico dello Stato, 1988), p. 1496;翻译并收录在 Sandi E. Cooper, "Can Pacifism Be Above the Fray? French Feminist Pacifists Confront Fascism", paper delivered to the American Historical Association, Atlanta, Jan. 1996, p. 25。

[3] "Lisistrata"〔pseud.〕, "La donna, il fascismo, e S. E. Turati", *La Chiosa*, 17, Feb. 1927;翻译并收录在 Alexander De Grand, "Women under Italian Fascism", *The Historical Journal*, 19:4(1976), 956。

[4] Ester Lombardo, "Rassegna del movimento femminile italiano", *Almanacco della donna italiana, 1927*;翻译并收录在 De Grazia, *How Fascism Ruled Women*, p. 38。

目标。正如一位法西斯作家在 1929 年指出的那样:"如果我们把在政治领域对妇女施加的限制扩展到其他领域,尤其是艺术和文学,这将是值得赞扬的。"①如果不能再以同样的老办法质疑妇女创造力的存在,那就必须抹杀其存在的证据!

1927 年 5 月,墨索里尼阐明了他要将全国人口从 4 000 万增至 6 000 万的目标。意大利的"新女性"被重新定义为多产的母亲,而不是俄国布尔什维克实验中的职业母亲。到 1931 年,意大利女性开始被招入妇女部门(women's sections),这一部门被定位为男性团体控制下的辅助组织。在这方面,她们与对应的天主教妇女组织差不多,后者因 1929 年意大利与梵蒂冈签订的条约而被允许继续存在。同样在 1931 年,禁止传播避孕信息的法律也被纳入了新的《刑法典》。妇女工资被削减至男人的一半,并且只能从事低级工作,已婚妇女被鼓励离职;家庭津贴得以推行并支付给父亲。历史学家邦尼·史密斯(Bonnie Smith)讽刺地评论道:"法西斯政府并没有真正反对妇女工作,只是反对她们拥有好工作和高薪水罢了。"②

到 1932 年,墨索里尼已开始公开谈论他的反女权主义和反马尔萨斯主义(anti-Malthusian)观点:"我对妇女在国家中角色的看法与女权主义截然相反。当然,我不希望妇女成为奴隶,但如果我在意大利提议给我们的妇女选举权,她们会嘲笑我。就政治生活而言,她们并不重要。"但是,他补充道,"我们为母亲们做的事和欧洲其他任何国家一样多。"③这其中也包括未婚母亲。事实上,已落实的举措包括单身税,以及为居住在国外而愿意回国生育的意大利妇女提供的津贴,承诺为她们报销路费和分娩的费用。此外还包括为大家庭提供的多项津贴;生育了第六个孩子的多

---

①　"Il doganiere"(identified as Gherardo Casini), "Donne a casa", *Critica fascista*, 19 (1929), p.378;转载于 *Sposa e madre esemplare*, ed. Meldini, p.168;翻译并收录在 Robin Pickering-Iazzi, "Introduction" to *Unspeakable Women: Selected Short Stories Written by Italian Women during Fascism*(New York: Feminist Press, 1993), p.7。

②　Bonnie G. Smith, *Changing Lives: Women in European History Since 1700*(Lexington: D. C. Heath, 1989), p.461。

③　In Emil Ludwig, *Talks with Mussolini*, 德语译自 Eden Paul & Cedar Paul(Boston: Little, Brown, 1933), p.170。

产母亲将收到墨索里尼本人的肖像！但是,已婚妇女到家外工作是不被
接受的。(这发生在一个战后初期约 50% 劳动力都是女性的国家。)墨索
里尼在 1934 年 8 月宣布:"工作虽不是直接障碍,但工作影响了妇女生
育。工作使妇女养成独立,随之是与生育相排斥的身体与道德习惯。"①

　　法西斯主义下的意大利不是个愿意促进妇女解放的国家;事实上,法
西斯主义优先考虑的事项让任一性别都不可能获得解放。如果像大多数
学者主张的那样,法西斯运动开始时没有连贯一致的性政治,那么毫无疑
问,其掌权的头十年中发展起来的是一个即便没有惊人的创新性、也是相
对连贯且全面的反女权主义计划。意大利女权主义者顺应了这一趋势,
将她们早期的信仰,献祭给了这个承诺为她们的国家和人民带来荣耀的
父权制威权主义政权,但也把她们与国际女权运动分离开来。1936 年
后,如德·格拉齐亚解释的那样:"随着政权的军事化,对历史上女权主义
毫无记忆的新一代干部及拥护者的形成,以及最后,1938 年对残存的资
产阶级女权主义团体的取缔……解放主义传统最终被消灭了。"②尽管法
西斯政权从未成功地将妇女从劳动力中彻底清除出去,尽管出生率没有
显著增加,但政府及其拥护者关于妇女在新秩序中位置的意图与打算是
十分明确的。这些意图维持了一种具有威胁性的环境,给意大利妇女的
选择造成了沉重负担,也影响了意大利之外的发展。

　　在欧洲其他国家,一些人钦佩墨索里尼的新政权,也钦佩他明确反对
妇女解放,他们很快开始公开支持墨索里尼的观点。其中一位钦佩者是
法国的国族主义者皮埃尔·泰坦热(Pierre Taittinger),他是法国青年爱
国者(Patriotic Youth)的创始人;该组织是意大利境外开始兴起的众多
法西斯同盟之一。然而,泰坦热毫不耻于虚假而拙劣地模仿妇女权利的
话语,呼吁法国妇女通过该组织的妇女部门参加运动的工作:"我们伟大
的祖先占领了巴士底狱。但他们并没有完全将巴士底狱推翻。他们还任
凭一座监牢矗立着:那座男性至上的巴士底狱……他们赋予了自己

---

① Benito Mussolini, "Macchina e donna", in *Il Popolo d'Italia*, no. 206(31 Aug. 1934);
转载在 *Opera omnia di Benito Mussolini*, vol. 26(1958);由 Jane Vaden 翻译并收录在 *WFF*,
vol. 2, doc. 103。

② De Grazia, *How Fascism Ruled Women*, pp. 237 - 238.

（男）人权（Right of Man）。他们忘记了女人的权利（Right of Woman）。"

然而，为了避免这句话被误解为呼吁妇女积极参与政治生活，（确实支持妇女选举权的）泰坦热很快澄清了他的意图——听起来惊人地像革命派反女权主义记者、性别分离领域的倡导者普吕多姆在 1793 年表达的观点：妇女不应该参与"论坛之战"（battles of the forum）。属于她们的是一个分离的领域："我们呼唤所有需要捍卫其幸福生活的妇女到我们这边来……她们没必要宣称自己信仰煽动性的观点。她们非常简单地在她们的小家（她们的家内）和大家（法国）中过着生活。我们不需要亚马逊女战士，也不需要……投弹手。"①

墨索里尼仿效者们经常发出这种呼吁。在英格兰，英国法西斯主义者联盟（简称 BUF）的领导人、支持社团主义反共骚动的倡导者奥斯瓦尔德·莫斯利（Oswald Mosley）先生在 1932 年强调道：

> 在我们未来的组织中，妇女的作用很重要，但与男人的作用不同；我们想要像男人的男人和像女人的女人……这一情况的逻辑似乎需要一些社团组织和母亲代表……事实上，法西斯主义会将普通妇女和母亲视为国家的重要支柱之一，并且会依靠妇女来组织和发展国家生活中最重要的方面之一。②

在英国法西斯主义者联盟的《黑衫党》（*Blackshirt*）和《法西斯季刊》（*Fascist Quarterly*）等出版物中，围绕英国法西斯主义是否打算让妇女回家的问题争论了好几年。③

对于莫斯利和其他跟他一样似乎要限定妇女"角色"的人，弗吉尼

---

① Pierre Taittinger, "Les Féministes et la patrie", in *Les Cahiers de la Jeune France* (Paris: Éditions du "National", 1926)，引文见 pp. 29 - 30, 31；翻译并收录在 Robert Soucy, *French Fascism: The First Wave, 1924 - 1933* (New Haven: Yale University Press, 1986), pp. 80 - 81。

② Oswald Mosley, *The Greater Britain* (London: Greater Britain Publications, 1932), pp. 41 - 42.

③ 与 Mosley 有关的运动及其出版物，参见 Martin Durham, "Gender and the British Union of Fascists", *Journal of Contemporary History*, 27:3(July 1992), 513 - 519。

亚·沃尔夫发表了一则雄辩的回复:

> ……我们知道,同一种虫子的卵在其他国家以其他名字命名。有一种生物是胚胎中的虫卵——当他是意大利人或德国人时我们称之为独裁者,这种生物相信他有权力去对其他人类发号施令,命令他们应如何生活、应做什么,无论这个权力是上帝、自然、性别还是种族赋予的,都无关紧要……在我们请求妇女帮助我们碾碎国外的虫卵之前,难道我们不应该先帮助妇女碾碎自己国家的虫卵吗? 而当我们可以在每周中的任何一天从我们最有声望的报纸上抖出这样的虫卵时,我们有什么权利……向其他国家吹嘘我们自由与正义的理想呢?[1]

这的确是一个很好的问题!

奥地利和匈牙利

"像这样的虫卵"每天都在古老庄严的奥匈帝国战败后的后继国孵化着。事实上,在这些新国家,战后状况与和平协定使女权主义者的抱负比在西欧国家更难实现。

1916 年,当战争还在进行的时候,奥地利社会民主党人克拉拉·毛特纳(Klara Mautner)就已经预告了妇女战争期间参与工作,为妇女的前途开创新阶段的重要性:"这次战争标志着妇女历史的一个转折点。它结束了关于妇女'天然职业'的争论……妇女作为家庭主妇、妻子和母亲的时代肯定要结束了。"[2]

---

[1] Woolf, *Three Guineas*, p. 53;转载在 WFF, vol. 2, doc. 109(引文见 p. 388)。对于 Woolf 和其他女权主义者的回应,参见 Johanna Alberti, "British Feminists and Anti-Fascism in the 1930s", in *This Working-Day World: Women's Lives and Culture(s) in Britain, 1914-1945*, ed. Sybil Oldfield(London: Taylor & Francis, 1994), pp. 111-122.

[2] Klara Mautner, "Die Frau von Morgen", *Arbeiterinnen-Zeitung*, 25 Mar. 1916, p. 8;翻译并收录在 Thomas Lewis Hamer, "Beyond Feminism: The Women's Movement in Austrian Social Democracy, 1890-1926"(Ph. D. dissertation, Ohio State University, 1973), pp. 156-157。

　　毛特纳过于乐观了。战争结束后，同战胜国一样，奥地利参加工作的妇女被强迫退出劳动力市场，她们待在家内的必要性也同样被坚决重申。这些举措得到了工会领导人安娜·博施克（Anna Boschek）的支持；她从19世纪90年代以来一直积极参与社会民主妇女运动。尽管遇此挫折，但随着二元君主制（Dual Monarchy）的消亡，新的奥地利共和国在1918年12月的宪法中赋予了妇女全部选举权，所有政治派别的女权主义者都为此感到欣喜和满意。（在君主制下，男子已于1907年获得普选权，这一事件刺激了奥地利的妇女选举权运动。）支持选举权的社会民主党人阿德尔海德·波普（Adelheid Popp）欣喜若狂：

　　　　时候到了……我们可以抱有希望，通过妇女进入政治生活、通过她们在立法上的合作，现存的那些逼迫妇女尤甚的需求将被清除。机器摧毁了早先关于女性特质的观念。它创造了具有经济生产力的妇女……战争的苦难提高了妇女的心智能力，也唤醒并强化了妇女自身对政治的兴趣……伟大的时代现已拉开帷幕，在这个时代，妇女们的声音将被听到。①

　　此外，还能让新奥地利的妇女活动家们感到欣喜与满意的，是1919年8名女代表（共计170名）被选进制宪会议和1920年10名女代表被选进国民议会。奥地利共和国第一任总统是米夏埃尔·海尼施（Michael Hainisch），他是奥地利"第一位"女权主义者、奥地利全国妇女委员会（简称BÖFV）创始人兼主席玛丽安娜·海尼施（Marianne Hainisch）的儿子。不仅如此，奥地利社会民主党控制着维也纳，并将在此实施一项极为热切的市政改革计划，包括修建大量现代工人住房。又一次，阿德尔海德·波普对妇女手中选票的力量寄予了厚望："选票只是一件为社会彻底变革作斗争时所用的武器。男性霸权……将被根除。"②

――――――――――

　　①　Adelheid Popp, "Die Frau in neuen Staat", *Der Kampf,* 11(Nov. 1918), pp.731 - 732；翻译并收录在 Hamer, "Beyond Feminism", pp.168 - 169。

　　②　Adelheid Popp, *Frauen der Arbeit, schliesst euch an!* (Vienna: Verlag der Wiener Volksbuchhandlung, 1919), p.2；翻译并收录在 Hamer, "Beyond Feminism", p.177。

但这些发展都不意味着女权主义计划能够或将会得以推行。社会民主党和基督教社会党这两个主要政党在妇女问题上的观点截然不同。因此,彼此政治信仰相对抗的妇女代表们发现自己完全无法实现一个共同计划。当女权主义的承诺存在时,总是让位于各政党设置的优先事项,这些优先项互相对抗,并由各党派通过政党纪律强加于每个代表。社会民主党妇女的优先事项除了同工同酬和其他就业问题外,还包括合法堕胎和获取避孕知识的权利。这些对于隶属于占主导地位的基督教社会党的妇女来说,都是令人厌恶的东西。后者赞同天主教关于婚姻中劳动性别分工的方针(男性做养家糊口者,女性做家庭主妇/母亲),并拒绝一切要干涉生育中上帝意旨的建议。然而,在维也纳,一群女教师、女记者和女学者成立了维也纳总教区天主教妇女组织,以倡导妇女工作的权利。种种此类分歧使得任何想实现一致的妇女利益的希望都注定只是幻觉。

奥地利新的议会制共和国只有不足 700 万的居民,其中约四分之一居住在维也纳;大多数奥地利人名义上是罗马天主教徒,许多是虔诚的信徒和社会保守派。新的国家版图是由胜利的协约国从原奥匈帝国去掉南蒂罗尔(South Tyrol)及其通往亚得里亚海(Adriatic Sea)的通道后,用其德语区"遗留物"创建的。相比之下,其北部邻国、同样新成立的捷克斯洛伐克共和国获得了约 1 500 万人口,其中包括波希米亚这个囊括了前帝国大部分工业及资源基地的地区,还有混居的捷克语和德语居民,以及东部摩拉维亚与斯洛伐克的农田和矿产丰富的土地。奥地利东部的邻国是新的匈牙利共和国,其原先的领土也被大量割让给了捷克斯洛伐克、波兰、罗马尼亚和南斯拉夫,此时拥有约 800 万以农民为主的人口。

讲德语的奥地利人对新德意志共和国强烈的族群及语言国族主义认同,受到了若干和平条约的阻挠;这些条约明确禁止合并,而后者在其他情况下正有可能为他们的困境提供最切合实际的解决方案。因此,奥地利共和国的领导人在战后的首要政治问题,就是确保其作为一个独立国家的经济和政治生存能力:奥地利是否应该、或是否能够试图保持独立(如"爱国"派所主张的那样),抑或它是否应该违反和平条约的条款,只追求并入一个扩大了的德国(如呼声极高的"国族主义"派所主张的那样)。社会民主党人将自己重塑为德意志奥地利社会民主工人党,新成立于

1922 年的犹太妇女组织亦然，重塑为德意志奥地利犹太妇女联盟。这样的名称引发了非常难解的问题，即在奥地利什么或谁才在严格意义上是"德意志的"：是文化和语言，还是族群和种族？历史学家乔安娜·格默赫（Johanna Gehmacher）在她关于奥地利妇女中德意志国族主义的研究中指出："如果我们不分析奥地利的德意志国族主义与种族反犹主义之间牢不可破的关系——后者是'族群共同体'概念的核心，我们就不可能理解前者。"①奥地利曾经是世界都会的、多族群、多文化的帝国的中心，容纳着许多斯拉夫人、犹太人、匈牙利人和德意志人，却在战败后变成了一个以日耳曼人为中心的更加排外且失意的社会。

从 1919 年的首次选举到 1934 年奥地利议会制政府停摆，没有政党掌握过多数席位。整个 20 世纪 20 年代，基督教社会党与大德意志人民党的德国国族主义者结盟，控制了奥地利的国家议会和政府各部门。所有政党都意识到并开始警惕一个显著的事实：在新的奥地利，女选民的人数超过了男选民。基督教社会党坚持要求全国强制投票，以便天主教可以从妇女表面上的保守主义中获取政治利益。虽然此事的决定权最终在地方手中，但男女选票使用了不同颜色的信封，使不同性别的投票模式仍然受到监察；1923 年，分别计票正式确定下来。由于基督教社会党的选票约 60％都来自妇女，可以理解有人称该党实际上是一个"妇女的政党"，尽管其一直到 1930 年为止，都在持续失去妇女的选票。1930 年，社会民主党吸引的女选民比其他各党都多。男性支配的政党越来越重视妇女选票，但并不重视妇女代表权和"妇女议题"上的有力行动。例如，事实证明，妇女很难位列政党选举名单前列，尤其是在维也纳以外的地区。到 1930 年，即使是基督教社会党内的妇女活动家也开始抱怨这种处境，并要求妇女议员的代表权。

20 世纪 20 年代当选为议员的妇女大多是社会民主党人，其中包括

---

① Johanna Gehmacher, "Le Nationalisme allemand des femmes autrichiennes et l'idéologie de 'communauté ethnique'", in *Femmes-Nations-Europe,* ed. Marie-Claire Hoock-Demarle（Paris: Publications de l'Universite Paris 7 Denis Diderot, 1995），引文见 p.102；作者翻译。亦参见 Johanna Gehmacher, *"Völkische Frauenbewegung:" Deutschnationale und national-sozialistische Geschlechterpolitik in Österreich*（Vienna: Döcker Verlag, 1998）。据维也纳的 Birgitta Bader-Zaar 称，SDAP 在 1921 年之后放弃了"Deutsch"；personal communication, 1999。

加布丽埃勒·普罗夫特(Gabriele Proft)、特蕾泽·施莱辛格(Therese Schlesinger)和阿德尔海德·波普。波普是一位资深的社会民主党活动家,她和普罗夫特、施莱辛格一样,是妇女进步和妇女价值观的热切倡导者:她在 1911 年指出,妇女应该投票并参政,"正是因为我们有女人和母亲的特质"[1]。

随着克拉拉·蔡特金在俄国革命后转而信奉共产党,波普在如今转向改良主义的社会主义国际接替了蔡特金此前妇女辩护人的角色。对于波普来说,妇女议题本身就很重要,而多亏波普和施莱辛格,社会民主党的妇女也非常积极地争取妇女利益。经过一番争论,她们的《女工报》(Arbeiterinnen Zeitung)于 1924 年更名为《女人》(Die Frau),更广泛地适合所有"妇女的利益",而不仅仅是女工的利益。1926 年,奥地利社会民主党的妇女成功使该党批准了一项以彻底改变奥地利妇女地位为目的的全面计划。在该计划的要求中,包括"为妇女提供人格发展的充分机会"和"更加尊重妇女作为母亲和家庭主妇的社会功能,保护她们免受就业和家庭的双重劳动负担"[2]。社会民主党妇女还呼吁废除《奥地利刑法典》中规定堕胎非法的第 144 条,并提倡自由传播避孕信息。此类主张表现出一种反叛的反教权主义、甚至是反天主教倾向。另一位杰出的社会民主党妇女活动家克特·莱希特尔(Käthe Leichter)写出了关于劳动妇女生活的一系列重要调查——《通往巅峰之路:奥地利社会民主妇女运动》(Der Weg zur Höbe: Die Sozialdemokratische Frauenbewegung Österreichs 1930),该书与阿德尔海德·波普关于妇女进步的梗概一同出版。

---

[1] Adelheid Popp, in *Arbeiter-Zeitung*, 20 Mar. 1911;翻译并收录在 Birgitta Bader-Zaar, "Women in Austrian Politics, 1890–1934: Goals and Visions", in *Austrian Women in the Nineteenth and Twentieth Centuries: Cross-Disciplinary Perspectives*, eds. David F. Good, Margarete Grandner & Mary Jo Maynes(Providence: Berghahn Books, 1996), p.65。关于议会中的女性,亦参见 Gabriella Hauch, *Vom Frauenstandpunkt aus: Frauen im Parlament 1919–1933*(Vienna: Verlag für Gesellschaftskritik, 1995)。

[2] *Frauenarbeit und Bevölkerungspolitik. Verhandlung der sozialdemokratischen Frauenreichskonferenz, 29. und 30. Oktober 1926 in Linz*(Vienna, 1926); Ingrun Lafleur 译, "Five Socialist Women: Traditionalist Conflicts and Socialist Visions in Austria, 1893–1934", in *Socialist Women: European Socialist Feminism in the Nineteenth and Early Twentieth Centuries*, eds. Marilyn J. Boxer & Jean H. Quataert(New York: Elsevier, 1978)(引自 pp.238–239)。

　　尽管获得了相对的成功，这些社会民主党的妇女和基督教社会党的妇女一样，仍面临着来自党内的巨大反对力量。如历史学家托马斯·哈默（Thomas Hamer）描述的那样："基层党员的反对……在战后时期一如既往地强烈……传统的惯性加上对工资竞争的恐惧，压倒了妇女及其支持者的全部努力。"①几十年中，社会主义工人的反女权主义一直阻碍着为了实现妇女解放的有效行动。

　　如果说社会民主党的妇女活动家使用了斗争的辞令，那么和平与和谐的辞令则归于妇女协会联合会的中产阶级女权主义者。妇女协会联合会的领导人（其中包括许多自由派的犹太与基督教妇女）坚持要求为女孩提供更好的学校教育和更多机会——包括职业教育和进入各行各业的权利，并要求结束武装冲突。她们跟社会民主党和天主教妇女共用着母性主义（maternalism）的关系性语言：吉塞拉·乌尔班（Gisela Urban）早在1913年就有力地强调了这一点——她坚持认为女人想要"对男人的工作加以补充，使之对两性都更有益，尤其是为后代普及为母者可以胜任各行各业的观念"。②

　　1930年，妇女协会联合会出版了自己的集体回顾性历史和进展报告《奥地利的妇女运动、妇女教育和妇女工作》（*Frauenbewegung，Frauenbildung und Frauenarbeit in Österreich*），该书由玛丽安娜·海尼施作序，包括很多更年轻的撰稿人，如斯蒂芬妮·布劳恩（Stephanie Braun）和伊尔莎·舒勒·明茨（Ilse Schuller Mintz）——由于奥地利的大学从1897年就已开始招收女生，她们二位此时已经取得大学博士学位。这群女权主义者从温和派到激进派皆有，她们不与任何现存政党结盟，这可能使她们免于社会民主党妇女面临的一些党内困境，但也使她们的提案更难被政府通过。例如，当她们试图修订1811年《民法》中确立的规定已婚妇女地位的法律时，便以彻底的失败告终。

　　1929年12月，妇女协会联合会组织了奥地利妇女党，一并发行了《妇女的声音》（*Das Wort der Frau*），试图弥合两大主要政党间的分歧，并促进和平与国际裁军，以及一系列奥地利妇女法律和经济境况上的变

①　Hamer, "Beyond Feminism", pp. 232 - 233.

②　Gisela Urban, in *Das Frauenstimmrecht: Festschrift* (Vienna, 1913)；翻译并收录在Bader-Zaar, "Women in Austrian Politics", p. 64。

革。她们支持的小型党派联盟确实在 1930 年推举了若干女候选人,并由此使玛丽亚·施奈德(Maria Schneider)博士当选,这可能是一场喜忧参半的胜利。[①]玛丽亚·施奈德是一位狂热的德国国族主义者,也是社团主义政府的拥护者(她于 1934 年加入了国家社会主义党),并将自己定位为妇女利益的捍卫者。从 1930 年开始,政治和经济环境不断恶化,奥地利主要银行信贷银行的破产,加剧了世界经济萧条带来的不利影响,各个准军事团体也开始在全国范围内把愤愤不平的男人们组织起来。奥地利议会政府的男性领导人越来越轻率地实践法西斯主义,试着用社团主义方案来破解僵局,而该政府终于在 1934 年由于独裁统治的出现而告终。在这种情况下,即使是温和的女权主义计划也面临着重重障碍,女权主义组织不得不谨慎行事。就连玛丽亚·施奈德于 1931 年提出,并得到妇女协会联合会支持的建立家政商会的议案,也未能获得议会的批准。

在 1932 年的时候,妇女党副主席海伦妮·格兰尼奇(Helene Granitsch)仍然表示,相信妇女参与政治可以"将世界从仇恨中拯救出来——用人性的观点取代商人政客的观点,让唯心主义的管理代替唯物主义的统治,因为这遵从了母爱和正义的原则",这无疑是理想主义的。[②]事实并非如此。到 1933 年,奥地利国家政权发生了重大变化,妇女党女发言人的思考角度日益转向代表利益集团的妇女。奥地利议会 1934 年初被解散,社会民主主义的反抗被镇压之后,新的威权政府解散了所有民主组织,包括天主教妇女组织和妇女协会联合会。国家社会主义随后在奥地利的成功,以及奥地利 1938 年与纳粹德国的合并,只是注定了奥地利女权行动的命运。奥地利支持纳粹的妇女已公开反对妇女解放,她们的领导人则迅速采取行动,将其他所有妇女组织吸收到自己的组织中。

新的匈牙利国家政府也是一开始就摇摇欲坠。战败导致奥匈帝国被强加的《特里亚农条约》(Treaty of Trianon)肢解为不同的国家。1918 年底至 1919 年底,伴随妇女选举权而来的是两次建立革命政府的失败尝

---

① 关于 Maria Schneider,参见 Gehmacher, *Völkische Frauenbewegung*, pp.213 - 221。感谢 Johanna Gehmacher 将 Schneider 1931 年演讲的副本转发给 BÖF。

② Helene Granitsch, "Politische Übersicht", *Das Wort der Frau*, 2:9(1932), 1 - 2;翻译并收录在 Bader-Zaar, "Women in Austrian Politics", p.83。

试。第一次是由米哈伊·卡罗伊(Mihály Károlyi)伯爵领导的自由主义共和政权,该政权向瑞士派驻了第一位女大使——女权主义者萝日考·施维默(Rozsika Schwimmer)。第二次是贝洛·库恩(Béla Kun)的布尔什维克政权。这两次尝试的失败巩固了旧统治精英在20世纪20年代的霸权。新政权被设立成了没有国王的议会制王国,接受有名的霍尔蒂上将(Admiral Horthy,前奥匈帝国海军总司令)作为摄政的领导;该政权确立了宪法规定的平等权利,以及包括部分符合条件的30岁及以上妇女的有限选举权。但是,在新兴的基督教民族党(Christian National Party)的支持下,新的国族主义政府立即开始限制人民接受大学教育的机会,方式是强制实行配额制,该制度设计的目的便是将犹太人和妇女(特别是犹太妇女)排除在自由职业之外,使之有利于匈牙利男子。

为抗议这项禁令而出现的新的妇女联盟自称为匈牙利妇女国家协会。该协会具有强烈的国族主义、基督教和右翼色彩;其领导人员成功恢复了匈牙利妇女进入大学的权利,但却是以牺牲犹太男人与女人们的权利为代价。根据其领导人、作家塞茜尔·托尔毛伊(Cecile Tormay)的说法,该协会"与国际女权主义没有任何共同之处":"它不是外国运动的产物……它发源自匈牙利的土壤,像匈牙利小麦一样土生土长。"①该协会1930年的章程写道:

> 协会吸收所有坚持基督教信仰,并热爱匈牙利民族的匈牙利妇女,不论其是天主教徒还是新教徒。本会对成员没有其他要求,只要求她们不被蛊惑人心的煽动者影响,而是无畏且执着地要求她们的代表应是善良且信奉基督教的匈牙利人,是那个为基督教理念而斗争的政党的成员。②

---

① Tormay quote transl. in Mária M. Kovács, "The Politics of Emancipation in Hungary", *Central European University History Department Working Paper Series*, no.1(1994), 84. 没有给出日期。

② 引自1930年匈牙利全国妇女协会章程(1930 Statutes of the National Association of Hungarian Women);翻译并收录在 Andrea Petö, "Hungarian Women in Politics", in *Transitions, Environments, Translations: Feminism in International Politics*, eds. Joan W. Scott, Cora Kaplan & Debra Keates(New York: Routledge, 1997), p.160 n.4。感谢 Andrea Petö 在文章发表前与大家分享她的文章,以及她在我使用匈牙利材料上给予的帮助。

在当时明确反对布尔什维克的氛围中,匈牙利国族主义者表明了一种强烈反犹且日益反德的认同,来为匈牙利妇女辩护。这些极端国族主义的妇女特别注意将自己与战前匈牙利女权运动中最受国际关注的部分区分开来,即女权主义者协会;该协会最主要的成员是萝日考·施维默和维尔马·格吕克利希(Vilma Glüklich),她们于 1913 年在布达佩斯主办国际妇女选举权联盟会议时,就把妇女选举权提上了匈牙利的政治议程。被同化的犹太人和德意志人曾经是匈牙利商业和工业中产阶级——以及战前妇女运动——的中坚力量,但在战后被肢解、充满痛苦愤恨还不受欢迎的匈牙利,在那种高度国族主义的氛围下,这两者都越来越被妖魔化。战前的女权主义者大多是这些如今备受争议的群体中受过教育的妇女,她们再也没能恢复早期的势头;她们的领导人要么处于流亡之中,要么身处匈牙利之外,在国际层面工作,尤其是和平运动。1926 年,维尔马·格吕克利希回到匈牙利,她和她的同事欧金尼娅·米斯科西·梅勒(Eugenie Miscolczy Meller)等人组织了多场讲座和活动,保持着她们的国际联系,并在 1929 年组织了女权主义者协会的 25 周年纪念活动,但没能得到足够的支持以反对 1925 年的议会选举法,该法案对女选民强加了额外的教育要求。此外,她们改革婚姻法的努力也没能取得任何进展。

霍尔蒂摄政时期,一院制议会举行了几次选举,有两名女性实际上当选任职,其中包括社会民主党人安娜·凯特伊(Anna Kéthly)。女选民吸引了各政党的兴趣,但仅仅是作为支持者。当威权主义的民族团结党(Party of National Unity)动员起来,甚至变得比基督教民族运动更右的时候,这个党试图将妇女组织到一个妇女部门中。显然,在匈牙利的案例中,两次世界大战之间,这些以政党为基础的妇女运动,只是有选择地支持一些可以被视为女权主义目标的东西,而且似乎常常损害其他类别的公民。

奥地利、匈牙利,尤其是德国,女权主义者的抱负将遭到越来越多的反对。不过,还是会有一些意料之外的事,正如我们在接下来德国的案例中将会看到的那样。然而,总体而言,可以说在战后的各个后起国中,那些曾经让女权主义熔岩浮出地表的裂隙,随着父权、威权和国族主义的司机们驾驶着推土机,以"国家保护"的名义将其犁平、填满,将不断被压缩,甚至完全被封堵。

德国——从魏玛共和国到第三帝国

在新的德意志共和国，关于女权主义目标的争论将以极其激烈的方式显现出来。20世纪早期，德国中产阶级的"妇女运动"发展出激进女权主义的观点，开始关注性解放问题，并主张国家支持未婚母亲。她们的竞争对手——德国社会民主党的妇女团体——坚持认为妇女通过有偿劳动，实现经济独立是平等和解放的关键，以此将自己定位为与"妇女运动"相反的、妇女利益的"真正"捍卫者。在更大范围的社会中，德国新传统国族主义者们大力推广的家庭模式是男人养家糊口、妇女只在家中的性别分离模式。战争经历使人们极度怀念后者对家庭生活的想象。①

战前的德国女权主义者（与其他欧洲国家的女权主义者一样）详细阐述了一种"精神的"（spiritual）或"扩展的"（extended）母职概念。这一概

---

① 20世纪70年代以来，德国魏玛和纳粹时期的妇女历史文献得到了极大的扩展，德国女权主义的历史研究发展迅速。关于德国战时和魏玛共和国时期的女权主义历史，我借鉴了 Hugh Wiley Puckett 的作品，*Germany's Women Go Forward* (New York: Columbia University Press, 1930); Amy Hackett, "The Politics of Feminism in Wilhelmine Germany, 1890 – 1918", 2 vols. (Ph. D. dissertation, Columbia University, 1976); Richard J. Evans, *The Feminist Movement in Germany, 1894 – 1933* (London & Beverly Hills: Sage, 1976); Barbara Greven-Aschoff, *Die bürgerliche Frauenbewegung in Deutschland, 1894 – 1933* (Göttingen: Vandenhoeck & Ruprecht, 1981); Ute Gerhard, *Unerhört: Die Geschichte der deutschen Frauenbewegung* (Reinbeck-bei-Hamburg: Rowohlt, 1990), chap. 9; Marianne Walle 和 Nicole Gabriel 在 *La Tentation nationaliste, 1914 –1945*, ed. Rita Thalmann(Paris: DeuxTemps Tierce, 1990)中发表的关于妇女出版社的文章；以及 Florence Hervé 在 *Geschichte der deutschen Frauenbewegung*, ed. Florence Hervé, new ed. (Cologne: PapyRossa Verlag, 1995)上的文章。我在很大程度上依赖于 Renate Bridenthal、Claudia Koonz 和 Atina Grossmann 的英语出版作品，其中许多在下面的注释中列出。特别参见了 *When Biology Became Destiny: Women in Weimar and Nazi Germany*, eds. Renate Bridenthal, Atina Grossmann, & Marion Kaplan(New York: Monthly Review Press, 1986)，以及 *Becoming Visible: Women in European History*(Boston: Houghton-Mifflin, 1977, 1987)的第一版和第二版。亦参见了 Cornelie Usborne, *The Politics of the Body in Weimar Germany: Women's Reproductive Rights and Duties* (London: Macmillan, 1992); Atina Grossmann, *Reforming Sex: The German Movement for Birth Control and Abortion Reform, 1920 –1950*(New York: Oxford University Press, 1995)。其他有价值的作品包括：Christl Wickert, *Unsere Erwählten. Sozialdemokratische Frauen im Deutschen Reichstag und im Preussischen Landtag 1919 bis 1933*, 2 vols. (Göttingen: Sovec, 1986); Hiltraud Schmidt-Waldherr, *Emanzipation durch Professionalisierung? Politische Strategien und Konflikte innerhalb der bürgerlichen Frauenbewegung während der Weimarer Republik und die Reaktion des bürgerlichen Antifeminismus und des Nationalsozialismus*(Frankfurt-am-Main: Materialis Verlag, 1987)。关于纳粹时期的作品载于第373页注释①。

念赋权予作为母亲和养育者的妇女(既适用于单身、无子女的妇女,也适用于已婚母亲),使她们能在社会各领域做事,并在国家/民族中发挥重要作用。虽然这一概念保留了关于妇女特殊品质和长处的观念,但它与将妇女限制于家庭及私人生活的性别分离领域观念完全无关。在进步人士手中,这一观念提供了一个强有力的、能够赋权的愿景。到 20 世纪 20 年代,这一愿景仍激励着德国的女权主义者们。德国妇女协会联合会的积极分子艾格妮丝·冯·萨恩-哈纳克(Agnes von Zahn-Harnack)如是描述道:"'有组织的母职'……不仅将女人送入托儿所、幼儿园和学校,还让她们进入各部和议会……这不是常常被称赞的那种劳动分工,即男人:心智(mind)/女人:心(heart)……值得被称赞的分工应是工作的人性化、科学的人性化、人际交往的人性化。"[1]

　　然而,与其他许多饱受战争摧残的欧洲国家一样,战后德国仍有很多人支持两极化的性别观点,其基础是彻底的劳动性别分工。战前,德国有一群坚定的反女权主义者,其中就包括皇帝威廉二世本人,他因大力提倡妇女的"三 K"——孩子、厨房、教堂(Kinder,Kirche,Küche)——而闻名于全欧洲。德国还有一些父权性质的大家庭联盟(League for Large Families)。此外,德国反女权主义群体还包括一些非常能言善辩的妇女,如卡廷卡·冯·罗森(Kathinka von Rosen)和伊达·冯·梅尔海姆(Ida von Meerheimb)。为应对 1914 年前妇女运动产生的日益增长的势头,一些重要的反女权组织已经打好了基础,特别是德国反对妇女解放联盟(1912—1920),其座右铭是"男人有真正的男子气概;女人有真正的女性特质"[2]。该联盟担心"平

---

　　① Agnes von Zahn-Harnack, *Die Frauenbewegung: Geschichte, Probleme, Ziele*(Berlin: Deutsche Buch Gemeinschaft, 1928), pp. 77 - 78;翻译并收录在 Ute Gerhard, "The German Women's Movement before 1914: Towards Locating It in an International Context",未发表论文,提交于 Stuttgart/Birkach, 1995。本文现刊于 Women's Emancipation Movements in the 19th Century; A European Perspective, eds. Sylvia Paletschek & Bianka Pietrow-Ennker(Stanford: Stanford University Press, 2004), pp. 102 - 133。

　　② "Aufruf, Deutscher Bund zur Bekämpfung der Frauenemanzipation",正如 Diane Trosino 所讨论的那样,"Anti-Feminism in Germany 1912 - 1920: The German League for the Prevention of Women's Emancipation", Ph.D. dissertation, Claremont Graduate School, 1992(引文见 p. 33)。关于反女权主义者,亦参见 Ute Planert, "Antifeminismus im Kaiserreich", *Archiv für Sozialgeschichte*, 38(1998), 67 - 92,以及 Planert, *Antifeminismus im Kaiserreich. Kritische Studien zur Geschichtswissenschaft* p. 124. (Göttingen: Vandendoeck & Ruprecht, 1998)。

等权利会导致'女性化和国家本身的弱化'",并试图将劳动妇女限制在"女性职业"中。①

　　1918 年的战败,以及推翻了霍亨索伦王朝的和平革命之后,一些德国女权主义者跟奥地利的女权主义者一样,至少有理由庆祝她们获得了选举权。20 岁及以上的妇女在 1918 年底获得了选举权,并于 1919 年初首次为制宪会议投了票。但正如历史学家瑞娜特·布兰达瑟尔(Renate Bridenthal)和克劳迪娅·孔兹(Claudia Koonz)指出的那样,实现这一"成功"的环境是不稳定的:

> 　　赋予妇女选举权是希望能在女选民的帮助下,确保击败布尔什维主义,并帮助德国在巴黎和会上呈现一个进步、自由的形象。1918—1919 年的危机平息后,对所有魏玛改革的忠诚也消退了——这些改革是由机会主义而非理想主义决定的。②

　　根据新的选举法,候选人将通过政党提名并根据比例代表制当选。男人和女人的选票将分开计算。在这个约有 6 000 万人口的国家,蒙受战争伤亡带来的损失后,妇女的数量远远超过了男子;1925 年的选民中有 2 100 万女选民,而男选民只有 1 880 万。③选举结果最终表明,与奥地利一样,中间派和右派的宗教附属党派从妇女选票中获益最多;新的德国共产党(KPD)获益最少。重组后的德国社会民主党(SPD)自豪地坚持该党在支持妇女通过工作实现真正解放方面做出了成绩,但它得到的好处却没有其领导人所希望的那么多,尽管该党确实将很多妇女列入了其提名名单。和奥地利一样,德国社会民主党的支持者确实选出了德国国会最大的妇女议员代表团。然而,在魏玛共和国基于提名名单的选举制度下,没有议员可以独立行事。选民支持某政党及其计划,而非代表该党的

---

①　引自 Trosino, "Anti-Feminism", pp. 38 – 39。

②　Renate Bridenthal & Claudia Koonz, "Beyond *Kinder, Küche, Kirche*: Weimar Women in Politics and Work", in *When Biology Became Destiny*, p. 56.

③　数据引用自 Helen L. Boak, "'Our Last Hope'; Women's Votes for Hitler-A Reappraisal", *German Studies Review*, 12:2(May 1989), 291。

个人。除非该党愿意全力支持立法,否则其个别代表几乎没有独立行动的余地。①

1919 年,包含大量社会民主主义议员的新魏玛共和国制宪会议制定了一部(起码在纸面上)明确纳入两性平等权利的宪法(第 109、119、128 条),包括妇女选举权和她们担任公职的权利。早期的妇女选举权组织很快就消失了,而与之形成对比的是,英格兰的同类组织在没有解散的情况下重新规划了自己的任务。就德国而言,这一决定仅仅是政治幼稚的结果吗? 女权活动家们怎么会没有意识到,没有法律机制使这些宪法条款可以变为实际有效的法规呢?

新的德国国会迎来了 41 名女议员,她们代表各个政党,但主要是德国社会民主党。这些新议员中,有些是不同程度的女权主义者,包括德国妇女协会联合会前主席格特鲁德·博伊默和来自法兰克福的独立社会民主党人、社会主义/女权主义者托尼·森德(Toni Sender)。随着时间的推移,这些女议员发现她们很难在共同的纲领上达成一致意见,甚至难以共事。不过,她们确实在两个重要领域达成了合作,支持了两方面的举措:一方面是加强保护性立法和提高产妇津贴,另一方面是促进公民平等。这些女议员与奥地利的女议员一样,在关于已婚妇女之平等(特别是在工作场所),以及保护未婚母亲及其子女的议题上存在严重分歧。天主教和福音派(新教)女议员都不愿支持"伤风败俗之事"和已婚妇女就业保障,她们认为后者就应该待在家里。

尽管国会中的妇女总共只占议员的 10% 左右,但她们"将得到的席位……归功于一个完全由男性主导的政治制度":"无论她们多么明确忠

---

① 参见 Karen Hagemann, "La 'Question des femmes' et les rapports masculin-féminin dans la social-démocratie allemande sous la République de Weimar", *Le Mouvement social*, no. 163(Apr.‑June 1993), 25‑44;以及 Hagemann, "Men's Demonstrations and Women's Protest: Gender in Collective Action in the Urban Working‑Class Milieu during the Weimar Republic", *Gender & History*, 5:1(Spring 1993), 101‑119。亦参见 Gisela Bock, "Nazi Gender Politics and Women's History", in A History of Women: Toward a Cultural Identity in the Twentieth Century, ed. Francoise thebaud(Cambridge: Harvard University Press, 1994), pp.149‑176;以及 Rita R. Thalmann, "The Feminine Condition under Nazism: Tradition, Modernity, and Racial Hierarchization", in *Political and Historical Encyclopedia of Women*, ed. Christine Fauré(New York & London: Routledge, 2003), pp.357‑369。

于妇女议题,如果威胁到政党团结或在选举中违反政党纪律,她们就不可能指望被送回立法机关。"①她们的女性选民也不一定支持妇女解放,至少不会支持社会民主党领导倡导的那种形式的解放。在魏玛共和国短暂的历史中,期望能代表妇女表面上共同利益的女选民联盟从未实现过。德国女选民还有一方面与奥地利女选民一样,即她们甚至不支持战前最维护妇女权利的各政党。历史学家理查德·J.埃文斯(Richard J. Evans)强调:"(德国)妇女作为一个整体,将党派忠诚置于她们作为妇女的实际或假想的利益之上,甚至……在对这些利益有重大影响的议题上亦是如此。"②

回过头看,这一结果并不是完全出人意料的。魏玛共和国时期(1919—1933)是"一趟冲入混乱之中的过山车之旅",其特征是急剧的通货膨胀、持续的饥饿、间歇性的政治危机,尤其是对强加的和平协议日益增长的怨恨。③男性主导政党的领导人面临着一系列极为棘手的问题,但是,他们并不欢迎女议员们为解决这些问题做出贡献。在议会政治之外的世界,许多德国妇女发现自己被似乎完全不可控的环境搞得负担过重,甚至完全压垮。与同时代的男性相比,她们的政治经验更少、受到的经济剥削更多,因而当她们强烈地感知到被挫伤的德意志自豪时,也随之对过去的状况产生了某种怀旧的幻想:"魏玛共和国的妇女未能欣然接受她们被一般认定的解放,甚至在政治上予以拒绝……家之于德国女人,就像工厂、小企业或农场之于德国男人一样,它意味着地位、独立、体面和安全。简而言之,家是要保卫的领土。"④

考虑到德国的女人和男人之中这种根深蒂固的反女权主义思想,德国妇女组织中的女权主义者发现自己身处困境之中。曾经激进的德国妇

---

① Claudia Koonz, "Conflicting Allegiances: Political Ideology and Women Legislators in Weimar Germany", *Signs*, 1:3, pt.1(Spring 1976), 674.

② Evans, *Feminist Movement*, p.245.

③ Sybil Oldfield, "German Women in the Resistance to Hitler", in *Women, State and Revolution*, ed. Siân Reynolds(Amherst: University of Massachusetts Press, 1986), p.82.亦参见 Karin Hausen, "Unemployment Also Hits Women: The New and the Old Woman on the Dark Side of the Golden Twenties in Germany", in *Unemployment and the Great Depression in Weimar Germany*, ed. Peter D. Stachura(London: Macmillan, 1986), pp.131–152。

④ Bridenthal and Koonz, "Beyond *Kinder, Küche, Kinder*", p.56.

女协会联合会已投身于战争,变得越来越国族主义和沙文主义化,并在协约国的胜利和新共和政权建立后继续朝这个方向发展。正如理查德·J.埃文斯所指出的,其 1919 年的新计划"散发出一种带有强烈'民粹/国族/种族主义'色彩的国族主义精神"。①

由于反对 1919 年《凡尔赛和约》的苛刻条款,德国妇女协会联合会领导层在数年内拒绝参加国际妇女理事会战后的会议。联合会修订后的计划并未支持妇女解放,而是强调家庭制度和"适当"的基于性别的劳动分工,以及妇女的慈善工作——而非有偿劳动。德国妇女协会联合会不再要求国家支持未婚母亲及其子女;不再要求性解放和生育联合会倡导的新性道德。即便如此,评论家玛丽·迪尔斯(Marie Diers)仍在 1920 年称妇女运动(于战争期间)在促进女人与男人的"竞争"方面太过分了:"对某些个别部分的过分强调和过高评估令人绝望地扰乱了整体的和谐。"②这就是瑞娜特·布兰达瑟尔所描述的该联合会的状态:"在意识形态上过于低调,以至于其女权主义的资格受到质疑"。③

20 世纪 20 年代,德国妇女协会联合会逐渐成为一个由相对保守的社团性经济利益集团组成的同盟,从庞大的德国家庭主妇国家联合会(National Federation of German Housewives)到乡村家庭主妇联合会(Rural Housewives' Federation),以及女白领雇员的协会和女性邮政工人的工会。④1927 年,德国妇女协会联合会的一大成功是废除了国家监管的娼妓制度;在此期间,德国妇女协会联合会的运动反对作为魏玛文化特征的,尤其是与首都柏林放荡生活相结合的性道德自由化。

---

① Evans, *Feminist Movement*, p.235.

② Marie Diers, *Die deutsche Frauenfrage in ihrem Zusammenhang mit Geschichte, Volkswirtschaft und Politik* (Potsdam, 1920), p.185;翻译并收录在 Puckett, *Germany's Women*, p.313。

③ Renate Bridenthal, "Professional Housewives: Stepsisters of the Women's Movement", in *When Biology Became Destiny*, p.154.

④ 关于天主教和新教福音派团体,参见 Maria Elisabeth Backhaus, *Probleme des Frauenbilds der katholischen Frauenbewegung Deutschlands seit 1900* (Aachen: Paedagogische Hochschule, 1979); Doris Kaufmann, "Von Vaterland zum Mutterland: Frauen im katholischen Milieu der weimarer Republik", in *Frauen suchen ihre Geschichte*, ed. Karin Hausen(Munich: C. H. Beck, 1983);以及 Kaufmann, *Frauen zwischen Aufbruch und Reaktion: Protestantische Frauenbewegung in der ersten Hälfte des 20. Jahrhunderts*(Munich: Piper, 1988)。

玛丽安妮·韦伯(Marianne Weber，1919—1931)和艾格妮丝·冯·萨恩-哈纳克(1931—1934)先后接替格特鲁德·博伊默担任德国妇女协会联合会的主席,在她们两人的领导下,该联合会继续沿着右倾的方向发展。冯·萨恩-哈纳克1928年对德国妇女运动的历史记述很有代表性地"几乎完全忽略了女权主义的激进派"。①对于德国妇女协会联合会来说,在这样的一个共和国,争取在法律上实现妇女宪法平等权利的运动已成为历史:赋予了丈夫在婚内对妻子极大支配权的1895年《民法》(1900年施行)从未修订过;争取同工同酬和职业平等的运动实际上已被放弃,已婚妇女的就业也没有得到捍卫。试图通过动员妇女选票、特别是通过建立一个妇女党以扩大妇女政治影响力的努力,最终都徒劳无获(尽管此类妇女政党确实在瑞典和奥地利出现了——不论多么昙花一现;而且也在美国出现了,并且更为持久)。妇女的人口优势使她们的声音在每个政党中都可能占据优势,所以一些德国人在看到选举结果时,认为所有政党都成了妇女党。但在魏玛共和国时期,德国妇女从未在选举中以女权主义的声音发过声。

20世纪30年代初,随着德国再次陷入经济萧条,两个家庭主妇协会投票决定退出德国妇女协会联合会。1932年,政府打着解决男性严重失业问题的幌子,推出若干举措将已婚妇女从公务员队伍中开除,由于没有其早期的人数优势,德国妇女协会联合会从未反对过这些举措。事实上,到那时,一方面大萧条肆虐,另一方面他们的议会制度又无法解决任何悬而未决的问题,为此大为沮丧的德国公民们越来越按照墨索里尼的意大利、匈牙利和其他地方已经提出的思路来思考国家社团主义的概念。在这种情况下,德国妇女协会联合会能想到的最有效的策略就是倡导(正如奥地利全国妇女委员会也曾提出的)妇女可以在后议会制国家中组建一个这样的社团。

然而,瑞娜特·布兰达瑟尔对德国妇女协会联合会的概括,并未涵盖德国女权主义的所有方面。所谓德国妇女运动左翼的激进女权主义者在战前是热情的妇女参政论者,而由于战时的反战鼓动和国际主义立场,长

---

① Hackett, "Politics of Feminism", vol 1, p.xiii.

久以来都被妇女协会联合会排除在外。20 世纪 20 年代,该派系的两位领导人安妮塔·奥格斯伯格(Anita Augspurg)和利达·古斯塔瓦·海曼继续她们的鼓动活动,甚至创办了一份新的月刊《党派妇女》(*Die Frau im Staat*, 1919—1932),以促进妇女参与国家事务。她们和她们的支持者积极参与了国际妇女争取和平与自由联盟(WILPF),一个紧随着1919 年苏黎世妇女大会成立的组织。1933 年希特勒上台时,奥格斯伯格和海曼正在意大利旅行,她们迅速决定在瑞士寻求庇护,而非返回德国。其他激进女权主义者——其中很多是犹太人——要么自愿离开德国,要么被迫流亡。德国国际妇女争取和平与自由联盟是少数对纳粹政权有所抵抗的组织。但抵抗是十分艰难的;任何公开反抗的妇女,无论她是不是女权主义者,都可能被逮捕并关进集中营——就和男人一样。

宗教派别的女权主义者的努力在政治行动上所受的限制,比奥格斯伯格和海曼之类的人所认为的大得多。与天主教和福音派新教妇女的联合会类似,犹太妇女拥有自己的德国妇女协会联合会的附属组织——德国犹太妇女联盟(JFB, 1904—1938 年),由贝尔塔·帕彭海姆(Bertha Pappenheim)领导。[1]该联盟致力于为犹太社群内的妇女争取平等权利。尽管 1918 年之后,犹太妇女和所有其他德国妇女一样,可以在地方和全国选举中投票,但她们(如福音派新教妇女在其教堂中一样)没有被给予在犹太社群事务中的发言权,尤其是就领导层职位而言。该联盟还专门为犹太女孩和妇女设立了许多社会服务项目——包括未婚母亲收容所和改善职业培训——其中很多是为新近抵达的那些来自贫困的东欧犹太家庭的女孩准备的。此外,该联盟的成员致力于打击制度化卖淫和所谓的白奴贸易。白奴贸易在战争前不久被称为"女孩和女人交易",这些女性被逐渐供应到全世界各城市及港口的卖淫场所,尤其是在阿根廷和中东。[2]

德国犹太妇女联盟的创始人贝尔塔·帕彭海姆出生在维也纳,她的

---

① 参见 Marion Kaplan, *The Jewish Feminist Movement in Germany: The Campaigns of the Jüdischer Frauenbund, 1904 - 1938*(Westport: Greenwood Press, 1979)。

② 参见 Edward Bristow, *Prostitution and Prejudice: The Jewish Campaign against White Slavery, 1870 - 1939*(Oxford: Clarendon Press, 1982)。

母亲来自一个法兰克福的家庭,母女二人于 1889 年回到了法兰克福。在她还是个女孩的时候,帕彭海姆就意识到男孩们更被看重,而且女孩的教育有很多不尽如人意之处。她年轻时过着维也纳上层阶级婚龄女儿的单调生活,她在 19 世纪 80 年代初期接受了约瑟夫·布鲁尔(Josef Breuer)博士的治疗,并促成了"谈话疗法"(talking cure)。后来,布鲁尔和西格蒙德·弗洛伊德继续将该疗法开创成为精神分析学。40 岁时,帕彭海姆写了一部关于妇女权利的戏剧,并用德语翻译了她以某种方式发现的玛丽·沃斯通克拉夫特的《女权辩护》。

在 1904 年创建德国犹太妇女联盟时,帕彭海姆决心建立一个独立的犹太妇女组织,而不是像圣约之子(B'nai B'rith)姐妹会那样,成为某个男性组织的辅助组织。尤其是犹太妇女联盟要是犹太人/教的,而非犹太复国主义的(Zionist);为了和反犹主义作斗争,犹太妇女联盟强调与非犹太妇女合作,尤其是在德国妇女协会联合会的框架内合作。德国犹太妇女联盟最终包括了德国约 25% 的犹太妇女,她们中大多数是中产阶级家庭主妇,但远远不像帕彭海姆那样致力于妇女权利:1926 年 9 月,一名成员在德国犹太妇女联盟出版物中坚称"我们不是所谓的解放妇女":"我们肯定不想成为半男人(quasi-men),也不想与男人竞争或取代他们。相反,我们希望一直做特别有女人气质、特别有女性特质的女人。我们希望尽可能将宽厚、温暖、爱和母性带到我们生活的任何地方。"①这一声明中防御的语气显而易见,也证明了组织内部存在的张力;通过适合妇女的社会劳动建立自尊是一回事,但在犹太社群内外都发起直言不讳的挑战则完全是另一回事。德国犹太妇女联盟并不软弱,在 1924 年坚持"犹太社群比以往任何时候都更需要我们的合作":"在争取我们权利的……斗争上,我们是一致的!……不是因为我们渴望权利。不是因为我们是妇女参政权论者,而是因为我们相信妇女的工作对犹太社群的文化发展是必要的,相信正因为我们是女人,我们可以在正式的社区职位上做得很好。"到 1927 年,在德国七个主要城市中,犹太妇女联盟已成功在其中六个市镇

---

① 引自 *Israelitische Familienblatt*(Hamburg), 20 Mar. 1924, pp. 2 - 3;翻译并收录在 Kaplan, *Jewish Feminist Movement*, p. 159。

为妇女争取到了投票权,尽管少了柏林。不过,在玛丽昂·卡普兰看来,"犹太教和女权主义之间的冲突,是犹太妇女联盟怎样解决都永远无法令自己满意的"。[1]在女权主义信仰方面,贝尔塔·帕彭海姆和其亲密伙伴亨丽埃特·富尔特(Henriette Fürth)、奥蒂莉·舍内瓦尔德(Ottilie Schönewald)一直远远走在她们的队伍前面。

与20世纪20年代欧洲其他地方的情况一样,在魏玛时期,担忧人口问题和出生率下降的观念,对德国女权行动产生了重大影响。早在战前,帝国官员就已开始为逐渐下降的出生率担忧——和法国当局几十年前的样子基本一样——并很快将这一趋势归咎于生育控制和堕胎,以及更笼统地归咎于妇女解放。战争期间,这种担忧变成了恐慌,政府开始制订一个坚决秉持干涉主义的鼓励生育的政策。为服兵役的男子的妻子提供国家生育津贴,为未婚母亲提供财政支持,并禁止宣传和分发避孕用品和堕胎药,然而,到1918年,出生率仍进一步下降,到了战前水平的一半。于是,政府强行通过一系列严厉措施,主要是规范女性的性行为,如果不是1918年帝国政府的垮台,这个尝试就要成功地执行下去了。

女权主义者对这些努力的回应很谨慎,但确实对只指责妇女提出了抗议。历史学家科尔内利·乌斯沃内报告称,只有一次,资产阶级和社会主义妇女合作派出了代表团去抗议压制性的1918年国会法案。但德国妇女协会联合会的女发言人们仍然支持政府计划的很多方面,与此同时,她们试图要求政府为母亲提供更多实质性的支持,从而促使政府计划变得对妇女有利。明确的是,"生育控制比其他任何事情都更多地创造了新女性的概念,而新女性将在魏玛时期发挥十分重要的作用"。[2]出生率的下降一直持续到1933年,当时每千名妇女14.3次分娩的出生率成为全欧洲最低值,而且在人口学家看来,已育妇女报告的流产数量似乎高得可疑。

魏玛政府确实在支持母亲和儿童方面做出了重大贡献,虽然通货膨胀和经济萧条造成的巨大困难严重限制了其效果。获得选举权后新进入政府的妇女,促成了高质量且有效的生育措施,远不同于战前和战时设想

---

①　Kaplan, *Jewish Feminist Movement*, pp. 76, 81.

②　Usborne, *Politics of the Body*, p. 30.

的压制性制度。1919 年,德国社会民主党代表阿德勒·施赖伯呼吁增加国家支持,以便"生育不再只让妇女独自承担、让妇女独自遭受压迫,而是让生育问题成为公众普遍关注的问题"。①1925 年,医生兼德国社会民主党代表安娜-玛格丽特·施特格曼(Anna-Margarete Stegmann)在德国国会就母性和生育自由发表了她的首次演讲:"我们必须赋予人们发展的自由,并且给予妇女控制自己身体的权利。"②社会主义者和女权主义者一致认为,处理人口问题的惩罚性方法应该换成社会福利的方法。魏玛政府时期提出的若干建议中,有为国家雇员和公务员提供家庭津贴,以及为男性工人提供家庭工资等项。因此,保护母亲成了左派(包括德国社会民主党和德国共产党)和右派政治同时具有的突出特征,尽管双方的侧重点截然不同。

然而,对于女权行动派来说,堕胎仍然是最棘手、最具争议性的问题。从 20 世纪 20 年代早期开始,德国社会民主党和德国共产党都试图通过反对反堕胎法来吸引女性选民;多亏党内妇女的施压,才得以组织断断续续的集会和其他形式的有组织抗议。然而,在 1930 年初,随着经济危机的加深,天主教中央党(Catholic Center party)控制了政府,强行大幅削减福利项目。在罗马教皇通谕《圣洁婚姻》(*Casti Connubii*,1930 年12 月 31 日)中,教皇再次公开就"家庭"问题表态,谴责了所有非生殖的性行为和一切阻止怀孕的措施。

作为回应,德国共产党发起了一场大规模运动,通过挑战梵蒂冈并明确倡导堕胎合法化来吸引妇女中的支持者。活动家们下定决心要废除1871 年《刑法典》第 218 条(于 1926 年朝轻罪化方向修订),该条将堕胎定为犯罪,对堕胎的妇女以及对其提供帮助者处以严厉的惩罚。性改革家、女医生、激进女权主义者、和平主义女权主义者、社会民主党人以及其他许多人都团结起来支持这场运动。德国共产党以无产阶级革命的名义挑战并试图推翻魏玛政府,在此之前,他们明显地把布尔什维克俄国的成

---

① Adele Schreiber,翻译并收录在 Usborne,*Politics,* p.39。引自德国社会民主党妇女大会的 *Protokolle*(Berlin, 1920), p.91。

② Stegmann 于 1925 年 3 月 18 日在德国国会的首次演讲;翻译并收录在 Usborne,*Politics of the Body,* p.39。

功故事作为自己的榜样。在这种情况下,一个仍然是少数派的政党在故意利用"妇女议题"来实现更大的目标;正如历史学家阿妮塔·格罗斯曼(Anita Grossmann)所指出的,德国的共产主义者不再像以前那样只关注作为工人的女性。然而,这场运动一经发动,其发展的速度就远远超出了德国共产党的控制能力。

1931 年 2 月,两名高调支持堕胎的医生在斯图加特被捕,这场运动开始愈演愈烈。其中一位医生是共产主义者弗里德里希·沃尔夫(Friedrich Wolf),他创作了一部有争议的戏剧《青冈》(Cyankali),其结束语是"一部每年将 80 万名母亲变成罪犯的法律已不再是法律"。这句话成了"一场日益壮大的运动的口号"①。事实上,这场运动发展到了极大的规模,除了阿莉塞·莱克斯-内林格尔(Alice Lex-Nerlinger)等重要女艺术家反对第 218 条的海报,还包括了报纸调查、文化活动和大规模街头示威。3 月 8 日,德国共产党组织的国际妇女节庆祝活动在德国各地举行了 1 500 多场示威活动;共产主义妇女运动有力地表明了其在堕胎和避孕问题上的立场:"我们女人拒绝让自己被视为婴儿生产机器,拒绝在生产过程中仍充当奴隶……我们的口号不是'回归家庭',而是同工同酬。"②4 月中旬,这两名被指控的医生出现在了德国共产党发起的一场群众集会上,并鼓励他们的听众去追求控制生育和改善生活的自由。被捕的第二位医生埃尔泽·金勒(Else Kienle)博士在她 1932 年出版的监狱日记中阐发了强烈的女权主义立场:"如果女人仍然是无助的婴儿生产机器,那么选举权于她又有何用?"③其他人则呼吁建立一套全新的性道德,并接受社会对母职的责任。值得注意的是,即使当废除第 218 条的运动达到顶峰,并最终平静下来的过程中,德国妇女协会联合会的领导层也一直保持着观望态度。而第 218 条一直到 20 世纪 70 年代始终有效。

----

① Friedrich Wolf, *Cyankali*;翻译并收录在 Atina Grossmann, "Abortion and Economic Crisis: The 1931 Campaign Against Paragraph 218", in *When Biology Became Destiny*, p. 73。转引自 Grossmann, p. 73。

② 德国共产党第二帝国大会(Second Reichs Congress), Halle, 14 - 15 Mar. 1931;转引自 Atina Grossmann, "Abortion and Economic Crisis", p. 72。

③ Dr. Else Kienle, *Frauen: Aus dem Tagebuch einer Ärtzin*(Berlin, 1932), p. 309;翻译并收录在 Grossmann, "Abortion and Economic Crisis", p. 75。

　　1933 年,阿道夫·希特勒和他的德国国家社会主义工人党(NSDAP,简称纳粹党)上台执政,德国女权主义活动骤然终止。①到 1930 年,纳粹党已成为德国第二大政党。在其他事务之外,该党还主张恢复严厉惩罚堕胎的做法,并于当年 3 月在国会提出了一项以此为目的的措施。尽管从未被辩论过,但其措辞充分表明了纳粹的立场:

　　　　任何试图人为阻止德意志民族的自然生育力而有损于国族者,或为之宣传者,抑或与犹太人或有色人种混合,以促成或威胁促成种族衰弱和退化者,都将以种族叛逆罪处以劳役刑。②

　　1933 年 2 月,在希特勒被任命为总理后,纳粹党立即镇压或解散了

　　①　关于德国国家社会主义工人党和妇女问题,参见 Clifford Kirkpatrick, *Nazi Germany: Its Women and Family Life*(Indianapolis: Bobbs-Merrill, 1938);以及 George L. Mosse 的诸多著作。参考书目非常丰富,但以下英文和德文著作尤为珍贵:Jill Stephenson, *Women in Nazi Society*(London: Croom Helm, 1975); Stephenson, *The Nazi Organization of Women*(London: Croom Helm, 1981); Hannelore Kessler, *'Die deutsche Frau': Nationalsozialistische Frauenpropaganda im Völkischen Beobachter*(Cologne: Pahl-Rugenstein, 1981); Gisela Bock, *Zwangssterilisation im Nationalsozialismus: Studien zur Rassenpolitik und Frauenbpolitik*(Opladen: Westdeutscher Verlag, 1986); Claudia Koonz, *Mothers in the Fatherland: Women, the Family, and Nazi Politics*(New York: St. Martin's Press, 1987)。亦参见 *Gender, Patriarchy and Fascism in the Third Reich: The Response of Women Writers*, ed. Elaine Martin(Detroit: Wayne State University Press, 1993)。

　　在法国,Rita Thalmann 对纳粹主义研究和妇女研究的贡献尤为重要;参见 Thalmann's *Être femme sous le IIIe Reich*(Paris: Laffont, 1982)。亦参见以下合集中 Thalmann, Liliane Crips 和 Marianne Walle 的文章:*Femmes et fascismes,* ed. Rita Thalmann(Paris: Tierce, 1986); *La Tentation nationaliste, 1914 - 1945,* ed. Rita Thalmann(Paris: Deuxtemps Tierce, 1990); *Nationalismes, féminismes, exclusions: Mélanges en l'honneur de Rita Thalmann,* ed. Liliane Crips et al. (Frankfurt-am-Main: Peter Lang, 1994),以及 *Féminismes et nazisme, colloque en hommage à Rita Thalmann,* ed. Liliane Kandel(Paris: CEDREF, University of Paris VII, 1997)。

　　以下德文文献卷是重要的资料来源:Christine Wittrock, *Das Frauenbild in faschistischen Texten und seine Vorläufer in der bürgerlichen Frauenbewegung der zwanziger Jahre*(Frankfurt-am-Main: n.p., 1981); *Frauen im deutschen Faschismus,* ed. Annette Kuhn & Valentine Rothe, 2 vols. (Düsselsorf: Schwann, 1982); and *Nationalsozialistische Frauenpolitik vor 1933: Dokumentation,* ed. Hans-Jürgen Arendt, Sabine Hering, & Leonie Wagner(Frankfurt-am-Main: Dipa-Verlag, 1995)。

　　②　NSDAP proposal, no.1741, 13 Mar. 1930;翻译并收录在 Usborne, *Politics of the Body,* app.3, p.220。

所有女权主义组织,以及社会主义和共产主义政党、工会等其他任何可能为潜在反抗提供聚集点的独立组织。他们关闭了节育诊所,并设立了婚姻贷款。

面对纳粹"妇女阵线"(Nazi Frauenfront)领导人莉迪娅·戈特舍夫斯基(Lydia Gottschewski)发出的最后通牒,为了保留仅剩的一点体面,德国妇女协会联合会投票解散了自己,以避免被接管。早在几年前(1931年),纳粹就建立了自己的政党妇女部门——国家社会主义妇女联盟,该部门严格要求一切有组织的妇女活动都要服从于格雷戈尔·施特拉塞尔(Gregor Strasser)领导下的男性政党的命令。在第三帝国,妇女的组织行动被严格地划入男性政治领导人建立的、并由格特鲁德·朔尔茨-克林克(Gertrud Scholz-Klink)等坚定的纳粹妇女管理的各项计划之中。

历史学家吉塞拉·博克(Gisela Bock)强调,使纳粹主义不同寻常的是其对种族——而非对性别——的态度:"纳粹性别歧视在很大程度上是传统的,而纳粹种族主义既新奇又致命。"[①]然而,要从欧洲女权主义史的角度理解纳粹主义,重要的一点是纳粹主义不仅是"传统"的,而且是明确反女权主义和反共产主义的;其国家社会主义是非常特殊的一种。纳粹领导人积极地发展他们对女权主义的应对策略;和意大利一样,其策略是随着时间推移,并就战争、战败的动荡引起的特殊问题——妇女的就业和生育问题——而发展完善的。

早在1921年,德国国家社会主义工人党就已制定了一项禁止妇女担任党内领导职务的规则。[②]阿道夫·希特勒在其长篇纲领性声明《我的奋斗》(Mein Kampf, 1925)中,只是间接地提及了"妇女问题"。希特勒

---

① 参见 Gisela Bock, "Equality and Difference in National Socialist Racism", in *Beyond Equality and Difference: Citizenship, Feminist Politics, Female Subjectivity*, ed. Gisela Bock & Susan James(London: Routledge, 1992), p. 106;亦参见 Bock, "Racism and Sexism in Nazi Germany: Motherhood, Compulsory Sterilization, and the State", *Signs*, 8:3(Spring 1983), 400 - 421。

② 1921年的纳粹会议规定:"妇女不能担任党的领导职务(A woman could not be accepted for a leadership position in the Party)";转引自 Oldfield, "German Women in the Resistance to Hitler", p. 83。

认为，为了打击卖淫（"人类的耻辱"）和梅毒（"这场瘟疫"），一个国家/民族应该鼓励早婚——这将有助于实现"那个更宏大的目标，即物种和种族的繁殖与存续"，但要做到这一点，更好的住房和一大批相关的社会改革就必须落实。要促进更优质的婚姻和更优秀的儿童，优生学和扎实的体育教育都是十分必要的。①老朽的德国人只会生出更多老朽的德国人。这不是基督教会那种传统的性别歧视，也不是 19 世纪的反女权主义。这是一种源于反布尔什维克主义和反社会民主主义、而经过重新阐述的反女权主义，他们指责犹太人/布尔什维克（这些类别在纳粹的话语中都混在一起）主张妇女独立就业，促进家庭节育，从而把妇女带出家庭、婚姻和居室的领域。

在 20 世纪 20 年代中期，一小群忠诚且精力充沛的纳粹妇女对该党将妇女排除在领导职务之外提出了反对。1926 年，她们在党报《沃尔基什观察家》（*Völkischer Beobachter*）上发表文章，明确要求平等地参与党派计划中新社会的所有领域；而反驳她们主张的不是别人，正是纳粹党的理论家阿尔弗雷德·罗森堡（Alfred Rosenberg），她（用一些使人想起黑格尔、特赖奇克甚至是法国大革命期间普吕多姆的早期论证的术语）强调男性协会——或者说男人的纽带——作为国家基础的重要性，而妇女应该被排除之外。罗森堡在 1930 年详细阐述了纳粹的立场："把妇女从妇女解放运动中解放出来是一代妇女的首要要求；这一要求想把民族和种族、永恒无意识（Eternal-Unconscious）和一切文化的基础从衰退和堕落中拯救出来……但有一点必须明确：只有男人必须是、并且一直是国家的法官、士兵和统治者。"②

魏玛宪法曾赋予妇女平等权利。1932 年 4 月，希特勒回应了对这些权利的前景表示关切的妇女组织代表团："1918 年革命实际上为妇女做了什么？它所做的只是将其中 5 万人变成才女和政党官员。在第

①　Adolf Hitler, *Mein Kampf*（New York: Reynal & Hitchcock, 1939；最初于 1925 年发表于德国）；引自第 342 - 343 页。

②　Alfred Rosenberg, *Der Mythos des XX. Jahrhunderts*（Munich: Hoheneichen-Verlag, 1930），p.512；翻译并收录在 *Nazi Culture*, ed. George L. Mosse（New York: Grosset & Dunlap, 1966），p.40。参见 Arendt, Hering 和 Wagner 编著的 *Nationalsozialistische Frauenpolitik* 中的引言（pp.22 - 25）和文献。

三帝国,她们倒不如别指望这些事情了。那时候每个女人都会为自己找到个丈夫。"①在一个仍有约 200 万绝对过剩妇女人口的国家里,一个政党领导人发表这样的主张是很引人瞩目的。罗森堡、希特勒、戈培尔(Josef Goebbels)等人的反女权主义论点在国内外都广受关注。例如,1934 年于英格兰出版的一本内容相当丰富的反纳粹小册子中,希尔达·布朗宁(Hilda Browning)比较并对照了纳粹和苏联共产党领导人关于妇女解放的纲领性声明。纳粹关于解决妇女问题的观点已再明确不过。

随着希特勒的掌权和对女权主义活动的蓄意镇压,在利用妇女来实现纳粹极权国家的目标方面,他们的做法显露出极大的恶意。该党对妇女地位的观点得到了更为详尽的阐述。其特色固然包括一贯且公然反女权主义的性别观,坚决要求妇女居于性别分离的领域并负责生育,但他们也坚持要培养妇女的体力和美貌。纳粹党发言人反复地详细解释妇女在第三帝国中辅助作用(auxiliary role)的重要性。"国家社会主义的意识形态世界容不下从事政治或对政治感兴趣的妇女,"恩格尔贝特·胡贝尔(Engelbert Huber)在 1933 年重申,"德国的复兴是男人的事业"②。希特勒本人在他 1934 年对全国社会主义妇女大会(NS-Frauenkongress)的演讲中也详述了这个问题:"'妇女解放'一词是犹太人智识的产物,其内容也带有这种智识的烙印。"男人的世界是国家;女人的"世界是她的丈夫、她的家庭、她的孩子和她的家",这对男人的世界也非常重要:"我们认为女人入侵男人的世界是不正确的。"希特勒强调的是"义务",而不是"权利"。女人"必须是男人的补充";两性必须"在生活中携手并进、共同奋斗,正如上帝所规定的那样;而这也是上帝创造二者的目的"③。不清楚

---

① Hitler, April 1932;转引自 Hilda Browning, *Women Under Fascism and Communism* (London: Martin Lawrence Ltd., 1934), p.3。

② Engelbert Huber, *Das ist Nationalsozialismus*(Stuttgart: Union Deutsche Verlagsgesellschaft, 1933), pp.121 - 22;翻译并收录在 *Nazi Culture*, ed. Mosse, p.47。

③ Adolf Hitler, "Die völkische Sendung der Frau",面向国家社会主义妇女联盟的演讲,1934 年 9 月 8 日,Nuremberg;转载在 *Hitler, Reden und Proklamationen*, ed. Max Domarus, vol.1(Würzburg, 1962), pp. 449 - 454;由 SGB 翻译并收录于 *WFF*, vol. 2, doc. 105, pp.375 -378。所有引文均来自此译文。

他觉得女权主义思想究竟哪里是"犹太"的——正如我们所见，女权主义有着悠久而坚实的欧洲思想基础。

尽管希特勒设想了某种性别互补，但他的设想始终被构造为一种男性支配和女性从属的关系，并在美化中不断被修改；这与早期德国女权主义者构想的全社会"精神母职"（spiritual motherhood）完全相反。1934年2月，希特勒手下负责宣传和公众启蒙的部长约瑟夫·戈培尔（Josef Goebbels）博士系统地强调了纳粹的观点："妇女适合的领域是家庭。在那里她是至高无上的女王。如果我们将妇女排除在公共生活的所有领域外，我们不是为了羞辱她，而是为了恢复她的荣誉。"①后来被施特拉塞尔选为纳粹妇女组织领导人的格特鲁德·朔尔茨-克林克（Gertrud Scholtz-Klink）是个如假包换的种族主义者，并且是性别分离（及从属）领域的倡导者。国家社会主义妇女联盟的工作是"协力于我们元首的重建工作"，以帝国妇产服务和妇女劳工服务的工作为起点。与早期的妇女运动相反，"原则上我们只允许德国人成为德国妇女的领袖、涉足对德国人重要之事……我们从未要求、也永远不会要求妇女享有与我国男子平等的权利"。②朔尔茨-克林克反复提醒纳粹妇女，国族的需求必须优先于妇女的特殊利益。

希特勒、戈培尔和朔尔茨-克林克不仅在应对来自外部的挑战——即他们认为的女权主义敌人（后者如今跟"犹太性"和布尔什维主义联系在一起），还要应对纳粹党内一小群能言善辩的女权主义者发起的挑战。历史学家利拉·鲁普（Leila Rupp）、理查德·约翰逊（Richard Johnson）、约斯特·埃尔芒（Jost Hermand）和莉莉亚纳·克里斯普（Liliane Crips）以不同的方式讲述了这些"纳粹女权主义者"的故事，她们的挑战

---

① Josef Goebbels, 12 February 1934；转引自 Leila Rupp, "Mother of the *Volk*: The Image of Women in Nazi Ideology", *Signs*, 3:2(Winter 1977), 363。也载于 Browning, *Women Under Fascism and Communism*, p.8。

② Gertrud Scholtz-Klink，面向国家社会主义妇女联盟的演讲，1935年9月10日；转载在 *Der Parteitag der Freiheit 1935, Officieller Bericht über den Verlauf des Reichsparteitages mit sämtlichen Kongressreden*(Munich, 1935), p.172；由 SGB 翻译并收录于 *WFF*, vol.2, doc. 106(引文见 pp.378-381)。

最终被镇压了。①正如理查德·约翰逊指出的那样,这些纳粹妇女既是种族主义者又是精英主义者,但在纳粹框架内,她们的主张无疑是女权主义的:她们丁尼生式地主张"议会有两位首长"。她们的观点在 1933 年初希特勒掌权后不久出版的论文集《德国妇女致阿道夫·希特勒》(Deutsche Frauen an Adolf Hitler)中得到了最生动的阐述,该书主编为伊姆加德·赖歇瑙(Irmgard Reichenau)。在这部作品中,纳粹长期以来的支持者索菲·罗格-伯尔纳(Sophie Rogge-Börner)直截了当地声明,"从长远来看,一个日耳曼血统的民族共同体不能仅由男人领导和控制"②。1934 年,莉迪娅·戈特舍夫斯基(Lydia Gottschewski)在一篇长篇传单《男性联盟与妇女问题:新国家的妇女》(Männerbund und Frauenfrage: Die Frau inneuen Staat)中对此观点表示支持。这些纳粹妇女要求男女在新政权中的平等伙伴关系;她们指出性别歧视和男性支配是纳粹主义所谴责的堕落的源头。索菲·菲利普斯(Sophie Philipps)认为"在新德国的政治中,妇女活跃的政治影响力是不可或缺的"③。这些妇女援引犹太-基督教时期以前日耳曼武士社会的母权制和统治权平等分配,要求回到这种权力结构。伊姆加德·赖歇瑙认为,新时代需要的不是过度的男性特质,而是一种新的、双性的存在。在期刊《德国女战士》(Die Deutsche Kampferin,1933—1937)中,索菲·罗格-伯尔纳和同伴们坚持要求将妇女纳入第三帝国的权力结构,并要求个人的自主。她们反对强调婚姻和母职:

---

①　关于纳粹女权主义者的讨论:Richard L. Johnson, "Nazi Feminists: A Contradiction in Terms", *Frontiers: A Journal of Women Studies*, 1:3(Winter 1976), 55 - 62; Rupp, "Mother of the *Volk*", 362 - 379; Jost Hermand, "*All Power to the Women*: Nazi Concepts of Matriarchy", *Journal of Contemporary History*, 19:4(Oct. 1984), 649 - 667;以及 Gisela T. Kaplan 和 Carole E. Adams, "Early Women Supporters of National Socialism", in *The Attraction of Fascism*, ed. John Milfull(Oxford: Berg, 1990), pp. 186 - 204。亦参见 Liliane Crips, "Une Revue 'national-féministe': *Die deutsche Kämpferin* 1933 - 1937", in *La Tentation nationaliste 1914 -1945*, pp. 167 - 182。

②　Sophie Rögge-Borner,"致德意志帝国总理 Adolf Hitler 先生和副总理 Franz von Papen 先生的意见书",载于 Irmgard Reichenau 编著的 *Deutsche Frauen an Adolf Hitler*(Leipzig: Adolf Klein, 1933), pp. 7 - 11;翻译并收录在 Johnson, "Nazi Feminists", 57;也转载在 *Frauen im deutschen Fascismus*, vol. 1, doc. 23。

③　Sophie Philipps, ibid., p. 49;翻译并收录在 Johnson, p. 58。

有个丈夫并不是每个女孩的目标;任何男人都无法满足一个身为我们民族共同体真正有价值一员的女孩。这样的女孩会拒绝扮演奶牛的角色……我们在任何地方都找不到哪条神圣或自然的法则会允许两性中的一方自己占有愉快、体面、高薪和领导的位置,而把卑微、艰苦且低薪的工作留给另一方。①

1934 年 9 月,《德国女战士》批评纳粹重新引入国家管控的妓院:"如果法律允许共同体中的一半人将另一半视为可销售的商品,如果双方皆有伤风败俗之行径时,只有女性因此受到控制、并可能最终受到惩罚,一个人民的共同体如何得以成形呢?"

这种公开的女权主义批评并不受欢迎,而纳粹男性领导人很快就进行了反击。1935 年的"纳粹党日",希特勒在发动他战争努力的同时,再次对全国社会主义妇女大会发表讲话,把女权主义跟马克思主义混为一谈:

马克思主义要求的所谓赋予妇女以平等权利,实际上并没有给她们平等权利,而是等同于对她们权利的剥夺,因为它将妇女拉入了她必然处于劣势的领域……如果战争爆发,哪怕只有一个女人不得不上前线,我都会耻于做一名德国男人。女人有她自己的战场。她生下的每一个孩子,都是在为国家而战。男人保卫民族,正如女人保卫家庭。②

1936 年,在德国重整军备和违反《凡尔赛和约》的高峰时期,希特勒再次公开反对德国女战士的概念:"只要我们的种族还是健康的、有男子气的——而我们国家社会主义者会注意到这一点——那我们就不会组建女迫击炮营和女神枪手部队。因为那不是权利的平等,而是妇女权利

---

① 引自 *Die Deutsche Kämpferin*, July and September 1934;翻译并收录在 Browning, *Women Under Fascism and Communism*, pp. 16, 20。

② 希特勒 1935 年在全国社会主义妇女大会上的演讲,发表在 *Völkische Beobachter*, 15 Sept 1935;翻译并收录在 *Nazi Culture*, ed. Mosse, pp. 39 - 40。

的萎缩。"①

1937年,纳粹政权封杀了罗格-伯尔纳的出版物《德国女战士》。除了宗教妇女组织,朔尔茨-克林克和纳粹妇女组织仍然是妇女活动家们在第三帝国时期仅有的选择。即使在20世纪30年代末希特勒走向全面战争、妇女随之被召回劳动力队伍的时候,这也不是为了她们的解放,而是为了进一步服务于那个被重新注入活力的、作为"男人纽带"的德意志民族。20世纪40年代,希特勒甚至会从法国等战败国和纳粹占领国征调男性劳动力,以维持第三帝国的战争生产,而不是像英国人那样最后征召妇女。相对的,他们认为犹太人作为繁殖者和劳动者都是可以抛弃的;1941年至1945年间,纳粹处决了数百万名犹太妇女和儿童,以及犹太男子、吉卜赛人、布尔什维克、社会民主党人和其他"不受欢迎者"。

---

① Adolf Hitler, 1936年面向国家社会主义妇女联盟的演讲,发表在 *Völkische Beobachter*, 13 Sept. 1936;翻译并收录在 *Nazi Culture*, ed. Mosse, p. 39。

第十一章 民族国家背景中的女权运动：
葡萄牙、爱尔兰、西班牙、瑞典

人们经常提出这样的问题：德国的纳粹现象是个案，还是仅仅提供了更普遍的欧洲文化发展中的极端案例？在对与不同时代重大政治事件相关的女权运动进行历史调查时，应清晰认识到同时期也存在许多其他运动，同时也应清楚那些组织、支持国族主义右翼运动（如法西斯和民族社会主义运动）的人的关注焦点，是阻止女权主义者抱负的实现，并引导妇女运动以达成他们自己的目的。他们信奉男性支配，并敌视女权主义，这份蓄意且一贯的敌意是他们共同计划的核心。

两个较小且主要信奉天主教的国家——葡萄牙和爱尔兰，以及西班牙这个更大国家的案例表明，在欧洲，维护男性霸权的尝试，在具有侵略性和防御性的国族主义和法西斯主义的发展中发挥了重要作用。对瑞典的案例研究将表明，在那些激进的右翼运动被压制、天主教影响较弱、社会更加世俗化的地方，女权主义者们的日子更好过。在大多数案例中，特别是西班牙和瑞典，女权主义路径既面临社会民主党和共产党活动家们的反对，也同时被他们所吸纳。女权主义者对苏联重塑两性关系的实验充满热情，并受到第三国际的鼓励（至少在理论上），第三国际试图输出俄国模式。

葡萄牙

1910 年，在葡萄牙这个信奉天主教的农业国，第一共和国推翻了旧的君主制国家。这个时候，与男子要求选举权的运动一起，一场规模虽小但热烈且有组织的女权运动在里斯本兴起。1911 年，葡萄牙男子获得选举权。由阿德莱德·卡贝特（Adelaide Cabete）和安娜·德·卡斯特罗·奥索里奥（Ana de Castro Osorio）担任重要领导角色的葡萄牙妇女共和联盟,鼓动妇女参与新共和国的工作,坚持不懈地教育她们以使其了解民主原则。这个拥有数百名成员的团体还致力于制订离婚法,为已婚妇女争取经济自主权,以及其他一系列法律改革,以为妇女未来成为"自主且有意识的个体"铺平道路。①

这些举措的落实被第一次世界大战打断。一战期间,葡萄牙政府加入了协约国一方,主要是协助英格兰。与主要作战国相比,战争伤亡并没有给葡萄牙造成国家创伤;1920年,葡萄牙约有600万人口,其中大多数人没有接受过民主的教育。1926年,一场军事政变控制了共和国,随后安东尼奥·德·奥利韦拉·萨拉查(António de Oliveira Salazar)强行建立了威权主义政权,大多数女权主义者发现她们自己反对坚持天主教、国族主义和社团主义原则的"新国家"。1933年的萨拉查宪法授予人们平等权利(性别平等除外),并以"妇女属性和家庭利益造成的差异"为基础,极力争辩将她们排除在这些平等权利之外的重要性。②只有接受了中等或高等教育的妇女才能享有选举权和被选举权,她们也可以被选上,但在没有选择的一党制下,这是一场得不偿失的胜利。1933年当选的三名女议员分别来自保守派、天主教徒和无党派人士。

与墨索里尼统治下的意大利,以及后来希特勒统治下的德国一样,萨拉查政府只许可官方组织的妇女协会,如全国母亲教育协会(OMEN)和葡萄牙青年妇女组织(MPF)。第二次世界大战(期间葡萄牙保持中立)后,政府命令解散了"非官方"的葡萄牙妇女国家委员会,以及葡萄牙妇女和平协会。据历史学家安妮·科瓦(Anne Cova)和安东尼奥·科斯塔·平托(Antonio Costa Pinto)所言,它们解散的"真正的原因",是其成员直接参与了新兴的对萨拉查"新国家"的秘密抵抗活动。③

----

① João Gomes Esteves 转载了共和国联盟于 1909 年和 1910 年出台的法规,*A Liga Republicana das Mulheres Portuguesas: Uma organização politica e feminista* (1909 - 1919) (Lisbon: Organizaçoes nã Governamentais do Conselho Consultivo da Comissão para a Igualdade e para as Direitos das Mulheres, 1991), pp. 177 - 184。

② Elina Guimarães, *Femmes portugaises hier et aujourd'hui*, 2d ed. (Lisbon: Comissão da Condição Feminina, 1989), p. 18;最初以葡萄牙语发表,1987。

③ Anne Cova 和 Antonio Costa Pinto, "Les Femmes et le Salazarisme", in *Encyclopédie Historique et Politique des Femmes*, ed. Christine Fauré (Paris: Presses Universitaires de France, 1997), pp. 685 - 699。我感谢 Anne Cova 在这篇文章发表之前发送给我一份副本。

政府不仅废除了小学男女同校，而且 1966 年的宪法重新确立了由丈夫行使婚姻权力的原则。与此同时，女权主义倡导者发现她们的文章有的遭到谴责，有的被排挤到日报的妇女专栏。直到 20 世纪 70 年代初，也就是萨拉查主义（Salazarism）的最后几年，不利局势才发生变化，女权活动和抗议才在葡萄牙再度出现。

爱尔兰

建立于 20 世纪 20 年代初的新爱尔兰共和国，为研究女权主义和国族主义间的张力提供了一个证据翔实的案例。18 世纪，爱尔兰拥有自己的议会，但自 1799 年（法国革命援助的爱尔兰独立运动以失败告终）起，爱尔兰被粗暴地视为英国的一块殖民地，这导致 19 世纪末，爱尔兰展开了一场旨在复兴爱尔兰文化和恢复地方自治，着眼于独立的强有力的运动。正如我们在第八章中所看到的，这场激进的国族主义运动在 20 世纪早期蓬勃发展，与之并行的是一场声势浩大的、坚定地专注于为所有爱尔兰妇女争取选举权的女权运动。[①]

热衷于国族主义的爱尔兰妇女关心的是如何引导妇女参政论者的意志。康斯坦丝（戈尔-布思）·马凯维奇是一名激进的爱尔兰国族主义女权主义者，她在其被广泛引用的演讲《妇女、理想与国家》（Women，Ideals and the Nation）——后来被再版为《对爱尔兰妇女的呼吁》（*Call to the Women of Ireland*）——中警告妇女，不要加入那些不明确以国家独立为目标的选举权社团，她呼吁："'自由的爱尔兰宪法中不应有性别障碍'应成为所有国族主义妇女的座右铭。这是一个伟大的座右铭。"她将俄国人对抗沙皇、波兰人寻求独立的事业同爱尔兰进行了比较。（马凯维奇的丈夫卡齐米尔是波兰裔。）爱尔兰被英格兰视为"一个外国省份"，"不考虑英

---

①　有关爱尔兰妇女历史和爱尔兰女权主义历史新兴文学的精彩指南，参见 *Journal of Women's History*，6:4 - 7:1（Winter - Spring 1995）的特刊，*Irish Women's Voices: Past and Present*，ed. Joan Hoff & Moureen Coulter。关于妇女和爱尔兰民族主义，特别参见 Margaret Ward，*Unmanageable Revolutionaries: Women in Irish Nationalism*（London: Pluto Press，1983）and Ward，*Maud Gonne: A Life*（London: Pandora Press，1990）。更早的作品是 Lil Conlon，*Cumann na mBan and the Women of Ireland，1913 - 1925*（Kilkenny: Kilkenny People，1969）。

格兰占领的野蛮地区和南非的话,英格兰现在用武力控制着三个文明国家……爱尔兰、印度和埃及"。马凯维奇呼吁年轻的女同胞将她们的国家置于她们的性别之上:"现在,妇女只能通过家庭为国家服务的旧观念已经一去不复返了,所以现在是时候了;责任在你们肩上……你们必须让世界先将你们视为公民,其次才是女人。"①

1916 年复活节起义期间发表的《复活节宣言》(Proclamation of the Irish Republic),规定爱尔兰男女享有平等的政治权利:

> 特此声明,爱尔兰共和国有权要求每个爱尔兰人——不论男女——都效忠于爱尔兰。共和国保障所有公民的宗教和公民自由、平等权利和平等机会,声明其决心追求整个国家和所有地区的幸福和繁荣,平等地爱护国家的所有儿童。②

复活节起义之后,爱尔兰与英格兰处于不宣而战的状态。在英国的残酷镇压下,包括女权主义和平主义者弗朗西斯·希伊·斯凯芬顿(Francis Sheehy Skeffington)在内的所有参与起义的男性领导人都被处决,其他许多相关人员被监禁。新芬党领导的爱尔兰独立运动获得了广泛的支持,代表"独立"的军国主义蔓延开来。在康斯坦丝·马凯维奇等榜样的鼓舞下,许多爱尔兰妇女和男人一道成为争取独立的积极分子。

具有讽刺意味的是,在爱尔兰妇女拥有属于自己的主权国家之前,她们就从英国议会获得了选举权,但爱尔兰议会代表团却一直反对接纳妇女。《人民代表法案》(Representation of the People Act)于 1918 年初通过后,英国议会赋予了爱尔兰和英国 30 岁及以上的妇女选举权;男子在

---

① Constance de Markievicz, *A Call to the Women of Ireland, Being a Lecture Delivered to the Students' National Literary Society, Dublin, under the Title of "Women, Ideals, and the Nation"* (New York: The Irish Industries Depot of the Gaelic League of Ireland, n. d. [c. 1917-1918]);引文见 pp. 6, 4, 16, 12。自 1985 年以来,Constance de Markievicz(有时称为 Constance Markievicz)的两本传记已经出版:Diana Norman, *Terrible Beauty: A Life of Constance Markievicz* (London: Hodder & Stoughton, 1987);以及 Anne Haverty, *Constance Markievicz* (London: Pandora, 1988)。还应参见 Jacqueline Van Voris 和 Anne Marreco 的早期传记。

② 《复活节宣言》(Proclamation of the Irish Republic),1916 年复活节星期一;转引自 Rosemary Cullen Owens, *Smashing Times: A History of the Irish Suffrage Movement* (Dublin: Attic Press, 1984), p. 113。

21 岁时获得选举权。爱尔兰妇女委员会(与爱尔兰国族主义政党——新芬党相关联的妇女组织)的妇女急忙争取妇女选票以支持爱尔兰独立事业:

> 爱尔兰妇女们,您的国家呼吁您尽自己的一份力量,以恢复爱尔兰在世界上的合法地位……
>
> 新芬党代表爱尔兰开发她所有的工业和农业资源,并能够为爱尔兰所有男女提供高薪工作。
>
> 一个自己收税,并将税收用于本国,发展本国的爱尔兰。
>
> 一个摆脱了英格兰战争债务困扰的爱尔兰。
>
> 一个繁荣的爱尔兰——就像丹麦、荷兰、挪威和瑞典一样繁荣。
>
> 一个受过良好教育、文明、进步的爱尔兰。
>
> 一个独立的爱尔兰。[1]

在 1918 年大选中,新芬党是唯一一个提名妇女候选人的政党;其中两人当选,包括当时被英国政府囚禁的康斯坦丝·马凯维奇。但她没有就职,而是成了反叛的爱尔兰共和政府的劳工部长。

在与英国的多年战争中,国族主义在独立问题上取得了胜利。现已寡居的汉娜·希伊·斯凯芬顿曾将自己的大量精力投入爱尔兰妇女选举权联盟中,在妇女参政论者出版物《爱尔兰公民》(*Irish Citizen*)的最后一期中(1920 年末),她遗憾地描述了爱尔兰妇女运动如何成为战争的牺牲品:"妇女成了爱国者、英雄的妻子或遗孀,而不是独立的个人,在现在的爱尔兰,民族斗争压倒了一切。"[2]

---

[1]　*The Present Duty of Irishwomen* (issued by the executive of *Cumann na mBan*, Dublin, c. 1918);再版收录在 *Women in Ireland, 1800 - 1918*, ed. Maria Luddy(Cork: Cork University Press, 1995), p.319。

[2]　Hanna Sheehy-Skeffington, in *The Irish Citizen*, issue of Sept.-Dec. 1920;引自 Owens, *Smashing Times*, p.129;一个稍有不同的版本:Mary Cullen, "How Radical was Irish Feminism between 1860 and 1920?" in *Radicals, Rebels, & Establishments*, ed. Patrick J. Corish, *Historical Studies*[Irish Conference of Historians], 15(1985), p.195。

关于 Sheehy-Skeffington,参见第 8 章第 264 页注释①列出的传记。关于 *Irish Citizen*,亦参见 Louise Ryan, "The *Irish Citizen*, 1912 - 1920", *Saothar*, 17(1992), 105 - 111;以及 Dana Hearne, "The *Irish Citizen* 1914 - 1916: Nationalism, Feminism, and Militarism", *Canadian Journal of Irish Studies*, 18:1(1992), 1 - 14。

虽然在 1921 年底,爱尔兰南方 26 个人口不到 300 万的郡成功地获得了地方自治,即立法独立,但各郡仍处于英联邦的行政管控下,由伦敦任命总督。代表们仍然需要宣誓效忠英国国王;这使得更为激进的新芬党人十分反感,他们主张建立完全独立的爱尔兰共和国。1922 年,《爱尔兰自由邦宪法》(Saorstat Éireann in Gaelic)设立了两院议会,其中第 3 条声明:"所有公民,不分性别,在法律面前一律平等。"21 岁及以上的男女都可以参与选举和担任公职。但同早期的选举权斗争一样,爱尔兰自由邦妇女完全解放的最大敌人似乎是爱尔兰国族主义男子,尤其是埃蒙·德·瓦莱拉(Eamon De Valera),他在接下来的二十年中作为总理和外交部长在爱尔兰政治中发挥着重要作用。历史学家罗斯玛丽·卡伦·欧文(Rosemary Cullen Owen)认为 1922 年宪法是"直到最近仍对妇女产生影响的最后一部进步的立法"①。爱尔兰的女权主义者并不缺少需要纠正的目标,首当其冲的就是民法中妻子被剥夺财产权的情况。

1922—1937 年间,有 11 名妇女在众议院和参议院任职;她们大多是早期活跃在爱尔兰政界的男子的遗孀或姐妹,她们中很少有人会将女权主义观点应用于立法。历史学家玛丽·克兰西(Mary Clancy)强调:"不能仅根据性别这一因素就判断女议员是进步的,还必须考虑她们的保守政治倾向、宗教和阶级等因素。"②在就各种限制性措施进行辩论时,只有参议员珍妮·怀斯·鲍尔斯(Jennie Wyse Powers)和凯瑟琳·克拉克(Kathleen Clarke)这两位资深的新芬党人(怀斯·鲍尔斯长期担任副总统)在立法机构发表了尖锐言论。③20 世纪 20 年代至 30 年代,立法机构就离婚、获取避孕信息、提高女孩的性同意年龄、未婚母亲的法律地位和卖淫等事项进行了探讨,但大多数女议员都对此保持着极其低调的姿态。两位女参议员强烈反对限制妇女就业的举措,特别是以各种方式禁止妇

---

① Owens, *Smashing Times*, p.130.

② Mary Clancy, "Aspects of Women's Contribution to the Oireachtas Debate in the Irish Free State, 1922 - 1937", in *Women Surviving: Studies in Irish Women's History in the 19th & 20th Centuries*, ed. Maria Luddy & Cliona Murphy(Dublin: Poolbeg, 1990), p.209.

③ 参见 Marie O'Neill, *From Parnell to De Valera: A Biography of Jennie Wyse Power, 1858 - 1941*(Dublin: Blackwater Press, 1991);以及 Kathleen Clarke, *Revolutionary Woman: An Autobiography, 1878 - 1972*(Dublin: O'Brien Press, 1991).

女担任公务员（1925 年）和限制妇女在工业领域就业（1935 年），她们一再批评爱尔兰国族主义男子未能与爱尔兰妇女站在一起。在一些爱尔兰妇女团体中，女权主义的反抗依然活跃，但在新的爱尔兰议会中，她们的代表却太少了。

爱尔兰女权主义者曾在 1924 年和 1927 年两次强烈反对将妇女排除在陪审团之外的立法努力。历史学家玛丽安·贾拉内拉·瓦柳利斯（Maryann Gialanella Valiulis）评论道，关于妇女担任陪审员权利的辩论具有象征意义：“亟待解决的是妇女参与国家公共和政治生活的要求，更广泛地说，是妇女在后殖民社会的身份……爱尔兰自由邦的第一个本土政府试图将妇女排除在公共生活外，剥夺她们已经拥有的妇女权利。”①1924 年的议题是按要求豁免，因为许多妇女似乎不愿意担任陪审员。爱尔兰妇女公民协会向众议院所有成员发出呼吁，强调“妇女无权逃避公民应履行的义务和责任”；仅仅因性别而豁免她们会是“对男性公民的不公和女性公民的贬损”。②鉴于大多数妇女确实申请了豁免，政府于 1927 年更进一步呼吁彻底禁止妇女担任陪审员。政府辩称，保留豁免和非豁免事项代价太高，为女陪审员浪费公共资源是不明智的。司法部长凯文·奥希金斯（Kevin O'higgens）更是批评那些为女陪审员辩护的妇女，称她们是“高级女宣传员”“自封的女发言人”，并称她们并没有代表所有妇女，那些妇女对担任陪审员并不感兴趣。妇女权利组织对此表示强烈反对，她们坚称“担任陪审员是宪法赋予的权利，任何部长都不能在不违反《爱尔兰自由邦宪法》第 3 条的情况下干涉它”。③接下来的目标是什么？是选举权本身吗？

议会之外，都柏林媒体就这一议题展开了一场极其重要的辩论。汉娜·希伊·斯凯芬顿等女权主义者公开反驳政府部长们的观点；她们还表示，他们并没有询问过妇女团体的意见。在参议院，珍妮·怀斯·鲍尔

---

① Maryann Gialanella Valiulis, "Defining Their Role in the New State: Irishwomen's Protest Against the Juries Act of 1927", *The Canadian Journal of Irish Studies*, 18 : 1（July 1992）, 43.

② Irish Women's Citizens Association resolution, publ. in *The Irish Times*, 12 Mar. 1924；转引自 Valiulis, "Defining Their Role", 44。

③ *The Irish Times*, 22 Feb. 1927；转引自 Valiulis, "Defining Their Role", 46。

斯坚持认为,通过这项取消资格的法令,将会扼杀妇女在过去五十年中发展起来的公共精神,当时"那些领导政治运动并将其推向成功的男子利用妇女来实现他们的目标"。①在持续的媒体辩论中,妇女团体和个人也强调了性别互补、"差异中的平等"的论点,并将其作为妇女能为陪审团带来独特贡献的缘由。爱尔兰女工联盟(IWWU)和救助儿童基金会等不同团体的女发言人坚持妇女作为陪审员的公民身份,不论案件罪行是什么和被告是谁。履行陪审职责时,妇女也不会因此而"忽视"她们的家庭,"毫无疑问,在任何文明国家,忽视家庭和丈夫这一论点已经过于苍白无力,只能当成玩笑话说说罢了"。②政府确实提出了一项修正案,允许妇女自愿履行陪审员义务,但这立即就导致了关于什么样的"体面"妇女可能会履行陪审职责的不友好的言论。经修订的法案获得通过。反对派联盟根本没有足够的票数来阻止它。

很快,罗马天主教会当局就会在爱尔兰女权主义者的道路上设置新的障碍。甚至在 20 世纪 30 年代初期,教皇通谕还未强化其观点前,爱尔兰天主教社会学家们就已公开反对妇女的工作。例如,耶稣会信徒爱德华·卡希尔(Edward Cahill)在 1925 年写道:

> 一个基督教国家有责任通过审慎的立法,来纠正导致过多妇女在家庭以外从事工业工作的胡作非为……在一个基督教国家,即使是从法律上,也应禁止妇女参加不适合的或危害妇女端庄品质的工作。法律应严格限制妻子或母亲参加工厂或家务以外的工作。③

爱尔兰自由邦的各郡基本没有工厂,妇女就业率也很低。但麻烦也是预料之中的。1935 年通过的严格限制妇女就业机会的《就业条件法案》

---

① *Senate Debates*, 30 Mar. 1927(vol. 8, cols. 682 - 683);转引自 Valiulis, "Defining Their Role", 49。

② 致编辑的信,*The Irish Times*, 17 Feb. 1927;转引自 Valiulis, "Defining Their Role", 51。

③ Edward Cahill, S. J., "Notes on Christian Sociology", *Irish Monthly*, 54(Jan. 1925);转引自 Maryann Gialannella Valiulis, "Power, Gender, and Identity in the Irish Free State", *Journal of Women's History*, 6:4 - 7:1(Winter - Spring 1995), 134 n. 21。

(Conditions of Employment Act)，使得爱尔兰自由邦因其就业条件中存在的性别歧视而被国际联盟国际劳工局(International Labour Office of the League of Nations)列入黑名单。为此，路易·本内特(Louie Bennett)专门创立爱尔兰女工联盟防止此类事情的发生。①

1937 年，埃蒙·德·瓦莱拉总理致力于修订宪法，通过法令确立爱尔兰共和国的独立。新宪法在爱德华八世(Edward Ⅷ)逊位引发的英国政治危机期间紧急通过。爱尔兰自由邦更名为爱尔兰(Eire 或 Ireland)，选举产生的爱尔兰总统取代了英国派往英属殖民地的总督。尽管新宪法保留了规定男女享有平等政治权利的相关措辞，但性别平等止步于此。"不分性别"(without distinction of sex)一词从宪法第 40.1 条中删去，改写为："作为人，所有公民在法律面前一律平等。"这句话去掉了之前的限定，德·瓦莱拉对此补充道："这不应被认为国家在其法律制定中将不会适当考虑能力、身体、道德以及社会功能的差异。""功利"还是"权宜"的论调又一次进入舆论。爱尔兰的案例同早期的法国一样，规划了一条通往性别分离——在这一案例中是从属——领域的笔直道路。

对于女权主义者来说，新宪法中有三条最具争议。第 41.2 条的内容如下：

　　（1）国家深刻认识到，妇女通过家庭生活，给予国家一种支持，没有这种支持，公共利益就无法实现。

　　（2）因此，国家应努力确保母亲不因经济需要被迫参加劳动而忽视其在家庭中的职责。②

接下来是第 45 条第 4.2 节，内容如下："国家应努力确保工人的体力和健康，不得虐待男人、女人和幼童，不得因经济需要强迫任何公民从事与其

---

①　参见 Richard Michael Fox, *Louie Bennett: Her Life and Times*(Dublin: Talbot Press, 1958)；以及 Mary Jones, *These Obstreperous Lassies: A History of the Irish Women Workers' Union*(Dublin: Gill & Macmillan, 1988)。

②　所有引文均来自 1937 年爱尔兰宪法，转引自 Yvonne Scannell, "The Constitution and the Role of Women", in *De Valera's Constitution and Ours*, ed. Brian Farrell(Dublin: Gill & Macmillan, 1988), 124。

性别、年龄或体力不相称的职业。"更进一步的措施有效地禁止了离婚,但这一措施在当时得到了许多爱尔兰妇女的支持,包括积极参与爱尔兰政治生活的女权主义者。

正如埃蒙·德·瓦莱拉一再坚持的那样,这些提议被简单地解读为对妻子和母亲们无偿劳动的致敬,也是为切实解决工业化相关问题而做出的认真努力。但在20世纪30年代欧洲的大背景下,随着1930年和1931年教皇通谕的颁布(这在信奉天主教的爱尔兰极其重要),各国都加大力度使已婚妇女(被认为是"双职工")退出劳动力,特别是法西斯主义者坚持妇女不应参与政治和经济生活,关于这些举措的解读不尽相同。但令人惊讶的是,众议院的3位女议员均未提出抗议,她们被汉娜·希伊·斯凯芬顿称为"沉默的姐妹"。这一次发声的又是来自外界的女权主义者。

由爱尔兰女权主义者发起的新闻、会议和写信运动,确保了公众对新宪法提案语言中固有的问题不会有任何误解。格特鲁德·加夫尼(Gertrude Gaffney)在其《爱尔兰独立报》(*Irish Independent*,1937年5月7日)上撰文辩称:"任何对妇女作为公民权利的限制,最终会将所有聪慧的妇女送入共产主义的怀抱,共产主义至少承诺她们公平竞争。"此外,她还写道:

> 在这个妇女占多数的国家,如果妇女让她们耗费了这么长时间才赢得的权利被剥夺了,她们的无动于衷不仅会使自己遭受痛苦,她们的女儿会遭受更多,因为后者在未来获得工作的机会将比现在减少一半以上,而抚养女儿将成为一个纯粹的负担。[1]

担任妇女协会联合委员会主席的玛丽·S.凯特尔(Mary S. Kettle)进一步表达了加夫尼的担忧,她坚称"如果这些条款(40、41、45)成为法律,所有工作的妇女都得不到任何保障,无论她是在做生意、在工厂工作或是自由职业"[2]。

---

[1] G(ertrude) G(affney), "A Woman's View of the Constitution", *Irish Independent*, 7 May 1937, 5 – 6;引文见 p.6。

[2] Mary S. Kettle,致编辑的信,"Constitutional Status of Women", *Irish Press*, 11 May 1937。

爱尔兰女工联盟主席路易·本内特向总理致公开函,抗议拟议的措辞。她坚称,对第 40.1 条的补充是"一个可以广泛解读的词语,不仅对妇女,对男女的各阶级、各群体都是非常危险的……在当今世界正在经历法西斯意识形态的时期,普通工人不能不质疑,如此重要的宪法草案却有如此模糊的措辞"。本内特补充道,第 45 条第 4.2 款"为令人反感的法西斯立法打开了大门"。①由于爱尔兰女权主义者的抗议遭到爱尔兰主流媒体的封锁,所以其他主要女权主义者们在大学妇女协会发起的抗议集会上表达的反对意见只能 7 月发表在《监狱酒吧》(*Prison Bar*)上,这是一份发行量小的期刊,其编辑是受人尊敬的爱尔兰文化国族主义者和改革家茉德·冈·麦克布莱德(Maud Gonne MacBride)。

受到爱尔兰女权主义者们的启发,国际妇女团体直接向总理办公室提出了抗议。伦敦的六点团体执行委员会主席贝蒂·阿伦代尔(Betty Arendale)辩称:"这些条款都基于一种法西斯主义和奴隶观念,即女人是非常脆弱、应该待在家里的未成年人。"她还补充道:"如果爱尔兰妇女遵守了这些条款,爱尔兰争取自由的斗争就不会如此成功……如果你只是帮助妇女获得自由,而不是把这些残暴的限制强加在她们身上,你将为妇女和爱尔兰做出伟大的贡献。"②国际妇女争取选举权和平等公民权联盟主席玛格丽·科贝特·阿什比(Margery Corbett Ashby)在其写给德·瓦莱拉的信中,表达了她所在团体对"任何措辞都可能随后被解释为允许歧视女公民"的担忧。③然而,尽管爱尔兰女权主义者们的运动强烈反对新宪法的措辞,但宪法公投还是通过了,令人反感的措辞原封不动。1943 年,4 位资深女权主义者以独立候选人的身份竞选众议院议员,她们希望争取女选民的支持,以反对歧视性条款和其他法律,从而为妇女政党奠定基础,但她们的努力以彻底失败而告终。

---

① Louie Bennett,致 De Valera 的公开信,出版标题为"Readers' Views: Women and the Constitution", *Irish Press*, 12 May 1937。

② Betty Archdale, LL. B. 致 Eamon De Valera 的信, 14 June 1937, in the archives, Department of the Taoiseach, National Archives, Dublin. 感谢 Catriona Crowe 转发了这封信和下一封信的复印件,以及第 390 页注释①②及本页注释①中引用的剪报。

③ Margery Corbett Ashby 代表 IAWSEC 致 De Valera 的信,7 July 1937, Department of the Taoiseach, National Archives, Dublin。

这次失败是持久的。直到 20 世纪 70 年代,改善爱尔兰妇女地位的风潮才重新燃起。在那之前,女权主义岩浆在爱尔兰流过的裂缝几乎是封闭的。尽管爱尔兰女权主义者在过去 20 年中取得了重大进步,但直到 20 世纪 90 年代,这些令人反感的条款仍然存在于爱尔兰宪法中。①

爱尔兰的案例说明了在一个名义上是共和、民主的新国家可能发生的事情。即在这个妇女获得了政治和公民权利的国家,尽管她们的女权主义姐妹们大力动员她们反对共和党人的男权主义政治,但由于盛行的政治和宗教文化,加之持续的经济困难,妇女始终认为没有必要,或者没有精力将获得的政治和公民权利用于解放妇女的目的。

西班牙

西班牙是一个比葡萄牙和爱尔兰共和国更大、更多样化的国家,1930 年,该国有 2 350 万人口,仍以农业为主,主要信仰天主教。这是一个由分散地区组成的联邦国家,古老的、表面上立宪但颤巍巍的君主制将这些地区统一起来;从 1923 年到 1930 年,腐败的议会政府停止运转,西班牙陷入米格尔·普里莫·德·里维拉(Miguel Primo de Rivera)将军领导的军事独裁统治。在普里莫·德·里维拉执政期间,通过了对妇女

---

① 尽管 1970 年召开了爱尔兰妇女地位委员会会议(Commission on the Status of Women in Ireland),发表了几份报告——关于同工同酬的报告(1971 年)、一份完整报告(1973 年)、一份进展报告(1976 年),以及对宪法条款的诉讼,但女权主义者仍耗费多年才改变限制爱尔兰女性的一些法律障碍。正如最近担任爱尔兰共和国的总统、女权主义律师 Mary Robinson 所强调的那样,欧盟经济委员会(European Economic Commission)向爱尔兰施加压力,要求其遵守平等条款,这为爱尔兰的变革提供了重要的动力。根据爱尔兰妇女地位委员会 1976 年的进展报告:虽然在实施[1973 年]报告中的某些领域,特别是社会福利、同工同酬、家庭法改革和陪审团服务领域取得了相当大的进展,但其他主要领域的歧视仍然存在。例如,针对已婚职业妇女的惩罚性税法仍在实施;生育保护立法尚未颁布,在为职业母亲提供托儿设施方面也没有取得任何进展。

引自"Progress Report on the Implementation of the Recommendations in the Report of the Commission on the Status of Women, by Women's Representative Committee to Minister for Labour, December 1976";转引自 Mary Robinson, "Women and the New Irish State", in *Women in Irish Society: The Historical Dimension,* ed. Margaret MacCurtain & Donncha O'Corrain (Westport: Greenwood Press, 1979; orig. publ. Dublin, 1978), p.65。

的保护性劳动立法,其中规定工业女工的带薪产假和禁止夜间工作(这使西班牙法律与 1919 年《华盛顿公约》相一致)。加泰罗尼亚的分裂活动、西班牙与摩洛哥的问题,以及国内的劳工动乱给政权带来了诸多困扰。文盲、贫困、婴儿死亡率、泛滥的娼妓业和歧视性法律为女权运动提供了广泛的议题。然而,20 世纪 30 年代的政治环境十分动荡,普里莫·德·里维拉于 20 世纪 30 年代末倒台,西班牙第二共和国(Second Republic)于 1931 年 4 月中旬宣布建立。这些进展打开了诸多裂隙,从中大量流出女权主义者的主张。[①]

　　1923 年之前,女权主义就已经在西班牙受过教育的城市妇女中盛行

---

　　① 有关西班牙女权主义及其文化背景的调查,参见 Mary Nash, *Defying Male Civiliza-tion: Women in the Spanish Civil War*(Denver: Arden Press, 1996)的引言章节;关于西班牙女权主义到 1990 年的历史编纂,参见 Mary Nash, "Two Decades of Women's History in Spain", in *Writing Women's History: International Perspectives*, ed. Karen Offen, Ruth Roach Pierson, & Jane Rendall(London: Macmillan; Bloomington: Indiana University Press, 1991), pp. 381 – 415。不可或缺的作品包括:Geraldine M. Scanlon, *La polémica feminista en la España contemporánea, 1868 -1974*, 2nd ed. (Madrid: AKAL, 1986; orig. publ. 1976); Concha Fagoaga de Bartoloma, *La voz y el voto de las mujeres, 1877 – 1931* (Barcelona: Icaria, 1985); Pilar Folguera, ed., *El feminismo en España: dos siglos de historia*(Madrid: P. Iglesias, 1988)上的一些文章;Rosa Maria Capel Martinez, *El sufragio femenino en la Segunda Republica Española*, 2d ed. (Madrid: Horas y horas, 1992);以及文献卷,*Mujer, familia y trabajo en España, 1875 - 1936*, ed. Mary Nash(Barcelona: Anthropos, 1983),以及 *Textos para la historia de la mujeres en España*, ed. Ana Maria Aguado et al. (Madrid: Cátedra, 1994)。亦参见 Nash, "Experiencia y aprendizaje: La formación histórica de los feminismos en España", *Historia social*, no. 20(Autumn 1994), 151 – 172。在 "The Rise of the Women's Movement in Spain"中,Mary Nash 对 Capel Martinez 和 Folguera 作品中对政治权利的强调提出了质疑;这篇文章发表在 *Women's Emancipation Movements in the 19th Century: A European Perspective*, ed. Sylvia Paletschek & Bianka Pietrow-Ennker(Stanford: Stanford University Press, 2004), pp. 243 - 262。关于妇女选举权的问题,参见 Rosa María Capel Martinez, ed. *Historia de una conquista; Clara Campoamor y el voto femenino*(Madrid: Ayuntamiento de Madrid, Dirección General de Igualdad de Oportunidades, 2007)。

　　关于区域背景下的女权主义和民族主义,参见 Mary Nash, "Political Culture, Catalan Nationalism and the Women's Movement in Early Twentieth-Century Spain", *Women's Studies International Forum*, 19:1 - 2(1996), 45 - 54;以及 Mercedes Ugalde Solano, "The Discourse of Gender and the Basque Nationalist Movement in the First Third of the Twentieth Century", *History of European Ideas*, 15:4 - 6(Aug. 1992), 695 - 700;亦参见 Mercedes Ugalde Solano, "Evolución de la diferenciación de género e identidad feminina: Las Nacionalistas vascas, . . ."分两部分, *Teoría feminista: identidad, género* 和 *politica*, ed. Arantza Campos & Lourdes Méndez(San Sebastian: Universidad del País Vasco, 1993), pp. 117 - 131, pp. 133 - 145。

了。西班牙女读者主要从联合马德里受过良好教育的女权主义妇女的学园俱乐部,到由玛丽亚·莱哈拉加(María Lejárraga)以她著名剧作家丈夫格雷戈里奥·马丁内斯·谢拉(Gregorio Martínez Sierra)的名义出版的《女权主义、女性、西班牙主义》(*Feminismo*,*feminidad*,*españolismo*,1917)等出版物中,了解国际女权主义的发展。[①]西班牙全国妇女协会(ANME)成立于1918年,其三十六点计划从一项支持保卫西班牙国家领土的宣言开始,主要是反对加泰罗尼亚(Catalonia)、加利西亚(Galicia)和巴斯克自治区(Basque country)的区域自治运动。全国妇女协会的计划呼吁改革婚姻法、家庭法,准许妇女进入司法机构和其他职业(包括医学)领域,使她们能享有平等机会和同工同酬,能够进入更多公立学校,在西班牙机构采取一系列其他改革。[②]还有一些重要的女权主义组织,如西班牙妇女十字军,以及伊比利亚和拉美裔妇女国际联盟,这两个组织都是由作家兼教师的卡门·德·布尔戈斯·塞吉(Carmen De Burgos Seguí)领导的。

　　具有女权主义倾向(关系型)的妇女团体也伴随着加泰罗尼亚、巴斯克和加利西亚的国族主义/区域主义自治运动而出现,这些地区的运动强调妇女教育及妇女作为语言和文化载体的作用,这与早期的乌克兰、芬兰以及捷克国族主义运动非常相似。历史学家玛丽·纳什(Mary Nash)评论,"尽管(西班牙)女权运动的目标、政策和战略涵盖了广泛的领域,从要求教育和工作场所,到争取选举权,再到修正歧视性法律",但"这也根本无法与其他国家第一波女权运动的大规模动员妇女相提并论"。[③]不过,

---

　　① 参见 Gregorio Martinez Sierra, *Feminismo, feminidad, españolismo* (Madrid: Renacimiento, 1917)。Maria Lejárraga 以其丈夫的名义出版作品的做法是众所周知的:参见 Patricia W. O'Connor, *Gregorio & Maria Martinez Sierra* (Boston: Twayne, 1977);亦参见 Antonina Rodrigo, *María Lejárraga: Una mujer en la sombra* (Barcelona: Circulo de Lectores, 1992)。她在1930年出版的 *Cartas a las mujeres de España* 中再次以 Gregorio 的名义写作,她认为西班牙的未来——实际上是人类的未来——掌握在女人的手中。但在1931年,她以自己的名义出版了她的系列讲座 *La mujer española ante la República*,以献给 Gregorio。

　　② ANME 计划在上述几部作品中被重印,包括 Scanlon, *Polémica feminista* 和 Aguado ed., *Textos para la Historia*。

　　③ Nash, *Defying Male Civilization*, p.40。

"女权主义还处在萌芽期"，并且关于妇女问题的激烈辩论往往在没有"大规模"动员的情况下进行。

玛丽亚·坎布里尔斯（Maria Cambrils）曾在其著作《社会主义女权主义》（*Feminismo socialista*，1925 年）一书中论证了一个现在为人们所熟知的事实——只有社会主义才能解决妇女问题。在坎布里尔斯等宣传者的努力下，社会主义女权主义声势浩大。年轻的玛加丽塔·内尔肯（Margarita Nelken）是西班牙工人社会党的一名重要成员，她对西班牙妇女的处境非常不满，她们缺乏教育、作为劳工受到剥削、在法律上处于弱势，以及性愚昧。1919 年，她首次通过《西班牙妇女的社会状况：现状和可能的发展》（La Condición social de la mujer en España，su estado actual；su posible desarrolo）一文，发表了她对这些议题的重要观点。她是一名坚定的社会主义者，曾阅读过倍倍尔和穆勒的著作（显然当时阅读的不是马克思、恩格斯、蔡特金、列宁或柯伦泰的书），她还加入了总工会（UGT），致力于引导人们关注贫困劳动妇女及儿童问题，并在独裁政府的委托下展开全面调查。她曾在埃斯特雷马杜拉（Extremadura）乡村住过一段时间，其间她帮助组织了农民罢工，并于 1931 年出版了《法院中的妇女》（*La Mujer ante las Cortes constituyentes*）一书。1931 年 4 月后，她回到马德里担任西班牙工人社会党妇女事务委员会的主席，她认为经济机会（而不是政治权利）是解决妇女问题的关键。她认为："女权主义首先是一个关乎工作自由、工作尊严和工作场所的经济问题。"[1]

然而，随着君主制的垮台和 1931 年 4 月西班牙第二共和国的建立，妇女的政治权利问题迅速成为人们关注的焦点。历史学家达妮埃尔·比西·热纳瓦（Danièle Bussy Genevois）、朱迪丝·基恩（Judith Keene）和弗朗西丝·兰农（Frances Lannon）等人都强调了革命象征和革命理想中女性形象的重要性，这些女性形象是西班牙第二共和国领导层从法国大

---

[1]　Margarita Nelken, *Por qué hicimos la revolución*（Barcelona: Ediciones sociales internacionales, 1936）, p. 78；翻译并收录在 Robert Kern, "Margarita Nelken: Women and the Crisis of Spanish Politics", in *European Women on the Left*, ed. Jane Slaughter & Robert Kern（Westport: Greenwood Press, 1981）, p. 155。

革命中借来的。①制宪会议于 1931 年 7 月 14 日(7 月 14 日是攻占巴士底狱之日)成立。同德拉克罗瓦(Delacroix,法国著名画家)的名画表现方式一样,共和国被具象化为一位妇女,以"自由"为旗帜领导人民。支持女权主义的世俗自由主义者坚持认为,授予妇女平等权利将使西班牙成为一个现代、世俗、民主的欧洲国家。5 月,尽管西班牙妇女还未获得全国范围内的选举权,但符合特定条件的妇女已被授权可以与牧师和政府雇员一起竞选公职。(普里莫·德·里维拉曾于 1924 年授予少数妇女市政选举权,但与意大利一样,选举后来被暂停了)第二共和国仿效魏玛德国采用比例代表制,这样的选举名单更利于政党组建。在妇女没有选举权的情况下,很少有政党试图解决妇女关心的问题,这一点可以从一个加泰罗尼亚妇女团体于 6 月下旬在《舆论》(L'Opinio)上表达的控诉中明显看出。

> 是时候结束虚伪的承诺了。除了我们,每个人都曾许下过这样的承诺,但那些候选人和他们的朋友却背弃了我们,这令人遗憾。只有加泰罗尼亚的艾斯凯拉(Esquerra Catalana)记得曾许诺要给予母亲和儿童精心保护。但这不是我们想要的,我们不寻求保护,我们真正想要的是我们的权利得到承认,并且拥有与男人平等的权利。现在是建立一个民族的时候了,让他们意识到地球上并非只有男人。②

1931 年 6 月,两位杰出的妇女当选为制宪会议的议员(共计 470 个席位),她们分别是激进党人克拉拉·坎波阿莫·罗德里格斯(Clara Cam-

---

① 参见 Danièle Bussy-Genevois, "The Women of Spain from the Republic to Franco", in *History of Women*, vol. 5: *Toward a Cultural Identity in the Twentieth Century*, ed. Françoise Thébaud(Cambridge: Harvard University Press, 1994), pp. 177 - 193; Judith Keene, "'Into the Clear Air of the Plaza': Spanish Women Achieve the Vote in 1931", in *Constructing Spanish Womanhood: Female Identity in Modern Spain*, ed. Victoria Lorée Enders & Pamela Beth Radcliff(Albany: SUNY Press, 1999);以及 Frances Lannon, "Women and Images of Woman in the Spanish Civil War", *Transactions of the Royal Historical Society*, 6th ser., 1(1991), 213 - 228。

② "Les Dones de Catalonia", in *L'Opinio*(Barcelona), 29 Jun 1931;翻译并收录在 Nash, "Political Culture, Catalan Nationalism", 51。

poamor Rodríguez)和激进社会党人维多利亚·肯特·夏诺(Victoria Kent Siano)。同年 10 月,玛加丽塔·内尔肯(Margarita Nelken)代表社会党也加入了她们的行列,但她需要收到入籍文件后才能正式获得席位(她的父亲是一名德国犹太人,她的母亲来自法国,定居在马拉加)。

西班牙全国妇女协会的成员们积极奔走,争取新的共和党宪法纳入妇女选举权。西班牙天主教徒们亦是如此,因为一些战后天主教占主导地位的国家证明,妇女选举权将有利于教会实施社会保守计划。这也正是世俗的自由共和党和社会党中怀疑论者所担心的,不管他们在原则上多么支持平等选举权的概念。尽管在第一次世界大战中保持中立,没有遭受重大战争损失,但西班牙和20世纪30年代许多欧洲国家一样,女子的人数超过了男子。从理论上讲,左翼男子应该是最支持妇女的,但出于对女子人数的恐惧,对女文盲的担忧,以及神权影响政治的威胁,他们支持妇女的热情被大大削弱了。

在10月1日的宪法辩论中,两名女议员克拉拉·坎波阿莫和维多利亚·肯特就将成为新宪法中第36条的、关于妇女选举权的条款进行了公开辩论。坎波阿莫是宪法委员会的一名律师,同时也是新的西班牙共和国在国际联盟的代表,她持支持选举权的立场。肯特是一名著名的辩护律师,就职于西班牙监狱系统,担任总干事一职,她原则上是支持妇女选举权的,但她反对妇女立即获得它。两位女议员之间关于妇女政治权利的辩论开创了欧洲历史上的政治"先例"。早期的议会选举权辩论都是男人的专属领域。①

维多利亚·肯特辩称西班牙妇女还没有"准备好"行使选举权,立即授予她们选举权将会危及本就脆弱的共和国的生存。她表示,几乎没有看到妇女为新政权而动员起来的证据,"我认为……推迟赋予妇女选举权是最有益的……立即授予妇女选举权是危险的"②。

---

① 关于选举权辩论,参见 Capel Martinez, *Sufragio femenino*, and Keene, "'Into the Clear Air of the Plaza'..."。

② Victoria Kent, in *Diario de las Sesiones de las Cortes Constituyentes de la Republica Española*, 1 Oct. 1931;由 Judith Keene 翻译。我非常感谢 Judith Keene 转发了 *Diario* 的副本并翻译了两篇演讲稿。

克拉拉·坎波阿莫从原则上反驳了肯特。在辩论前期,她坚称,赋予妇女选举权有机会使西班牙在欧洲拉丁国家中领先一步,她还反对将平等选举权的条款从宪法中删除,而将这一条款置于更易被修改的选举法中的企图。针对肯特的发言,回应其党内男同事的质询,坎波阿莫指出,肯特对妇女的批评同样也适用于许多男人,但没有人指向他们或威胁要撤回他们的选举权:"正是因为共和国对我如此重要,我才更加明白剥夺妇女选举权将是多么严重的政治错误。"

坎波阿莫援引法国大革命的原则(如果不是实践的话)、1796 年费希特的观察及评论,以及 1848 年维克托·孔西代朗(Victor Considerant)的呼吁,说道:

> 不要抛弃那些不是进步分子而寄希望于独裁政权的妇女,也不要抛弃那些是进步分子,认为她们的平等希望只能在共产主义中实现的妇女。尊敬的议员们,不要犯下如此后果严重的政治错误。请吸纳这些女性力量来拯救、支持共和国吧,她们急切地等待着救赎的时刻。①

该议案以 161 票对 121 票的优势通过,包括社会党人在内的 183 名男性议员缺席。由于坎波阿莫与她自己的政党在妇女选举权问题上的立场背道而驰,她的政治生涯也就此结束了。1936 年,她悲伤地离开了西班牙,流亡国外。

1931 年 12 月批准的第二共和国新宪法确实给予 23 岁以上的所有男女以选举权。新宪法还规定政教分离、将婚姻法世俗化、引入民事离婚,并在西班牙公民生活中引发了一系列巨大的、潜在的根本性变化,如废除国家管制的娼妓制度。因此,即使自由主义和强调世俗的共和政府不是坚定的左翼,也会与右翼的保守派和威权势力对抗。随后的 1933 年选举对共和党人来说是一场灾难,不足为奇的是,许多左翼人士将这些失

---

① Clara Campoamor, in *Diario de las Sesiones,* 1 Oct. 1931, pp. 1352 – 1354;由 Judith Keene 翻译。

败归咎于妇女取得的选举权。共和国的困难愈演愈烈,右翼势力开始组织起来发起挑战。

　　1936 年 7 月,在弗朗西斯科・佛朗哥(Francisco Franco)将军带领军队以所谓的"国家天主教"之名发动兵变后,内战爆发,战争的代价很大。共和派和君主制派很快开始接受苏联(共和党一方)以及法西斯意大利和纳粹德国(佛朗哥一方)的物资、人力和建议等援助,除此之外,还有来自其他各种热心的左翼欧洲人甚至北美人的援助——有时是干涉——包括值得尊敬的无政府主义者兼女权主义者艾玛・戈德曼(Emma Goldman)。

　　内战期间,女权主义的岩浆猛烈地、反复地喷发。在女权主义的历史上,特别值得注意的是于 1936 年 5 月成立的自由妇女联合会(Free Women's Federation),该组织代表工人阶级妇女,由一小群无政府主义知识女性组成,包括露西娅・桑切斯・绍尼尔(Lucía Sánchez Saornil)、梅赛德斯・科波萨达(Mercedes Comaposada)和安帕罗・波奇・伊加斯孔(Amparo Poch y Gascón)。①1935 年的秋天,一个无政府主义工人工会——西班牙全国劳工联合会(CNT)的刊物《团结工人》(*Solidaridad Obrera*)就同事间的性别歧视问题展开了广泛辩论,此后,自由妇女联合会从全国劳工联合会中独立出来。似乎是为了回应维多利亚・肯特的抱怨和克拉拉・坎波阿莫对妇女支持共和国的呼吁,这个团体很快就拥有了约两万名成员,分散在西班牙各地的地方组织中。与其说自由妇女联合会的存在是为了共和国的生存,不如说是为了社会革命。该团体的领导人对他们的无政府主义男同志待以平等的态度。

　　自由妇女联合会宣布她们的目标是打击"(妇女)遭受的三重压迫:无知的压迫、作为妇女的压迫和作为工人的压迫"②。她们对无政府主义者和其他人为实现巨大社会变革的全面主张持怀疑态度:

---

　　①　关于 Mujeres Libres,参见 Nash, *Defying Male Civilization*。亦参见 *Mujeres libres* 合集:*España 1936 - 1939*, ed. Mary Nash(Barcelona: Tusquets, 1976),该书也有法文版和德文版。还可参见 Martha A. Ackelsberg, *Free Women of Spain: Anarchism and the Struggle for the Emancipation of Women*(Bloomington: Indiana University Press, 1991)。

　　②　引自法规,*Estatutos de Mujeres libres. Carnet de afiliación*;翻译并收录在 Nash, *Defying Male Civilization*, p.78。

今天,为自由而奋斗的革命男子,独自与反对自由、平等和社会正义的世界作战。而另一边,革命妇女必须在两个层面作战。首先,她们必须为外部的自由而战,在这场斗争中,有着同样理想的男子是她们在同一事业中的盟友;与此同时,她们还不得不为她们内部的自由而战,而这份自由,男人已享有几个世纪了。在这场斗争中,她们只能靠自己。①

正如玛丽·纳什指出的那样,在无政府主义运动中,“自由妇女联合会对制度自治的要求具有开创性”。该团体的领导人对费德丽卡·蒙塞尼(Federica Montseny)等长期抱持着无政府主义的知识女性的观点提出了异议,认为蒙塞尼“不相信有任何特定的妇女问题”。②尽管蒙塞尼和社会党人一样,经常讨论妇女问题,但她和他们一样,通常认为男女两性都是受压迫的,让妇女像男子一样并不是解决问题的答案,妇女必须首先塑造自己。或者,正如她在一篇发表于 1924 年、被广泛引用的文章中所说:“女权主义吗? 从来没有! 人道主义吗? 一直都是!”③1936 年末,当她成为共和国卫生和社会援助部长时,她专注于组织妇女公益志愿和救济服务,以支持共和国的军事活动。

尽管自由妇女联合会在大多数女权问题上持激进观点,但她们从未呼吁过堕胎合法化或传播避孕信息。只有在加泰罗尼亚地区,信奉无政府主义的医务人员在 20 世纪 30 年代中期掌权后,堕胎合法化和传播避孕信息才被短暂地制度化。然而,在西班牙,由于天主教保守派的持续反对和动荡的政治环境,这些议题从未成为有组织的女权运动的头等大事。④

① Ilse, "La doble lucha de la mujer", *Mujeres libres*, 8th month of the revolution;翻译并收录在 Nash, *Defying Male Civilization*, p. 85。

② Nash, *Defying Male Civilization*, p.87.

③ Federica Montseny, "Feminismo y humanismo", *La Revista Blanca*, 33 (1 Oct. 1924);翻译并收录在 Shirley Fredricks, "Feminism: The Essential Ingredient in Federica Montseny's Anarchist Theory", in *European Women on the Left*, ed. Slaughter & Kern, p.133。Montseny 于 20 世纪 20 年代在 *Revista blanca* 发表的文章转载于 *Arenal*, 1:2(July - Dec. 1994), 307 - 329, Susanna Tavera Garcia 作了介绍。

④ 参见 Mary Nash, "Pronatalism and Motherhood in Franco's Spain", in *Maternity & Gender Policies: Women and the Rise of the European Welfare States 1880s -1950s*, ed. Gisela Bock & Pat Thane(London: Routledge, 1991), pp.160 - 177。

在紧张、动荡的内战局势下，并非只有无政府主义者和社会党人将女权主义的主张置于次要地位。许多其他左翼政治团体——如反法西斯主义妇女协会（AMA，由西班牙共产党协调的人民战线组织）、持不同政见的马克思主义党的女性秘书处（Feminine Secretariat of the Dissident Marxist Party，POUM）——都将革命和打击法西斯主义置于妇女解放之上。他们的呼吁指向的是牺牲的母性，而不是独立的女性。因此，由于坚持将妇女自由放在首位，自由妇女联合会就像一个世纪前法国信奉圣西门主义的妇女、20 世纪早期爱尔兰的妇女参政论者，以及历史上其他单打独斗的女权团体一样，发出了非常不和谐的声音。她们称赞她们的月刊《自由妇女》（Mujers libres）完全由妇女制作并出版。她们组织学校教妇女们阅读和写作，并开展职业培训；她们为女工们筹建日托设施，为曾为娼妓的妇女们提供避难所和再教育中心，以及提供许多其他以妇女为中心的社会服务。然而，这并不意味着自由妇女联合会承认自己是女权主义者；恰恰相反，就像社会主义和共产主义运动（以及苏联共产党中央妇女科）中她们的同人一样，她们（错误地）将"女权主义者"严格地认定为中产阶级。尽管她们辞藻华丽，但实际无论是在志向上，还是行动中，她们都是彻底的、坚定的女权主义者。

总的来说，反法西斯联盟团体并没有提供一个明确的女权主义议程。反法西斯主义妇女协会等团体试图动员妇女，但主要是将其视为辅助角色："妇女很少能凭自身的因素——作为母亲和配偶，而不是独立的个体拒绝法西斯主义——被视为理性的存在，法西斯主义对她们来说，是对家和家庭的威胁。"[1]尽管如此，也有一些女权主义者加入了这一联盟，她们坚持对妇女参与"性别分离领域"的界限提出质疑。例如，阿斯特莱·巴里奥斯（Astrea Barrios）质疑妇女在运动中被边缘化的现象：

> 当面临危险时……政府和当局必须记住，西班牙妇女……是拥有广泛公民权利的公民。妇女对某些任务缺乏准备的无端指控，我们无法接受；同反法西斯的男人一样，女人也不能容忍职业障碍的存

---

[1] Nash, *Defying Male Civilization*, p.73.

在,因为这些障碍为他们共同的敌人——法西斯主义——开辟了道路。在 7 月 19 日(注:瓜达莱特战役)我们的同志们知道如何使用武器吗? 他们不知道;但他们依旧去了前线……无论妇女被分配到什么职位,她们都会面临同样的情况。[①]

创建其他组织的妇女部门不仅是左翼政党面临的问题,右翼也面临同样的问题。长枪党(Falange)的妇女部是一个新奇的例子,该部由前军事独裁者的女儿皮拉尔·普里莫·德·里维拉(Pilar Primo de Rivera)组织,并与自由妇女联合会对立。长枪党妇女部创建于 1934 年,到 1939 年 4 月初佛朗哥获得胜利时,该部已经拥有超过 50 万成员,并很快成为佛朗哥统治下西班牙妇女组织的唯一渠道。正如历史学家维多利亚·恩德斯(Victora Enders)指出的:"每一位想要获得国家性质的岗位、护照、驾照甚至钓鱼执照的妇女,都必须完成妇女部要求的为期六个月的社会服务。"[②]该部的计划饱含强烈的国族主义和天主教色彩,并以彻底的天主教概念为基础,即男女有别和等级分明的角色观;这似乎体现了反女权主义。皮拉尔·普里莫·德·里维拉在 1938 年的一次演讲中宣称:"妇女对祖国的真正职责是组建家庭……她们在家中孕育一切都是传统的。"[③]

我们永远不会与(男人)竞争,因为我们永远无法与他们平等,反而会失去和谐共处所必需的优雅和体面。这些以基督教教义和国家工团主义风格形成的妇女,将成为对家庭、自治市以及工团组织有用的人……她们将知晓如何将她们的未婚夫、她们的丈夫、她们的儿子和兄弟献给祖国,正如她们现在全心全意的付出那样。

　① Astrea Barrios, "Hombres a la vanguardia! Mujeres en la retaguardia!" *Mujeres* (Bilbao ed.), 17 Apr. 1937;翻译并收录在 Nash, *Defying Male Civilization*, p.77。

　② Victoria L. Enders, "Nationalism and Feminism: The Sección Femenina of the Falange", *History of European Ideas*, 15:4‑6(1992), 676.亦参见 Enders, "Problematic Portraits: The Ambiguous Historical Role of the *Sección Femenina* of the Falange", in *Constructing Spanish Womanhood*, 375‑397;以及 María Teresa Gallego Méndez, *Mujer, Falange y Franquismo* (Madrid: Taurus, 1983)。

　③ Pilar Primo de Rivera, 1938;翻译并收录在 Enders, "Nationalism and Feminism", p.674。

恩德斯认为,"被视为'女权主义者'对妇女部来说是一种可怕的事情"①。皮拉尔·普里莫·德·里维拉和她的英国前辈莎拉·斯蒂克尼·埃利斯(Sarah Stickney Ellis)一样,认为"女权主义者"意味着模仿男人;她非常坦然地面对改革,包括激进的改革,这些改革将会提高妇女在"传统"从属角色中的地位,也就是说,作为母亲和家庭主妇,她们会让她们的儿子准备好为天主教国家服务。然而,已婚妇女和母亲的就业遭到了强烈反对;对于她们来说,"家中的天使"重新成为引导她们的榜样。不过,妇女部的女性领导却被要求保持单身。

妇女部为所有西班牙妇女(包括单身女性)铺设的道路是服务和自我牺牲,而不是个人赋权。卡斯蒂利亚女王伊莎贝拉的"Y"符号代表"束缚"(yoke),被选为服务的首选符号。在这种束缚下,在两代人的时间里,妇女部的妇女们代表西班牙的妇女,在家庭之外组织了数不胜数的教育和社会服务活动,无意中为20世纪七八十年代西班牙女权主义的复兴奠定了基础。我们是否可以将妇女部理解为看似顺从男性主导的长枪党的命令,实则是为了在家庭之外从事重要的、潜在的女权主义工作打掩护?

如果要开展女权工作,掩护工作是必不可少的。内战后的氛围不容乐观;女权主义岩浆喷发留下的裂缝已经被完全堵住了。许多女权主义激进分子离开西班牙流亡;其他人显然也停止了她们的活动。在佛朗哥政权下,堕胎(1936年在加泰罗尼亚地区合法化)于1941年1月被重新认定为"危害国家罪"而非"危害人类生命罪"。同墨索里尼统治下的意大利一样,佛朗哥故意将人口增长的概念与西班牙对大国地位的渴望联系在一起;所有限制生育的行为都被视为威胁,这不仅是上帝的旨意,也是为了西班牙国家的发展与繁荣。母亲们一定要尽职尽责!

到1945年,佛朗哥政权已经废止了第二共和国时期完成的大部分世俗立法改革。在新法典《西班牙宪章》(Fuero de los Españoles)中,家庭被认为是"自然、基本的社会制度,其权利和义务先于并高于所有实在的人类法":"婚姻将是一体且不可分割的。"②遵照教会的教义,离婚再次被

---

① Enders, "Nationalism and Feminism", p. 675.

② *Fuero de los Españoles*, July 1945. 收录于 *Textos para la Historia*, ed. Aguado, p. 386;作者翻译。

定为非法的。学校停止男女同校。男性权威在婚姻中得到恢复。父亲们应服从国家安排,依法喂养、教育、指导他们的孩子。政府为养家糊口的男性发放家庭津贴;按照纳粹的方式,提供婚姻贷款并支付生产保险费。然而,在这些政策的执行过程中,西班牙并没有出现像德国那样的种族歧视,这主要得益于西班牙从摩尔人手中夺回自己的国家,以及15世纪末发起的"净化血液"计划——驱逐摩尔人和犹太人,并惩罚那些为了留下试图改信天主教的人。尽管采取了诸多措施,但玛丽·纳什得出的结论是:"佛朗哥的多生育主义论和立法政策未能成功迫使西班牙妇女践行多生育主义理念。"①那个时代实在是太难了。不过,历史学家弗朗西丝·兰农总结道:"在西班牙内战中,危急存亡的重要议题之一是妇女在未来法律、经济和文化层面的地位,回避这一结论是困难的,也是错误的。"②

瑞典

在北欧,特别是瑞典,女权运动的发展轨迹截然不同。20世纪30年代初,拥有620万居民的瑞典,是斯堪的纳维亚国家中人口最多的国家;尽管瑞典人口识字率高、文化凝聚力强,而且实行国家教会制度化了的基督教新教文化,但在议会君主制的统治下,瑞典在战后时期仍是一个相对贫穷、且重度农业化的国家。

在过去的半个世纪中,由于国内就业机会紧缩,许多瑞典人移民国外,主要是到北美;那些留下来的人开始缩小家庭规模,这导致瑞典出生率急剧下降(低于人口更替水平)。随着城市化和工业化的加快,许多居住在城镇的瑞典妇女——无论单身还是已婚——都在工、商业领域找到了新的就业形式。然而,当大萧条来袭时,和大多数国家一样,瑞典的失业率大幅上升,那些坚持认为男性作为养家糊口者应该优先就业的人,试图迫使妇女退出劳动力市场,与此同时,这些人敲响了出

---

① Nash, "Pronatalism and Motherhood", p. 175.
② Lannon, "Women and Images of Woman", p. 215.

生率的警钟。①

瑞典在第一次世界大战中保持中立,但由于该国在地理上靠近德国和俄国的新政权,所以瑞典的公众舆论对革命事件的进展十分敏感,甚至有些恐惧,与此同时,其领导人越来越被美国的发展壮大所吸引。也许是为了防止国内发生革命,战后不久,瑞典在维护妇女利益方面取得了一些重要进展。1918 年政府废除了国家管制的娼妓制度。1919 年,男女均享有地方选举中的普选权;1921 年,所有男女都获得了议会选举权。1920 年,已婚妇女获得了完全的法律能力;她们工作、学习或参与商业交易不再需要丈夫授权。1923 年,妇女能平等地获得某些公务员的职位。1929 年,瑞典第一次建立了孕产保险,它建立在战前组织起来的一系列互助保险协会的基础上,一定程度上补贴因生育而失去工作或工资的妇女。1931 年,这一保险方案扩大到为所有工业女工提供产假补贴。

尽管瑞典从未接受"女权主义/运动"一词(如前所述),但女权主义(或瑞典的"妇女事业")岩浆爆发的传说有迹可循,可以追溯到 18 世纪 60 年代的夏洛塔・努登弗吕克特(Charlotta Nordenflycht)、19 世纪 30 年代的卡尔・J.L.阿尔姆奎斯特(C. J. L. Almquist)和 19 世纪 50 年代的小说家兼改革家弗雷德里卡・布雷默(Fredrika Bremer),瑞典主要的女权组织就是以布雷默的名字命名的。然而,到了 20 世纪 20 年代中期,也许是由于妇女在地位方面已实现诸多改革(也包括教育平等),人们

---

① 瑞典妇女史学术界早期更倾向于关注妇女工作、工会和"社会"议题,最近才开始关注女权主义历史;在社会民主党执政的几十年里,"妇女议题"被执政党挪用和引导,独立的"女权主义"不被看好。参见 Yvonne Hirdman, "The State of Women's History in Sweden", in *Writing Women's History: International Perspectives*, pp. 239 – 258。随着 Hirdman、Ulla Manns、Lina Eskilsson、Christina Carlsson Wetterberg、Margareta Lindholm 等人的文章和书籍的出版,这种情况开始发生改变。对 19 世纪发展的杰出的综合研究是 Inger Hammar, "From Fredrika Bremer to Ellen Key: Calling, Gender, and the Emancipation Debate in Sweden, c. 1830 –1900", in *Globalizing Feminisms*, *1789 –1945*, ed. Karen Offen(London: Routledge, 2010), 78 – 95. 对于 20 世纪 30 年代的案例研究,我在很大程度上依赖于 Sondra Herman 翻译 Alva Myrdal 的英文出版物,其中许多文献资料列在下面,并对她在瑞典案例中提出的建议和提供的帮助深表感谢。另参见 Yvonne Hirdman 重要传记的英文译本:*Alva Myrdal: The Passionate Mind*(Bloomington: Indiana University Press, 2007; orig. publ. in Swedish, 2006)。

普遍认为(也许是错误的)"妇女事业"主要对那些单身、无子女的妇女(在斯特林堡模式中,人们怀疑她们可能是讨厌男人的女同性恋)群体有吸引力。即便如此,1925 年由激进自由党人"妇女-事业妇女"(women's-cause women)创建的妇女公民学校和开办的周报《时代》(*Tidevarvet*)在福格尔斯塔德蓬勃发展,该地是瑞典议会自由党议员伊丽莎白·塔姆(Elizabeth Tamm)的农舍。他们在培训妇女为政治生活做贡献上取得了长期成功(1925—1954 年),这抵消了他们在 1927 年选举中试图让女选民支持"妇女名单"(women's lists)的失败尝试。①

瑞典将重点放在(如在法国)男女共同工作上;家庭和社区利益被坚持认为是优先于个人欲望的。在许多瑞典人看来,挑出"妇女议题"或指出男性占主导地位的事情是挑衅性的行为、是不必要的,一个文化凝聚力强的小国不能容忍这种蓄意的性别分离主义行为。然而,正如福格尔斯塔德女权主义者在 1928 年指出的那样:"我们无法接受当前的政治形式,我们不认可金钱和武力是社会发展不可缺少的基础。我们想与男人合作……可是瑞典激进的男人在哪里呢?"②如果说政治左翼中激进的男人很少,那么右翼中激进的男人肯定更少。

和其他地方一样,瑞典女权主义者在战后、妇女获得选举权后的时期,面临的核心议题是有偿工作、母职和生育自由。但对于如何达成可行的解决方案,各方观点存在严重分歧。正如历史学家桑德拉·赫尔曼(Sondra Herman)描述的那样:"社会主义妇女在寻找国家改变家庭的方

---

　　① 参见 Lena Eskilsson, *Drommen om kamratsamhallet: Kvinnliga medborgarskolan pa Fogelstad* (Female Citizenship: The Women Citizens' School at Fogelstad, 1925 - 1935) (Stockholm: Carlsson, 1991); Jarl Torbecke, "Kvinnolisten 1927 - 1928—ett kvinnopolitiskt fiasko [The Woman's List: A Woman's Political Fiasco]," *Historisk Tidskrift*, 1969, no. 2, 145 - 184; Margareta Lindholm, *Talet om det kvinnliga: Studier i feministiskt tankande i Sverige under 1930-talet* (Gothenburg: Dept. of Sociology Monograph no. 44, 1990);以及特别参见 Sondra Herman, "Feminists, Socialists, and the Genesis of the Swedish Welfare State", in *Views of Women's Lives in Western Tradition*, ed. Frances Richardson Keller (Lewiston: The Edwin Mellen Press, 1990), pp. 472 - 510.

　　② 引自 *Tidevarvet* (1928);翻译并收录在 Herman, "Feminists, Socialists", p. 477。关于这本期刊,参见 Sarah Death, "*Tidevarvet*: A Radical Weekly Magazine of the Inter-War Years", *Swedish Book Review*, 1(1986), 38 - 40。

式,而福格尔斯塔德的激进分子则在寻找家庭改变国家的方式。"[1]赫尔曼也强调以妇女为中心的福格尔斯塔德女权主义者的农村观,甚至环境观,而社会民主主义妇女则更关注城市职业妇女的问题。

事实上,福格尔斯塔德的瑞典女权主义者为欧洲**女权主义/运动**开创了一个新向度(a new dimension)。1940 年,伊丽莎白·塔姆(Elizabeth Tamm)和埃琳·瓦格纳(Elin Wägner)出版了她们的合著《与地球和平相处》(*Fred med Jorden*),其中强调了妇女与地球和前男权时代的联系、农村妇女的技能以及妇女聚会讨论时事的重要性。瓦格纳在她的长篇论文《闹钟》(Väckerklocka,1941 年)中详细阐述了这些主题,这是一部反法西斯主义、反军国主义的作品,赫尔曼称之为"母系历史和政治理论……旨在唤醒妇女的团结和行动,同时警告她们现代进步的潜在影响"。[2]后来,瓦格纳被推选进入瑞典文学院(Swedish Academy),成为继伟大的小说家塞尔玛·拉格尔勒夫(Selma Lagerlöf)之后第二位入选该院的女作家。以瓦格纳的著作为代表的瑞典反军国主义生态女权主义的主线紧紧围绕着妇女,并基于妇女的特有品质,这条主线在今天的瑞典重新焕发了生机。

与福格尔斯塔德的女权主义-和平主义传统相伴而行的是另一股瑞典女权主义思潮,它与社会民主联系更紧密,尽管它远不如第二国际期间,社会民主党提出的解决方案那样具有强烈的意识形态性,以及实用性那么高。20 世纪 30 年代,一些进步的瑞典人开始开创一种新颖的解决方案,以解决许多就业妇女所面临的困境。瑞典社会民主工人党与国家工业化和现代化计划相结合,比其他政党更具国族主义和民粹主义色彩(没有马克思主义政党那么强调意识形态),他们支持贡纳尔·默达尔(Gunnar Myrdal)和阿尔瓦·默达尔(Alva Myrdal)的独特建议,将多生育主义和社会主义相结合,以解决妇女就业和母职相结合的问题。这一建议在他们于 1934 年出版的《人口危机》(*Crisis in the Population Question*)一

---

① Herman, "Feminists, Socialists . . .", p. 482.

② Herman, "Feminists, Socialists . . .", p. 481. 关于 Wägner's *Väckarklocka*, 亦参见 Helena Forsås-Scott, "The Revolution That Never Was: The Example of Elin Wägner", *The European Legacy*, 1:3(May 1996), 914 – 919。

书进行了概述。①

尽管贡纳尔和阿尔瓦计划中更具女权主义特征的部分不会在20世纪60年代之前获得通过,但他们发起了一系列由国家推动的改革,将最终满足许多妇女以及国家的实际需要,并确保社会民主党在未来五十年中取得政治成功。如果瑞典的改革借鉴了邻近的布尔什维克实验,或试图阻止右翼思想家让妇女回归私人领域的企图,那么对这些借鉴的研究被严重忽略了。对于这些相关的国际发展的遗漏是不坦率还是故意为之的,学者们没有讨论。社会民主党将瑞典视为人民之家(People's Home),尽管瑞典确实在民族和文化方面非常团结,并对移民政策产生了一些影响,但瑞典从未发展出更邪恶的种族排外性,而同时期的纳粹提倡了看似相同的"家乡"(Heimat)或"民居"(Volksheim)的概念。

阿尔瓦·默达尔明确表示反对英国议员埃莉诺·拉思伯恩倡导的"新女权主义"。新女权主义提出由国家资助全职母职;在回应1933年9月16日在《时代》刊出的一场辩论时,阿尔瓦表示这样的制度已然"过时"。②与之相反,贡纳尔和阿尔瓦从坚定的社会民主承诺出发,致力于妇女经济独立和计划生育,并成功利用全国上下对人口下降的焦虑作为跳板,开创性地提出了对"妇女问题"的解放式解决方案。正如历史学家伊冯娜·希德曼(Yvonne Hirdman)所描述的:"母职,或更确切地说是孩子,被用来作为为妇女争取更好条件的勒索手段,……窃取(人口问题),

---

① 关于1933年广泛的、不太受欢迎的辩论开展的分析,参见 Allan Carlson, *The Swedish Experiment in Family Politics: The Myrdals and the Interwar Population Crisis*(New Brunswick: Transaction Publishers, 1988)。关于瑞典人口危机,参见 Ann-Katrin Hatje, *Bevolkningsfrågan och välfärden: Debatten om familjepolitik och nativitetsökning under 1930-och 1940-talen* (Stockholm: Allmäna Förlaget, 1974); Ann-Sofie Kälvemark[Ohlander], *More Children of Better Quality? Aspects on Swedish Population Policy in the 1930s* (Stockholm: Almqvist & Wiksell, 1980); Ann-Sophie Ohlander, "The Invisible Child? The Struggle for a Social Democratic Family Policy in Sweden, 1900 – 1960s", in *Maternity and Gender Policies*, pp. 60 – 72;以及 Elisabeth Elgán, *Genus och politik: En jämfärelse mellan svensk och fransk abort-och preventif-medelspolitik fran sekelskiftet till andra väridskriget*, Acta Universitatis Upsaliensis, Studia Historica Upsaliensia 176(Uppsala, 1994)。

② *Tidevarvet*, 16 Sept. 1933;此参考资料由 Sondra Herman 提供。

并在其中填充'左翼'内容,这是……绝妙之举。"①阿尔瓦有选择性地借鉴早期瑞典改革家爱伦·凯的思想遗产,她强调妇女母性的、智力的以及职业的驱动力,并在社会民主党的妇女团体中讨论了妇女所关注的问题(这些观点当时并没有得到党内的广泛认同),她还含蓄地反对纳粹著名的妇女回家的解决方案。与凯相反,阿尔瓦大胆地提出在组织良好的集体环境中抚养孩子,并允许母亲们就业,这将提供一种优于家庭基础上的、由单个母亲照顾单个孩子的解决方案,这对母子都更好。

　　贡纳尔·默达尔在成立于 1935 年 5 月的瑞典皇家人口委员会任秘书一职,而阿尔瓦·默达尔于 1935 年至 1938 年间担任妇女就业委员会的秘书一职,该委员会的主席是女权主义议员谢斯廷·赫塞尔格伦(Kerstin Hesselgren),后者还曾担任早年间产妇议题委员会的主席,并代表瑞典出席国际联盟。在这项工作开展的过程中,阿尔瓦试图扭转许多瑞典社会党人普遍持有的观点,即不允许已婚妇女留在劳动力中,她坚持认为,站在国家利益角度,如果女工结婚生育,她们应该得到帮助,而不是惩罚。正如她在 1938 年总结的新路径:

　　　　出于经济原因,已婚妇女必须有养家糊口的机会,出于意识形态的原因,她们必须有工作的自由,才能感到满足和安全。这种变化可以象征性地表述为,虽然以前讨论过已婚妇女谋生的权利,但现在宣布了从事有偿工作的妇女的结婚和母职的权利。②

为了贯彻这一政策,她主张建立一个由政府资助的妇女支持体系,其中不仅包括性教育、计划生育和有组织的儿童保育,还包括改进家务劳动,甚

---

　　①　Yvonne Hirdman, "Social Engineering and the Woman Question: Sweden in the Thirties", *Studies in Political Economy*, no.44(Summer 1994), 82, 83.亦参见 Hirdman, "Utopia in the Home", *International Journal of Political Economy*, 22:2(Summer 1992), 5-99。

　　②　Alva Myrdal, "Swedish Women in Industry and at Home", in *Social Problems and Policies in Sweden*, ed. Bertil Ohlin, *Annals of the American Academy of Political and Social Science*, vol.197(Philadelphia, May 1938), pp. 216-231;引文见 pp.230-231。关于 Alva Myrdal 的宣传鼓动,参见 Sissela Bok, *Alva Myrdal: A Daughter's Memoir*(Reading: Addison-Wesley, 1991),以及 Hirdman's biography of Myrdal(cf. n.50 above)。

至改造家庭建筑(集体住宅)。妇女就业委员会关于已婚妇女就业的报告建议如下：

　　1. 驳回所有限制或剥夺已婚妇女在公立或私营企业工作权利的法案；不得因订婚、结婚、怀孕或母职而解雇妇女；

　　2. 禁止一切旨在诱使已婚或怀孕妇女辞职的贿赂；

　　3. 严格执行 1923 年出台的《资格法》(Eligibility Act)，让妇女有平等获得大多数公务员职位的机会；重新审查妇女被排除在宗教、司法和军事部门之外的情况；

　　4. 为女孩提供职业和专业教育，着重关注农业和技术行业；

　　5. 增加兼职工作的可能性；

　　6. 考虑已婚妇女保留其本名的权利；

　　7. 为有职业的母亲和家庭主妇们的未成年子女提供社区照顾。①

　　在 1936 年选举之后的"母婴议会"期间，瑞典议会通过了一项立法，允许孕妇保留她们的工作。尽管堕胎仍然受到法律限制，但避孕已被合法化(在推翻 1910 年的限制性法律后)。1937 年，产妇救济津贴开始被发放给母亲们。但是，即使在社会民主党的圈子里，贡纳尔和阿尔瓦更为激进的提议也遭到强烈抵制。当他们于 1938 年离开瑞典再次去往美国后，"职业家庭主妇"的概念很快取代了那些获得解放的女工/母亲的概念。

　　贡纳尔和阿尔瓦所倡导的方法，终将成为瑞典的官方政策，尽管那是几十年之后才实现的。阿尔瓦在她的著作《民族与家庭》(Nation and Family，1940 年在瑞典出版)中提到，工作场所的妇女一直处于劣势，特别是在大萧条的余波下："在这一关键时刻，人口问题的争论从反女权主义者手中被夺走，被用作解放理想的一种新的强大武器。关于已婚妇女工作权利的旧争论，变成了一场争取职业妇女结婚和生育权利的斗争。这一议题的重新表述，使公众对妇女问题的看法发生巨大变化。"同时，她指出："这一收益纯粹是给(女权主义者)的一份礼物……受到保护的是妇

----

　　① 摘自《已婚妇女有偿就业报告》(Stockholm: Isaac Marcus Boktryckeri, 1938)，pp. 339-349；翻译并收录在 Sondra Herman, "Children, Feminism, and Power: Alva Myrdal and Swedish Reform, 1929-1956", *Journal of Women's History*, 4:2(Fall 1992), 96。

女的生育权,这也是社会所需要的。"①

阿尔瓦的解决方案超越了苏联关于妇女经济独立和社会服务的解决方案,她的方案坚持除儿童保育设施和家庭社会支持外,还必须重新协商家庭内部的劳动分工。妇女不能做"两班倒(工作和家务)"的工作。阿尔瓦特别提出男孩必须从小学习做家务,这样当他们长大成人就可以帮助分担家务;他们也应该参与到养育孩子的过程中来。因此,必须推翻目前关于性别角色的灌输教育,并从根本上重组他们的性别角色。这是革命性的,有意为之的社会工程;它是务实的、非教条的,并且完全从瑞典的国家利益出发。妇女经济独立非常重要;健康的异性伴侣关系和健康的孩子也很重要。从 20 世纪 60 年代开始,这一计划将会成为瑞典生活的中心特色。

国族主义、女权主义与性政治:20 世纪 20—40 年代

从前面的案例研究中可以清楚地发现,国家政治和人口议题极大地制约了 20 世纪二三十年代女权主义取得成功的环境。此外,还应该清楚的是,并非所有的欧洲妇女都是女权主义者,也不能把所有的妇女运动都视为女权运动;事实上,一些妇女组织——如各种中欧家庭主妇协会,或法国妇女爱国联盟、长枪党的妇女部(仅举几例)等教会附属妇女组织和爱国妇女组织——可以被视为反女权主义妇女运动的组成部分。但是,从长远来看,即使是这些组织,也会通过推动妇女参与家庭以外的其他活动、慈善工作、社会工作和改革措施,从而帮助改变许多单身、已婚、年轻、年老妇女的生活。这些活动能——有时的确能——引导一些参与者认识到妇女的集体从属地位,发展出成熟的女权主义意识,并超越女权主义,认识到以其他相关形式展现的社会不公正现象。

罗马天主教会采取措施以应对女权主义的挑战。在天主教妇女组织中,女权主义意识持续萌芽,尽管存在一些相对激进的组织,如英国天主教妇女选举权协会、圣女贞德社会与政治联盟以及法国妇女公民和社会联盟

---

① 　Alva Myrdal, *Nation and Family: The Swedish Experiment in Democratic Family and Population Policy*(London: Kegan, Paul, 1945);转引自 *WFF*, vol.2, doc.112, 394。

等,但这些组织的发展速度较慢。梵蒂冈逐渐意识到,妇女解放——尤其是坚持"无神论"的苏联领导人所倡导的那种妇女解放,同时也包括识字、妇女教育和资本主义经济增长三个领域全面发展所带来的妇女解放——对其权威造成了威胁,为此,天主教教宗不仅提高了他们对妇女重要性的认识,还试图引导天主教妇女及其组织朝着他们所希望的正确的方向前进。

庇护十一世(Pius Ⅺ)于 20 世纪 30 年代初发布了重要的教皇通谕,并于 1937 年发布《神圣救主》通谕作为补充,其中不仅谴责了共产主义,而且重申了天主教关于家庭中男性权威的观点。他的继任者庇护十二世(Pius Ⅻ,1936—1958 年)在妇女问题上向信徒们宣讲了至少 72 条信息,这些信息包括着装规范,妇女在婚姻中的从属地位,以及妇女应重新将注意力集中在家庭和孩子身上。1945 年 10 月,在梵蒂冈播放的一次具有里程碑意义的广播中,庇护十二世概述了教会眼中构成"妇女尊严"基础的政治和社会义务,一是她在家庭领域中的独特作用,二是她对儿童教育的管控。

> 每一个妇女都有……义务,良知上必须严格遵守的义务,她不应置身事外,而要用适合个人情况的方式和方法来采取行动,以遏制威胁家庭的潮流,以反对破坏家庭基础的学说,以便准备、组织和实现家庭的恢复。①

这些义务包括合理利用选举权、充分利用公民权、甚至宣传支持和加强天主教家庭愿景的相关措施。世俗女权主义者们和天主教统治集团都认为,正如庇护十二世所评论的,"没有一个聪明的妇女会支持阶级斗争或战争的政策。她们的投票就是为了和平"②。

梵蒂冈将继续坚决反对可能限制家庭规模的做法。相比之下,世俗女权主义者们对与人口相关的议题持有不同的观点,如妇女有控制自己身体和"性爱自由"的权利,这在 20 世纪 20、30 年代被称为性解放。在

---

① Pius Ⅻ, "Woman's Dignity: Political and Social Obligations", (*Questa granade vostra adunata*),播送自 Vatican City, 21 Oct. 1945;转载于 *Vital Speeches*, 12(1 Nov. 1945), pp.42‑45,并收录在 *WFF*, vol.2, doc.118。

② Pius Ⅻ, "Woman's Dignity",收录在 *WFF*, vol.2, 419。

这些年间,性改革、避孕和性教育的普及,以及堕胎合法化运动成为一些世俗女权主义者们越来越重要的行动领域,尽管多数主要的女权协会并没有这样做。如第九章所讨论的,革命后布尔什维克俄国采取的措施极大地推动了人们对这些议题的关注。

在欧陆,一些国家政府会强烈反对旨在推动性控制,从而实现巨大变革的运动,而不属于激进左翼的女权主义者们则会谨慎行事。1917 年,国际妇女参政权联盟的宣传期刊《选举权》(Jus Suffragii)就家庭人口限制议题展开讨论,在法国妇女参政论者兼多生育主义者玛格丽特·德·维特-施伦贝格尔(Marguerite de Witt-Schlumberger)谴责新马尔萨斯学说是"自私的"之后,关于这一议题的潜在分歧暴露出来。她的谴责导致编辑部收到了大量来自英格兰和荷兰的反对信。来自荷兰的 W.W.吕特赫斯-霍伊采玛(W. W. Rutgers-Hoitsema)将她的女权主义工作与她在荷兰新马尔萨斯同盟(Neo-Malthusian League)中的积极作用联系一起,指出至少在战争持续时期,争取妇女参政权也是为了实现团结一致:"在我们珍视的国际妇女参政权文件中,不应提出或讨论困难、复杂、特别是最为棘手的问题,这些问题部分是国家问题,部分是国际问题,如爱国主义、沙文主义、国际主义、新马尔萨斯主义、人口减少、人口复兴、入境移民、外迁移民、殖民、帝国主义等。"①

在苏联将堕胎合法化和医疗化之后,这一议题以及目前看似较温和的计划生育解决方案,引起了英语和斯堪的纳维亚国家世俗女权主义者们的极大关注。在整个斯堪的纳维亚半岛,挪威出生的埃莉斯·奥特森-延森(Elise Ottesen-Jensen)大力宣传性教育、避孕药具的供应以及对母亲的社会支持。②在英格兰,玛丽·斯托普斯(Marie Stopes)医生推动节育信息在妇女中的普及,到 20 世纪 30 年代初,英格兰圣公会(Anglican Church)对计划生育也有了一定程度的认可。也是在英格兰,斯特拉·布

---

① W. W. Rutgers-Hoitsema,致编辑的信,*Jus Suffragii*, 12:2(1 Nov. 1917), 24。

② 参见 Doris H. Linder, *Crusader for Sex Education: Elise Ottesen-Jensen (1886 – 1973) in Scandinavia and on the International Scene* (Lanham: University Press of America, 1996),以及 Ida Blom, *Barnebegrensning-synd eller sunn fornuft* (Sin or Common Sense? Limiting Family Size in Norway, 1890s – 1930s)(Bergen: Universitets Forlaget, 1980)。

朗尼(Stella Browne)宣传妇女的性解放和堕胎合法化,在同人口学家争论时,她强烈主张妇女有权不生育。但鲜有英国女权主义者愿意公开支持她的自由主义观点。①

　　欧陆其他女权主义者并不热心关注堕胎合法化。1919 年,社会党人在瑞士巴塞尔的大会中获得了多数席位,并提议将堕胎合法化。而瑞士妇女参政论者们召集妇女组织召开群众会议以反对这项措施。安娜·洛夫勒-赫尔佐克(Anna Löffler-Herzog)认为,"如果堕胎被批准,不仅会削弱了妇女作为生命创造者和守护者的特质,甚至会导致她们被重新定位为男人发泄性欲的对象"。她认为这是在贬低妇女地位,破坏她们的母性情感,让她们"无法完成自己的教化使命"②。

　　许多女权主义者都认同洛夫勒-赫尔佐克对妇女彻底的性解放意义所持的保留意见,她们仍然认为,更应该做的是对男性性行为的表达进行控制。法国妇女倡导者马德莱娜·韦尔内于 1920 年发表评论,她放弃了早先对性爱自由的支持观点:"现在所谓的'性爱自由'(free love)非但没有帮助妇女解放,反而成了给她们带来劳役和痛苦的新源头。"③她得出结论,性爱根本上是个人问题;在她看来,通过重组教育和经济而实现的社会政治变革似乎更为关键。即使在 20 世纪 30 年代,也并非所有的女权主义者都认可妇女性自由的意义和重要性,尽管她们承认性欲是妇女存在的需求表达的一方面。大多数人会支持内莉·鲁塞尔的观点,即妇女必须有权控制自己的身体,但她们可能会强烈反对那些不顾怀孕的风险,只追求"性爱自由"的行为。虽然从长远来看,性教育和节育运动愈发

　　①　参见 Ruth Hall, *Marie Stopes: A Biography*(London: André Deutsch, 1977);以及 June Rose, *Marie Stopes and the Sexual Revolution*(London &. New York: Faber &. Faber, 1992); Sheila Rowbotham, *A New World for Women: Stella Browne, Socialist Feminist*(London: Pluto Press, 1977);以及 Barbara Brookes, *Abortion in England, 1900 - 1967*(London: Croom Helm, 1988). 亦参见 Johanna Alberti, "The Turn of the Tide: Sexuality and Politics, 1928-1931", *Women's History Review*, 3:2(1994),以及 Margaret Jackson, *The Real Facts of Life: Feminism and the Politics of Sexuality, c. 1850 - 1940*(London: Taylor &. Francis, 1994).

　　②　Anna Löffler-Herzog,引自 Susanna Woodtli, *Du Féminisme à l'égalité politique: Un siècle de luttes en Suisse, 1868 -1971*(Lausanne: Payot, 1977), pp.80 - 81.

　　③　Madeleine Vernet, "Sur un brochure: L'Amour libre", *La Mère éducatrice*, 3:9(June 1920), 72.

重要，但在短期内，应优先考虑保护母职和其他能直接惠及妇女的社会变革。一些女权主义者甚至认为过于强调性问题，就等同于过于强调女性的贞操问题。1935年，威妮弗雷德·霍尔特比（Winifred Holtby）讽刺道："如今，有一项比性乱更严重的罪行：那就是贞洁……我想，总有一天，我们会克服这种对人体及其各种经历的不成熟的关注。"①

与此同时，在一些国家，政府对避孕措施和堕胎行为的制裁更为严厉。1920年，法国政府禁止传播任何有关避孕或堕胎的信息，同时将销售可用于流产的工具及材料定为违法行为。共产主义女权主义者路易斯·鲍登尖锐地评论了1920年的措施："妇女的社会监狱又多了一道栅栏，这就是男人的公正。"②

正如我们在第十章中看到的那样，在魏玛德国，面对天主教和新教神职人员、医疗机构、压制性立法的世俗倡导者的反对，一些德国女权主义者在1931年加入共产主义运动，以期废除在1871年将堕胎定为犯罪的德国《刑法典》第218条。她们的行为遭到了国家社会党人的强烈反对，他们不仅关闭了节育诊所，还在1943年决定对重复堕胎者判处死刑。20世纪40年代，在纳粹占领下，法国维希政府重新将堕胎划归为叛国罪，并随后以反国家罪处决了一名反抗的堕胎从业者。③

"我目睹了一场社会和道德价值观的革命，这场革命改变了我所生活的世界。这是对我们称之为妇女运动观点的挑战的直接结果。"1935年，英国女权主义者威妮弗雷德·霍尔特比（Winifred Holtby）写道："我很清楚，这场运动存在缺陷。"她指出：

---

① Winifred Holtby, "King George V Jubilee Celebrations", *Time and Tide*, 4 May 1935；转载在 *Testament of a Generation: The Journalism of Vera Brittain and Winifred Holtby*, ed. Paul Berry & Alan Bishop(London: Virago, 1985), p.92。

② Louise Bodin, in *L'Humanité*, 9 Aug. 1920；转引自 Colette Cosnier, *La Bolshevique aux bijoux: Louise Bodin*(Paris: P. Horay, 1988), p.121。关于20世纪20年代法国性与母亲政治(sexual-maternal politics)的复杂性，参见 Anne Cova, *Maternité et droits des femmes en France*；以及关于背景，参见 Jean Elisabeth Pedersen, "Regulating Abortion and Birth Control: Gender, Medicine, and Republican Politics in France, 1870 - 1920", *French Historical Studies*, 19:3(Spring 1996), 673 - 698。

③ 参见 Francis Szipiner, *Une Affaire de femmes, Paris 1943: Execution d'une avorteuse* (Paris: Balland, 1986)，以及 Claude Chabrol 根据这个非凡案例改编的电影。

　　我目睹了德国发生的事情,反抗的钟摆剧烈摇摆,仿佛已经得到
的又会再次失去。我知道妇女的慈爱还未触及英国在非洲和远东地
区的属地……我知道我们还有很多工作要做。①

在她看来,英国妇女的地位已经发生了翻天覆地的变化。但女权运动绝
不仅仅因为妇女赢得了选举权就结束了。

　　欧洲大陆和斯堪的纳维亚的其他人评估了女权运动的发展情况。伯
蒂·阿尔布雷特(Bertie Albrecht)在1934年总结欧洲妇女和女权主义胜
利的情况时,将她们分为五大类:

　　1. 北欧妇女,"在逐步接受教育、获得解放的过程中,她们意识到自身
的权利和尊严应当得到尊重,并获得解放"。阿尔布雷特将瑞典、英国、荷
兰的妇女划归到这一类别中。

　　2. 苏俄妇女,"她们实现了从奴隶制到社会、法律、公民和经济方面绝
对平等的直接跨越。在政府组织的高强度文化计划的影响下,这些妇女
迅速适应了新的环境"。

　　3. "妇女"在理论上获得了所有的自由,但由于她们缺乏教育、抱负和
自尊而无法行使自己的权利,以使法律得到很好的落实。政府没有为她
们的社会教育做任何事。阿尔布雷特将罗马尼亚、西班牙和波兰的妇女
划归到这一类别中。

　　4. "一群不寻常的法西斯主义妇女(和德国人一样),她们失去了所有
已经获得的权利,人们通过游行和准军事活动来取悦和奉承她们,然而实
际上人们只把她们当作国家资源来对待。"

　　5. "最无组织的妇女群体,她们既没有权利,也不要求任何权利。她
们习惯处于劣势地位,她们的抱负仅限于制帽匠的精品店。她们仍保留
着19世纪的传统。"阿尔布雷特将包括她自己在内的法国女同胞和比利
时妇女划归到这一类别中(尽管有相当多的证据表明情况并非如此)。

　　她最后指出,"在妇女享有平等权利的国家,节育的行为是合法的"。
此外,她还对傅立叶1808年的观察结果进行了补充,她说,"人们现在可

---

① Holtby, "King George V. Jubilee", pp.90 - 92.

以根据一个国家节育问题的状况来判断该国妇女享有尊严的程度"。[①]

　　但在其他很多方面，整个欧洲都取得了巨大的进展。欧洲妇女的教育机会得到认可；识字率和入学率持续增长。女权主义者们呼吁对婚姻法和财产法进行重大改革，并呼吁修改有关非婚生子女的法律。各地都在发出呼声，提出以平等就业机会和同工同酬为标志的妇女经济解放的要求，即使在反对者试图将已婚妇女从劳动力中剔除来对抗大萧条时，各地依然坚持这一要求。各国，特别是在瑞典，调整国内劳动分工结构的建议被强烈提出。在发展中国家的福利计划中，妇女平等问题受到了热烈的讨论。两次世界大战期间女权主义者们争议性最强的议题——妇女的性解放运动，也能在讨论中被谈及；各国政府正在反击避孕措施合法化和堕胎合法化的提议；当女权主义者开始在印刷品上发声质疑妇女的从属地位时，宗教团体加快了控制和引导妇女运动的尝试，所有这些能够表明自 1700 年以来妇女运动取得成就的程度。无论从哪个方面来看，女权主义的鼓动都在展开。[②]

　　事实上，即使在那些通过了妇女平等权利和选举权条款的国家，女权

---

　　①　Bertie Albrecht, "La Femme dans le monde moderne", *Le Problème sexuel*, no. 4(1934)；转引自 Michèle Blin Sarde, *Regarde sur les Françaises*(Paris: Stock, 1983), pp. 578 - 579。

　　②　在这些章节中，很难顾及其他一些国家的情况，例如捷克斯洛伐克，波兰，波罗的海三国：爱沙尼亚、拉脱维亚和立陶宛，以及巴尔干的新国家，更难以顾及到其他较小的沿海国家，如荷兰，以及除瑞典以外的其他斯堪的纳维亚国家，但是，所有这些国家都应该得到更充分的关照。一些学者对女权主义的历史进行了大量的学术研究，但其他一些国家——尤其是那些从 20 世纪 40 年代后期到 1989 年处于共产主义统治下的国家——对女权主义历史的研究只是最近才开始。一份珍贵的文献资源是 *A Biographical Dictionary of Women's Movements and Feminisms: Central, Eastern, and Southeastern Europe, 19th and 20th Centuries*, ed. Francisca de Haan, Krassimira Daskalova & Anna Loutfi(Budapest: CEU Press, 2006)。关于该地区妇女和女权主义历史的开创性英文文章可以在开创性期刊 *Aspasia: The International Yearbook of Central, Eastern, and Southeastern European Women's and Gender History* 中查阅，该期刊由国际妇女历史学家团队于 2007 年推出。第一卷专门介绍关于妇女运动和女权主义的文章以及关于共产主义和女权主义的论坛。*Aspasia* 还用英语发表以其他各种语言出版的书籍的前沿书评文章，以及该地区各国妇女历史史学论坛(例如，参见第 6 卷，2012 年)。介绍翻译中的历史渊源的文章包括：例如，"The Tensions within the Early Twentieth-Century Bulgarian Women's Movement: Introduction and Translation by Krassimira Daskalova with Karen Offen", in *Aspasia*, vol. 9(2015), 113 - 125. 关于 Czechoslovakia，参见 Melissa Feinberg, *Elusive Equality: Gender, Citizenship, and the Limits of Democracy in Czechoslovakia, 1918 - 1950*(Pittsburgh: University of Pittsburgh Press, 2006)。

主义者仍有许多工作要做。丹麦的卡伦·约翰森(Karen Johnsen)给出了一个回答,这个回答可以代表那个时期的许多其他回答。在1937年出版的论文集(1939年出版英译本)中,她指出,即使在1951年宪法赋予了丹麦妇女平等权利之后,丹麦妇女运动的任务也并未结束:

> 除了要努力消除遗留的不合理、不平等之外,妇女运动现在的任务就是确保人们遵守法律赋予妇女的平等地位,确保法律规定能贯彻落实到实际生活中。并且,妇女运动必须尽力抵抗源自法西斯主义和纳粹国家的极端派别,无论它在何处出现,都会迫使妇女(特别是已婚妇女)回到过去不平等的地位。对于丹麦妇女来说,如今获得了法律保障的地位之后,回到过去的状况是不可想象的。[1]

此外,在社会立法方面,正如丹麦妇女委员会主席基尔斯滕·格勒费尔特-塔普(Kirsten Gloerfelt-Tarp)所言,"确实存在一种观点,认为妇女的需求和要求比男人少","例如,妇女的养老金和伤残救济金比男人略低;《国家保险法》规定单身女子的基本养老金为单身男子基本养老金的93％左右"。[2]她断言,妇女的个人需求绝不比男人少。这样的想法在以男性为中心的思想家中产生了新的对女权的抵制,他们将在整个欧洲打造福利国家制度,这最终引发了20世纪40年代末和50年代的改革和社会计划。它将极大地影响计划生育项目的发展和扩大,并为瑞典在20世纪60年代重塑性别角色的行动奠定基础。

---

[1] Karen Johnsen, "The General Legal Status of Women", in *Women in the Community*, ed. Kirsten Gloerfelt-Tarp(London & Oxford: Oxford University Press;最初以丹麦语发表, 1937), p.282。

[2] Kirsten Gloerfelt-Tarp, "Status of Women in Social Legislation", in *Women in the Community*, ed. Gloerfelt-Tarp, p.283.

第十二章　全球化与政治化：
欧洲女权主义的国际行动(1919—1945)[*]

　　欧洲女权主义运动已经深深地与民族—国家的孕育与发展纠缠在一起，既在政治层面，也在经济层面。事实上，在第一次世界大战之后，女权主义者们参与国家政治生活的程度达到了她们十年前梦寐以求的水平。妇女获得选举权，组织社团，参加政党，成为议会选举的代表，并有若干人被任命为内阁部长。

　　1917年，亚历山德拉・柯伦泰(Aleksandra Kollontai)被任命为俄国布尔什维克革命政府的社会福利人民委员会的官员，这开启了女性任职的先例，先是爱尔兰的康斯坦丝・马凯维奇(为爱尔兰共和军的反政府组织工作)，随后是英国的玛格丽特・邦德菲尔德(Margaret Bondfield)(劳工党，1929年)分别担任各自政府的劳工部的负责人。在丹麦，尼娜・邦(Nina Bang)是社会民主党内阁(1924—1926)的教育部部长，这些参政的妇女都不认为自己是女权主义者，但她们分别介入了她们各自所属的民族主义的、社会主义的和劳工党的妇女议题。在市政府工作的女性人数更多，有几个还是主要城市的市长。1939年，在战争再度威胁整个欧洲时，爱尔兰的参议员和革命者遗孀凯瑟琳・克拉克(Kathleen Clarke)被任命为都柏林的市长。

　　* 我要特别感谢桑德拉・赫尔曼(Sondra Herman)、多丽丝・H.林德(Doris H. Linder)、舒拉米特・马格努斯(Shulamit Magnus)和斯坦福大学妇女与性别研究所的学者小组，感谢他们为本章提出许多好的改进建议。我还要感谢莱拉・J.鲁普(Leila J. Rupp)，她同意我查阅她的《妇女的世界》(*Worlds of Women*)的手稿，那时此书尚未出版；我相信她会发现我的资料来源和解释与她的著作起到互补的作用。我还要感谢斯坦福大学和胡佛研究所图书馆收藏的大量纪录片和缩微胶片，以及为我获取这些材料提供极大便利的工作人员的支持。我很遗憾未能在完成本章之前查阅卡罗尔・米勒(Carol Miller)的论文《游说联盟：妇女国际组织和国际联盟》(Lobbying the League: Women's International Organizations and the League of Nations)(博士论文，St. Hilda's College, University of Oxford, 1992)或阅读她在我本章完成之前即将出版的书。

妇女作为名义上获得了完整权利的公民,越来越多地参与政治,甚至被选举进入议会,或进入政党的附属机构,但这些都无法确保终止妇女屈从地位的女权目标能达成实现,甚至无法保证这些目标能作为政治生活的标语口号保留下来。1936年三位法国女性被利昂·布鲁姆(Léon Blum)任命为副部长,领导社会党,任法国人民阵线(French Popular Front)政府的领导人,其中有一位是致力于女权运动和妇女参政运动的领导人塞西尔·布伦施维格(Cécile Brunschvicg)。这个任命依然具有无可限量的象征意义,因为国家是女权主义最早提出政治权力和再现诉求的所在;也是在这里,曾有一位持反对意见的参议员反复地拒绝给予女性投票权,因为担心她们的选举会削弱第三共和国的政府。

在这些部长任命,加上一些女权主义者被提名加入政府委员会,并热切地竞争政府公务员职位的背景下,几位女性被任命为大使,可谓象征性的加冕。匈牙利短命的卡罗利政府(Karolyi government)提名选举活动家萝日考·施维默(Rozsika Schwimmer)为驻瑞士大使(瑞士政府否决了这一提名),苏维埃社会主义共和国联盟把亚历山德拉·柯伦泰送到挪威任外交使节,然后任命她为驻瑞典大使(这个职位使得柯伦泰得以在斯大林大清洗的20世纪30年代幸存下来)。从非常有限的、关切妇女(未必是女权主义)的思维来看,这些任命标志了妇女的存在越来越显著,毕竟,国际关系是个高度男性化、严密地被捍卫的领域。一些同情妇女的政府抓住这些任命的机会,促使其他政府重新考虑他们对妇女的拒绝。无论如何,这些任命慢慢出现;就像笔者在前面章节所揭示的,女权主义的抱负是从男人控制的社会中解放出来,战后的反挫持久而广泛,那些表面上最自由的欧洲社会也不例外。在国家政治领域中能晋升到"顶层"的女性屈指可数,反对妇女进入政府(尤其是高层)的力量,仍然不可低估。

好在那时候还有另一条战线,女权主义者可以在国际层面提出她们的诉求。在20世纪前半叶,一些欧洲国家的妇女活动家把她们的组织活动拓展到国际层面,在一定程度上越过或不受本国政府或政党的控制。美国的观察者夏洛特·珀金斯·吉尔曼(Charlotte Perkins Gilman)于1913年在布达佩斯召开的国际妇女参政同盟(IWSA)第七次双年年会上赞叹道:"女人,历史上第一次,为了社会的福祉而忙碌穿梭于庞大的机构中……这是我们时代才有的现象,其意义无以伦比。"[1]随着委员会委员的胜利交接,从柏林到布达佩斯,经由德累斯顿、布拉格到维也纳,国际妇女参政权联盟的委员会举办了庆贺仪式,她们拉着丝质横幅,迎接中国女权主义者的到来。女权运动迅速成为全球化事务。

　　20世纪20与30年代,欧洲内部出现一些较小的联盟,这促使女权运动在大西洋沿岸地区逐渐扩散。例如,来自希腊、捷克斯洛伐克、南斯拉夫、罗马尼亚和波兰的女权主义者组建了妇女协约会,她们在布加勒斯特(1923年)、贝尔格莱德(1924年)和雅典(1925年)举办会议。[2]女权主义的欧洲中心主义将会进一步被分解,其一是那些来自非西方的中国、日本和印度的、前来参加欧洲会议的参与者和代表广受欢迎;其二是随着妇女议题的交流越来越多,女权主义者在以下国家举办过集会:阿根廷、古巴和尤卡坦、韩国和其他几个中东的发展中民族国家,尤其是埃及和土耳其。1923年,国际妇女参政权联盟委员会在罗马推举埃及的女权主义者胡达·舍拉维(Huda Shaarawi)为副主席。1931年,法国女权主义者组织了第三个女权总参谋部(États-généraux du féminisme),讨论殖民主义的议题;1932年年初,法国选举活动家热尔梅娜·马拉泰尔-塞利耶(Germaine Malaterre-Sellier)在阿尔及利亚的康斯坦丁召集了一个地中海妇女的会议。[3]1935

　　[1]　Charlotte Perkins Gilman, "The Woman Suffrage Congress in Budapest," *The Fore-runner*, 4:8(Aug. 1913), 204.参见上文第七章,关于国际妇女组织的早期阶段以及其跨度,参见 Leila J. Rupp 不可或缺的著作:*Worlds of Women: International Women's Organizations, 1888－1945*(Princeton: Princeton University Press, 1998)。

　　[2]　20世纪20年代,妇女协约会(The Petite Entente des Femmes)至少召开了三次会议。我找到了已出版的1924年会议记录和阿夫拉·西奥多普洛斯(Avra Theodoropoulos)撰写的关于1925年会议的简要报告,发表在《选举权》上[Jus Suffragii, 20:5(Feb. 1926), 69]。据我所知,仍然没有学者对这一群体进行学术研究。在20世纪20年代和30年代,成员国也没有多少关于女权主义活动的学术研究。不过,可以参看 Roxana Cheschebec 关于罗马尼亚女权主义和 Susan Zimmerman 关于匈牙利妇女运动的出版物。

　　[3]　参看 Conseil National des Femmes Françaises, *États-généraux du féminisme, 30－31 Mai 1931*(Paris: CNFF, 1931);以及随后在阿尔及利亚举行的会议,参看 *Jus Suffragii*, 26:6(March 1932), 55, 65 和在马拉特里塞利尔的档案中的阿尔及利亚媒体当代剪报。两者均可在巴黎玛格丽特·杜兰德图书馆(Bibliothèque Marguerite Durand)查阅。也可参看 Marie Bugéja, "Ce qui fut le Congrès des femmes méditerranéennes", *Bulletin de la Société de Géographie d'Alger et de l'Afrique du Nord*, 37, no.132(1932), 544－568。

年,国际妇女联盟(IAW,IWSA 的前身)颇为自豪地举办了三年一度的年会,地点选在欧洲最东边的边缘地带,伟大的古代都城伊斯坦布尔。

　　女权运动的这种动态拓展,在第一次世界大战之前就已经很好地开展了,战争期间也没有停止。欧洲和北美的女权主义者(其组织是妇女和平党)于 1915 年在海牙集会,1919 年又在苏黎世聚会,以反对战争,呼吁和平,抗击军国主义,并为促进妇女充分参与国际性的商业活动而奔走呼号。除了争取选举权和完整的公民权利,女权主义者还在广泛的议程上开展工作,以谋求改变。他们寻求扩展女性受教育的机会(有时候面临抵制);争取彻底改革婚姻法;提出一系列关乎女性就业的建议(尤其是妇女工作的权利和同工同酬问题);促进(或某些情况下是反对)保护性的劳工法的落实,对酒精和药物贸易的规定、对色情管制提出挑战;以及后来命名为反对跨国贩卖妇女和女童的活动。女权主义者也寻求改变那些掌管女性的国籍与公民身份的法律,这关乎那些与外国人结婚的女性;去修正那些歧视性的法律,这些法律削弱非婚生子女的社会地位;实施一些能够增强儿童保护的法律。性教育、家庭计划和那些围绕着计划生育的更具争议性的议题,持续成为女权主义者的议程,这些活动主要在国家层面(偶尔会在国际层面)展开。女权主义者持续努力,倡导裁减军备,呼吁世界和平。

　　20 世纪 20 和 30 年代,一个前所未有的全新的行动形式突然冒出来,代表了妇女解放运动进入了国际层面。在这一拓展的领域,欧洲妇女站在前线。她们有大学专业知识的装备,获得法律、哲学、医药和历史学位的比例逐渐增加。她们(在知识和政治上)的行动直到现在才得到历史学者的恰当记录。在主要提及英国和美国的行动者(她们持续占据英语写作学者解释历史的主流)时,历史学者卡萝尔·米勒(Carol Miller)公正地评价道:"女权主义者开拓国际平台,其工作目的是激发国内的运动,提升妇女的地位。"而不是像有些历史学家如布莱恩·哈里森(Brian Harrison)和理查德·J.伊万斯(Richard J. Evans)曾认为的,是"脱离国内的目标"①。

　　对来自欧洲大陆国家的女权主义者来说,就更是如此。她们的国际行动远不仅仅是对她们在英国和美国工作的补充。第一次世界大战后,

---

　　①　Carol Miller, "'Geneva-the Key to Equality': Inter-War Feminists and the League of Nations", *Women's History Review*, 3:2(1994), 219-245.

在 1919 年的巴黎和平谈判中,在(1919 年 10 月)华盛顿特区召开的第一届国际劳工会议中,她们都取得了一定的成功,这充分说明了女权视角和行动对国际事务的影响。到了 1926 年,一名美国活动家报道了欧洲女权主义在国际联盟发起的倡议,并热情洋溢地宣称:"欧洲的女权运动比美国的有影响力多了。"①

联盟的建立及其分叉路径

第一次世界大战之后的一段时间里,女权运动就像有多个支脉在涌动的岩浆,流向不同的方向,也不同频。它们浩浩荡荡,有时彼此冲撞,争夺路径。有时候,当妇女显然缺乏政治力量去执行她们的书面计划,或者当她们不能动员那些独立的民众支持者,让她们集结在为妇女政治利益整体服务的计划周围,尤其是在政治大众化和党派化的时代,女权主义者会犹疑和退却。显然,不是所有妇女都是女权主义者,不是所有妇女的运动都符合女权主义的目标。在那些妇女已经赢得选举权的国家,即使认同为女权主义者的人群,她们也未能在哪些事项优先、目标是什么、采取什么策略和步骤等方面达成一致意见。那些年,分裂主要在于是否支持保护妇女的劳动法,是否倡导完全平等的法律权利。要在支持与反对者之间寻找沟通的桥梁,异常困难。在哲学的层面上,女权主义与人道主义的冲突随之产生,并格外激烈,本章后面会讨论。

19 世纪后期开始,围绕产业女工具体问题的"女权主义"解决方法,女权主义者与第二国际马克思主义—社会主义者发展成对立状态,其尖锐对立直到布尔什维克革命才得到缓解。在 1919 年国际劳工大会期间,这些差异得到强化,1920 年,随着图尔市(Tours)的共产主义—社会主义民主的分裂,人们对差异更加敏感。1921 年,欧洲社会民主党和劳工妇女建立了国际劳动妇女联盟(IFWW),1919 年和 1921 年,在妇女工会组织组成的联盟的召集下,国际代表大会的举办次数快速增长。国际劳动妇女联盟的目标是"检视所有由国际联盟的国际劳工会议提出的立法议

---

① Constance Drexel, "Feminism More Effective in Europe than America", *Current History*, 24:2(May 1926), 211 – 215.

案",并"促使更多女性劳工在那些关乎工人福利的机构担任职务"①。然而,国际劳动妇女联盟只存在了很短时间。之后国际劳动妇女联盟就被吸纳到社会主义国际(Socialist International)中,就像战前的妇女劳工组织,被以团结之名吸纳到男性主导的工会。

苏维埃社会主义共和国联盟宣称代表劳工妇女(尤其是同为母亲的),另一个认同苏维埃所做努力的国际妇女团体是国际妇女合作协会(ICWG)。这个机构存续时间较长,它由英国的协作者玛格丽特·卢埃林·戴维斯(Margaret Llewelyn Davies)和她的助手们筹建,于1921年在瑞士的巴塞尔成立。在20世纪20年代早期,国际妇女合作协会常常指"母亲国际"(Mothers' International),因为它的成员主要由劳工阶层的家庭主妇和她们的中产阶级支持者组成。这个机构对新的苏维埃政权的发展的回应,远不及它扎根的英国妇女合作协会(WCG)那么深。妇女合作协会在国际化之前几十年,即从19世纪开始,就已经在劳工、母亲的权益等方面努力了。这些妇女并不挑战劳动的性别分工,但坚持妇女工作的重要性,包括作为妻子和母亲的工作,尤其关注妇女作为消费者的角色。她们倡导家庭妇女公开发声,争取法定权利。②在英格兰,妇女合作协会从19世纪80年代起就采用一系列措施,来改善普通女性的生活,包括直接让母亲受益的母职收入,这个议案在第一次世界大战之后的一段时期间获得国际关注,随着妇女选举运动的胜利,工人阶级妇女蜂拥加入合作协会和劳工党。计划生育也列在妇女合作协会的议程之中,在1934年,这个团体甚至签名赞同堕胎合法化。这个国际妇女合作协会的上级机构妇女合作协会也对和平和裁减军备等议题抱有浓厚兴趣,在1938年资助了一个在日内瓦的国际妇女委员会,反对日益逼近的战争。

20世纪20和30年代,在欧洲的国际女权行动中,极其重要的枢纽

---

① 转引自 Carol Riegelman Lubin & Anne Winslow, *Social Justice for Women: The International Labor Organization and Women*(Durham: Duke University Press, 1990), p.32。

② 从英国的视角深入了解 IFWW 和 ICWG,参看 Pamela M. Graves, *Labour Women: Women in British Working-Class Politics, 1918 - 1939* (Cambridge: Cambridge University Press, 1994),以及收录于以下文集的文章:*Women in the Labour Movement: The British Experience*, ed. Lucy Middleton(London: Croom Helm, 1977)。同时参看 Naomi Black, "The Mothers' International: The Women's Co-Operative Guild and Feminist Pacifism",收录于 *Women's Studies International Forum*, 7:6(1984), 467 - 476。

是国际妇女委员会。20 世纪 20 年代,国际妇女选举权同盟(国际妇女参
政同盟)重新调整为国际妇女联盟(IAW),最新成立的是国际妇女争取和
平与自由联盟(WIL)。

　　每个机构定期在欧洲城市举办会议,通常是每年交替举办,人事上偶
尔会共用。20 世纪 20 和 30 年代,机构执行官员固定在巴黎和伦敦聚
会,但会议在欧洲各个城市举办(奥斯陆、维也纳、杜布罗夫尼克、爱丁堡、
日内瓦、罗马、柏林、哥本哈根、恩特拉肯、苏黎世、维也纳、都柏林、布拉
格、格勒诺布尔、卢哈科维奇、卢森堡),偶尔会在北美(华盛顿特区、费
城),以及绝无仅有的,1935 年国际妇女争取选举权和平等公民权联盟的
会议在伊斯坦布尔举行。

　　一如历史学家利拉·J.鲁普(Leila J. Rupp)所分析的,这三个国际妇
女组织紧密协作;她们的领导者大部分相互熟悉,经常友好互动。①从实
际操作层面来看,这三个组织树立了三个独一无二的组织范例。国际妇
女委员会资历最老,是妇女组织的松散联盟,国内的行动严格交由下属的
国内委员会来发起。对于国际事务,20 世纪 20 和 30 年代,国际妇女委
员会主要聚焦于拐卖妇女和已婚妇女的国籍问题,这些问题根据国境界
限明确区分开来。更具体的是"政治的"国际妇女参政同盟/国际妇女争
取选举权和平等公民权联盟/国际妇女联盟,它们于 1904 年成立,成为国
际妇女委员会派生的"女儿",聚焦于争取妇女选举权。选举赢得胜利之
后,国际妇女委员会在某种程度上发生身份撕裂的问题,一些国家机构的
代表想"超越选举"关注其他问题,而其他国家还没有获得选举权。
1926 年,她们更改了机构名称和工作指引,国际妇女委员会组织了委员
会,聚焦于和平与国际联盟,资助了一系列"一月会议",主题是"战争的起
因与疗愈"(Cause and Cure of War)。国际妇女争取和平与自由联盟是
第一次世界大战之后形成的,是妇女和平党快速发展的结果,是国际妇女
参政同盟的派生组织,组织了 1915 年和 1919 年的妇女和平代表大会(第
九章已论及),国际妇女争取和平与自由联盟可谓"孙女辈"。这三个组织

---

　　①　参看 Rupp, *Worlds of Women*, and Rupp, "Constructing Internationalism: The Case
of Transnational Women's Organizations, 1888 - 1945", *American Historical Review*, 99:5
(Dec. 1994), 1571 - 1600。

中,国际妇女争取和平与自由联盟是唯一设定政策的,历史学家乔·维拉科特(Jo Vellacott)认为,她们是在"跨国"层面进行组织,并期待它附属的国别"部门"跟随其领导,以多样化的创新活动来倡导和平与自由。①虽然这些机构的主席都是美国或英国人占主导,但这些国际理事会的大部分成员和大部分活跃的工作者都是来自欧洲大陆的女权主义者。

　　1925 年,这三个机构与其他人一起建立了妇女国际机构联合常务委员会(Joint Standing Committee of Women's International Organizaions),目标是让更多妇女能够参与到国际联盟和国际劳工组织的事务之中,同时游说那些关注妇女议题的机构。法国的埃弗丽尔·德·圣克罗伊夫人(Madame Avril de Sainte-Croix)长期活跃于国际女权事务,是这个联合委员会派去国际联盟的官方代表。国际妇女组织联络委员会于 1931 年成立时,它还吸纳了一些其他组织,这些国际化的成员组织表明了它拓展到欧洲之外的雄心。它包含的机构有:国际商业与职业妇女联合会,国际大学妇女联合会,国际妇女法官和律师联合会,圣女贞德社会与政治联盟和世界基督教妇女禁酒联盟,世界基督教女青年协会。其他的没有成为联络委员会的代表,包括国际妇女合作协会(前面曾提及),几个国际天主教妇女的社会行动团体,国际平等权利组织,美洲妇女委员会,全亚洲妇女会议。到了 1936 年,根据玛德琳·博伊(Magdeleine Boy)的博士论文,在"女权主义"的红字标题下,20 个这样的团体出现在国际联盟最新近的国际组织名录中。②这个"国际间的"女权主义组织,就像荷兰女权主义者维莱明·亨德丽卡·波斯蒂默斯-范·德戈特(Willemien Hendrika Posthumus-van der Goot)所指称的,将会在接下来的一些年里做出重要的贡献。③

　　①　对这个"跨国"术语的讨论,参看 Jo Vellacott, "'Transnationalism' in the Early Women's International League for Peace and Freedom",收录于 *The Pacifist Impulse in Historical Perspective*, ed. Harvey L. Dyck(Toronto: University of Toronto Press, 1996), pp. 362 - 383。Francesca Miller 在 *Latin American Women and the Search for Social Justice*(Hanover & London: University Press of New England, 1991)中也谈到跨国主义。

　　②　参看 Magdeleine Boy, *Les Associations internationales féminines*, thèse de doctorat, Faculté de Droit, Université de Lyon(Lyon: Imprimerie Paquet, 1936)。

　　③　Willemien Hendrika Posthumus-van der Goot, *Vrouwen vochten voor de vrede*(Arnhem: Van Loghum Slaterus, 1961), p.209;翻译收录于 *Politics and Friendship: Letters from the International Woman Suffrage Alliance, 1902 - 1942*, ed. Mineke Bosch with Annemarie Kloosterman(Columbus: Ohio State University Press, 1990), p.177。

日内瓦的女权行动:国际联盟与国际劳工组织

20 世纪 20 年代,女权主义团体的国际行动有两个主要渠道,它们是新成立的国际联盟和国际劳工组织,总部都设在日内瓦。它们都鼓励妇女积极参与各种活动,这要归因于 1919 年的《凡尔赛和约》成功地把这一议案纳入国际联盟条约的第 7 条,这是由欧洲和美国的女权主义者促成的。"所有联盟下属的或与联盟关联的职位,包括书记处,都应该平等地开放给男人和女人。"①国际妇女参政同盟的主席,玛格丽·科贝特·阿什比(Margery Corbett Ashby)称赞这个有力的表述是"联盟中关于妇女的伟大篇章"②。

国际联盟的东道主国瑞士享有欧洲最好的自然美景,却一再延迟给予妇女选举权和完整的公民权,直到 1971 年,瑞士的联邦层级才落实它。埃米莉·古尔德(Emilie Gourd)问道:"为什么会这样? 在民主体制和社会改革方面,瑞士毫无疑问是最先进的国家之一,为什么在妇女政治权利方面却如此落后?"③1918 年 11 月,瑞士的社会主义者支持妇女选举,并且选举活动家要求全面修正瑞士联邦宪法,以支持妇女选举;这些要求被驳回,而地方决策反对妇女选举权的建议则被采纳。在 1920 年 6 月,国际妇女参政同盟在日内瓦举办世界代表大会,以激发支持解放的热情,但在 1919 到 1921 年间,包括日内瓦在内的六个瑞士的州,都彻底否决了地方妇女选举的议案。④

瑞士女权主义者人数不多,但相当活跃,她们在国内和国际都是如

① Treaty of Versailles, Article 7, as reprinted in *Major Peace Treaties of Modern History 1648-1967*, ed. Fred L. Israel, 2 vols. (New York: Chelsea House Publishers, 1967), 2: 1277.

② Margery Corbett Ashby, in *Women at Work in the League of Nations*, ed. D[orothea] M[ary] Northcroft(London: Page & Pratt, Ltd., 1923), p.1.同时参看 Ki-Tcheng, *La Femme et la Société des Nations*, published thesis, Faculté de Droit, Université de Paris(Paris: Presses Modernes, 1928)。此外,我还参考了 Jahrbuch für Schweizerfrauen/Annuaire des femmes suisses 年刊中关于国际女权主义活动的优秀报告。

③ Emilie Gourd, "Switzerland", *Jus Suffragii*, 8:7(1 March 1914), p.78.

④ 详情参看 Sibylle Hardmeier, *Frühe Frauenstimmrechtsbewegung in der Schweiz (1890-1930): Argumente, Strategien, Netzwerk und Gegenbewegung* (Zurich: Chronos, 1997)。

此。1920年,瑞士妇女委员会的主席宝琳·沙波妮尔-夏克斯(Pauline Chaponnière-Chaix)当选为国际妇女理事会的主席;她的女同胞,来自苏黎世的克拉拉·拉加兹(Klara Ragaz)在国际妇女争取和平与自由联盟担任过一系列重要的领导职位。但从一开始,瑞士妇女在本国就缺乏完整公民权,这给日内瓦的女权主义行动投下了阴影。日内瓦是卢梭的出生地,也因此知名。有若干来自国际联盟和国际劳工组织的男性代表和官员反对妇女选举权,更是雪上加霜,阻碍了女权主义者才能的发挥及目标的达成。

女权主义行动者热情地拥抱国际联盟和国际劳工组织的成立。她们在日内瓦建立各种合作关系,她们抓住每一个可能的机会,关切所有相关的议题。所谓相关议题,包括国际联盟的海事委员会(Maritime Committee)的司法权(这包括政府是否有权在港口城市开设妓院的权限)和授权委员会(Mandates Committee)(它可以提议妇女在边境的身份地位问题,这些边境由国际联盟任命的官员监控)。国际妇女争取和平与自由联盟甚至在日内瓦建立了固定的总部,配有办公室和职员,关注国际联盟总部的事务并寻求影响他们的行动。国际妇女争取和平与自由联盟的国际办公室成了活跃在国际上的女权主义者联络的聚会点。

国际联盟在国际合作中吸收了一些早期激进的方式。一开始,联盟似乎大有前途,不仅是追求世界和平、促进劳工—资本沟通的平台,而且也要保护妇女的权益。除了战败国,大多数欧洲国家迅速成为会员国,并派送代表到日内瓦。德国、奥地利和匈牙利随后加入,新成立的苏维埃社会主义共和国联盟也是如此。

国际联盟的秘书处和代表大会为政治行动提供了机会,女权主义行动者迅速参与其中,即使她们抱怨官员和代表中女性太少。她们的成功可见于D. M.诺思克罗夫特(D. M. Northcroft)所出版的几本系列的小册子《国际联盟中的妇女行动》(*Women at Work in the League of Nations*,1923、1926、1927),也可见于国际女权主义的一些刊物中。一开始,三个日耳曼国家都派出妇女到日内瓦,作为国际联盟联合大会的代表或技术顾问。亨尼·福克哈默(Henni Forchhammer)长期(1913—1931)担任丹麦妇女委员会的主席,她作为技术顾问为丹麦的代表服务了很多年,她也是国际妇女理事会的执行董事。她在反对拐卖妇女儿童的领域工作。克里斯蒂娜·波内维(Kristine Bonnevie)博士是动物学教授,也是妇女权利活动家,她任挪威的长期增补代表。她被任命为知识合作委员会(Commission on Intellectual Cooperation)的成员,一起的还有法国物理学家和诺贝尔奖获得者玛丽·居里。谢斯廷·赫塞尔格伦(Kerstin Hesselgren)是瑞典的长期增补代表,安娜·布格·维克塞尔(Anna Bugge Wicksell)全程作为联合大会的代表,工作了很长时间,能这样长期参与的只有几位女性。维克塞尔在20世纪30年代的工作中扮演着关键角色,以确保联盟支持全球妇女地位调查的项目。

　　20世纪20年代,其他女权主义者作为国家代表加入国际联盟的代表大会。海伦娜·斯旺尼克(Helena Swanwick)长期为选举权与和平而行动,且是《外交事务》(Foreign Affairs)杂志的编辑,她两次(1924、1925)被英国的劳工党政府任命为代表。随着德国的加入,在20世纪20年代,格特鲁德·博伊默(Gertrud Bäumer)博士作为德国代表担任技术顾问。1931年,选举活动家克拉拉·坎波阿莫(Clara Campoamor)担任代表,她是西班牙新当选的共和党的国会成员。在1933年,热尔梅娜·马拉泰尔-塞利耶作为法国代表担任技术顾问。1935年,亚历山德拉·柯伦泰还是被派到瑞典的苏维埃社会主义共和国联盟大使时,就成为联盟代表大会的替补代表,那是1934年,苏联政府刚加入联盟。阿尔伯特·阿伯尼(Albert Apponyi)伯爵夫人代表匈牙利。在1938年,博迪尔·贝格特鲁普(Bodil Begtrup)成为丹麦代表成员。在日内瓦,贵族与社会民主党员坐在一起,来自完全不同背景的妇女一起工作,为她们共同的目标而努力。

　　来自立陶宛新政府的加布丽埃勒·拉齐维尔(Gabrielle Radziwill)公主关切女权议题,她成为联盟秘书处的雇员,而雷切尔·克劳狄(Rachel Crowdy)夫人担任分部的领导。几位法国女权主义者,如玛格丽特·维特-施伦贝格尔和埃弗丽尔·德·圣克罗伊夫人由政府任命参与到联盟的委员会中,而其他人,例如加布里埃·杜尚(Gabrielle Duchene)、安德烈·茹夫(Andrée Jouve)(她是国际妇女争取和平与自由联盟的法国分部的负责人)也积极地参与到国际工作中。历史学家西恩·雷诺兹(Siân

Reynolds)评论这些事业上野心勃勃的(但依然没有选举权的)女性时说道:"法国的妇女被国家政治排除在外,她们怀着从绝望中生出的力量,参与到国际事务中。"她还指出:"结论是,妇女出现在日内瓦,是对参与国内政治的一种替代表达。"①

在 20 世纪 30 年代,国际联盟出版的系列读物反映了女权运动给政治施压所取得的一些进展——不仅让联盟了解妇女事务,而且确保了与联盟的合作,她们的努力也得到了有效的宣传。到了 30 年代末期,国际联盟的出版物包括了各类题目:妇女的和平使命、已婚妇女的国籍和全球妇女地位问题。②

根据章程,国际劳工组织是与战后各种条约一体的,它与国际联盟对接,也开放给非国际联盟成员的国家。国际劳工组织创设了独特的三角结构,由政府、雇主和雇员组成。雇员主要是工会的代表。实际上,男性主导的工会利益有效地控制了国际劳工组织的议程。

国际劳工组织的委任条款(见于《凡尔赛和约》的第 395 条)明确地规定,日内瓦总部的员工招聘要兼顾男女。日内瓦总部就是人们熟知的国际劳工办公室(Bureau International du Travail)。(感谢女权主义者的坚持)国际劳工组织明确要求,为了表示对妇女就业议题的重视,成员国委派的技术顾问应该包括专业女性,而且应该鼓励这些女性在本国担任劳工监事的职责。尽管有这些平等机会措施,很多国际劳工组织官员和代表依然坚持主流的工会和雇主的观点,相信男人应该养家糊

---

① Siân Reynolds, *France Between the Wars: Gender and Politics* (London: Routledge, 1996), p.188.

② 这些出版物包括:(1) *Collaboration of Women in the Organisation of Peace. Report by the Secretary-General, 25 August 1932*; (2) *Collaboration of Women in the Work of the League. Report by the Sixth Committee[Kerstin Hesselgren, rapporteur], 10 October 1932*; (3) *Nationality of Women. Report of the Secretary-General on the Information Obtained in Execution of the Resolutions of the Assembly and the Council* (1934); (4) *Nationality and Status of Women. Statements Presented by International Women's Organisations, 30 August 1935*; (5) *Status of Women. Communications from Governments and Women's International Organisations since September 27th, 1935* (1936); (6) *Status of Women. Report submitted by the First Committee, 25 September 1937[rapporteur, Kerstin Hesselgren]*; and (7) *Committee for the Study of the Legal Status of Women. Report on the Progress of the Inquiry* (adopted on January 10th, 1939)。

口而且要占据权威的职位。因此，尽管他们选择"接纳"，但国际劳工组织的女性职员想要推动什么并不容易。国际劳工组织研究者玛格丽特·蒂贝尔(Marguerite Thibert)从未有机会担任国际劳工组织某个部门的领导，即使她工作异常勤奋，有法国博士学位，历史专业，致力于妇女问题。

　　女权运动最感兴趣的条款，是国际劳工组织章程(《凡尔赛和约》第427条)所陈述的："秉持男人和女人的工作得到同等价值和同等酬劳的原则。"①实际上，要测定"同等价值"是非常困难的。这个庄严的宣誓——如今我们称之为可比较价值原则——虽然非常重要，但总是让位于国际劳工组织其他议程，尤其是劳工保护和劳工法规。尽管如此，国际劳工组织研究和报告很快就出了简报《国际妇女劳工保护》(*International Protection of Women Workers*, 1921)。到1931年，一个更庞大的研究成果是《妇女劳工法规》(*The Regulation of Women's Work*)，1939年则出版了厚厚的长达570页的《法律与妇女的工作：妇女地位研究》(*The Law and Women's Work：A Contribution to the Study of the Status of Women*)，这本书是与国际联盟调查妇女法律地位的工作联手的(后面会更详细地谈到)。国际劳工组织的研究者敏锐地意识到，妇女劳工议题有一些相互冲突的政策，她们的观察体现在国际劳工组织的各种出版物上，包括在《国际劳工评论》上的文章。挪威的代表于1919年撰写了劳工立法中的绝对平等原则的导论，1921年的报告对此评论道：

　　　　[1913年]是国际劳工会议上第一次出现了本质上是女权主义的原则。在那之前，为较弱势的成员提供特别保护的条款从未被质疑过。从那之后，开始有人特别强调男人和女人的平等竞争，他们不愿意把妇女置于更低的经济地位，仅仅是为了确保她们从劳工组织中获得一点物质利益，而摧毁平等原则。②

―――――――――

　　① Treaty of Versailles, Art. 427(ILO CHARTER), paragr. 7; repr. in *Major Peace Treaties*, ed. Israel, 2:1523.

　　② International Labour Office. *The International Protection of Women Workers*, Studies and Reports, ser. I, no.1(Geneva, 1921), p.4.

挪威从国际劳工组织撤出了一段时间；国际劳工组织坚持在立法上对妇女差异对待，这是挪威反对的议题之一。

国际劳工组织（于 1919 年）召开成立会议，随后出台《华盛顿公约》(Washington Convention)，这份文件把 1906 年《伯尔尼公约》禁止妇女夜晚工作的条款重新写进去，并在关乎妇女就业问题上赞同其他形式上的"保护性"立法。女权主义者对国际劳工组织和它的政策进行了密切和持续的监测。①一份于 1924 年完成的学术研究，是由年轻的法国律师和妇女权利活动家安德莉·莱曼(Andree Lehmann)写成的《关于妇女就业的法律规定（比较立法研究）》[*De la règlementation légale du travail féminin*(*Étude de législation comparée*)]，书中列出了立法的比较参数、国际上正在执行的法规，讨论女权主义如何重塑这两个议题。这本著作题献给国际妇女理事会的活动家玛丽亚·韦罗内，玛丽亚既是律师，也是妇女权利组织的法国联盟的主席。莱曼认为，性别差异不应该把女性建构为低人一等的，其中，工作的权利是最神圣的权利之一，对女人和男人都是如此。

1919 的《华盛顿公约》在很多人看来是无法接受的，这些人包括法国和英国的激进个人主义者、"平权运动者"、女权主义者。她们对曾经发生的一切记忆犹新——战后被大规模裁员的妇女劳工的义愤；20 世纪 20 年代，法律禁止女性进入某些职位，她们曾激烈反抗。她们持续并强烈地反对那些限制女性就业的法规，挑战那些引导性的假设，即认为限制（没有夜班，限制工作时间）是必须的措施，这样，"妇女劳工"（保护主义者假设她们都是结婚生子的）就能合理地承担家务和照顾孩子的责任。她们反对限制的理由是，妇女应该自由地选择她们的生活，以合适的方式，做她们想做的事情。持工作中不受限制的平权和平等机会的激进观点者，大部分是单身的、中产阶级的、受过专业训练的女性，她们反对职场中

---

① 参看 Mary E. Daly, "'Fanaticism and Excess' or 'the Defence of Just Causes': The International Labour Organisation and Women's Protective Legislation in the Inter-War Years", 收录于 *Chattel, Servant or Citizen: Women's Status in Church, State, and Society*, ed. Mary O'Dowd & Sabine Wichert[*Historical Studies, XIX*] (Belfast: The Institute of Irish Studies, The Queen's University of Belfast, 1995), pp. 215 - 227。

普遍存在的性别分隔。[①]

《华盛顿公约》的支持者中,有的是"关系型"(relational)的女权主义者,她们同情那些女性劳工日常生活的困难,这些劳工也是妻子和母亲,她们从妇女具体的权利去思考问题,认为女性这一特别性别有着特别的社会责任,有能力对社会起到特别的贡献。很多这类女权主义者在劳工运动中非常活跃,并在某些方面同情团结主义者(solidarist)、社会主义者或提倡共产主义的思想。她们坚定地认为保护性立法任何时候都有必要。1923年,国际社会主义妇女大会在汉堡举行,会议的领导者更加激烈地支持保护母职的鼓励性条款。比左翼更进一步,同情共产主义的人们,例如法国的马德莱娜·韦尔内(Madeleine Vernet)提出的要求是,政府应该把母职建制化,视之为国家的"社会功能"而给予酬劳,与男人参军的义务相提并论。一些欧洲女权主义者对这些问题进行了长久的论辩(前面的章节已论及),这些议题在俄国革命之后获得了一个全新的、高度政治化的语境。其他支持母职的人,如在英国的朵拉·罗素(Dora Russell)于1925年提出,母职应该被看作"工作"——"所有行业中最危险、最被忽略和最受轻视的工作"[②]。

在法律和经济平等方面,女权主义者们的观点非常不同,且各自立场坚定,尤其在国际劳工组织内部,显而易见的偏见很快就发展成为公开的敌对,尤其是在1923年(罗马)和1926年(巴黎)的国际妇女参政同盟世界代表大会上。这些敌对显明了各方意见相左,不仅是对某个议题的战略和策略有不同意见,而且是关于女权主义核心目标不同,在达成其目标的最佳方案方面也完全不同。基于美国的全国妇女党(它的领导者对妇女的平等持激进平等主义的立场)尝试加入国际妇女参政同盟作为其下

---

① 英国"平等权利"倡导,参看 Barbara Caine, *English Feminism, 1780 - 1980* (Oxford: Oxford University Press, 1997), Chap. 5, "Feminism and the Woman Citizen in the Interwar Years";她们的法国同行 Vérone and Lehmann 的倡导,参看 Laurence Klejman & Florence Rochefort, *L'Égalité en marche: Le Féminisme sous la Troisième République* (Paris: des femmes, 1989);以及 Christine Bard, *Les Filles de Marianne: Histoire des féminismes, 1914 - 1940* (Paris: Fayard, 1995)。

② Dora Russell, *Hypatia, or Woman and Knowledge* (New York: E. P. Dutton, 1925; orig. publ. London: Kegan Paul, 1925), p. 67.

属机构,对此,已经是下属机构的妇女选举联盟(它的领导者支持保护性立法)反对这一举动。《纽约世界报》的头条刊登了这一争议:"反对妇女参政的妇女去巴黎游行,女权主义是真正的议题。"[1]在民权和政治法律领域的激进平等是一回事,工作中的完全平等则显然是更加复杂的议题。妇女们想要什么? 她们需要什么? 谁为这些妇女发言? 女权主义者为哪些妇女发言? 在前一个世纪,女权主义者们并不需要回答这些问题。讽刺的是,反对女权声音的爆发,乃是女权主义者迄今所取得的成就的产物。

实际上,保护性立法问题导致了女权的分裂,导致 1926 年巴黎会议成立了两个国际团体:门户开放国际(Open Door International)(1929 年)反对针对妇女的保护性立法,平权国际(Equal Rights International)(1930年)支持无保留的立法平等,包括工作中的平等。平权国际由英国和美国的个体主义女权主义者组成(分别附属于她们各自国家的六点团体和全国妇女党)。她们坚持在法律上拥有"与男人同等权利",工作中无歧视对待。他们在国际联盟的框架内追求平等权利条约(Equal Rights Treaty),同时,她们的对手,包括大部分我们可称之为相对女权主义者的群体,强烈支持对母亲的保护,给母亲增加权益,尤其是被雇佣的母亲,她们强调要认可女人独一无二的境况,尊重生育。这些人坚持保留《华盛顿公约》设定的保护性立法的标准。

然而,到了 20 世纪 30 年代,论争的基础发生了变化。从 1929 年开始,受世界经济大衰退的影响,矛头转向了妇女就业。1931 年年底,杰出的科学家如法国的生理学家和诺贝尔奖获得者夏尔·里歇特(Charles Richet)呼吁把妇女从职场中强制驱逐出去,以解决法国的出生率危机和男性就业不足的问题,女权主义活动家激烈反对。[2]受过学术训练的女权主义者,如法国的律师苏珊娜·格林伯格(Suzanne Grinberg)、经济学家费尔南德·陶里亚克(Fernande Dauriac)、国际劳工组织的玛格丽特·蒂

① *New York World*, 26 May 1926; clipping quoted by Rupp, *Worlds of Women*, ms. p. 263.关于美国人有关这些议题的讨论,参看 Nancy F. Cott, *The Grounding of Modern Feminism*(New Haven: Yale University Press, 1987)。

② 参看 Karen Offen, "Body Politics: Women, Work and the Politics of Motherhood in France, 1920 - 1950", in *Maternity & Gender Policies: Women and the Rise of the European Welfare States, 1880s - 1950s*, ed. Gisela Bock & Pat Thane(London: Routledge, 1991), pp. 138 - 159。

贝尔（Marguerite Thibert）驳斥那些认为妇女占领了"男人的工作"的观点，她们拿出已经出版的、证据确凿的妇女就业研究，显示妇女的就业从20世纪初期开始没有增加，相反，是被重新分配了，越来越多的妇女进入第三产业（服务业）。

　　为了安抚"竞争"的幽灵，1933年，蒂贝尔在国际劳工组织的《国际劳工评论》上发表了一篇很有影响力的文章，这篇文章以极度量化的语言指出，在绝大部分个案中，女人和男人竞争的不是同一工作；她尖锐地指出，实际上，除了公务员职位，大部分在职女性所从事的工作都不是男人想要的。[①]她从欧洲一些国家和美国的文献中引用了大量资料，证明了禁止妇女从事有酬劳工作的措施（尤其是已婚妇女）最终适得其反，不会为男人创造工作，而实施同工同酬和让妇女更容易获得失业救济，会远不止解决他们面对的问题。蒂贝尔坚持认为，"如果（把妇女从职场驱逐出去）看作解决失业问题的方式"，"必须设定工作的权利，自己工作养活自己的权利只是给人类中男性这一群体的特权，而不被看作人类的基本权利"[②]。在国际劳工组织的世界里，蒂贝尔可谓最坚定地坚持这一观点。尽管她的观点非常在理且有大量文献证据支持，几个政府（例如保守的天主教掌握较大政权的比利时）还是坚持公布（事实上没有强化）了规则，要求优先雇佣男人。

　　除了妇女就业问题，日内瓦的女权主义者关注的第二个脉络是卖淫业管制和跨国拐卖妇女儿童问题。根据国际联盟建立时的约定（再次感谢女权主义联盟1919年的游说），它是承担这个棘手问题的权威机构。从某种意义上说，这一议题朝着建制化的方向发展，并拓展到遍及欧洲，形成抗击卖淫业管制的运动，第一次世界大战之前，这由国际废奴联盟领导，这一机构由约瑟芬·巴特勒（Josephine Butler）于19世纪70年代中

---

　　① 　Marguerite Thibert, "The Economic Depression and the Employment of Women", *International Labour Review*, 17:4(April 1933), 443-470, and 17:5(May 1933), 620-630.关于 Thibert 非凡的经历，参看 Françoise Thébaud, "What is a Transnational Life? Some Thoughts about Marguerite Thibert's Career and Life(1886-1982)",收录于 *Gender History in a Transnational Perspective: Networks, Biographies, Gender Orders*, eds. Oliver Janz & Daniel Schönpflug(New York & Oxford: Berghahn, 2014), pp.162-183。

　　② 　Thibert, "Economic Depression"(part 2), 621.

期创立。1900 年起,国际妇女理事会的领导们承担起这一议题的大部分工作,如今主要依靠新联盟去承担。

这表面上是欧洲各国地方性的问题,在 1910 年的《禁止贩卖白奴国际公约》中再次强调,这个问题的解决需要国际联手,最终有 12 个欧洲国家签署,巴西也签署了这一公约。1913 年 6 月底 7 月初在伦敦举办的禁止贩卖白奴第五次国际代表大会中,欧洲和美国的女权主义者协力宣告,商业目的的卖淫是重罪,并要求各国政府建立机制,对这一问题进行调查。1914 年,一项坚实而又深入的调查出现了,《欧洲的卖淫业》出版,这是由亚伯拉罕·弗莱克斯纳(Abraham Flexner)代表纽约社会卫生署进行的调查。弗莱克斯纳强调,妇女地位的低下,加上社会对男人混乱的性生活无条件的容忍["男人本性难移(boys will be boys)"的态度],恶化了欧洲卖淫问题,然而,政府的管理和政府批准的妓院并没有为解决问题提供满意的答案。[1]

1920 年,国际联盟的联合大会敦促所有成员国的政府关切国际拐卖人口拉动卖淫业的问题。这个调查揭示,在诸多措施中,很多国家没有按照 1910 年的公约所提议的把女孩性同意的年龄提高到 20 岁这一标准来执行。国际妇女理事会也参与到"白人"奴隶的议题中,提出性奴隶不仅仅是白人,并提出要重新定义这一议题。据此,在 1921 年 6 月,国际联盟在日内瓦举办了一个由 34 个成员国代表参加的会议,会议提出了这个问题。官方词汇中,"拐卖妇女儿童"这个词取代了"白奴贸易",也由此重新定义了这个问题的框架。词汇的改变确认了卖淫的问题,关注的是全球不同种族和族裔的妇女被剥削的问题。因此,问题不仅仅关系到市政当局对妓女的监管,还关系到最近在埃及的亚历山大港和塞得港等港口城市,以及印度,为欧洲人的性交易而建立的受法律保护的治外法权地区(即人们所熟知的人头税)。会议的其他成果包括重新讨论了结束国家管制卖淫业的问题,并最终在 1925 年大多数与会者批准了这一国际公约。

但问题并没有完全解决。国际妇女联盟(其前身是国际妇女参政同盟)也在性交易问题上立场坚定。尤其是埃及的女权主义者,她们把国际

---

[1]　Abraham Flexner, *Prostitution in Europe*(New York: Century, 1914).

妇女联盟作为平台,以此来抗击她们国家受保护的治外法权地区的卖淫。萨伊扎·纳巴拉维(Saiza Nabarawi)在巴黎国际妇女联盟代表大会的致辞中提到:"所有我们政府采取的(抗击卖淫)措施中,从一开始就注定是失败的,因为他们豁免了人头税。"[1]

　　国际联盟的咨询委员会,承诺解决有组织的国际性交易问题的一些人[美国代表格蕾丝·阿尔伯特(Grace Abbott)博士是先导人物]呼吁更具体的调查。其结果是新任命了一些专家,在 1927 年早期签署了一份由两部分组成的长报告——《关于贩卖妇女儿童的特别专家团报告》(Report of the Special Body of Experts on Traffic in Women and Children)。这些调查者试图超越政府提供的资源,确保直接从卖淫业从业者如皮条客、鸨母、拐卖者、妓女等的手中获得第一手信息。在调查者看来,这个行业显然与毒品酒精交易、淫秽品出版业密切相关,并紧密联系着女性无法从工作中领到足够薪水的问题。这份报告揭示,国际拐卖包含了从欧洲偷运妇女到中美洲和南美洲,从欧洲到中东,尤其是埃及:

> 这些事实……显示,国际拐卖妇女依然是一个肮脏的现实,它持续地消解政府和志愿机构打压它的努力。它花样百出,以各种形式制约妇女。在未来,社会依然受到拐卖妇女的威胁,我们需要付出更大的努力。[2]

国际拐卖妇女这根难啃的骨头持续激起女权主义者的义愤,直到如今仍是如此。

全球妇女地位调查

　　女权主义者在国际联盟发起的众多活动中,最令人印象深刻的,无疑

---

① Saiza Nabarawi;转引自 Margot Badran, *Feminists, Islam, and Nation* (Princeton, N. J. : Princeton University Press, 1995), p.200。

② League of Nations, *Report of the Special Body of Experts on Traffic in Women and Children,* pt.1(Geneva, 1927), p.45. In addition,参看 H[enry] Wilson Harris, *Human Merchandise: A Study of the International Traffic in Women*(London: Ernest Benn Ltd. , 1928).

是在 20 世纪 30 年代中期劝说联盟代表们进行全球妇女地位调查。历史学家卡萝尔·米勒公正地指出："这是妇女团体取得的真正成就,去说服联盟的国家代表,让他们理解妇女在社会中的地位是一个值得国际关注的问题……在两次大战之间,妇女团体彻底地挑战了这样的概念——妇女地位仅仅是'国内'问题。"[1]利拉·鲁普表示赞同："通过国际联盟,女权主义的国际主义者们成功地把她们的议题纳入国际议程……参与进去很重要。"[2]参与进去意味着女权主义者可以有效地对各国代表进行政治施压,很多代表是国家总理或其他政府高官;参与进去使女权主义者有斡旋的机会,进而对国际机构产生影响。参与进去使女权主义者有机会在论坛上发表意见,又得益于国际报纸、电台和新式的纪录片对联盟行动者的报道,正确的声音能够得到放大。

尽管反复出现挫折和回潮,到了 20 世纪 30 年代中期,来自两个半球的女权主义者们依然取得了辉煌的成功,把妇女的解放议程纳入国际联盟的框架中。20 世纪 30 年代早期的国际联盟的会议中,欧洲女权主义者就会议有关国籍和国际法的编撰问题,希望大会接受已婚妇女享有独立国籍的原则。这一尝试失败之后,欧洲女权主义者与来自拉丁美洲和美国的同伴联手,施压要求国际联盟资助对妇女的法律地位进行对比调查研究。她们得到了泛美提高妇女地位联合会(1922 年成立于巴尔的摩,隶属于泛美联盟)的鼎力相助。随后,活动家们把它归属于美洲妇女委员会(IACW)。美洲妇女委员会于 1928 年在第六次美洲国际会议期间在哈瓦那成立,主席是美国活动家多丽丝·史蒂文斯(Doris Stevens),她立即发起了对拉丁美洲的妇女地位的调查,并对这些国家施压,要求它们实施《平等权利法案》。在 1933 年的美洲会议上,美洲妇女委员会成功地劝说参与会议的国家,支持妇女平等权利和独立国籍的议案,独立国籍又称为《蒙得维的亚妇女国籍公约》(Montevideo Convention on the Nationality of Women)。以上措施,加上《蒙得维的亚平等权利公约》,为国际联盟争取妇女完整的法律地位提供了撬动的楔子和执行的标准。最

---

[1] Miller, "Geneva—The Key to Equality", p. 238.

[2] Rupp, *Worlds of Women*, pp. 210, 215.

终,这一举措将直接对抗自 1919 年以来植根于国际劳工组织的保护主义女权主义政治。

1935 年 9 月国际联盟联合代表第十六次会议期间,妇女国籍和妇女地位的议题在深具威望的(制度的和法律的问题)第一委员会中得到了广泛的讨论。在一个交流活跃的环节,第一委员会听取了联盟行动的支持陈述,参与者包括(丹麦)亨尼·福克哈默、苏维埃社会主义共和国联盟的亚历山德拉·柯伦泰、(挪威)约翰妮·雷于茨(Johanne Reutz)、(瑞典)谢斯廷·赫塞尔格伦(Kerstin Hesselgren)、(荷兰)C. A.克卢伊韦夫人(Madame C. A. Kluyver)和其他一些人。尽管瑞士和匈牙利的代表反对,并认为这是严格意义上的国内事务,第一委员会还是赞同对妇女的政治和国民身份地位展开调查。联合大会于 9 月 27 日通过了这项议案。这项议案特意把就业议题排除在外。

1936 年和 1937 年这两年,对这个议案的回应陆续出现,国际联盟及时出版了这些资料。除了来自全球 38 个国家(其中 24 个来自欧洲)的报告,特别有意思的是,国际联盟也邀请国际妇女组织撰写报告,一并出版。这些报告提供了珍贵的有关妇女地位的见证,以及 20 世纪 30 年代末期世界女权组织所发起的活动。在这些报告中,不寻常的是《原住民妇女地位》(Status of the Women of Native Races),由圣女贞德社会与政治联盟执笔;另一个有关妇女地位的报告是《妻子、母亲与家的建造者》(Wife, Mother and Home-maker),由平权国际执笔。国际妇女组织(包括国际妇女理事会、国际妇女争取和平与自由联盟、泛美妇女委员会、平权国际、全亚洲妇女会议)进一步联合,提请联合大会修订《联盟公约》,支持平等权利:"我们希望,以这份议案来陈明我们的信念,只有国际联盟能够让女人和男人平等地参与,一个全新的最高境界的世界秩序,才可能到来。"[①]

1937 年 9 月,在联盟的第十八次会议中,联合大会审议了谢斯廷·赫塞尔格伦(Kerstin Hesselgren)的报告,根据迄今为止的调查所得的结果,投票选出一个解决方案,建立"由男人和女人组成的专家委员会",为

---

① Communication, dated 21 Sept. 1936, from the Committee of Representatives of Women's International Organisations. *League of Nations. Assembly. Records. 18th Session, 1937*, Annex 3, p.46.

更深入地研究妇女的政治与公民地位议题做准备。妇女就业的问题分开来处理,但也同时进行,那就是一份来自国际劳工组织的厚厚的 570 页的报告,随后出版的书名是《法律和妇女的工作》(1939 年)。

国际联盟在 20 世纪 30 年代末期发起了调查,其报告结果因第二次世界大战而严重延迟。1939 年 1 月,专家委员会出版了早期进展报告,那时战火已经蔓延,严重威胁着欧洲。联盟的记录显示,一份 186 页的报告《妇女的法律地位:比较法调查(第四版暂行本)》[Legal Status of Women: A Survey of Comparative Law(Fourth Provisional Edition)],于 1942 年以打印签名的方式在罗马签署,但它显然既无法出版,也无法分发传播。战争结束后,国际联盟面临解散,他们的工作转向紧急组织联盟的继任机构。

然而,妇女问题和国际妇女组织的游说者都不会转身离开,到这一章结束时会看得更清楚其脉络。国际联盟的继任机构——联合国——会持续关注妇女权益,把它作为人权的重要部分,并充分参与其中。

遭遇军国主义与战争

在我们生活的时代,一些当代理论家认为,妇女不再天然地比男人更爱和平,女权主义认同和平主义,尤其是认同母性主义(maternalist),对生活在 20 世纪末的女权主义者来说,可能是错误的方向。[①]提出这样观点的人,显然缺乏对 19 世纪和 20 世纪前半叶欧洲历史上的骚乱和军国主义行径的历史记忆,他们也不了解女权主义者的立场,她们在那些时期如何看待战争与和平。这些早期的事件提供了妇女与自然、女权主义与和平主义之间历史的(如果不是"自然的")联系,这种关联的存在是不容置疑的。这些理论家似乎也没有意识到,18 世纪对妇女与文明的关系有过非常有力的论辩,那时期的思想家把妇女看作文明的力量。这一观点给了 18 和 19 世纪的女权主义者很多思想资源;随后,给了 20 世纪早期

---

① 提出这些问题的是 Linda Rennie Forcey,见 "Women as Peacemakers: Contested Terrain for Feminist Peace Studies", *Peace & Change*, 16:4(Oct. 1991), 331 - 354。

的"社会的女权主义"(social feminism)思想资源。一如娜奥米·布莱克
(Naomi Black)解释的："社会的女权主义者的一个重要基本原则，是关注
妇女与暴力，尤其是妇女与战争的关系。"①这些基本原则的当代相关性
是什么？我们或许可以在讨论当今波斯尼亚或阿富汗的性别政治时加深
理解。在战争中，妇女被故意地拣选出来，作为个人暴力——男性暴
力——的受害者，这是军备竞赛中用性侵犯来羞辱敌方男人的方式。人
们被扔回到几个世纪之前，身处残酷的男性战争中。在这些角逐中，妇女
无可逃避地成为男性暴力的受害者，而不是暴力的执行者。

　　第一次世界大战之后，尤其是在 20 世纪 30 年代，一些侵犯性极强的
男权主义者辖治国家，军国主义和好战的观念重新兴起，在欧洲到达顶
点。那时候，德国的国家社会主义把人口政治看作最大的民族议题，把对
种族和族裔的排斥宣传为国家政策，这就不难理解女权主义的国际行动
特意聚焦于和平、解决冲突和裁减军备等议题，而且，女权主义者与反法
西斯主义者联盟合作，维护和平民主与自由。在 1914 年之前，这些女权
主义者以和平为题发起的活动，已经有一定的广度和高度，反战的小说家
贝尔塔·冯·苏特纳和其他很多人做出了令人惊叹的贡献。在 1915 年
的海牙会议中，利达·古斯塔瓦·海曼(Lida Gustawa Heymann)发出抗
议书，把战争与强暴连在一起，得到了国际妇女参政同盟中支持妇女参政
者的附议，后者于 1919 年建立了国际妇女争取和平与自由联盟
(WILPF)。

　　第一次世界大战之后，反对战争的女权主义活动家撰写了国际妇女
争取和平与自由联盟的机构使命，历史学家桑迪·E.库伯(Sandi E.
Cooper)苦笑地描述它为"第一个跨越国家边界的妇女组织，致力于结束
最古老的男性压迫"②。国际妇女争取和平与自由联盟所关注的，也是大
部分团体如国际妇女理事会、国际妇女参政同盟/国际妇女联盟和国际妇
女合作协会所关切的议题。

---

　　①　Black, "The Mothers' International", p.468.

　　②　Sandi E. Cooper, "Women's Participation in European Peace Movements: The Struggle
to Prevent World War I",收录于 *Women and Peace: Theoretical, Historical and Practical
Perspectives*, ed. Ruth Roach Pierson(London: Croom Helm, 1987), p.51。

　　两次世界大战期间,国际妇女争取和平与自由联盟无疑是最有野心、跨越疆界最广的国际妇女组织。在和平、自由的名义下,国际妇女争取和平与自由联盟涉及的议题包括维护少数群体(尤其是像南提洛尔,因为1918—1919 年的条约而割让给意大利),抗击反犹主义,记录政治囚犯的状况,终止鸦片贸易,确保国际水路和航空控制的安全。与国际妇女理事会和国际妇女参政同盟/国际妇女联盟不同,国际妇女争取和平与自由联盟非常勇敢,她们从顶层制订机构的跨国政策,而不是让国别分支机构来制订政策(这样的程序在 20 世纪 30 年代引起激烈的争议)。国际妇女争取和平与自由联盟派调查人员到中南半岛和中国,到东欧(剧变)的后继国,在那里记录虐待事件,针对那些给妇女带来不好影响的生活方式,寻求修正方案。国际妇女争取和平与自由联盟也是北美最耀眼的机构,因其创办者和早期组织者——美国的简·亚当斯(Jane Addams)和艾米丽·格林·鲍尔奇(Emily Greene Balch)——广泛参与社会活动且声名卓著。两人随后都获得诺贝尔和平奖(1931 年是亚当斯,1946 年是鲍尔奇),诺贝尔和平奖是和平领域最有威望的国际奖项。美国这些卓越的妇女出现在参政倡导后期,深刻地受到英国女权主义者例如玛丽·希普尚克斯(Mary Sheepshanks)和法国的反战活动家加布里埃·杜尚(Gabrielle Duchene)、卡米尔·德勒韦(Camille Drevet)的影响,而这无疑是让国际妇女争取和平与自由联盟偏向选择这些政治议题的因素。就像历史学家琳达·戈登(Linda Gordon)强调的:"曾经是男人的世界,开始出现妇女领导的机构,且承担最棘手的任务,这至今依然意义重大。"①

　　然而,在两次大战期间的国际妇女机构中,国际妇女争取和平与自由联盟所采用的方法变得与众不同,虽然联盟没有间断过以妇女的身份发声,但实际上它所提及的议题鲜少直接与妇女相关。第一次世界大战之后的十年,国际妇女争取和平与自由联盟所表述的女权主义目标中,"为妇女达致完全平等"一度令人自豪,但在更宏大的终止所有暴力和武力的承诺的对照下,它显得相当暗淡。联盟于 1926 年修正了它的目标:

---

　　①　Linda Gordon, "The Peaceful Sex? On Feminism and the Peace Movement", *NWSA Journal*, 2:4(Autumn 1990), 634.

联盟的目标是联合所有国家的妇女,她们反对各种形式的战争、剥削和压迫,为普遍的军备裁减和解决冲突而努力,她们认可人类的团结,通过调解和仲裁,通过世界协作,为所有人建立社会的、政治的和经济的公正机制,不分性别、种族、阶级或信仰。[1]

国际妇女争取和平与自由联盟以各种方法追求和平与社会变革。在国际妇女争取和平与自由联盟的所有个案中,妇女采取行动时,好像国际事务舞台完全属于她们,一如在国内的女政治家凭自身权利参政。例如,随着凯洛格-白里安公约(Kellogg-Briand Pact)的签署,禁止战争成为国家政策倡导的工具,那是1928年8月(而国际联盟联合大会秋季会议在9月开幕),玛丽·希普尚克斯向国际妇女争取和平与自由联盟成员介绍公约的意义时,机智地写道:"公约有没有含金量,就看签署国是否准备好裁减军备。"[2]在9月初,国际妇女争取和平与自由联盟派遣一个由14名妇女组成的代表团,代表10个国家,参加国际联盟代表大会,以争取先机,促使联盟召开军备裁减会议。她们的声明内容包括:敦促联盟尽快召集会议,要求参与的政府"为即将召开的大会派出代表,并指示他们不惜一切代价,把备战的政府转变为和平的政府"[3]。

国际妇女争取和平与自由联盟的正规表述,经由隶属于其他更敢于发声的女权机构的活动家们的附议,带有更公开的女权主义色彩。在法国,来自不同国家的争取平等权利的活动家们组成一个小规模的团体,成员包括美国国家妇女党的多丽丝·史蒂文斯,英国的朗达女子爵(Viscountess Rhondda),法国的女权主义活动家玛丽亚·韦罗内(法国妇女权利联盟主席)、热尔梅娜·马拉泰尔-塞利耶(Germaine Malaterre-

---

① "Statement of Aims, 1926", *Report of the Fifth Congress of the Women's International League for Peace and Freedom, Dublin, July 8 to 15, 1926.*英语版(Geneva: WILPF, [1926]), p. 184; repr.收录于 *Women's International League for Peace and Freedom, 1915 - 1938: A Venture in Internationalism*(Geneva: WILPF, 1938), p. 20。

② Mary Sheepshanks, "The Kellogg Peace Pact and After", *Pax International*, 3:9 (August 1928).此出版物未标记页码。

③ "The W. I. L. Deputation on Disarmament to the League of Nations", *Pax International*, 3:11(Oct. 1928).

Sellier),她们在朗布依埃市(Rambouillet)组织游行示威,那时,法国总统正在招待"凯洛格-白里安公约"的各国签署者。同时,这些妇女要求批准一个平等权利公约。这次活动有助于推动后来于1933年通过的《蒙得维的亚公约》,还激发了国际联盟正式开展妇女地位调查。一些游行示威者被逮捕,在获释前遭到法国警察粗暴对待。但她们向国际外交圈子的男人们——尤其重要的是——向国际媒体表述了她们的观点。

到了1929年,国际联盟的妇女代表、替补代表和技术顾问共十五人,其中七人是国际妇女争取和平与自由联盟的成员。这些代表的意义对当时的法国总理阿里斯蒂德·白里安(Aristide Briand)触动很大。然而,在联盟代表大会9月的发言中,总理肯定了妇女对和平日益重要,不是通过联盟中积极参与政治的妇女人数增长,而是选择赞美全球的母亲——母亲作为教育者——给她们的子女灌输和平理念,消除好战分子所播下的仇恨种子。在法国,玛丽亚·韦罗内每年在畅销的报纸《工作》(L'Oeuvre)中发表报告,讨论女权主义在国际联盟中的收获,她辛辣地评论道,在法国,妇女依然是最容易失去公民和政治法律权利的群体,她们不会被号召去面对总理白里安的挑战,反对丈夫或父亲的观点。她利用这个机会,再一次呼吁白里安的政府采取行动,支持妇女解放。①

1931年早期,奥地利的银行安斯塔特信用社破产,世界经济危机加重,和平变得更加脆弱,军国主义统治的日本开始入侵中国。虽然事件发生在另一个半球,但给欧洲人民带来巨大冲击,并极大地影响到日内瓦的女权主义者的思考。那一年,女权主义者与和平主义者关注如何确保妇女能够参与1932年的世界军备裁减会议,会议计划在2月初召开。

到了1931年12月末,美国总统胡佛(Herbert Hoover)任命了妇女代表玛丽·艾玛·伍利(Mary Emma Woolley)作为曼荷莲女子学院(Mount Holyoke College)的院长,并代表美国参会,这让欧洲女权主义者如玛丽亚·韦罗内大为激动。伍利将会与其他四名女性一起参加军备

---

① Maria Vérone, "Les Femmes et la paix", *L'Oeuvre*, 11 Sept. 1929.我对韦隆贡献的理解,得益于盖斯勒·加西亚(Gisèle Garcia)的本科荣誉论文 "Maria Vérone and the Feminist Campaign in Inter-war France, 1926 – 1936"(Vassar College, 1991),并得益于我与Sara Kimble持续的对话。

裁减会议,她们包括来自英格兰的玛格丽·科贝特·阿什比、来自雅拉瓜亚的波琳娜·路易斯(Paulina Luisi)、来自波兰的安娜·塞拉戈瓦斯卡(Anna Szelagowaska)和来自加拿大的温妮弗雷德·基德(Winnifred Kidd)。《选举权》(*Jus Suffragii*)报向大众宣称,这五位女性都是活跃的女权主义者,她们也都适时地出现在妇女促进裁军委员会的特别招待晚宴上。妇女的这些行动,因为简·亚当斯新近获得诺贝尔和平奖而加添了玫瑰光环。

妇女促进裁军委员会由几个国际妇女组织联合组成。妇女促进裁军委员会参加过军备裁减会议,为大型妇女和平请愿发起过全球签名征集运动。荷兰女权主义者拉蒙德·赫希曼(Ramondt Hirschmann)和罗莎·马努斯(Rosa Manus)协作完成了这个大规模活动。2月6日,在报纸和电视狂热的大幅报道之下,伴随着精心制作的庆祝仪式,妇女促进裁军委员会把大量和平与裁军请愿书发送到裁军会议现场,这些请愿书由来自全球的八百万妇女签名支持。其中,国际妇女争取和平与自由联盟的国家分支机构收集了六百万个签名。世界基督教女青年协会的主席玛丽·A.丁曼(Mary A. Dingman)出现在会议请愿现场时"宣称,每个名字背后都站着一个活生生的个体,一个人,她们被巨大的恐惧笼罩,她们担心文明被毁灭。然而,和平的愿望也能消除她们的恐惧,这样的愿望不应该被忽略,也不应该被拒绝"①。德国的女权主义者和国际妇女联盟的活动家阿德勒·施赖伯(Adele Schreiber)描述其进程时说:"如果妇女能够参与政治,我们会远离战争,痛苦也会远离那些好战的国家。"②也许是基于这大型的妇女请愿活动所产生的积极情绪,国际联盟得以乘胜前进,1931年,西班牙代表提议要求联盟委员会"考虑是否可能进行一项研究,即把女性的行动、女性的感觉和国际联盟的工作直接且有效地结合起来的意义"③。

---

① Miss[Mary A.] Dingman, as quoted by Adele Schreiber, "Women at the Disarmament Conference", *Jus Suffragii*, 26:6(March 1932), 55.

② Miss[Mary A.] Dingman, as quoted by Adele Schreiber, "Women at the Disarmament Conference", Jus Suffragii, 26:6(March 1932), 55.

③ League of Nations. *Collaboration of Women in the Organisation of Peace. Report by the Secretary-General, 25 August, 1932* (Geneva, 1932. General Publications, 1932, no.4), p.1.

　　女权主义者无法持续组织这些活动,主要是因为全球发生事件的压力,而不是她们自身的不足。1933 年 1 月底希特勒上台之后,人们都很明白,裁军会议走入了穷途末路。国际联盟代表主要是军事与工业国的代表,而真诚地支持和平的男人和女人的比例太少。至于裁减军备,《裁军会议草案》呈现给大会代表的,实际上是增加了武器和兵力的国家配额。武器的生产商和销售商似乎胜过了呼吁和平者。1933 年 4 月中旬,国际妇女争取和平与自由联盟的执行委员会在日内瓦聚会,坚决地反对这个草案的条款,并签署了几个宣言,包括"关于法西斯主义的宣言",呼吁妇女"联合起来,否则就得接受战争或法西斯"[1]。在这期间,国际妇女争取和平与自由联盟在德国的两个活动家骨干琳达·瓜塔瓦(Lida Guatava)和安妮塔·奥格斯伯格(Anita Augspurg)已经逃离纳粹掌控的国家,到日内瓦寻求庇护。所有女权主义者们,包括社会主义者和犹太人,都处于非常危险的境地。

　　同时,苏维埃社会主义共和国联盟那时重新进入国际政治领域,领导了培育国际协作力量的工作,把社会主义者、共产主义者和其他反法西斯主义的左翼政党等组织起来,这一政治力量围绕耀眼的红色"大众前线"(Popular Front)展开。1933 年 7 月初,瑞士政府警惕布尔什维克主义的发展,尝试开除国际妇女争取和平与自由联盟的现任国际秘书卡米尔·德勒韦(Camille Drevet)(但不成功),她是法国的战士遗孀和女权主义的和平主义者,与加布里埃·杜尚有密切的接触,她因而被看作同情共产主义的。

　　1933 年 9 月,国际妇女争取和平与自由联盟的执行委员会——由杜尚和她在联盟法国分部的协作者们牵头——决定于 11 月中旬召集代表大会,参与者是国际妇女组织中反对法西斯主义的代表们。在这一点上,国际妇女争取和平与自由联盟实际上接受了第三国际对法西斯主义的定义,即"资本主义、大工业、高度金融化的现代产物",在裁军会议上,这一定义得到生动的说明。国际妇女争取和平与自由联盟的官员坚持认为,"无论法西斯主义如何伪装,它所赢得的一分一毫,都以妇女的损失为代

---

[1]　WILPF, "Statement on Fascism", *Pax International*, 8:6(May 1933).

价"①。国际妇女争取和平与自由联盟的领导把 1933 年看作关键的一年,一如 1915 年的决定性年份,让妇女可以站出来反对法西斯和战争。她们的观点得以表达,得益于纳粹德国突然退出 10 月的裁军会议,并自行退出国际联盟。法国的国际妇女争取和平与自由联盟妇女所承担的工作,大部分是以教育来改变全欧洲的职业妇女和从事农业妇女的观念,警告她们法西斯主义的危险,尤其是唤醒她们,把票投给右翼政党意味着什么,同时教育她们如何维护自身权益。随后,杜尚和她的法国协作者们把精力投入组织新的"世界妇女反对战争和法西斯主义委员会",并于 1934 年 8 月举办了成立大会。

　　1934 年 9 月,国际妇女争取和平与自由联盟又在苏黎世召开会议。关于组织的目标与未来发展,引发了激烈的论争,大部分代表投票支持重新撰写组织目标,比 1926 年的目标更宽广,包括"研究导致战争的政治、社会、经济和心理原因,让大众了解其原因进而消除它;并为建立结构性的和平而努力"。它还带来更大的争议——虽然完全能够理解那一年的环境给她们带来的压力,这一争议来自国际妇女争取和平与自由联盟赞同的"社会的变革":"启动一个新的系统,以实现社会的、经济的和政治的平等,不分性别、种族或观念的普遍平等。其目标是在全球基础上建立经济秩序,且全球规则建立在社群的需求之上,而不是为了获利。"②通过这个修正的陈述(用第三人称单数陈述),国际妇女争取和平与自由联盟特意与反对资本主义的左翼站在一起——如果不是全心全意地与第三国际的政治联盟的话。虽然"性别"醒目地位列于"种族""观念"之前,却没有提及性别平等、消除暴力和压迫。这意味着女权主义坚持终止妇女屈从地位的目标已经淡化了,变成"统治和剥削"这一笼统且明显应受指责的问题之中的一个。

　　20 世纪 30 年代后期,女权主义诉求的声音逐渐减弱,更"普遍"的议题出现在国际妇女争取和平与自由联盟的面前。1937 年国际妇女争取

---

①　"Defence of Women Against Fascism", *Pax International,* 8:10(Dec. 1933).

②　"Statement of Aims of the Women's International League for Peace and Freedom, Decided at the Zurich Congress, 1934"; repr. in Gertrude Bussey & Margaret Tims, *Women's International League for Peace and Freedom, 1915 - 1965: A Record of Fifty Years' Work* (London: George Allen & Unwin, 1965), pp.122 - 123.

和平与自由联盟没有针对国际联盟的妇女地位调查项目提交单独声明,这似乎说明了很多问题,虽然它确实参与了"妇女国籍联合委员会"的共同声明。实际上,由于保护性劳动立法议题的争议性,1937年在(捷克斯洛伐克)鲁哈科维奇的会议上,代表们无法就妇女地位的解决方案达成一致意见,而是重复"持坚定的信念,支持妇女在生活各个方面的解放",并反对"降低妇女决定自己事务权利的所有尝试"①。

　　1936年至1939年之间,和平的前景日渐黯淡,女权主义和平活动家,与她们那些不是女权主义者的伙伴一样,越来越感到挫败和无助。墨索里尼执掌的意大利显示出对埃塞俄比亚的野心;西班牙内战中,法西斯主义者和外来的共产主义者分别给敌对双方提供武器;1938—1940年间,希特勒的部队接连入侵奥地利、捷克斯洛伐克,几个月后入侵波兰、比利时、挪威、丹麦和法国,那时,苏维埃社会主义共和国联盟军队进入芬兰和波兰东部。在转向战争的暴力洪流中,女权主义者无力阻挡事态的发展,只能做见证。1935年9月,国际妇女组织联络委员会的裁军分会向国际联盟请愿,要求成员国履行其责任:

　　　　我们……呼吁联盟代表国的政府信守《公约》的两个基本原则,即以和平的方式解决所有争端,承担起维护每一个成员国的疆界完整和政治独立的责任。②

这个委员会分会同时给墨索里尼发去电报,要求他所领导的政府寻求"文明的"方式来解决埃塞俄比亚问题,而不是使用武力。然而,墨索里尼别有企图,并于1935年10月入侵埃塞俄比亚,那恰是国际联盟联合大会休会期间。女权主义者的斡旋语气越来越愤怒:瑞典的代表谢斯廷·赫塞尔格伦于1936年(那时,埃塞俄比亚危机加重,联盟没有采取行动)在联合大会的发言就是范例。以"世界各大洲妇女"的名义,她表达了不满——国际联盟似乎没有能力和勇气去抵抗侵略者公然的挑衅:

---

　　①　*Report of the Ninth Congress of the W. I. L. P. F.*, *July 27th to 31st, 1937, Luhacovice, Czechoslovakia* (Geneva: The International Headquarters, 1937), p.104.

　　②　*Jus Suffragii*, 30:1(Oct. 1935), 2.

五十个国家为一个侵略者让路。五十个国家被联合成员中一个小小的掌权者绊倒。这样的事件发生之后,我们如何能够期待任何一个小国对未来抱有希望?

几年前,国际联盟敦促妇女团结起来。我们以行动回应,倡导全球数百万妇女支持裁军。结果如何? 没有裁军,而是全球陷入战争威胁……

很多国家的政府惧怕出生率走低。出生率怎么可能高呢? 妇女怎么可能想让孩子出生在一个没有希望、不安全的世界? 我听很多妇女表达了这样的想法。你可能会狡辩,说冲突和战争什么时候都存在,儿童生活的世界总是这样的。确实如此,但战争从未像现在这样可怕……

我没有建议。我只能表达全球妇女无比的愤怒,并敦促你们以智慧和权力去解决问题。[①]

然而,依然没有找到解决之道。而且,事实是,自从意大利和德国的法西斯主义者和布尔什维克党人给西班牙输送武器,战争已经在欧洲打响,而不仅仅在埃塞俄比亚。女权主义者,实际上那时参与政治的所有女人,都束手无策。她们只能与部队站在一起备战,或者唤醒妇女采取吕西斯特拉忒(Lysistrara)式的策略(译者注:以性为筹码要求家中的男人承诺休战)。1938年春季,巴塞罗那大爆炸之后,美国总统罗斯福夫人埃莉诺·罗斯福(Eleanor Roosevelt)马上提出抗议,回应了赫塞尔格伦的呼吁;她的抗议得到欧洲报纸的广泛转引:"为什么每个国家的妇女们不站出来,拒绝让孩子出生在这样一个世界? 这超出我的理解力。"[②]在那段黑暗的日子,她发自心底的呼吁得到了欧洲以及其他地方妇女的积极回应。然而,语言无法阻止所向披靡的军队。而且,也很难知道是否有妇女

---

① Kerstin Hesselgren, in League of Nations, *Official Journal*, special supplement No. 151. *Records of the Sixteenth Ordinary Session of the Assembly. Plenary Meetings(June 30th to July 4th, 1936). Text of the Debates. Part II*, p. 63. Session of 3 July 1936.

② Eleanor Roosevelt, "La Grève des ventres", *Le Droit des femmes* (May 1938), 78; quoted in Christine Bard, *Les Filles de Marianne*, p. 304; Orig. English version in Eleanor Roosevelt's syndicated column, "My Day", April 1938.

真的为实践政治而拒绝生育孩子。

战争的风暴逼近,迅速席卷整个欧洲,国际妇女联盟的所在地比邻德国的国家社会主义政府。1939 年 7 月,国际妇女联盟的代表聚集在丹麦的哥本哈根,再次确认机构对民主的承诺,并筹划未来。随着希特勒1939 年入侵波兰,欧洲第二次世界大战正式爆发,女权主义者感到无力继续她们的国际工作。1939 年 10 月,国际妇女联盟主席玛格丽·科贝特·阿什比在发表于《选举权/国际妇女新闻》的文章中写道:

> 欧洲上空的大灾难早已盘旋多时,如今降临……作为人类,作为国家,作为个体,我们必须承认挫折和失败,盲目和疏忽……在绝大多数民族心中所承认的上帝面前,在对未来的审判面前,当我们被控诉时,我们只能低下头。[1]

由于经济困顿,加上这么多年来为性别平等的运动而耗尽了精力,到了1940 年,女权主义者并不打算再去抵抗战争;她们知道她们站在哪一边。1940 年春天,在纳粹占领丹麦、挪威、荷兰和比利时前夕,国际妇女理事会的主席,比利时的玛特·鲍尔(Marthe Boël)请求其成员不要"让国际团结合作的美好星火熄灭,或是把人类联结在一起的纽带完全撕裂"[2]。到了 6 月,法国投降,在与独裁国家的战争中,英国是仅存的民主国家。1940 年底,玛格丽·科贝特·阿什比回顾国际妇女联盟早些年在哥本哈根聚会时写道:"现在的问题不再是有序地推动民主国家考虑妇女的权益,而是如何保护民主自身。""我们呼吁妇女在为自己的权利而斗争的同时,也为全人类保留民主的信仰而斗争。在沉默和黑暗吞噬我们的同伴之前,这是最后的火把。"[3]

然而,尽管战争导致困难重重,尽管国际联盟形同虚设,一些考虑战

---

[1] Margery Corbett Ashby, "War", *Jus Suffragii*, 34∶1(October 1939), 1.

[2] Marthe Boël, in ICW *Bulletin*, 18∶7 – 8(April – May 1940); quoted in Rupp, "Worlds of Women", from the manuscript version, chapter 2, p.83.此引文未出现在出版的书中。

[3] Margery I. Corbett Ashby, "The History of the Alliance", *Jus Suffragii*, 35∶1 (Oct.- Nov. 1940), 5.

后发展的计划仍浮现出来,其中,女权主义感兴趣的计划迅速得到落实。即使在敌对环境中,一些女权主义的目标仍得以实现,有关妇女发展进步的报告,缓和了人们的忧郁情绪:1940 年 1 月,《选举权》报告了法国的情况,在法国的殖民地,妇女可以进入法律专业就读;法国政府出台了一项法令,旨在遏止法国非洲殖民地的强迫婚姻。罗马尼亚选出了第一位女性参议员。土耳其选出 14 位妇女参加国家代表大会。在苏维埃社会主义共和国联盟,一位妇女被任命为国际航空公司的负责人。

同时,一些被卷入战争的政府动员妇女参与到战争之中,为社会和军队尽一份力量。然而,在纳粹德国,希特勒拒绝动员妇女,而是用武力强迫外国男性劳动力服从,尤其是从占领区的法国输入劳动力;德国妇女的战时工作主要以自愿为主。协约国民主国家认为他们做不到这样的保留。1941 年 12 月,英国首相温斯顿·S.丘吉尔(Winston S. Churchill)提出的解决方法是,号召将服兵役的人员范围扩展到"现存的女性和男性的力量资源"。政府不会强迫已婚妇女服役,只是鼓励没有孩子的妇女参与。介于二十岁和三十岁之间的未婚成年妇女会被征召去服兵役和参与国内防卫。丘吉尔在下议院的发言敦促道:"妇女已经在这场战争中扮演了重要角色,她们还要扮演更重要的角色。""现代战争的技术装置,为妇女提供了前所未有的机会,我们应该充分利用这样的机会。"[1]在苏维埃社会主义共和国联盟,妇女与男人一样上战场,一起抵抗纳粹的大规模入侵。[2]

妇女投入国家的战事之中(这种情况在第一次世界大战时就已经出现),她们的中心任务是确保在随后的战斗、军队占领与抵抗期间周围人的生存所需,这表明了很多妇女密切地认同她们国家的文化。几个反战的女权主义者,如英国的维拉·布里顿(Vera Brittain)继续反对战争,但

---

[1]　Winston S. Churchill, "Man-power and Woman-power", address to the House of Commons, 2 Dec. 1941; repr. in *Winston S. Churchill: His Complete Speeches, 1897-1963*, ed. Robert Rhodes James, vol. 6 (New York & London: Chelsea House Publishers, 1974), p. 6520.

[2]　参看 "Women in Combat and as Military Leaders: A Survey", prepared by Staff Support Branch, Center of Military History, U.S. Army, 1 March 1978。感谢 Romana Danysh 分享给我这一文本。

那是个例。为了抵抗轴心国的入侵,妇女参与到抵抗之中:在法国,战争囚犯的妻子们组织起来;她们研发炸弹、轮船和飞机。政府发现,妇女是不可或缺的;实际上,当政府的领导者越赏识她们,并放手而不是规范她们的活动和方式,她们作为"人力资源"的价值越大。多年后,在 1965 年关于国际妇女争取和平与自由联盟的历史研究中,格特鲁德·伯西(Gertrude Bussey)和玛格丽特·蒂姆斯(Margaret Tims)总结道,妇女逐渐"直接被裹挟进去,参与,所承受的战争暴力和侮辱不比男人少:女人成为空袭和集中营的受害者,抵抗运动中的战士,与兄弟一起应征服役,被强迫在军工厂劳动——争取妇女权利的斗争惨烈,此时达到了顶点"!然而,她们继续指出:"因此,当我们争取到一些新的权利,本质的问题是妇女如何继续斗争,如何纠正错误的价值观!"①

　　第二次世界大战之后,尽管有一些反女权的力量在重建"常规",妇女的角色再也不可能回到从前了。欧洲妇女已经成为拥有充分资格的公民,那是早期女权主义者们从未享受过的。随着 1945 年战争结束,尽管困难重重,各国际妇女团体还是着手重新启动组建的工作。她们哀悼集中营和纳粹大屠杀的受害者——她们最忠诚的战友,如国际妇女联盟的罗莎·马努斯(Rosa Manus)和国际妇女争取和平与自由联盟的活动家,包括捷克的参议员弗兰狄斯卡·普拉明科娃(Frantiska Plaminkova)和匈牙利的欧金尼娅·米斯科西(Eugenie Miscolczy)、梅拉妮·万贝里(Melanie Vambery)。一些人在战争期间自杀,其中就有弗吉尼亚·沃尔夫。玛丽亚·韦罗内、塞西尔·布伦施维格、利达·古斯塔瓦·海曼、安妮塔·奥格斯伯格等长期战斗的活动家,在战前或战争期间,因为疾病、贫困或衰老而退出了政治舞台。在战胜国,很多存活下来的女权主义者强烈希望参与建立一个更和平的世界,在那里人们更看重妇女的权利和贡献。

"女权主义"? 还是"人道主义"?

　　两次大战期间,很多欧洲国家的妇女以公民身份参与国家和社会的

---

① Bussey & Tims, *Women's International League*, p.180.

事务。这些年间，女权主义者重新修订其目的与目标，赋予妇女运动新的意义，以面对新的挑战。女权活动最明显的中心任务不再是为妇女争取法律和物质上与男人的平等；事实上，1918年以来，在一些妇女运动活动家们看来，在大部分后选举时代的欧洲（最明显的是法国、意大利、比利时和瑞士），"女权主义"这一术语看起来已经不够包容了。国际妇女联盟的英国主席玛格丽·科贝特·阿什比在1928年总结道："我们不能忽略这样的事实，女人不能一直做反对限制与阻碍妇女权利的女权主义者，她们参与的范围越来越广，热心的公民，和平的工人，改革者、教育者。妇女所赢得的最大自由，当然恰恰是这种与男人平等地在生活的方方面面发挥作用的权利。"①

　　这样的观点已经发酵了一段时间，萌芽的契机是选举运动后的语境，主要是英语地区的女权主义者，认为女权目标已经达成，尽管依然有反对妇女解放的反挫力量复苏。1913年，海伦娜·斯旺尼克（Helena Swanwick）在她给《妇女运动的未来》（*The Future of Women's Movement*）一书的序言中写道，对于她和她的同事所设想的解放目标来说，"人道主义者"这一术语比"女权主义者"更有益于实现目标。②相反的观点认为，应该拓展"女权主义者"的范围，包容所有人类权利。20世纪20年代，在英语世界对女权主义的争议中，这样的论调反复出现（我们在第十章讨论过），此外，20世纪20—30年代，当妇女们越来越多地参与各自国家的政治和经济生活，在是否推动为女性劳工保护性劳动立法的论争中，在与国际妇女组织中支持此立法者的论争中，她们再度交锋。

　　在法国也是如此，批评者如学院派的亨利·若利（Henri Joly）论辩道，严格来说，女权主义是人道主义的派生物："人道主义思想有诸多优点，其一就是它没有把男人和女人的利益割裂开来思考。"③这位法国的作家（就像很多社会主义者一样）把女权主义看作排外的，是"割裂地"看待妇女利益的，而不是兼顾男人和女人的利益（或阶级利益）。自从

---

①　Margery I. Corbett Ashby, "What is the Alliance?" *Jus Suffragii*, 22:5(Feb. 1928), 69.

②　Helena Swanwick, "Preface" to *The Future of the Women's Movement* (London: G. Bell & Sons, 1913), vii.

③　Henri Joly, *Le Droit féminin* (Paris: Flammarion, 1922), p.7.

1889 年第二国际成立以来,那些了解过社会主义妇女观的人,对这样的说法很熟悉。然而,女权主义还承受了一个有趣的政治指控,妇女占人口半数以上,其潜在的威胁是她们会成为政治上的大多数。把女权主义看作"分离主义者",这样的推断很成问题,但至今在法国依然有市场,它持续阻碍法国在大学里建立妇女历史和妇女研究的项目。事实是,几个世纪以来,"男人分裂主义者的利益"主导着欧洲社会,但欧洲的亨利·若利们不以为意。他们是"被定义"的,代表"男人"的利益。在这样的语境中,妇女的利益被建构为排他的、分裂的、危险的。

20 世纪 20 年代后期,随着 1926 年巴黎代表大会上分裂主义的蔓延,继而是阿姆斯特丹 1927 年学术会议,重新命名的妇女国际联盟的支持者激烈地探讨"女权主义"的意义及其广度问题。《选举权》报引发了一系列交锋,持续了整个 1928 年,感到幻灭的"平等权利"活动家 C.妮娜·博伊尔(C. Nina Boyle)对于国际妇女联盟拥抱反战主义者与社会改革主义者的做法提出警告,她认为,那些人是"最危险的对手和女权主义的敌人"①。博伊尔的观点是,国际妇女联盟与其加入和平宣传队,或支持妇女劳工的保护性立法,不如坚持聚焦于婚姻虐待的习俗和法律,反对针对妇女的暴力——或者是她后来强调的,"导致妇女承受可怕的个人和基于性别限制的令人绝望的生存环境"②。

在这样的语境下,科贝特·阿什比为联盟的立场辩护,她认为妇女已经获得完整的公民权利,联盟因此会关心多元利益。她坚持认为,"女权主义者不是更不女权,因为她已经达到了一个高度,她敢于发展她作为人的本质和自然兴趣的每一个面向……我们的所有工作还是会从女权的角度,受女权的激发而完成"③。随后的那个月,年长的德国活动家玛丽·施特里特(Marie Stritt)加入了论辩,认为女权主义与反战是紧密相连的,应更广义地理解女权主义:"女权主义……意味着反对各种形式的暴力,

① C. Nina Boyle, letter to the editor, 15 Dec. 1927; publ. in *Jus Suffragii*, 22:4 (Jan. 1928), 59-60.

② Boyle, letter to the editor, 15 March 1928; publ. in *Jus Suffragii*, 22:7(April 1928), 106.

③ Corbett Ashby, in *Jus Suffragii*, 22:5(Feb. 1928), 69.

意味着争取权利和正义,而不是暴力和非正义。"①这是个绝妙的、富于包容性的议程,但这也有危险,即导致中立,或削弱了代表具体妇女议题的持续运动。

20 世纪 20 年代的论争中,有一点是很清楚的:最起码对于国际妇女联盟来说,在国际或跨国层面从事妇女工作时,恋爱自由、计划生育、"婚姻奴隶"并没有固定的标准,因为这些概念都包含了宗教、国家(文化)的含义,国际妇女联盟的领导认为这些方面超出了联盟机构中的国际主义者的管辖范围。国际妇女联盟的前任主席,美国支持妇女参政的凯莉·查普曼·凯特(Carrie Chapman Catt)提醒道:"给出的建议和帮助必须非常温和,让每个国家的妇女自己采取有效的行动。"凯特论辩道,世界上"最大的问题"内在于它的管辖方式,"和平是女权主义合适从事的事务",但她还厘清了另一个观点,即女权主义与支持参政相互排斥的缘由(从历史来说,这是错误的,但这已经深深地烙入大众的脑子里):"自从获得了投票权……我感觉我个人已经往前走,成为一个人道主义者。我没有放弃女权主义者的身份,但对那些反对妇女错误行为的人也不乏同情。"②

在《选举权》报 1928 年 6 月号上,英国平权女权主义者海伦·A.阿奇代尔(Helen A. Archdale)支持妮娜·博伊尔所关切的议题,批评科贝特·阿什比和凯特"供认"转向"人道主义":

> 人道主义是……那些关心所有人类的快乐与痛苦的人,他们的工作直接指向疗愈。女权主义者是那些关注妇女的智力发展和社会地位的人……和平,几乎我们所有人内心最渴求的,是全人类、男人和女人的事业。合作产生力量,而不是分离。追求平等,其名为女权主义,是妇女独特的事业。争取平等必然主要是妇女的重任。对于您回应说国际妇女参政同盟已经抛弃女权主义选择人道主义,我诚挚地表达最深的遗憾,我知道那些转向人道主义的人,其实是拒绝了女权主义。③

---

①　Marie Stritt, in *Jus Suffragii*, 22:6(March 1928), 87.

②　Carrie Chapman Catt, "What is the Alliance?" *Jus Suffragii*, 22:8(May 1928), 117 – 118.

③　Helen A. Archdale, in *Jus Suffragii*, 22:9(June 1928), 140.

到了 12 月,阿奇代尔(于 1926 年与朗达女士建立了门户开放委员会,这一机构成为平权国际的一股力量)曾经辩称,只有一种女权主义者:"女权主义者相信(为妇女争取)平等,不接受讨价还价。"[1]

1929 年,国际妇女联盟在柏林聚会,其成员签署了一个宣言,"25 年之后,重新表述我们的政策",重新确认国际妇女联盟的承诺——承担选举工作与和平工作,强调经济、道德和法律权利的平等。重要的是,这份"重新表述"的宣言和雷吉内·多伊奇(Regine Deutsch)为国际妇女联盟周年庆编撰和出版的《历史》都没有收入"女权主义"这一词汇。[2]

20 世纪 30 年代,我们从历史的角度认为都属于女权主义的群体,他们彼此的观点差异很大。"平等"意味着什么? 甚至"妇女"是否应该基于她们的生理和生育角色被理解为不同于"男人"? 或者,为追求法律上"与男人平等的权利",是否应该消除或掩盖那些被认为是"不同"的女性特质? 这些都没有达成一致意见。尤其是在使用英语的国家,在两极分化形成之前,"差异中的平等"这一古老概念逐渐淡出人们的视野。两极分化的后果是越来越反对追求个人在法律上的绝对"平等",而支持满足特定性别的需求,这种需求被视为来自女性独特的"差异"。

这些歧义观点引发的后果是,在大众心理的接纳和认同中,"女权主义"这一术语变得越来越排外,只信奉法律上的"平等权利"。(这次论争是由美国的艾丽斯·保罗和多丽丝·史蒂文斯,连同来自英国的"六点小组"的伙伴们,在新的团体"平权国际"中发起的)这些妇女激烈反对妇女保护性立法的基本原则,相对地,她们从 20 世纪 20 年代到 30 年代都极力推动实施国际平等权利条约。尽管埃莉诺·拉思伯恩和其他人致力于描绘"新的女权主义",把妇女的差异和作为母亲的独特贡献、功能纳入考量,但"女权主义"这一术语的意义转移了,它只顽固地坚持平等主义立场。无疑,这一背景解释了为什么弗吉尼亚·沃尔夫想要毁灭词语。

国际妇女联盟的出版物《选举权》上发表的文章,以及其他国际妇女

---

[1] Archdale, letter to the editor, 30 Oct. 1928; publ. in *Jus Suffragii*, 23∶3(Dec. 1928), 41-42.

[2] 参看 Regine Deutsch, *The International Woman Suffrage Alliance: Its History from 1904 to 1929*(London: Board of the Alliance, 1929)。

团体的出版物都持续描绘对"女权主义"多样化的理解，广泛地拓展女权主义的意义，囊括女权主义者为人类权利和社会公正做的各种努力。到了 20 世纪 30 年代，法西斯主义对人权的威胁日益显著，女权与人权的关系重新连接起来，且愈加紧密。法西斯统治，尤其是纳粹德国的统治，导致妇女的机会减少，并侵害了犹太人和其他"不受欢迎的"少数族群，包括吉卜赛人和残障人士的公民自由。国际女权主义社群非常熟悉这些问题，国际妇女争取和平与自由联盟这些组织拓宽了她们的使命，以"开创一个新系统，实现社会、经济和政治的平等，不分性别、种族和观念"①。

　　20 世纪 30 年代后期，世界政治的发展导致女权主义定义的混淆和争议——以及立场的重新明确——达到了顶峰。研究国际妇女联盟主席科贝特·阿什比的修辞，就可见一斑。1936 年后期，科贝特·阿什比坚持认为面对"发生在阿比西尼亚、巴勒斯坦和西班牙的比中世纪更甚的野蛮行径"，女权主义不应该被搁置，像 1914 年所做的那样。但她给女权主义提出了一个更宽广而难解的定义，她提出，女权主义是"妇女的信仰，相信个体的自由和责任"：

　　　　上个世纪，影响世界进程的、推动世界从中世纪到现代社会的观念，主要来自妇女所追求的伟大信条：思想和言论自由，自律的秩序，自我管理，自由地选择忠诚于哪个社群，追求平等机会，守望相助。正是这些观念，促使我们的科学、健康、生活标准和礼仪等获得最惊人的进步，比我们所知的任何世纪都要大的进步。因为我们的物质力量增长已经超过了精神的观念，我们正允许我们的创造带来折磨和死亡，贫困和暴行，而不是幸福、健康、富裕和自由……如果我们坚持我们的权利是人权，我们就应为每个因其种族、宗教，阶级或观念而受苦难的人而斗争。②

这一诠释逐渐成为国际妇女联盟的标准修辞，妇女的权利是（were）人

---

　　①　"Statement of Aims . . . , 1934"; reprinted in Bussey & Tims, *Women's International League*, p. 122.

　　②　Corbett Ashby, in *Jus Suffragii*, 31:1(Oct. 1936), 1.

权,一个人代表其他人。如果"人道主义"是根本,"女权主义怎敢不以它的名义说话呢?"①

　　1938年,希特勒入侵邻国捷克斯洛伐克,威胁日益逼近波兰。这为国际妇女联盟从女权主义转向人道主义的措辞带来了有利的契机。到1939年6月,人道主义又一次占领高地。在讨论20世纪初以来发生的急剧的变迁,及其给妇女带来的机会时,在讨论妇女进入职场,并促使社会改变、带来和平、追求平等的方式时,科贝特·阿什比强调指出,女权主义的目标似乎已经相对平顺,民主尚需攀登。然而,最近邪恶的政治发展起来,尤其是经济大萧条导致了脆弱的经济形势,民主也遭遇了困境:"妇女的平等地位和平等影响比以往更有必要,但我们不能,也不敢只是作为女权主义者,我们必须同时也是人道主义者,这样我们才能够让我们的社会保存人的权利,这样我们才能够共享权利。"②科贝特·阿什比的法国同事,国际妇女联盟的副主席热尔梅娜·马拉泰尔-塞利耶支持这一论点:妇女的平等权利已经不再是要点,"关键的是,真正的女权主义迫切要求妇女如兄弟般联合起来,超越国籍、政治党派、宗教信仰的所有问题,参与拯救受威胁的民主。令人悲伤的是,越来越多国家的民主遭到了威胁"。在马拉泰尔-塞利耶看来,保护妇女的权利与保护文明自身是一致的:"哥本哈根代表大会必须组织妇女,以行动来维护人类的价值,保护和平与文明。"③

　　在1939年7月的哥本哈根代表大会上,国际妇女联盟的代表们勇敢地重述了她们对女权主义的理解,以慎重又激动人心的语言,在"关乎个体与国家,国家之间的基本原则"和"女权主义所秉持的信念要求妇女所负起的责任"等方面提出了有力的挑战。国际妇女联盟的"原则宣言"随后以英语和法语出版,结语部分以诚挚的表述为我们这一章提供了合适的主题句:

　　　　妇女的战争是全人类的战争。如果自由不再被看作每一个个体

---

　　① 参看 Pauline Johnson, *Feminism as Radical Humanism* (St. Leonards: Allen & Unwin; Boulder, Colo.: Westview Press, 1994), Ⅶ。

　　② Corbett Ashby, "The Woman Pilgrim's Progress", *Jus Suffragii*, 33:9(June 1939), 68.

　　③ Germaine Malaterre Sellier, "Vers l'avenir", *Jus Suffragii*, 33:9(June 1939), 68-69.

的权利,妇女就无法享受自由。当所有的公正依赖于某个政治寡头的意愿,妇女将失去公正和经济自由。如今,我们在经历艰难时世,我们生活所依赖的基础已经坍塌。因此,女人和男人们,必须真诚地面对基本原则,必须守卫一个能为大众带来更公正、自由和真正和平、普遍繁荣和幸福的系统。①

对于国际妇女联盟的活动家来说,结束妇女的屈从地位,不可避免地与更广阔的目标相纠缠或相互联结,这些目标包括保护个体和集体的自由,既为女人也为男人,为民主而努力。妇女已经成为公民,当"妇女的议题"变成"人类的议题",女权主义的命运将会如何?

追寻女权主义的未来

1945 年战争结束后,女权主义和人道主义令人困惑的辩题,将会在联合国(UN)这个新的环境中继续探究。第二次世界大战期间,针对犹太人的大屠杀和其他暴行令人震惊,这促使世界的领导们重新聚焦人权议题。1945 年 4 月联合国在旧金山市的成立大会上缺少女权主义的代表,甚至妇女代表也很少(14 名女性,512 名男性,1946 年初的联合国大会第一次会议依然如此);1945 年 6 月《联合国宪章》的序言中,依然确认并具体表述为"重申基本人权,人格尊严与价值,以及男女与大小各国平等权利之信念"②。这些措辞来自约翰·斯图尔特·穆勒 1867 年给英国国会选举法的提议,他建议把"man"(男人,人)改为"people"(人),然而,《联合

① IAW, "Declaration of Principles", *International Women's News(Jus Suffragii)*, 33: 10 - 11(Aug.-Sept. 1939), 82;部分重印收录于 Adele Schreiber & Margaret Mathieson, *Journey Towards Freedom: Written for the Golden Jubilee of the International Alliance of Women* (Copenhagen: IAW, 1955), p.52;同时收录于 Arnold Whittick, *Woman into Citizen*(London: Athenaeum; Santa Barbara: ABC-Clio, 1979), p.139。

② *The United Nations and the Advancement of Women, 1945 - 1996*(New York: United Nations, 1996), doc. 1, p.103.我对联合国主要议题的理解,在很大程度上受到 Doris H. Linder 的解释的影响,特别是她早年未出版的论文,"Equality for Women: The Contribution of Scandinavian Women at the United Nation, 1946 - 66", *Scandinavian Studies*, 73:2(Summer 2001), pp.165 - 208.

国宪章》直接提及"男人和女人"的平等权利,这样就无法对宪章的内容进行曲解。这一措辞意义重大。

在这些新的语境中,20 世纪 30 年代女权主义者们在国际联盟的妇女议题上所从事的"平等权利"的工作就得到了回报。她们的后继者于20 世纪 40 年代继续推进。然而,也有人依然坚持使用更宽广的人道主义的概念。随后,妇女代表、替补代表和咨商人士在联合国的第一次大会上发布了宣言,于 1946 年由埃莉诺·罗斯福提交给联合国的代表,宣言强调男人和女人"共同努力","人类自由的共同思想",并呼吁妇女参与"和平与重建的工作,一如她们在战争和抵抗活动中所做的那样"[①]。

1946 年春天,联合国经济与社会理事会(ECOSOC)下属的人权委员会设立了(妇女)分支,然而,它很快就遭到来自女权主义者的施压,随后,他们在当年创建了一个架构完整的妇女地位委员会,囊括"政治、民权、教育、社会和经济领域"的管理架构。施加影响并推动其发展的,是丹麦女权主义者和社会民主人士博迪尔·贝格特鲁普(Bodil Begtrup),她成为委员会的第一任主席,参与推动的还有拉丁美洲女权主义者。1946 年12 月,贝格特鲁普和其他北欧女权主义的代表们敦促联大会议采取措施,推动那些还没有兑现的成员国"执行宪章的目标与目的……赋予女人与男人同等的政治权利"[②]。她们的目标是重启世界妇女地位调查,那是由如今已经解散的国际联盟(感谢早期女权主义活动家的努力)开启、于20 世纪 30 年代进行改革并开花结果的项目。

联合国妇女地位委员会于 1947 年 1 月开始进行调查。她们的工作最终为全球很多国家的委员会提供了开展妇女地位调查的模式(即使是区域和地方委员会)。联合国很多具有划时代意义的措施——包括1948 年的《世界人权宣言》,1952 年的《妇女政治权利公约》,1967 年的《公民与政治权利公约》和《经济、社会、文化权利公约》,都源自这个委员会的工作。最终,在 1975 年,妇女权利运动迎来复兴,妇女地位委员会从1946—1947 年起所倡议的计划终于有了结果:1975 年被确定为"国际妇

---

① *Yearbook of the United Nations, 1946 – 1947*(Lake Success: United Nations, Department of Public Information, 1947), pp. 77 – 78.

② *Yearbook, 1946 – 1947*, p. 179.

女年",1976—1985 年为"联合国妇女十年"。第二次世界大战之后所有这些发展,很大程度上得益于战争期间欧洲和美国的女权主义活动家和机构利用国际联盟这一平台大胆发起的各种代表妇女议题的活动。联合国妇女地位委员会的工作持续至今。

虽然国际妇女联盟的主席科贝特·阿什比在 1946 年早期认为,"在这个阶段,建立一个'只有妇女'的委员会去处理性别差异问题是危险的"①,但一些人(这些人中,有的是 20 世纪 30 年代的社会民主阵营的妇女,她们曾经长期强调阶级差异,而不是性别差异)迅速意识到,即使在联合国,尽管宣告了相关原则,如果女权主义者们不坚持把妇女权利、妇女代表等问题落实,提高其能见度,就不会有其他人关注。联合国采纳了一些新的术语,包括"妇女地位"和"人权"。然而,这些新术语背后的"平等权利"和"妇女权利",以及更早的语言"女权主义",都没有完全被遗忘,它们最终通过新的裂缝浮现出来。

---

① Corbett Ashby, "United Nations' Assembly. Women Out-Numbered Fifty to One by Men", *International Women's News(Jus Suffragii)*, 40:5(Feb. 1946), 51.

结语 需要重新发明轮子吗？

1949 年 7 月,国际妇女联盟的代表在阿姆斯特丹聚会,大会的主题是"人权与人类需求"。国际妇女联盟的出版物《国际妇女新闻》(The International Women's News)(前身是《选举权》),刊登的大会文件提及1948 年通过的《世界人权宣言》,展望它将会带来"辉煌的女权主义胜利"①。据此,未来的计划似乎很明显了:实施宣言的这些原则。然而,世界显然不那么简单,正如国际妇女联盟的领导人深刻地意识到的:"唉,我们的经验显示,这些宣言的原则只是沉睡的文字,除非每个国家的公众舆论坚持要求各国落实执行。"用克里斯汀·福尔(Christine Faure)最近的话来说,"没有女人的民主"必然行不通;没有女权主义的监督,民主定会大打折扣。②

如何实施这些原则以夺取胜利呢？这正是问题所在。国际妇女组织和女权主义活动家似乎仍然要坚持促使政府根据联合国宣言去落实他们的职责,促进女人和男人的平等。在战后的西方国家中,欧洲中部和南部国家的已婚妇女的法律地位依然很低,是最急迫需要解决的问题之一,法律条文需要修正;已婚妇女与有酬工作及社会福利的关系也问题重重,因为这些近期发展福利的国家,其福利条文大部分是由男性政治家制订的。长期困扰人们的问题,如国家管理的卖淫业和国际妇女儿童拐卖,取得了一些进展,1946 年废除了[这要特别感谢巴黎市议员玛尔特·理查德(Marthe Richard)发起的运动]臭名昭著的、长期饱受争议的"法国系统",即巴黎政府批准的妓院业。随后,1949 年通过了国际公约《禁止贩

---

① "Programme for Amsterdam", *International Women's News*(formerly *Jus Suffragii*), 43:6(April 1949), 1.本段之引文均来自此文件。

② 参见 Christine Fauré, *Democracy without Women: Feminism and the Rise of Liberal Individualism in France*(Bloomington: Indiana University Press, 1991)。

卖人口和取缔意图营利使人卖淫的公约》,在联合国的支持下,该公约特意使用了合乎潮流的性别中立的语言来表述人权问题。

女权主义遭遇冷战和党派政治

第二次世界大战之后,人们开始忙于回归正常生活。然而,尽管如前面所描述的,女权运动收获良多,但要动员欧洲妇女坚持她们的权利并不容易,因为那时她们面对大量急迫的问题。人们致力于重建被损毁了半壁河山的欧洲,尤其是在德国、波兰和欧洲东部的一些地方。在那里,很多人死于纳粹以种族政策之名的大屠杀,另一些人则在盟军为击溃第三帝国而发起的毁灭性空袭中丧生。很多妇女发现,她们被双重任务压垮了,既要存活下去,又要重建家园。具有讽刺意味的是,在这样的环境下,她们开始把国家人格化:"在社群争取存活下去的努力中,国家的作用异常令人瞩目。"①是认同权力的胜方还是负方? 还是以公民抵抗的方式生活在纳粹占领的国家? 很多妇女发现她们与她们的法国前辈处于类似的情境,前辈们曾在 1789 年大革命期间游行到凡尔赛宫,陈情物价高昂和养育家庭的困难。欧洲妇女们要面对重建破碎家庭和生活的重任,用什么方法才能动员她们向前一步,走向争取自身解放的道路? 是否会像玛丽·沃斯通克拉夫特(Mary Wollstonecraft)和其他女权主义者早就意识到的——那些不像女权主义者那样思考的妇女是肤浅、受教育不足、短视的——妇女自身就是问题之所在? 更可能的情况是,大部分欧洲妇女已经精疲力竭,这源于男性外交家和好战分子近期给她们带来的灾难。几乎没有疑问的是,"和平与面包"比解放、平等、权利和公正的运动更深得人心,她们可能更容易适应与那些备受打击而失去社会地位的男性伙伴联合。

女权主义运动需要新的联盟主题,这反映在国际妇女联盟的新任主

① 参看 Elizabeth Heineman, "The Hour of the Woman: Memories of Germany's 'Crisis Years' and the West German National Identity", *American Historical Review*, 101: 2 (April 1996), 354 - 395。德国妇女也成为占领军队男性暴力的对象,参看 10 月特刊 *October* no. 72 (Spring 1995)——"Berlin 1945: War and Rape, 'Liberators Take Liberties'",尤其是 Atina Grossmann 的文章"A Question of Silence: The Rape of German Women by Occupation Soldiers", 43 - 63。

席汉娜·吕德(Hanna Rydh)博士对联盟主题的重新定位上。她是考古学家、瑞典议会成员和弗雷德里卡·布雷默协会的主席。她的前任玛格丽·科贝特·阿什比从个体主义的女权主义转向人道主义,从而越过了性别,与玛格丽相反,吕德提议注重关联的方法,即基于女性功能独特性的关联,在阿姆斯特丹的会议上提出:"女人必须基于比她们所属的国家或种族更大的范畴进行联合,那就是全世界的母亲联合起来。"①这实在是很高的要求。

然而,并不是只有国际妇女联盟的活动家寻求新的方式来获得妇女的支持。在战后的欧洲,很多政治党派机构都会争取妇女的效忠,他们描画女性未来的美好图景,有选择地编辑他们的说辞,以吸引更多传统的女性,尤其是家庭主妇。实际上,女权主义者持续面对强大的竞争者,而最强大的对手就是再度活跃的共产党。

共产党的重新复兴来自两股力量,一方面是法国、意大利、南斯拉夫和其他地方的共产党员参与反法西斯主义的抵抗运动,给人们留下深刻印象;另一方面是苏联军队与西方反对纳粹德国的力量结盟(根据与罗斯福、丘吉尔、斯大林订立的雅尔塔协定,苏联成功地获得巨大的回旋余地,在整个东欧实施军事占领,紧接着是政治接管)而扩大了力量,共产党重新发起吸纳妇女参与的项目。长期以来,斯大林领导下的苏联共产党在性别项目方面都显示出最激进的一面,那是 1917 年大革命所唤醒的性别意识,由亚历山德拉·柯伦泰和其他人策划,他们后来转向宣传婚姻和传统结构的家庭,教育女孩和男孩扮演合适的性别角色,并强调妇女作为母亲和工人的角色;在苏联,1936 年堕胎再度成为非法,长期是妇女承担的社会化的母职、集体育儿和家务服务等,均成为国家优先支持的事务。对这些布尔什维克方法热情支持的乔治·N.谢列布连尼科夫(George N. Serebrennikov)在 1937 年鼓吹道:"苏联是世界上唯一实现了妇女完

---

① Hanna Rydh, "President's Message", *International Women's News*, 43: 11 (Sept. 1949), 158.关于吕德博士的职业生涯,参看 Elisabeth Arwill-Nordbladh, "Archaeology, Gender and Emancipation: The Paradox of Hanna Rydh", in *Excavating Women: A History of Women in European Archaeology*, ed. Margarita Diaz-Andreu & Marie Louise Stig Sorensen(London & New York: Routledge, 1998), pp. 155 - 174。

全平等的国家,不仅仅是条文上的平等,而且是实际上的平等。"①他们持续反复地宣传这些信息,虽然实际上远远没有达到这样的成就。

战争导致苏联人口大幅下降,经济遭受重创。1944 年的《苏联家庭法》强化那些致力于提高母亲权益的项目,并建立了一系列奖励制度——"授予'英雄母亲'称号","把'母职荣誉'和'母职奖章'纳入体制"②。第三国际积极争取让欧洲采取共产主义和苏联模式,他们不仅出兵占领东欧,而且在西欧进行软性的协商劝导,尤其是针对好不容易获得了完整公民权的法国、意大利妇女。

法国妇女于 1944 年 3 月获得了选举权。与其说是夏尔·戴高乐将军(General Charles de Gaulle)(通常认为是他推动的)的功劳,不如说是戴高乐流亡政府的众议院/协商会议(Consultative Assembly)努力的结果,他们于 1944 年 3 月在阿尔及尔聚会,那是在 D-Day(译注:1944 年6 月 6 日,诺曼底登陆战役启动日)和盟军解放巴黎之前。其他一些人也施压敦促落实妇女选举权,包括几名来自"抵抗运动"的坚定的妇女代表,其中最著名的是露西·奥布拉克(Lucie Aubrac),以及支持妇女选举的男性共产党抵抗人士。③对女权主义者来说,参与其中非常重要。法国共产党在反法西斯主义抵抗运动中的作用是毫无疑问的,但其政党在维希期间(Vichy period)已经被宣布是违法的。他们坚定地支持妇女的选举权,在公开宣传中指出,妇女通过她们的抵抗行动已经赢得选举权(私下里,法国共产党则希望能够联合她们,共同创造一个崭新的、变革的法国)。女性人口多于男性(大约 100 万),占有效选票的 62%,这持续让男

① George N. Serebrennikov, *The Position of Women in the U. S. S. R.* (London: V. Gollancz, 1937), p.7.类似主张可在以下论著中看到:N[adezhda]. K. Krupskaya, *Soviet Woman: A Citizen with Equal Rights. A Collection of Articles and Speeches* (Moscow: Co-Operative Publishing Society of Foreign Workers in the USSR, 1937)。克鲁普斯卡娅是列宁的遗孀。

② "The Soviet Family Law of 8 July 1944, Decree of the Praesidium of the Supreme Soviet of the U. S. S. R. "; transl. in *The Family in the U. S. S. R.*, ed. Rudolf Schlesinger (London, 1949), pp.367 - 372; repr. in *WFF*, vol.2, doc. 116(quote, p.407).

③ 详细介绍了法国妇女选举权之战以及 1944 年的最终决定,参看 Paul Smith, *Feminism and the Third Republic: Women's Political and Civil Rights in France 1918 - 1945* (Oxford: The Clarendon Press, 1996)。同时参看 Florence Rochefort, "La Citoyenneté interdite, ou les enjeux du suffragisme", *Vingtième siècle,* no.42(Apr. - June 1994), 41 - 51.

性代表们感到威胁,但形势变了,他们如今支持妇女选举权的动力,来自对共产主义的恐惧。政治进一步转向右翼,这说明大多数妇女的选票事实上投给了保守派。这就是为什么辩论超过一个世纪,政客们依然不支持妇女选举权的原因。这些男人的希望没有落空,随后的选举就证明了这一点。马特·多根(Mattei Dogan)和雅克·纳尔博纳(Jacques Narbonne)探讨妇女的选举类型的研究,作为联合国教科文组织文献的一部分于1955年出版,他们的研究表明,已婚妇女的投票与她们的丈夫接近,但单身妇女和年长丧偶女性确实更倾向于保守一方。多根和纳尔博纳补充说,在法国,妇女的政治党派或派系立场真是"不可思议"①。

1946年末,新成立的"第四共和国"宪法加入了一个条款,给予女人法律上的平等权利。1958年,这一条款在戴高乐的"第五共和国"再度得到确认。妇女的权利,包括她们工作的权利,伴随着她们所承担的(新的工人共和国)国家责任而获得。随着法国的国民服务为妇女开放,1946年中期,同工同酬被写入法律。然后,法国共产党给政府施加强大压力,要求工作领域的改革,这次施压由法国共产党的莫里斯·多列士(Maurice Thorez)以及和她并肩作战的战友雅内特·维美徐(Jeannette Vermeersch)领导。法国共产党被取缔之后,她们到苏联寻求庇护,并于1944年回到法国。在接下来的25年中,维美徐在法国和共产国际的妇女运动中都是至关重要的人物。②

维美徐和她的同事成为法国共产党的年轻女性团体领导,这个团体是20世纪30年代组织起来的。在1945年6月,新成立的法国妇女联合会(UFF)召开第一次代表大会,她们拟定了机构的使命和计划。克洛迪娜·米绍(Claudine Michaut)罗列出"法国妇女的责任",其中包括"为法国生儿育女,建立家庭,教育出有道德的孩子,使他们热爱工作,孝顺尊敬,爱国爱民;总之,(她的责任)就是妇女的责任,家庭中的母亲,诚实、合

---

① Mattei Dogan & Jacques Narbonne, *Les Françaises face à la politique: Comportement politique et condition sociale*(Paris: A. Colin, 1955), p.189.

② 参看 Renée Rousseau, *Les Femmes rouges: Chronique des années Vermeersch*(Paris: Albin Michel, 1983); and Jeannette Thorez-Vermeersch, *La Vie en rouge: Mémoires*(Paris: Belfond, 1998)。

格的工人,有国家利益意识的公民"①。这三重身份并不像性别解放了的布尔什维克妇女,不是 1917 年大革命时期由柯伦泰所开启的方向,这也不像 20 世纪 20 年代强健的女性公民——拖拉机司机的形象,但这个以母亲为中心的计划承诺为法国妇女联合会服务,主要动员家庭主妇,而不是工人,去支持共产党在法国的计划。②

　　与战后人口意识发展相伴的是,法国妇女联合会建立了国际民主妇女联合会(WIDF)(下面会详述),那是对法国其他政党的警示。很快,其他政党也开始提出一些迎合妇女的议题,给她们提供未来图景和指引,这些拉拢不仅仅是为了争夺她们手中的选票,也是为了赢得她们精神与灵魂的认同。1946 年,新成立且重要的团体是基督教民主人民共和运动(MRP),他们的出版物评估了"妇女问题",与共产主义的一贯主张相对立,共产主义认为,性别平等背负着功能身份,在工作场所的功能最明显,人民共和运动评价道:"其他人认为……平等并不以身份为先决条件,平等应尊重功能差异。"人民共和运动的看法是,法国的重建包含经济和生育两方面;于是,关键是如何建设"人的"经济。因此,必须尊重"自然法",这意味着已婚妇女"应该首先献身于家务劳动和母职工作"③。人民共和运动的女性发言人相信,男性养家(单一工资)是理想模式,此外还要做很多事情来改善妇女的境况:清除并消灭贫民窟,提供更多和更好的家庭-经济训练,大批量生产家居设备,提供更多家务帮助,拓展并改善照顾儿

---

　　①　"Les Trois Devoirs de la femme française: Rapport de Madame Claudine Michaut-9er Congrès de l'U. F. F.", *Femmes françaises*, no.41(5 July 1945); transl. KO.

　　②　关于德、法、意"共产主义女性"形象的快速变异的讨论,参看 Eric D. Weitz, "The Heroic Man and the Ever-Changing Woman: Gender and Politics in European Communism, 1917 - 1950",收录于 *Gender and Class in Modern Europe*, ed. Laura L. Frader & Sonya O. Rose(Ithaca: Cornell University Press, 1996), pp.311 - 352。意大利的个案应该与法国的个案进行比较;UDI 参看 Giulietta Ascoli, "L'UDI tra emancipazione e liberazione(1943 - 1964)", in Giulietta Ascoli, et al. *La Questione femminile in Italia*(Milan: Franco Angeli, 1977), pp.109 - 159;关于随后一段时期的研究,见 Judith Adler Hellman, "The Italian Communists, the Women's Question, and the Challenge of Feminism", *Studies in Political Economy*, no.13(Spring 1984), 57 - 82。关于 20 世纪 70 年代女权主义对法国共产党的挑战,参看 Jane Jenson, "The French Communist Party and Feminism", *The Socialist Register 1980*, ed. Ralph Miliband & John Saville(London: The Merlin Press, 1980), pp.121 - 147。

　　③　Mouvement Républicain Populaire, *Femme face à vos responsabilités dans la vie familiale, la vie sociale, la vie économique*(Paris: MRP, 1946); quotes, pp.1, 34; transl. KO.

童和幼儿的设施,集体承担洗衣、缝补、清洁;在农村,改善育儿设施以应对农忙季节,让农场妇女能够在田里工作或协助农场的大规模饲养工作。

1947 年 6 月,法国共产党不再属于第四共和国的一个部门,而就在几个月前,莫斯科的情报局重新主张把西方"帝国主义",尤其是美国,树为敌人,在此形势下,法国共产党第十一次代表大会发布了一个详尽计划,它略作改变但耳熟能详。这个由雅内特·维美徐精心设计的共产主义计划谴责"反动派"要求妇女回家,重新强调妇女就业的经济贡献,呼吁让更多妇女参与政党事务和进入有实权的职位。妇女要把资本主义看作敌人,并投身推翻它的运动。回应那个已经被神圣化了的政党路线(前面的章节梳理得比较清楚,在 19 世纪后期,奥古斯特·倍倍尔、弗里德里希·恩格斯和克拉拉·蔡特金的思想通过第二和第三国际的持续传播,政党路线已经清晰而稳固),《国家中的妇女》(Les Femmes dans la nation)的报告重述了妇女只有通过参与有酬劳动才能获得解放,只有社会主义才能彻底实现妇女的解放,与男人平等。资本主义处处剥削妇女,职场与家庭都存在剥削:"女权运动、支持妇女参政者、女权主义者远远落后了,虽然她们在过去曾经扮演过进步的角色。但这并不是说我们可以忽略妇女的困难处境,以及放弃把妇女组织在一起的特定的组织形式……我们必须争取更多妇女,投入社会主义、共产主义的事业,投入列宁和斯大林的事业。"[1]战后欧洲共产主义就使用这样的语言。

在法兰西第四共和国中,妇女不仅可以投票,也有机会被选举为官员,且不仅是地方政府的职位。但是,国家层面实施的是按比例分配代表和政党名单的选举系统,被选上的妇女数量很少,且远离权力中心。1946 年法国共产党的代表中,33 人中的 17 人被选为国家代表大会的代表;另一个有较多妇女代表的团体是——包括热尔梅娜·普安索-沙皮伊(Germaine Poinso-Chapuis),她当了部长——代表基督教民主的人民共和运动。还有个别社会党妇女当选为代表。但只有 9 位当选的妇女能同

---

[1] *Les Femmes dans la nation; Rapport présenté par Jeannette Vermeersch, membre du Comité Central, Député de Paris, Vice-Présidente de la Fédération Démocratique International des Femmes, XIe Congrès National du Parti Communiste Français, Strasbourg, 25, 26, 27, 28 Juin 1947*(Paris: Éditions du PCF, 1947), p.31.

时进入国民代表大会和第四共和国的三次立法会议,而且,重要的是,她们都不是来自第三共和国高层的女权主义者。那个时期,另一小群妇女当选为公共事务委员会的参议员,有几个人在内阁任职。妇女都被特地任命去处理"妇女问题",就是与健康、福利或儿童有关的议题,向来如此。妇女的投票取向会成为党派政治的卒子;盛行的思想是,这让法国妇女高兴,又让她们远离"严肃"的有政治权力的职位,如外交、国防、金融、农业、殖民事务。政治分析人士莫里斯·迪韦尔热(Maurice Duverger)在1955年撰文捅破了那一层纸:"本质上,竞争并排斥女性的原因,其实隐藏了一个非常有效的合理化机制。何以见得? 政治天然地是适合男人的领域,只有在例外的情境下,在严格的制约下,政治才允许妇女参与。"他补充道:

> 就像殖民地让本土人士进入管理和技术的职位,却不允许他们参与政治领导职位;或者让部分员工参与社会福利方面的事务,却不可以参与经济方面的事务——这跟排斥女性的态度基本一致。尽管表面上安排了些职位,但从根本上是反对平等的,其言外之意就是,男人的才华和价值是多元的,女人的则是单一的。①

在这样的环境下,独立的(例如不隶属于政党)女权主义旗帜依然飘扬在法国上空。譬如不屈不挠的活动家、律师安德烈·莱曼(Andrée Lehmann)(她是玛丽亚·韦罗内的继任者,玛丽亚·韦罗内于1938年去世),她从20世纪40年代中期直到1971年都是法国妇女权利联盟的领导;她也是门户开放国际和国际妇女联盟的副主席,她曾代表国际妇女联盟参加联合国教科文组织。然而,女权主义政治一旦离开党派政治,就会难以为继,因为政党可以通过政府部门的力量来动员妇女。在20世纪50年代早期,连激进党(Radical Party,几十年来一直阻拦妇女参政)都组织了妇女部门,且部门负责人是女权主义律师玛塞勒·克雷默-巴克(Marcelle Kraemer-Bach)。②

---

① Maurice Duverger, *The Political Role of Women*(Paris: UNESCO, 1955); quotes, pp. 125 - 126.

② 参看 Claire Duchen, *Women's Rights and Women's Lives in France, 1944 - 1968*(London: Routledge, 1994)。

跟欧洲其他国家一样,新生的第四共和国的议程中最紧迫的任务不是妇女的解放(包括去殖民化),而是人口问题和经济重建。进一步改善已婚妇女的法律地位的问题,直到 20 世纪 60 年代中期都没有什么进展。然而,早在 1946 年,一个国家支持母职的完整体系就被投入运作——给母亲支付现金。社会安全医疗的保障套餐提供至关重要的母职照顾福利,产前、生育、产后的照顾费用全免。每个新生儿都有出生保险;此外,产前津贴覆盖妇女怀孕期间的花费,明显的目的是不希望有堕胎。国家大量建设托儿所和幼儿园。事实上,这些措施综合回应了鼓励生育主义者和那时三十多岁的女权主义者提出的各种要求。但是,政府官员强烈反对社会主义-女权主义者以及共产主义者的宣传语言,即把"母职看作社会功能"。根据安德烈·莱曼的研究,法国妇女 1948 年生育的孩子人数是 864 000 人,是 20 世纪初以来出生率最高的一年。战后婴儿潮开始出现。历史学者克莱尔·杜晨(Claire Duchen)那时就强调,短期来看,"(法国)让妇女有选举权并进入了政治的世界,悖谬的是,这恰恰遣散了她们,而不是给她们新的动力——和新的平台——来讨论妇女的权利"①。

来自共产主义妇女国际的竞争

在过渡期间,法国女性共产主义者发起了一个新的、有震撼力的国际活动。1945 年 12 月,法国妇女联合会在巴黎主办了国际妇女代表大会。这次代表大会是由另一个妇女组织促成的,那就是国际民主妇女联合会(WIDF,或法文:Fédération Démocratique Internationale des Femmes, FDIF;或德文:Internationale Demokratische Frauenförderation, IDFF)。②从莫斯科回归之后,国际民主妇女联合会随即成为在联合国有咨商地位的非政府组织

---

① Duchen, *Women's Rights,* p.44.

② 迄今(1999)为止,我找不到任何学术讨论,是关于 WIDF 及其与全国性的共产主义阵线妇女组织打交道的,除了 Rousseau 在 *Femmes rouges* 中相当简短地描述了法国开头几年的活动。彻底调查这个伞状联盟组织及其附属机构的活动可能需要团队研究。自那以后,凯瑟琳·雅克(Catherine Jacques)和弗朗西斯卡·德·哈恩(Francisca de Haan)一直在讨论这个项目。参看 de Haan, "Continuing Cold War Paradigms in Western Historiography of Transnational Women's Organisations", *Women's History Review,* 19:4(Sept. 2010), pp.547 - 574。

(NGO),并尝试与国际妇女争取和平与自由联盟的国家部门合作,以对抗法西斯的死灰复燃,追求和平。关于国际民主妇女联合会在巴黎的成立大会,国际妇女联盟的主席玛格丽·科贝特·阿什比描述道:"一系列激情的展现,展示妇女在反法西斯主义、争取社会福利方面的真诚团结,表达她们对国家自由和新获得的公民权的无限骄傲。"①她补充说,这个计划"是很多老式女权主义者所要求的,被看作平等事业的进步"。毕竟,这些妇女"走出了六年的孤立状态",令科贝特·阿什比惊讶的是,这次会议好像是妇女的"第一次国际聚会"。为会议发声的包括来自苏联、匈牙利、罗马尼亚、保加利亚、南斯拉夫和西班牙的富有战斗力的反法西斯主义代表[包括著名的反法西斯抵抗运动的主要人物,如西班牙的多洛雷斯·伊巴鲁里(Dolores Ibarurri)、罗马尼亚的安娜·波克尔(Anna Pauker)、苏联的尼娜·波波娃(Nina Popova)]。这些勇于战斗的妇女回忆起两次世界大战之间欧洲的女权活动时,记忆已经很模糊,好像不曾有过,恍如隔世,即使她们在纳粹征服者入侵之前,在国际女权主义层面,都曾参与过活动。

　　国际女权主义组织也变化很大,她们暂时不再表达其独特而有力的观点。战后,国际妇女联盟和国际妇女争取和平与自由联盟都宣称,人权已经有效地吸收和容纳了早期妇女权利的词汇。就像在联合国,人类——妇女作为个体——已经取得胜利,至少措辞上可以这么说。这并不意味着"妇女权利"的诉求完全无人提起;遇到反对"人(男人)的权利"的事件,我们就可以重提"妇女权利",这等于又一次强调,把"男人"普遍化是错误的。

　　变化不会马上发生。直到20世纪50年代,一个颇具讽刺意味的转折出现了。在国际民主妇女联合会召集的一系列会议中,要求妇女权利的呼声再次爆发。国际民主妇女联合会是新成立的支持共产主义的组织,到了1953年,它据称是最大的国际妇女组织。多年以来,它都与女权主义观点保持安全距离,妇女共产国际实际上已经吞并了早期的女权主

---

① M[argery] Corbett Ashby, "International Congress of Women, Paris 1945", *International Women's News(Jus Suffragii)*, 40:4(Jan. 1946), pp.39-40;这里及以下的引文页码为p.39。

义的纲领,并毫不犹豫地销蚀了"妇女权利"的语言。

在冷战早期,国际民主妇女联合会的主席是欧金尼娅·科顿(Eugenie Cotton),她是法国的物理学家,赛夫勒市的高等女子师范学院的院长(法国女教师的教授们的摇篮)。科顿不是正式的共产党员,但她的左翼资历够深厚,所以也是法国妇女联合会的主席;国际民主妇女联合会的秘书长玛丽-克劳德·瓦杨·库蒂里耶(Marie-Claude Vaillant Couturier)是法国抵抗运动中的一员,是国会议员,是法国共产党活动家中排名靠前的。1953年6月,在国际民主妇女联合会赞助的哥本哈根世界妇女代表大会上,国际民主妇女联合会高举妇女权利的旗帜,所使用的语言完全模仿法国革命以来法国女权主义所使用的具有爆发性的词汇。国际民主妇女联合会还发表《妇女权利宣言》(Declaration on the Rights of Women)作为补充,以召唤"全世界的妇女"。这一宣言明显地去掉"女权主义"一词,甚至提出涉及歧视妇女的种种议题,把女人看作"母亲、工人和公民"[1],她们宣传三八国际妇女节,组织随后的世界母亲代表大会(从1955年开始),国际民主妇女联合会和辅助的国别分支机构一起,聚焦于女工和工会的需求和发展前景,一如在非共产主义世界积极活动的国际妇女争取和平与自由联盟和国际妇女联盟,她们举办促进世界和平,为儿童创造安全环境的运动。"女权主义"——甚至关于它的记忆——逐渐被抹去,但"妇女的权利"依然存活,并在世界荧幕上闪耀,这次由苏联牵头,加上了反资本主义、反帝国主义的社会政治项目。

建立福利国家

然而,法国和苏联并没有垄断那些有益于妇女儿童的项目。前面的章节讨论过,妇女儿童的福利如何长期占据着欧洲的民族国家政策的主要位置;由于女权主义的发展差异非常大,在关乎国家介入单方面保护女

---

[1] [WIDF] *World Congress of Women. Copenhagen, June 5th - 10th 1953. Documents* (pamphlet in the collection of the Hoover Institution).会议记录同时参看 *World Congress of Women … Reports, Speeches(extracts), and Documents*(Berlin: WIDF/FIDF, 1953)。个人翻印。

工的问题上甚至出现冲突。德国从 19 世纪后期开始已经建立了很好的体系。苏联大大提高了赌注,提出了所有战后欧洲国家都将被迫应对的挑战。在 20 世纪 30 年代,瑞典社会民主党发展出综合且先进的国家计划,在人口政策的框架中,促进人口增长,提升劳动妇女的生活质量。这些措施激发其他国家也努力发展福利计划,促进人口增长,实现财富的再分配。

在英国,战争结束带来的果实,是劳工党政府领导下的福利国家,这是基于战争期间由威廉·贝弗里奇(William Beveridge)爵士制订的措施而设计的独特福利体制。正如政治分析学者简·詹森(Jane Jenson)强调的,这个计划是基于男人养家的模式,得到工会的支持;用威廉在《贝弗里奇报告》(1942 年)的话来说,那需要"认可家庭主妇作为被占用人员独特的保险类别,用福利来调整她们的特别需求"。把婚姻看作伴侣关系,给"婚姻加上保险,而不是惩罚它",这个报告以既是假设也是主张的口吻陈述道:"在接下来的三十年,家庭主妇的母职工作是非常重要的,要确保英国的种族繁衍和英国理想在世界的充分延续。"因此,"在婚姻期间,大部分妇女不会参与有酬劳动"①。

虽然英国采取最低家庭津贴的福利系统,但与德国 20 世纪初产假联合会支持的计划相距甚远,也与 20 世纪 20 年代以来(埃莉诺·拉思伯恩)"新女权主义"的计划有云泥之别,这一计划的目的是为作为母亲的妇女(从男人那里)独立出来提供经济支持。就像拉思伯恩在 1934 年已经清晰表达的:"已婚妇女的经济依附是最后的堡垒,那些希望妇女屈从于男人的国家有意识或无意识地维护它,这就是为什么这个堡垒那么难以攻破。"②但是,拉思伯恩支持的"新女权主义"从未积累到足够的支持力量去推翻那几乎压倒一切的模式,即英国政治家和工会支持的男人养家的模式。历史学者苏珊·佩德森(Susan Pedersen)在她出色的比较研究中

---

① William Henry Beveridge, baron Beveridge, *Social Insurance and Allied Services: Report by Sir William Beveridge,* American Edition(New York: Macmillan, 1942), quotes, pp. 48 – 53.

② Eleanor Rathbone, "Foreword" to Erna Reiss, *Rights and Duties of Englishwomen: A Study in Law and Public Opinion*(Manchester: Sherratt & Hughes, 1934), p. ix.

说得很清楚。①与法国比较起来,英国已婚妇女得到的社会福利,原则上明确地是通过她们丈夫的有酬工作而获得的。这个计划刚开始实施时,没有马上被看作问题,但暗含在1953年维拉·布里顿表达的对新福利国家的狂热支持的话语里:"在这些计划中,妇女自身成为目的,而不仅仅是为了男人。"②

纳粹失败,战争结束后的德国,正如历史学家罗伯特·默勒(Robert Moeller)指出的,关注性别关系和妇女境况政策的制订,是建立在努力重建家园基础上的。除了生存和重建这些压力重重的任务,战后德国女人比男人多出400万。在联军占领期间和新的德国联邦共和国主政期间,共产党一直没有恢复运作,它在第三帝国(希特勒统治下的德国)期间已经被注销;然而,社会民主党(SPD)得以复兴,他们主张两性完全平等——起码是法律上的平等——而它的主要对手是基督教民主党(CDU),他们坚持基督徒保守的家庭理念,在婚姻中实行严格的性别等级和性别劳动分工。

虽然来自卡塞尔的社会民主党的律师伊丽莎白·泽尔贝特(Elisabeth Selbert)成功地在1949年的基本法(第三条第二款)中加入了保证两性平等权利的条款,战后德国的家庭政治状况仍然堪忧,没有妇女——尤其是已婚妇女——的个人解放,这状况将会被制度固定下来。黑尔格·普罗斯(Helge Pross)是一名年轻的女权主义社会学家,她于1958年写道:"询问今天联邦共和国的妇女社会地位,就像是在古董商店盲目地搜查社会问题一样。"她论辩道,必须允许妇女通过有酬工作来养活自己,有职业,能够不受男性主导的家庭的束缚,能够在家庭之外、超越家庭而生活。③然而,现实并非如此。默勒在他的研究中总结道:"以西德从第三帝国的废墟中建立为标记,在这个政治的自我定义过程中,'妇女的位置'只是再确认和再指定,而没有得到重新定义。"④妇女组织还在,但是,一如

---

① 参看 Susan Pedersen, *Family, Dependence, and the Origins of the Welfare State: Britain and France, 1914 - 1945* (Cambridge: Cambridge University Press, 1993), and Pedersen, *Eleanor Rathbone and the Politics of Conscience* (New Haven: Yale University Press, 2004)。

② Vera Brittain, *Lady into Woman: A History of Women from Victoria to Elizabeth Ⅱ* (London: Andrew Dakers, 1953), p.224.

③ Helge Pross, "Die gesellschaftliche Stellung der Frau in Westdeutschland", *Deutsche Rundschau*, 81(1958), 26 - 33; transl. Robert Moeller, *Protecting Motherhood: Women and the Family in the Politics of Postwar West Germany* (Berkeley & Los Angeles: University of California Press, 1992), p.226.

④ Moeller, *Protecting Motherhood*, p.228.

历史学者安妮特·库恩（Annette Kuhn）和她的合作者指出的，妇女的
"组织"已经取代了（女权主义的）妇女"运动"①。

妇女问题的论争和对女权主义的清除

上文叙述的发展——诸君可以按时间顺序，拿很多其他国家做比
较——那些发展标记了冷战的早期阶段。那个阶段，即使很多欧洲国家
寻求描述他们自己的政治和文化特征，但都因围绕苏联和美国及北约
（NATO）联盟之间的权力角逐的发展而被悬置了。这些斗争在内部政治
角逐中还有另一层意义（一般而言，是社会民主党和基督教民主党的两极
化），这些角逐左右着实现女权主义目标的可能性。

因此，尽管联合国持续强调人权和两性平等，在困难的战后时期，无
论是促进"人权"还是排他地聚焦于"妇女权利"，都变得越来越困难。由
于西欧国家通过政党竞争来执政，女权主义者难以找到有效地提升妇女
权利的空间。除了瑞士之外，其他欧洲妇女已经获得政治上的公民权，并
起码在理论上，成年单身女性在法律上享有与男性正式的平等；然而，已
婚妇女的地位，在法律财产管理权和就业方面还是不平等，即使国家以家
庭的名义给母亲和儿童制订了福利系统。在西欧国家，宪法承诺法律上
的两性平等，似乎不足以消除现存的系统的不平等。只要政府和政党依
然优先处理其他事务，只要妇女投票者还不给政府施压，确保终止已婚妇
女屈从于男人的状况，或确保女人的生活选择不受限制，性别不平等就继
续存在。欧洲东部所谓的铁幕政治，在战后由苏联主导——到 1950 年囊
括了新德国民主党（DDR），捷克斯洛伐克、波兰、匈牙利、立陶宛波罗的海
共和国、拉脱维亚和爱沙尼亚、南斯拉夫、罗马尼亚和保加利亚。苏联是

---

① 参看 Annette Kuhn, "Power and Powerlessness: Women after 1945, or the Continuity
of the Ideology of Femininity", *German History*, 7:1(1989), 35－46；同时参看 Annette Kuhn,
with Doris Schubert, eds., *Frauen in der deutschen Nachkreigzeit*. 2 vols. (Düsseldorf:
Schwann, 1984－1986)。奥地利的情况参看 Irene Bandhauer-Schöffmann ＆ Ela Hornung,
"War and Gender Identity: The Experience of Austrian Women, 1945－1950"，收录于 *Austrian
Women in the Nineteenth and Twentieth Centuries*, eds. David F. Good, Margarete Grandner,
＆ Mary Jo Maynes(Providence, R.I.: Berghahn Books, 1996), pp.213－233.

一党体制,对"公共领域"的结社与表达实施严苛的政府管制,必然的结果是,妇女组织没有发展空间,只能开展共产党支持的活动。在这些国家,有组织的女权运动和"公共空间"自身都被消灭,或被挪作他用,只有在1989年苏联垮台后才有可能觉醒,提出对历史的质询,以及对1945年前的女权行动的压制进行调查。①

关于妇女问题的论争,在20世纪50年代并未断绝,但也不热闹。战后机构重整只是表面,那些年,女权运动的岩浆已经涌到地表,等待爆发,有时候寻找裂缝,通过一些议题来提醒人们,父权制、威权社会管理从不是未经质疑的。实际上,一些重要的出版物出现,就像一个稳定的火力网,全都指向这个或那个维度的妇女问题。

回顾往事,这些事件中最著名的是西蒙娜·德·波伏娃的两卷本著作《第二性》(1949)的出版,它如今已成为经典。《第二性》立基于存在主义哲学(构想把女人看作男人的"他者"的二元论),对女性气质的社会建构深具洞见,这些都是值得赞许的。波伏娃的著作也遭到严厉的批评,因作者对婚姻和母性抱持刻骨的敌意,她坚持(回应亚里士多德和奥托·魏宁格)男人基于"主动的"原则行事而女人是"被动的",要解决妇女这种两难处境,唯一的出路是超越"内在的""女性气质"和拥抱社会主义(波伏娃并不认可女权主义者)。②这本书迅速在梵蒂冈的禁书索引(Vatican's Index of Forbidden Books)中占据一席之地,虽然它明显地无法引起法国

---

① 在20世纪40年代至1989年都受到苏俄影响的一些国家,几乎没有发表过关于1918年至第二次世界大战期间女权主义的历史研究。匈牙利国家档案馆重新发现了有关1945年前的一些匈牙利妇女组织(包括女权主义组织)的档案,它们在那里沉睡了几十年。这几十年间,所有彼此竞争的妇女组织纷纷解散,并于1949年最终合并为新共产主义政权的官方妇女组织。参看 Andrea Pető, "As the Storm Approached: The Last Years of the Hungarian Women's Societies Before the Stalinist Takeover", *European University History Department Yearbook, 1994 - 95*, ed. Andrea Pető(Budapest: Central European University, 1995), 181 - 206。

② Simone de Beauvoir, *The Second Sex*, transl. and ed. H. M. Parshley(New York: Modern Library, 1968[orig. French publ. 1949; English transl., 1952]).对该书的背景和接受情况的讨论,有众多著作者,参看 Deirdre Bair, *Simone de Beauvoir: A Biography*, and *The Condition of Women in France-1945 to the Present*, ed. Claire Laubier(London & New York: Routledge, 1990), Chap.2。同时参看 Eva Lundgren-Gothlin, *Sex and Existence: Simone de Beauvoir's "The Second Sex"*(London: Athlone, 1996[orig. Swedish publ. 1991])。现在有一个新的完整的英文译本:Beauvoir's *Second Sex* by Constance Borde and Sheila Malovaney-Chevallier(New York: Knopf, 2009)。

妇女联合会的共产主义阵营的女性的关注。它最著名的表述是"女人不是天生的,而是后天变成的",这句话是《第二性》第二卷的导论,也为这部著作带来辉煌的未来。这句话所复活的观念,是法国起码从 18 世纪以来讨论妇女问题时常常出现的。这句话再次提醒读者,"女人"是文化建构的结果,既是"性别",也是"社会性别"①。

  20 世纪 40 到 50 年代,《第二性》绝不是欧洲讨论妇女问题的唯一贡献,虽然它可能是这段时间最为人所知、最具争议和被翻译最多的著作。那时,年轻的英国社会学者薇奥拉·克莱因(Viola Klein)已经出版视野更广阔的《女性性格:意识形态的历史》(*The Feminine Character:History of an Ideology*,1946),她在这本书中批评哈夫洛克·埃利斯、奥托·魏宁格、弗洛伊德以及其他各种试验性的心理学家在解释"女性气质"时观点的局限性。比利时天主教哲学家雅克·勒克莱尔(Jacques Leclercq)在《婚姻与家庭:社会哲学研究》(*Marriage and the Family:A Study in Social Philosophy*,1940 年法语版,1945 年英语版)中花了 395 页论及这一问题。卓越的法国教育家保罗·克鲁泽(Paul Crouzet)的《中学毕业生或年轻女孩》(*Bachelière ou jeune fille*)与《第二性》在同一年出版,并提出了与之相反的关切:"与男人是否平等,女人之间的差异大于男女差异。""女孩的教育必须与女性的人格(feminine personality)关联起来考虑,考虑如何唤醒、发展和确认女性的职业的目标,在自然秩序中,这职业就是作为配偶和母亲。"②他这样思考,或因他的妻子是珍妮·克鲁泽·本-阿本(Jeanne Crouzet Ben-Aben),她发起过为法国女孩争取

---

① Beauvoir, *The Second Sex*, p.267.参看 Karen Offen, "Before Beauvoir, Before Butler: Genre and Gender in France and the Anglo-American World",英文版出版时未发表的文章,如今发表:"Before Beauvoir, before Butler: 'Genre' and 'Gender' in France and the Anglo-American World",收录于*"On ne naît pas femme; on le devient": The Life of a Sentence*, ed. Bonnie Mann & Martina Ferrari(Oxford, UK: Oxford University Press, 2017), pp.11–36。

② Paul Crouzet, *Bachelières ou jeunes filles*(Toulouse: Privat, 1949), p.101;翻译收录于 Lisa Greenwald, "Not 'Undifferentiated Magma': Refashioning a Female Identity in France, 1944–1955", *Historical Reflections/Refléxions Historiques*, 22:2(Spring 1996), 422. Greenwald's unpublished Ph.D. dissertation, "The Women's Liberation Movement in France and the Origins of Contemporary French Feminism, 1944–1981"(Emory University, 1996),这本书现在已经修订出版,讨论了法国女权在这个时期的贡献。遗憾的是,我在完成这一章之前没有机会读到这本书。Greenwald 的著作现已出版(Lincoln: University of Nebraska Press, 2020)。

平等教育机会的运动。跟波伏娃一样,克鲁兹认识到,社会性别是社会的建构:这就是为什么需要合适的建构。在战后环境中,克鲁兹的建构论比波伏娃反抗母性和母职的观点更迎合年轻女性。

在西欧,整个 20 世纪 50 和 60 年代出版了大量讨论妇女问题的著作。其中有几部重要的著作值得特别指出来,它们既支持解放又反对解放。巴黎的律师和妇女权利活动家安德烈·莱曼写了《法国妇女在 20 世纪中叶的角色》(The Role of the French Woman at the Midpoint of the Twentieth Century,1950)一文。荷兰的哲学家弗雷德里克·雅各布斯·约翰尼斯·伯伊藤蒂克(Frederik Jacobus Johannes Buytendijk)回应了波伏娃,并提出一个现象的和心理学的关注,见诸《那个女人》(De Vrouw,1951),这本书随后分别于 1953 年和 1954 年有德语和法语译本。政治学的学者感兴趣于妇女如何投票,并得益于联合国科教文组织于 1952 年的基础调查;在这些著作中,有莫里斯·迪韦尔热的重要的比较研究《妇女的政治角色》(The Political Role of Women,1955 年),以及马特·多根(Maltei Dogan)和雅克·纳尔博纳(Jacques Narbonne)的《法国妇女面对的政治》(Les Française face à la politique,1955)。1956 年,瑞典社会民主党的阿尔瓦·默达尔和她的资深合作者薇奥拉·克莱因出版了富有影响力的《妇女的两种角色:家庭与职场》(Women's Two Roles:Home and Work),这本书影响很广,但没有讨论两种角色的冲突,这可能是作者故意为之。①虽然共产党对东欧的统治有效地阻断了这些著作在东欧卫星国的传播,西欧对性别关系的论争,直到婴儿潮一代能够阅读并长大之后,才找到裂缝,爆发并涌动起来。

女权主义的故事远没有结束。到了 20 世纪 60 年代后期,女权主义的抵抗再度在西欧社会爆发,这场运动由年轻女性领导,她们比上一代妇女享受到更多的教育机会。其中一些人曾经投入左翼政治中,发现共产党对妇女问题关注不足;另一些人从美国的女权发展中找到灵感,在美国,女权运动受民权运动的激发,在 20 世纪 60 年代再度出现。大部分人

---

①　参看 Jane Lewis,"Myrdal, Klein, *Women's Two Roles* and Postwar Feminism 1945‐1960",收录于 *British Feminism in the Twentieth Century*, ed. Harold L. Smith (Gloucester: Edward Elgar, 1990), pp.167‐188。

对于女权前辈历史上的努力所知甚少或一无所知，只是对波伏娃那不敢恭维的解释有所了解；用格尔达·莱纳的话来说，她们没有女权的历史意识。她们从"元年"（Year Zero）开始，重启女权运动。她们重启的故事，如今已经得到总体和系统的反思。

重新发明一个轮子？ 还是建立历史的出发点

为什么要重启？而不是回忆？不是重视历史？略作研究回顾就可以清楚地看到，从 1700 到 1950 年，女权的爆发横扫欧洲的历史与地理版图；重新把妇女放回男性控制之下的冲动反复出现，每次都带来更巨大的挑战；实际上，从启蒙到原子时代的欧洲，每个世代都可以看到女权抵抗的显著表现。从根本上说，是女权运动——在历史上——让妇女在男性定义的环境和男性主导的社会中获得平等成为可能，女权主义者尝试改变各种定义，消灭统治，由此变革她们所身处的社会。一如我在本书开头所指出的，这关乎两性权力的平衡。

关于欧洲国家和全球各国的女权运动的历史，我们还有很多需要了解。我们看到了循环模式，且刚刚开始认识这些模式。我们正在认识父权体制的建构——和再建构——的本质，了解哪些独特的条件产生撬开缝隙的力量，了解女权抗议的熔岩是如何爆发的，女性处境的进步与回退，这些潮涨潮落，那些迫使其放弃抵抗的力量，是怎么随着时间发生的。但有一件事是确定的：发生在欧洲社会的，开创性的、多层面的、延续几个世纪的女权传统，给我们所有人的教益是巨大的。知识与历史的记忆能够协助我们看到问题、提出问题，避免日后犯错。它们能够成为强有力的工具，让我们知道，那些让妇女处于屈从地位的力量，必激起持续的反抗。简言之，它们提供了一个平台（springboard）。

健忘症，尤其是历史的健忘症，是女人最坏的敌人，广义来说，那些女人持续被看作"他者"——她们自己也常常这样看自己——而不是占人口一半的人类。我曾经查阅过数以千计的女权历史文本，欧洲或美国的每一份有关妇女的文献，还有全球很多其他国家的女权运动的文献，她们以往没有机会出版，直到最近才能够通过出版来表达自己的想法。如果我把这些历史文本摞在一起,地球都会颤抖,裂缝会变成大峡谷。父权制的厚茧可能会溶化或消解,而不是间歇性地消停一会,一代又一代,每一个小小的成功之后,女权的熔浆沉淀得太快,悄无声息地沉寂下去。

这些女权主义者的祖辈不一定来自我的村庄、我的国家、我的团体,我依然感激她们的伟大贡献。这些遗产是女人们的共同财富,她们坚持女人是"占一半人口的人",是人种的一半,而不是如海伦娜·斯旺尼克所述的是"辅助的性别",或如波伏娃所述的是"第二性"。一如《北京宣言》在1995年出色地表述的,妇女权利是人权。或者,引用海德薇·多姆(Hedwig Dohm)的话,"人权没有性别"。

从1700到1950年,欧洲女权主义漫长而丰富的历史,是一份属于我们的财富,女人和男人都一样,不管我们生活在世界哪一部分,不管我们的皮肤是什么颜色,或是什么族裔,什么信仰或国籍。自从1970年以来,我们所学到的有关欧洲女权主义的历史已经成为珍贵的遗产,协助我们坚持挑战男性统治,通过赋权女人来重塑两性关系。这不太是"创造传统"的问题,而是收回和认领曾经被埋没,如今惊奇地发现它保存完好的那份历史。而且,我们有责任去思考这些最新发现的历史,确保它的传播,尽我们所能,传给我们的女儿和儿子,我们的孙辈以及他们的后代。这不仅意味着我们要传播给历史其他领域、妇女研究、女权主义理论的同事,这也意味着在学校和课堂传播,培训教师和我们社区的成员,让他们了解这些历史资料。

紧迫的不是对欧洲过去的复杂历史有一个更系统的知识,这些事件发生在一个独特的文化架构之中,那将不会重复。紧迫的是要接触到那些知识,这些知识能够帮助我们——男人和女人,欧洲人和新欧洲人,亚洲人,非洲人,次大陆上的印第安人,所有不同背景的人和劝导调停者——生活中某个侧面遇到"妇女问题"的人(事实上,我们每一个都曾遇到过),去学习与其他人更友善地相处,建立伙伴关系和相互尊重的未来,而不是体制化的统治与屈从关系,不要把身体、心理或象征的暴力变成习俗标准。女人和男人需要肩并肩,成为伙伴,而不是面对面成为仇敌。男人需要学习如何告诉女人他们是谁,他们需要什么,而不是使用暴力。使用暴力让女人屈从,将不会再被容忍。

　　对女权主义的记忆和女权主义的历史的建构和传播，不仅仅是学术的操练；它是一份指南。这本书因此是一本政治的指导书，是一次政治的行动。我们于 1983 年出版了《妇女，家庭和自由》(*Women，the Family and Freedom*)，对记录文献进行诠释，它为我正在写的这本书提供了平台，苏珊·格罗格·贝尔和我写道："没有必要重新发明一个轮子，在已经存在的历史上去建造会更有效。"①相对于 1983 年，我们掌握的女权运动的历史知识大幅增加；实际上，能够找到的证据材料比我们梦想的要多得多。我们还有更多要去了解的。因此，挑战在于，如何告知我们自己，有什么是"已经在那里"，所取得的胜利，所犯的错误，面临的挑战，如何让这些知识成为未来女权思想、行动的出发点。我们有更多重大的事情要做，而不是持续地重新发明新的轮子。

---

① Susan Groag Bell & Karen Offen, "General Introduction", in WFF, vol.1, p.11.

参考文献

　　这份摘要的参考文献目录旨在为读者提供一个主要关于欧洲女权主义思想和实践的最新出版物的指南。除了一些重要的例外情况(包括手稿完成后才出现的一些作品,以及1999—2000年将要出版的作品),参考文献仅限于1986年至1997年出版的作品。它分为两个部分,一是英文出版物;一是其他欧洲语言出版物。

　　然而,读者们应该注意到,这个目录远不是详尽无遗的,他们还应该查阅每部分的引言和章节的注释,其中引用了一些有价值的文章,特别是那些关于个人和组织的文章,以及其他已出版的资料集。至于出版更早的、仍然有价值的资源,请参阅我的文章《妇女的自由、平等与正义:19世纪欧洲女权主义的理论和实践》[(Liberty, Equality, and Justice for Women: The Theory and Practice of Feminism in Nineteenth-Century Europe, in Renate Bridenthal, Claudia Koonz & Susan Mosher Stuard ed., *Becoming Visible: Women in European History*, 2d ed. (Boston: Houghton-Mifflin, 1998)]一文所附的参考书目。论文集《书写妇女的历史:国际视角》[*Writing Women's History: International Perspectives*, ed. Karen Offen、Ruth Roach Pierson & Jane Rendall(London: Macmillan; Bloomington: Indiana University Press, 1991)]包含有更多的参考文献。还可以参看以下期刊上发表的相关文章。英文:《妇女研究》(*Feminist Studies*),《妇女史杂志》(*Journal of Women's History*),《性别与历史》(*Gender & History*),以及《妇女史评论》(*Women's History Review*)。其他欧洲语言:《阿雷纳尔:女性历史杂志》(*Arenal：Revista de historia de las mujeres*)、《克丽奥:历史、妇女和社会》(*Clio: Histoire, Femmes et Societes*)、《阿里阿德涅:德国妇女运动档案》(*Ariadne: Almanach des Archivs der deutschen Frauenbewegung*)、《墨提

斯:历史女性研究与女权主义实践杂志》(*Metis: Zeitschrift fur historische Frauenforschung und feministische Praxis*)、《女权主义研究》(*Feministische Studien*)、《男人》(*L'Homme*)、《记忆》*Nuovadwf: Donnawomanfemme;* (*Memoria*,现已停刊);《议程》(*Agenda*,由 the Societa Italiana delle Storiche* 出版)、《妇女历史年鉴》(*Jaarboek voor Vrouwengeschiedenis*,荷兰语)、《六分仪》(*Sextant*,比利时法语版)、《娜拉》(*Nora*,用英语出版的斯堪的纳维亚作品),以及新版的《欧洲妇女研究杂志》(*European Journal of Women's Studies*)。

　　我希望有一天支撑这本书的大量图书和文章的整个完整参考文献可以单独出版。

1. 英文书籍、文章、文集与文献集

Akkerman, Tjitske, and Siep Stuurman, eds. *Perspectives on Feminist Political Thought in European History, from the Middle Ages to the Present*. London: Routledge, 1998.

Albisetti, James C. *Schooling German Girls and Women: Secondary and Higher Education in the Nineteenth Century*. Princeton: Princeton University Press, 1988.

Allen, Ann Taylor. *Feminism and Motherhood in Germany, 1800 - 1914*. New Brunswick: Rutgers University Press, 1991.

Anderson, Bonnie S. *Joyous Greetings! The First International Women's Movement, 1830 - 1860*. New York: Oxford University Press, 2000.

Anderson, Bonnie S., & Judith P. Zinsser. *A History of Their Own: Women in Europe from Prehistory to the Present*. Vol. 2. New York: Harper & Row, 1988.

Anderson, Harriet. *Utopian Feminism: Women's Movements in Fin-de-Siècle Vienna*. New Haven: Yale University Press, 1992.

Andreasen, Tayo, et al. *Moving On: New Perspectives on the*

Women's Movement. Acta Jutlandica 67:1, Humanities Series 66. Aarhus: Aarhus University Press, 1991.

Banks, Olive. *Faces of Feminism: A Study of Feminism as a Social Movement*. New York: St. Martin's Press, 1981.

——. *The Politics of British Feminism, 1918 - 1970*. Aldershot: Edward Elgar, 1993.

Bauer, Carol, & Lawrence Ritt. *Free and Ennobled: Source Readings in the Development of Victorian Feminism*. Oxford: Pergamon Press, 1979.

Bell, Susan Groag, & Karen M. Offen. *Women, the Family, and Freedom: The Debate in Documents, 1750 - 1950*. 2 vols. Stanford: Stanford University Press, 1983.

Bidelman, Patrick Kay. *Pariahs Stand Up! The Founding of the Liberal Feminist Movement in France, 1858 - 1889*. Westport: Greenwood Press, 1982.

Black, Naomi. *Social Feminism*. Ithaca: Cornell University Press, 1989.

Bland, Lucy. *Banishing the Beast: English Feminism and Sexual Morality, 1885 - 1914*. New York: The New Press, 1995.

Bock, Gisela, & Pat Thane, eds. *Maternity and Gender Policies: Women and the Rise of the European Welfare States, 1880s - 1950s*. London & New York: Routledge, 1991.

Boetcher Joeres, Ruth-Ellen, & Mary Jo Maynes, eds. *German Women in the Eighteenth and Nineteenth Centuries*. Bloomington: Indiana University Press, 1985.

Bohachevsky-Chomiak, Martha. *Feminists Despite Themselves: Women in Ukrainian Community Life, 1884 - 1939*. Edmonton: Canadian Institute of Ukrainian Studies, University of Alberta, 1988.

Bolt, Christine. *The Women's Movements in the United States and Britain from the 1790s to the 1920s*. Amherst: University of Massachusetts Press, 1993.

Bosch, Mineke, ed., with Annemarie Kloosterman. *Politics and Friendship: Letters from the International Woman Suffrage Alliance, 1902 - 1942*. Columbus: Ohio State University Press, 1990.

Boxer, Marilyn J., & Jean H. Quataert, eds. *Socialist Women: European Socialist Feminism in the Nineteenth and Early Twentieth Centuries*. New York: Elsevier, 1978.

Caine, Barbara. *Victorian Feminists*. Oxford: Oxford University Press, 1992.

——. *English Feminism, 1780 - 1980*. Oxford: Oxford University Press, 1997.

Coulter, Carol. *The Hidden Tradition: Feminism, Women and Nationalism in Ireland*. Cork: Cork University Press, 1993.

Cross, Máire, & Tim Gray. *The Feminism of Flora Tristan*. Oxford: Berg, 1992.

Cullen, Mary. "How Radical Was Irish Feminism between 1860 and 1920?" *Historical Studies*, 15(1985), 185 - 201.

Daley, Caroline, & Melanie Nolan, eds. *Suffrage and Beyond: International Feminist Perspectives*. Auckland: Auckland University Press; New York: New York University Press; London: Pluto Press, 1994.

David, Katherine. "Czech Feminists and Nationalism in the Late Habsburg Monarchy: 'The First in Austria,'" *Journal of Women's History*, 3:2(Fall 1991), 26 - 45.

Dooley, Dolores. *Equality in Community: Sexual Equality in the Writings of William Thompson and Ann a Doyle Wheeler*. Cork: Cork University Press, 1996.

Drewitz, Ingeborg, ed. *The German Women's Movement: The Social Role of Women in the Nineteenth Century and the Emancipation Movement in Germany*. Transl. Patricia Crampton. Bonn: Hohwacht,

1983.

Dyhouse, Carol. *Feminism and the Family in England, 1880 – 1939*. Oxford: Basil Blackwell, 1989.

Edmondson, Linda. *Feminism in Russia, 1900 – 1917*. Stanford: Stanford University Press, 1984.

Evans, Richard J. *The Feminist Movement in Germany 1894 – 1933*. London & Beverly Hills: Sage Publications, 1976.

——. *The Feminists: Women's Emancipation Movements in Europe, America, and Australasia, 1840 – 1920*. London: Croom Helm, 1977.

——. *Comrades and Sisters: Feminism, Socialism, and Pacifism in Europe, 1870 – 1945*. New York: St. Martin's Press, 1987.

Fauré, Christine. *Democracy Without Women: Feminism and the Rise of Liberal Individualism in France*. Bloomington: Indiana University Press, 1991.

Forsås-Scott, Helena. *Textual Liberation: European Feminist Writing in the Twentieth Century*. London & New York: Routledge, 1991.

Fout, John C., ed. *German Women in the Nineteenth Century: A Social History*. New York: Holmes & Meier, 1984.

Fraisse, Geneviève. *Reason's Muse: Sexual Difference and the Birth of Democracy*. Transl. Jane Marie Todd. Chicago: University of Chicago Press, 1994.

Fraisse, Genevieve, & Michelle Perrot, eds. *Emerging Feminism from Revolution to World War*. Vol. 4 of *A History of Women in the West*, ed. Georges Duby & Michelle Perrot. Cambridge, Mass.: The Belknap Press of Harvard University Press, 1993.

Frevert, Ute. *Women in German History: From Bourgeois Emancipation to Sexual Liberation*. Oxford: Berg, 1989.

Friedlander, Judith, et al. *Women in Culture and Politics: A Cen-*

tury of Change. Bloomington: Indiana University Press, 1986.

Gibson, Mary S. *Prostitution and the State in Italy, 1860 – 1915*. New Brunswick: Rutgers University Press, 1986.

Gillis, John R. , Louise A. Tilly, & David Levine, eds. *The European Experience of Declining Fertility, 1850 – 1970: The Quiet Revolution*. Oxford: Blackwell, 1992.

Goldberger, Avril H. , ed. *Woman as Mediatrix: Essays on Nineteenth-Century European Women Writers*. Westport: Greenwood Press, 1987.

Good, David, Margarete Grandner, & Mary Jo Maynes, eds. *Austrian Women in the Nineteenth and Twentieth Centuries*. Providence: Berghahn Books, 1996.

Gordon, Felicia. *The Integral Feminist: Madeleine Pelletier, 1874 – 1939*. Minneapolis: University of Minnesota Press, 1990.

Gordon, Felicai, & Máire Cross, eds. *Early French Feminisms, 1830 – 1940: A Passion for Liberty*. Cheltenham: Edward Elgar, 1996.

Haan, Francisca de. *Gender and the Politics of Office Work: The Netherlands, 1860 – 1940*. Amsterdam: University of Amsterdam Press, 1998.

Harrison, Brian. *Prudent Revolutionaries: Portratits of British Feminists between the Wars*. Oxford: Clarendon Press, 1987.

Hause, Steven C. *Hubertine Auclert: The French Suffragette*. New Haven: Yale University Press, 1987.

Hause, Steven C. , with Anne R. Kenney. *Women's Suffrage and Social Politics in the French Third Republic*. Princeton: Princeton University Press, 1984.

Hellerstein, Erna Olafson, Leslie Parker Hume, & Karen M. Offen, eds. *Victorian Women: A Documentary Account of Women's Lives in Nineteenth-Century England, France, and the United States*. Stanford: Stanford University Press, 1981.

Helsinger, Elizabeth K. , Robin Lauterbach Sheets, & William Veeder. *The Woman Question: Society and Literature in Britain and America, 1837 - 1883*. 3 vols. New York: Garland Press, 1983; Chicago: University of Chicago Press, 1989.

Hollis, Patricia, ed. *Women in Public: The Women's Movement— Documents of the Victorian Women's Movement (1850 - 1900)*. London: G. Allen & Unwin, 1979.

Holton, Sandra Stanley. *Feminism and Democracy: Women's Suffrage and Reform Politics in Britain, 1900 - 1918*. Cambridge: Cambridge University Press, 1986.

———. *Suffrage Days: Stories from the Women's Suffrage Movement*. London: Routledge, 1996.

Hume, Leslie Parker. *The National Union of Women's Suffrage Societies, 1897 - 1914*. New York: Garland Press, 1982.

Hunt, Karen. *Equivocal Feminists: The Social Democratic Federation and the Woman Question 1884 - 1911*. Cambridge & New York: Cambridge University Press, 1996.

Jackson, Margaret. *The Real Facts of Life: Feminism and the Politics of Sexuality, c. 1850 - 1940*. London: Taylor & Francis, 1994.

Jeffreys, Sheila. *The Spinster and Her Enemies: Feminism and Sexuality, 1880 - 1930*. London: Pandora Press, 1985; 2d ed. , Melbourne: Spinifex Press, 1997.

———, ed. *The Sexuality Debates*. London: Methuen, 1987.

Kaplan, Marion A. *The Jewish Feminist Movement in Germany: The Campaigns of the Jüdischer Frauenbund, 1904 - 1938*. Westport: Greenwood Press, 1979.

Käppeli, Anne-Marie. "Feminist Scenes," in Fraisse & Perrot, eds. , *Emerging Feminism (q. v.)* , pp. 482 - 514.

Keller, Frances Richardson, ed. *Views of Women's Lives in Western Tradition*. Lewiston: Edwin Mellen Press, 1990.

Kent, Susan Kingsley, *Sex and Suffrage in Britain, 1860 - 1914*. Princeton: Princeton University Press, 1987.

——. *Making Peace: The Reconstruction of Gender in Interwar Britain*. Princeton: Princeton University Press, 1993.

Koven, Seth, & Sonya Michel, eds. *Mothers of a New World: Maternalist Politics and the Origins of Welfare States*. New York & London: Routledge, 1993.

Lacey, Candida, ed. *Barbara Leigh Smith Bodichon and the Langham Place Group*. London: Methuen, 1987.

LeGates, Marlene. *Making Waves: A History of Feminism in Western Society*. Toronto: Copp Clark/Addison Wesley, 1996.

Lerner, Gerda. *The Creation of Feminist Consciousness: From the Middle Ages to 1870*. New York: Oxford University Press, 1993.

Levine, Philippa. *Victorian Feminism*. London: Hutchinson, 1987.

McFadden, Margaret H. *Golden Cables of Sympathy: The Transatlantic Sources of Nineteenth-Century Feminism*. Lexington: University of Kentucky Press, 1999.

Mackenzie, Midge. *Shoulder to Shoulder: A Documentary*. New York: Random House, 1975, new ed. 1988.

Marcus, Jane, ed. *Suffrage and the Pankhursts*. London: Methuen, 1987.

Mendus, Susan, & Jane Rendall, eds. *Sexuality and Subordination*. London: Routledge, 1989.

Meyer, Alfred G. *The Feminism and Socialism of Lily Braun*. Bloomington: Indiana University Press, 1985.

Meyer, Donald. *Sex and Power: The Rise of Women in America, Russia, Sweden, and Italy*. Middletown: Wesleyan University Press, 1987.

Moses, Claire Goldberg. *French Feminism in the Nineteenth Cen-

tury. Albany: SUNY Press, 1984.

Moses, Claire Goldberg, & Leslie Wahl Rabine. *Feminism, Socialism, and French Romanticism*. Bloomington: Indiana University Press, 1993.

Murphy, Cliona. *The Women's Suffrage Movement and Irish Society in the Early Twentieth Century*. Philadelphia: Temple University Press, 1989.

Nash, Mary. *Defying Male Civilization*. Denver: Arden Press, 1995.

Neudorfl, Marie L. "The Development and Activity of the Czech Women's Movement before 1914." Unpublished article, 1997.

Offen, Karen, ed. *Women in European Society and Culture*. Special issue of *History of European Ideas*, 8:4 – 5(1987).

Offen, Karen, Ruth Roach Pierson, & Jane Rendall, eds. *Writing Women's History: International Perspectives*. London: Macmillan; Bloomington: Indiana University Press, 1991.

Owens, Rosemary Cullen. *Smashing Times: A History of the Irish Suffrage Movement*. Dublin: Attic Press, 1984.

Paletschek, Sylvia, & Bianka Pietrow-Ennker, eds. *Women's Movements in Europe in the Nineteenth Century: A Comparative Perspective*. Ms. in preparation.

Pietrow-Ennker, Bianka, & Rudolf Jaworski, eds. *Women in Polish Society*. Boulder: East European Monographs(no.344), 1992.

Prelinger, Catherine M. *Charity, Challenge, and Change: Religious Dimensions of the Mid-Nineteenth Century Women's Movement in Germany*. Westport: Greenwood Press, 1987.

Pugh, Martin. *Women and the Women's Movement in Britain, 1914 – 1959*. Houndsmill: Macmillan, 1992.

Quataert, Jean H. *Reluctant Feminists in German Social Democracy, 1885 – 1917*. Princeton: Princeton University Press, 1979.

Rendall, Jane. *The Origins of Modern Feminism: Women in Britain, France, and the United States, 1780–1860*. New York: Schocken Books, 1984.

Rendall, Jane, ed. *Equal or Different: Women's Politics, 1800–1914*. Oxford: Basil Blackwell, 1987.

Reynolds, Siân, ed. *Women, State, and Revolution: Essays on Power and Gender in Europe since 1789*. Amherst: University of Massachusetts Press, 1986.

——. *France Between the Wars: Gender and Politics*. London: Routledge, 1996.

Roberts, Marie Mulvey, & Tamae Mizuta, eds. *Controversies in the History of British Feminism*. 6 vols. London: Routledge/Thoemmes Press, 1995.

Rosen, Andrew. *Rise Up, Women! The Militant Campaign of the Women's Social and Political Union, 1903–1914*. London: Routledge & Kegan Paul, 1974.

Rubenstein, David. *Before the Suffragettes: Women's Emancipation in the 1890s*. Brighton: Wheatsheaf; New York: St. Martin's Press, 1987.

Rupp, Leila J. *Worlds of Women: International Women's Organizations, 1888–1945*. Princeton: Princeton University Press, 1998.

Sarah, Elizabeth, ed. *Reassessments of "First Wave" Feminism*. Oxford & New York: Pergamon Press, 1982. Originally published as a special issue of *Women's Studies International Forum*, 5:6(1982).

Scott, Joan Wallach. *Only Paradoxes to Offer: French Feminists and the Rights of Man*. Cambridge, Mass. : Harvard University Press, 1996.

Shanley, Mary Lyndon. *Feminism, Marriage, and the Law in Victorian England, 1850–1895*. Princeton: Princeton University Press, 1989.

Slaughter, Jane, & Robert Kern, eds. *European Women on the Left: Socialism, Feminism, and the Problems Faced by Political Women, 1880 to the Present*. Westport: Greenwood Press, 1981.

Smart, Carol, ed. *Regulating Womanhood*. London: Routledge, 1992.

Smith, Harold L., ed. *British Feminism in the Twentieth Century*. Amherst: University of Massachusetts Press, 1990.

Smith, Paul. *Feminism and the Third Republic: Women's Political and Civil Rights in France, 1918 – 1945*. Oxford: Clarendon Press, 1996.

Spender, Dale. *Women of Ideas (and What Men Have Done to Them)*. London: Routledge & Kegan Paul, 1982.

——, ed. *Feminist Theorists: Three Centuries of Key Women Thinkers*. New York: Pantheon, 1983.

——, ed. *Time and Tide Wait for No Man*. London: Pandora Press, 1984.

——, ed. *The Education Papers: Women's Quest for Equality in Britain 1850 – 1912*. London: Methuen, 1987.

Stites, Richard. *The Women's Liberation Movement in Russia: Nihilism, Feminism, and Bolshevism, 1860 – 1930*. Princeton: Princeton University Press, 1978. New edition, with afterword, 1991.

Stowell, Sheila. *A Stage of Their Own: Feminist Playwrights of the Suffrage Era*. Manchester: Manchester University Press, 1992.

Tax, Meredith. *The Rising of the Women: Feminist Solidarity and Class Conflict, 1880 – 1917*. New York & London: Monthly Review Press, 1980.

Taylor, Barbara. *Eve and the New Jerusalem: Socialism and Feminism in the Nineteenth Century*. New York: Pantheon, 1983. [Rev. ed., Cambridge, Mass.: Harvard University Press, 1993.]

Thébaud, Françoise, ed. *Toward a Cultural Identity in the Twentieth*

Century. Vol. 5 of *A History of Women in the West*, ed. Georges Duby & Michelle Perrot. Cambridge, Mass.: The Belknap Press of Harvard University Press, 1994.

Vicinus, Martha. *Independent Women: Work and Community for Single Women, 1850 - 1920*. Chicago: University of Chicago Press, 1985.

Waelti-Walters, Jennifer. *Feminist Novelists of the Belle Epoque*. Bloomington: Indiana University Press, 1990.

Waelti-Walters, Jennifer, & Steven C. Hause, eds. *Feminisms of the Belle Epoque*. Lincoln: University of Nebraska Press, 1994.

Walkowitz, Judith R. *Prostitution and Victorian Society: Women, Class, and the State*. Cambridge & New York: Cambridge University Press, 1980.

Wikander, Ulla, Alice Kessler-Harris, & Jane Lewis, eds. *Protecting Women: Labor Legislation in Europe, the United States, and Australia, 1880 - 1920*. Urbana: University of Illinois Press, 1995.

Yeo, Eileen Janes, ed. *Mary Wollstonecraft and 200 Years of Feminisms*. London & New York: Rivers Oram Press, 1997.

Zucker, Stanley. *Kathinka Zitz-Halein and Female Civil Activism in Mid-Nineteenth-Century Germany*. Carbondale: Southern Illinois University Press, 1991.

2. 其他欧洲语言的书籍、文集与文献集

Aguado, Ana Maria, et al., eds. *Textos para la historia de las mujeres en España*. Madrid: Cátedra, 1994.

Åkerman, Brita, ed. *Vi Kan, Vi Behovs: Kvinnorna Går Sammen i egna förengar* [We Can, We Are Needed: Women Enter Their Own Associations]. Stockholm: Akademiklitteratur, 1983.

Albistur, Maïté, & Daniel Armogathe, eds. *Le Grief des femmes:*

Anthologie de textes féministes. 2 vols. Paris: Éditions Hier et Demain, 1978.

Avdela, Efi, & Angelica Psarra, eds. *Ho Pheminismos sten Hellada tou mesopolemou: Mia anthologia* [Feminism in Interwar Greece: An Anthology]. Athens: Gnosi Publications, 1985.

Bard, Christine. *Les Filles de Marianne: Histoire des féminismes, 1914 - 1940*. Paris: Fayard, 1995.

Bonacchi, Gabriella, & Angela Groppi, eds. *Il Dilemma della cittadinanza: Diritti e doveri delle donne*. Rome & Bari: Laterza, 1993.

Borkus, Marja, et al. *Vrouwenstemmen: 100 jaar vrouwenbelangen, 75 jaar vrouwenkiesrecht*. Zutphen: Walburg Pers, 1994.

Bosch, Mineke. *Het Geslacht van de Wetenschap: Vrouwen en hoter odernwijs in Nederland 1878 - 1948*. Amsterdam: SUA, 1994.

Braun, Marianne. *De prijs van de liefte: De eerste feministische golf*. Amsterdam: Het Spinhuis, 1992.

Brinkler-Gabler, Gisela, ed. *Frauenarbeit und Beruf*. Frankfurt-am-Main: Fischer Verlag, 1979.

———. *Frauen gegen den Krieg*. Frankfurt-am-Main: Fischer Verlag, 1980.

Bussemer, Herrad-Ulrike. *Frauenemanzipation und Bildungsbürgertum: Sozialgeschichte der Frauenbewegung in der Reichsgründungszeit*. Weinheim & Basel: Beltz Verlag, 1985.

Buttafuoco, Annarita. *Cronache femminile: Temi e momenti della stampa emancipazionista in Italia dall'unità al fascismo*. Siena: Università degli studi di Siena, 1988.

———. *Questioni di cittadinanza: Donne e diritti sociali nell'Italia liberale*. Siena: Protagon Editori Toscani, 1997.

Buttafuoco, Annarita, Rosanna De Longis, & Maria Pia Bigaran. *La Piccola Fronda politica e cultura nella stampa emancipazionista*

(1861 – 1924). Special issue of *Nuovadwf: Donnauomanfemme*, no.21 (1982).

Capel Martínez, Rosa. *El Sufragio femenino en la Segunda República*. Madrid: Comunidad de Madrid, 1992.

Carlsson, Christina. *Kvinnosyn och Kvinnopolitik: En studien av svensk socialdemokrati 1880 – 1910* [Perceptions of Women and Women's Politics: A Study of Swedish Social Democracy, 1880 – 1910]. Lund: Lund University Press, 1986.

Clemens, Bärbel. *Menschenrechte haben kein Geschlecht! Zum Politikverständnis der bürgerlichen Frauenbewegung*. Pfaffenweiler: Centarus, 1988.

Cohen, Yolande, & Françoise Thébaud, eds. *Féminismes et identités nationales: Les Processus d'intégration des femmes au politique* Lyon: Centre Jacques Cartier, 1998.

Corbin, Alain, Jacqueline Lalouette, & Michèle Riot-Sarcey, eds. *Les Femmes dans la cité*. Grâne: Créaphis, 1997.

Courtois, Luc, Jean Pirotte, & Françoise Rosart, eds. *Femmes et pouvoirs: Flux et reflux de l'émancipation féminine depuis un siècle*. Louvain-la-Neuve: Collège Érasme; Brussels: Éditions Nauwelaerts, 1992.

Cova, Anne. *Maternité et droits des femmes en France (XIXe – XXe siècles)*. Paris: Anthropos, 1997.

De Giorgio, Michela. *Le italiane dall'unità a oggi: modelli culturali e comportamenti sociali*. Rome: Laterza, 1992.

De Weerdt, Denise. *En de vrouwen? Vrouw, Vrouwenbeweging en feminisme in Belgie (1830 – 1960)*. Ghent: Masereelfonds, 1980.

Esteves, João Gomes. *A Liga Republicana das Mulheres Portuguesas: Uma organização política e feminista (1909 – 1919)*. Lisbon: Organizaçoes Náo Governamentais do Conselho Consultivo da Comissão para a Igualdade e para as Direitos das Mulheres, 1991.

Fagoaga, Concha. *La Vox y el voto de las mujeres: El sufragismo en España, 1877 - 1931*. Barcelona: Icaria, 1985.

Fauré, Christine, ed. *Encyclopédie politique et historique des femmes*. Paris: Presses Universitaires de France, 1997.

Folguera, Pilar, ed. *El Feminismo en España: Dos siglos de historia*. Madrid: Editorial Pablo Iglesias, 1988.

Fraisse, Geneviève. *La Raison des femmes: Essai*. Faris: Plon, 1993.

Fraisse, Geneviève, ed. *Opinions de femmes: De la veille au lendemain de la Révolution française*. Paris: côté-femmes, 1989.

Frederiksen, Elke. *Die Frauenfrage in Deutschland, 1865 - 1915*. Stuttgart: Reclam, 1981.

Fritschy, Wantje, ed. *Fragmenten vrouwengeschiedenis*. 2 vols. The Hague: M. Nijhoff, 1980.

Garrido Gonzáles, Elisa, ed. *Historia de las muieres en España*. Madrid: Editorial Síntesis, 1997.

Geiger, Ruth-Esther, & Sigrid Weigel, eds. *Sind das noch Damen? Vom gelehrten Frauenzimmer-Journal zum feministischen Journalismus*. Munich: Frauenbuchverlag, 1981.

Gerhard, Ute. *Verhältnisse und Verhinderungen: Frauenarbeit, Familie und Rechte der Frauen im 19. Jahrhundert*. Frankfurt-am-Main: Suhrkamp, 1978.

Gerhard, Ute, with Ulla Wischermann. *Unerhört: Die Geschichte der deutschen Frauenbewegung*. Reinbek bei Hamburg: Rowohlt, 1990.

Gerhard, Ute, ed. *Frauen in der Geschichte des Rechts: Von der frühen Neuzeit bis zur Gegenwart*. Munich: C. H. Beck, 1997.

Greven-Aschoff, Barbara. *Die bürgerliche Frauenbewegung in Deutschland, 1894 - 1933*. Göttingen: Vandenhoeck & Ruprecht, 1981.

Gubin, Eliane, ed. *Cent ans du féminisme[en Belgique]*. Special issue of *Sextant: Revue du Groupe interdisciplinaire d'Études sur les femmes[Belgium]*, no. 1 (Winter 1993).

Hardmeier, Sibylle. *Frühe Frauenstimmrechtsbewegung in der Schweiz (1890 – 1930): Argumente, Strategien, Netzwerk und Gegen-bewegung*. Zurich: Chronos, 1997.

Hervé, Florence, ed. *Geschichte der deutschen Frauenbewegung*. Rev. ed. Cologne: PapyRossa Verlag, 1995.

Hummel-Haasis, Gerlinde, ed. *Schwestern, zerreisst eure Ketten: Zeugnisse zur Geschichte der Frauen in der Revolution von 1848 – 49*. Munich: Deutscher Taschenbuch Verlag, 1982.

Jansz, Ulla. *Denken over sekse in de eerste feministische golf*. Amsterdam: Van Gennup, 1990.

Joris, Elisabeth, & Heidi Witzig, *Frauengeschichte(n)*. Zurich: Limmat, 1986; 3d ed., 1991.

Käppeli, Anne-Marie. *Sublime Croisade: Éthique et politique du féminisme protestant, 1875 – 1928*. Carouge-Geneva: Éditions Zoé, 1990.

Kandel, Liliane, ed. *Féminismes et nazisme: En hommage à Rita Thalmann*. Paris: CEDREF, University of Paris VII, 1997.

Klejman, Laurence, & Florence Rochefort, *L'Égalité en marche: Le Féminisme sous la Troisième République*. Paris: des femmes & Presses de la Fondation nationale des sciences politiques, 1989.

Manns, Ulla. *Kvinnofrågan 1880 – 1921: En artikelbibliografi* (with author's introduction). Lund: Arkiv, 1991.

Mendes da Costa, Yolande, & Anne Morelli, eds. *Femmes, libertés, laïcité*. Brussels: Éditions de l'Université de Bruxelles, 1989.

Mesmer, Beatrix. *Ausgeklammert, eingeklammert: Frauen und Frauenorganisationen in der Schweiz des 19. Jahrhunderts*. Basel & Frankfurt-am-Main: Helbing & Lichtenhahn, 1988.

Möhrmann, Renate. *Frauenemanzipation im deutschen Vormärz: Texte und Dokumente*. Stuttgart: Reclam, 1978.

Moksnes, Aslaug. *Likestilling eller Saerstilling? Norsk Kvinne-saksforening 1884 - 1913*. Oslo: Gyldendal Norsk Forlag, 1984.

Neudorfl, Marie L. České ženy v. 19-stoletti. Úsili a sny, úspěchy i zklameni na cesté k emancipaci [Czech women in the nineteenth century: stirrings and dreams, victories and disappointments on the way to emancipation] (Prague, forthcoming)

Outshoorn, Joyce. *Vrouwenemancipatie en socialisme, een on-derzoek naar de houding der SDAP t. o. v. het "vrouwenvraggstuk,"* *1894 - 1919*. Nijmegen: SUN, 1973.

Paletschek, Sylvia. *Frauen und Dissens: Frauen im Deutsch-katholizismus und in den freien Gemeinden 1841 - 1852*. Göttingen: Vandenhoeck & Ruprecht, 1990.

Pietrow-Ennker, Bianka. "Russlands 'Neue Menschen': Die Frauene-manzipationsbewegung von den Anfängen um 19. Jahrhundert bis zur Okto-berrevolution." Habilitationsschrift, University of Tübingen, 1994.

Reys, Jeske, et al. , eds. *De eerste feministische golf (Zesde jaar-boek voor vrouwengeschiedenis)*. Nijmegen: SUN, 1985.

Riot-Sarcey, Michèle. *La Démocratie à l'épreuve des femmes: Trois figures critiques du pouvoir, 1830 - 1848*. Paris: Albin Michel, 1994.

Rossi-Doria, Anna, ed. *Il primo femminismo (1791 - 1834)*. Milan: Edizioni Unicopli, 1993.

Sachsse, Christoph. *Mütterlichkeit als Beruf: Sozialarbeit, Sozi-alreform und Frauenbewegung, 1871 - 1929*. Frankfurt-am-Main: Su-hrkamp, 1986.

Scanlon, Geraldine M. *La Polémica feminista en la España contemporánea, 1868 - 1974*. 2d ed. , Madrid: Ediciones AKAL, 1986.

Schröder, Hannelore, ed. *Die Frau ist frei geboren: Texte zur Frauenemanzipation*. 2 vols. Munich: C. H. Beck, 1979 - 81.

Sevenhuisjen, Selma L. *De orde van het vaderschap: Politieke de-batten over ongehuwd moederschap, afstamming en huwelijk in Ned-*

erland, 1870 – 1900. Amsterdam: Stichting Beheer IISG, 1987.

Studer, Brigitte, Regina Wecker, &. Béatrice Ziegler, eds. *Frauen und Staat/Les Femmes et l'État*. Special issue of *Itinera*, no.20(1998).

Taricone, Fiorenza. *L'associazionismo femminile in Italia dall'unità al fascismo*. Milan: Edizioni Unicopli, 1996.

Varikas, Eleni. "La Révolte des dames: Génèse d'une conscience féministe dans la Grèce du XIXe siècle(1833 – 1908)." Doctorat du Troisième cycle, University of Paris VII, 1986.

Veauvy, Christiane, &. Laura Pisano. *Paroles oubliées: Les Femmes et la construction de l'État-nation en France et en Italie, 1789 – 1860*. Paris: Armand Colin, 1997.

Viennot, Éliane, ed. *La Démocratie à la française, ou les femmes indésirables, 1793 – 1993*. Paris: CEDREF, University of Paris VII, 1996.

Volet-Jeanneret. *La Femme bourgeoise à Prague 1860 – 1895: De la philanthropie à l'émancipation*. Geneva: Éditions Slatkine, 1988.

Wischermann, Ulla. *Frauenfrage und Presse: Frauenarbeit und Frauenbewegung in der illustrierten Presse der 19. Jahrhunderts*. Munich: Saur, 1983.

Zimmermann, Susan. "Wie die Feministennen wurden: Wege in die Frauenbewegung im Zentraleuropa der Jahrhundertwende," *L'Homme*, 8:2(1997), 272 – 306.

——. "Frauenbestrebungen und Frauenbewegung in Ungarn: Zur Organisationsgeschichte der Jahre 1848 bis 1918." In Beate Nagy et al., *Szerepés alkotás: Nok a magyar tarsadalomban és muveszetben*. Szeged, 1997.

——. *Die Bessere Hälfte? Frauenbewegung und Frauenbestrebungen im Ungarn der Habsburgermonarchie 1848 bis 1918*. Budapest: Napvilág Kiadó; Vienna: Promedia, 1999.

译后记

卡伦·奥芬(Karen Offen)是美国著名的历史学家,主要研究领域是欧洲,特别是法国妇女史及女权主义历史。除了在美国任教,她还在多所欧洲大学担任过教职。她曾任国际历史科学委员会(ICHS)执行局委员,也是国际妇女史研究联合会的创始人之一。近年来她独立创作,或者与其他学者合作出版了一系列著作和文章,获得了广泛好评。由于出色的研究工作,她先后得到一些基金会的资助,包括约翰·西蒙·古根海姆基金会(John Simon Guggenheim Memorial Foundation, 1995—1996)、洛克菲勒基金会(Rockefeller Foundation, 1985—1986)和国家人文基金会(National Endowment for the Humanities, 1980—1981)。2012年,她获得了法国历史研究协会(Society for French Historical Studies)荣誉奖,以及美国大学联谊会(KKG)的全国校友成就奖的荣誉,她的名字被列在了许多名人录中。

《欧洲妇女解放史(1700—1950)》一书反映了作者独特的研究方法与成果。在这本书中,作者对欧洲250年的历史从女权主义视角进行了诠释,同时也关注了当代女权主义理论所探讨的议题,内容非常丰富。本书依据斯坦福大学出版社2000年版进行翻译,奥芬教授得知我们要把此书翻译成汉语,十分热情,特地把原书所有的注释重新修订了一遍,并增补了一些新的内容。因此,本书的注释是依据奥芬教授重新修订的进行翻译的。此外,原书最后的索引篇幅较长,考虑到中译本的整体结构,这部分从略。另外需要说明的是,本书分为18世纪、19世纪、20世纪三个部分,但为了叙述的完整性,各部分会存在年份交叉的情况,译者均照原书进行翻译。

本书翻译团队由6人组成,分工如下:姜玉杰:教育学博士,现为天津职业技术师范大学职业教育学院讲师,主要研究领域为外国教育史及美国女子高等教育史，负责本书第六、七章的翻译；柯倩停，文学博士，现为中山大学中文系副教授，负责前言、第十二章和结语的翻译，并作为主译校对了全书；李晓媛，法学博士，主要研究领域为国际人权法及女性权利保护，负责第四、五章的翻译；李子月，陕西师范大学教育史专业在读博士研究生，负责第十、十一章的翻译；王一鸣，美国西北大学历史系在读博士生，主要研究方向为近代中国性别史，负责第一、八、九章的翻译；朱晓慧，哲学博士，现为复旦大学马克思主义学院副教授，负责大事记、第二、三章的翻译，并作为主译统合、校对全书。

本书由翻译团队历时两年完成，翻译的艰辛超乎预期。作者熟知多国语言，大量引用原始文献进行研究，这是本书的优势之一；然而，这一优势给译者带来了不少麻烦，特别是一些小语种的翻译。本书人名翻译依据《世界人名翻译大辞典》（中国对外翻译出版公司2007年版），没有收录的依从网络习惯。对于除英语外的其他欧洲语言的翻译，主要依据网络资源，已经有中译本的文献，依据惯例翻译。本书是历史研究，使用了大量的文献资料，除英语之外的大量人名、地名、报刊名、组织名等的翻译颇费时间和思量。虽然译者尽了最大的努力，错误仍然难免，敬请读者诸君谅解。

本书的翻译出版得到了复旦大学出版社编辑史立丽老师的大力协助，在此表示衷心的感谢！

朱晓慧

2023年8月于复旦大学光华楼

图书在版编目(CIP)数据

欧洲妇女解放史:1700—1950/(美)卡伦·奥芬著;朱晓慧,柯倩婷主译.—上海:复旦大学出版社,2024.1
书名原文:European Feminisms 1700-1950:A Political History
ISBN 978-7-309-16784-9

Ⅰ.①欧… Ⅱ.①卡… ②朱… ③柯… Ⅲ.①妇女运动-史料-欧洲 Ⅳ.①D445.09

中国国家版本馆 CIP 数据核字(2023)第 044397 号

欧洲妇女解放史(1700—1950)
[美]卡伦·奥芬　著　朱晓慧　柯倩婷　主译
责任编辑/史立丽　赵楚月

复旦大学出版社有限公司出版发行
上海市国权路 579 号　邮编:200433
网址:fupnet@ fudanpress. com　http://www. fudanpress. com
门市零售:86-21-65102580　团体订购:86-21-65104505
出版部电话:86-21-65642845
上海盛通时代印刷有限公司

开本 787 毫米×960 毫米　1/16　印张 34.75　字数 517 千字
2024 年 1 月第 1 版
2024 年 1 月第 1 版第 1 次印刷

ISBN 978-7-309-16784-9/D · 1156
定价:138.00 元